Mensch & Computer 2013 – Workshopband

13. fachübergreifende Konferenz für interaktive und kooperative Medien

Interaktive Vielfalt

herausgegeben von

Susanne Boll
Universität Oldenburg

Susanne Maaß
Universität Bremen

Rainer Malaka
Universität Bremen

Oldenbourg Verlag München

Lektorat: Johannes Breimeier
Herstellung: Tina Bonertz
Einbandgestaltung: hauser lacour

Bibliografische Information der Deutschen Nationalbibliothek
Die Deutsche Nationalbibliothek verzeichnet diese Publikation in der Deutschen Nationalbibliografie; detaillierte bibliografische Daten sind im Internet über http://dnb.dnb.de abrufbar.

Library of Congress Cataloging-in-Publication Data
A CIP catalog record for this book has been applied for at the Library of Congress.

© 2013 Oldenbourg Wissenschaftsverlag GmbH
Rosenheimer Straße 143, 81671 München, Deutschland
www.degruyter.com/oldenbourg
Ein Unternehmen von De Gruyter

Gedruckt in Deutschland

Dieses Papier ist alterungsbeständig nach DIN/ISO 9706.

ISBN   978-3-486-77855-7
eISBN   978-3-486-78123-6

Prof. Dr. Leon Urbas, TU Dresden
Prof. Dr. Hartmut Wandke, Humboldt Universität zu Berlin
Prof. Dr. Michael Weber, Universität Ulm
Prof. Dr. Christian Wolff, Universität Regensburg
Prof. Dr. Christa Womser-Hacker, Stiftung Universität Hildesheim
Prof. Dr. Volker Wulf, Universität Siegen und Fraunhofer FIT
Dr. Carmen Zahn, Institut für Wissensmedien
Prof. Dr. Jürgen Ziegler, Universität Duisburg-Essen

Inter | aktion – Interaktive Demos

Prof. Dr. Raimund Dachselt, Technische Universität Dresden
Dr. Dennis Krannich, Universität Bremen

Visionen

Prof. Dr. Rolf Kruse, Fachhochschule Erfurt
Marius Brade, Technische Universität Dresden

Doktorandenseminar

Prof. Dr. Michael Koch, Universität der Bundeswehr München
Prof. Dr. Thomas Herrmann, Universität Dortmund

Organisation

Veranstalter

Die Tagung Mensch & Computer 2013 wird vom Fachbereich Mensch-Computer-Interaktion der Gesellschaft für Informatik e.V. (GI) veranstaltet. Sie findet in Kooperation mit der Tagung Usability Professionals 2013 der German Usability Professionals Association (UPA) e.V. und der Deutschen e-Learning Fachtagung DeLFI 2013 der Fachgruppe e-Learning der GI statt.

Lokale Ausrichterin der Tagung ist die Universität Bremen.

Organisationskomitee

Dr. Gerald Volkmann, Universität Bremen

Björn Mellies, M.Sc., Universität Bremen

Dr. Dennis Krannich, Universität Bremen

Dipl.-Inf. Tanja Döring, Universität Bremen

Dorothee C. Meier, M.A., Institut für Informationsmanagement Bremen GmbH

Dipl.-Soz. Carola Schirmer, Universität Bremen

Kontakt

Universität Bremen

MZH, Fachbereich 3

Arbeitsgruppe Digitale Medien

Bibliothekstr. 1

D-28359 Bremen

E-Mail: info@interaktivevielfalt.org

Telefon: +49 (0)421 218-64400

Inhaltsverzeichnis

Workshops

Usability für die betriebliche Praxis: Prozesse, Methoden, Praktiken

Automotive HMI

Temporale Aspekte des Nutzererlebens

Be-greifbare Interaktion

Leichtgewichtige Werkzeuge zur Unterstützung von Kooperation und persönlichem Wissensmanagement

AAL-Workshop „Lachen kennt kein Alter"

Vielfalt in der mediengestützten (Weiter-)Bildung Visionen, Realisierungen und Grenzen – 1984 bis heute

Zur Forschung im Bereich der Entwicklung interkultureller Benutzungsschnittstellen

inter | aktion - Demos

Vorwort

Die Tagung Mensch & Computer 2013 wird vom Fachbereich Mensch-Computer-Interaktion der Gesellschaft für Informatik GI e.V. ausgerichtet und findet gemeinsam mit der Tagung Usability Professionals 2013 (UP 13) der German Usability Professionals Association und der Deutschen e-Learning Fachtagung DeLFI 2013 der Fachgruppe e-Learning der GI statt. Die Beiträge der UP 13 und der DeLFI 13 erscheinen jeweils in eigenen Tagungsbänden. In diesem Jahr wird die Konferenz Mensch & Computer an der Universität Bremen durchgeführt. Das diesjährige Motto lautet *„Interaktive Vielfalt"*.

Aus den 76+39 Einreichungen für die M&C hat das Programmkomitee 26 Lang- und 16 Kurzbeiträge ausgewählt, die in einem eigenen Tagungsband veröffentlicht werden. Im vorliegenden Workshopband werden elf angenommene Workshops dokumentiert sowie die zehn ausgewählten interaktiven Demos. Alle Beiträge werden auch in der Digital Library unter http://dl.mensch-und-computer.de/ zur Verfügung gestellt.

Workshops bieten bei der M&C die Gelegenheit, Diskussionen zu führen, die durch die vorherige Einsendung von kurzen Beiträgen der Teilnehmerinnen und Teilnehmer vorbereitet werden. Die Themen der diesjährigen Workshops sind so vielfältig wie die Tagung selbst. Wir hoffen, dass Sie sich – auch wenn Sie an den Workshops selbst nicht teilgenommen haben – durch den umfangreichen Workshopband zu neuen Forschungsthemen anregen lassen!

Wir danken allen, die diese Workshops organisiert haben, und allen Beitragenden.

Mensch-Computer-Interaktion lebt vom Anfassen und Ausprobieren, Interagieren und Erleben. Deshalb gibt es auch dieses Jahr wieder die Kategorie inter | aktion – die M&C Demosession. In diesem Workshopband finden sich die Kurzbeschreibungen aller diesjährigen Demo-Beiträge. Die dazugehörigen Videos können Sie in der MCI Digital Library abrufen. Die zehn ausgewählten Demos zeigen neuartige Interaktionsbeispiele aus den Bereichen Multitouch-Steuerung, Gaming, Kunstinstallation, Virtual Reality, Body Interaction, Eye-Tracking, Gesangssynthese und Tangibles. Diese im wahrsten Sinne des Wortes interaktive Vielfalt an Demos gibt einen guten Einblick in zukünftige Forschungsschwerpunkte. Wir danken allen Beitragenden für ihre kreativen Exponate.

Bremen, im Juli 2013   Susanne Maaß, Rainer Malaka, Susanne Boll

Workshop

Usability für die betriebliche Praxis: Prozesse, Methoden, Praktiken

Dorothea Kugelmeier

Ralf Schmidt

Gunnar Stevens

Manfred Thüring

Daniel Ziegler

S. Boll, S. Maaß & R. Malaka (Hrsg.): Workshopband Mensch & Computer 2013
München: Oldenbourg Verlag, 2013, S. 3–7

Usability für die betriebliche Praxis: Prozesse, Methoden, Praktiken

1 Einleitung

„Einfach intuitiv - Usability für den Mittelstand"

Dies ist der Name der aktuellen Förderinitiative des Bundesministeriums für Wirtschaft und Technologie (BMWI), um in Rahmen der Informations- und Kommunikationstechnologie-Strategie (IKT-Strategie) der Bundesregierung "Deutschland Digital 2015" die Gebrauchstauglichkeit (Usability) von betrieblicher Anwendungssoftware (SW) für den Mittelstand und das Handwerk zu fördern (BMWI 2011).

Der Förderinitiative ist eine Studie vorausgegangen (Woywode et al. 2012), die zum einen attestiert, dass Usability eine immer größere Bedeutung gewinnt. Auf der anderen Seite zeigt sie zugleich auf, dass die Etablierung von Usability in die betriebliche Praxis noch nicht im gleichen Maße gelungen ist.

In der Vergangenheit standen bisher meist technische Aspekte im Vordergrund. Zunehmend gewinnen aber auch Aspekte der Usability, des Designs und der User Experience an Bedeutung. Dies liegt zum einen daran, dass Nutzer kompetenter im Umgang mit dem Computer geworden sind. So wissen Anwender durch die Nutzung gebrauchstauglicher Systeme im Alltag, was sie von gut gestalteter Software erwarten können. Neben diesem erhöhten „Anspruchsdenken" seitens der Nutzer findet in vielen Domänen eine Sättigung in Bezug auf die angebotenen Funktionalitäten statt. Demgegenüber versuchen Marktteilnehmer sich durch gute Usability und eine gelungene User Experience von den Konkurrenzprodukten abzuheben.

Bei der Erstellung und Einführung von Anwendungssoftware, so Woywode et al. (2012), wurde bisher von vielen deutschen Softwareherstellern das Thema Usability im Speziellen und User Experience im Allgemeinen vernachlässigt. Gegenüber anderen Ländern wie USA, aber auch Indien droht hier die deutsche Softwareindustrie ins Hintertreffen zu geraten (Scheiber et al. 2012). Die Gründe hierfür sind vielfältig und liegen auf verschiedenen Ebenen: So spielt fehlendes theoretisches Wissens über den aktuellen Stand der Usability-Forschung, aber auch fehlendes Bewusstsein über die Bedeutung der Usability auf Seiten des Management eine wichtige Rolle. Zum anderen sind Usability-Vorgehensmodelle und Methoden entlang akademischer Ansprüche entwickelt worden und gehen zum Teil zu wenig auf die spezifischen Bedarfe von Unternehmen ein.

Über die genauen Gründe, als auch Strategien zur Überwindung des Status-Quo kann in weiten Teilen jedoch nur spekuliert werden. Dies hat damit zu tun, dass in den Anfängen der

Usability-Forschung verständlicherweise ein Fokus darauf lag, die Gesetzmäßigkeiten der Mensch-Computer-Interaktion aufzudecken und davon wissenschaftlich valide Methoden zur Messung der Gebrauchstauglichkeit sowie zur Erfassung des resultierenden Nutzererlebens abzuleiten. Darüber hinaus wurden diverse Vorgehensmodelle (wie das Participatory Design-Modell *STEPS*, der Usability Engineering Lifecycle oder das User Centered Design nach *ISO 9241-210*) vorgeschlagen. Während diese im akademischen Kontext gut erforscht sind, ist die Anzahl an empirischen Studien zur Aneignung und praxisnahe Anpassung dieser Modelle und Methoden vergleichsweise gering.

Ein wichtiges Thema dabei ist die Umsetzung von Usability-Maßnahmen in kleinen und mittelständischen Unternehmen (KMU). In der groß angelegten Bestandsaufnahme der Struktur der Softwareentwicklung in Deutschland (Friedewald et al. 2001) zeigte sich, dass die Softwarebranche stark durch kleinere und mittlere Unternehmen geprägt ist. Desweitern zeigte sich, dass die meisten Unternehmen keinem standardisierten Entwicklungs-Modell folgten, sondern entweder ein unternehmenseigenes Modell oder kein explizites Modell anwandten. Dies deckt sich mit der qualitativen Untersuchung von Nett und Wulf (2005), die aufzeigt, dass KMUs im hohen Maße vor der strukturellen Herausforderung stehen, sich agil an dynamisch wandelnde Markt- und Kundenbedürfnisse anzupassen. Auch besitzen kleine Unternehmen weniger stark ausgeprägte Prozesse und die Mitarbeiter sind meist eher Generalisten (z.B. Entwickler ist sind sowohl für Datenbankanbindung, als auch für das User Interface-Design zuständig). Ein weiteres strukturelles Problem für KMU bei der Umsetzung Nutzer-zentrierter und beteiligungsorientierter Entwicklungsmethoden entsteht dann, wenn die Software im Rahmen einer Auftragsarbeit erstellt wird (Stevens et al. 2009). Hier scheint es rationaler sich nicht systematisch und empirisch mit den Nutzerwünschen auseinanderzusetzen, sondern sich zunächst einmal auf die im Auftrag enthaltenen Kundenwünsche zu fokussieren.

Diese Forschungsergebnisse sind noch weitgehend punktuell und teilweise veraltet. So lag bei Friedewald et al. (2001) noch ein starker Schwerpunkt auf wasserfallartigen Vorgehensmodellen, während agile Modelle nur stiefmütterlich behandelt wurden. Demgegenüber kann man aktuell einen Paradigmenwechsel beobachten, bei dem agile Modelle eher den Standardfall darstellen und wasserfallartige Modelle ins Hintertreffen geraten. Insbesondere ist bisher noch kaum erforscht, warum bei kleinen und mittelständischen Unternehmen das Thema Usability noch nicht in der Breite angekommen ist und sich die systematische Anwendung von Usability Prozessen und Methoden noch nicht durchgängig etabliert hat.

Der Workshop „Usability in der betrieblichen Praxis" versteht sich hierbei als ein Mosaikstein, der die Forschungsagenda Usability verstärkt vor dem Hintergrund der betrieblichen Einbettung und Einbettbarkeit bearbeitet.

2   Themen

Den Themenschwerpunkt „Vielfalt der Methoden" der Mensch und Computer 2013 aufgreifend, möchte der Workshop deshalb das Thema Usability vor dem Hintergrund der Vielfalt der betrieblichen Praxis in kleinen und mittleren Unternehmen diskutieren. Dabei zeigt sich die Vielfalt auf einem ganzen Spektrum von Dimensionen: angefangen bei der Größe des Unternehmens, dem Umfang des Softwareprojekts und der Teamgröße bis hin zur Unternehmenskultur, der Branchenzugehörigkeit, der Art der Software, der Form der Entwickler-Kunde-Nutzer Beziehung, etc. Auch stehen Unternehmen vor vielfältigen Herausforderungen, wenn sie Usability Methoden einführen: So müssen u.a. Mitarbeiter geschult werden, Prozesse umgestellt werden, Kosten und Nutzen der Maßnahmen ausgewiesen werden, sowie Kunden als auch die eigenen Mitarbeiter vomMehrwert der Usability-Maßnahmen überzeugt werden.

Im Workshop soll zum einen eine erste Bestandaufnahme der Vielfältigkeit der heutigen betrieblichen Usability Praxis in kleinen und mittleren Unternehmen zusammengetragen werden. Darauf aufbauend sollen fundierte Ansätze zu Vorgehensmodellen und deren Anwendung in der Praxis erarbeitet werden. Dabei sollen sowohl die „Grand Challenges" bei der Entwicklung praxistauglicher Usability-Methoden und -Prozesse identifiziert, als auch innovative Lösungsansätze und Good Practices von Usability in der betrieblichen Praxis diskutiert werden.

Der Workshop geht dabei zurück auf das erste Arbeitsforum der Förderinitative "Einfach intuitiv - Usability für den Mittelstand" des BMWi, bei dem von über 25 Teilnehmern aus Wirtschaft und Wissenschaft relevante Herausforderungen und erste Ansätze zu Vorgehensmodellen, Methoden und Praktiken erarbeitet und diskutiert wurden. Im zweiten Workshop zu diesem Thema sollen diese Ergebnisse auf der Mensch und Computer 2013 mit einem breiten Teilnehmerkreis aus Wissenschaft und Praxis aufgegriffen und folgende Themenstellungen adressiert werden:

- *Anspruch und Wirklichkeit der gelebten Usability Methoden und Praktiken aus betriebswirtschaftlicher, organisationstheoretischer, sozialwissenschaftlicher, informatischer u.a. Sicht*
- *Widersprüche zwischen theoretischen Annahmen und Anforderungen der Praxis*
- *Unterschiede und Gemeinsamkeiten im Verständnis der Usability in verschiedenen Unternehmen*
- *Fallstudien zur Usability-Praxis in den verschiedenen Domänen, sowie vergleichende Studien zu Unterschieden und Gemeinsamkeiten zwischen den Domänen*
- *Relevante Einflussgrößen auf die Ausgestaltung und den Erfolg von Usability-Maßnahmen aus Unternehmens- und Forschungsperspektive*
- *Methodische Aspekte: Ursachen für die Schwierigkeiten bei der Evaluation bzw. Bewertung von Vorgehensmodellen und methodische Lösungsvorschläge hierzu*
- *Wirtschaftlichkeit und Nützlichkeitsbetrachtung*
- *Usability als strategisches und organisatorisches Ziel der Unternehmensentwicklung*
- *Strukturelle, kognitive, sowie unternehmenskulturelle Barrieren bei der Einführung sowie Umsetzung von Usability Methoden im Unternehmen*
- *Verhältnis von Usability in der externen Kommunikation und gelebter Usability Prozesse.*

- *Neue Ansätze, die z.B. in erster Linie nicht am Produkt oder den Prozessen im Unternehmen, sondern bei Kommunikation zwischen Unternehmen und Kunde ansetzen*
- *Zukünftige Anforderungen und Visionen für Vorgehensmodelle in der Zukunft.*

3　Literatur

BMWI 2011. „Förderbekanntmachung Usability für den Mittelstand 10. Juni 2011", https://www.bmwi.de/DE/Service/usability,did=391576.html (letzter Abruf 9.7.2013)

Friedewald, M., Rombach, H. D., et al 2001. Softwareentwicklung in Deutschland: Eine Bestandsaufnahme. Informatik Spektrum, 24(2), 81-90.

Nett, B., und Wulf, V. 2005. "Wissensprozesse in der Softwarebranche." Kleine und mittelständische Unternehmen unter empirischer Perspektive. Transcript, Bielefeld: 147-168.

Scheiber, Florian, et al. 2012. „Software Usability in Small and Medium Sized Enterprises in Germany: An Empirical Study." Software for People. Springer Berlin Heidelberg. 39-52.

Stevens, G., Schwartz, T. und Meurer, J., 2009 „A dialectic view on Open Innovation". AMCIS 2009 Proceedings. Paper 668. http://aisel.aisnet.org/amcis2009/668

Woywode, M., Mädche, A., Wallach, D., und Plach, M. 2012. Abschlussbericht des Forschungsprojekts Gebrauchstauglichkeit von Anwendungssoftware als Wettbewerbsfaktor für kleine und mittlere Unternehmen (KMU). Bericht ifm Mannheim.

4　Über die Organisatoren

Susen Döbelt ist an der TU Chemnitz als wissenschaftliche Mitarbeiterin an der Professur für Allgemeine und Arbeitspsychologie tätig. Als Human Computer Interaction Researcher ist sie bereits seit vier Jahren in nationalen und internationalen Forschungsprojekten mit der Erfassung nutzerzentrierter Anforderungen, Gestaltung und Evaluation technischer Systeme in verschiedenen Anwendungskontexten betraut. Ihr Forschungsschwerpunkt liegt im Bereich persuasive Technologiegestaltung, insbesondere Smart Grid Anwendungen im Hinblick auf Privatsphärenaspekte.

Dorothea Kugelmeier ist wissenschaftliche Mitarbeiterin am Fraunhofer-Institut für Angewandte Informationstechnik FIT. Als Mitarbeiterin der Abteilung Usability und User Experience Design hat sie langjährige praktische Erfahrung mit der Leitung und Durchführung von Beratungsprojekten für verschiedenste Wirtschaftsunternehmen im Bereich Usability Engineering gesammelt und die Ausbildung zum Fraunhofer-zertifizierten Usability Engineer mitentwickelt. Seit 2011 leitet sie das Human System Interaction Certification Board, die Personalzertifizierungsstelle am Fraunhofer-Institut FIT.

Ralf Schmidt ist wissenschaftlicher Mitarbeiter der Entertainment Computing Group der Universität Duisburg-Essen. Nach erfolgreichem Abschluss seines Medieninformatik-Studiums in 2005, startete er eine Karriere als freiberuflicher Projektmanager und Entwicklungsleiter für interaktive Unterhaltungs- und Lernsoftware und war federführend an Konzeption und internationaler Entwicklung von 23 Medienproduktionen tätig. Heute forscht Ralf Schmidt zum Einsatz digitaler Spiele und ihrer Wirkmechanismen in spielfremden Kontexten, zum Zwecke der Verbesserung von Nutzererfahrungen sowie Steigerung von Motivation und Lernerfolg.

Gunnar Stevens ist Juniorprofessur für Human Computer Interaction an der Universität und lehrt in den seit drei Jahren existierenden Masterstudiengang „Human Computer Interaktion" Usability, User Experience Design und ethnographisch orientierte Design Research Methoden. Seine aktuelle Forschung beschäftigt sich mit Fragen der User und User Community Beteiligung am Software Prozess und der Einbettung Kontext basierter Feedback-Kanäle und Social-Media Funktionalen in Anwendungssysteme zu integrieren.

Manfred Thüring ist Professor für Kognitionspsychologie und Kognitive Ergonomie an der TU Berlin. Er ist Mitbegründer des Studiengangs „Human Factors" (M.Sc.) sowie einer der beiden Sprecher des DFG-Graduiertenkolleg „Prospektive Gestaltung der Mensch-Technik-Interaktion. Derzeit leitet er u.a.„UseTree", das Berliner Kompetenzzentrum für Usability-Maßnahmen, sowie das Projekt GaTe (Gamification of Technology for the Elderly). Seine Forschungsaktivitäten liegen in den Bereichen User Experience, Entwicklung von Usability-Methoden sowie Systemevaluation.

Daniel Ziegler ist wissenschaftlicher Mitarbeiter im Competence Center Human-Computer Interaction des Fraunhofer-Instituts für Arbeitswirtschaft und Organisation IAO. Zuvor beschäftigte sich der studierte als IT-Consultant in Beratungs- und Entwicklungsprojekten mit der individuellen Entwicklung und Integration von Geschäftssoftware. Sein aktueller Forschungsschwerpunkt liegt im Bereich der methodischen und technischen Aspekte der Gestaltung interaktiver Systeme. Seit 2012 leitet er das Projekt „Usability Inside", das die Verankerung von Usability im Mittelstand zum Ziel hat.

S. Boll, S. Maaß & R. Malaka (Hrsg.): Workshopband Mensch & Computer 2013
München: Oldenbourg Verlag, 2013, S. 9–18

Usability-Hindernisse bei Software entwickelnden KMU

Dominik Hering, Xenia Kraft, Tobias Schwartz, Volker Wulf

Kompetenzzentrum Usability & User Experience Design, Fraunhofer FIT, Sankt Augustin

Zusammenfassung

Dieser Beitrag stellt eine im November 2012 bis April 2013 durchgeführte qualitative Studie vor, die im Wesentlichen auf die Arbeitspraxis der deutschen Software entwickelnden kleinen und mittelständischen Unternehmen (KMU) abzielte und Hindernisse, welche die Durchführung von Usability-Maßnahmen in KMU behindern oder beeinträchtigen, aufzeigt. Die Erhebung qualitativer Daten erfolgte im Rahmen eines vom BMWi geförderten Forschungsprojekts „Simply usable". Die Ergebnisse der Studie machen deutlich, dass zum einen sehr unternehmensspezifische Anpassungen von bekannten Vorgehensmodellen des Software Engineering notwendig sind und zum anderen bestimmte Faktoren wie vorhandene Ressourcen, Haltung des Auftraggebers, soziokulturelle und (innen-)politische Einflüsse sowie Fachkompetenz im Bereich Usability einen entscheidenden Einfluss auf eine erfolgreiche Integration von Usability-Maßnahmen in die Entwicklungsprozesse der KMU haben.

1 Einleitung

Die deutsche Softwarebranche ist durch kleine und mittelständige Unternehmen (KMU) geprägt, die ihre Arbeitsweise typischerweise an kundenspezifische Prozesse und Produktbedarf ausrichtet, um wettbewerbsfähig am Markt agieren zu können (Bundesministerium für Bildung und Forschung (BMBF) 2011). Es handelt sich um einen agilen und dynamischen Markt mit hohem Konkurrenzdruck, bei dem die Entwicklung von bedarfsgerechten und gebrauchstauglichen (Software-) Produkten ein bedeutsames Mittel darstellt, um die eigene Wettbewerbspositionen ausbauen und sich gegenüber Mittbewerbern abheben zu können (Bak et al. 2008; Friedewald et al. 2001; Rosenbaum et al. 1999). Die Anwendbarkeit von bestehenden standardisierten Vorgehensmodellen zur Sicherstellung des Wettbewerbsfaktors Gebrauchstauglichkeit (Usability) bei Softwareprodukten lassen sich oftmals nur schwer mit dem Arbeitsalltag der sehr dynamisch agierenden KMU in Einklang bringen (Bak et al. 2008; Friedewald et al. 2001; Rosenbaum et al. 1999). Fehlende anwendbare Instrumente zum Qualitätsmanagement mit dem Schwerpunkt der Entwicklung von gebrauchstauglicher Software stellen für KMU einen Wettbewerbsnachteil gegenüber Konkurrenten dar (Bak et al. 2008; Friedewald et al. 2001; Rosenbaum et al. 1999).

Deutsche Software entwickelnde KMU geraten zunehmend unter starken Wettbewerbsdruck durch preiswert produzierende Unternehmen aus dem Ausland. Gerade durch den globalisierten IKT-Markt befinden sich auch deutsche Software entwickelnde KMU in Konkurrenz zu ausländischen Unternehmen. Oftmals wird z. B. Software im Umfeld des Internets in mehrsprachiger Ausführung umgesetzt und ausländische Unternehmen somit automatisch als Dienstleister interessant.

Die Erhöhung der Produktqualität und Qualifizierung der KMU im Bereich Usability wird unmittelbar auf die Stärkung der Markposition Einfluss nehmen. Daher ist die Integration von Usability-Maßnahmen in die Entwicklungsprozesse von Software entwickelnden KMU mittels kompatiblen Usability-Konzepten oder Vorgehensmodellen als erstrebenswerter Wettbewerbsvorteil zu erachten. Ein Wettbewerbsvorteil, der potentiell zu einem gesteigerten Wachstum und Schaffung neuer Arbeitsplätze führen kann.

Im Rahmen der Informations- und Kommunikationstechnologie-Strategie (IKT-Strategie) der Bundesregierung "Deutschland Digital 2015" hat das Bundesministerium für Wirtschaft und Technologie eine Förderinitiative zur Erhöhung der Gebrauchstauglichkeit (Usability) von betrieblicher Anwendungssoftware (SW) für den Mittelstand und das Handwerk ins Leben gerufen. Ziel der Initiative ist die Stärkung der Wettbewerbsfähigkeit kleinerer und mittlerer Unternehmen (KMU). Dazu sollen im Rahmen der Initiative die Entwicklung und pilothafte Erprobung geeigneter Vorgehensmodelle zur Berücksichtigung von Usability-Kriterien während des gesamten Entwicklungs- und Auswahlprozesses betrieblicher Anwendungssoftware gefördert werden.

Dieser Beitrag umfasst die Ergebnisse der qualitativen Untersuchung zu Beginn des Forschungsprojekts „Simply usable", das im August 2012 startete und dessen wesentliches Ziel es ist, ein speziell auf die Belange von KMU abgestimmtes Vorgehensmodell bereit zu stellen. Ziele der Untersuchung waren es, zum einen ein Verständnis von den Entwicklungsprozessen der Software entwickelnden KMU zu erlangen, zum anderen die Problematik bei der Integration von Usability-Maßnahmen in die Arbeitspraxis der KMU näher zu erforschen. Zunächst werden relevante Ansätze und verwandte Themen in dem hier adressierten Arbeitsbereich betrachtet, gefolgt von der verwendeten Methodik. Im Anschluss zeigen wir anhand des empirischen Materials, welche Hindernisse hinsichtlich der Integration von Usability-Maßnahmen in Software entwickelnden KMU identifiziert werden konnten. Abschließend geben wir einen Ausblick auf die zukünftigen, auf den Ergebnissen der Studie aufbauenden Arbeiten.

2   Stand der Forschung und verwandte Arbeiten

Eine vom BMBF beauftragte Studie aus dem Jahr 2000 zur Bestandsaufnahme der Software-Entwicklung in Deutschland zeigte, dass Software und Softwareentwicklung für nahezu alle Produkte und Prozesse quer durch alle Branchen der deutschen Volkswirtschaft zunehmend zum wettbewerbsbestimmenden Faktor geworden ist (Rombach et al. 2000). Das Thema „Usability" nimmt in diesem Zusammenhang die Rolle einer Schlüsselkompetenz für die Entwicklung wettbewerbsfähiger Softwareprodukte ein, wie auch die vom BMWi in Auftrag gegebene Studie „Gebrauchstauglichkeit von Anwendungssoftware als Wettbewerbsfaktor für kleine und mittlere Unternehmen (KMU)" (Institut für Mittelstandsforschung an der Universität Mannheim 2011) verdeutlicht.

Insbesondere große Unternehmen haben Usability als Wettbewerbsfaktor erkannt und setzen auf Basis international anerkannter Standards entsprechende Maßnahmen sowohl bei der Entwicklung als auch bei der Auswahl von Softwareprodukten ein. Im internationalen wissenschaftlichen Diskurs existieren dazu verschiedenste Untersuchungen (Bak et al. 2008; Rosenbaum et al. 1999) und Ansätze für Vorgehensmodelle zur Integration von Usability-Maßnahmen in den Software-Entwicklungsprozess (Mayhew 1999; Rosson & Carroll 2002). Ziel dieser Vorgehensmodelle ist die Sicherstellung der Usability (Gebrauchstauglichkeit) der entwickelten Produkte. Zu diesen Vorgehensmodellen zählt auch der von der Deutschen Akkreditierungsstelle (DAkkS) anerkannte „Leitfaden Usability" (Deutsche Akkreditierungsstelle Technik GmbH 2010). Dieser Leitfaden sticht aus anderen Vorgehensmodellen hervor, da er explizit auf die Norm ISO 9241-210 abzielt (ehemals ISO 13407) und Unternehmen, die sich nach ISO 9241-210 in Deutschland zertifizieren lassen möchten, ihre Prozesse entsprechend diesem Leitfaden gestalten müssen. Dieser Leitfaden bzw. dieses Vorgehensmodell liefert ein in der Praxis großer Unternehmen erfolgreich erprobtes Vorgehen, um Usability-Maßnahmen nachhaltig in Unternehmen zu etablieren und so die Gebrauchstauglichkeit der entwickelten Produkte gemäß ISO 9241-11 zu gewährleisten.

Leider gibt es aber deutliche Indikatoren dafür, dass KMU beim Einsatz von Usability-Maßnahmen hinten anstehen. Zum Beispiel legen die von Fraunhofer FIT 2009 durchgeführten Studien zum Einsatz von Usability-Maßnahmen im Entwicklungsprozess von KMU nahe, dass Usability-Maßnahmen in KMU sowohl bei der Entwicklung als auch bei der Anschaffung von Software zu wenig beachtet werden. Zum jetzigen Zeitpunkt ergibt sich ein hoher Forschungs- und Entwicklungsbedarf zur Umsetzung von geeigneten Usability-Maßnahmen in KMU. Nett & Wulf kamen zu dem Schluss, dass ein möglicher Grund für die mangelnde systematische Umsetzung von Usability-Maßnahmen in der organisatorischen Struktur und recht agilen Arbeitsweise von KMU liegt, bei der „lieber Dringendes als Wichtiges" erledigt wird (Nett & Wulf 2005).

3 Methodisches Vorgehen

Um ein umfangreiches Verständnis von den Arbeitspraktiken der Software entwickelnden KMU zu erlangen, wurden im Zeitraum von November 2012 bis April 2013 insgesamt 40 semi-strukturierte, qualitative Interviews mit Mitarbeitern/-innen von Software entwickelnden KMU durchgeführt. Dabei handelte es sich um jeweils ca. 2-stündige Einzelinterviews (2 Wissenschaftler + 1 Interviewpartner), die stichpunktartig mitgeschrieben und mit Erlaubnis des Interviewten aufgezeichnet wurden. Das gesamte Interview wurde anschließend in Form eines Kontext-Szenarios zusammengefasst und den Interviewpartnern zum Zwecke der Validierung zur Verfügung gestellt.

Die Gesamtzahl der Interviews unterteilt sich in Interviews mit Vertretern/-innen der Partnerunternehmen aus dem Projektkonsortium des Projekts „Simply usable" und Interviews mit Vertretern/-innen aus projektexternen kleinen und mittleren Unternehmen. Die Interviews mit den Partnerunternehmen wurden in zwei Zyklen durchgeführt. Dabei hatte der zweite Zyklus eine Vertiefung des Verständnisses der Entwicklungsprozesse im Unternehmen und eine Arbeitsplatzbegehung mit den jeweiligen Interviewpartner/-innen zum Gegenstand. Zusätzlich wurde während der Interviews ein besonderes Augenmerk auf die angewendeten Arbeitspraktiken im Unternehmen, die im Rahmen des Gesprächs thematisiert wurden, gelegt. Es wurden Dokumente, Anwendungen oder ähnliches Material der alltäglichen Arbeit gesichtet.

3.1 Interviewteilnehmer

Befragt wurden 25 Mitarbeiter aus insgesamt 10 Software entwickelnden KMU, darunter Entwickler, Projekt- bzw. Produktmanager, Medien-, Produkt- oder Interaktionsdesigner, Konzepter, Online-Redakteure, Online-Marketing-Spezialisten, Geschäftsführer, Informationsarchitekten usw. Viele der befragten Mitarbeiter übernehmen in ihren Unternehmen unterschiedliche Aufgaben (z.B. Projektleitung bzw. sonstige leitende Aufgaben gemischt mit Software Entwicklung oder Konzeption). Bei der Auswahl der Interviewpartner wurde darauf geachtet, eine möglichst repräsentative Auswahl aller im Unternehmen vertretenen Rollenvertreter zu treffen.

3.2 Beteiligte KMU

Bei den befragten Unternehmen handelte es sich hauptsächlich um KMU aus der Intranet- und Internetbranche bzw. um KMU, die Softwarelösungen nach individuellen Kundenanforderungen für Unternehmen im B-to-B und B-to-C Segment sowie für Normalverbraucher produzieren. Die Anzahl der Mitarbeiter/-innen belief sich dabei zwischen 7 und 350 Mitarbeiter/-innen. Die meisten der befragten Unternehmen haben ihren Hauptfirmensitz in den Regionen Köln-Bonn und Düsseldorf.

4   Ergebnisse

Die Ergebnisse der durchgeführten Studie zeigen die Schwierigkeiten, mit denen kleine und mittlere Unternehmen der Softwarebranche in ihrer alltäglichen Entwicklungspraxis umzugehen haben. Ziele der Untersuchung waren zudem, die Entwicklungsprozesse von Software entwickelnden KMU besser zu verstehen und Hindernisse für eine erfolgreiche Integration von Usability-Maßnahmen zu identifizieren und näher zu beleuchten.

Zu Beginn des Gesprächs wurden die Interviewten gebeten, den Software-Entwicklungsprozess in ihren Unternehmen grob zu umschreiben. Den Aussagen der Befragten zufolge finden sich bekannte Ansätze und Vorgehensmodelle des Software Engineering in der Arbeitspraxis der untersuchten KMU nur bedingt wieder. Nach den Angaben der KMU-Mitarbeitern/-innen lassen sich diese Ansätze meist nur schwer mit Bedingungen, mit denen KMU in ihrem Geschäftsalltag umgehen müssen und die unmittelbaren Einfluss auf ihre unternehmenseigene Arbeitsprozesse haben, vereinbaren. So berichten beispielsweise einige Interviewten über die erfolglosen Adaptionsversuche von Scrum in die Entwicklungsprozesse ihres Unternehmens. Erst eine auf die Bedürfnisse des Unternehmens angepasste Form dieses Vorgehensmodells mache einen effizienten Software-Entwicklungsprozess möglich. Viele der befragten Unternehmen orientieren sich zwar an den bestehenden Modellen des

Software-Engineering, müssen aber die eigenen Arbeitsprozesse individuell spezifizieren. Die Interviewpartner wiesen auch darauf hin, dass Software-Entwicklungsprozesse in KMU ein hohes Maß an Flexibilität und Iterationsmöglichkeiten erfordern, um in der realen Arbeitspraxis effizient umgesetzt werden zu können.

Kritisch gestaltet sich die Lage im Hinblick auf die Reife der Unternehmen in Bezug auf Usability-Engineering nach ISO 9241. Einzelne Unternehmen führen bereits Usability-Maßnahmen in Form von z.B. Benutzer-Interviews oder Benutzungstests durch, betonen allerdings, dass dies mehr ein Ideal- als Normalzustand sei. Allgemein jedoch offenbaren die Ergebnisse der Studie einen Ist-Zustand der Integration von Usability-Methoden in die Entwicklungsprozesse der meisten befragten KMU, der der Stufe 0 („Usability-Maßnahmen werden höchstens sporadisch, unmethodisch und nicht nach ISO 9241 durchgeführt") entspricht. Auf die Frage, wo die Ursachen für die mangelnde Integration von Usability-Maßnahmen liegen könnten, nannten die meisten Interviewten Faktoren „Zeit" (13 von 25 Befragten) und „Kosten" (11 von 25 Befragten) als Hindernisse für eine erfolgreiche Integration. *„Denn es gibt ja bereits Ansätze und Möglichkeiten, um Usability [in den Software-Entwicklungsprozess - Autor] zu integrieren"* erzählt Frau Schneider[1], die Designerin in einer Internetagentur ist, *„aber um reale Nutzer zu befragen, um reale Nutzer die Seite testen zu lassen, um realen Nutzern z.B. Screendesigns zu zeigen, fehlt es uns an Zeit und Geld. [...] Die Projekte müssten vielmehr Puffer haben und flexibler gestaltet werden"*. Weiterhin stellt für viele KMU-Mitarbeiter/-innen die Haltung des Kunden bzw. des Auftraggebers ein Problem dar, etwa die fehlende Einsicht in Bezug auf die Notwendigkeit von Usability-Aktivitäten oder fehlende Bereitschaft, ggf. in Usability-Maßnahmen zu investieren: *„Oft scheitert's ja daran, dass der Kunde einfach nicht bereit ist, bestimmte Maßnahmen in gefordertem Umfang mit zu buchen"* (Herr Schmidt, der Geschäftsführer einer Internetagentur). Nicht zuletzt spielen aber auch (innen-)politische Faktoren eine Rolle: Haltung der Mitarbeiter/-innen bzw. der Geschäftsführung (*„Meiner Meinung nach wird das Thema Usability bei uns nicht ernst genommen"* - Herr Rossi, Produktdesigner) oder Angst, dass Usability-Maßnahmen Defizite oder Fehler in der eigenen Arbeit aufzeigen. *„Das gibt man natürlich nicht offen zu, aber ich glaube, dass das schon oft dahintersteht"*, erklärt Frau Lila, Spezialistin für Online-Marketing. Ergänzt wird die Liste der Usability-Hemmnisse durch fehlendes Fachwissen (*„Ein Problem ist, dass das Meiste, was wir tun, nicht wissenschaftlich fundiert ist"* - Herr Koch, Leiter der Abteilung User Experience) und Personalprobleme (*„Ich und meine Kollegen sind nicht gerade geschult darin, Usability-Tests durchzuführen"* - Herr Janssen, Produktmanager), gefolgt von mangelnder Eignung der existierenden Vorgehensmodelle des Usability Engineering für KMU sowie Schwierigkeiten mit der Rekrutierung der Benutzer (*„Bei Intranet-Projekten integrieren wir die Benutzer fast immer - weil sie einfach da sind, [...] ist die Zielgruppe jedoch breiter, ist es für uns kaum möglich, passende Benutzer für Benutzerumfragen oder Usability-Tests zu finden"* - Herr Ludwig, Konzepter).

Usability Engineering Modelle aus der Literatur werden von den meisten KMU als zu starr empfunden. Durch die Befragung wurde ersichtlich, dass eine Anpassung dieser Modelle an die Bedingungen in KMU notwendig ist. Nachfolgend werden die identifizierten Barrieren für eine erfolgreiche Integration von Usability-Maßnahmen in die Entwicklungsprozesse der befragten Unternehmen in tabellarischer Form zusammengefasst. Die Einträge werden gemäß ihrer Merkmale kategorisiert dargestellt.

---

[1] Namen wurden geändert

Benennung der Hinderniskategorie	Erläuterung
Usability kostet (mehr) Geld	- Das Budget der meisten Projekte der befragten KMU ist sehr knapp kalkuliert. Häufig sichert insbesondere der geringe Preis der Dienstleistung einen entscheidenden Vorteil im Wettbewerb. In der Regel werden daher in der Kostenkalkulation keine Maßnahmen zur Sicherstellung von Usability berücksichtigt. - Die Nichtverfügbarkeit von aussagekräftigen monetären Kosten/Nutzen-Beispielen bzw. Rechenmodellen und mangelnde Transparenz bezüglich der Messbarkeit von Usability-Erfolgen erschweren die Argumentation für Usability-Maßnahmen. - Aufgrund fehlender praktischer Erfahrungen im Bereich Usability ist es schwierig, Kosten für die Usability-Aktivitäten zu beziffern und Preise für Usability-Leistungen anzugeben.
Für Usability ist keine Zeit	- Nach Ansicht der befragten KMU ist für Usability-Maßnahmen in den meisten Projekten keine Zeit übrig. Die Zeitpuffer in der per se eng kalkulierten Zeitplanung sind für anderweitigen Optimierungsbedarf vorgesehen. - Viele KMU unterliegen einem hohen Innovationsdruck, der die Unternehmen zwingt, den Softwareentwicklungsprozess möglichst kurz zu halten. - Es existiert eine Diskrepanz zwischen Usability-Maßnahmen mit hohem Usability-Output und dem zeitlichen Umfang für deren Durchführung.

Die Rolle des Auftraggebers	Laut den befragten KMU hängt die Durchführung von Usability-Maßnahmen unmittelbar mit dem Auftraggeber zusammen: - Dass für die Entwicklung eines gebrauchstauglichen Produkts ggf. mehr Ressourcen benötigt werden, stößt häufig auf mangelndes Verständnis seitens der Auftraggeber. - Der Auftraggeber ist der Ansicht, mit der Beauftragung des KMU einen Aufgabenexperten betraut zu haben. Dem Auftraggeber ist es daher nicht ersichtlich, warum der Aufgabenexperte Input von projektexternen Benutzern benötigt. - Der Auftraggeber sieht Usability nicht als Qualitätsziel an und ist sich der Notwendigkeit von Usability-Maßnahmen nicht bewusst. - Der Auftraggeber kann keine oder nur vage Angaben hinsichtlich der Zielgruppe, des Projektziels, der Anforderungen und der KPIs machen. Neben der Integration von echten Benutzern, sind Informationen vom Auftraggeber wie z.B. über die Zielgruppe des Produkts jedoch unabdingbar. - Es besteht ein Konflikt zwischen Usability-Zielen und Vorstellungen/ Forderungen/Corporate Identity-Vorgaben des Auftraggebers bzw. eine Interessenkollision zwischen Usability-Vorgaben und Vertriebsstrategie des Auftraggebers.
Innenpolitische Hemmnisse	- (Ablehnende) Haltung der Mitarbeiter/-innen bzw. der Geschäftsführung in Hinblick auf Usability-Aktivitäten. - Bedenken der Mitarbeiter/-innen, dass ggf. die Ergebnisse von Usability-Maßnahmen, wie z.B. Benutzungstests, eigene Arbeitsergebnisse bzw. die von Kollegen/innen und somit eigene/deren Kompetenz infrage stellen könnten. - Fehlende Verankerung von Usability als Qualitätsziel z.B. in den Unternehmensrichtlinien. Die Entwicklung von Produkten, die von den Benutzern akzeptiert und gebraucht werden können, wird per se vorausgesetzt. Zu einer expliziten Anwendung von Usability-Maßnahmen kommt es in den meisten Unternehmen aber nicht.

Usability bedeutet mehr Arbeit	-	In nahezu allen untersuchten KMU herrscht die Vorstellung, dass die Durchführung von Usability-Maßnahmen zusätzliche Arbeit oder einen Mehraufwand mit sich bringt. Eine Integration in die bestehenden Entwicklungsprozesse und Vorteile durch Usability-Maßnahmen, wie z.B. frühzeitige Fehlererkennung oder Erleichterung der Konzeption, ist für viele der Befragten nicht offensichtlich.
Fehlende Usability-Fachkompetenz	-	Mangel an Fachkompetenz und an qualifiziertem Personal, das über Fertigkeiten und Fähigkeiten im Bereich Usability Engineering verfügt. Die Mitarbeiter/-innen arbeiten hauptsächlich auf Basis der eigenen Erfahrungen oder Erkenntnissen aus Selbststudium des State of the Art. Usability-Fachleute können sich nur die wenigsten KMU leisten. Das gleiche gilt für externe Usability-Dienstleister oder qualifizierte Weiterbildungsmaßnahmen im Bereich Usability für die Mitarbeiter/-innen.
	-	KMU fehlt oft der Zugang zu Informationen bzw. aktuellen Studien zum Thema Usability. Die Schnelllebigkeit in der Branche der Webtechnologien (Informationen veralten) stellt ein zusätzliches Problem dar.
Schwierigkeiten bei der Rekrutierung der Nutzer	Der Großteil der befragten KMU integriert keine echten Benutzer in die Entwicklungsprozesse, sondern entwickelt auf Basis von Erfahrungen und Annahmen:	
	-	Das Wissen über die korrekte Auswahl von Testbenutzern fehlt.
	-	KMU kann aus zeitlichen und finanziellen Gründen keine Testbenutzerakquise betreiben.
	-	Rekrutierung der repräsentativen Benutzergruppen ist für KMU schwierig oder nicht möglich.

Tabelle 1: Identifizierte Faktoren, die die Integration von Usability-Maßnahmen in die Software-Entwicklungsprozesse der KMU behindern oder beeinträchtigen

5   Fazit und Ausblick

Die Studie hat gezeigt, dass durch die Untersuchung von 10 Software entwickelnden KMU mittels semi-strukturierten Interviews zum einen sehr unternehmensspezifische Anpassungen von Vorgehensmodellen und zum anderen eine Behinderung einer reibungslosen Integration von Usability in deren Entwicklungsprozesse durch diverse Faktoren feststellbar waren. Die Studie bestätigt, wie in vorausgegangenen Arbeiten, dass bekannte Ansätze des Software-Engineering nicht den Bedürfnissen von Software entwickelnden KMU entsprechen und einer erfolgreichen Integration von Usability-Maßnahmen fachliche, zeitliche, monetäre und zwischenmenschliche Hemmnisse entgegenstehen. Es geht hervor, dass neben einer fachlich korrekten Integration von Usability-Maßnahmen sehr unternehmens- bzw. KMU-spezifische Begebenheiten berücksichtigt werden müssen, die zusätzlich nicht die flexible und projektbestimmte Arbeitsweise von KMU beeinträchtigen dürfen. Als wesentliches Ergebnis der durchgeführten Studie sind die aufgeführten Hindernisse zu nennen, die die Arbeit am Projekt „Simply usable" weiter motivieren. Basierend auf den gewonnenen Einsichten und Erkenntnissen sind insbesondere vor dem Hintergrund der Normkonformität (gemäß ISO 9241-210) von Usability-Maßnahmen die Effekte bei der Integration von auf KMU-Belange angepassten Usability-Maßnahmen in realen Projekten zu untersuchen.

Kontaktinformationen

Kompetenzzentrum Usability & User Experience Design
Fraunhofer-Institut für Angewandte Informationstechnik FIT
Schloss Birlinghoven
53754 Sankt Augustin, Germany
http://www.fit.fraunhofer.de/de/fb/ucc/projects/simply-usable.html
http://www.simply-usable.de/

Literaturverzeichnis

Bak, J. O., Risgaard, P. & Stage, J. (2008). Obstacles to Usability Evaluation in Practice : A Survey of Software Development Organizations. *Proceedings of the 5th Nordic conference on Humancomputer interaction building bridges*, S. 23–32. doi:10.1145/1463160.1463164

Bundesministerium für Bildung und Forschung (BMBF). (2011). KiU - Kompetenzinitiative Usability FKZ 03WWBE054A.

Deutsche Akkreditierungsstelle Technik GmbH. (2010). *Leitfaden Usability Version 1.3.* Deutsche Akkreditierungsstelle Technik GmbH. Retrieved from http://www.dakks.de

Friedewald, M., Dieter, H., Stahl, P., Hartkopf, S., Kohler, K., & Zoche, P. (2001). Softwareentwicklung in Deutschland: Eine Bestandsaufnahme. *Informatik Spektrum*, *24*(2), S. 81–90.

Institut für Mittelstandsforschung an der Universität Mannheim. (2011). *Abschlussbericht des Forschungsprojekts: Gebrauchstauglichkeit von Anwendungssoftware als Wettbewerbsfaktor für kleine und mittlere Unternehmen (KMU)*. Mannheim.

Mayhew, D. J. (1999). *The Usability Engineering Lifecycle. A Practitioner's Handbook for User Interface Design*. San Francisco: Morgan Kaufmann.

Nett, B., & Wulf, V. (2005). Wissensprozesse in der Softwarebranche. Kleine und mittelständische Unternehmen unter empirischer Perspektive. *Wissensprozesse in der Netzwerkgesellschaft*, S. 147 – 168.

Rombach, D., Stahl, P., & Friedewald, M. (2000). *Analyse und Evaluation der Software-Entwicklung in Deutschland. Endbericht an das BMBF*. Nürnberg: GfK Marktforschung GmbH.

Rosenbaum, S., Bloomer, S., Dye, K., Nielsen, J., Rinehart, D., Wixon, D., & Rohn, J. (1999). What Makes Strategic Usability Fail? Lessons Learned from the Field, (May).

Rosson, M. B., & Carroll, J. M. (2002). Scenario-based usability engineering. *DIS '02 Proceedings of the 4th conference on Designing interactive systems: processes, practices, methods, and techniques*. S. 413 – 413. London: ACM New York. Retrieved from http://dl.acm.org/citation.cfm?id=778776

S. Boll, S. Maaß & R. Malaka (Hrsg.): Workshopband Mensch & Computer 2013
München: Oldenbourg Verlag, 2013, S. 19–27

Usability in KMU etablieren: Von schneller Problemlösung zu ressourcenorientiertem Usability Engineering

Melanie J. C. Stade, Ronny Reckin, Stefan Brandenburg, Manfred Thüring

Projekt UseTree, Fachgebiet Kognitionspsychologie und Kognitive Ergonomie, Institut für Psychologie und Arbeitswissenschaft, Technische Universität Berlin

Zusammenfassung

Die Rahmenbedingungen bei kleinen und mittleren Softwareherstellern (KMU) erschweren häufig eine geplante und nachhaltige Einführung nutzerzentrierter Softwareentwicklung. Bisherige Reifegrad- und Prozessmodelle beschreiben eine umfassende Umsetzung der Prozessschritte des Usability Engineering, gehen dabei jedoch nicht auf mögliche Vorgehensweisen bei limitierten Ressourcen ein.

In unserer Arbeit fokussieren wir die besonderen Herausforderungen, die bei der Einführung von Usability-Aktivitäten und -Methoden und bei der Etablierung eines nachhaltigen Usability Engineerings in KMU beachtet werden müssen. Mit dem UseTree Phasenmodell zeigen wir einen ersten Ansatz zur Überwindung dieser Herausforderungen auf. Dabei illustrieren wir das phasenweise Vorgehen unseres Modells an einem Fallbeispiel. Ziel der ersten Phase ist es, eine für das KMU relevante Usability-Problemstellung schnell und ressourcenschonend zu lösen. Dadurch wird dem KMU schnell der hohe Nutzen dieser ersten Usability-Aktivität für die Problemlösung deutlich. Im weiteren Kontakt mit dem KMU werden anschließend zusätzliche Usability-Aktivitäten punktuell realisiert (Phase 2). Eine Zunahme dieser Usability-Aktivitäten führt in der letzten Phase zur Einführung eines geplanten Vorgehens von Usability-Aktivitäten im Sinne des Usability Engineering.

Für dieses geplante Vorgehen stellen wir abschließend Kriterien vor, die ein Vorgehensmodell für ressourcenorientiertes Usability Engineering (RUE) erfüllen muss, um in KMU eingeführt und etabliert werden zu können.

1   Usability bei kleinen und mittleren Softwareherstellern

Erfolgreiche Software-Produkte haben häufig ein Qualitätsmerkmal gemeinsam: Sie sind benutzerfreundlich gestaltet und lassen sich einfach bedienen. Viele Unternehmen – sowohl Anbieter als auch Anwender – erkennen zunehmend die Usability von Software-Produkten als anzustrebendes Qualitätsmerkmal und profitieren von Usability-Aktivitäten. Jedoch unterschätzen auf Seiten der Softwarehersteller insbesondere kleine und mittelständische Unternehmen (KMU) derzeit noch den Mehrwert der nutzerzentrierten Entwicklung. So zeigten Woywode, Mädche, Wallach und Plach (2011), dass die Vorgehensweise und die Methoden des Usability Engineering nicht in einem ausreichenden Maße in bestehende Produktentstehungsprozesse bei kleinen und mittelständischen Unternehmen (KMU) eingegliedert werden. Ausgestattet mit z. T. sehr knappen Ressourcen bei gleichzeitig hohem Wettbewerbsdruck müssen KMU schnell auf technologische Trends, den Markt und die Anforderungen ihrer Kunden reagieren. Ressourcenknappheit und Zeitdruck sind deshalb häufig Faktoren, die dem Einsatz von Usability-Maßnahmen entgegenstehen.

Dabei ist die Definition der Usability eines Produktes vielen KMU geläufig: Das Ausmaß an Effektivität, Effizienz und Zufriedenstellung des Nutzers beim Erreichen eines bestimmten Zieles unter Verwendung eines Produktes (DIN EN ISO 9241-11, 2006). Diese Kenngrößen können herangezogen werden, um an einem Produkt Usability-Probleme aufzuzeigen: Mit dem Produkt kommt der Benutzer nicht zu einem bestimmten Ziel, der Aufwand für das Erreichen des Zieles ist zu hoch, der Benutzer schätzt das Produkt negativ ein. Zur Ermittlung und Besitigung derartiger Probleme kombiniert deshalb der Ansatz des Usability Engineering (bzw. des User Centered Design; DIN EN ISO 9241-210, 2010) Implementierung und Evaluation zu einer iterativen Vorgehensweise. Möglichst früh beginnend wird das System nach einem Entwicklungsschritt evaluiert und die dabei gewonnenen Erkenntnisse tragen zur Optimierung im nächsten Schritt bei.

Viele KMU scheuen allerdings derzeit noch davor zurück, Ressourcen, die sie bislang vorwiegend für die Implementierung verwendet haben, in die Evaluation ihrer Produkte zu investieren. Außerdem fehlt häufig das Wissen über geeignete Methoden und Vorgehensweisen. Wie die Studie von Woywode et al. (2011) zeigt, erzielen allerdings KMU, die bereits heute schon Usability-Maßnahmen durchführen, Wettbewerbsvorteile. Wie ausgeprägt und nachhaltig derartige Maßnahmen in einem Unternehmen praktiziert werden, lässt sich anhand sog. Reifegradmodelle bestimmen.

2   Reifegrad- und Prozessmodelle für Usability Engineering: Etablierbar in KMU?

"Mit *Reifegradmodellen* wird im Bereich der Softwareentwicklung die Qualität der Entwicklung in einer bestimmten Organisation bzw. einem Teilbereich der Organisation gemessen." (Woywode et al., 2011, S. 68). Für den Usability-Bereich analysierten Woywode et al. (2011) Stärken und Schwächen bisheriger Modelle, wie das Usability Maturity Model (Earthly,

1997, 1998), den auf der ISO 13407 basierenden Leitfaden Usability (DAkkS, 2009) oder die Corporate Usability Maturity (Nielsen, 2006). Sie kritisieren insbesondere, dass diese Modelle (1) inhaltliche Lücken aufweisen, (2) ein strikt sequentielles Vorgehen bei der Einführung von Usability-Aktivitäten fordern und (3) die Adaptionsart "Top-Down" oder "Bottom-Up" vorgeben[1]. Ausgehend von diesen Schwachpunkten schlagen sie mit dem "UIG-Reifegradmodell" einen Ansatz vor, der diese Defizite beseitigt und explizit die Kultur und die individuelle Situation des Unternehmens berücksichtigt. Zentraler Bestandteil ihres Modells sind verschiedene Reifegrade, deren Erreichen davon abhängt, inwieweit bestimmte Usability- und Management-Praktiken bereits im Unternehmen verankert sind. Hiervon abgeleitet, stellen sie Unternehmen einen Selbsttest zur Verfügung, der eine Ist-Analyse ermöglicht, auf deren Basis Maßnahmen ergriffen werden können, die den Softwareentwicklungsprozess optimieren.

Für die Realisierung der Prozessoptimierung können prinzipiell bestehende *Usability Engineering Prozessmodelle* (z. B. Mayhew, 1999; DIN EN ISO 9241-210, 2010; DAkkS, 2010) herangezogen werden. Derartige Modelle integrieren Softwareentwicklung und Usability-Aktivitäten zu *einem* Prozess, der einheitlich geplant und gesteuert wird. Sie veranschaulichen den gesamten Entwicklungsverlauf, beschreiben Prozessschritte sowie Methoden und geben Handlungsanweisungen für die Umsetzung.

Sowohl Reifegrad- als auch Prozessmodelle zielen auf die Optimierung des gesamten Softwareentwicklungsprozesses ab. Bemerkenswerterweise berücksichtigen diese Modelle jedoch nicht explizit, dass zunächst bestimmte Voraussetzung für die Veränderungen von Vorgehens- und Arbeitsweisen in einem Unternehmen erfüllt sein müssen, ehe entsprechende Prozesse implementiert werden können. Hierzu zählen Bereitschaft, Ressourcen und Expertenwissen für den Veränderungsprozess – Voraussetzungen, die (wie oben ausgeführt) in KMU meist nicht oder nur unzureichend gegeben sind. So setzen die genannten Prozessmodelle die Erfüllung von mindestens drei Bedingungen voraus: (1) eine Entscheidung für die Einführung einer neuen Vorgehensweise bei der Softwareentwicklung, (2) die Bereitschaft, das Usability Engineering mit Beginn einer Produktentwicklung einzusetzen, sowie (3) die Bereitstellung von Ressourcen und der notwendigen Expertise zur Umsetzung von Usability-Maßnahmen. Erschwert wird die Erfüllung dieser Bedingungen dadurch, dass bestehende Prozessmodelle des Usability Engineering sehr komplex sind und leicht den Anschein erwecken können, den Entwicklungsaufwand zu erhöhen. Dies kann dazu führen, dass die Geschäftsführung die mit der Veränderung verbundenen Kosten überschätzt und den resultierenden Nutzen unterbewertet. Wird das Kosten-Nutzen-Verhältnis als ungünstig wahrgenommen, vermindert sich die Wahrscheinlichkeit, dass sich das Management für die Einführung des Usability Engineering entscheidet. Eine frühe Forderung nach durchgreifenden Prozessveränderungen bei KMU, die noch keine Erfahrungen mit Usability-Maßnahmen sammeln konnten, ist deshalb mit hoher Sicherheit zum Scheitern verurteilt.

Auch das auf KMU ausgerichtete "UIG-Reifegradmodell" setzt letztendlich eine Entscheidung der Geschäftsführung voraus. Vor der Durchführung des geforderten Selbsttests (Ist-Analyse) muss Usability zunächst als ein strategisches Handlungsfeld erkannt worden sein und eine entsprechende Priorität erlangen. Diese Einsicht ist insbesondere bei grundlegenden

---

[1] Die Adaptionsart "Top-Down" steht für Maßnahmen, die auf Managementebene initiiert werden, während bei der "Bottom-Up" Adaption Mitarbeiter(innen) Maßnahmen auf der Arbeitsebene anstoßen.

Veränderungen im Softwareentwicklungsprozess notwendig. Schritte, die zu dieser Einsicht und letztlich einer strategischen Entscheidung führen, werden im "UIG-Reifegradmodell" nicht explizit berücksichtigt.

Im Folgenden skizzieren wir ein Vorgehensmodell, in dem diese Einsicht nicht *vorausgesetzt*, sondern *geschaffen wird*. Bezogen auf das UIG-Reifegradmodell verstehen wir es als Ergänzung, die vor allem bei einem geringen Reifegrad die Einführung von Usability-Maßnahmen erleichtern soll.

3   Von einer einzelnen Usability-Aktivität zur nachhaltigen Prozessgestaltung

Wie bereits ausgeführt, wird Usability als anzustrebendes Qualitätsmerkmal von KMU zwar häufig erkannt, der Stellenwert von Usability Engineering zum Erreichen dieses Zieles jedoch nicht. Eine bedeutsame Barriere, die verhindert, dass Usability Engineering als wichtig und realisierbar eingestuft wird, besteht in der negativen Einschätzung des damit verbundenen Kosten-Nutzen-Verhältnisses. Abbildung 1 zeigt mögliche Entwicklungsverläufe für dieses Verhältnis bei der Einführung von Usability-Maßnahmen. Schraffiert dargestellt ist die Zeitspanne, die dem Usability-Verantwortlichen – extern oder intern – zur Verfügung steht, um einen möglichst hohen Nutzen von Usability-Aktivitäten und damit die Produktverbesserung erfahrbar und kommunizierbar zu machen.

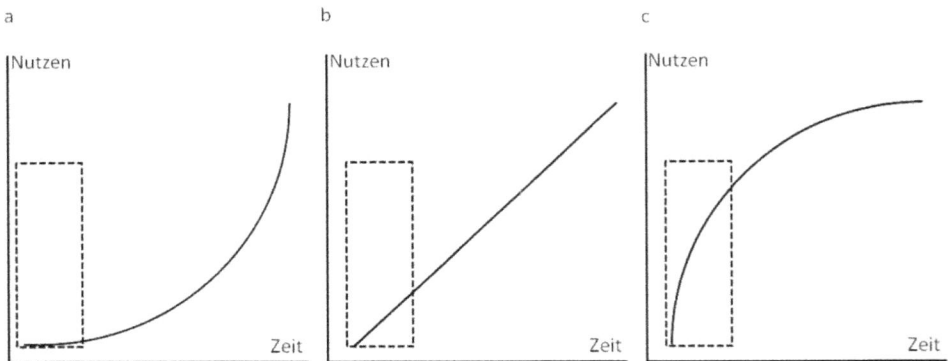

Abbildung 1: Drei Möglichkeiten des wahrgenommenen Nutzens von Usability-Maßnahmen über die Zeit

Usability-Maßnahmen, deren Nutzen erst zeitlich versetzt sichtbar wird (Abbildung 1a), wird als Maßnahme zur Überwindung der (fehleingeschätzten) Kosten-Nutzen-Barriere sicherlich scheitern. Ein mäßiger Anstieg des Nutzens durch eine Usability-Aktivität (Abbildung 1b) lässt sich durch den Verantwortlichen zwar kommunizieren, der Durchbruch zur Überwindung der Kosten-Nutzen-Barriere wird aber aufgrund der ausbleibenden Aha-Effekte bei allen Beteiligten vermutlich ebenfalls nicht auftreten. Der sichtbare Nutzen erscheint nicht bedeutsam genug. Die dritte Usability-Aktivität und ihr Nutzen für die Produktentwicklung sind in Abbildung 1c skizziert. Innerhalb kurzer Zeit nimmt der Nutzen für das Produkt bedeutsam zu, negative Annahmen über Kosten-Nutzen von Usability-Aktivitäten können revidiert werden.

Wie lässt es sich erreichen, dass Fall c eintritt? Unsere zentrale Annahme zur Beantwortung dieser Frage ist, dass die Einführung von Usability-Maßnahmen in KMU nur dann erfolgreich und nachhaltig sein kann, wenn sie unter sparsamer Verwendung vorhandener Ressourcen unmittelbar einen bedeutsamen Nutzen für die Produktentwicklung erbringen. Um dies zu erreichen, schlagen wir einen niedrigschwelligen Ansatz vor: Als Einstieg wird zunächst das *Produkt* und nicht der (eigentlich zu verändernde) *Prozess* fokussiert. Kurzfristiges Ziel ist die Verbesserung eines ausgewählten Produktes, indem an einer engen, spezifischen Usability-Problemstellung gearbeitet wird. Besonders wichtig ist dabei, dass Methoden der Evaluation gewählt werden, die nur geringe zeitliche und monetäre Ressourcen verbrauchen und ein eingeschränktes Problemfeld fokussieren, anstatt die gesamte Usability-Problematik zu adressieren. In Frage kommen hierfür Experten Reviews oder auch Usability-Tests mit geringem Stichprobenumfang, in denen in erster Linie qualitative Daten erhoben werden, die das Verstehen eines Usability-Problems ermöglichen.

Der bestehende Softwareentwicklungsprozess wird also in der Einstiegsphase *nicht* verändert, langfristig wird aber an dem Ziel festgehalten, Usability-Maßnahmen nachhaltig zu etablieren und entsprechend eine Veränderung der hierfür relevanten Geschätsprozesse im Sinne des Usability Engineering zu bewirken. Ein hierauf zugeschnittenes Vorgehen beschreibt das *UseTree Phasenmodell* (Version 1), das an der Technischen Universität Berlin im Rahmen des Kompetenzzentrums für Usability-Maßnahmen entwickelt wurde. Seine vier Phasen sind in Abbildung 2 dargestellt.

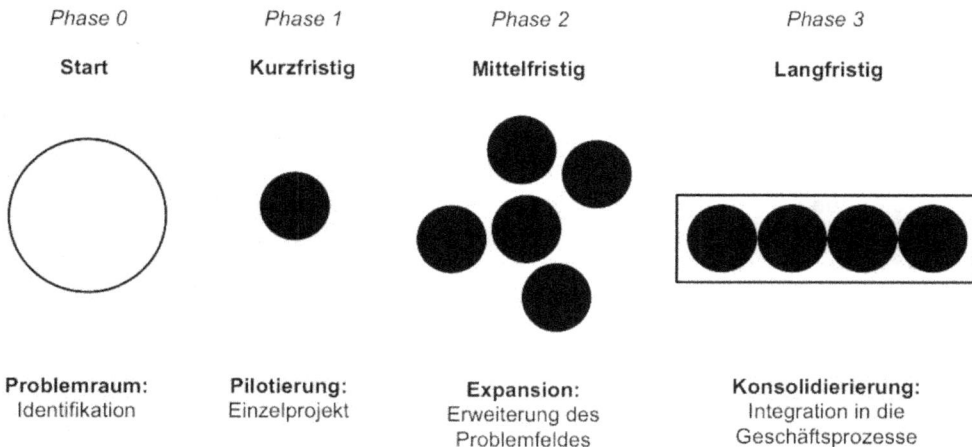

Phase 0	Phase 1	Phase 2	Phase 3
Start	**Kurzfristig**	**Mittelfristig**	**Langfristig**

Problemraum:	Pilotierung:	Expansion:	Konsolidierung:
Identifikation	Einzelprojekt	Erweiterung des Problemfeldes	Integration in die Geschäftsprozesse

Abbildung 2: UseTree Phasenmodell (Version 1)

Die einzelnen Phasen des Modells werden im Folgenden anhand eines Fallbeispiels erläutert. Es basiert auf einem Pilotprojekt, das mit einem Berliner Startup-Unternehmen zur Erprobung des UseTree Phasenmodells durchgeführt wurde.

3.1   Phase 0: Problemraum

Vorgehen: Das KMU hat Usability als anzustrebendes Qualitätsmerkmal erkannt (z. B. Wettbewerbsfaktor, Unzufriedenheit des Kunden). Für ein Produkt wird der Usability-Problemraum aufgespannt und grob erfasst.

Fallbeispiel: Das Startup-Unternehmen entwickelt sein Produkt – angelehnt an agile Methoden – in sehr kurzen Entwicklungszyklen. Bei dem Produkt handelt es sich um eine online verfügbare, komplexe Software für Arztpraxen. Mit ihr können u.a. Mitarbeiter- und Patientendaten verwaltet werden. Zusätzlich zu den Grundfunktionalitäten der Software wurde eine Web-Applikation (App) entwickelt, mit der Patienten nach Terminvergabe die verbleibende Zeit bis zum Termin auf dem Smartphone angezeigt bekommen. Patienten können so die Wartezeit anderweitig nutzen und ggf. die Arztpraxis verlassen, was die Auslastung im Wartezimmer reduziert. Das Unternehmen war sich der Bedeutung der Gebrauchstauglichkeit der App für seine Stellung am Markt bewusst. An mehreren Stellen der Software vermutete das Unternehmen, dass seine zukünftigen Benutzer Schwierigkeiten haben würden.

3.2   Phase 1: Pilotierung

Vorgehen: Der Usability-Verantwortliche wählt mit dem KMU *ein* Usability-Problem aus dem Problemraum aus. Dieses Usability-Problem ist eingegrenzt und fassbar, seine Behebung für das KMU jedoch sehr relevant. Eine ressourcenschonende Usability-Aktivität wird festgelegt, von der der Usability-Verantwortliche annimmt, dass sie zeitnah einen bedeutsamen Nutzen generiert, der im KMU gut kommunizierbar und eindrücklich ist. Der Usability-Verantwortliche ist in dieser Phase zunächst allein wirksam.

Fallbeispiel: Die Starttermine von Software und App stehen kurz bevor. Die Entwickler sind hohem Zeitdruck ausgesetzt, es können keine Extraressourcen aus dem Unternehmen gestellt werden, um die Gebrauchstauglichkeit "von innen" zu verbessern. Als einzelnes Usability-Problem wird die Eingabe-Maske der Web-Applikation (Terminvergabe) ausgewählt. Bereits beim Erstkontakt des externen Usability-Verantwortlichen mit der App ist es diesem nach einem kurzen Walkthrough möglich, sofort Verbesserungsmöglichkeiten für die App aufzuzeigen, die dann vom Unternehmen umgesetzt werden. Schon diese ad-hoc Bewertung des Produktes reicht aus, um einen großen Sprung hinsichtlich der Usability des Produktes zu machen und damit Nutzen für das Unternehmen zu generieren. Abbildung 3 zeigt die Web-Applikation vorher und nachher. Es ist deutlich zu sehen, dass die Vorversion der Webbasierten Applikation (Abbildung 3a) nicht alle relevanten Informationen darstellen kann. Sichtbare Informationen und Funktionen sind sehr klein dargestellt, schwer lesbar und schlecht zu bedienen. Die Intervention durch den Usability-Verantwortlichen ermöglichte eine generische App, die bereits Charakteristika (Übersichtlichkeit, Icons etc.) einer modernen Applikation aufweist (Abbildung 3b).

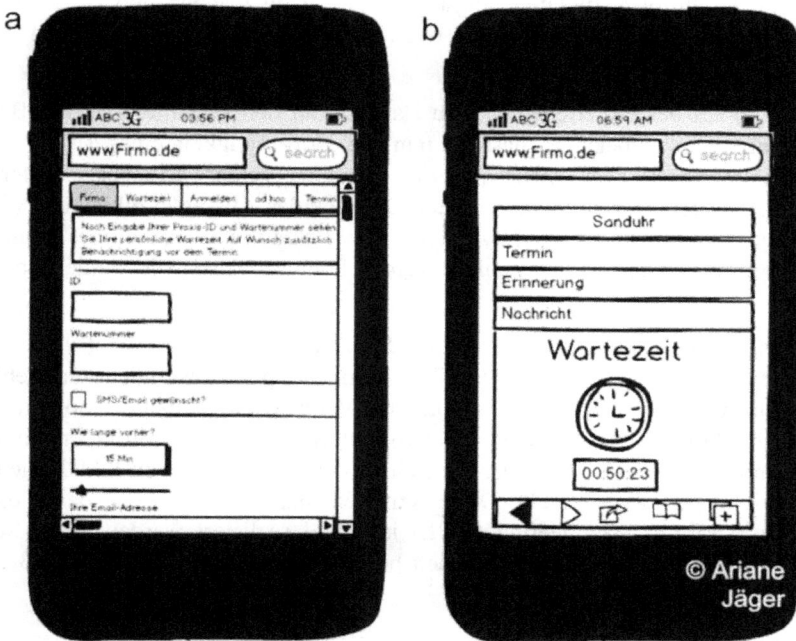

Abbildung 3: Die Web-Applikation a) vor der Intervention und b) nach der Intervention

3.3 Phase 2: Expansion

Vorgehen: Basierend auf der positiven Rückmeldung der eingesetzten Usability-Aktivität für das eine, ausgewählte Problem, wendet der Usability-Verantwortliche bei weiteren einge-grenzten Usability-Problemen erneut Usability-Maßnahmen an. Sein Ziel ist es, die positive Erfahrung der Beteiligten im KMU auszubauen und die Motivation des KMU, sich mit Usa-bility auseinander zu setzen, weiter zu erhöhen. Hierfür macht der Usability-Verantwortliche sein Wirken transparent und vermittelt Wissen über die eingesetzten Usability-Aktivitäten, z. B. welche Usability-Methode für welche Usability-Fragestellung geeignet ist.

Fallbeispiel: Der deutlich sichtbare Erfolg der Expertenevaluation für die Web-Applikation führt zu einer Evaluation der Registrierungsmaske der Desktop-Software (hier nicht darge-stellt). Zusätzlich zur Expertenevaluation führt der Usability-Verantwortliche einen Usabili-ty-Test mit zwei Benutzern durch. Als Beobachter während des Usability-Tests werden Soft-wareentwickler aus dem Unternehmen eingeladen. Somit kann der Usability-Verantwortliche sein Vorgehen transparent machen und neues Wissen direkt in das Unternehmen einbringen.

3.4 Phase 3: Konsolidierung

Vorgehen: In der Konsolidierungsphase entwickelt der Usability-Verantwortliche gemeinsam mit dem KMU ein Vorgehensmodell, wie der bestehende Entwicklungsprozess langfristig durch Usability-Aktivitäten angereichert werden kann. Die bis zur Phase 3 punktuell reali-sierten Usability-Aktivitäten sollen nun zu einem Prozess geordnet werden. Ziel dieser

Strukturierung ist es, Usability-Aktivitäten langfristig planbar zu machen und sie in den bestehenden Entwicklungsprozess zu integrieren, damit sie dort mit maximalen Nutzen für die Produktentwicklung wirksam werden können.

Fallbeispiel: Basierend auf der Expertenevaluation als auch auf den Usability-Test mit Benutzern gibt das Unternehmen bekannt, dass es nun die Notwendigkeit eines Usability-Beauftragten im Unternehmen sehen würde (interner Usability-Verantwortlicher). Weitere Tests mit dem Produkt werden für sinnvoll gehalten. Diese beiden Aussagen bilden nun die Diskussionsgrundlage, wie die Usability-Aktivitäten in Hinblick auf ein nachhaltiges Usability Engineering langfristig integriert und geplant werden können. Phase 3 ist derzeit noch nicht abgeschlossen.

Wie aus dem Fallbeispiel deutlich wird, schreibt das UseTree Phasenmodell nicht vor, wie der im Unternehmen zu implementierende Usability Engineering Prozess genau aussieht. Ausgehend von der im Unternehmen bereits praktizierten Vorgehensweise bei der Software-Entwicklung soll dieses Vorgehen im Kern beibehalten, aber um Evaluationsschritte erweitert werden. Für die Erarbeitung dieses Prozesses, der sich an den Ressourcen von KMU orientieren soll, haben wir Kriterien aufgestellt. Diese Kriterien müssen erfüllt sein, damit ein ressourcenorientiertes Usability Engineering (RUE) in KMU realisiert werden kann. Sie dienen Entscheidern und Usability-Verantwortlichen bei der Ausgestaltung von Phase 3 in unserem Phasenmodell:

- Es werden Startpunkte und erste Schritte für die Realisierung von Usability Engineering im Unternehmen aufgezeigt.

- Geeignete Evaluationsschritte und Methoden werden zum bestehenden Entwicklungsprozess und den Rahmenbedingungen des Unternehmens in Verbindung gesetzt.

- Verfügbare Unternehmensressourcen und Charakteristika der Usability-Probleme werden bei der Auswahl von Usability-Aktivtäten und -Methoden berücksichtigt.

- Für die verschiedenen Schritte im Usability Engineering werden Rollen formuliert und Verantwortlichkeiten bestimmt.

Die Erfüllung dieser Kriterien schafft die Voraussetzung dafür, dass die dritte Phase erfolgreich bewältigt werden kann.

4   Fazit und Ausblick

Ansatzpunkt des vorliegenden Beitrags waren die Probleme, Usability-Aktivitäten in kleinen und mittelständischen Unternehmen (KMU) zu etablieren (siehe auch Kessner, Bär & Dittrich, 2011; Nielsen & Giluz, 2002). Hierfür haben wir das UseTree Phasenmodell konzipiert, das zunächst auf einen niederschwelligen Einsatz von Aktivitäten zur Erhöhung der Gebrauchstauglichkeit setzt. Dem Modell folgend gelingt der Einstieg in das nachhaltige Usability Engineering, wenn ressourcensparend ein unmittelbarer, bedeutsamer Nutzen der Usability-Aktivität für das Unternehmen entsteht. Für KMU sollten daher Entscheidungshilfen erarbeiten werden, die die Auswahl und Adaption von Usability-Methoden unter der Berücksichtigung von vorhandenen Ressourcen ermöglichen. Da das UseTree Phasenmodell bislang nur in einem einzelnen Pilotprojekt erprobt wurde, muss es sich in der Praxis noch weiter bewähren. Die Erfahrungen früherer Initiativen, Usability-Aktivitäten in KMU einzuführen (bspw. Kessner et al., 2011), weisen jedoch darauf hin, dass das Kosten-Nutzen- Verhältnis von Usability-Aktivitäten einen besonders kritischen Punkt adressiert.

5 Literaturverzeichnis

Deutsche Akkreditierungsstelle GmbH (DAkkS) (2010). *Leitfaden Usability, Version 1.3.* http://www.dakks.de/sites/default/files/71-SD-2-007_Leitfaden%20Usability%201.3.pdf

DIN EN ISO 9241-11 (2006). *Ergonomie der Mensch-System-Interaktion – Teil 11: Anforderungen an die Gebrauchstauglichkeit.* Beuth, Berlin.

DIN EN ISO 9241-210 (2010). *Ergonomie der Mensch-System-Interaktion – Teil 210: Prozess zur Gestaltung gebrauchstauglicher Systeme.* Beuth, Berlin.

Earthy, J. (1997). *Usability Maturity Model: Processes.* INUSE/D5.1.4(p), EC INUSE (IE 2016) final deliverable (version 0.2). Lloyd's Register, London.

Earthy, J. (1998). *Usability Maturity Model: Human Centredness Scale.* INUSE Project deliverable D5.1.4(s). Version 1.2. Lloyd's Register, London.

Kessner, D., Bär, N. & Dittrich, F. (2011). Von der Wissenschaft in die Wirtschaft. Wissenstransfer in Sachen Usability – Erfahrungen aus einem dreijährigen geförderten Usability-Projekt. In H. Brau, A. Lehmann, K. Petrovic, & M. C. Schroeder (Hrsg.). *Usability Professionals 2011*, S. 236- 241, Stuttgart, German UPA e.V.

Mayhew, D. (1999). *The Usability Engineering Lifecycle: A Practitioner's Handbook for User Interface Design.* San Diego: Morgan Kaufmann Academic Press.

Nielsen, J. (2006). Corporate Usability Maturity: Stages 1-4. http://www.nngroup.com/articles/usability-maturity-stages-1-4/

Nielsen, J. & Giluz, S. (2002). Usability Return on Investment. Abgerufen von http://www.nngroup.com

Woywode, M., Mädche, A., Wallach, D. & Plach, M. (2011). *Abschlussbericht des Forschungsprojekts Gebrauchstauglichkeit von Anwendungssoftware als Wettbewerbsfaktor für kleine und mittlere Unternehmen (KMU).*

Kontaktinformation

melanie.stade@tu-berlin.de

Förderinformation

Diese Arbeit wurde durch das Bundesministerium für Wirtschaft und Technologie im Förderschwerpunkt Mittelstand Digital, Initiative Usability gefördert (Förderkennzeichen: 01MU12022A).

S. Boll, S. Maaß & R. Malaka (Hrsg.): Workshopband Mensch & Computer 2013
München: Oldenbourg Verlag, 2013, S. 29–38

KMU-taugliche Modelle zur Entwicklung gebrauchstauglicher mobiler Unternehmenssoftware

Rafael Pisarczyk, Thomas Ritz, Johanna Sachtleben

m2c lab, FH Aachen

Zusammenfassung

Die Anwendungsmöglichkeiten mobiler Geräte bieten Unternehmen Potential zur Optimierung eigener Prozesse und zur Produktivitätssteigerung. Zudem profitieren auch die Softwarehersteller von der steigenden Nachfrage nach mobilen Unternehmenslösungen. Allerdings werden die Hersteller bei der Entwicklung dieser Lösungen mit den Besonderheiten mobiler Anwendungen sowie den Anforderungen an gebrauchstaugliche mobile Lösungen konfrontiert. Aktuell gibt es kein Vorgehensmodell, das sowohl diese Faktoren berücksichtigt als auch KMU-tauglich ist. Die Entwicklung eines neuen, angepassten Vorgehensmodells ist daher unabdingbar.

In diesem Beitrag werden die Erfahrungen hinsichtlich der Definition eines solchen Vorgehensmodells beschrieben. Die ursprüngliche Zielsetzung – *ein* neues Vorgehensmodell zu definieren – stellt sich als nicht adäquat für die KMU und ihre verschiedenen Anwendungsfälle heraus. Eine Alternative in Form eines Modell-Baukastens bietet Möglichkeiten, die Anforderungen der Zielgruppe zu berücksichtigen und ermöglicht es, verschiedene angepasste Vorgehensmodelle zu definieren. Dies wird beispielhaft am Vorgehensmodell Scrum vorgestellt.

1 Einleitung

Die Mobilität der Mitarbeiter wird für Unternehmen zunehmend wichtiger. Daher nimmt auch die Bedeutung mobiler Betriebssoftware zu, welche es den Unternehmen erlaubt, ihre mobilen Mitarbeiter in das betriebliche Informationssystem einzubinden. Allerdings ist die Entwicklung von gebrauchstauglichen mobilen Unternehmenslösungen vor allem für kleine und mittelständische Softwarehersteller eine große Herausforderung. Vorgehensmodelle, die sowohl die Besonderheiten von mobiler Software als auch die besonderen Anforderungen von KMU berücksichtigen, sind bisher nicht definiert. Dem soll im Rahmen des Projekts

KompUEterchen4KMU[1] durch die Erarbeitung eines solchen Modells Abhilfe geschaffen werden. Der folgende Beitrag beschreibt das Vorgehen sowie erste Ergebnisse des Projekts.

Im zweiten Kapitel wird zunächst der Stand des Wissens dargelegt, welcher auf die Themen mobile Unternehmenssoftware, Usability sowie besondere Herausforderungen bei der Entwicklung von mobilen Anwendungen eingeht.

Darauf folgt im dritten Kapitel eine Zusammenfassung von Anforderungen an ein Vorgehensmodell. Aus diesen wird ersichtlich, dass die Definition *eines* allgemeingültigen KMU-tauglichen Vorgehensmodells nicht möglich ist. Basierend darauf erfolgt die Vorstellung der veränderten Zielsetzung, welche sich von der Idee, lediglich *ein* Vorgehensmodell zu definieren, distanziert. Anschließend wird eine mögliche alternative Herangehensweise mittels eines Modell-Baukastens vorgestellt.

Eine beispielhafte Anwendung des Baukastens am agilen Vorgehensmodell Scrum erfolgt im vierten Kapitel.

Den Schluss bildet ein Ausblick auf die Weiterentwicklung des Baukastens.

2   Stand des Wissens

2.1   Mobile Unternehmenssoftware

„Unternehmenssoftware wird zur Unterstützung und Steuerung betrieblicher Prozesse eingesetzt und findet sich für nahezu jeden Bereich eines Unternehmens." (Bertschek et al. 2008, 8) „Die Einbindung von Mitarbeitern, die nicht an einem festen Standort arbeiten, ist das Ziel von mobiler Unternehmenssoftware." (Ritz 2007, 23f.). Nach (PAC GmbH 2011, 6) müssen dabei zwei Arten der Mobilität von Mitarbeitern unterschieden werden: die *Interne* (Bewegung auf dem Firmengelände) und die *Externe Mobilität* (Bewegung außerhalb des Firmengeländes).

Im Optimalfall ist „Mobile Unternehmenssoftware [..] die Anwendung von Unternehmenssoftware im mobilen Einsatz auf adäquaten mobilen Endgeräten, mit angepasster Funktionalität, basierend auf Daten von adäquater Aktualität." (Ritz 2003, 700)

2.1.1   Vorteile durch den Einsatz mobiler Unternehmenssoftware

Schon 2011 zeigte die Studie *Enterprise Mobility 2011* der PAC GmbH, dass der Bereich der mobile Unternehmenstechnologien „[...] zu einem der wichtigsten Wachstumsthemen im ITK-Markt" zählt. Sowohl Externe als auch Interne Mobilität der Mitarbeiter spielt bei vielen deutschen Unternehmen eine bedeutende Rolle. (PAC GmbH 2011)

Nach (Benz et al. 2003, 15) liegt das Verbesserungspotential von mobiler Unternehmenssoftware in der dezentralen Informationserfassung und –Bereitstellung, welche Medienbrü-

---

[1]   Das Projekt KompUEterchen4KMU ist Teil der Förderinitiative „Einfach intuitiv – Usability für den Mittelstand", die im Rahmen des Förderschwerpunkts „Mittelstand-Digital – IKT-Anwendungen in der Wirtschaft" vom Bundesministerium für Wirtschaft und Technologie (BMWi) gefördert wird.

che verhindert und Prozessdurchlaufzeiten reduziert. Laut (Büllingen et al. 2011, 3) bietet der Einsatz mobiler Unternehmenssoftware innerhalb der gesamten Wertschöpfung „[...] erhebliche Produktivitätssteigerungen sowie spürbare Kosten-und Zeitersparnisse[..]."

2.2 Usability

Anders als früher stehen heute nicht mehr nur Entscheidungskriterien bezüglich Technik und Funktionalität im Vordergrund, wenn es um die Auswahl von geeigneten Softwareprodukten geht, sondern immer häufiger die *Usability (Gebrauchstauglichkeit)* (Woywode et al. 2012).

Laut ISO 9241-11 wird der Begriff *Gebrauchstauglichkeit* wie folgt definiert: „Das Ausmaß, in dem ein Produkt durch bestimmte Benutzer in einem bestimmten Nutzungskontext genutzt werden kann, um bestimmte Ziele effektiv, effizient und zufriedenstellend zu erreichen."

Folglich muss mobile Betriebssoftware nicht nur einen adäquaten Funktionsumfang aufweisen, sondern auch gebrauchstauglich sein. Nur wenn die Anwendungen an die konkreten Bedürfnisse der Anwender angepasst sind, können sie bei den Unternehmen für eine Produktivitätssteigerung sorgen und ihnen einen Wettbewerbsvorteil verschaffen.

2.2.1 Usability bei KMU

Obwohl Usability mittlerweile ein bedeutender Erfolgsfaktor für Software geworden ist, wird er von Softwareherstellern noch oft vernachlässigt. Vor allem auf kleine und mittelständische Hersteller trifft dies verstärkt zu. Allerdings scheint die KMU-Eignung von Usability-Methoden und -Praktiken aufgrund der begrenzten Ressourcen der Zielgruppe eher fraglich zu sein. (Woywode et al. 2012)

Die Vernachlässigung der Usability ist besonders kritisch im Bezug auf die Entwicklung mobiler Unternehmenslösungen, denn im Vergleich zu stationären Anwendungen stellt mobile Software eine besondere Herausforderung dar, wenn es um die Entwicklung gebrauchstauglicher Produkte geht (s. 2.3).

2.3 Besonderheiten bei der Entwicklung mobiler Software

Mobile Anwendungen unterliegen im Vergleich zu stationären Systemen Besonderheiten, wie einer starken Marktfragmentierung und ständigem Wandel. Zudem stellen die kurzen Entwicklungszeiträume in Verbindung mit dem hohen Konkurrenzdruck eine Herausforderung dar. (Abrahamsson 2005, 22) Eine weitere wichtige, aus vielen Faktoren bestehende Besonderheit bildet der Nutzungskontext, welcher stark heterogen und variieren ist (Bochmann & Ritz 2013, 18f.).

Lösungsansätze, die diese Besonderheiten berücksichtigen, sind u.a. in der agilen Entwicklung zu finden (Abrahamsson 2005, 20-23). Allerdings werden aktuelle agile Modelle noch nicht allen Anforderungen der mobilen Entwicklung gerecht. Dazu müssten Anpassungen oder gar Neuentwicklungen von Vorgehensmodellen vorgenommen werden. (Rahimian & Ramsin 2008, 338)

Die Anforderungen, die ein passendes Vorgehensmodell erfüllen muss, werden dabei im nachfolgenden Kapitel ermittelt.

3   Anforderungen an ein Vorgehensmodell

Für die Definition eines Vorgehensmodells ist es essentiell, entsprechende Anforderungen zu erheben, denen das Modell gerecht werden muss. Dazu wurden im Projekt sowohl Literaturrecherchen als auch Datenerhebungen innerhalb der Zielgruppe in Form von Workshops und einer Online-Umfrage durchgeführt.

Im Rahmen des Workshops erfolgten Interviews sowohl mit Personen aus der Führungsebene als auch dem operativen Bereich (Entwickler, Designer usw.) bei vier kleinen und mittelständischen deutschen Softwareherstellern. Die KMU beschäftigen zwischen 25 und 250 Mitarbeitern und entwickeln sowohl Standard- als auch Individuallösungen für den B2B-Markt. Mobile Unternehmenssoftware entwickeln alle teilnehmenden Unternehmen ebenfalls. In den Workshops wurden die Bereiche Software und Usability Engineering als auch die Entwicklung mobiler Software thematisiert. Die Fragestellungen bezogen sich auf verwendete Vorgehensmodelle und Prozesse in den jeweiligen Entwicklungsphasen sowie auf Erfahrungen, Probleme und Schwierigkeiten während der Softwareherstellung. Anschließend wurden Methodenelemente aus dem Software und Usability Engineering mit den Entwicklern und – sofern vorhanden – Designern der Unternehmen diskutiert. Ziel war es zu erfahren, welche Elemente in den Firmen bekannt sind, welche davon tatsächlich eingesetzt werden und wie ihre KMU-Tauglichkeit eingeschätzt wird. Zum Schluss der Workshops wurde die bereits 2007 entwickelte *Integrated Method* aus (Ritz 2007) mit den Teilnehmern evaluiert. Die Vorgehensmethode, die Software Engineering mit Usability Engineering vereint, sollte sowohl auf positive Aspekte als auch Schwachstellen untersucht werden, um so mögliche Erkenntnisse für die Entwicklung des Vorgehensmodells zu gewinnen.

Um weitere Eindrücke von den Erfahrungen und des Entwicklungsvorgehens bei der Zielgruppe zu erhalten, wurde im Januar 2013 eine Online-Umfrage über Zeitraum von vier Wochen durchgeführt. Die Befragung richtete sich an softwareherstellende KMU in Deutschland. Thematisiert wurden das firmeneigene Entwicklungsvorgehen (genutztes Vorgehensmodell, Einsatz von Usability Engineering, Nutzerinvolvierung etc.) und dessen Rahmenbedingungen (Budget, Zeitrahmen, Teamstruktur) sowie bei der Entwicklung aufgetretene Probleme. Entwickelte ein befragtes Unternehmen mobile Software, wurden die Befragung konkret zum Vorgehen bei der Entwicklung mobiler Lösungen durchgeführt. Insgesamt nahmen 22 KMU an der Umfrage teil, wovon knapp 70 % auch mobil entwickeln. In 50 % übernahm die Geschäftsführung die Beantwortung der Fragen. In den übrigen Fällen waren dafür Mitarbeiter wie z. B. Entwickler, Designer, Produktmanager und Usability-Verantwortliche zuständig.

Durch die Literaturrecherche konnten vor allem die Besonderheiten der Entwicklung mobiler gebrauchstauglicher Lösungen als auch Empfehlungen diesbezüglich ermittelt werden.

Insgesamt konnten so KMU-orientierte als auch auf die Entwicklung gebrauchstauglicher mobiler Software bezogene Anforderungen an das zu entwickelnde Vorgehensmodell ermittelt werden. Diese werden nachfolgend erläutert.

3.3   Anforderungen aus der Datenerhebung der Zielgruppe

Die in den Workshops und der Online-Umfrage mit Unternehmen der Zielgruppe ermittelten Anforderungen (DA 1-DA 4) werden im Nachfolgenden aufgelistet und kurz beschrieben.

- DA 1: *Möglichkeit zur Integration in bestehende Prozesse.* Grundlegende Änderungen an bereits bestehenden Prozessen bedeuten Risiken und Kosten für die Unternehmen. Kann das Vorgehensmodell nicht an die eigenen Prozesse angepasst werden, würde es wahrscheinlich nicht akzeptiert und angewendet werden.
- DA 2: *Anpassbarkeit an bestehende Gegebenheiten.* Das Vorgehensmodell sollte sowohl für die Entwicklung von Individual- als auch Standardsoftware eingesetzt werden können.
- DA 3: *Abgestimmt auf KMU-Ressourcen.* Die monetären und personellen Ressourcen von KMU sind begrenzt. Daher ist das Verhältnis zwischen Aufwand und Nutzen der verwendeten Methodenelemente sowie des Modells ein wichtiger Faktor.
- DA 4: *Prüfbarkeit der Gebrauchstauglichkeit.* Das Modell soll den KMU eine Art Prüfmechanismus zur entwicklungsbegleitenden Überprüfung der Usability des Produkts bereitstellen.

3.4 Anforderungen aus der Literaturrecherche

Darüber hinaus konnten bei der Literaturrecherche die folgenden Anforderungen (LA 1- LA 7) zusammengetragen werden:

- LA 1: *Aufnahme von kontextbezogene Anforderungen.* Um gebrauchstaugliche mobile Lösungen entwickeln zu können, bedarf es Wissen über die Nutzungskontexte der Software (Bochmann & Ritz 2013, 18f.).
- LA 2: *Direkter und kontinuierlicher Einbezug von Usability-Praktiken.* Nach (Brau & Sarodnick 2011, 24f. & 87) ist dies essentiell, für die Entwicklung gebrauchstauglicher Lösungen.
- LA 3: *Das Modell sollte die Entwicklung für mehrere Plattformen unterstützen.* Auf Grund der starken Fragmentierung im mobilen Bereich (Abrahamsson 2005, 22), kann nur durch die Unterstützung verschiedener Plattformen der gesamte Markt adressiert und damit die Wettbewerbsfähigkeit gewährleistet werden. Plattformspezifika wie typische Interaction- und Design-Patterns werden von den Nutzern erwartet und sollten daher gewahrt bleiben (Wassermann 2010, 3).
- LA 4: *Das Vorgehensmodell sollte zu schnellen Ergebnissen führen.* Auf Grund des hohen Konkurrenzdrucks kommt es zu immer kürzeren Entwicklungszeiten im mobilen Bereich (Abrahamsson 2005, 22). Daher sollte die Durchführung des Vorgehensmodells schon nach kurzer Zeit zu brauchbaren Ergebnissen führen.
- LA 5: *Das Modell sollte sich an der agilen Entwicklung orientieren.* Ein agiles Entwicklungsvorgehen ist für die Entwicklung mobiler Anwendungen besonders geeignet (Abrahamsson 2005).
- LA 6: *Nutzerinvolvierung während der gesamten Projektlaufzeit.* Nur durch Einbezug von tatsächlichen/potentiellen Endnutzern, können die Anforderungen an eine Softwarelösung ermittelt und die Gebrauchstauglichkeit von möglichen Lösungen bewertet werden (Richter & Flückiger 2013, 2f.).
- LA 7: *Möglichkeit zur Integration in bestehende Prozesse.* Grundlegende Veränderungen im Entwicklungsvorgehen von Unternehmen sind sehr langwierig (Hughes & Skuppin 2011, S. 193). Daher sollen umfangreiche Anpassungen nicht notwendig sein.

3.5 Zielkonflikt

Die Anforderungssammlung zeigt, dass Anforderungen an das zugrundeliegende Vorgehensmodell des Software Engineering und der Wunsch nach der Integritätsmöglichkeit in bestehende Prozesse in Konflikt stehen: Empfehlungen aus der Literatur resultierten in der Anforderung nach einem agil orientierten Vorgehensmodell (LA 5). Allerdings soll die Einführung des Modells keine umfangreichen Anpassungen an aktuellen Prozessen mit sich bringen (LA 7). Für die Zielgruppe ist ebenfalls die Anpassbarkeit und Integrationsmöglichkeit in eigene Prozesse sehr wichtig (DA 1). Da sich die bestehenden Prozesse der Unternehmen aber voneinander unterscheiden, ist die Definition *eines* für KMU allgemeingültigen Vorgehensmodells folglich nicht möglich.

Aufgrund dessen soll ein Vorgehensmodell-Baukasten definiert werden, der es KMU ermöglicht, auf strukturierte und pragmatische Art und Weise auf das Unternehmen zugeschnittene Vorgehensmodelle zur Entwicklung gebrauchstauglicher mobiler Unternehmenssoftware definieren und einsetzen zu können.

4   Erstellung eines Modell-Baukastens

Für die Erstellung eines Modell-Baukastens, werden in erster Linie Komponenten benötigt, aus denen sich ein an KMU angepasstes Vorgehensmodell definieren lässt.

Basis für die Anwendung des Baukastens soll das in dem jeweiligen Unternehmen bereits angewendete Vorgehensmodell sein. So wird vermieden, dass ein vollkommen neues Vorgehen eingeführt werden muss. Der Forderung nach der Möglichkeit zur Integration in bestehende Prozesse (DA 1 und LA 7) wird somit nachgekommen.

Als Elemente für den Baukasten werden Methodenelemente des Usability Engineering benötigt. Mit Hilfe dieser Elemente soll jedes Ausgangsvorgehensmodell so modifiziert werden können, dass es Usability-Aspekte über den gesamten Lebenszyklus eines mobilen Softwareprojektes berücksichtigt (LA 2) und so für die Entwicklung gebrauchstauglicher mobiler Unternehmenssoftware optimiert wird.

Im Rahmen der Ermittlung von Usability-Methodenelemeten, die als mögliche Bausteine dienen können, konnten 47 Elemente ausgemacht werden. Damit trotz Implementierung einzelner Bausteine in ein bestehendes Vorgehensmodell die KMU-Tauglichkeit des so entstehenden Modells gewährleistet werden kann, ist es nötig zu überprüfen, ob die einzelnen Methodenelemente überhaupt für KMU geeignet sind. Aus diesem Grund wurde eine Machbarkeitsstudie der identifizierten Elemente durchgeführt (s. 4.1). Außerdem ist es unabdingbar, Methodenelemente im Modell-Baukasten anzubieten, welche besonderen Fokus auf den Nutzungskontext legen (LA 1). Nur so ist das durch Anwendung des Baukastens entstehende Modell für die Entwicklung mobiler Software brauchbar.

Eine beispielhafte Anwendung des Modell-Baukastens und seiner Elemente erfolgt schließlich am Ende dieses Beitrags am Vorgehensmodell Scrum, welches nicht nur in der Literatur als besonders geeignet für die Berücksichtigung von Usability-Aspekten genannt wird (Hughes & Skuppin 2011, 193), sondern sich im Rahmen der Datenerhebung als das beliebteste Modell zur Entwicklung mobiler Anwendungen bei der Zielgruppe herausgestellt hat.

4.1 Machbarkeitsstudie Usability-Methodenelemente

Um zu identifizieren, welche Usability-Methodenelemente als Bausteine des Modell-Baukastens in Frage kommen, wurden 47 Elemente analysiert. Zum einen wurde überprüft, ob die Methodenelemente die Besonderheiten des mobilen Nutzungskontextes berücksichtigen. Zum anderen wurde anhand der Faktoren *Schwierigkeit*, *Werkzeuge*, *Teilnehmer* und *Zeitaufwand* eines Elements geprüft, ob eine ressourcenmäßige KMU-Eignung gegeben ist.

Zwar zeigte sich, dass einige der Methodenelemente für die Mobil-Entwicklung geeignet sind, aber ein Großteil der Elemente wurde nur als bedingt oder gar nicht KMU-geeignet eingestuft.

Abhilfe könnte hier der sogenannte *Discount Usability-Ansatz* von Jakob Nielsen schaffen. Nielsen ist der Meinung, dass viele Usability-Methoden kostengünstig eingesetzt werden könnten. So empfiehlt er beispielsweise statt aufwendigen Usability-Tests nur Tests mit drei bis fünf Testpersonen und ohne aufwendiges Equipment wie z. B. Videokameras. (Nielsen 1994 & 2009)

Im Rahmen des Projekts werden daher einzelne Methodenelemente modifiziert: Die Aufwände werden auf ein KMU-taugliches Maß reduziert und ebenso wird nach Möglichkeit ein besonderer Fokus auf die Besonderheiten des Nutzungskontext mobiler Software gelegt.

Diese Methodenelemente, die somit die Bausteine des Baukastens bilden, werden innerhalb des Projekts von Unternehmen der Zielgruppe evaluiert und auf ihre Praxistauglichkeit hin überprüft.

4.2 Anwendung des Modell-Baukastens

Um den Modell-Baukasten anhand eines gegenwärtigen Vorgehensmodells anwenden zu können, müssen zunächst die bestehenden Prozesse analysiert werden. Es ist zu prüfen, ob es sich um ein agiles oder sequentielles Vorgehen handelt. Anschließend muss ermittelt werden, ob die Anforderungen DA 4 und LA 1-3, und 6 – welche essentiell für die Entwicklung gebrauchstauglicher mobiler Software sind – erfüllt werden. Ist dies nicht der Fall und es konnten „Lücken" im bisherigen Vorgehensmodell identifiziert werden, können diese schließlich durch passende Baukasten-Elemente geschlossen werden.

4.2.1 Anwendung des Baukastens am Beispiel Scrum

Die Überprüfung von Scrum – einem agilen Vorgehensmodell – ergibt, dass keine der zu überprüfenden Anforderungen (s. 4.2) erfüllt werden können. Das Vorgehensmodell gibt keinerlei Usability-Methodenelemente vor und vernachlässigt die Aufnahme kontextbezogener Anforderungen und den Einbezug der Endnutzer. Auch bietet das Modell keine Lösungsvorschläge bzw. Vorgehensweisen für die Unterstützung mehrerer Plattformen bei der Entwicklung.

Diese Lücken sollen nun durch Integration ausgewählter Usability-Methodenelemente aus dem Baukasten gefüllt werden. Durch Ergänzungen eines bereits bestehenden Vorgehensmodells zur Softwareentwicklung soll ein Modell entstehen, dass optimal zu Entwicklung gebrauchstauglicher mobiler Unternehmenssoftware geeignet ist.

Die erste Lücke in Scrum lässt sich – bezogen auf den Entwicklungslebenszyklus – im Bereich der Anforderungserhebung finden. Der Nutzungskontext des zu entwickelnden Produkts wird nicht analysiert (LA 1). Um diese Anforderung erfüllen zu können, kann beispielsweise das Usability-Methodenelement *Contextual Inquiry* in das Vorgehensmodell integriert werden. Bei der Contextual Inquiry werden (potentielle) Endnutzer im realen Nutzungskontext beobachtet und befragt. So kann eine umfassende Anforderungsanalyse, welche die Besonderheiten des mobilen Nutzungskontexts beachtet, stattfinden. Dies ist ebenfalls der erste Schritt zum kontinuierlichen Einbezug von Endnutzern (LA 6).

Der nächste Schritt im Entwicklungszyklus ist der Gestaltungsprozess. Die Multiplattform-Entwicklung (LA 3) kann in dieser Phase durch die Verwendung von *Styleguides* unterstützt werden. Wurde das Design erstellt, kann anschließend durch den Einsatz des Methodenelements *Heuristic Walkthrough* unter erneutem Einbezug der Styleguides gewährleistet werden, dass Plattform-Spezifika eingehalten und ein erwartungskonformes Design erstellt wurde. An dieser Stelle im Prozess können nun auch die Gebrauchstauglichkeit des Produkts überprüft (DA 4) und Endnutzer einbezogen werden (LA 6). Dazu eignet sich z. B. das Methodenelement *Usability Test*. Erfolgt dieser schließlich im realen Nutzungskontext, kann ebenfalls LA 1 mitabgedeckt werden.

Auch in der Evaluationsphase, welche auf die Implementierungsphase folgt, wäre der Einsatz des Elements *Usability Test* möglich.

Insgesamt konnte durch die Integration der drei beispielhaften Usability-Methodenelemente in das Vorgehensmodell Scrum auch Anforderung LA 2 erfüllt werden.

Das vorangegangene Beispiel zeigt, wie sich bestehende Vorgehensmodelle um Usability-Methodenelemente anreichernd und für die Entwicklung gebrauchstauglicher mobiler Unternehmenssoftware optimieren lassen. Wenden KMU den Baukasten an ihren bestehenden Prozessen an, muss kein vollkommen neues Vorgehen eingeführt werden. Die KMU-Tauglichkeit des entstehenden Vorgehensmodells kann durch die auf die Zielgruppe abgestimmten Elemente des Baukastens gewährleistet werden.

5   Ausblick

Zur Prüfung der Tauglichkeit des vorgestellten Baukasten-Ansatzes sowie der daraus resultierenden Vorgehensmodelle erfolgt im Rahmen des Forschungsprojektes eine empirische Evaluation durch Unternehmen aus der Zielgruppe. Anhand der so erhaltenen Erfahrungen erfolgt eine iterative Weiterentwicklung des Baukastens.

Literaturverzeichnis

Abrahamsson, P. (2005). Keynote: Mobile software development – the business opportunity of today. In Benediktssson, O., Abrahamsson, P., Dalcher, D., Hvannberg, E. T., O'Connor, R. & Thorbergsson, H. (Hrsg.): *Software Development, Proceedings of the International Conference on Software Development (SWDC-REK)*. Reykjavik: University of Iceland Press, S. 20-23.

Bertschek, I., Engelstätter, B., Müller, B., Ohnemus, J. & Vogelmann, T. (2008). *Unternehmenssoftware und Eingebettete Systeme – Unternehmensbefragung Herbst/Winter 2007 in Baden-Württemberg*. Stuttgart: MFG Stiftung Baden-Württemberg.

Bochmann, S. & Ritz, T. (2013*). Prototyping Tools for Mobile Applications. 1. Auflage*. Stuttgart: Steinbeis-Edition.

Brau, H., & Sarodnick, F. (2011). *Methoden der Usability-Evaluation – Wissenschaftliche Grundlagen und praktische Anwendung. 2. Auflage*. Bern: Verlag Hans Huber.

Büllingen, F., Hillebrand, A., Stamm, P. & Stetter, A. (2011). *Internationale Bestandsaufnahme und Potentialanalyse zur Entwicklung innovativer mobiler IT-Anwendungen in Wirtschaft und Verwaltung*. Bad Honnef. Von: http://www.wik.org/fileadmin/Studien/2011/ Internationale_Bestandsaufnahme_Mobile_IKT.pdf Zuletzt geprüft: 14.06.2013

Hughes, K. & Skuppin, K. (2011). *Evangelisieren, Testen, Optimieren, – Erfolgsmodell Usability Clinic*. In Brau, H., Lehmann, A., Petrovic, K., & Schroeder, M. C. (Hrsg.) (2011). *Usability Professionals 2011*. Stuttgart: German UPA e.V. S. 192-195

Nielsen, J. (1994). *Guerilla HCI: Using Discount Usability Engineering to Penetrate the Intimidation Barrier*. Von: http://www.nngroup.com/articles/guerrilla-hci/ Zuletzt geprüft: 12.02.2013

Nielsen, J. (2009). *Anybody Can Do Usability*. Von: http://www.nngroup.com/articles/fast-cheap-and-good-methods/ Zuletzt geprüft: 12.02.2013

Nielsen, J. (2009). *Discount Usability: 20 Years*. Von: http://www.nngroup.com/articles/discount-usability-20-years/ Zuletzt geprüft: 12.02.2013

Pierre Audoin Consultants (PAC) GmbH (2011). *Enterprise Mobility 2011 – Bestandsaufnahme und Investitionspläne in deutschen Unternehmen*. Von: http://www.berlecon.de/studien/downloads/PAC_Berlecon_EnterpriseMobility2011.pdf Zuletzt geprüft: 13.06.2013

Rahimian, V. & Ramsin, R. (2008). Designing an agile methodology for mobile software development: A hybrid method engineering approach. In Rolland, C. (Hrsg.): *2008 Second International Conference on Research Challenges in Information Science*. Marrakesch: IEEE, S. 337-342.

Richter, M. & Flückiger, M. D. (2013). *Usability Engineering kompakt – Benutzbare Software gezielt entwickeln. 3. Auflage*. Berlin: Springer Vieweg

Ritz, T. (2003). Mobile CRM Systeme. *ZWF – Zeitschrift für wirtschaftlichen Fabrikbetrieb 12/2003*, 699-702.

Ritz, T. (2007). *Die benutzerzentrierte Entwicklung mobiler Unternehmenssoftware*. In König-Ries, B., Lehner, F., Malaka, R. & Türker, C. (Hrsg.): *MMS 2007: Mobilität und mobile Informationssysteme. 2nd conference of GI-Fachgruppe MMS, March 6th, 2007, Aachen, Germany*. Bonn: GI, S. 23-35.

Wassermann, A. I. (2010). Software Engineering Issues for Mobile Application Development. In Roman, G.-C. & Sullivan, K. J. (Hrsg.): *FoSER*. Santa Fe: ACM, S. 397-400.

Woywode, M., Mädche, A., Wallach, D. & Plach, M. (2012). *Abschlussbericht des Forschungspro-jekts: Gebrauchstauglichkeit von Anwendungssoftware als Wettbewerbsfaktor für kleine und mittle-re Unternehmen (KMU).* Von: http://www.mittelstand-digital.de/MD/Redaktion/ DE/PDF/ abschlussbericht-gebrauchstauglichkeit-anwendungssoftware,property=pdf,bereich =md,sprache=de,rwb=true.pdf Zuletzt geprüft: 14.06.2013

Kontaktinformationen

Prof. Dr.-Ing. Thomas Ritz

Fachhochschule Aachen

m2c lab

Eupener Straße 70

52066 Aachen

E-Mail: ritz@fh-aachen.de

S. Boll, S. Maaß & R. Malaka (Hrsg.): Workshopband Mensch & Computer 2013
München: Oldenbourg Verlag, 2013, S. 39–48

Usability von ERP-Systemen – Aktueller Stand und Perspektiven

Corinna Fohrholz[1], Christian Lambeck[2]

Lehrstuhl für Wirtschaftsinformatik und Electronic Government, Universität Potsdam[1]
Institut für Software- und Multimediatechnik, Technische Universität Dresden[2]

Zusammenfassung

Studien über die Usability von ERP-Systemen haben bereits eine Vielzahl von Problemen aufgezeigt. Zu den am häufigsten genannten gehören die Komplexität der Systeme, unzureichende Fehlerunterstützung und Schwierigkeiten bei der Navigation und dem Zugang zu Unternehmensinformationen. Anhand einer Befragung von 277 Teilnehmern wurde überprüft, ob diese Probleme weiterhin Gültigkeit besitzen und welche innovativen Lösungsansätze aus Sicht der Nutzer Potenziale zur Verbesserung der Usability aufweisen. Die Ergebnisse zeigen, entgegen bisheriger Studienergebnisse, eine positive Bewertung der Usability von ERP-Systemen. Trotz des hohen Grades an Erfahrung der Befragten im Umgang mit ERP-Systemen konnte kein Zusammenhang zur Bewertung hergestellt werden. Dennoch zeigen sich insbesondere in der Unterstützung in Fehlersituationen und der visuellen Aufbereitung von Informationen, systemtechnische Schwachstellen.

1   Einführung

Studien und Arbeiten zum Thema ERP konzentrieren sich größtenteils auf Technologien und Konzepte, das Management von Prozessen sowie die Auswahl und Einführung dieser Systeme. Aktuell in der Diskussion stehen die Themen Cloud Computing, Big Data, Serviceorientierte Architekturen sowie die Steigerung der Performance durch In-Memory Technologien. Die nutzerfreundliche Gestaltung von Systemen, die Bestimmung der Gebrauchstauglichkeit und die Auswirkungen neuerer Technologien auf die Gestaltung der Arbeit mit ERP-Systemen befinden sich dagegen noch in den Anfängen. Ein Großteil der vorhandenen Arbeiten aus dem Bereich Usability von ERP-Systemen fokussiert auf den Bereich der Nutzerzufriedenheit und Usability im Allgemeinen. Die Beteiligung des Nutzers im Auswahlprozess, Unterstützung durch das Top Management, Steigerung der Effizienz oder die wahrgenommene Nützlichkeit (engl. perceived usefulness) stehen hier im Vordergrund (Bin et al. 2010). Arbeiten zum Thema Usability von ERP-Systemen und daraus resultierende Probleme für den Anwender wurden nur in Ansätzen und im Zeitraum zwischen 2005 und 2009 diskutiert. Aufgrund der vergangenen Zeitspanne erscheint es sinnvoll, die damals erhobenen Probleme mit der Usability auf ihre Gültigkeit und Relevanz aus heutiger Sicht zu überprüfen. Grundlage für die Fragestellungen und Ausgestaltung der Studie bilden die Arbeiten von Topi et. al

(2005) und Singh & Wesson (2009) und die darin erhobenen Usabilityprobleme. Ergänzend werden in diesem Beitrag Gründe für das Entstehen der Probleme diskutiert und als Lösungsansatz der Einsatz von Multitouch Technologien diskutiert. Für die Überprüfung dieser Fragen wurde ein Fragebogen erstellt. Für die Auswertung konnten 277 beantwortete Fragebögen herangezogen werden. Die Ergebnisse zeigen entgegen den Erwartungen eine sehr positive Einschätzung der Usability von ERP-Systemen.

2   Vorarbeiten

Die Zufriedenheit der Nutzer mit einem System wird in vielen Arbeiten als einer der kritischen Faktoren in der Einführung und Nutzung von Systemen gesehen. Der Begriff *Nutzerzufriedenheit* (engl. user satisfaction) lässt sich nur schwer greifen, da er sowohl organisatorischen als auch menschlichen Einflussfaktoren unterworfen ist (Pliskin 2005).

2.1   ERP-Auswahl und Einführung

Die Auseinandersetzung mit der Thematik ERP-Einführung ist ein sehr komplexes Forschungsfeld. Es umfasst Einführungsstrategien (Zviran 2005), Vorgehensmodelle (Tertilt & Krcmar 2011), die Untersuchung von Erfolgsfaktoren (Parks 2012) bis hin zu Effekten, die eine ERP-Einführung auf ein Unternehmen hat. Die Zufriedenheit der Nutzer wird in vielen Marktstudien zum Thema Auswahl und Einführung als ein wesentlicher Erfolgsfaktor genannt. Aspekte, welche das Design und die Usability der Systeme betreffen, werden in diesen Studien unter dem Sammelbegriff der *Ergonomie* zusammengefasst. Ergonomie ist unter den fünf wichtigsten Kriterien für eine Auswahlentscheidung zu finden (Gronau & Fohrholz 2012). Eine eher organisatorische Sicht auf das Thema Nutzerzufriedenheit findet sich im Rahmen der ERP-Implementierung (Amoako-Gyampah & Salam 2004). Andere nutzerorientierte Faktoren wie Selbstverwirklichung, Erfahrung, empfundene Nützlichkeit, Unternehmenskultur, Unterstützung durch das Top Management und Change Management in der Einführung beeinflussen die Zufriedenheit der Nutzer maßgeblich (Bin et al. 2010). Konkrete Aspekte der Nutzeroberfläche, Gestaltung, Nutzerführung oder Komplexität werden in diesen Betrachtungen nicht genannt.

2.2   Gestaltung von Oberflächen

Überlegungen über die Gestaltung der Oberflächen oder die Benutzerführung entstehen häufig erst während der Systemnutzung. Weitere Aspekte wie Navigation, visuelle Darstellung, Performance und Erlernbarkeit können hier hinzugezogen werden (Calisir & Calisir 2004). Forschungen blenden die Beurteilung von ERP-Systemen im täglichen Einsatz aus und konzentrieren sich verstärkt auf organisatorische Aspekte in Form von theoretischen Modellen. Daher fordert u.a. Parks mehr konkrete Nutzertests als Ergänzung zu den eher modelbasierten, vorherrschenden Methoden. Durch eine exemplarische Bestandsaufnahme mit 38 Teilnehmern wurde Komplexität als signifikanter Einflussfaktor für die Bearbeitungsdauer identifiziert (Parks 2012). Vor einigen Jahren wurden durch Topi et al. in einer Studie mit 10 Teilnehmern Schwachstellen in der Nutzung von ERP-Systemen identifiziert. Die Probleme traten vermehrt in den folgenden Bereichen auf: Auffinden und Zugriff auf die benötigten Funktionen, Unterstützung in Fehlersituationen, begrenzte Aussagekraft der Systemausgaben, Probleme mit der Terminologie und letztendlich die Komplexität der ERP-Systeme selbst (Topi et al. 2005). Mit dem Ziel, Heuristiken für die Usability von ERP-Systemen zu identifizieren, haben Singh & Wesson (2009) typische Usability Probleme aus der Literatur zusammengetragen. Aus den Ergebnissen ihrer Expertenbefragung wurden fünf ERP-Heuristiken abgeleitet und durch potentielle Usabilityprobleme beschreibend ergänzt. Diese umfassen Navigation, Erlernbarkeit, Aufgabenunterstützung, Darstellung und Anpassungsfähigkeit. Die Potentiale von qualitativen Studien zum Thema Usability von ERP-Systemen sind Teil der Arbeit von Scholtz et al. Seine Arbeiten setzen auf den Ergebnissen von Singh & Wesson auf, mit dem Ziel, die Anwendbarkeit von qualitativen Methoden (u.a. Interview, Tagebuch und Fallstudie) im Rahmen der Usabilityforschung von ERP-Systemen zu untersuchen (Scholtz et al. 2010).

3   Motivation und Vorgehen

Es existieren zahlreiche Arbeiten zum Thema grafische Oberflächen (Lin et al. 2009) und Methoden zur Bestimmung der Usability im Allgemeinen (Vermeeren 2010). Die Anwendbarkeit auf ERP-Systeme und resultierende Schwachstellen der Systeme wurde bereits in Ansätzen untersucht (siehe Kapitel 2.2) und konkrete Probleme in Bezug auf die Usability von ERP-Systemen ermittelt. Die Erkenntnisse erstrecken sich auf einen Zeitraum von etwa sieben Jahren und verwenden unterschiedliche methodische Ansätze. Sie unterscheiden sich zudem in Zielstellung, Anzahl an Probanden, betrachteten Systemen und Anwendungsszenario. Zusammengefasst kann festgestellt werden, dass alle Studien ähnliche Ergebnisse in Bezug auf typische Usabilityprobleme aufweisen. Da die getroffenen Aussagen bisher nicht generalisiert werden konnten, erscheint eine umfassende Studie mit großer Fallanzahl als sinnvoll. Dadurch ist es möglich, Aussagen in Bezug auf die Branche, die Art des Systems und die Besonderheiten einzelner Nutzergruppen zu treffen.

Um tiefer in die Thematik einzusteigen wurde eine Nutzerbefragung durchgeführt. Ziel war es, vorhandene Erkenntnisse zu überprüfen und den Betrachtungshorizont durch die Bewertung innovativer Lösungsansätze zu erweitern. Das Vorgehen innerhalb der Befragung und die Erkenntnisse in Bezug auf die Einschätzung der Systeme finden sich in den folgenden Abschnitten 4 ff.. Die Befragung wurde in Form einer Onlinebefragung im Zeitraum März bis Mai 2013 durchgeführt. Adressiert wurden kleine, aber vor allem mittelständische Unternehmen aus dem deutschsprachigen Raum. Insgesamt konnten 1080 Unternehmen für eine Teilnahme an der Studie eingeladen werden, wovon sich 278 letztendlich an der Befragung beteiligten. Ein Teilnehmer musste auf Grund invalider Angaben aus den Ergebnissen ausgeklammert werden, sodass letztendlich 277 beantwortete Fragebögen in die Ergebnisdarstellung einfließen. Der verwendete Fragebogen gliedert sich in vier wesentliche Bereiche um Informationen über das Unternehmen, das ERP-System, die Einschätzung der Usability und den Teilnehmer selbst zu erhalten. Für die Bewertung der meisten Fragen zur Usability von ERP-Systemen wurde eine Likert-Skala mit 6 Merkmalsausprägungen, in Ausnahmefällen eine 5-er Merkmalsskala, verwendet.

4   Darstellung der Ergebnisse

Schwerpunkt der nachfolgenden Darstellungen ist die Beantwortung der Ausgangsfragestellung nach der Gültigkeit der in früheren Studien identifizierten Usabilityprobleme. Es folgt eine detaillierte Auseinandersetzung mit der Komplexität und wie die Menge an Informationen und der Detailierungsgrad die Komplexität beeinflussen. Der Zugang zu den Funktionen eines ERP-Systems erfolgt über das Menü, weshalb die Fragestellung untersucht wird, wie einzelne Menüformen und die Einschätzung der Usability zusammenhängen. Als abschließendes Usabilitykriterium wird die Unterstützung in Fehlersituationen bewertet.

4.1   Allgemeine Erkenntnisse

Von den 277 Unternehmen die sich an der Studie beteiligten, entstammen ca. 42% aus dem Bereich der Produktion. Handel und Dienstleistungen machen jeweils weitere 15% aus. Der Fokus der Befragung lag auf kleinen und mittelständischen Unternehmen, weshalb nur 32% der Unternehmen mehr als 250 Mitarbeiter haben. Die Befragten selbst nehmen unterschiedliche Funktionen im Unternehmen ein: Mitarbeiter (44,3%), Abteilungsleiter (34,9%) und Geschäftsführer (20,8%). Von allen befragten Unternehmen setzen ca. 71% bereits ein ERP-System ein, dass seit durchschnittlich 8,6 Jahren im Einsatz ist. Diese 184 Unternehmen werden in den weiteren Ausführungen die Grundlage bilden. Die Ergebnisse zeigen eine Vielfalt der im Einsatz befindlichen Systeme. SAP wird in 28% der Unternehmen verwendet. Zudem finden sich weitere, international bekannte Systeme, wie Infor, Microsoft, Sage, aber auch viele kleine Nischenanbieter aus dem deutschsprachigen Raum wieder. Die starke Segmentierung, welche für den deutschen ERP-Markt sehr typisch ist (Leyh 2012), findet sich auch in den hier vorliegenden Studienergebnissen wieder. Größtenteils haben die befragten Unternehmen Standardlösungen im Einsatz. Eigenentwicklungen spielen so gut wie keine Rolle.

4.2   Bewertung der Systeme

Der erste inhaltliche Schwerpunkt der Ergebnisdarstellung umfasst die Überprüfung der Gültigkeit der in vorangegangen Studien identifizierten Usabilityprobleme. Hierzu wurden die Nutzer um eine Einschätzung zu den in Tabelle 1 genannten Aussagen gebeten. Im Gegensatz zu bisherigen Ergebnissen aus der Betrachtung der Usability von ERP-Systemen, scheinen die befragten Nutzer nur Probleme im geringen Umfang zu haben. Dieses Phänomen tritt in der Bewertung aller genannten Kriterien auf.

Nr.	Aussage	Richtung	Mittelwert	Standard-abweichung
1	Mein ERP-System bietet mir eine umfassende Unterstützung in Fehlersituationen an.	+	3.36	1.36
2	Mein ERP-System ist sehr komplex, sodass ich von der Bedienung oftmals überfordert bin/ den Überblick verliere.	-	3.97	1.39

3	Die in meinem ERP-System abgebilde-te Informationsmenge/ der Detailgrad ist für meine Bedürfnisse viel zu hoch.	-	4.18	1.31
4	Mein ERP-System bietet zahlreiche und nützliche Visualisierungen zur Auswahl an, die ich selbst wählen kann.	+	3.70	1.48
5	Wenn in meinem ERP-System mehrere Anwendungsfenster gleichzeitig geöff-net sind, fühle ich mich dadurch in meiner Arbeit beeinträchtigt.	-	4.40	1.29

Tabelle 1: Aussagen zur Einschätzung der Usability (von 1 – "Stimme stark zu" bis 6 – "Lehne stark ab")

Dass die Komplexität von ERP-Systemen einer der Hauptschwachpunkte der Usability dar-stellt, konnte hier nicht erkannt werden. Es konnte allerdings ein signifikanter positiver Zu-sammenhang zwischen der Bewertung der Komplexität (2) und der Menge an Informationen (3) hergestellt werden (N = 146, r = .632, p < .001). Die Verfügbarkeit verschiedener Visuali-sierungsinstrumente steht ebenfalls im Zusammenhang mit der Bewertung der Systemkom-plexität. Nutzer die über zahlreiche Darstellungsformen verfügen, bewerten die Systemkom-plexität geringer (N = 143, r = -.312, p < .001). Es konnte ein Zusammenhang zwischen der Anzahl der geöffneten Fenster und der Bewertung der Komplexität festgestellt werden (N = 145, r = .300, p < .001). Daraus kann die Schlussfolgerung gezogen werden, dass viele ge-öffnete Arbeitsdialoge zu einer Erhöhung der Komplexität aus Sicht der Nutzer führen. Die Unterstützung in Fehlersituationen wurde durch die Teilnehmer im Vergleich zu den anderen Kriterien am schlechtesten bewertet und scheint daher weiterhin eine Herausforderung dar-zustellen (siehe Abschnitt 4.3). Die Einschätzung der Usability erscheint insgesamt jedoch positiver als erwartet.

4.3   Unsicherheit in der Nutzung

ERP-Systeme sollten so aufgebaut sein, das der Nutzer in der Lage ist, die Logik und den Aufbau des System zu verstehen und die notwendigen Informationen und Funktionen ohne wenig Aufwand zu finden (Calisir & Calisir 2004). Ein solch aufgebautes System wirkt sich zudem positiv auf die Erlernbarkeit und die Zufriedenheit der Nutzer aus. Daher kann ange-nommen werden, dass ein ungehinderter Zugang und Navigation zu den Funktionen eine wesentliche Anforderung an die Arbeit mit ERP-Systemen darstellt (Scott 2005). Diese Er-kenntnisse wurden als Ausgangsfragestellung gewählt und um zwei weitergehende Fragstel-lungen ergänzt. Es wurde angenommen, dass Wissen über den ablaufenden Prozess eine wichtige Komponente für die Bewertung des Zugangs darstellt und die Konsequenzen der Handlungen bekannt sind. Aus diesen drei genannten Aspekten wird die Unsicherheit in der Nutzung bewertet.

Die Ergebnisse zeigen, dass die Nutzer einen hohen Wissenstand über ihre Prozesse ($\delta(\Theta)$ = .073) haben und sich über die Konsequenzen ihrer Handlungen in den meisten Fällen be-wusst sind (siehe Abbildung 1). Im Vergleich dazu wurde die Frage nach Problemen beim Auffinden von Informationen und Funktionen ($\delta(\Theta)$ = .065) im Mittel schlechter bewertet.

Daraus kann geschlossen werden, dass die befragten Nutzer grundsätzlich wissen was zu tun ist, aber nicht zwangsläufig wissen wo die entsprechenden Funktionen und Informationen zu finden sind.

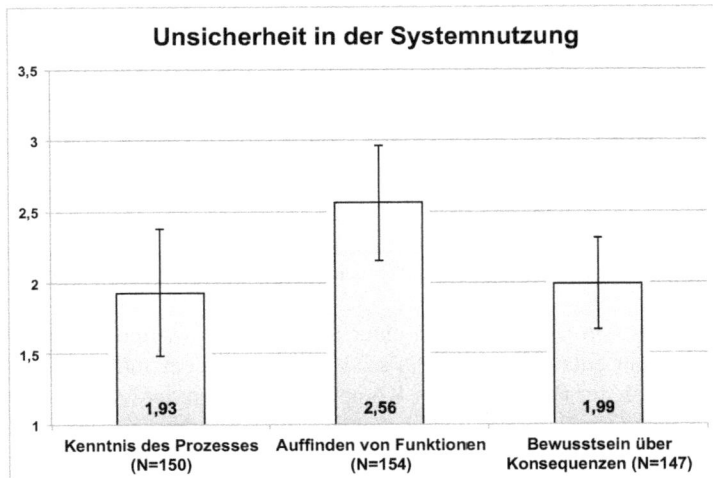

Abbildung 1: Bewertung der Unsicherheit (Mittelwerte und Standardabweichung) auf einer Skala von 1 = „sehr gut" bis 5 = „sehr schlecht"

Ein weiteres Abhängigkeitskriterium für die Unsicherheit mit einem System ist der Aufbau des Systems selbst. Für die Bewertung dieser Fragestellung wurde eine Untersuchung des Menüaufbaus vorgenommen. Die in ERP-Systemen vielfach verwendeten hierarchischen Menüs stellen nicht immer die beste Möglichkeit der Navigation dar (Bishu 2001). Aufgrund der Unterschiedlichkeit der in ERP-Systemen verfügbaren Menüstrukturen wurde die Annahme aufgestellt, dass einige besser geeignet sind für die Identifikation von Funktionen, als andere. Nutzer die ein Baummenü verwenden, scheinen mehr Probleme bei der Identifikation zu haben ($t(145)$ = -2.66. p = 0.009). Im Vergleich dazu wurde die Verwendung eines Kontextmenüs positiver bezüglich der Fragestellung bewertet ($t(145)$ = 2.51, p = 0.013). Nutzer eines SAP-Systems scheinen mehr Probleme zu haben die notwendigen Informationen und Funktionen im System zu finden. Es konnte aber keine signifikante Korrelation beider Items festgestellt werden (N = 124, r = .106, p = .241). Allerdings haben Nutzer von SAP-Systemen den vorgestellten Lösungsansatz *Verbesserung der Menüstrukturen* signifikant besser bewertet als Nutzer anderer Systeme (N = 109, r = .255, p = .007). Es kann daher festgestellt werden, dass Unterschiede in der Bewertung bestehen.

4.4   Unterstützung in Fehlersituationen

Wie bereits durch Topi et al. (2005) festgestellt, ist eine der größten Schwierigkeiten im Umgang mit ERP-Systemen der Umgang mit Fehlersituationen. Fehlersituationen sind immer kritisch, da sich der Nutzer in einer Situation befindet, wo er nicht in der Lage ist, das System richtig zu benutzen. Die Häufigkeit des Auftretens von Fehlern hat negative Auswirkungen auf die Zufriedenheit mit dem ERP-System (Sauer & Sonderegger 2009). Ein fehlertolerantes ERP-System hilft dem Nutzer durch die Bereitstellung von Informationen um einen Fehler zu beheben, es enthält Mechanismen die dem Entstehen von Fehlern vorbeugen sollen und gibt Feedback über erfolgte Korrekturen (Scholtz et al. 2010). Viele Fehlermeldungen der ERP-Systeme bestehen aus Codezeilen, dabei sollten diese so präzise wie möglich und verständlich sein, damit der Nutzer die Ursache mit so wenig Aufwand wie möglich beheben kann. Die Fehlerbehebung ist daher ein typisches Problem im Umgang mit ERP-Systemen. Es existiert bereits eine Vielzahl an Mechanismen zur Fehlervermeidung- und behebung. Eine gute Möglichkeit sind kontextsensitive Hilfen, bei denen Hilfethemen zur aktuellen Funktion angezeigt werden (Bevan 1994). Allerdings scheitern kontextsensitive Hilfen an den Systemanpassungen, die aufgrund unternehmensindividueller und persönlicher Anforderungen implementiert wurden (Babaian et al. 2010). Aus den vorliegenden Erkenntnissen kann angenommen werden, dass Systeme komplexer empfunden werden, je schlechter die Fehlerunterstützung eingeschätzt wird. Da besonders Anfänger Hilfe im Umgang benötigen, wurde angenommen, dass diese Gruppe die Fehlerunterstützung kritischer bewerten wird.

Wie bereits in Abschnitt 4.1 dargestellt, wurde die Unterstützung in Fehlersituationen durch die befragten Nutzer im Vergleich zu den anderen Kriterien am schlechtesten bewertet (siehe Tabelle 1). Die Annahme, dass die Einschätzung der Komplexität bei einer schlechteren Bewertung der Fehlerunterstützung ansteigt, konnte bestätigt werden ($N = 145$, $r = -.420$, $p = .000$). Des Weiteren wurde festgestellt, dass Nutzer, welche die Unterstützung eher als positiv empfanden, sich auch mehr den Konsequenzen ihrer Handlungen bewusst sind ($N = 142$, $r = .315$, $p = .000$). Dies lässt auf die Tatsache schließen, dass ein Zusammenhang zwischen der Erfahrung des Nutzers und der Bewertung der Fehlerunterstützung besteht ($N = 136$, $r = .270$, $p < .001$). Daraus kann geschlossen werden, dass mit steigender Erfahrung die Quellen für Fehler bekannt sind und daher vermieden werden.

5 Bewertung von Lösungsansätzen

Ein Ziel der Studie war die Validierung bereits erhobener Probleme mit der Usability von ERP-Systemen. Wo sinnvoll, wurden in der Befragung Lösungsansätze zur Bewertung gestellt. Diese wurden den Befragten in Form von Aussagen präsentiert (siehe Abbildung 2). Eine der vorgeschlagenen Strategien beinhaltete die Nutzung von berührungsempfindlichen Eingabegeräten. Aufgrund der intuitiven Bedienung, welche Nutzer aus der privaten Bedienung von Tablets her kennen, könnten so Barrieren in der Benutzung des ERP-Systems überwunden werden. Da die Verbreitung mobiler ERP-Systeme noch in den Anfängen steckt (Gronau & Fohrholz 2012), kann davon ausgegangen werden, dass die Bewertung durch die Teilnehmer auch hier eher zurückhaltend erfolgt.

Den befragten Nutzern wurden insgesamt acht potenzielle Konzepte zur Verbesserung der Usability von ERP-Systemen zur Bewertung vorgelegt. Wie in der Abbildung erkennbar, wurde der Einsatz von berührungsempfindlichen Eingabegeräten von den Befragten durchschnittlich am schlechtesten bewertet und wurde auch am wenigsten ausgewählt. Zusätzlich wurde zur Überprüfung allen Unternehmen aus dem Bereich Produktion anhand einer Abbildung ein Szenario für den Einsatz eines Tabletop-Systems aufgezeigt.

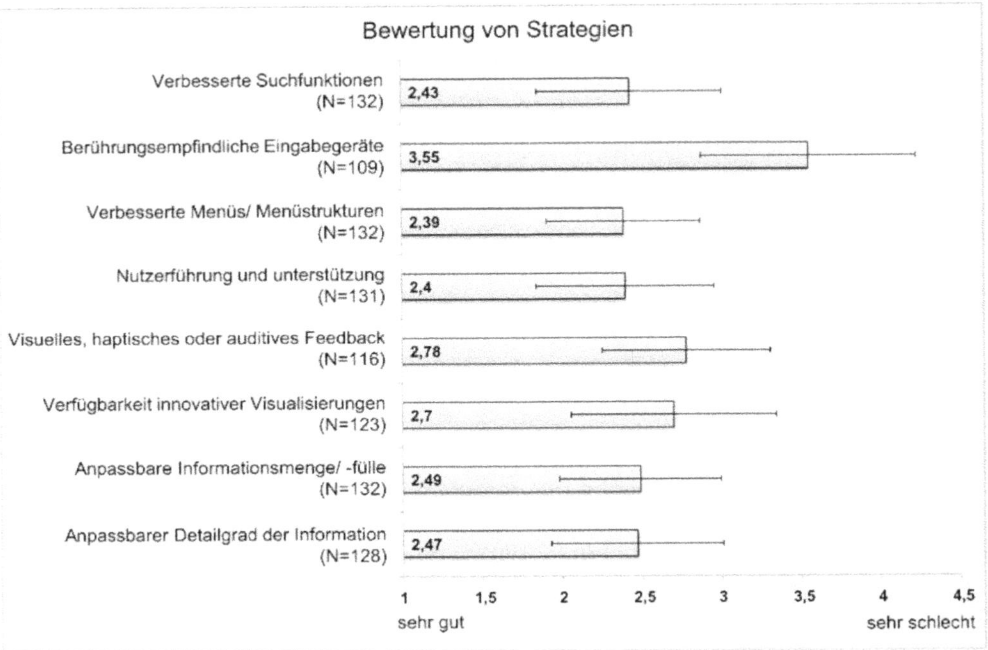

Bewertung von Strategien

Abbildung 2: Bewertung der Strategien (Mittelwerte und Standardabweichung) auf einer Skala von 1 = „sehr gut"
bis 5 = „sehr schlecht"

Entgegen den Erwartungen wurde der Innovationsgrad dieses Szenarios mit einer durch-schnittlichen Zustimmung von 1.91 (N = 58, δ = 0.93) als „gut" bewertet. Auch die Nütz-lichkeit wurde auf einer Skala von 1 (sehr gut) bis 6 (sehr schlecht) als gut empfunden (N = 58, M = 1.97, δ = 1.02). Daraus kann geschlossen werden, dass aus der reinen textuellen Beschreibung von Multi-Touch die Bewertung für den Nutzer sehr schwierig war. Das kon-krete Anwendungsszenario hingegen wurde als mögliche Überwindung von Usabilityprob-lemen in diesem Bereich als sehr positiv eingeschätzt. Allerdings können aus der eher gerin-gen Anzahl von Antworten noch keine Rückschlusse auf die generelle Eignung von Multi-Touch gezogen werden.

6   Fazit

Ziel des Beitrags war die Beurteilung typischer Probleme bezüglich der Usability von ERP-Systemen. Ausgehend von bereits durchgeführten Studien wurde aus heutiger Sicht die Gül-tigkeit bereits identifizierter Probleme untersucht. Die Ergebnisse der durchgeführten Nut-zerbefragung zeigen, dass im Gegensatz zu bisherigen Ergebnissen aus der Betrachtung der Usability von ERP-Systemen, die befragten Nutzer eine deutlich positivere Einschätzung vornehmen. Dieses Phänomen tritt in der Bewertung aller genannten Kriterien auf. Überra-schend ist insbesondere die doch eher positive Einschätzung der Komplexität der ERP-Systeme, ist dies doch einer der am häufigsten genannten Kritikpunkte (gewesen). Diese Bewertung lässt die Frage aufkommen, ob und welche Faktoren die Ergebnisse beeinflusst haben könnten. Daher wurden die demographischen Angaben der Probanden in die Bewertung mit einbezogen. Die Ergebnisse zeigen, dass die Nutzer einen hohen Wissenstand über ihre Prozesse haben und sich über die Konsequenzen ihrer Handlungen meistens bewusst sind. Über die Hälfte der Befragten Personen ist bereits seit über 10 Jahren im Unternehmen beschäftigt und gibt an, auch eine entsprechend lange Erfahrung im Umgang mit ERP-Systemen zu haben. Fast 70% der Befragten schätzen ihre Kenntnisse im Umgang mit ERP-Systemen als gut bis sehr gut ein. Dies lässt auf sehr erfahrene Nutzer schließen. Es konnte allerdings kein signifikanter Zusammenhang zwischen der Beantwortung der Aussagen zur Usability und der Anzahl der Jahre im Unternehmen sowie der Erfahrung mit ERP-Systemen hergestellt werden. Für einige der Fragestellungen wurde ein Zusammenhang zwischen der eigenen Einschätzung der Fähigkeiten und der Items ermittelt. Dennoch scheint die Erfahrung nicht ausschlaggebend für die gesamte Tendenz der Ergebnisse zu sein. Auch die Größe der Unternehmen spielt hier keine Rolle. Daher müssen weitere Untersuchungen angestoßen werden. Ein Ansatzpunkt ist die Stellung der befragten Personen im Unternehmen oder der Zeitraum, in dem die ERP-Systeme bereits im Einsatz sind. Die Struktur der befragten Personen zeigt, dass ca. 50% aus der mittleren sowie oberen Führungsebene stammen. Die Auswirkungen dieser Verteilung auf die Ergebnisse wird zukünftig untersucht werden. Des Weiteren ist die These zu klären, ob das Alter der Systeme eine Rolle spielt. Ansatzpunkt hierbei ist die Annahme, dass Nutzer im Zeitverlauf die Probleme mit den ERP-Systemen akzeptiert haben und diese nicht mehr als störend empfinden.

Literaturverzeichnis

Amoako-Gyampah, K. & Salam, A.F. (2004): An extension of the technology acceptance model in an ERP implementation environment. *Information & Management* (41), S. 731-745.

Babian, T. et al. (2010). Usability through system-user collaboration: design principles for greater erp usability. *Proceedings of DESRIST'10 Proceedings of the 5th international conference on Global Perspectives on Design Science Research*, S. 394-409.

Bevan, N. & Macleod, M. (1994). Usability measurement in context. Behaviour and Information Technology. 13, S. 132-145.

Bin, W. et al. (2010). Empirical research on the factor of ERP's user customer satisfaction based on triadic reciprocal determinism. In: *Proceedings of the International Conference on Management Science and Engineering (ICMSE) 2010*, November 2010, IEEE, S.58–66.

Bishu, R.; Kleiner, B.; Colin, D. (2001). *Ergonomic concerns in Enterprise Resource Planning (ERP) Systems and its Implementations*. In: John P.T. Mo und Lazlo Nemes (Hg.): Global Engineering, Manufacturing and Enterprise Networks. Deventer: Kluwer Academic Publishers, S. 146-155.

Calisir, F. & Calisir, F. (2004). The relation of interface usability characteristics, perceived usefulness, and perceived ease of use to end-user satisfaction with enterprise resource planning (ERP) systems. *Computers in Human Behavior*, 20 (4), S.505–515.

Gronau, N.; Fohrholz, C. (2012): *ERP-Trendreport 2013 - Neue Märkte durch neue Technologien?*. Gito Verlag, Berlin.

Leyh, C. (2012). *Critical success factors for ERP system implementation projects: A literature review*. In: Moller, C., Chaudhry, S. (Ed). Advances in Enterprise Information Systems II. Taylor & Francis Group, London, S. 45-56.

Lin, H.C. et al. (2009). Design for Usability on Supply Chain Management System Implementation. *Human Factors and Ergonomics in Manufacturing*. 19 (5), p. 378-403.

Parks, N.E. (2012). "Testing & quantifying ERP usability," .In: *Proceedings of the 1st Annual confer-ence on Research in information technology (RIIT),* Calgary, Alberta, Canada, 2012, S. 31–36.

Pliskin, N. (2005): Measuring user satisfaction and perceived usefulness in the ERP context. *The Jour-nal of Computer Information Systems.* 45 (3), S. 43-52

Sauer, A. & Sonderegger, A. (2009). The influence of prototype fidelity and aesthetics of design in usability tests: Effects on user behaviour, subjective evaluation and emotion. *Applied Ergonomics,* 40. S. 670-677.

Scholtz, B., Cilliers, C., Calitz, A. (2010). Qualitative techniques for evaluating enterprise resource planning (ERP) user interfaces. In: Kotze, P. et al. (Ed.) – *SAICSIT '10 Proceedings of the 2010 Annual Research Conference of the South African Institute of Computer Scientist and Information Technologist,* S. 284-293.

Singh, A. & Wesson, J. (2009). Evaluation criteria for assessing the usability of ERP systems. *ACM Press,* S.87–95.

Tertilt, D. & Krcmar, H. (2011). Generic performance prediction for ERP and SOA applications. In: Tuunainen, V. K., Rossi, M. and Nandhakumar, J. (eds.), European Conference on Information Systems. Paper 197.

Topi, H., Lucas, W. T., Babaian, T. (2005). Identifying Usability Issues with an ERP Implementation. In: *Proceedings of the International Conference on Enterprise Information Systems (ICEIS),* S.128–133.

Workshop

Automotive HMI

Stefan Geisler

Rainer Heers

Stefan Wolter

S. Boll, S. Maaß & R. Malaka (Hrsg.): Workshopband Mensch & Computer 2013
München: Oldenbourg Verlag, 2013, S. 51–55

Interaktive Vielfalt bei HMI Systemen im Automobil

Stefan Geisler[1], Stefan Wolter[2]

Institut Informatik, Hochschule Ruhr West[1]
Vehicle Interior Technologies, Ford Forschungszentrum Aachen GmbH[2]

Zusammenfassung

Das Automobil wird weltweit von verschiedensten Nutzergruppen in Anspruch genommen. Die Notwendigkeit der Anpassung der Benutzerschnittstelle ergibt sich für Automobilhersteller, die weite Kundenkreise erschließen möchten. Dies zielt zum einen auf ältere Autofahrer, aber auch auf Anpassungen, die für andere Märkte nötig sind. Nicht zu vergessen ist auch der generelle Wunsch von Kunden, die Benutzerschnittstelle im Fahrzeug an die eigenen Vorlieben anzupassen. Diese Herausforderungen werden im folgenden erörtert.

1 Einleitung

Das Auto hat sich in den letzten Jahrzehnten immer weiter entwickelt und neue Märkte erschlossen. Von den bestehenden Fahrzeugattributen hat die Mensch-Maschine- oder Benutzungschnittstelle in den letzten Jahren sehr viel Aufmerksamkeit auf sich gezogen. Im folgenden soll es darum gehen, inwiefern die Adaptation der Benutzungsschnittstelle nötig ist, um der Vielfalt an Benutzern gerecht zu werden. Einerseits geht es hierbei um die Anpassung an eine immer älter werdende Population an Autofahrern. Zudem haben sich die wichtigen Absatzmärkte der Automobilhersteller stark erweitert. Die Lokalisierung an Märkte wie China oder Indien stellt somit eine weitere Herausforderung dar. Nicht zuletzt fordern auch viele Nutzer, die Benutzungsschnittstelle stärker an ihre individuellen Bedürfnisse anpassen zu können, wie sie es auch z.B. von ihrem PC oder Mobilgeräten gewohnt sind.

Eine vergleichsweise einfache, weitgehend etablierte Anpassung stellt die Übersetzung der Bildschirmtexte sowie der Sprachein- und ausgabe dar. Verschiedene *Skinning*-Mechanismen können zu einer optischen Anpassung (z.B. Wechsel des Farbschemas) führen, sind in der Automobilindustrie aber nur in geringer Anzahl verbreitet. Noch seltener ist eine Anpassung von Schriftgrößen oder gar dem logischen Aufbau von Informationsstrukturen möglich.

2 Diverse Nutzergruppen

2.1 Ältere Autofahrer

Gerade in den westlichen Industrienationen nimmt das Alter von Autofahrern immer weiter zu. Viele Ältere möchten auch auf keinen Fall auf Mobilität verzichten, da dies ein Stück Lebensqualität darstellt. Gerade für die ältere Generation stellt die Bedienung der Mensch-Maschine-Schnittstelle eine besondere Herausforderung dar. Viele von Ihnen sind im Gegensatz zu den Jüngeren erst spät in ihrem Leben oder auch nur sehr wenig mit Computern in Berührung gekommen. Daher fällt Ihnen die Bedienung von Infotainment- und auch von Fahrerassistenz-Funktionen meist deutlich schwerer. Ihnen fehlt häufig ein mentales bzw. kognitives Modell für die Bedienung von Computern und ähnlichen Systemen.

Ein weiteres Problem stellt oftmals auch die Tatsache dar, dass zu kleine Schriftgrößen Verwendung finden, die aufgrund altersbedingter Sehbeeinträchtigungen nicht erkannt werden können. Im letztgenannten Problemfall besteht die Lösung möglicherweise darin, eine besondere Version der Benutzungsschnittstelle auf Wunsch zur Verfügung zu stellen, die über größere Schriftgrößen verfügt. Dies wird ggf. mit einer Verringerung der Funktionalität einhergehen oder hat die Entwicklung alternativer Bildschirmsequenzen zur Folge.

Um älteren Autofahrern die Gelegenheit zu geben, sich besser mit der Benutzerschnittstelle zurecht zu finden, empfiehlt sich generell eine vereinfachte Version, die über weniger Funktionen und eine vereinfachte Menüstruktur mit weniger Ebenen verfügt. Vielen wird solch eine Variante ggf. ausreichend sein. Andere werden darüber einen Einstieg finden, und so im Laufe der Zeit ein Upgrade auf die Standardvariante vornehmen können. Eine weitere Hilfestellung liegt in der Möglichkeit, online Tutorien für die Nutzer anzubieten. Nicht zu vergessen ist auch der Aspekt einer ausgiebigen Schulung durch die Händler. Diese Aspekte sind dabei nicht rein altersabhängig, sondern würden allgemein Menschen mit geringerer technischer Erfahrung adressieren.

Interessant ist die Frage, inwiefern die heutige Generation, die bereits mit Computern aufgewachsen ist, im höheren Alter mit der Benutzerschnittstelle im Automobil zurechtkommen wird. Ggf. wird sich durch die vorhandene Erfahrung das Problem der Interaktion nicht mehr stellen. Nichtsdestoweniger ist aber davon auszugehen, dass zumindest physiologische Veränderungen wie die Beeinträchtigung der Sehschärfe und somit die Notwendigkeit von entsprechenden Schriftgrößen weiterhin von Bedeutung sein wird. Hierbei wäre es interessant zu untersuchen, wie Konzepte aufgebaut werden müssen, damit sie sich möglichst dynamisch an sich verändernde Anforderungen während ihrer – im Fahrzeugbereich nicht unerheblichen – Lebensdauer anpassen können, entweder selbständig oder zumindest durch entsprechende Einstellungen.

2.2 Interkulturelle Anpassungen

Automobilhersteller vertreiben heutzutage die gleichen Fahrzeugtypen weltweit. Selbstverständlich müssen hierbei allein schon für die Homologierung bei den nationalen Zulassungsstellen Veränderungen am Fahrzeug vorgenommen werden. Aber auch sonst gibt es beispielsweise Adaptationen am Fahrwerk, um den Kundenwünschen in verschiedenen Märkten gerecht zu werden. Auch die Mensch-Maschine-Schnittstelle bedarf der Anpassungen (s.

auch Heimgärtner, 2007). Auf oberster Ebene findet sich hier die Notwendigkeit, eine Über-setzung in die jeweilige Landessprache vorzunehmen. Allein dies führt oftmals schon zu Veränderungen am Bildschirmlayout, da z.B. japanische oder chinesische Schriftzeichen andere Anforderungen an den verfügbaren Platz stellen, als dies bei westlichen Buchstaben der Fall ist. Für andere Sprachen wie Arabisch ändert sich beispielsweise die Schreibrichtung im Vergleich zu den westlichen Sprachen, was zumindest beim Screenlayout zu berücksich-tigen ist und die Frage aufwirft, ob die logisch-strukturellen Konzepte weiter tragen. Um die unterschiedliche kulturabhängige Wahrnehmung und Bedeutung von Texten und Symbolen im Entwicklungsprozess besser berücksichtigen zu können, wurden inzwischen spezielle Hilfsmittel entwickelt wie etwa die Cultural Viewpoint Metaphors (Salgado et al., 2013).

Andere Problematiken ergeben sich durch den Gebrauch von Symbolen, die in manchen Kulturen missverstanden werden können. Ein anderer Aspekt betrifft das Layout bzw. die Ästhetik des HMIs. Wie man es bereits an vielen Websites weltweit sehen kann, gehen die Geschmäcker hierbei offensichtlich weit auseinander. In vielen ostasiatischen Ländern wird ein eher buntes, auffallendes, oft sehr jugendlich-modernes Design bevorzugt, wohingegen gerade in mittel- und nordeuropäischen Ländern ein nüchternes Design bevorzugt wird. Aber auch das Bedienkonzept an sich mag unterschiedlich wertgeschätzt werden. Bevorzugen Europäer eher zentrale Bedienelemente – etwa einen Dreh-Drücksteller –, hat sich in den USA oder auch in Asien eher der Touch Screen durchgesetzt. Nicht zu vernachlässigen ist auch die Tatsache, dass aufgrund andersartiger Erwartungen und Kommunikationsstrukturen in asiatischen Ländern eine andere Menüstruktur und –Tiefe oder auch eine höhere Informa-tionsdichte gewünscht wird.

Da Fahrerassistenzsysteme und Fahrzeugautomatisierung immer weiter Fortschritte machen und ein dazugehöriges HMI von besonderer Wichtigkeit ist, stellt sich die Frage nach dessen Lokalisierung. Verkehrsverhalten und Infrastruktur variieren teilweise erheblich zwischen verschiedenen Märkten. Dies wirkt sich auch auf die Nutzbarkeit von Systemen zur Fahr-zeugautomatisierung aus. Ein Fahrerassistenzsystem-HMI aus Markt x ist in Markt y ggf. viel zu störend, da zu häufig (Fehl-)Warnungen an den Fahrer ausgegeben werden. Eine marktspezifische Anpassung ist somit notwendig.

Nicht zu vergessen ist das Bestreben behördlicher Einrichtungen in verschiedenen Regionen, Leitlinien zur Vermeidung von Fahrerablenkung durchzusetzen. Zu nennen wären hier einer-seits für Europa die so genannten ESoP Guidelines (Europe Union, 2008), in Japan die JA-MA (2004) und für den US-amerikanischen Bereich die AAM Guidelines (2003). Ebenso in den USA hat die NHTSA (2012) Bestrebungen unternommen, ihre eigenen Leitlinien einzu-führen. Die vorhandenen Leitlinien sind unterschiedlich streng formuliert und spiegeln somit den kulturell mediierten Umgang mit der Thematik Fahrerablenkung in den einzelnen Regi-onen wider.

2.3   Individuelle Personalisierung

Nutzer sind es heutzutage gewohnt, dass PCs oder auch Mobile Devices ein großes Maß an Variabilität bieten. In vielen Fällen können die Anzeigen relativ einfach den konkreten Be-dürfnissen der Nutzer angepasst werden. Dies ist bei automobilen Mensch-Maschine-Schnittstellen zumeist nicht der Fall. Teilweise rechtfertigt sich die fehlende Möglichkeit der Anpassung aus Sicherheitsgründen. Die Benutzungsschnittstelle wird auf Fahrerablenkung getestet, um diese zu minimieren. Eine vom Fahrer selber veränderte Konfiguration könnte sich negativ auf die Fahrerablenkung auswirken. Einen Ausweg können hierbei ggf. verschiedene vorkonfigurierte Varianten sein. Vielleicht ein ruhiger Modus mit möglichst wenig Information, ein Modus für den Infotainment verliebten Fahrer, einer für den sportlichen Fahrer usw. Etwas ähnliches betrifft auch die Vorlieben für verschiedene Stylings. Hierbei ist es in der Regel einfacher, dem Nutzer für die vorhandenen Menüs verschiedenartige *Skinnings* anzubieten.

3   Ausblick

Die Ausführungen des vorherigen Abschnitts haben gezeigt, dass verschiedenste Anpassungen nötig sind. Um einer interaktiven Vielfalt gerecht zu werden, hat ein Automobilhersteller die Gratwanderung zu beschreiten, seinen Kunden verschiedene Varianten anzubieten. Es ist daher wichtig, spezielle Kundengruppen wie die Älteren oder auch verschiedene Kulturkreise über Kundentests in die Entwicklung miteinzubeziehen. Andererseits muss aber darauf geachtet werden, Anforderungen in Bezug auf z.B. Fahrerablenkung einzuhalten. Ein Beitrag zur interaktiven Vielfalt kann somit geleistet werden, wenngleich es in diesem Nutzungskontext weiterhin Einschränkungen geben wird und muss. Letzendlich soll nicht unerwähnt bleiben, dass auch die Hard- und Softwarearchitektur eine einfache Individualisierung zulassen muss.

Literaturverzeichnis

Allied Automobile Manufacturers (2003). *Statement of Principles, Criteria and Verification Procedures on Driver Interactions with Advanced In-Vehicle Information and Communication Systems.* http://iems.net/2005/webzine/newsletter/v10n2/Overseas_report/AAM_Guidelines.pdf

Europe Union (2008). *Commission recommendations on safe and efficient in-vehicle information and communication systems: update of the European Statement of Principles on Human Machine Interfaces.* Official Journal of the European Union. Brüssel.

Heimgärtner, R. (2007). *Towards Cultural Adaptability in Driver Information and - Assistance Systems. HCII 2007.* In: N. Aykin (Ed.): Usability and Internationalization: Global and Local User Interfaces, UI-HCII 2007 Held as Part of HCI International 2007, Beijing, China, July 2007, Proceedings PartII, LNCS 4560, 372-381.

Japan Automobile Manufacturers Association (2004). *Guideline for In-Vehicle Display Systems.* http://www.umich.edu/~driving/documents/JAMA_guidelines_v30.pdf

Lindgren, A.M., Chen, F., Jordan, P.W. & Zhang, H. (2008). *Requirements for the Design of Advanced Driver Assistance Systems – The Differences between Swedish and Chinese Drivers.* International Journal of Design. Vol. 2, No. 2.

Menrath, I., Wagner, V, Wolter, S. & Becker, S. (2012). *Global versus Regional User Requirements for the Vehicle HMI.* Workshopband MuC 2012.

National Highway Traffic Safety Administration (2012). *Visual-Manual NHTSA Driver Distraction Guidelines For In-Vehicle Electronic Devices.* http://www.nhtsa.gov/staticfiles/rulemaking/pdf/Distraction_NPFG-02162012.pdf

Salgado, L., Leitão, C., Souza, C. (2013). *A Journey Through Cultures. Metaphors for Guiding the Design of Cross-Cultural Interactive Systems.* Human–Computer Interaction Series, Springer.

Young, K.L., Rudin-Brown, C. M., Lenne, M. G., & Williamson, A. R. (2012). *The implications of cross-regional differences for the design of In-vehicle Information Systems: A comparison of Australian and Chinese drivers.* Applied Ergonomics, 43, 564-573.

Kontaktinformationen

Prof. Dr. Stefan Geisler, E-Mail: stefan.geisler@hs-ruhrwest.de
Stefan Wolter, E-Mail: swolter3@ford.com

S. Boll, S. Maaß & R. Malaka (Hrsg.): Workshopband Mensch & Computer 2013
München: Oldenbourg Verlag, 2013, S. 57–61

Erwartungen von Experten an das automobile HMI der Zukunft

Stefan Geisler[1], Cornelia Geyer[1], Stefan Wolter[2]

Institut Informatik, Hochschule Ruhr West[1]
Vehicle Interior Technologies, Ford Forschungszentrum Aachen GmbH[2]

Zusammenfassung

Die Entwicklung des automobilen HMI verläuft in immer kürzer werdenden Zyklen. Nichtsdestoweniger läßt sich kaum erahnen, inwieweit sich die Zukunft automobilen HMIs darstellen wird. Im Rahmen eines Experten-Workshops wurden verschiedene zukünftige Szenarien in 5, 10 und 20 Jahren auf Basis von Cockpitskizzen bearbeitet. Als Hilfestellung dienten hierbei drei unterschiedliche Personas, basierend auf verschiedenen prototypischen Kunden.

1 Einleitung

Die Entwicklungszyklen von Automobilen verlaufen in immer kürzeren Abständen. In den vergangenen Jahren hat dabei der Einfluss der Mensch-Maschine-Schnittstelle deutlich zugenommen. Eine immer größere Fülle an Infotainment- und Fahrerassistenzfunktionen muss einfach und sicher bedient werden können. Hinzu kommt in Zukunft verstärkt die Vernetzung des Fahrzeugs mit der Infrastruktur und anderen Fahrzeugen. Eine Prognose zukünftiger Ausprägungen der Benutzerschnittstelle und des damit zusammenhängenden Cockpitdesign gestaltet sich als äußerst schwierig. Auch der Grad der Automatisierung des Fahrens in den unterschiedlichen Zeiträumen ist zum einen nicht vorhersehbar, eröffnet aber zum anderen ein neues Maß an Freiheit. Ziel der hier vorgestellten Untersuchung ist die Fragestellung, wie sich Experten aus dem Bereich Usability den Aufbau des Cockpits mit Anzeige- und Bedienelementen zu drei verschiedenen zukünftigen Zeitpunkten vorstellen.

Anders als in klassischen Marktforschungsstudien wie etwa Frost & Sullivan (2011) besteht der Vorteil dieser Studie darin, dass nicht nur an der Frage gearbeitet wird, *was* im Auto der Zukunft vorhanden ist, sondern auch *wo* die entsprechenden Bedien- und Anzeigeelemente positioniert sein sollen. Ein ähnlicher interaktiver Workshop mit Studienanfängern wurde 2012 (Geyer & Geisler) bereits erfolgreich durchgeführt.

2   Methode

Im Rahmen des Workshops Automotive HMI der Konferenz Mensch & Computer 2012 wurde ein Kreativworkshop mit Usability Experten durchgeführt. Dabei haben Kleingruppen Konzepte für ein Autocockpit in den Jahren 2017, 2022 und 2032 erarbeitet. Für die Konzeption waren verschiedene Cockpitskizzen vorgegeben (s. Abb. 1), in denen unterschiedliche Funktionen und HMI-Technologien untergebracht werden konnten. Der Gestaltungsspielraum verschiedener Assistenz-, Infotainment- und Komfortsysteme innerhalb des Fahrzeuges wurde dabei für jede Jahresstufe immer größer.

Um den Teilnehmern einen leichteren Einstieg in das Thema zu ermöglichen, wurden drei Personas als prototypische Fahrzeugkunden erstellt und vor Beginn der eigentlichen Kreativphase ausführlich vorgestellt. Bei Persona 1 („Christian", 35 Jahre alt) handelt es sich um einen verheirateten Bauingenieur mit 2 Kindern. Er ist unter der Woche von und zur Arbeit und am Wochenende mit der ganzen Familie unterwegs. Telefonische Erreichbarkeit während der Fahrt ist ihm wichtig. Er setzt sich gerne mit moderner Technik auseinander. Persona 2 („Anna", 24 Jahre alt) fängt direkt nach Studienende als Web-Designerin in einer anderen Stadt an. Sie ist Wochenendpendlerin, die somit oft allein auf der Autobahn fährt. Für sie stehen Komfort und Sicherheit im Vordergrund. Ebenso ist ihr der Kontakt zu Freunden wichtig, auch auf einer langen Autofahrt. Persona 3 („Horst", 57 Jahre alt) ist Jurist, seine Kinder sind bereits aus dem Haus. Mit dem Auto fährt er zur Arbeit, am Wochenende ist er mit seiner Frau und ggf. dem Enkel unterwegs. Sein Auto soll ihm Komfort, Ambiente und Sicherheit bieten. Technik ist für ihn OK, er möchte aber nicht wegen jeder Kleinigkeit im Handbuch nachsehen müssen.

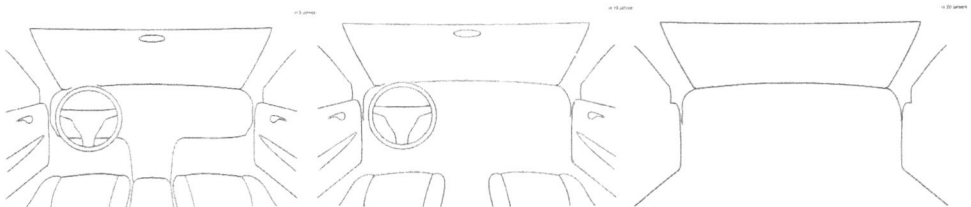

Abb. 1: Vorgegebene Cockpits in 5, 10 und 20 Jahren

Vor Durchführung des interaktiven Workshops hatten die Teilnehmer die Möglichkeit, verschiedene Präsentationen zum Thema Mensch-Maschine Interaktion im Automobil zu sehen und an der anschließenden Diskussion teilzunehmen. Es gab insgesamt drei Gruppen. Jede Gruppe wurde einer Persona zugeteilt. Mit Hilfe von Kärtchen und Stiften konnten die Cockpitskizzen bearbeitet werden. Jede Gruppe bestand aus 4-5 Personen. Sie stellten ihre Ergebnisse im Anschluss vor. Bei der Ideenentwicklung gab es keinerlei finanzielle und technische Einschränkungen. Für die Erarbeitung der verschiedenen Autocockpits hatten die Teilnehmer jeweils 20 Minuten Zeit (s. Abb. 2).

Die Ergebnisse wurden fotografiert und zur Auswertung tabellarisch zusammengeführt. Die Fotos aus der Bearbeitung der Persona „Anna" finden sich beispielhaft in Abb. 3.

Abb. 2: Konzeptionsphase

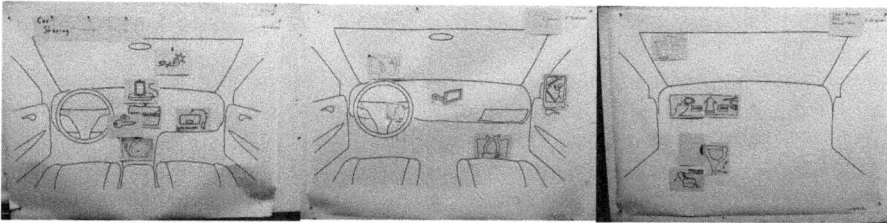

Abb. 3: Resultate für Persona „Anna"

3 Ergebnisse und Diskussion

Die Ergebnisse der Gruppenarbeit wurden im Anschluss auf Gemeinsamkeiten und auch Unterschiede in den einzelnen Zeitstufen und in Hinblick auf die Personas untersucht. Dies wird hier zusammenfassend dargestellt.

Bei der Zeitstufe in 5 Jahren wird in allen Gruppen weiterhin von klassischen Lenkradbedienelementen ausgegangen. Über alle Personas hinweg findet die Thematik der Head-Up Displays (HUD) Interesse, die spätestens in 10 Jahren einen festen Bestandteil des Fahrzeug HMI ausmachen sollen. Eine Ausweitung des HUD auf die gesamte Windschutzscheibe wird für die Zukunft genau so gesehen wie eine Erweiterung und stärkere Konfigurierbarkeit des Inhalts. Generell wird die Größe und Anpassbarkeit des Inhalts auch der konventionellen Anzeigen mit zunehmender Zeitstufe als höher eingestuft. Die Anzeigen werden generell relativ weit oben angesiedelt. Bis auf die Persona „Anna" findet auch das Konzept der Sprachbedienung spätestens zur Zeitstufe in 10 Jahren Erwähnung, wobei von einem intelligenten Dialog zwischen Fahrer und Fahrzeug ausgegangen wird. Zur Zeitstufe in 10 Jahren erwarten die Gruppen um die Personas „Christian" und „Anna", ein Touch Pad zur Verfügung zu haben. Bei „Anna" ist dies auf dem Lenkrad selbst angebracht. Bis auf die Persona „Horst" spielt die Konnektivität des Fahrzeuges von Anfang an eine wichtige Rolle. Ist dies zuallererst auf die Verbindung mit dem Smartphone beschränkt, so geht die Gruppe bei der Persona „Christian" auf der Zeitstufe im Jahre 10 von erweiterten zukünftigen Cloud Diensten aus. „Anna" hat aus Kostengründen das Smartphone auf einer Docking Station als alleinige Anzeige für das Infotainment System zur Verfügung.

Allen drei Personas gemein ist die flächendeckende Einführung von weitergehenden Fahrer-assistenzsystemen in spätestens 10 Jahren. Zur Zeitstufe in 20 Jahren erwarten alle drei Gruppen eine zumindest in den meisten Fällen funktionierende Automatisierung und weiter-gehende Ersetzung von mechanischen durch elektronische Systeme (X-by-Wire). Dies hat selbstverständlich auch Auswirkungen auf das HMI und das Cockpitdesign im Allgemeinen. So gehen die Gruppen bei „Anna" und „Christian" davon aus, dass in 20 Jahren bereits Joy-sticks im Gegensatz zum Lenkrad zur Steuerung des Fahrzeugs vorhanden sein werden, ggf. auch nur, um die Fahrtrichtung grob vorzugeben. Des weiteren ist der Trend zu erkennen, die Inhalte des HMI eher für Unterhaltungsfunktionen zu nutzen. Im Falle von „Horst" sollen die Sitze rotierbar sein, da eine Aufmerksamkeit des Fahrers auf den Straßenverkehr gar nicht mehr nötig sein wird. Das Auto kann somit zum Ausruhen oder Arbeiten genutzt werden.

Im Falle von „Anna" wird von einigen Besonderheiten ausgegangen, da sie ggf. bereits zur Zeitstufe im Jahre 5 möglicherweise kein eigenes Auto, sondern ein Car-Sharing Fahrzeug verwenden wird. Daher soll bereits zu dieser Zeit z.B. ein austauschbares Handschuhfach zur Verfügung stehen, welches sich bequem mitnehmen läßt. Bei „Anna" soll es in 10 Jahren ein schwenkbares Mittelkonsolendisplay für Fahrer und Beifahrer geben. Im Falle von „Christi-an" wird für die Zeitstufe in 20 Jahren ein adaptiver Innenraum und gar ein veränderbarer Formfaktor des Fahrzeugs erwartet. Der Unterschied zwischen Fahrer und Beifahrer wird dabei aufgehoben sein. Der Innenraum wirkt verstärkt wie ein Wohnzimmer. Des Weiteren werden für diese Zeitstufe bei „Christian" als mögliche HMI Varianten eine Blicksteuerung und eine olfaktorische Anzeige angegeben. Ein interessantes Konzept weist die Gruppe für „Horst" aus, als hier für die Zeitstufe in 10 Jahren eine Art Fall-Back Solution für das HMI realistisch erscheint. Aufgrund der Menge an rekonfigurierbaren Anzeigen und der Sprach-bedienung soll es noch die Möglichkeit einer Verwendung von normalerweise versteckten konventionellen Schaltern geben.

Die Ergebnisse sind selbstverständlich mit Vorsicht zu betrachten, da Prognosen für die Zu-kunft generell schwierig sind. Nichtsdestoweniger ergeben sich interessante Perspektiven für das automobile HMI und auch die Cockpitgestaltung folgender Fahrzeuggenerationen. Im weiteren sind ähnliche Workshops mit anderen Zielgruppen vorgesehen. In Frage kom-men dabei zum einen andere Altersgruppen, wie z.B. ältere Autofahrer. Des weiteren wäre es aber auch interessant, einen solchen Workshop in anderen Kulturkreisen durchzuführen. Zu untersuchen sind dabei Gemeinsamkeiten aber auch Unterschiede. Außerdem ist ein Ver-gleich mit den Ergebnissen traditioneller Marktstudien von Interesse. Des weiteren können in zukünftigen Workshops einzelne Systeme in größerer Detailtiefe ausgearbeitet werden.

Danksagung

Wir danken insbesondere Herrn Prof. Ritz von der Fachhochschule Aachen für die Mithilfe bei der Moderation des Workshops. Wir danken zudem allen Teilnehmern für ihr Enga-gement und ihre Kreativität.

Literaturverzeichnis

Frost & Sullivan (2011), *Strategic Analysis of European and North American Automotive Human Machine Interface Market.*

Geyer, C. & Geisler, S. (2012). Erwartungen junger Menschen an das Fahrzeug-HMI der nächsten 20 Jahre. Workshopband MuC 2012, S. 415-419.

Kontaktinformationen

Prof. Dr. Stefan Geisler, E-Mail: stefan.geisler@hs-ruhrwest.de
Cornelia Geyer, E-Mail: cornelia.geyer@hs-ruhrwest.de
Stefan Wolter, E-Mail: swolter3@ford.com

S. Boll, S. Maaß & R. Malaka (Hrsg.): Workshopband Mensch & Computer 2013
München: Oldenbourg Verlag, 2013, S. 63–70

Compositing User Interfaces in Partitioned In-Vehicle Infotainment

Andreas Knirsch[1,2], Andreas Theis[2], Joachim Wietzke[2], Ronald Moore[2]

Centre for Security, Communications and Network Research, Plymouth University, UK[1]
Faculty of Computer Science, Hochschule Darmstadt, DE[2]

Abstract

Automotive information and entertainment systems have become an integral part of a car's human-machine interface and already affect a prospective customer's purchase decision. In-Vehicle Infotainment systems combine an increasing number of software-based functionalities of varying importance and purpose on a shared hardware platform. This led to integrated modular architectures to achieve temporal isolation of different classes of applications, developed independently by multiple suppliers. Despite this partitioning on the software level, the user interface has to provide all functionality in a uniform way, blended into the manufacturer's superordinate usage concept. Furthermore, allocation and presentation of graphical content has to respect the car's operating state along with the user's preferences and system interaction. In the following, an approach is presented that enables the integration of segregated and independently rendered graphics into a uniform graphical user interface, while considering a multi-display environment and flexible allocation of different views. Relevant requirements, a prospective architecture, and a prototypical implementation are presented to foster the provisioning of the required computational and graphical power to enable future In-Vehicle Infotainment systems.

1 Introduction

Nowadays, 90 percent of the innovations within the automotive domain are attributed to electronics. Hence, software (SW) based functions became a notable success factor for automobile manufacturers. With a continuously increasing share of a car's SW attributed to In-Vehicle Infotainment (IVI) systems, their engineering and even more their qualities affect the economic success of the manufacturer. From a user perspective, the user interface (UI) is the actual point of contact with those systems. The design of such systems has to cover demands for an appealing front-end to foster a positive user experience (UX). Furthermore, the UI has to reflect the system's functional purpose with regard to the safety-critical environment. Nevertheless, the question how IVI systems can efficiently exploit their functionality and the capabilities of current hardware (HW) platforms is of primary importance.

In the past, IVI systems were rather isolated. Their main task was to provide information and entertain the car's occupants. Within the last decade, they have become an integral part of the in-vehicle system's network and enable the driver to configure and control automotive functions. They are even about to merge with other systems, like the instrument cluster. This results invariably in new requirements as regards safety and security. Current developments make security particularly important: IVI systems feature the communication node between components attached to automotive fieldbus and infrastructure-based wireless communication networks. The interconnection with other systems within the vehicle as well as the environment enables new services and functionality, including future Advanced Driver Assistant Systems (ADAS) (Bolle 2011). This evolution expands the scope of application and leads to the adoption of the wider and more appropriate term In-Car Multimedia (ICM) systems, which is used in the following.

Moreover, the interconnectivity allows future ICM systems to update both data and functionality dynamically during operation. This includes, for example, geographical maps, traffic information and applications (or "apps" as provided for consumer electronics (CE) using "app-stores/-markets"). The evolution from static functional extends to ICM devices that can be updated and enriched regularly or on-demand is a major change in the automotive domain. With respect to the usual system lifecycle of several years, the UX can be efficiently maintained through the entire vehicle lifetime. Hence, this evolution has significant impact on the user interaction. In current systems the user is able basically to configure functionality delivered with the vehicle. Future ICM systems will provide capabilities to adapt the functional extent to personal needs or favors. This creates a new dimension of customization.

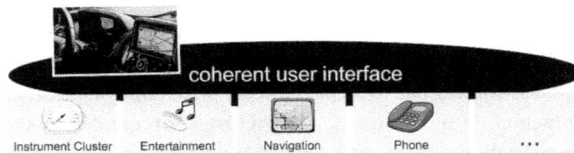

Figure 1: Partitioning Infrastructure

However, a dynamic update of functionality contains risks relevant for safety. Hence, the dynamic functionality may only include non-critical applications. Nevertheless, non-reliable functionalities within such "after-market apps" potentially (a) distract the driver or (b) interfere with critical applications due to the use of shared HW resources. The latter is caused by, for example, various independent SW suppliers causing non-functional incompatibilities, or a non-uniform and unpredictable set of applications due to the users' decisions about what to install and run. Whereas (a) can be covered by a thorough application-specific quality assurance, the risks related to (b) have to be mitigated by an appropriate infrastructure of the ICM system. Such an infrastructure has to segregate functionalities of different criticality, or those that are trusted and those that are not trusted by the vendor of the ICM system. Approaches for segregating functionalities by time and space partitioning via virtualization, the use of different operating systems (OS), and exploiting the capabilities of real-time scheduling to define execution domains (ED), while maintaining efficient intercommunication facilities within the context of ICM systems are presented in (Vergata et al. 2011). Figure 1 depicts exemplary an architectural overview of such a partitioned system.

The segregated computation mitigates risks regarding negative interferences between different applications and error propagation due to an infrastructure based encapsulation. Still, the SW system shares a common HW platform, including shared resources. The allocation and arbitration of such shared resources potentially cause temporal interference as well. For resources that allow only an exclusive usage at any given time, a priority-based arbiter may lead to more predictable system behavior, as discussed in (Knirsch et al. 2012). Time slicing is not appropriate for shared resources that facilitate multiple accessing applications at the same time. This applies especially for data sinks that allow the blending of data streams, such as video and audio. However, these types of data are significant for building an appealing UI. Hence, these have to be considered for establishing a comprehensive infrastructure relying on the segregation of functionality while improving the UX.

Based on the independent development of the SW components, the UIs are built independently from the core functionalities. Nevertheless, they have to comply with design specifications predefined by the car manufacturer or original equipment manufacturer (OEM) to implement a homogeneous "look and feel" and user interaction. With a rising number of applications and after-market "apps", a comprehensive UI component covering all visual presentation and user event handling is no longer feasible. Each application has to provide its own UI to be integrated with – or blended into – the existing ones. This creates a demand for a graphics compositing instance as a segregated component that can cope with multiple graphics sources and the related user interaction (the "back channel") for user presentation and event handling, respectively. Such an instance may act as manager and define what to visualize, where, and in which presentation mode, whereas the graphics sources are segregated SW components. A conceptual architecture for such an instance is presented in the following. The goal is to pave an integration path for independently developed components while enforcing individual run-time polices.

2 Related Work

The partitioning of SW within vehicles is not a new concept. The Automotive Open System Architecture (AUTOSAR) (Bunzel 2011) is a standardized architecture, development approach and application programming interface (API). It fosters an independent development using well-defined interfaces to enable integration onto shared HW platforms. Therefore, abstraction layers help to decouple SW from HW specifics that makes AUTOSAR appear as underlying platform to SW components. Although the target is very similar to the earlier described segregation, it does not detail compositing of graphics to a shared rendering device. Nevertheless, the concept discussed in the following might be transferred to an AUTOSAR conform ICM system using the provided API of AUTOSAR.

Open vehicular SW platforms appeared more recently. Similar to AUTOSAR, they are intended to create abstraction layers that provide access to HW resources and offer domain specific SW services. They aim for reduction of application complexity while fostering parallel execution and reuse of SW components. However, "open" means the platform specification is freely available, which enables everyone to develop platform compatible SW components. Prominent open automotive platforms for ICM are AutoLinQ™, GENIVI and Ford SYNC® (Holle et al. 2011). A side effect of the open platform trend is the introduction of Linux based OSs into the vehicle, which is also applied for evaluation of the herein proposed compositing architecture. Despite the fact no specific platform is addressed by the latter, it may constitute a beneficial enhancement to them to enable independent UIs. GENIVI's "IVI

Layer Management" project addresses compositing and separation of HMI and layer management, but does not yet cover efficient inter-ED UI provisioning (GENIVI 2013).

QNX Software Systems propose their QNX CAR HTML5-based HMI framework to ease integration of applications from CE space (Gryc & Lapierre 2012). A compositing of different UI components might be realized by use of different in-vehicle provisioned web-services, each offering a particular functionality. A "browser" acts as a central compositor. This positively affects the development process through the use of web techniques and may ease the transfer of a predefined design to a working UI. Different service providers could be segregated into dedicated partitions, with the freedom to utilize different OSs. However, the major part of the UI's content has to be rendered within the partition of the "browser". Hence, there is more computational power required for the compositor. Furthermore, a certain service provider may interfere with a more critical one due to the need for interpretation and computation of the content to visualize, which undermines the concept of partitioning. Therefore, it does not provide an adequate solution, although within layered system architectures HTML5 might be applicable as long as the rendering is performed within a segregated partition.

There already exist various graphics compositing window managers for different OSs and providing different features. The latter address, for example, improved accessibility, simplified use and so called "eye candy" to enhance UX. One of the more recent developments is Wayland (Høgsberg 2012), which focuses on a lightweight and efficient internal communication and, therefore, is also applicable to resource-constrained embedded systems. Wayland is also incorporated into the "IVI Layer Management" of GENIVI. Unfortunately, Wayland does not natively facilitate an inter-partition communication. Nevertheless, it is used for the evaluation of the herein proposed concept. Therefore, fundamental communication components were substituted or enhanced.

3   Architectural Drivers for ICM Compositing

The following constraints lay the foundation for the architecture of an ICM Compositor.

The system's functionality is partitioned into segregated execution domains (EDs) to ensure local run-time policies. These include predefined temporal behavior derived from given priority policies and priority levels. The intention is to prevent effectively negative interference between different functionalities – or applications – deployed to different EDs. The partitions may be implemented using virtualization techniques or other, lighter weight encapsulation techniques. Both options do benefit from and are enabled by multicore HW architectures. This implies that the different partitions do not share a common OS (or kernel space), meaning that the options for inter process communication (IPC) are limited. However, efficient communication is necessary to utilize and benefit from the common HW infrastructure.

With respect to the varying safety relevance of different applications, the intercommunication between EDs has to meet certain security related requirements. It has to be ensured that a dynamically installed or updated application cannot cause an error within a safety relevant ED (e.g. instrument cluster) or the compositing ED.

Nowadays, appealing UIs often rely on 3D graphic effects. Therefore, a graphical processing unit (GPU) is usually used as an accelerator to relieve the general purpose CPU. By partitioning the system into several EDs that independently render graphics, a single GPU has to be shared between multiple OSs, introducing a significant bottleneck. Alternatively, only one ED benefits from the GPU, while the other ED render their graphics without acceleration. Both options are unsatisfactory. For efficient compositing the architecture may employ several GPUs as accelerators for different EDs.

In summary, the integrated modular architecture applied to highly interactive ICM systems requires partitioning. This is caused through the functionalities' different safety relevance and hence, the need to prevent negative interference. Demands for uniform and compelling UIs create requirements for efficient graphic processing. Using dedicated CPU cores for segregated computation is no solution as long as more than one ED relies on graphic acceleration. Thus, we propose the utilization of multiple GPUs to maintain consistently the segregated architecture also for graphics processing. This means decreasing computational load for the CPUs related to graphics processing and hence more effective utilization of HW capabilities. Consequently, negative inter-ED interference is mitigated and additional graphics acceleration for future highly interactive ICM UIs is made available.

4   ICM Compositing Infrastructure

The design is derived from the architectural drivers defined above. Basically, it consists of three conceptual components as detailed in the following and depicted in Figure 2:

UI application (UI-APP): an independent functionality providing an UI artifact. Such an artifact (or surface) may implement comprehensive and extensive menu structures providing access to a set of applications, or only a section of a certain UI screen that has to be blended with other UI-APP's artifacts. This means each application renders its own subset of the UI. UI-APPs are distributed to different EDs, whereas each ED may benefit from a dedicated GPU. The combination of all UI-APPs forms the UI of the ICM system, which means that they represent the source for graphics and the sink for related user events. However, all UI-APPs must comply with the design concept of the overall system.

Compositor: a super-ordinated instance that blends the artifacts provided by different UI-APPs. Therefore, it may, for example, resize (delegated to UI-APP), transpose, and project the graphics with perspective. These artifacts can be regarded as active video streams. This is comparable with applying a texture to a 3D model, whereas here the texture is not an image but an animated and active UI artifact. Active means the UI artifact is still receiving user events (e.g. touch-events). The manipulation of the provided artifact issues demands for a dedicated accelerating GPU for the compositor. Furthermore, the graphical artifacts are received as plain pixel buffers. This obviates the need to interpret information and hence mitigate security issues such as code injection. However, it also means additional efforts, for instance, to changing perspective of displayed artifacts. Nevertheless, using plain pixel buffers has great advantages in terms of loose coupling, maintaining a high degree of freedom for the UI-APPs, but still ensuring compatibility. Additionally, the compositor delegates incoming user events to the related UI-APP, comparable with an input-event mapper. An ICM system employs a single compositing instance, communicating with all UI-APPs. Hence, the compositor is the single instance that is aware of what artifacts are actually displayed to the user. Therefore, it may also map generic input events (e.g. buttons on a multifunction steering wheel) that are related to the current system context to the corresponding UI-APP or respective ED. This also applies for input preprocessed by speech- or gesture-recognition.

Intercommunication: the facilitator of the compositing infrastructure is an efficient communication. Ideally, by use of a shared memory region that is accessible by both UI-APPs and the compositor. Basically, this is needed to transfer pixel buffer information from UI-APPs to the compositor with adequate throughput to achieve predefined frame rates. The intercommunication also transfers user events from the compositor to UI-APPs, which requires low latency to provide appropriate responsiveness.

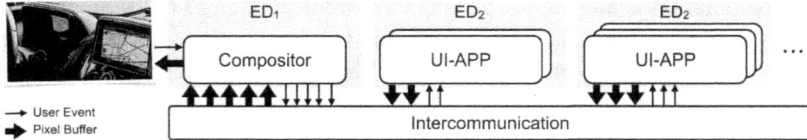

Figure 2: ICM UI Infrastructure

5   Evaluation

A prototype implementation has been built to facilitate evaluation of the proposed design and demonstrate its feasibility. It is not extensive and does not yet provide all functional capabilities of a real-world ICM system. However, the previously defined architectural drivers are covered to address essential features from an architectural viewpoint.

The prototype implementation has to feature at least n EDs, with $n \geq 2$. ED_1 contain a compositor that is blending the independently rendered graphics for visualization on a display. ED_1 is connected to a dedicated GPU to support the modification of artifacts. $ED_{2..n}$ contain UI-APPs rendering 3D graphics, also using dedicated GPUs for graphics acceleration. All EDs run different instances of an OS and have access to a shared memory. This constitutes the minimum criteria to verify the applicability of the above described approach. In the following the actual implementation and its constraints of the prototype are outlined.

The partitioning in the prototype relies on virtualization, where each ED is encapsulated within a dedicated virtual machine (VM). All virtual machines are connected to a shared memory region to prepare the prerequisite for the intercommunication component. This is realized using KVM as virtual machine monitor in conjunction with a virtual inter-VM shared memory PCI device (Kivity et al. 2007, Macdonell 2011). The platform of the host system provides several GPUs passed through to respective VMs for dedicated acceleration. Currently, a GNU/Linux based OS is utilized for the compositor's ED and UI-APPs' EDs. The prototype also supports Android OS based EDs acting as UI-APP to demonstrate the blending of graphical artifacts which are rendered by different OSs. The intercommunication is realized by using Wayland with enhancements to utilize inter-VM shared memory. The implementation of both the compositor and UI-APPs is based on Weston. Within Android the system service for rendering the UI is modified to clone and route surfaces to the compositor using the intercommunication component of the proposed design (Theis 2013). The surfaces are routed without changing the Android applications.

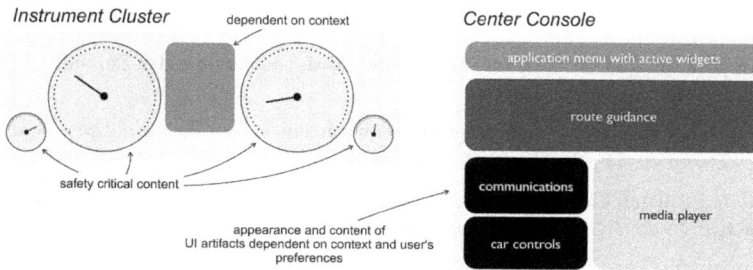

Figure 3: Exemplary ICM UI with different UI-APPs

Figure 3 depicts a prototype UI layout that relies on various UI artifacts rendered by different EDs. The selection and appearance of the content within the center console is adaptable, whereas the instrument cluster must comply with regulations and laws. All UI artifacts are fully active and may be transposed in size and perspective by the compositor instance independent of the UI-APP. Certain content is additionally displayed on the instrument cluster, dependent on the vehicle's or applications' context or user interaction.

The prototype practically demonstrates how a compositor along with graphic acceleration could enable modular UIs without breaching partitioning concepts.

6 Conclusion and Outlook

Appealing UIs are important features of future ICM systems. In parallel, the increasing extent of functionality integrated into such systems creates new challenges. Functionality varies in criticality in terms of safety. This leads to time/space separated SW architectures to enable strong enforcement of run-time polices. Such a partitioned architecture counteracts the realization of a comprehensive, coherent, and compelling UI, which has to appear as an ensemble of one piece. This is amplified as long as only one graphic accelerator is available that has to be shared by applications executed in parallel on multiple CPU cores. The architectural design approach presented addresses this issue and provides an integration path for individually developed SW components of different criticality. Relevant architectural drivers are discussed and the essential design components are illustrated. A prototype supports the evaluation of the design by use of a functional proof-of-concept.

Furthermore, research is planned to incorporate partitions that employ a real-time OS and a more thorough quantitative evaluation of different opportunities to accelerate 3D graphics processing. Additionally, the proposed concept does not yet cover the blending of audio sources, which is necessary for a comprehensive UI compositor.

References

Bolle, M. (2011). Connected Vehicle: i2Car or Car2i? In *carIT-Kongress – Mobilität 3.0*. automotiveIT, Media-Manufaktur.

Bunzel, S. (2011). AUTOSAR – the Standardized Software Architecture. *Informatik-Spektrum*. vol. 34. Springer. pp. 79–83.

GENIVI (2013). GENIVI Open Source Projects: IVI Layer Management. Accessed 01 July 2013 <http://projects.genivi.org/ivi-layer-management>

Gryc, A. & Lapierre, M. (2012). Warum HTML5 die HMI-Technologie der Zukunft ist. Whitepaper. Ottawa: QNX Software Systems.

Høgsberg, K. (2012). Wayland – A new graphics architecture. In *Free and Open source Software Developers' European Meeting (FOSDEM)*. Brussels.

Holle, J., Groll, A., Ruland, C., Cankaya, H. & Wolf, M. (2011). Open Platforms on the Way to Automotive Practice. In *8th ITS European Congress*, Lyon.

Kivity, A., Kamay, Y., Laor, D., Lublin, U. & Liguori, A. (2007). kvm: the Linux Virtual Machine Monitor. In *Proceedings of the Linux Symposium*, vol. 1. pp. 225–230.

Knirsch, A., Schnarz, P. & Wietzke J. (2012). Prioritized Access Arbitration to Shared Resources on Integrated Software Systems in Multicore Environments. In *3rd IEEE International Conference on Networked Embedded Systems for Every Application (NESEA)*. IEEE Computer Society. pp. 1-8.

Macdonell, A. C. (2011). *Shared-Memory Optimizations for Virtual Machines*. Ph.D. dissertation, Department of Computing Science, University of Alberta.

Theis, A. (2013). *User-Interfaces einzelner Android-Apps auf einem entfernten Wayland-Compositor*. MSc Thesis. FB Informatik, Hochschule Darmstadt.

Vergata, S., Knirsch, A. & Wietzke J. (2011). Integration zukünftiger In-Car-Multimediasysteme unter Verwendung von Virtualisierung und Multi-Core-Plattformen. In *Echtzeit*, Springer.

Contact

Andreas Knirsch, E-Mail: andreas.knirsch@plymouth.ac.uk

S. Boll, S. Maaß & R. Malaka (Hrsg.): Workshopband Mensch & Computer 2013
München: Oldenbourg Verlag, 2013, S. 71–78

Ergonomische Auslegung einer Lichtleiste zur Kollisionsvermeidung

Dipl.-Ing. Martin Zademach[1], Dr.-Ing. Bettina Abendroth[2]

Architektur und Technologien Ingolstadt, Carmeq GmbH[1]
Institut für Arbeitswissenschaft, TU Darmstadt[2]

Zusammenfassung

Zur Vermeidung von Frontalkollisionen bieten prädiktive Fahrerassistenzsysteme die Möglichkeit den Fahrer in kritischen Situationen zu warnen und zu einer Gegenmaßnahme zu bewegen. In diesem Zusammenhang wird das Fahrerwarnelement Lichtleiste untersucht, das den Fahrer durch optische Warnungen im Bereich der Scheibenwurzel unterstützt. Das Ziel dieses Beitrags ist die Darlegung von Erkenntnissen zur ergonomischen Auslegung eines derartigen Warnelements. Anhand von physikalischen Grundlagen, ergonomischen Auslegungsprinzipien und Ergebnissen einer Probandenuntersuchung werden Gestaltungsgrundlagen geschaffen. Berücksichtigt werden hierbei geometrische Eigenschaften des Signals sowie geeignete Signalverläufe im Warnkontext.

1 Motivation und Grundlagen

Die Effizienz warnender Assistenzsysteme wird neben der Leistungsfähigkeit der Sensorik besonders durch den gezielten Einsatz von Fahrerwarnelementen bestimmt. Durch die Auswahl geeigneter Warnmodalitäten ist der menschliche Informationsverarbeitungsprozess zu begünstigen, um kurze Reaktionszeiten und ein gewünschtes Fahrerverhalten zu erzielen (Hofmann, J. & Gayko, J. 2009).

Das Warnelement Lichtleiste bietet die Möglichkeit, den Fahrer vor kritischen Situationen zu warnen und zu Gegenmaßnahmen zur Entschärfung solcher Situationen zu bewegen (vgl. Maier 2011; Lind 2007). Nach Maier (2011) wirkt sich hierbei positiv aus, dass ein Lichtsignal peripher wahrgenommen werden kann und intuitiv als Bremsaufforderung fungiert, da es eine Analogie zu den Bremslichtern eines Vorderfahrzeugs bildet. Ein derartiges Signal einer Lichtleiste, welches in die Frontscheibe eingespiegelt wird, ist in Abbildung 1 schematisch dargestellt.

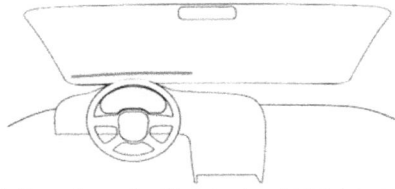

Abbildung 1: Schematische Darstellung einer roten Signals einer Lichtleiste zur Vermeidung von Frontalkollisinen.

Es ist davon auszugehen, dass die geometrische Gestaltung sowie die Gestaltung des Signalverlaufs einen entscheidenden Einfluss auf die Effektivität einer Lichtleiste haben. Somit stellt sich die Frage, wie das Lichtsignal einer Lichtleiste idealerweise zu konzipieren ist, um eine adäquate Wahrnehmung und Akzeptanz durch den Fahrer sicherzustellen.

Nachfolgend werden zunächst die wichtigsten Gestaltungsparameter systematisiert, die eine Beeinflussung des Lichtsignals erlauben. Im Anschluss erfolgt die Darstellung einer Probandenuntersuchung, mit dem Ziel verschiedene Prinzipien der Erzeugung sowie unterschiedliche Signalverläufe des Lichtsignals hinsichtlich ihrer Eignung miteinander zu vergleichen.

1.1   Definition des Warnszenarios

Nach Hofmann und Gayko (2009) lassen sich Warnelemente anhand der Kriterien *Verzeihlichkeit, Abdeckungsrate* und *Informationsgehalt* klassifizieren. Diese Klassifizierung erlaubt eine an den Einsatzzeitpunkt und die Fahrsituation angepasste Gestaltung des Warnelements. In Abhängigkeit vom Warnkontext ergeben sich somit unterschiedliche Anforderungen an die Gestaltung einer Warnung.

So sind frühzeitiger einsetzende Warnungen verzeihlicher zu gestalten, da sie in der Regel, z.B. aufgrund unzuverlässigerer Sensordaten, mit einer höheren Anzahl an Fehlwarnungen belastet sind.

Bei zeitlich später einsetzenden Warnungen hingegen ist eine hohe Abdeckungsrate zu realisieren. Dies bedeutet, das Signal muss auffällig genug sein, um sicherzustellen, dass die Warnung den Fahrer erreicht.

Der Faktor Informationsgehalt beschreibt den Grad der Informationsaufbereitung bzw. wie viele Schritte der Informationsverarbeitung dem Fahrer abgenommen werden. Hoffmann und Gayko (2009) unterscheiden zwischen den Stufen aufmerksamkeitserregend, hinweisend auf die Situation und hinweisend auf die Aktion.

Um den unterschiedlichen Anforderungen an die Gestaltung von Warnelementen bei verschiedenen Einsatzzeitpunkten Rechnung zu tragen, werden im Weiteren exemplarisch die Warnstufen Akutwarnung und Vorwarnung behandelt. Diese Warnstufen werden wie folgt definiert:

Vorwarnung – Die Ausgabe eines Lichtsignals erfolgt zeitlich früher, als bei einer Akutwarnung. Tritt nach der Vorwarnung keine Fahrerreaktion auf, so steigt die Kritikalität und es wird eine Akutwarnung ausgegeben.

Akutwarnung – Die Ausgabe eines Lichtsignals erfolgt in einer sehr kritischen Situation. Es ist ein unmittelbarer Eingriff des Fahrers erforderlich, um einen Unfall zu vermeiden.

1.2 Gestaltungsgrößen

Durch unterschiedliche Parametrierung der Gestaltungsgrößen *Prinzip der Signalerzeugung*, *geometrische Gestaltung* und *Signalverlauf* lassen sich eine Vielzahl an Ausprägungen von Lichtsignalen erzeugen, die zu unterschiedlichen Klassifizierungen anhand der Kriterien Verzeihlichkeit, Abdeckungsrate und Informationsgehalt führen. Im Folgenden werden diese Gestaltungsgrößen beschrieben.

1.2.1 Prinzip der Signalerzeugung

Zur Erzeugung eines optischen Signals im Bereich der Scheibenwurzel bestehen folgende Möglichkeiten:

Direkt sichtbares Signal – Das Licht wird direkt in Richtung des Fahrers emittiert. Das Signal erscheint für den Fahrer unterhalb der Frontscheibe auf der Schalttafel. Abbildung 2 stellt das Prinzip eines direkt sichtbaren Signals dar.

Frontscheibe

Schalttafel

Weg des Lichts

Abbildung 2: Prinzip eines direkt sichtbaren Signals

Eingespiegeltes Signal – Das Lichtsignal wird im durchsichtigen Bereich der Frontscheibe eingespiegelt. Dementsprechend erscheint das Signal für den Fahrer oberhalb der Schalttafel. Das emittierte Licht erreicht in diesem Fall das Auge des Fahrers über eine spiegelnde Reflexion an der Frontscheibe. Die Reflexion verhält sich entsprechend dem Reflexionsgesetz auf spiegelnden Oberflächen (Einfallswinkel=Ausfallswinkel). Die Reflexion führt weiterhin zu einem virtuellen Bild. Dies bedeutet, dass das für den Fahrer sichtbare Signal nicht direkt auf der Frontscheibe liegt, sondern in geringem Abstand vor der Frontscheibe über der Motorhaube schwebt. Hierbei entspricht der Abstand zwischen Signal und Frontscheibe dem Abstand zwischen Lichtquelle und Reflexionspunkt auf der Frontscheibe. Abbildung 3 veranschaulicht die Funktionsweise eines eingespiegelten Signals.

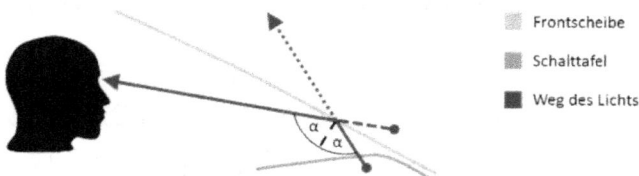

Frontscheibe

Schalttafel

Weg des Lichts

Abbildung 3: Prinzip eines in die Frontscheibe eingespiegelten Signals.

1.2.2 Geometrische Gestaltung

Mit den dargelegten Prinzipien der Signalerzeugung ist eine Vielzahl an geometrischen Ausprägungen des Signals umsetzbar. Die entscheidenden Parameter zur Generierung unterschiedlicher geometrischer Ausprägungen werden nachfolgend beschrieben.

Höhe der Signalposition – Die Höhe eines direkt sichtbaren Signals wird im Wesentlichen durch die Höhe und Form der Schalttafel festgelegt. Die Höhe der Signalposition eines eingespiegelten Signals ist weitestgehend frei. Die Höhe wird hauptsächlich durch das Reflexionsgesetz und dem für das Element zur Lichterzeugung zur Verfügung stehenden Bauraum eingeschränkt. Je höher das Signal in der Frontscheibe eingeblendet wird, desto weiter ist die Austrittsfläche des Signals auf der Schalttafel in Richtung des Fahrers positioniert.

Signalausdehnung in Querrichtung des Fahrzeugs – Prinzipiell ist eine Vielzahl verschiedener Ausdehnungen denkbar. Die Extreme bilden hierbei ein Signal, das sich über die gesamte Breite der Schalttafel erstreckt sowie ein punktförmiges Lichtsignal vor dem Fahrer. Im vorliegenden Artikel wird sich auf die Untersuchung eines Signals beschränkt, das sich über die gesamte Breite der Schalttafel erstreckt.

1.2.3 Signalverlauf

Zusätzlich zur Wahl des Erzeugungsprinzips und zur geometrischen Gestaltung, ergeben sich Möglichkeiten der Parametrierung durch die Ansteuerung bzw. Auswahl der Lichtelemente:

Signalhelligkeit – Das Ziel ist die Festlegung einer geeignet Leuchtdichte des Signals, die die Wahrnehmung durch den Fahrer sicherstellt und gleichzeitig eine Blendung vermeidet. Die Signalhelligkeit kann gezielt genutzt werden, um unterschiedliche Wirkungen zu erzielen. So besteht z.B. die Möglichkeit ein glimmendes Signal, das über eine niedrige Helligkeit verfügt und somit sehr verzeihlich wirkt, zu erzeugen. Im Gegensatz dazu verfügt ein Signal mit einer sehr hohen Helligkeit über eine geringe Verzeihlichkeit und eine hohe Abdeckungsrate. Darüber hinaus ist der Einfluss von Tageszeiten zu berücksichtigen. So muss die Signalleuchtdichte bei Tag ein Vielfaches der Leuchtdichte bei Nacht betragen, um eine ausreichende Wahrnehmbarkeit zu erreichen. Umgekehrt ist eine zu hohe Leuchtdichte bei Nacht zu vermeiden, um eine Blendung des Fahrers auszuschließen (DIN EN ISO 15008, 2009). Die große Bandbreite der erforderlichen Helligkeiten zeigt, dass eine Regelung der Signalleuchtdichte in Abhängigkeit von der Umgebungshelligkeit zwingend erforderlich ist.

Signalfrequenz – Die Möglichkeiten erstrecken sich von konstant leuchtenden Signalen bis hin zu blinkenden Signalen. Entsprechend DIN EN ISO 15008 sollte die Frequenz für ein blinkendes Signal zwischen 1 Hz und 5 Hz liegen.

Signalfarbe – Nach DIN EN 981 (2009) sind für die Darbietung von Informationen in Abhängigkeit von der erwünschten Bedeutung die Farben Rot, Gelb, Blau und Grün zu nutzen. Entsprechend des Einsatzes des Lichtsignals im Gefahrenkontext wird die Farbe Rot gewählt. Die vorliegende Untersuchung behandelt daher ausschließlich rote Signale.

2 Probandenuntersuchung zur Bewertung von Erzeugungsprinzipien und von Signalverläufen

Im Rahmen von Standversuchen mit Probanden wurden geeignete Parameter der Gestaltungsgrößen *Prinzip der Signalerzeugung*, *Geometrie* und *Signalverlauf* ermittelt. Hierbei befanden sich die Probanden während der Untersuchung im Versuchsfahrzeug und erlebten unterschiedliche Signalvarianten. Die Versuche fanden unter konstanten Umgebungsbedingungen mit einer künstlichen Beleuchtung statt. Von den Versuchspersonen wurden unterschiedliche Signale hinsichtlich der Kriterien Verzeihlichkeit und Abdeckungsrate subjektiv beurteilt. Bevor den Probanden ein Signal präsentiert wurde, wurden sie gebeten die Fahrbahn auf einem Bild vor dem Fahrzeug zu fixieren. Einer tatsächlichen Fahraufgabe waren die Probanden nicht ausgesetzt.

2.1 Versuchsaufbau und Stichprobe

Als Versuchsfahrzeug diente beispielhaft ein Audi S5 Coupé. In dieses Fahrzeug wurden mehrere Einrichtungen zur Signalerzeugung verbaut, die es erlaubten eine Vielzahl unterschiedlicher Lichtsignale zu erzeugen.

Zur Darstellung der Signale wurden drei Lichtleisten in das Fahrzeug integriert. Hierbei erzeugte eine der Leisten ein direkt sichtbares Lichtsignal, die anderen beiden Leisten erzeugten ein in die Frontscheibe eingespiegeltes Signal. Die eingespiegelten Signale verfügten über eine unterschiedliche Höhe der Signalposition. Hierbei war ein Signal unmittelbar oberhalb des Schwarzrandes an der Scheibenwurzel sichtbar (niedriges eingespiegeltes Signal). Ein weiteres Signal lag ca. 50 mm oberhalb des niedrig eingespiegelten Signals (hoch eingespiegeltes Signal). Alle drei Leisten erlaubten eine freie Parametrierung der Größen Signalhelligkeit und Signalfrequenz. Abbildung 4 zeigt schematisch die Lichtsignale der verbauten Lichtleisten. Die Helligkeit wurde vor Beginn der Untersuchung durch Experten der Fachrichtungen Ergonomie und Lichttechnik an die Umgebungsbedingungen der Versuchsumgebung angepasst.

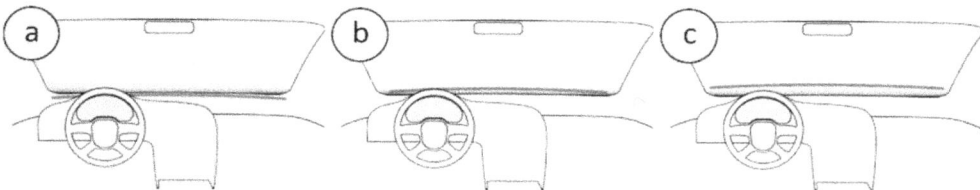

Abbildung 4: Untersuchte Erzeugungsprinzipien der Lichtleiste.(a) direkt sichtbares Signal, (b) niedrig eingespiegeltes Signal, (c) hoch eingespiegeltes Signal.

Zu jedem Prinzip der Signalerzeugung wurden den Probanden jeweils ein konstant leuchtendes (hohe Helligkeit), ein blinkendes (hohe Helligkeit) und ein glimmendes Signal (niedrige Helligkeit) präsentiert. Die Frequenz des blinkenden Signals betrug 2,5 Hz.

Die einzelnen Signale wurden den Probanden jeweils für 4 s gezeigt. Um Reihenfolgeeffekte auszuschließen, wurden die Signale in randomisierter Reihenfolge dargeboten. Um ein möglichst natürliches Blickverhalten zu erzeugen, wurden die Probanden gebeten einen Punkt vor dem Fahrzeug zu fixieren, bevor ein Signal präsentiert wurde. Hierzu wurde als Kulisse das Bild einer Straße im Posterformat vor dem Versuchsfahrzeug positioniert.

Die einzelnen Signale wurden in strukturierten Probandeninterviews hinsichtlich der Kriterien Verzeihlichkeit und Abdeckungsrate von den Probanden bewertet (Um eine gute Verständlichkeit der Versuche gegenüber den Probanden zu erzielen wurden die Kriterien Verzeihlichkeit und Abdeckungsrate durch die komplementären Items Störungsmaß und Aufmerksamkeitserregung abgefragt). Hierbei wurde eine sechsstufige Skala von „---“ bis „+++“

genutzt. Zur Erzeugung von Mittelwerten wurden den Skalenstufen bei der Auswertung die Zahlen von 1 bis 6 zugeordnet („---" = 1; „+++" = 6).

Das Probandenkollektiv bestand aus 48 Probanden mit einem Durchschnittsalter von 30 Jahren. Hiervon waren 11 Personen weiblich und 37 männlich. Die Körpergröße lag zwischen 1,51 und 1,95 mit einem Mittel von 1,78. Alle Probanden verfügten über Erfahrungen mit Fahrerassistenzsystem wie z.B. ACC oder Totwinkelassistent. Häufig oder regelmäßig werden diese jedoch nur von den wenigsten Probanden genutzt.

2.2   Ergebnisse

Die Auswertung erfolgte mittels zweifaktorieller Varianzanalysen mit den dreistufigen Faktoren *Prinzip der Signalerzeugung* und *Signalverlauf*. Vergleicht man den Einfluss vom Prinzip der Signalerzeugung, so zeigt sich, dass besonders ein hoch eingespiegeltes Signal die Aufmerksamkeit des Fahrers erregt ($MW_{Frontscheibe}$=5,2). Hoch signifikant weniger aufmerksamkeitserregend wirken das niedrig eingespiegelte Signal ($MW_{Schwarzrand}$=4,5) sowie das direkt sichtbare Signal (MW_{Direkt}=4,7), welche auf einem ähnlich Niveau liegen.

Der Haupteffekt des Faktors Signalverlauf zeigt sich darin, dass ein blinkendes Signal ($MW_{blinkend}$=5,5) die höchste und ein glimmendes Signal ($MW_{glimmend}$=3,9) die geringste Aufmerksamkeit erregen. Zwischen diesen Signalverläufen befinden sich das konstant leuchtende Signal ($MW_{konstant}$=4,9). Bonferroni korrigierte Post-Hoc-Analysen belegen, dass die Unterschiede zwischen den einzelnen Signalverläufen jeweils hoch signifikant sind.

Die Ergebnisse zu den Kriterien Aufmerksamkeitserregung und Störungsmaß sind in Abbildung 6 dargestellt.

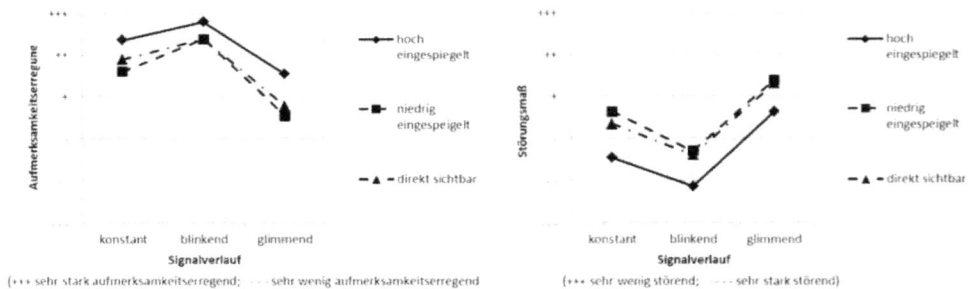

Abbildung 5: Ergebnisse der Items Aufmerksamkeitserregung und Störungsmaß für die untersuchten Grunderscheinungsformen und Signalverläufe.

2.3   Erkenntnisse zur Signalgestaltung

Bezüglich der Aufmerksamkeitserregung zeigt sich, dass mit einem hoch eingespiegelten Signal die größte Wirkung erzielt werden kann. Offenbar fördert die Position nahe der Sehachse die Wahrnehmung des Signals durch den Fahrer. Die bessere Wahrnehmung geht einher mit einer geringeren Verzeihlichkeit. Entsprechend der Empfehlungen von Hoffmann und Gayko zum Einsatz von Warnelementen eignet sich daher das hoch eingespiegelte Signal besonders bei späten und kritischen Einsatzzeitpunkten, bei denen eine hohe Aufmerksamkeitserregung notwendig und eine geringe Verzeihlichkeit zulässig ist. Im Gegenzug sind ein niedrige eingespiegeltes Signal sowie ein direkt sichtbares Signal für frühzeitigere Einsatzzeitpunkte geeigneter.

Weiterhin zeigen die Ergebnisse, dass durch Modulation des Signalverlaufs eine starke Beeinflussung der Aufmerksamkeitserregung und der Verzeihlichkeit möglich ist. Mittels eines blinkenden Signals wird allgemein die höchste Aufmerksamkeitserregung und die niedrigste Verzeihlichkeit erreicht. Die niedrigste Aufmerksamkeit erzeugt erwartungsgemäß ein glimmendes Signal. Zwischen diesen Extremen befindet sich das konstant leuchtende Signal, wobei die Aufmerksamkeitserregung eines konstant leuchtenden Signals signifikant höher ist, als beim gestuften Signal.

2.3.1 Erkenntnisse zur Gestaltung einer Akutwarnung

Um eine hohe Abdeckungsrate des Signals zu gewährleisten ist ein Signalverlauf mit hoher Aufmerksamkeitserregung zu wählen. Die Ergebnisse der Studien zeigen, dass hierfür ein glimmendes Signal nicht auffällig genug ist. Ein blinkendes Signal führt zur höchsten Aufmerksamkeitserregung. Dennoch führt auch ein konstant leuchtendes Signal in Verbindung mit einem hohen Anzeigeort zu einer hohen Bewertung der Aufmerksamkeitserregung. Das konstant leuchtende Signal könnte daher als Alternative genutzt werden, wenn eine zu geringe Verlässlichkeit der Warnung, z.B. aufgrund beschränkter Sensorleistung, zu erwarten ist. Auf dieser Weise wird eine höhere Verzeihlichkeit des Signals ermöglicht.

2.3.2 Erkenntnisse zur Gestaltung einer Vorwarnung

Für eine Vorwarnung ist ein Signalverlauf notwendig, der über ein moderates Störungsmaß verfügt. Dementsprechend ist ein konstant leuchtendes oder ein glimmendes Signal zu verwenden. Auch bei einem glimmenden Signal ist mit einer noch ausreichenden Aufmerksamkeitserregung zu rechnen. Dies wird verdeutlicht durch die Probandenbewertungen für das glimmende Signal, welche für alle Erzeugungsprinzipien im positiven Bereich liegen.

3 Diskussion und Ausblick

Durch die Systematisierung von relevanten Grundlagen wurden Rahmenbedingungen für den Einsatz einer Lichtleiste als Warnelement definiert. Durch Probandenversuche wurde weiterhin die Wirkung von Prinzipien der Signalerzeugung auf die Wahrnehmung des Fahrers untersucht. Somit konnten Empfehlungen für die Gestaltung von Vor- und Akutwarnung einer Lichtleiste ermittelt werden.

Die gewonnenen Erkenntnisse liefern einen Ausgangspunkt für weitere Untersuchungen einer Lichtleiste als Warnelement. Hierbei müssen die vorliegenden Ergebnisse besonders im Rahmen von Fahrversuchen validiert werden. Fahrversuche sollten ebenfalls genutzt werden um den möglichen Einsatzzeitbereich des Warnelements zu präzisieren. Hierbei ist auch die Akzeptanz des Fahrers gegenüber frühen Einsatzzeitpunkten und damit einhergehenden Fehlauslösungen zu bewerten. Nicht zuletzt bedarf die Anpassung der Signalleuchtdichte an die Umgebungshelligkeit umfassende Versuche bei verschiedensten Umweltbedingungen.

Literaturverzeichnis

Bartenbach, C. & Witting, W. (2009). *Handbuch für Lichttechnik: Lichttechnische und wahrnehmungspsychologische Grundlagen. 1. Auflage.* Wien: Springer-Verlag.

DIN EN 981 (2009). *Sicherheit von Maschinen – System akustischer und optischer Gefahrensignale und Informationssignale.* Berlin: Beuth.

DIN EN ISO 15008 (2008). *Straßenfahrzeuge – Ergonomische Aspekte von Fahrerinformations- und Assistenzsystemen – Anforderungen und Bewertungsmethoden der visuellen Informationsdarstellung im Fahrzeug.* Berlin: Beuth.

Hoffmann, J. & Gayko, J. (2009). *Fahrerwarnelemente. In Winner, H., Hakuli, S. & Wolf, G. (Hrsg.): Handbuch Fahrerassistenzsysteme. 1. Auflage.* Wiesbaden: Vieweg + Teubner, S. 343 – 354.

Lind, H. (2007). *An Efficient Visual Forward Collision Warning Display for Vehicles. In IVI Technology and Intelligent Transportation Systems. 2007 World Congress Detroit, Michigan.* Warrendale: SAE International.

Maier, K. et al. (2011). *„Multimodaler Warnbaukasten": eine neue Warnphilosophie für Fahrerassistenzsysteme. In VDI-Tagung Der Fahrer im 21. Jahrhundert: Fahrer, Fahrerunterstützung und Bedienbarkeit.* Düsseldorf: VDI-Verlag.

Kontaktinformationen

Dipl.-Ing. Martin Zademach

Carmeq GmbH

Architektur und Technologien Ingolstadt

Friedrichshofenerstraße 1

85049 Ingolstadt

Dr.-Ing. Bettina Abendroth

Technische Universität Darmstadt

Institut für Arbeitswissenschaft

Petersenstraße 30

64287 Darmstadt

S. Boll, S. Maaß & R. Malaka (Hrsg.): Workshopband Mensch & Computer 2013
München: Oldenbourg Verlag, 2013, S. 79–85

Aktive Ecken: Kooperative Touchscreen Interaktion im Auto

David Wilfinger[1], Alexander Meschtscherjakov[1], Manfred Tscheligi[1]

Christian Doppler Labor „Contextual Interfaces", ICT&S Center, Universität Salzburg[1]

Zusammenfassung

Die Erforschung interaktiver Technologie im Auto beschäftigt sich seit Jahren intensiv mit den Fahrern und ihren Bedürfnissen. Benutzerschnittstellen für Passagiere werden dabei eher vernachlässigt. Dabei kommt gerade Technologien welche die der Kooperativenzwischen Fahrer und Passagieren, aber auch unter den Passagieren besondere Bedeutung zu. Dieser Text beschreibt ein Interaktionskonzept zur gemeinsamen Nutzung von Inhalten in einem Fahrzeug. Zu diesem Zweck werden die Ecken von berührungsempfindlichen Bildschirmen, welche an vier Plätzen im Fahrzeug angebracht sind, genutzt. Möchte eine Person im Fahrzeug einer anderen Person einen Inhalt verfügbar machen, zieht diese Person den Inhalt in die entsprechende Ecke und lässt diesen dort los. Über eine entsprechende Aktion kann die adressierte Person diesen Inhalt dann aufrufen. Anwendungsszenarien beinhalten das Versenden von Navigationszielen an die Fahrer oder die Kontrolle von Medieninhalten auf dem Rücksitz.

1 Einleitung

Die gemeinsame Nutzung von Technologie im Fahrzeug der Zukunft wird an Bedeutung gewinnen um dem sozialen Aspekt des Fahrens im Auto Rechnung zu tragen, welche bereits von Laurier et al. (Laurier, 2008) eingehend beschrieben wurde. Bereits heute sind gemeinsame Aktivitäten im Fahrzeug fest verankert, Beispiele dafür sind Fahrer-Beifahrer Kooperation oder gemeinsames Singen um die Langeweile von Kindern zu vertreiben (Wilfinger et al., 2011). Ein interaktives System im Fahrzeug muss daher soziale Interaktion unterstützen und das Potential, das die gemeinsame Beschäftigung mit Aufgaben im Auto hat, nutzen. Bis zum heutigen Tag fehlen aber Konzepte, wie dies im Sinne eines Interaktionsdesigns gelöst werden kann.

Eine Möglichkeit bietet sich in dem Umstand, dass in zukünftigen Fahrzeugen vermehrt berührungsempfindlich Monitore integriert werden. Eine mögliche Konfiguration in diesem Zusammenhang ist die Positionierung von vier Arbeitsplätzen im Fahrzeug, je einen Arbeitsplatz für Fahrer, Beifahrer und die beiden Passagiere am Rücksitz. Dies führt zu einer großen Zahl an möglichen Nutzungsszenarien, die mit einem derartigen Aufbau realisiert werden können. Es schließt nicht nur die Nutzung jedes Arbeitsplatzes alleine ein, sondern auch die gemeinsame Interaktion mit einem System und das gemeinsame Erledigen von Aufgaben.

Fahrer und Beifahrer werden über diese Arbeitsplätze zusammen an Aufgaben arbeiten können (z.B. Navigation, Steuerung des Infotainmentcenters), Passagiere am Rücksitz können die Systeme zur Unterhaltung nützen, aber auch damit Arbeiten bzw. gemeinsam mit den anderen Passagieren im Fahrzeug mit einem System interagieren.

Diese Arbeit beschreibt einen Ansatz zur gemeinsamen Interaktion mit einem Fahrzeug HMI über berührungsempfindliche Bildschirme. Das Konzept basiert auf der Verwendung der Bildschirmecken um Inhalte anderen Personen im Auto zur Verfügung zu stellen. Ziel dieser Arbeit ist es das Ergebnis eines „Research through Design" ähnlichen Prozesses (Zimmerman et al., 2007) zu präsentieren in dem das Thema Kooperation im Fahrzeug durch ein Designkonzept adressiert ist.

Die Absicht ist, eine Diskussion zur Kooperativen Interaktion im Fahrzeug anhand eines Interaktionskonzepts anzufachen und Designer, Forscher und Entwickler im Fahrzeug zu inspirieren derartige Konzepte in ihre Arbeit mit aufzunehmen.

2   Aktive Ecken

Das „Aktive Ecken" Interaktionskonzept nutzt die Tatsache, dass die Ecken von Bildschirmen eine eindeutige Position darstellen, die direkt auf die 4 Positionen im Fahrzeug zugeordnet werden kann (Mapping). Dabei wird jedem Arbeitsplatz eine Ecke zugeordnet, die auf allen Arbeitsplätzen repräsentiert werden kann. So stellt die Ecke links oben am Bildschirm den Fahrerarbeitsplatz dar, die Ecke rechts oben den Beifahrer. Die Ecke links unten den Passagier am Rücksitz hinter dem Fahrer und die Position rechts unten die Position hinter dem Beifahrer. (siehe Abbildung 1).

Das Aktive Ecken Konzept ermöglicht es Benutzern, Elemente auf dem Bildschirm in jede Ecke zu schieben und die mit dem Element verbundenen Inhalte dem Nutzer, in dessen Ecke der Inhalt gezogen wurde, verfügbar zu machen. Dazu drückt der Nutzer auf ein Objekt, zieht es in eine Ecke und lässt es dort los. Dabei wird durch eine farbliche Markierung am Rand des Objekts dargestellt, dass ein Loslassen des Objekts in diesem Moment bewirkt, dass es an den der Ecke entsprechenden Arbeitsplatz gesendet wird.

Dem Aktiven Ecken Konzept liegt zugrunde, dass jede Information, aber auch jede Applikation mit den anderen Passagieren geteilt werden kann, indem die visuelle Repräsentation des Inhalts in die entsprechende Ecke gezogen wird.

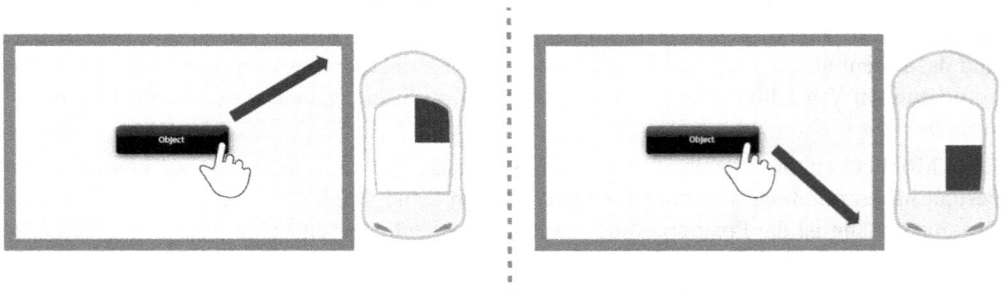

Abbildung 1: Versenden eines Inhaltes an die Beifahrer (links) bzw. an die Passagiere rechts hinten (rechts)

Bestimmte Situationen im Fahrzeug erfordern auch die gleichzeitige Interaktion mit 2 Nutzern gleichzeitig (z.B. 2 Kinder am Rücksitz). Zu diesem Zweck ermöglicht das Interaktionskonzept auch die Verwendung der Seiten des Bildschirms. In diesem Fall werden die Objekte auf die Ränder bewegt und damit den beiden Benutzern zur Verfügung gestellt, deren Ecken die entsprechende Seite begrenzen.

2.1 Empfangen von Inhalten

Grundsätzlich geht das Aktive Ecken Konzept davon aus, dass Passagiere im Fahrzeug miteinander kommunizieren, bevor sie Inhalte verschicken. Dennoch kann es zu Situationen kommen, in denen ein Inhalt der versandt wird nicht bzw. nicht unmittelbar betrachtet werden kann. Zu diesem Zweck beinhaltet das Aktive Ecken Interaktionskonzept die Möglichkeit Benachrichtigungen über einen eingehenden Inhalt anzuzeigen und über diese die empfangenen Inhalte aufzurufen. Dabei erscheint ein Symbol in der Ecke, die dem Versender des Inhaltes entspricht (siehe Abbildung 2). Über dieses Symbol lässt sich der Inhalt beispielsweise durch eine Wischgeste aufrufen.

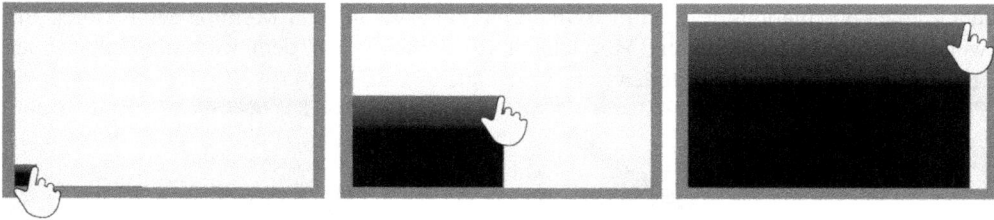

Abbildung 2: Aufrufen eines Inhaltes gesendet von der Position links hinten

2.2 Die eigene Ecke

Ein weiteres Ziel des aktiven Ecken Konzepts ist die Integration von anderen Touchscreen basierten, sogenannten nomadischen Geräten wie Smartphones, Tablet Computerm oder Spielkonsolen. Für diesen Zweck kann die Ecke genutzt werden, die jedem Arbeitsplatz selbst zugeordnet ist. Die rechte obere Ecke des Beifahrerbildschirms beispielsweise bliebe ja bisher ungenutzt, da ja keine Inhalte an sich selbst verschickt werden müssen.Dies bietet die Möglichkeit andere Geräte in die Interaktion miteinzubeziehen, die nicht fix im Fahrzeug verbaut sind. Wenn also ein Inhalt auf eines dieser Geräte übertragen werden soll, kann die freie Ecke genutzt werden, nachdem die beiden Systeme miteinander verbunden wurden. Ein Inhalt, der also in die eigene Ecke gezogen wird, wird dann auf ein derartiges Gerät übertragen (siehe Abbildung 3). Diese Interaktion ist nicht zwingend kooperativ, kann aber auch zu diesem Zweck genutzt werden, wenn beispielsweise die Beifahrer Telefonnummern an die Fahrer schicken, welche diese dann an das Telefon übertragen um einen Anruf zu tätigen.

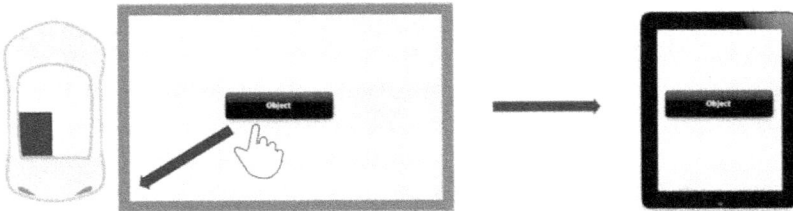

Abbildung 3: Nutzung der Eck, die dem eigenen Platz zugewiesen ist, um Inhalte beispielsweise auf ein Mobilgerät zu übertragen

3   Szenarien

Um die Aktive Ecken Interaktion konzeptionell zu überprüfen, wurden Szenarien entwickelt die eine Kooperative Nutzung des Systems darstellen. Diese Szenarien beinhalten das Übertragen eines Navigationszieles vom Beifahrerarbeitsplatz auf den Monitor des Fahrers. Ein zweites Szenario beschreibt die Möglichkeit für Personen auf dem Rücksitz, Inhalte den Beifahrern zur Verfügung zu stellen (z.B. gezeichnetes Bild, Foto).

Abbildung 4: Versenden einer Zeichnung an die Beifahrer (links), zur Verfügung stellen eines Navigationszieles für die Fahrer (rechts)

Eine weitere Anwendung des Interaktionskonzept bietet den Fahrern die Möglichkeit relevante Informationen zur Fahrt mit den Passagieren zu teilen. Informationen zum Fahrzeug (z.B. Geschwindigkeit) schaffen ein gemeinsames Erleben der Fahrt (Inbar & Tractinsky, 2011). Diese Elemente können von den Fahrern den Passagieren, die sich dafür interessieren, zugewiesen werden, woraufhin diese die aktuellen Daten angezeigt bekommen.

Eine Anwendung des Konzepts für den Fall dass Kinder auf der Rückbank sitzen ist die Fernsteuerung von Inhalten für die beiden hinteren Plätze. Dies ist notwendig ist um einerseits das Konsumverhalten der dort sitzenden Kinder zu kontrollieren und andererseits um den Bildschirm zu bedienen, wenn Kinder aufgrund von Kindersitzen diesen nicht erreichen. Zu diesem Zweck ermöglicht das Aktive Ecken Konzept, Steuerelemente gleich wie andere Inhalte in die entsprechende Ecken zu ziehen. Beifahrer können daher beispielsweise, nachdem sie einen Film auf der Rückbank gestartet haben, diesen stoppen, pausieren, oder die Lautstärke verändern indem sie die dementsprechenden Elemente in der gewünschten Konfiguration in die Ecken ziehen.

4 Stand der Forschung

Eckenbasierte Interaktion findet bereits eine weite Verwendung in Desktop Computersystemen, in Apple Mac OSX ist es beispielsweise möglich, einzelne Funktionen des Betriebssystems durch Bewegen der Maus in eine Ecke zu aktivieren. Grundsätzlich sind Ecken für eine schnelle Interaktion gut geeignet. Da der Zeiger in der Ecke bleibt, obwohl beispielsweise die Maus ewig weiterbewegt werden kann, und Ecken so theoretisch eine unendliche Breite besitzen sind sie besonders leicht zu treffende Ziele. Dieser Vorteil ist nicht für Touchscreens zutreffend, da der Finger das Ziel nicht treffen kann, wenn er sich weiterbewegt. Dennoch stellen sie doch markante, leicht zu findende und gut zuzuordnende Punkte dar, die in momentaner Touchscreen Interaktion kaum genutzt werden. So kann die Ecke eines Bildschirms, wenn diese haptisch ertastbar ist, auch für die Fahrer zu einer blinden Interaktion genutzt werden.

Unser Konzept sieht vor, dass jeder Arbeitsplatz einen Touchscreen beinhaltet. Für die Passagiere im Fahrzeug können dies wie bereits in vielen Fahrzeugen integrierte Monitore mit Touchbedienung sein (z.B. Montiert an der Rückseite des Fahrer- und Beifahrersitzes) oder mobile Tablets. Der Fahrerarbeitsplatz könnte beispielsweise durch einen Touchscreen in der Mittelkonsole repräsentiert sein. Da dieser Bereich nicht eindeutig dem Fahrer oder dem Beifahrer zugeordnet ist schlagen wir einen eigenen Touchscreen im näheren Bereich des Fahrers vor. Touchelemente ausschließlich für den Fahrer wurden schon mehrfach untersucht. Döring et al. (Döring , 2011) untersuchten Touchgesten auf einem Lenkrad für die Steuerung von Infotainmentsystemen. Osswald et al. (Osswald, 2011) integrierten einen Touchscreen in das Lenkrad und untersuchten Akzeptanzfaktoren für diese Art der Interaktion. Wilfinger et al. (Wilfinger, 2012) untersuchten die visuelle Ablenkung von Elementen auf einem drehenden Bildschirm am Lenkrad während des Fahrens und identifizierten keine erhöhte Ablenkung durch Bildschirme in diesem Bereich verglichen mit einer Position im Armaturenbrett.

Forschung zur kooperativen Interaktion mit berührungsempfindlichen Bildschirmen fokussiert bis zum heutigen Zeitpunkt weitgehend auf tischbasierte Interaktion, bei der mehrerer Benutzer gleichzeitig um eine interaktive Oberfläche angeordnet sind (z.B. Wigdor et al. 2006). Andere kooperative Schnittstellen erlauben die Zusammenarbeit über eine große Entfernung hinweg. Die Kombination von Kooperation auf mehreren getrennten Touch Bildschirmen in einer räumlichen Nähe wie im Fahrzeug, die eine direkte Kommunikation der Handelnden ermöglicht, wurde bisher noch nicht ausreichend erforscht.

Das Potential für kooperative Nutzerschnittstellen im Fahrzeug wurde bereits in mehreren Studien gezeigt. Vor allem die Unterstützung bei Navigationsaufgaben war dabei ein zentraler Aspekt in dem die Fahrer von Beifahrer profitieren können (Perterer et al. 2012). Forlizzi et al. (Forlizzi, 2010) beschreiben Navigation im Auto als soziale Aktivität zwischen Fahrer und Beifahrer. Basierend auf qualitativen Studien beschrieben sie Design Implikationen für kooperative Navigationssysteme. Dennoch sind computerbasierte Lösungen, welche diese Unterstützung fördern, noch kaum verbreitet. Auch die Interaktion zwischen Rückbank und der ersten Reihe im Fahrzeug stellt Technologie im Fahrzeug vor Herausforderungen (Wilfinger et al. 2011). Angepasste Interaktionskonzepte können allen Beteiligten helfen diese Situationen zur Zufriedenheit aller zu lösen.

5 Weitere Vorgehensweise

Während das Aktive Ecken Konzept, wie oben beschrieben, vom grundlegenden Interaktionsdesign fertiggestellt ist, bleiben noch Details der Interaktion ungeklärt. Die Absicht der Autoren ist, diese Punkte im Rahmen des Workshops zu Diskussion zu stellen.

In erster Linie muss untersucht werden, wie die eckenbasierte Interaktion für die Fahrer eingesetzt werden kann, ohne zu einer gefährdenden Ablenkung zu führen. Inwiefern sich die eckenbasierte Interaktion sich auf Fahrer und die anderen Passagiere auswirkt, muss untersucht werden. Zu diesem Zweck arbeiten wir an der Integration eines Prototypen des Konzepts in einem Fahrzeug für Tests auf einer abgesperrten Teststrecke inklusive eines Touchscreens für den Fahrer auf dem Lenkrad. Der Stand dieser Entwicklung wird im Rahmen des Workshops vorgestellt.

Des weiteren muss geklärt werden, inwiefern verschiedene Rollen, die im Fahrzeug eingenommen werden können, über das Konzept abbildbar sind. Das betrifft Aspekte des Empfangens von Inhalten (z.B. die Fahrer sollten nicht abgelenkt werden), aber auch die Möglichkeit eine Person (z.B. Beifahrer) als Administrator zu sehen. So kann es durchaus vorteilhaft sein, dass Inhalte für Kinder automatisch angezeigt werden, nachdem sie versandt wurden, vor allem wenn Kinder aus ihren Sitzen heraus den Bildschirm nicht erreichen. Erwachsene wünschen das vielleicht eher nicht. So wird es wichtig sein, das Interaktionskonzept in Hinsicht auf diese verschiedenen sozialen Zusammensetzungen im Fahrzeug zu überprüfen.

Abschließend sind weitere Anwendungsszenarien des Konzepts von großem Interesse um das Potential, welches in dem Ansatz steckt, weiter zu überprüfen und auszubauen. Wir sehen daher den Workshop als Potential das Interaktionsdesign vorzustellen und mit Experten zu diskutieren, wo Schwächen des Konzepts liegen und inwiefern dieses ausgebaut werden kann um den Weg in zukünftige Entwicklungen zu finden.

Danksagung

Diese Arbeit wurde durch das Bundesministerium für Wirtschaft, Familie und Jugend, durch die Nationalstiftung für Forschung, Technologie und Entwicklung und die

AUDIO MOBIL Elektronik GmbH gefördert (Christian Doppler Labor „Contextual Interfaces").

Literaturverzeichnis

Döring, T., Kern, D., Marshall, P., Pfeiffer, M., Schöning, J., Gruhn, V., and Schmidt, A. 2011. *Gestural interaction on the steering wheel: reducing the visual demand.* In *Proceedings of the SIGCHI Conference on Human Factors in Computing Systems* (CHI '11). ACM, New York, NY, USA, 483-492.

Forlizzi, J. Barley, W. C. & Seder, T. *Where should i turn: moving from individual to collaborative navigation strategies to inform the interaction design of future navigation systems.* Proc. CHI 2010, 2010. 1261–1270.

Inbar, O & Tractinsky, N. 2011. *Make a trip an experience: sharing in-car information with passengers.* In *CHI '11 Extended Abstracts on Human Factors in Computing Systems* (CHI EA '11). ACM, New York, NY, USA, 1243-1248.

Laurier, E. & Lorimer, H. et al. 2008. *Driving and passengering: notes on the ordinary organisation of car travel.* Mobilities, 3(1), 1–23.

Osswald, S., Meschtscherjakov, A., Wilfinger, D., & Tscheligi, M. *Steering Wheel-based Interaction: Potential Reductions in Driver Distraction.* In *Proc. International Joint Conference on Ambient Intelligence,* AmI2011, 2011.

Perterer, N., Sundström, P., Meschtscherjakov, A., Wilfinger, D., & Tscheligi, M. 2013. *Come drive with me: an ethnographic study of driver-passenger pairs to inform future in-car assistance.* In *Proceedings of the 2013 conference on Computer supported cooperative work* (CSCW '13). ACM, New York, NY, USA, 1539-1548.

Wilfinger, D., Meschtscherjakov, M., Murer, M., Osswald, S., & Tscheligi, M. (2011). *Are we there yet? a probing study to inform design for the rear seat of family cars.* In *Proceedings of the 13th IFIP TC 13 international conference on Human-computer interaction* Springer-Verlag, Berlin, Heidelberg, 657-674.

Wilfinger, D., Murer, M., Osswald, S., Meschtscherjakov, A., & Tscheligi, M. *The Wheels are Turning: Content Rotation on Steering Wheel Displays.* In *Proceedings of the SIGCHI Conference on Human Factors in Computing Systems,* 2013. 1809–1812.

Wigdor, D., Shen, C., Forlines, C., & Balakrishnan, R. Table-centric interactive spaces for real-time collaboration. In *Proceedings of the working conference on Advanced visual interfaces. ACM, 2006. 103- 107*

Zimmerman, J., Forlizzi, J., & Evenson, S. 2007. *Research through design as a method for interaction design research in HCI.* In *Proceedings of the SIGCHI Conference on Human Factors in Computing Systems* (CHI '07). ACM, New York, NY, USA, 493-502.

S. Boll, S. Maaß & R. Malaka (Hrsg.): Workshopband Mensch & Computer 2013
München: Oldenbourg Verlag, 2013, S. 87–94

Contactless Interaction for Automotive Applications

Thomas Kopinski, Stefan Geisler, Uwe Handmann

Computer Science Institute, Hochschule Ruhr West, University of Applied Sciences

Abstract

Touchless gestures are getting more and more popular since Microsoft introduced the Kinect. They are not only interesting for entertainment and games, but also advantageous for in-car applications, as the driver can keep the hand closer to the steering wheel and displays can be mounted closer to the line of visibility at positions normally not in the reach zone. Since the technology used in consumer electronics is generally not suitable for automotive applications an alternative approach including hard- and software aspects is presented in this paper. A second aspect is the identification of the driver with biometric methods. The base idea is to also work contactless and omit additional technology which drivers need to carry with them, but in many cases they don't or share it between different persons (like the key).

1 Introduction

One of the fundamental decisions related to the human-machine interaction (HMI) base concept while designing the cockpit of a car is between touchscreen systems and highly mounted displays combined with control buttons and in most cases turn push controller. The systems include functionality for radio, multimedia, telephony and other connectivity as well as navigation. While manufacturers like Volkswagen or Ford emphasize the advantage of touchscreens concerning the intuitiveness of direct control of functions with interaction concepts well known from smartphones, nowadays also including gestures, others like Audi or BMW accent the display position close to the windscreen and therewith the road which leads to lower distraction and reduced length of gaze diversion. Examples are shown in figure 1.

Developing a combined solution is not easy as the position of the highly mounted display is not in the reach zone of the driver. So the optimal position in the line of visibility is not fully compatible with touching the surface of the display.

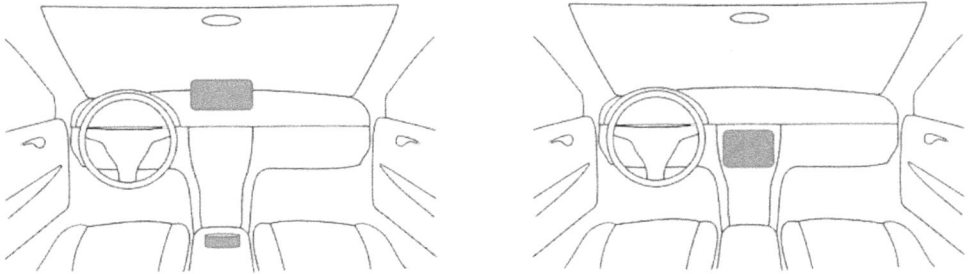

Figure 1: Typical cockpit styles: left:highly mounted display with controller, right: touchscreen

Against this background different research activities at different research institutes and OEMs have been started for touch-less gesture control within the last years. This technology is widely known from Microsoft's Kinect especially for games and recently introduced for TV remote control from Samsung and now brought to automotive applications. An overview of these activities as well as a first insight into an own research project is given in section 2 resp. 3. A reliable gesture recognition can result in a more flexible cockpit design with lower number of hard keys and flexibility for designing the cockpit surfaces.

Touch gestures and many other system settings, e.g. radio presets, seat position, mirror settings, parameters for driver assistance systems like time distance gap in ACC or sensitivity of a lane departure warning system are driver dependent. Recognizing the driver without explicit input is comfortable. One broadly discussed technical solution is the driver identification with the key. However especially in family scenarios not only the car itself is shared, but also the key. Hence for this approach, a change in human behaviour would be required. In section 4 an approach which does not require any additional artefacts and is based on a biometric system is outlined.

The concepts described in this paper should be considered as a contribution to a more natural interaction within the vehicle cockpit. After the driver hast taken place on the seat he/she is directly recognized by the biometric system. Any kind of explicit interaction in this case would be an unnatural step in the flow of the vehicle start scenario. The disadvantages of artefacts have been discussed before. The proposed integration of a biometric system neither needs artefacts or explicit interaction, nor is any input from the driver required.

2 Touchless gestures for Automotive Applications

This section should give an overview of a selected number of projects and prototypes related to touchless gesture recognition especially for automotive applications.

In (Akyol et al., 2000) a concept for gesture control of in-car systems is described. The system developed from BMW and the RWTH Aachen works with near infrared light and a modified CCD camera and a Maximum-Likelihood classification algorithm. A set of 20 static hand gestures is defined as well as (for a better recognition rate) a subset of 6. For 6 hand gestures the recognition rate is approx. 98%. Problems occur under certain lighting conditions.

The most important question before developing a new technology for a new field of application is, if the usage makes sense there. In 2001 a study was published by Martin Zobl at the Munich University of Technology (Zobl et al. 2001) followed by the technical development of a system (Zobl et al. 2003). Generally speaking the authors distinguish two types of gestures: Gestures that don't have to be learned (e.g. pointing or waving) and those which have to be learned and are in some cases culture-dependent (mimics, e.g. virtual phone). For latter reason and to allow personalizing gestures the system outlined in section 3 shall be a learning system so that users can teach their own gestures and is not limited to an OEM provided set.

(Kollorz et al. 2008) in collaboration with the University of Nürnberg and Audi developed a system using a time-of-flight camera (a camera which is able to measure the distance to an object) for gesture recognition. The classification algorithm is based on k-nearest-neighbors. 12 different static hand gestures could be classified with a rate of 94.61% on a standard PC.

A combination of hand and head gestures was developed at BMW (Althoff et al. 2005). The authors conclude that head gestures have the greatest potential for yes/no questions while hand gestures are proposed for skipping between audio tracks or radio stations and to navigate in a map. Their multimodal approach also includes voice control.

In (Alpern, M., & Minardo, K. 2003) a gesture based system in combination with a head-up display for secondary tasks is described and tested. Their results present that the system helps to reduce distraction, although users also claim low precision when pointing.

The concepts already made their way from research to public prototype: e.g. Audi at the CES 2012, Hyundai at the Detroit Auto Show 2013.

A broader overview can be found in (Pickering et al. 2007).

3   A multimodal hand-gesture recognition system

We combine the effectiveness and precision of a multimodal approach with modern time-of-flight technology in order to develop a robust system for recognizing static as well as dynamic hand-gestures under noisy conditions within the frame of real-time applicability.

While many approaches make use of the Kinect system (Wu et al. 2012, Keskin et al. 2011), our sensors deliver depth-data of the environment even during intense sunlight conditions while also remaining small in size. The latter remains a crucial argument for being able to realize our system within the automotive environment.

The presented approach displays a gesture recognition system in the field of automotive HMI which is realized by multiple time-of-flight camera modules combined with a microprocessor unit. This setup allows for full operationality during alternating weather conditions and day and night change while maintaining real-time applicability for a reasonable amount of hand gestures.

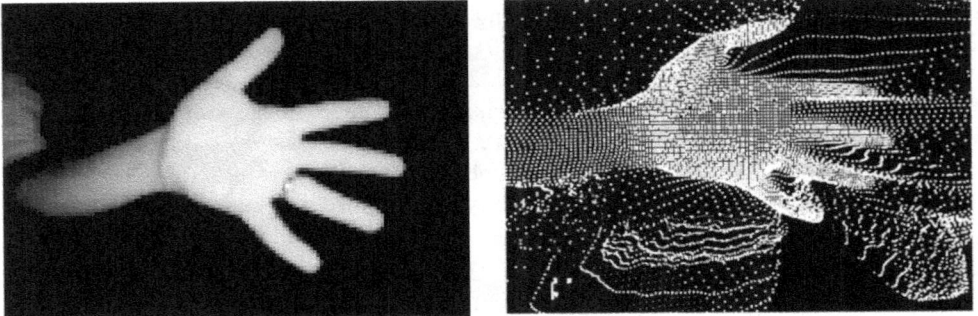

Figure 2:Intensity image from the PMD ToF-sensor (left) and the visualization of the point cloud image acquired from the ToF-camera (right)

In order to develop a system to be fully applicable in such an environment, the technical prerequisites to be considered are demanding. Given the described setting a set of static (cf. Fig. 2) and dynamic gestures has to be defined. To this end we describe static hand gestures as contrasting to dynamic since the position of the hand does not change in a significant manner over time whereas dynamic hand gestures are understood as a movement or change of the hand as a whole in any of the three possible dimensions in addition to the 24 degrees of freedom contained in the joints of the hand (Lee et al. 1995).

Given these demanding conditions in the presented environment the desired functionality can only be achieved by effectively processing large amounts of data. The presented camera system works with an illumination wavelength of 850nm and a resolution of 165*120 px which on the one hand makes it robustly applicable especially in challenging daylight situations and on the other hand optimized for close distances as the mentioned car-setting.

In order to achieve real-time applicability, the given pointclouds are processed by algorithms optimized to extract features from human hand gestures. These descriptors are used to distinguish between a given set of gestures. They therefore need to balance the trade-off between high robustness as well as fast computability.

To achieve the described functionality a high recognition rate for a reasonable amount of hand gestures is desirable. To this end we realize the system within a multi-sensor environment. The additional camera-system allows for an improved setup as we now can scan the desired area, within which the gestures are to be recognized in a significantly improved precise manner.

Moreover, the machine learning algorithms applied to this problem mutually support their classifications leading to an enhanced functioning system.

With respect to applying this system in the desired environment, the presented setup is realized in an embedded system. The data processing is done by multiple microprocessors which, combined with the small camera-technology, allows for the complete system to be incorporated in an automotive setting.

4   Biometric System

An additional challenge to be solved in the field of automotive applications is the personalized interaction with people. To start an interaction process between a device inside a car and a person, one important information is the knowledge about the interacting partner's identity and whether the interacting partner is present or not. This means, the application must be able to detect and be finally able to identify persons.

As already discussed in the introduction there are certain disadvantages in currently available solutions. Either an interaction step is required to select the driver from a menu or an artifact like the key needs to be bound permanently to a single person. An alternative are biometric systems which can use a camera to detect and identify the driver. Accurate identification of specific individuals has to be done by analyzing the individual features of each person.

In general people could be detected by various kinds of sensors (Arras et al. 2009, Wichert et al. 2004, Wiegert et al. 2004, Yang et al. 2002). A typical feature set that allows for a distinct identification of a specific person is often extracted from the facial image acquired by a camera. This feature-set is stored in a database to allow the time-independent recognition of different persons by comparing given feature-sets. The recognition process typically compares individual feature-sets that are extracted from an acquired image against feature-sets of known people that are stored in a given database. For example, feature-sets, also known as biometric templates, could be fingerprint features such as minutiae or facial features such as texture descriptors.

In order to decide if a recognized individual is contained in the database, a one-to-many comparison has to be performed. Since there is no claimed identity available for the person in front of the system, the given template has to be compared against all known templates stored in the database, the so-called gallery (Gehlen et al. 2001, Philips et al. 2007, Zhao et al. 2003). The decision whether a person is known to the system or not is made on the most similar gallery element found, which needs to exceed a threshold. If no template of a given person is stored in the gallery, identification fails, because no template in the database is similar to the acquired template.

If the system recognizes that an unknown person sits on the driver seat the new person can choose to create a new profile. In this case the image and the feature vector are stored in the system database together with the settings made by this new user. The next time this person enters the car again he/she will be recognized and the settings will be loaded from the database to meet the user's preferences. Changes made by the user during the drive will be stored automatically to his/her profile so that it will be directly available for the next drive.

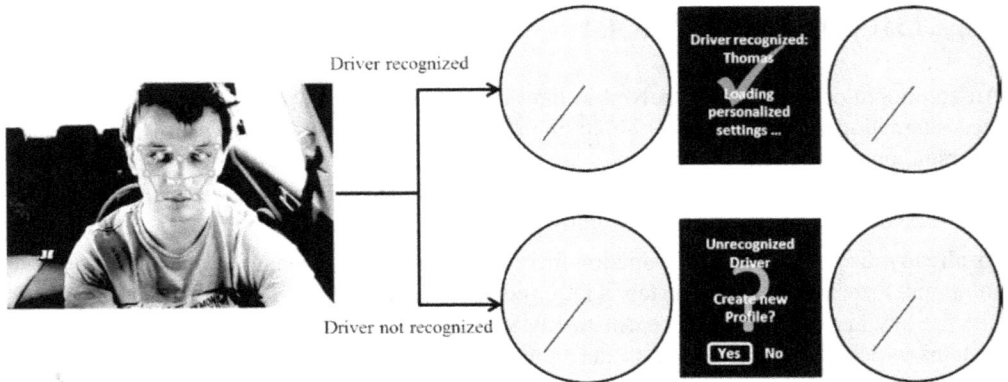

Figure 3: Driver identification with biometric face recognition algorithms (schematic diagram)

Personalized interaction with people in an in-car scenario allows for the opportunity to adapt the assistance system, the infotainment system, or to be able to activate specifically required features for an interaction partner.

In the field of automotive applications a face-based recognition process permits a contactless interaction between the application and the user. Additionally the necessary sensors for a face-recognition process could be used for other automotive applications, e.g. in-car eye-tracking (Green 2002). For this reason a face-recognition process is preferred (figure 3).

5   Conclusion and Outlook

We present the design of a system for touchless gestures which considers improving existing approaches by extending the setup into a multi-sensor environment. We expect to exceed existing results in terms of recognition rate and robustness. Allowing the user to define own gestures – static as well as dynamic – we yield a gesture recognition system which is diverse in terms of applicability. Combining this setup with a biometric system gives us the possibility of individualizing e.g. a set of gestures depending on the current user.

One of the challenges to overcome is the design of the designated system. Using multiple cameras to increase the recognition rate and stabilize the detection is not only more expensive than the compared approaches but also requires further overhead in terms of design and space management.

These factors are already being considered during the early stage of development as we focus our approach for instance on recognizing hand gestures in close range and moreover validate our implemented algorithms by various setups concerning different angles and alignments of the cameras. Especially the latter factors are of major importance and therefore are planned and tested extensively.

In addition to the technical validation a user research is planned for the new approach. This includes interaction concepts for daily use but also for the learning phase. Furthermore the question shall be addressed, what kind of displays are to be controlled by such a system and moreover what a suitable camera position might be to achieve a high recognition rate as well as convenient interaction.

For personalization and driver identification a biometric approach is proposed as this works without any artefacts. More precisely a camera-based system working with face recognition gives the advantage that no driver interaction is required and additional, camera-based functions can be realized based on the same hardware.

References

Akyol, S., Canzler, U. Canzler, Bengler, K., & Hahn, W. (2000). Gestensteuerung für Fahrzeugbordsysteme. *In Mustererkennung 2000, 22. DAGM-Symposium*, Springer-Verlag, London, UK, pp. 139-146.

Alpern, M., & Minardo, K. (2003). Developing a car gesture interface for use as a secondary task. In *CHI'03 extended abstracts on Human factors in computing systems.* pp. 932-933.

Althoff, F., Lindl, R., Walchshausl, L., & Hoch, S. (2005). Robust multimodal hand-and head gesture recognition for controlling automotive infotainment systems. VDI BERICHTE, 1919, 187.

Arras, K.O. & Martinez-Mozos, O. (eds.) (2009). *ICRA 2009 Workshop Proceedings of People Detection and Tracking*

Gehlen, S., Rinne, M. & Werner, M. (2001): *Hierarchical Graph-Matching, European Patent 01118536.0*

Green, P. (2002). *Where do drivers look while driving (and for how long)? In R.E. Dewar & P.L.Olson (Eds), Human factors in traffic safety.* Tucson, AZ: Lawyers and Judges Publishing, pp. 77-110.

C. Keskin, F. Kirac, Y. E. Kara & L. Akarun (2011). Real time hand pose estimation using depth sensors. In *Computer Vision Workshops (ICCV Workshops),* pp. 1228-1234.

Kollorz, E., Penne, J., Hornegger, J. & Barke, A. (2008). Gesture recognition with a Time of Flight camera. In *Int. J. Intell. Syst. Technol. Appl. 5, 3/4 (November 2008)*, pp. 334-343.

J. Lee & T. Kunii (1995). *Model-based analysis of hand posture. IEEE Computer Graphics and Applications,* 15:77-86.

Pickering, C. A., Burnham, K. J., & Richardson, M. J. (2007). A research study of hand gesture recognition technologies and applications for human vehicle interaction. In *Automotive Electronics, 3rd Institution of Engineering and Technology Conference on Automotive Electronics*, pp. 1-15.

Phillips, P.J. et al.(2007): *FRVT 2006 and ICE 2006 Large-Scale Results, National Institute of Standards and Technology Gaithersburg, MD 20899, NISTIR 7408* (March 2007)

Wichert, G., Handmann, U., et al. (2004): The Robotic Bar – An Integrated Demonstration of a Robotic Assistant. In *Advances in Human-Robot Interaction. Springer Tracts in Advanced Robotics (STAR), vol. 14. Springer.*

Wiegand, S., Igel, C. & Handmann, U. (2004): Evolutionary Multi-Objective Optimization of Neural Networks for Face Detection. *International Journal of Computational Intelligence and Applications 4(3)*, 237–253.

Shen Wu, Feng Jiang, Debin Zhao, Shaohui Liu & Wen Gao (2012). *Viewpoint-independent hand gesture recognition system.* IEEE Visual Communications and Image Processing (VCIP), *pp. 1-5.*

Yang, M.-H., Kriegman, D.J. & Ahuja, N (2002).: Detecting Faces in Images: A Survey. *IEEE Transactions On Pattern Analysis And Machine Intelligence 24(1)*

Zhao, W., Chellappa, R., Rosenfeld, A. & Philips, P.J. (2003): Face Recognition: A Literature Survey. *ACM Computing Surveys 35(4),* pp. 399–458.

Zobl, M., Geiger, M., Bengler, K., & Lang, M. (2001). A usability study on hand gesture controlled operation of in-car devices. In *Abridged Proceedings, HCI 2001, 9th Int. Conference on Human Machine Interaction*, pp. 166–168.

Zobl, M., Geiger, M., Schuller, B., Lang, M. & Rigoll, G. (2003). A real-time system for hand gesture controlled operation of in-car devices. In *Proceedings of the 2003 International Conference on Multimedia and Expo - Volume 3 (ICME '03) - Volume 03 (ICME '03)*, pp. 541-544.

Contact

Thomas Kopinski, E-Mail: thomas.kopinski@hs-ruhrwest.de
Prof. Dr. Stefan Geisler, E-Mail: stefan.geisler@hs-ruhrwest.de
Prof. Dr.-Ing. Uwe Handmann, E-Mail: uwe.handmann@hs-ruhrwest.de

S. Boll, S. Maaß & R. Malaka (Hrsg.): Workshopband Mensch & Computer 2013
München: Oldenbourg Verlag, 2013, S. 95–102

Living Labs zur Gestaltung innovativer Mobilitätskonzepte für ältere Menschen

Johanna Meurer[1], Martin Stein[2], Gunnar Stevens[3]

Institut für Wirtschaftsinformatik und neue Medien, Universität Siegen[1,2,3]

Zusammenfassung

Der Einbezug von Nutzern in den Entwicklungsprozess von Software ist von grundlegender Bedeutung für die Gestaltung nutzergerechter Dienste und Anwendungen. Um dieses Ziel zu realisieren, wurde jüngst der Living Lab Ansatz entwickelt. Der Ansatz fordert eine intensive Zusammenarbeit zwischen Forschern, Industrie und Nutzern in realen Lebenskontexten, um kontextsensitive Software zu gestalten. In diesem Beitrag beschreiben wir, wie der Ansatz zur Gestaltung von IKT gestützten Mobilitätssystemen für Ältere angewandt wird. Dabei stehen praktische Erfahrungen im Zentrum die während des Aufbaus generiert wurden. Insbesondere sollen Herausforderungen und Lösungsstrategien erläutert werden, die sich einerseits aus dem spezifischen Gegenstand, der IKT basierten Unterstützung von Mobilität und andererseits der spezifischen Nutzergruppe der älteren Menschen ergeben.

1 Einleitung

Auf Grund des demographischen Wandels gewinnt die Nutzergruppe der Senioren zunehmend an Bedeutung. Entsprechend gerät der ältere Mensch mit seinen spezifischen Anforderungen, Softwarekenntnissen und Bedarfen in der HCI Forschung immer stärker in den Blick. Dennoch sind Arbeiten zu den Mobilitätspraktiken älterer Menschen und der Gestaltung unterstützender Systeme noch sehr selten. Die meisten Ansätze fußen auf einer defizitorientierten Perspektive, welche den Schwerpunkt auf körperliche, kognitive und sensitive Beeinträchtigungen durch Technik zu kompensiert sucht (z.B. bei der Suche nach dem Weg, der Aufrechterhaltung oder Verbesserung der Fahrtüchtigkeit oder bei der Nutzung von alternativen Transportmethoden (Holleis u. a. 2012). In der Gerontologie findet man jedoch bereits Aktivitäts-fördernde und praxeologisch orientierte Ansätze (Webber, Porter, und Menec 2010; Ling und Murray 2010), die es gilt für die nutzer-zentrierte Gestaltung fruchtbar zu machen (Odom, Jensen, und Li 2007). Neben Interviews als Forschungsinstrument heben neuere Arbeiten in-situ-Verfahren hervor, um ein profundes Verständnis der Mobilitätspraxis zu erlangen (Meschtscherjakov u. a. 2011; Boll u. a. 2013). Darüber wird die Notwendigkeit einer langfristigen Forschungsperspektive erkannt, um die Aneignung von Innovationen, deren Auswirkungen auf soziale Praxen und den Austausch in Communities aufzudecken. Der Ansatz soll helfen neben Usability-Problemen auch die Einbettung in den sozio-technischen Kontext stärker zu berücksichtigen (Muller und Weinberg 2011; Schroeter, Rakotonirainy, und Foth 2012).

Vor diesem Hintergrund ist der Living Lab Ansatz vielversprechend, da er beides, Kontext-untersuchung und Technologieentwicklung zusammenbringt (Schumacher und Feurstein 2007). Die Erforschung findet nicht mehr in künstlichen Settings in Laboren, sondern im realweltliche Leben statt um eine nutzerzentrierte Innovationen zu begünstigen. Ferner sollen alle Akteure (z.B. Unternehmen oder Organisationen, Forscher und Nutzer) möglichst früh an der Entwicklung beteiligt werden, um u.A. nicht intendierte Effekte und nicht wahrge-nommene Gelegenheiten durch die Konfrontation mit der multi-perspektivischen Wirklich-keit zu ermöglichen (Pallot u. a. 2010; Niitamo u. a. 2006). Erste positive Erfahrung zur Entwicklung innovativer Mobilitätssysteme im Living Lab konnten bereits gesammelt wer-den (Holleis u. a. 2012; Bekiaris und Bonfiglio 2009). Jedoch gibt es in der Literatur bisher noch keinen Hinweis darauf, wie der Ansatz praktisch realisiert werden kann.

In diesem Beitrag wollen wir deshalb zeigen, wie der Living Lab Ansatz (Visser und Visser 2006) angepasst werden kann, um die alltägliche Mobilität älterer Menschen zu erforschen und die Nutzer in einen co-evolutionären Design- und Aneignungsprozess aktiv in die Ent-wicklung zu integrieren. Die langfristige Zusammenarbeit mit den Anwendern hat zusätzlich den Vorteil, dass die Technik kontinuierlich mit den Nutzer zusammen in iterativen Zyklen getestet, diskutiert und verbessert werden kann. In diesem Beitrag wollen wir nun insbeson-dere über unsere Erfahrung berichten, die wir bei der Anwendung des Ansatzes gemacht haben. So half der Ansatz einerseits dabei Vorannahmen zu revidieren, (technische) Bedarfe Älterer zu identifizieren und die Technik in realweltlichen Bedingungen zu eruieren. Ande-rerseits erfordert der Ansatz eine intensive Auseinandersetzung bezüglich Vertrauens- und Motivationsfragen auf der Nutzerseite, sowie dem Empowerment von älteren Nutzern im Umgang mit modernen IK-Technologien.

2   Aufbau des Living Labs

Im Rahmen eines drei jährigen Forschungsprojektes haben wir ein Living Lab aufgebaut mit dem Ziel den Mobilitätsalltag Älterer besser zu verstehen um ihn mittels IK-Technologien zu unterstützen. Im Folgenden sollen drei wesentliche Aspekte der Umsetzung beschrieben werden: die Auswahl der Teilnehmer (s. Kapitel 2.1), die Adressierung der Nutzer Motivati-on (s. Kapitel 2.2) und die methodische Begleitung (s. Kapitel 2.3).

2.1   Auswahl der Teilnehmer

Zu Beginn des Projektes war es zunächst wichtig Teilnehmer für das Living Lab zu finden und auszuwählen. Dazu veranstalteten wir diverse Informationsveranstaltungen im Frühling 2012, um über das Projekt bei der Zielgruppe zu werben und um über die Teilnahme zu in-formieren.

Bei der Organisation der Veranstaltungen waren u.a. Vertreter der Stadt, sowie des Kreisge-bietes involviert, da diese einen guten Zugang zu diversen Endnutzerorganisationen, wie Seniorenvereine besitzen und diese im Vorfeld angeschrieben und eingeladen haben. Im Anschluss an die Informationsveranstaltung wurden alle interessierten Teilnehmer gebeten auf einem Kontaktbogen ihre Adresse, Telefonnummer und zusätzliche Informationen wie Alter, Geschlecht, Familienstand und Angaben über ihre Lebens- und Mobilitätssituation zu hinterlassen.

Aus forschungspragmatischen Gründen (Zeit- und Finanzrestriktionen) musste bei der Fest-legung der Gruppengröße darauf geachtet werden, das die Gruppe noch groß genug ist um einen angemessenen Einblick in das heterogene Anforderungsprofil der Mobilität Älterer zu gewinnen, jedoch klein genug um eine enge und intensive Kooperation mit den einzelnen Teilnehmern zu garantieren. Auf Basis dieser Daten und erster Interviews wählten wir des-halb 19 Teilnehmer aus einem Pool von 49 Interessierten aus. Es wurde bei der Auswahl der Teilnehmer darauf geachtet, dass sich das Sample bezüglich des Wohngebiets (städtisch 10, ländlich 9), des Geschlechts (männlich 7, weiblich 12), der Art des Haushaltes (Single, ver-witwet, verheiratet) und Alters (von 58 – 82) möglichst heterogen zusammensetzt. Die meis-ten Nutzer (17) sind bereits im Ruhestand. Unsere Auswahl von 19 Nutzern erweist sich momentan sowohl als aufschlussreich als auch handhabbar hinsichtlich der Nutzerbetreuung.

Alle Teilnehmer des Living Labs leben in einer Region mit ungefähr 100.000 Einwohnern in Westdeutschland in der Nähe der forschenden Universität. Die Region zeichnet sich im Be-sonderen dadurch aus, dass sowohl urbane als auch ländliche Räume vorhanden sind. Mit Hinblick auf die öffentliche Infrastruktur gilt es anzumerken, dass lediglich eine Versorgung durch Bus und Bahn existiert. U- bzw. Straßenbahnen sind nicht vorhanden und die Kosten zur Nutzung des ÖPNV sind vergleichsweise hoch, da es keinerlei Subventionierung der ÖPNV Infrastruktur gibt. Hinzu kommt die sehr hügelige und weitläufige Geografie der Region, die eine gute Versorgung mit ÖPNV zusätzlich erschwert.

2.2 Adressierung der Nutzer Motivationen

Es zeigt sich, dass die intrinsische Motivation der Teilnehmer ein entscheidender Faktor für die enge und langfristige Kooperation ist (zumal wir auch nicht über die finanziellen Mittel verfügen, die Teilnehmer finanziell zu entschädigen). Desweitern befragten wir die Teilneh-mer zu ihren Gründen für eine Beteiligung am Projekt. Dabei wurden 4 Motive expliziert, die gleichsam für den Projekterfolg entscheidend sind:

Das erste Motiv betrifft den *Kontakt zu anderen Teilnehmern*. Um den gegenseitigen Kontakt zu unterstützen wurden quartalsweise „Nutzercafés" organisiert, um Austausch und Unter-stützung zwischen den Beteiligten zu fördern. Daneben wurde der Aufbau der Gruppe durch die Einrichtung von Mailinglisten und Chatgruppen gestärkt.

Das zweite Motiv ist das *Erlernen von technischen Fertigkeiten*. Dies spielt insbesondere für den von uns verfolgten Participatory-Design Ansatz (Schuler und Namioka 1993) eine ent-scheidende Rolle. Eine Unterstützung des Lernprozesses durch technische Schulungen befä-higte nicht nur die Nutzer im Umgang mit der zur Verfügung gestellten Technologie, sondern half auch diese in die Lage zu versetzen kritisch und konstruktiv Feedback zu geben. Im Projekt fungierten wir als Tutoren und stehen bei Fragen und Problemen zur Verfügung. Ferner wurde ein Handbuch eigens für die Geräte im Projekt konzipiert und in fünfzehn

Schulungssitzungen zur Vermittlung von Basiswissen im Umgang mit neuen Medien verwendet.

Das dritte Motiv betrifft die *Einbringung eigener Ideen* in das Forschungsprojekt. Der drohende, altersbedingte Verlust des Autofahrens in Kombination mit der schlechten Versorgung durch ÖPNV war hierbei ein starker Motivator sich aktiv um alternative Mobilitätskonzepte wie Mitfahrangebote und einem besseren Informationszugang vorhandener Mobilitätsangebote zu bemühen. Zur freien Exploration solcher Ideen wurden im Rahmen von Interviews oder (Design-) Workshops Raum geschaffen, in denen die Teilnehmer ihre Ideen zum Ausdruck bringen können.

Das letzte Motiv betrifft den Wunsch zur *Selbst-Reflektion*. Die Teilnehmer erhoffen sich durch unsere Forschung mehr über ihr eigenes Mobilitätsverhalten zu erfahren und wie dies durch wie IK-Technologie beeinflusst werden kann. Dies machte es erforderlich (tentative) Forschungsergebnisse in verständlicher Form und in regelmäßigen Abständen an die Nutzer zurück zu spiegeln. Auch stellte sich heraus, dass dies ein starker vertrauensbildender Faktor ist, der das Forscher-Nutzer Verhältnis festigt. Entsprechend dankbar waren Teilnehmer über Informationen zum Projektverlauf und beschwerten sich wenn, sie sich zu schlecht informiert fühlten.

2.3   Methodische Begleitung

Durch die Anwendung des Living Labs Ansatzes ergibt sich die vorteilhafte Situation über einen langen Zeitraum mit denselben Nutzern arbeiten zu können. Hierdurch ist es möglich durch den Einsatz verschiedener Methoden (bspw. Interviews, Beobachtung, Videoanalyse) unterschiedliche Aspekte der Mobilität zu beleuchten (vgl. auch Abbildung 1).

Abbildung 1: Links - Situation bei einem Schulungstermin; Rechts - Situation bei teilnehmder Beobachtung bei einer Mitfahrt

Die Grundlage unserer Arbeit bilden Interviews mit allen Teilnehmern die aufgenommen, transkribiert und kodiert wurden. Die Dauer der Interviews variiert zwischen 45 und 150 Minuten. Sie geben einen Einblick in die allgemeine Lebenssituation und die Alltagsmobilität der Senioren, sowie deren Umgang mit IK-Technologie. Weiter baten wir die Teilnehmer über den Zeitraum von ca. 1-2 Wochen ein Mobilitäts-Tagebuch zu führen. Sie sollten ihre täglichen Fahrten festhalten und Fragen beantworten (wohin, wann, mit wem, mit welchen Verkehrsmittel und welche technischen Geräte zur Hilfe herangezogen wurden). In Ergänzung dazu begleiteten wir vereinzelt Teilnehmer bei gemeinsamen Fahrten und Unternehmungen, bei denen Navigationsgeräte zum Einsatz kamen. Diese Beobachtungen wurden per Video aufgezeichnet, zusätzlich wurden während Fahrt Feldnotizen angefertigt.

Durch die Beobachtungen erhielten wir einen Einblick in Fahrpraktiken und Aktivitäten im Auto. Durch die Tagebücher und Interviews können die Beobachtungen um die jeweiligen Kontexte ergänzt werden und bieten einen guten Einblick in konkrete Mobilitätssituation der älteren Teilnehmer. Grundsätzlich boten daneben die Schulungstermine und Nutzercafés einen unbelasteten Raum, um sich auszutauschen und zu diskutieren. Weitere Schritte sind die Erprobung von ersten Prototypen in Participatory-Design Workshops.

3   Lessons learned

Im Laufe der ersten eineinhalb Jahre konnten wertvolle Einblicke über das Einrichten eines Living Labs zur Entwicklung von Mobilitätssystemen für Ältere gesammelt werden. In den folgenden Abschnitten geben wir einen Überblick über die wichtigsten Erkenntnisse aus der Nutzerzusammenarbeit im Living Lab (Kapitel 4.1), was es bedeutet diese Nutzergruppe kontinuierlich anzusprechen und als Co-Entwickler in den Entwicklungsprozess einzubeziehen (Kapitel 4.2) und abschließend, die Untersuchung des Aneignungsprozesses (Kapitel 4.3) darzulegen.

3.1   Co-Design mit älteren Menschen

Als besonders bedeutsam für die gemeinsame Systementwicklung hat sich die Identifizierung der Nutzer mit der Projektidee herausgestellt. Dabei spielte es keine Rolle, ob die Motivation aus einem technischen Interesse (z.B. der Erlernung des Umgangs mit neuen Medien und ihren Möglichkeiten) oder einem inhaltlichen Interesse herrührte (z.B. das bessere Verständnis von Mobilitätsverhalten). Beide Motivationen haben sich als Vorteilhaft für die Projektkoordination heraus gestellt.

Die enge Kooperation mit Nutzern hat uns schließlich geholfen, ein tieferes Verständnis darüber zu erlangen, wie Mobilität im Alter unterstützt werden kann. Während wir noch zu Beginn das Projektziel darin sahen, eine multimodale Mobilitätsplattform zu entwickeln, die ältere Erwachsene mit eingeschränkter Mobilität unterstützt, bemerkten wir in den ersten Interviews, dass die Menschen zwischen 60 und 80 in der Regel noch sehr eigenständig mobil sind. Desweitern zeigte sich, dass ein rein defizit-orientierter Ansatz zu kurz greift, bei dem das System nur darauf fokussiert Senioren Hilfe bereit zu stellen. Ein solch ausgerichtetes System würde jedoch den meisten unser Teilnehmer zuwider streben, da sie zum einen viel Wert auf ihre Autonomie legen und zum anderen Stigmatisierung durch die Bitte um Hilfe befürchten. Um dem entgegenzuwirken haben wir z.B. nicht die Anfrage von Fahrtgesuchen, sondern insbesondere das aktive Ansprechen durch Mitfahrsuchenden und den sozialen Eventcharakter ins Zentrum der Mitfahrzentrale gerückt. Dadurch soll den Mitfahrern selbst eine aktivere Rolle zugesprochen werden.

3.2 User Empowerment

Um dem partizipativen Anspruch des Living Lab Ansatzes nachzukommen, mussten die älteren Teilnehmer zunächst in die Lage versetzt werden, sich kritisch mit der Technologie auseinandersetzen zu können. Nur zwei der Teilnehmer hatten bereits Vorkenntnisse im Umgang mit Smartphones und nur vier der Teilnehmer benutzten ein Navigationsgerät. Daher war es zunächst notwendig, Grundkenntnisse über die Funktionsweise von Anwendungen sowie den Nutzen von Smartphones zu vermitteln. Selbst organisierte Schulungsstunden auf wöchentlicher Basis haben sich sehr bewährt. Wichtig war es darauf zu achten, dass die Lektionen leicht zu verstehen sind und möglichst wenig auf technischem Vorwissen aufbauen. Je vertiefter die Nutzer die Struktur und Bedienkonzepte der Technologien kennenlernten, desto eher sind sie in der Lage gewesen, darüber zu sprechen und die eigenen Bedarfe in Bezug auf das Design zu artikulieren. In dieser frühen Phase bei der noch keine eigenen Prototypen vorhanden sind, hat es sich bewährt den Teilnehmer ähnliche, marktnahe Lösungen vorzustellen und ausprobieren zu lassen. Ferner haben sich die Schulungsstunden auch als eine gute Gelegenheit zum gemeinsamen Austausch zwischen Forschern und Anwendern herausgestellt. So waren die Schulungsstunden auch sehr hilfreich, um die technischen Fähigkeiten und Probleme der Nutzer besser zu verstehen und das gemeinsame Vertrauensverhältnis zu stärken.

3.3 Untersuchung von Aneignung der Mobilitätsysteme

Eines der herausragenden Merkmale des Living Lab Ansatzes besteht darin, ein vertieftes Verständnis über den Nutzungskontext und Aneignungsstrukturen der Nutzer zu generieren, weil die Nutzer über den gesamten Entwicklungsprozess involviert sind. Der Vorteil einer langfristigen Untersuchung bietet zudem die Möglichkeit, diese Fragen aus verschiedenen Perspektiven mit unterschiedlichen Methoden in den Blick zu nehmen (siehe Abschnitt 3.3). Um der Gefahr der Überforschung der 19 Teilnehmer vorzubeugen, ist es ferner wichtig ein Gefühl für die einzelnen Nutzer zu entwickeln, was den Einzelnen überfordern würde und wozu Bereitschaft oder Interesse besteht. Die Tatsache, dass wir die gleichen Benutzer mehrmals um Unterstützung gebeten haben, erfordert ferner ein ausgewogenes Verhältnis zwischen Forschern und Nutzern. Im Austausch haben wir den Nutzern z.B. in Newslettern zum aktuellen Projektstand informiert und mit den Schulungsstunden und die bereitgestellte Hardware unterstützt. Die Einbeziehung der Nutzer in allen Phasen des Entwicklungsprozesses bietet zudem eine große Chance, um die Aneignung von Technologien deren Verwendung und Veränderungen von Einstellungen sowie Nutzungspraxen zu studieren.

4 Zusammenfassung

Wir hoffen mit diesem Beitrag anderen Praktikern und Forschern einen Einblick in unsere methodische Arbeit und die praktische Umsetzung vermittelt zu haben, wie sich Mobilitätssysteme für Ältere im Rahmen eines Living Labs gestalten lassen. Während des Aufbaus konnten mehrere Themen identifiziert werden, die sich für die erfolgreiche Etablierung als wichtig herausstellten: So hat sich als ein wesentlicher Vorteil herausgestellt „Türöffner" zu adressieren, die einen guten Kontakt zu Endnutzer-Organisationen haben, um Teilnehmer für das Projektvorhaben zu gewinnen. Eine nicht zu unterschätzende Schwierigkeit ist die Umsetzung des partizipativen Ansatzes, da heutzutage Ältere zu Beginn keine oder nur kaum technische Erfahrung haben, um ihre Bedarfe, Wünsche oder Probleme artikulieren zu können (dies mag zukünftig und in anderen Fällen anders aussehen). Daher war es unerlässlich Schulungen voranzustellen, um ein gemeinsames Verständnis und Sprache zu entwickeln. Ferner wurde deutlich, dass eine intrinsische Motivation der Nutzer zur Beteiligung von zentraler Bedeutung ist. Damit die Motivation jedoch für die langfristige Zusammenarbeit erhalten bleibt, sollten die Forscher diese Punkte aktiv ansprechen und unterstützen. Das Living Lab konnte sich in unserem Fall ferner bewähren Stereotypen aufzubrechen und einen impliziten oder expliziten defizit-orientierten Gestaltungsansatz zu korrigieren. In unserem Fall war dies die anfängliche Intention, Älteren den Zugang zu Hilfe zu erleichtern. Stattdessen stellte sich heraus, dass Systeme zur Unterstützung autonomer, dynamischer Mobilität im Zentrum stehen sollten, die insbesondere den erweiterten sozialen Kontext des Autofahrens mitdenken. Insofern zeigte sich im ersten Jahr, dass nicht allein Fragen der Usability, sondern des gesamten sozio-technischen Systems mobilitätsunterstützender Systeme im Rahmen des Living Labs zur Disposition gestellt und untersucht werden können.

Referenzen

Boll, Susanne C.J., Andrew L. Kun, Peter Fröhlich, und James Foley. 2013. „Automotive user interface research moves into fast lane". In *CHI '13 Extended Abstracts on Human Factors in Computing Systems*, 2525–2528. CHI EA '13. New York, NY, USA: ACM. doi:10.1145/2468356.2468821. http://doi.acm.org/10.1145/2468356.2468821.

Holleis, Paul, Marko Luther, Gregor Broll, Cao Hu, Johan Koolwaaij, Arjan Peddemors, Peter Ebben, Martin Wibbels, Koen Jacobs, und Sebastiaan Raaphorst. 2012. „TRIPZOOM: a System to Motivate Sustainable Urban Mobility". In *SMART 2012, The First International Conference on Smart Systems, Devices and Technologies*, 101–104.

Ling, David, und Stuart Murray. 2010. „Sustaining Independent Mobility for Elderly People in an Ageing Population: Managing the Transition from Car Dependency to Confident Use of Public Transport".

Meschtscherjakov, Alexander, David Wilfinger, Nicole Gridling, Katja Neureiter, und Manfred Tscheligi. 2011. „Capture the car!: qualitative in-situ methods to grasp the automotive context". In *Proceedings of the 3rd International Conference on Automotive User Interfaces and Interactive Vehicular Applications*, 105–112. ACM.

Muller, Christian, und Garrett Weinberg. 2011. „Multimodal input in the car, today and tomorrow". *Multimedia, IEEE* 18 (1): 98–103.

Niitamo, Veli-Pekka, Seija Kulkki, Mats Eriksson, und Karl A. Hribernik. 2006. „State-of-the-art and good practice in the field of living labs". In *Proceedings of the 12th International Conference on Concurrent Enterprising: Innovative Products and Services through Collaborative Networks. Italy: Milan*, 26–28.

Odom, Will, Scott Jensen, und Meng Li. 2007. „Senior travel buddies: sustainable ride-sharing & socialization". In *CHI'07 extended abstracts on Human factors in computing systems*, 2079–2084. ACM.

Pallot, Marc, Brigitte Trousse, Bernard Senach, und Dominique Scapin. 2010. „Living Lab research landscape: From user centred design and user experience towards user cocreation". In *First European Summer School 'Living Labs'*.

Schroeter, Ronald, Andry Rakotonirainy, und Marcus Foth. 2012. „The social car: new interactive vehicular applications derived from social media and urban informatics". In *Proceedings of the 4th International Conference on Automotive User Interfaces and Interactive Vehicular Applications*, 107–110. ACM.

Schuler, Douglas, und Aki Namioka. 1993. *Participatory design: Principles and practices*. Routledge.

Schumacher, Jens, und Karin Feurstein. 2007. „Living Labs–the user as co-creator". In *ICE 2007 Proceedings: 13th International Conference on Concurrent Enterprising, Sophia Antipolis, France*. The Free Press.

Visser, Froukje Sleeswijk, und Victor Visser. 2006. „Re-using users: co-create and co-evaluate". *Personal and ubiquitous computing* 10 (2-3): 148–152.

Webber, Sandra C., Michelle M. Porter, und Verena H. Menec. 2010. „Mobility in older adults: a comprehensive framework". *The Gerontologist* 50 (4): 443–450.

S. Boll, S. Maaß & R. Malaka (Hrsg.): Workshopband Mensch & Computer 2013
München: Oldenbourg Verlag, 2013, S. 103–109

HMI mobiler Apps zur Organisation multimodaler Mobilität

Thomas Ritz, Ramona Wallenborn

m²c lab, FH Aachen – University of Applied Sciences

Zusammenfassung

In Zukunft wird multimodales Verkehrsmanagement an Bedeutung gewinnen. Um dem Benutzer hier ein konsistentes HMI liefern zu können, muss die Erwartungskonformität über die Verkehrsträger hinweg sichergestellt werden. Der Artikel untersucht existierende Apps zum multimodalen Verkehrsmanagement hinsichtlich der Gebrauchstauglichkeit und geht der Frage nach, wie diese Funktionalitäten in ein Automotive HMI integriert werden können.

1 Einleitung

Mobile Endgeräte und Apps haben in den letzten Jahren enorm an Bedeutung gewonnen. Damit mobile Apps vom Nutzer akzeptiert werden, müssen die speziellen Eigenschaften und Nutzungskontexte bei der Entwicklung berücksichtigt werden.

Vor allem junge Großstadtbewohner legen mehr Wert auf mobile Devices als auf den Besitz eines eigenen Fahrzeugs. Sie nutzen zunehmend günstige Alternativen, wie z.B. öffentliche Verkehrsmittel oder CarSharing. (Süddeutsche 2013) Die Nutzung multimodaler, also verkehrsmittelübergreifender, Angebote wird somit für viele Großstädter immer wichtiger. Apps helfen die Mobilitätsangebote zu bündeln und den Nutzer bei der Planung seiner Route zu unterstützen.

Nach einer Einführung in das Thema multimodale Mobilität, werden Besonderheiten hinsichtlich der Gebrauchstauglichkeit mobiler Apps herausgearbeitet. Es wird dargelegt, dass es sowohl für Apps als auch Automotive HMI Gestaltungsrichtlinien gibt. Nachfolgend werden Apps für multimodales Verkehrsmanagement hinsichtlich der Gebrauchstauglichkeit untersucht und Verbesserungspotenzial abgeleitet. Mit diesen Anforderungen und Erfahrungen wird der Versuch unternommen die Funktionalität in ein KFZ zu applizieren. Es stellt sich heraus, dass es hierzu zwei Optionen gibt: Entweder wird die App im Fahrzeug weiterverwendet und muss auf die speziellen Anforderungen eines Automotive HMI angepasst werden oder die Funktionalität wird durch Infotainment-Systeme im KFZ angeboten. Auch hier muss die Erwartungskonformität und damit die Übertragbarkeit der Erfahrungen außerhalb des Autos im Umgang mit der App sichergestellt werden.

2   Stand des Wissens

Die Granularität von Mobilitätsdienstleistungen legt nahe, dass zukünftig Routen mehrere Verkehrsmittel beinhalten. Schon bei der Planung ist eine benutzergerechte Gestaltung der Systeme von enormer Bedeutung. Während der Fahrt müssen die Interaktionsmöglichkeiten angepasst werden. Richtlinien helfen dabei, die Nutzerakzeptanz positiv zu beeinflussen.

2.1   Multimodale Mobilität

Die Nutzung unterschiedlicher Verkehrsmittel ist vor allem für junge Großstadtbewohner bedeutender geworden. Mittels multimodaler Mobilität können sie ihre Mobilität individuell auf ihre aktuelle Lebenslage abstimmen. Die Gestaltung der Wegestrecke hängt maßgeblich mit den Mobilitätsbedürfnissen des Nutzers zusammen. Je nach Mobilitätsbedürfnis werden unterschiedliche Verkehrsmittel für eine Route gewählt und miteinander kombiniert.

In Zukunft muss also nicht mehr nur der Buchungs-Aspekt betrachtet werden sondern auch die andauernde Nutzung während der Fahrt. Ein Verkehrsmittelwechsel kann einerseits mit einer Integration des Smartphones (bring your own device) ins Fahrzeug oder andererseits mit einem Wechsel vom Smartphone zu einem festintegrierten InCar-System verbunden sein.

2.2   Besonderheiten mobiler Applikationen

Damit die Ziele mobiler Applikationen im Nutzungskontext zufriedenstellend erreicht werden können, ist eine gute Usability (Gebrauchstauglichkeit) unabdingbar. Bei der Entwicklung mobiler Applikationen liegen spezielle Herausforderungen zugrunde. Neben dem offensichtlichen Aspekt des Small-Form-Faktors wird einer mobilen App i.d.R. im Vergleich zu Desktop-Anwendungen nur eine geringe Aufmerksamkeit entgegengebracht. Des Weiteren sind mobile Endgeräte nicht an nur einen Platz gebunden, d.h. dass heterogene Nutzungsumgebungen (Routenplanung vs. Bedienung im Fahrzeug) vorliegen können. (vgl. Bochmann und Ritz 2013, S. 18f.)

2.3   Styleguides Smartphones

Um die Benutzerfreundlichkeit von Applikation hinsichtlich der Heterogenität mobiler Devices zu unterstützen, stellen führende Unternehmen, wie Google und Apple, Gestaltungsrichtlinien in Form von Styleguides zur Verfügung, um ein einheitliches Bedinungskonzept auf ihren Systemen (Android und iOS) zu gewährleisten (vgl. Android 2013, Apple 2013).

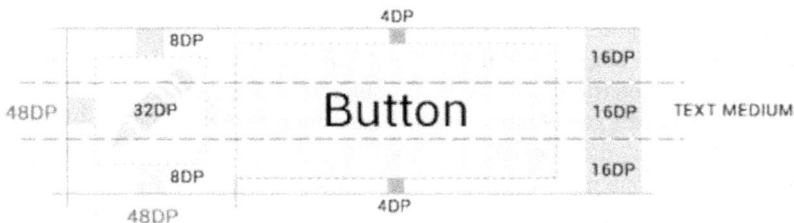

Abbildung 1: 48 dp-Schema (Android 2013)

Einen Ausschnitt des Andoid Styleguides zeigt Abbildung 1 mit dem 48 dp-Schema. Einzelne Zeilen sollten dieser Höhe und im Idealfall ein Vielfaches als Breite entsprechen. dp steht für density-interdependenz pixel und stellt sicher, dass auf allen unterschiedlichen Pixeldichten Elemente gleich groß erscheinen. Die Einhaltung dieser Richtlinien sichert ein Mindestmaß an Gebrauchstauglichkeit und insbesondere Erwartungskonformität auf der jeweiligen Plattform zu.

2.4 Richtlinien InCarApp

Im Bereich der Automobilbranche existieren ebenfalls Richtlinien und Empfehlungen, die bei der Entwicklung von IKT für Automobile berücksichtigt werden sollten. Beispielsweise beschreibt das European Statement of Principles (ESoP) Interaktionsparadigmen im Fahrzeug für die Erstellung eines gut zu bedienenden und sicheren Systems. Dazu wurden Richtlinien für das Gesamtdesign, die Installation, die Darstellung von Informationen, die Interaktion, das Systemverhalten und Anleitungen zum System aufgestellt.

Generell soll die Ablenkung durch IKT im Auto minimiert werden. Dabei sind zwei Modi zu berücksichtigen: ruhendes vs. bewegtes Fahrzeug. Es dürfen keine Informationen dargestellt werden, die zu einem gefährlichen Verhalten anregen. Ein einheitliches Design (Farben, Symbole, Metaphern, etc.) sorgen für ein leichtes Verständnis und bieten Orientierung. Zudem darf die Bedienung des Systems mit nur einer Hand erfolgen. (vgl. Europäische Union 2008, International Organization for Standardization 2006)

Um dem Nutzer eine ausreichende Trefferfläche der Schaltflächen zu bieten, sollte der berührungsempfindliche Bereich der Fläche mindestens gleich der Größe der Gelenkbreite des Mittelfingers eines 95 Perzentil-Mannes sein. Dies entspricht einer Flächendiagonale von etwa 2 cm. Zusätzlich sollte der Button einen berührungsunempfindlichen Teil zur Vermeidung von Fehlbedienungen von mindestens 5 mm an allen Seiten besitzen. (vgl. Pfeil 2005, Deutsches Institut für Normung 2006)

Beispielsweise kann bei quadratischen Schaltflächen mit Icons das jeweilige Icon auf dem berührungsempfindlichen Teil der Schaltfläche platziert werden. Das Iconbild sollte mindestens 1,5 x 1,5 cm groß sein. Somit erhält der gesamte Button eine Größe von 3 x 3 cm im Falle der quadratischen Form (siehe Abbildung 2).

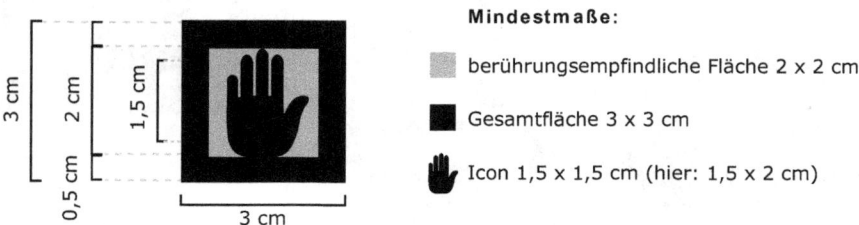

Abbildung 2: Abmaße Button mit Icon (eigene Darstellung)

Leider existiert derzeit weder eine Gestaltungsrichtlinie für die Erstellung von Smartphone-Apps zur Nutzung im Fahrzeug, noch eine Gestaltungsrichtlinie wie Interaktionsparadigmen der „App-Welt" konsequent ins Fahrzeug übertragen werden können.

3   Usability Tests multimodaler Mobilitäts-Apps

Um die Gebrauchstauglichkeit multimodaler Mobilitäts-Apps zu überprüfen, wurden sechs Applikationen – Moovel, A nach B, Smartway, Öffi Directions, Deutsche Bahn Navigator und easy.go – auf unterschiedlichen Betriebssystemen (Android und iOS) getestet, wobei keine der untersuchten Applikationen einen speziellen „im KFZ" Interaktionsmodus bot.

Die Probanden erhielten Aufgaben und wurden beim Lösen dieser gefilmt. Die Tests wurden mit Unterstützung der Software Morae durchgeführt und anschließend ausgewertet. Es wurde festgestellt, dass immense Probleme bei der Bedienung der Applikationen bestehen. Keine einzige App konnte von den Testpersonen fehlerfrei bedient werden.

Bei Anwendung etablierter Gestaltungsmuster, wie z.B. Start- und Zieleingabe, wurde deutlich, dass die Nutzer nahezu keine Probleme bei der Interaktion hatten. Probleme traten vor allem auf, wenn von den üblichen Gestaltungsmustern, wie z.B. Screen-Aufteilung und etablierten Themes, abgewichen wurde. Die Auswahl der Verkehrsmittel war sehr komplex. Icons waren teilweise unverständlich und zu klein und einige Seiten waren mit sehr vielen Informationen überladen. Nachfolgend sollen zwei Beispiele diese Hauptaussagen belegen.

Die Applikation „Öffi Directions" birgt aufgrund ihrer Komplexität, Unübersichtlichkeit und teilweise fehlenden Aussagekraft Verbesserungspotential hinsichtlich der Oberflächengestaltung und Benutzerfreundlichkeit (siehe Abbildung 3). Von insgesamt sieben Aufgaben, die den Probanden gestellt wurden, traten bei fünf Aufgaben Schwierigkeiten auf, so dass diese teilweise überhaupt nicht von den Probanden gelöst werden konnten. Am deutlichsten wurde dies beim Anlegen eines Favoriten.

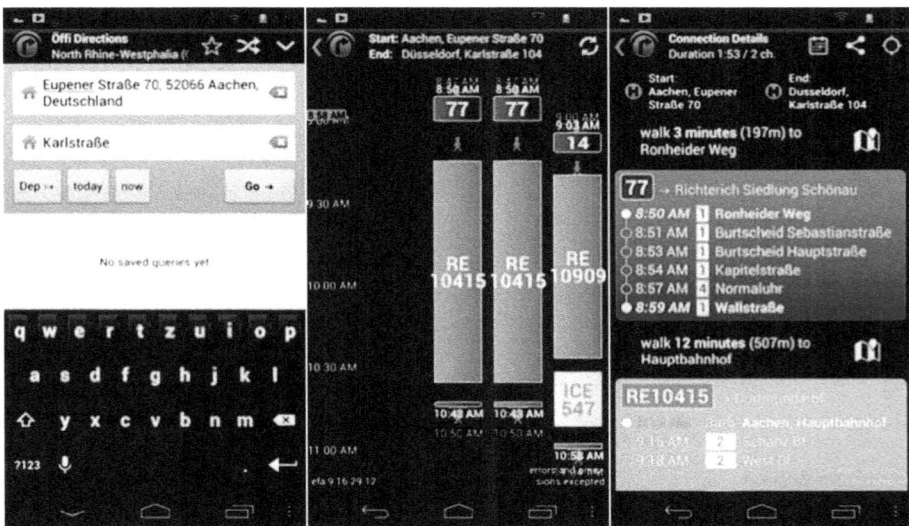

Abbildung 3: Screenshots "Öffi Directions" (Google Play 2013)

„Moovel" hingegen hat sich aufgrund der einfachen und schnellen Bedienung als sehr benutzerfreundlich herausgestellt. Ein schlichtes, übersichtliches und konsistentes Design haben maßgeblich dazu beigetragen.

4   Anforderungen an ein integriertes HMI

Bisher ist das HMI bei einem Wechsel des Verkehrsmittels mit einem Medienbruch verbunden. Im Rahmen dieses Beitrags soll insbesondere die Integration von App-gestütztem Mobilitätsmanagement und der Nutzung im Automobil beleuchtet werden.

Der Nutzer soll sich zu jeder Zeit auf unterschiedlichen Plattformen in der Interaktion zurechtfinden. Um auf allen Systemen eine Benutzerfreundlichkeit herzustellen, ist deswegen eine Harmonisierung bei gleichzeitiger Berücksichtigung der besonderen Anforderung des Verkehrsträgers unabdingbar.

Mit dem Automobil als weiteres Verkehrsmittel gibt es zwei Möglichkeiten zur Einbindung von Funktionalität zum multimodalen Verkehrsmanagement: Entweder steht dem Nutzer ein InCar-System zur Verfügung oder er bringt sein eigenes Device mit ins Fahrzeug. Während ein eingebautes InCar-System im Gegensatz zu einem selbst mitgebrachten System aufgrund der definierten Umgebung gut in das KFZ-Gesamt-HMI zu integrieren ist, bietet das eigene System den Vorteil einer großen Nutzerakzeptanz, da der Nutzer dieses kennt und er über die unterschiedlichen Mobilitätsmodalitäten ein einheitliches HMI erhält. Es stellt sich die Frage, inwiefern Smartphone-Apps autoaffiner werden müssen und welche Aspekte bestehender Styleguides ins Fahrzeug übertragen werden können.

Bei HMI im Fahrzeug sollten Gestaltungsmuster übernommen werden, um sie nahtlos in den Workflow einzubinden. Eine konsistente Einhaltung von Farben, Metaphern, Symbolen, Gesten und Informationsstruktur vermittelt dem Nutzer Sicherheit. Kurze, prägnante Formulierungen sowie große Symbole bieten zusätzlich Orientierung. Als Projektpartner hat das m^2c lab bereits beim Forschungsprojekt ec2go – CarSharing-Elektromobilitätsmodell für urbane Regionen Wert auf ein konsistentes HMI gelegt.

Abbildung 4: Schadensmeldung ec2go iPhone (links) und InCar-System (rechts) (eigene Darstellung)

Beim HMI im Fahrzeug sollte auf einen ausreichenden Kontrast geachtet werden, damit wichtige Aspekte schnell wahrgenommen werden können und wenig Ablenkung entsteht. Hierbei sollten bekannte Konzepte, wie z.B. Helligkeitsabstufungen, und ausreichend große Schaltflächen genutzt werden. Generell gilt, dass ein weißer Hintergrund für den Fahrzeugeinsatz nur bedingt geeignet ist, da der Fahrer aufgrund der Helligkeit geblendet werden kann.

Bringt der Nutzer sein eigenes Device mit in das Fahrzeug, so muss die Mindestgröße der Schrift für die Nutzung im Auto angepasst werden. Der Fahrer muss Informationen ohne große Anstrengung verarbeiten können. Deswegen wäre die Verwendung der Schriftgröße 22 dp im Fahrzeug von den Hauptschriftgrößen des Android-Styleguides empfehlenswert (vgl. Android 2013).

Das vorgestellte 48 dp-Schema für die Gestaltung von Smartphone-Interfaces lässt sich ebenfalls auf andere mobile Devices übertragen. Zu beachten ist vor allem, dass z.B. bei Schaltflächen eine inaktive Fläche von 5 dp eingehalten wird, um Fehlbedienungen zu vermeiden. Die Übertragung auf einen z.B. 10 Zoll-Bildschirm hätte zur Folge, dass mit 18 Icons dreifach so viele Icons angeordnet werden können als auf einem Smartphone (siehe Abbildung 5). Diese Anzahl kann der Nutzer nicht mit einem Blick begreifen, weswegen eine Auswahl von 4 x 2 oder 3 x 2 Elementen ratsam wäre.

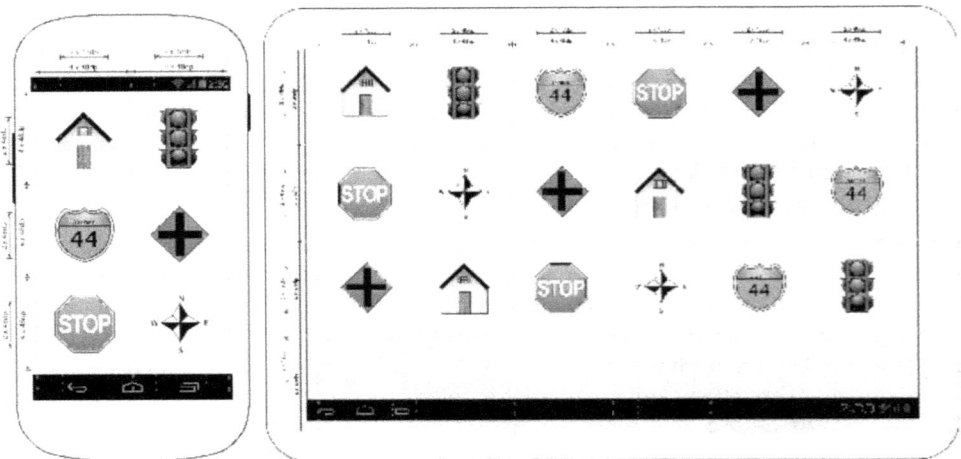

Abbildung 5: 48 dp-Schema Smartphone (links) und Tablet (rechts) (eigene Darstellung)

Schlussfolgernd kann festgehalten werden, dass für ein integriertes HMI bestehende Paradigmen genutzt werden sollten, denn bekannte Gesten, Metaphern, Farbsysteme und Anzeige-Bars bieten dem Nutzer eine leichtere Orientierung und weniger Ablenkung. Der Nutzer ist mobil und hat wenig Zeit sich intensiv mit der App zu beschäftigen, daher sollte die Gestaltung so einfach, sinnvoll und nachvollziehbar wie möglich sein.

5   Fazit

Mobilität wird zukünftig nicht mehr gekauft, sondern organisiert. Schon heute treten Mobilitätsangebote wie ÖPNV und CarSharing, stärker in den Mittelpunkt. Dies erfordert eine Vernetzung und einen Informationsaustausch unterschiedlicher Verkehrsmittel.

Bei einem Verkehrsmittelwechsel kann sich der Nutzungskontext der App ändern, indem der Reisende vom Mitfahrer im Bus zum Fahrer im Auto wird. Dabei müssen dem Nutzer übergreifende Informationen zur Verfügung gestellt werden. Durch konsistentes HMI wird beim

Nutzer eine gewisse Erwartungskonformität hergestellt, die es ihm die Bedienung der App erleichtert, denn Bekanntes gibt ihm Sicherheit.

Der Beitrag macht deutlich, dass es zurzeit an Richtlinien für die Gestaltung von Mobilitäts-Management Applikationen mangelt. Bereits diese „globale" Betrachtung zeigt, dass folglich schon gar keine speziellen Ausprägungen bzw. Adaptionen dieser Richtlinien für bestimmte Mobilitätsträger erfolgen. Nur so kann aber in Zukunft den Kunden ein einheitliches aber kontextadäquates HMI zum multimodalen Verkehrsmanagement geboten werden.

Literaturverzeichnis

Android (2013). *Android Developers – Design.* http://developer.android.com/design/index.html. Abruf am 10.06.2013.

Apple (2013). *iOS Human Interface Guidelines.* http://developer.apple.com/library/ios/ #documentation/UserExperience/Conceptual/MobileHIG/Introduction/Introduction.html. Abruf am 10.06.2013.

Arnold H., Kunert F., Kurtz R. & Bauer W. (2010). *Elektromobilität – Herausforderungen für Industrie und öffentliche Hand.* S. 51.

Bochmann Sandra & Ritz Thomas (2013): *Prototyping Tools for Mobile Applications.* Stuttgart. ISBN 978-3-943356-45-8

Deutsches Institut für Normung (2006): *DIN 33402-2:2006 (Ergonomie – Körpermaße des Menschen)*

Europäische Union (2008). *Empfehlung der Kommission über sichere und effiziente bordeigene Informations- und Kommunikationssysteme: Neufassung des Euopäischen Grundsatzkatalogs zur Mensch-Maschine-Schnittstelle.* Brüssel.

Google play (2013). *App Öffi Directions.* https://play.google.com/store/apps/details?id=de. schildbach.oeffi, Abruf am 13.03.2013.

International Organization for Standardization (2006): *ISO 9241-110:2006 (Grundsätze der Dialoggestaltung)*

Pfeil Ulrike (2005): Informationsdesign im Fahrzeug. Entwürfe und Prototypen von Bedien- und Anzeigekonzepten eines Fahrerinformationssystems unter Berücksichtigung ergonomischer Richtlinien. Zugl.: Bachelor-Arbeit. Hochschule der Medien Stuttgart.

Süddeutsche (2013): *Auto-Zulassungen gehen dramatisch zurück.* http://sz.de/1.1650876. Abruf am 12.06.2013.

Kontaktinformationen

Prof. Dr. Ing. Thomas Ritz
ritz@fh-aachen.de

Ramona Wallenborn, B.Sc.
wallenborn@fh-aachen.de

FH Aachen- University of Applied Sciences
Fachbereich Elektrotechnik und Informationstechnik
Mobile Media & Communication Lab

Eupener Straße 70
52066 Aachen
T +49. 241. 6009 51946

Workshop

Temporale Aspekte des Nutzererlebens

Manfred Thüring

Claus-Christian Carbon

S. Boll, S. Maaß & R. Malaka (Hrsg.): Workshopband Mensch & Computer 2013
München: Oldenbourg Verlag, 2013, S. 113–120

Nutzererleben – Komponenten, Phasen, Phänomene

Manfred Thüring

Kognitionspsychologie und Kognitive Ergonomie, Institut für Psychologie und Arbeitswissenschaft, Technische Universität Berlin

1   Nutzererleben – ein unscharfer Begriff

Jede Interaktion zwischen einer Person und einem technischen System wird vom Erleben der Interaktion durch die Person geprägt. Die Norm ISO 9241-210 versteht unter diesem „Nutzererleben" (User Experience, UX) die Wahrnehmungen und Reaktionen einer Person, die sich aus der Nutzung oder der antizipierten Nutzung eines Produkts, Systems oder Service ergeben (ISO, 2010).

Wie auch viele andere Definitionen in Normen ist diese Charakterisierung so gestaltet, dass man ihr wohl ohne große Vorbehalte zustimmen kann, gleichzeitig aber lässt sie viele Fragen offen: Von welchen Wahrnehmungen ist die Rede, und worauf können sie sich beziehen? Ist der Begriff „Reaktion" rein behavioral im Sinne von Handlungen zu interpretieren oder sind damit auch physiologische Reaktionen und Emotionen gemeint? Welche Rolle spielen Kognitionen, wie z. B. Urteils- oder Denkprozesse, für das Nutzererleben? Und zu guter Letzt: wie kann eine rein „antizipierte" Nutzung sich auf das Erleben auswirken?

Um diese Fragen zu beantworten, bedarf es mehr als einer Definition per Norm. Gefordert sind vielmehr psychologische Theorien, die mögliche Zusammenhänge zwischen Nutzungskontext, Systemeigenschaften und Nutzeraspekten so spezifizieren, dass empirisch überprüfbare Hypothesen zum Nutzererleben aufgestellt werden können. Hinzu kommt eine weitere Besonderheit: Nutzererleben erstreckt sich über die Zeit, so dass bei seiner Beschreibung temporale Aspekte als wesentliche Rahmenbedingungen berücksichtigt werden müssen.

Aktuelle Theorien zum Nutzererleben lassen sich in zwei Klassen einteilen. *Holistische* Theorien haben den Anspruch, UX möglichst umfassend zu erklären, und greifen dabei auch auf Konstrukte zurück, die nicht ohne weiteres operationalisierbar sind, so dass sich das Problem der Messbarkeit des Nutzererlebens stellt. Im Gegensatz dazu geben sich *reduktionistische* Theorien damit zufrieden, die wichtigsten Erlebensaspekte zu berücksichtigen, wobei nur solche Aspekte adressiert werden, für die Maße und Messmethoden spezifiziert werden können. Ein Beispiel für eine solche Theorie ist das CUE-Modell (Components of User Experience; Thüring und Mahlke, 2007). Dieses Modell dient im Folgenden dazu, das UX-Konzept zu präzisieren und aufzuzeigen, welche äußeren Faktoren das Nutzererleben beeinflussen und welche mentalen Komponenten es konstituieren.

2   Komponenten des Nutzererlebens

Das CUE-Modell (Abb. 1) geht davon aus, dass das Erleben des Nutzers die Interaktion mit einem technischen System oder Produkt kontinuierlich begleitet. Diese Interaktion zeichnet sich durch bestimmte positive oder negative Charakteristika aus, wie z.B. das schnelle Finden und Erkennen eines Anzeigenelements oder eine unerwartet lange Latenz nach dem Auslösen einer Funktion.

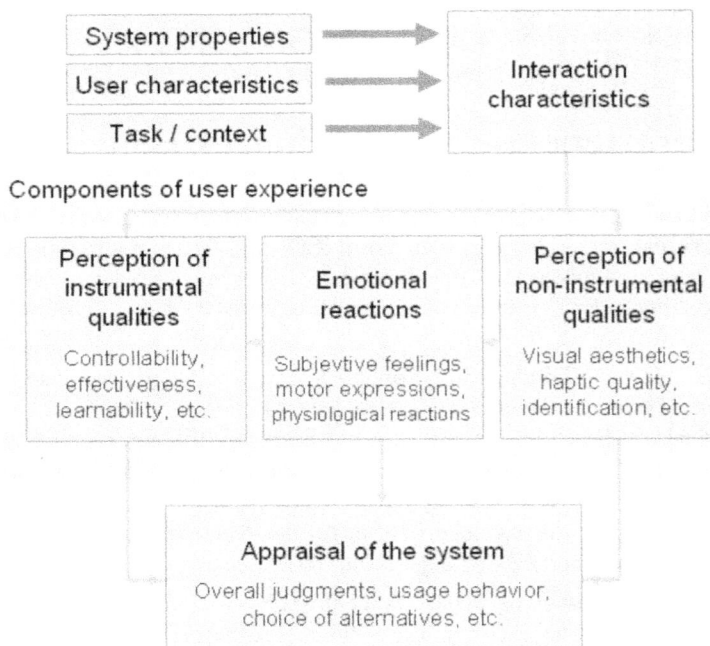

Abbildung 1: Das CUE-Modell (Components of User Experience).

Welche Interaktions-Charakteristika sich ergeben, hängt von drei Einflussgrößen ab:

- Die **Systemeigenschaften** („system properties") umfassen zum einen das „look und feel" des Systems, also seine visuelle Gestaltung, aber auch – je nach Systemtyp – seine auditiven und haptischen Eigenschaften. Zum anderen manifestieren sich die Eigenschaften des Systems in seiner Funktionalität und deren Umsetzung in der Benutzungsschnittstelle. Sie resultieren also aus dem Gestaltungs- und Entwicklungsprozess und sind entsprechend veränderbar bzw. experimentell variierbar.
- Zu den **Nutzermerkmalen** („user characteristics") zählen demografische Eigenschaften, wie z.B. Alter und Geschlecht, aber auch Vorwissen und Einstellungen, wie z.B. Technikaffinität oder Produktloyalität.

- **Aufgaben** („tasks"), die sich dem Nutzer stellen, und die damit verbundenen Ziele bilden den eigentlichen Grund dafür dar, dass er mit dem System interagiert. Jede Bearbeitung einer Aufgabe erfolgt im **Nutzungskontext** („context"), in dem sich System und Nutzer befinden, wie z.B. bei einer stationären Nutzung im häuslichen Umfeld oder bei mobiler Verwendung in einem Fahrzeug.

Gemeinsam konstituieren diese Faktoren die Interaktion, deren Charakteristika der Nutzer wahrnimmt. Dabei unterscheidet das CUE-Modell zwei verschiedene Bereiche, und zwar die Wahrnehmung **instrumenteller** und die Wahrnehmung **nicht-instrumenteller Qualitäten**. Erstere umfassen klassische Benutzbarkeitsaspekte, wie z.B. Effektivität und Effizienz, letztere betreffen nicht primär aufgabenbezogene Aspekte, wie die ästhetische Gestaltung und Systemeigenschaften, die zur Nutzung des Systems motivieren.

Wie diese Charakterisierung verdeutlicht, versteht das CUE-Modell unter **Wahrnehmung** nicht nur die Verarbeitung sensorischer Reize und ihre Erkennung, sondern auch Urteils- und Bewertungsprozesse. Besteht eine Systemeigenschaft z.B. darin, dass einige Funktionen lange Latenzzeiten haben, so schränkt dies die objektiv bestehende Usability des Systems ein. In der Interaktion registriert der Nutzer das zeitliche Systemverhalten und nimmt es aufgrund seiner Vorerfahrungen (z.B. mit vergleichbaren Systemen) als „langsam" war. Werden solche negativen Interaktionscharakteristika häufiger registriert, so entsteht ein negativer Eindruck der instrumentellen Systemeigenschaften, und die subjektiv wahrgenommene Usability des Systems verringert sich.

Auf vergleichbare Weise lässt sich die Wahrnehmung nicht-instrumenteller Qualitäten beschreiben. Interface-Merkmale, die der Nutzer auf Basis seines Wissens und seiner Vorlieben als innovativ oder visuell ansprechend wahrnimmt, konstituieren auf subjektiver Ebene eine als angenehm oder schön empfundene Gestaltung. Für erste ästhetische Eindrücke muss der Nutzer das System allerdings nicht notwendigerweise bedienen. Am Beginn der Interaktion steht nicht ein motorischer Akt zur Auslösung einer Funktion, sondern vielmehr ein sensorischer Input, d.h. ein visueller, haptischer oder auditiver Eindruck, der durch Anschauen, Berühren oder Hören vermittelt wird. Natürlich treten derartige Eindrücke auch während der Interaktion auf und formen so über die Zeit die Wahrnehmung der nicht-instrumentellen Qualitäten des Systems.

Eine weitere zentrale Annahme des CUE-Modells betrifft die **Emotionen**, die durch Interaktion mit einem System beim Nutzer ausgelöst werden. Je nachdem, ob sich die Wahrnehmung der beiden Qualitätsformen positiv oder negativ gestaltet, entstehen „joy of use" oder Ärger und Frustration. Genauer ist dabei zwischen Affekten, die als Reaktion auf eine überraschend auftretende Systemeigenschaft entstehen, und Stimmungen zu unterscheiden, die sich über einen längeren Interaktionszeitraum hinweg auf Basis der Wahrnehmung positiver oder negativer Qualitäten aufbauen. Beide Formen beinhalten das subjektive Erleben des Gefühls, das mit physiologischen Veränderungen und ggf. mimischer Expression einhergeht.

Gemeinsam bewirken Wahrnehmungen und Emotionen die Bildung einer generellen **Einstellung** des Nutzers zum System, die ihrerseits sein Verhalten beeinflusst und bestimmt, ob er das System weiterhin einsetzt, eine ggf. nachfolgende Systemversion kauft oder das System bei Gelegenheit wechselt.

Das CUE-Modell macht deutlich, dass zeitliche Aspekte eine wichtige Rolle bei der Beschreibung und Untersuchung des Nutzererlebens spielen. So stellen Eigenschaften von System, Nutzer, Kontext und Aufgaben Einflussgrößen dar, die bereits **vor** der Systemnutzung existieren. Sie bestimmen, wie das System **während** der Interaktion wahrgenommen und emotional erlebt wird. Dies mündet schließlich in einer Meinung über das System, die auch noch **nach** der Nutzung Bestand hat. Diese temporalen Aspekte sind allerdings im CUE-Modell nur implizit enthalten. Ein Modell, das sie explizit zum Gegenstand der Forschung und Theoriebildung macht, ist das ContinUE –Modell von Pohlmeyer et al. (2009).

3   Phasen des Nutzererlebens

ContinUE unterscheidet mehrere Phasen und geht davon aus, dass das Nutzererleben schon vor der eigentlichen Interaktion beginnt. In der „Pre-Use" Phase bestimmen Erwartungen, die der Nutzer auf Basis von Vorerfahrungen und vorgefassten Meinungen aufgebaut hat, welche Erlebnisse er antizipiert. Sind diese z.B. überwiegend negativ, kann es dazu kommen, dass das System erst gar nicht in Betrieb genommen wird. Im CUE-Modell werden diese Aspekte unter der Komponente „Nutzermerkmale" subsumiert.

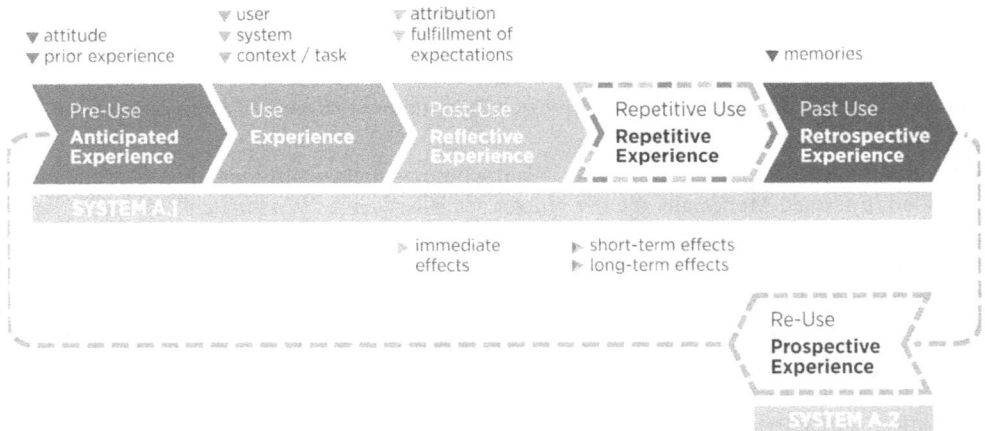

Abbildung 2: Phasen im „User Experience Lifecycle Model" ContinUE.

In der nachfolgenden „Use" Phase vollzieht sich das interaktive Nutzererleben. Ähnlich wie im CUE-Modell wird dieses durch Nutzermerkmale, Systemeigenschaften sowie Aufgaben und Kontext bestimmt. Eine genauere Spezifizierung der Komponenten, die in dieser Phase das Erleben konstituieren, leistet ContinUE allerdings nicht.

In der „Post-Use" Phase reflektiert der Benutzer die erlebte Interaktion und attribuiert den Erfolg oder auch Misserfolg entweder auf sich selbst, auf das System oder auf Besonderheiten des Nutzungskontextes. Eine Meinung über das System wird in dieser Phase also nur dann gebildet, wenn das Erlebte zumindest teilweise auf Eigenschaften des Systems zurückgeführt wird.

Wird das System mehr als einmal benutzt, tritt der Nutzer in die Phase „Repetitive Use" ein. Sie zeichnet sich dadurch aus, dass in ihr bei jeder erneuten Nutzung wieder die drei ersten Phasen durchlaufen werden.

Abschließend kommt es in der Phase der „Retrospective Experience" zur Bildung einer generellen Meinung über das System, vergleichbar zur abschließenden generellen Einstellung des Nutzers im CUE-Modell. Diese Einstellung bestimmt, ob der Nutzer zukünftig ein vergleichbares System nutzen wird, also ggf. ein neues Release des Systems erwirbt, mit dem er seine Erfahrungen gemacht hat „Prosepective Experience". Kommt es dazu, beginnt ein neuer Erlebniszyklus, und die Phasen werden abermals durchlaufen.

Wie die Beschreibung von ContinUE sicherlich verdeutlicht hat, sind seine Annahmen mit denen des CUE-Modells vereinbar. Beide Modelle berücksichtigen zeitliche Aspekte, setzen dabei jedoch jeweils einen anderen Schwerpunkt. Während ContinUE versucht, den gesamten Zyklus der Systemnutzung zu erfassen, konzentriert sich das CUE-Modell auf eine einzelne Systemnutzung und das damit verbundene Erleben, oder anders formuliert: sein Hauptfokus liegt auf der "Use" Phase. Beide Modelle bieten zudem einen Rahmen, um UX-Effekte, die empirisch gefunden wurden, zeitlich einzugrenzen und Annahmen über die sie verursachenden Faktoren aufzustellen.

4 Phänomene des Nutzererlebens

Eine grundlegende Fragestellung für beide Modelle lautet, ob Systemeigenschaften, wie z.B. die objektive Usability, das Erleben in der „Use" Phase und die abschließende Beurteilung in der „Post-Use" Phase beeinflussen.

Zur Klärung dieser Frage untersuchten Mahlke, Minge und Thüring (2006) zwei Versionen eines simulierten Audioplayers, von denen sich die eine durch eine gute, die andere durch eine eingeschränkte Gebrauchstauglichkeit auszeichnete, wobei diese Variation durch eine experimentelle Vorstudie abgesichert worden war. Zwei Gruppen von Versuchspersonen bearbeiteten mit jeweils einer der Versionen eine Reihe von Aufgaben. Dabei wurden sowohl physiologische Maße (u.a. EDA und EMG) als auch das Self Assessment Manikin (Lang, 1980) zur Erfassung des emotionalen Erlebens eingesetzt. Als weitere Komponente wurde nach der Aufgabenbearbeitung das Gesamturteil über die Systeme mit Hilfe des Geneva Appraisal Questionnaire (nach Scherer, 2001) erhoben. Dabei zeigte sich, dass der gebrauchstauglichere Player ein positiveres, aber weniger intensives emotionales Erleben bewirkte als der Player mit geringerer Gebrauchstauglichkeit. Die objektive Usability der Geräte wirkte sich aber nicht nur auf das emotionale Erleben in der „Use" Phase aus, sondern auch auf die Urteile, die in der „Post-Use" Phase erhoben wurden. Hier führte der bessere Player zu positiveren Urteilen als der schlechtere.

In einer Folgestudie variierten Mahlke und Thüring (2007) zusätzlich zur objektiven Usability des Systems auch seine ästhetische Gestaltung mit den beiden Ausprägungen „hohe" versus „niedrige" Ästhetik. Diese Studie mit 4 Versuchsgruppen bezog sich auf die „Use" und „Post-Use" Phase. Dabei zeigte sich, dass die Versionen mit hoher Ästhetik zu besseren Urteilen über die wahrgenommene visuelle Ästhetik und Versionen mit hoher Usability zu besseren Urteilen über die wahrgenommene Gebrauchstauglichkeit führten. Hinsichtlich des emotionalen Erlebens zeigten sich ähnliche Ergebnisse wie in der ersten Studie, wobei allerdings der Faktor Usability einen größeren Einfluss auf die Valenz und die Intensität der Emotionen hatte als der Faktor Ästhetik. Diese Überlegenheit der Usability manifestierte sich zudem in der Gesamtbeurteilung der Systeme, wenngleich auch ein Einfluss der ästhetischen

Gestaltung auf die Präferenzen der Nutzer in der erwarteten Richtung ermittelt werden konnte.

Interessanterweise ließen sich in der Studie von Mahlke und Thüring (2007) keine Hinweise auf einen sogenannten „Halo-Effekt" finden, über den bereits Tractinsky, Katz und Ikar (2000) berichtet hatten. In ihrer Studie zeigten sie, dass die visuelle Ästhetik die Bewertung einer instrumentellen Qualität, nämlich der subjektiven Usability, beeinflusst. Mit dem Satz „beautiful is usable" fassten sie prägnant zusammen, dass ästhetisch unterschiedlich gestaltete Systeme sich nicht nur auf die von den Nutzern wahrgenommene Ästhetik auswirken, sondern dass ein gelungenes Design auf die wahrgenommene Usability „überstrahlt" und den Eindruck einer höheren Gebrauchstauglichkeit vermittelt.

Dieser Effekt schien vor allem zu Beginn der Nutzung eine Rolle zu spielen, was Minge und Thüring (2009a, 2009b) zu einer genaueren Untersuchung der temporalen Charakteristik des Effekts veranlasste. In einem Experiment variierten sie neben der Ästhetik und der Usability den Zeitpunkt, an dem die Nutzer ihre Urteile abgaben. Dabei zeigte sich in der „Pre-Use" Phase, also bei bloßer Betrachtung des Systems, der von Tractinsky et al. (2000) berichtete Effekt. Dieser Halo-Effekt war auch noch nach einer kurzen Nutzungsphase, in der die Versuchspersonen das System frei explorierten, nachweisbar. Nach einer längeren Nutzung allerdings, während der die Versuchspersonen mit dem System eine Reihe von Aufgaben bearbeiteten, verschwand der Effekt, d.h. die Ästhetik verlor ihren Einfluss auf die Usability-Beurteilung. Stattdessen trat überraschenderweise ein anderer Halo-Effekt auf: Die visuelle Ästhetik der beiden Systemversionen, die sich durch eine hohe Gebrauchstauglichkeit auszeichneten, wurden nunmehr als visuell attraktiver beurteilt als jene, deren Gebrauchstauglichkeit eingeschränkt war. In Anlehnung an Tractinsky könnte man sagen „usable gets beautiful". Minge und Thüring (2009b) schlugen deshalb vor, zwischen einem hedonischen Halo-Effekt („beautiful is usable") und einem pragmatischen Halo-Effekt („usable gets beautiful") zu unterscheiden.

Die Studien zum Halo-Effekt verdeutlichen, dass sich das Nutzererleben über die Zeit verändert und dass deshalb bei experimentellen Untersuchungen zeitliche Aspekte explizit berücksichtigt werden sollten. Sie zeigen außerdem, dass dieses Erleben bereits in der „Pre-Use" Phase beginnt, also ehe überhaupt mit dem System im eigentlichen Sinne interagiert wird. Genügt vielleicht sogar die äußere Erscheinung allein, um die Urteile von Nutzern zu beeinflussen? Kann es sein, dass eine rein passive Konfrontation mit einem System, seine Beurteilung verändert?

Diese Fragen erscheinen vor allem vor dem Hintergrund des sog. „mere exposure" Effekts (Zajonc, 1968) interessant. Wird einem Betrachter mehrfach ein Gegenstand, eine Person oder einer Situation präsentiert, so werden diese zunehmend vertrauter und die Einstellung des Betrachters zu ihnen verändert sich positiv. Dass dies nicht nur für vergleichsweise einfache Reize gilt (z.B. Oktogone), zeigten Carbon und Leder (2005) in einem Experiment, in dem die Innenräume von Autos variiert und die Versuchspersonen mit diesen Interieurs massiv konfrontiert wurden. Dabei präferierten die Personen anfangs die besonders prototypischen Versionen, also solche, mit denen sie vertraut waren. Dies änderte sich jedoch nach der häufigen Präsentation innovativer Designs, so dass zum Ende des Versuchs die ungewöhnlichen Innenräume als attraktiv beurteilt wurden. In einer Studie von Faerber et al. (2010) konnte der von Carbon und Leder initial gefundene Effekt weiter qualifiziert: Entscheidend für die Dynamik des Gefallens war die aktive, elaborierte Evaluation (via „repeated evaluation technique") und nicht die rein passive Betrachtung des Materials („mere exposure").

In einem Experiment von Vogel (2013) wird die Fragestellung zum „mere exposure" Effekt auf die Gestaltung von Interfaces übertragen und um einen neuen Aspekt erweitert. Dabei untersucht sie, ob die häufige Darbietung eines Interface ein Urteil auch negativ beeinflussen kann, indem sie zwei Versuchspersonengruppen häufig mit jeweils einer ästhetisch attraktiven und einer ästhetisch unattraktiven Version konfrontiert. Tatsächlich zeigte sich ein scherenhafter Expositionseffekt, bei dem das zu Beginn attraktivere Interface zunehmend besser und das anfangs unattraktive Interface zunehmend negativer bewertet wurde.

Die Studien zum „mere exposure" Effekt verdeutlichen, dass ästhetische Faktoren bereits in der „Pre-Use" Phase Wahrnehmungen und Urteile beeinflussen, so dass die These gerechtfertigt erscheint, dass das Nutzerleben bereits bei der bloßen Konfrontation mit einem System beginnt.

5   Fazit und Ausblick

Nutzererleben ist ein komplexes Konzept. Was darunter genau zu verstehen ist und welche emotionalen und kognitiven Komponenten es konstituieren sind Forschungsfragen von hoher praktischer Relevanz. In diesem Beitrag wurden zwei Theorien vorgestellt, die uns ihrer Beantwortung hoffentlich einen Schritt näher bringen. Während das CUE-Modell mögliche Erlebenskomponenten und Einflussfaktoren beschreibt, adressiert ContinUE verschiedene Phasen des Erlebens. Beide Modelle ergänzen einander, und ein nächster Schritt der Theorieentwicklung könnte darin bestehen, sie zu integrieren, um zu einem detaillierten Prozessmodell des Nutzererlebens zu gelangen. Ein solches Modell würde genauere Hypothesen zum Erlebensverlauf ermöglichen und helfen, die temporalen Aspekte von Phänomenen, wie dem Halo-Effekt und dem „mere exposure" Effekt, genauer zu verstehen.

Literaturverzeichnis

Carbon, C.-C. & Leder, H. (2005). The Repeated Evaluation Technique (RET). A method to capture dynamic effects of innovativeness and attractiveness. *Applied Cognitive Psychology, 19*(5), 587-601. 6.

Faerber, S. J., Leder, H., Gerger, G., & Carbon, C. C. (2010). Priming semantic concepts affects the dynamics of aesthetic appreciation. *Acta Psychologica, 135*(2), 191-200.

ISO (2010). Ergonomics of human-system interaction - Part 210: Human-centred design for interactive systems (ISO 9241-210:2010).

Lang, P. J. (1980). Behavioral treatment and bio-behavioral assessment: Computer applications. In J. B. Sidowski, H. Johnson & T. A. Williams (Eds.), *Technology in Mental Health Care Delivery Systems* (pp. 119-137). Norwood, N.J.: Ablex.

Mahlke, S. & Thüring, M. (2007). Studying Antecedents of Emotional Experiences in Interactive Contexts. In *CHI 2007 Conference Proceedings* (S. 915-918). New York: ACM Press.

Minge, M. & Thüring, M. (2009a). Erleben von Benutzbarkeit und Ästhetik in der Mensch-Technik-Interaktion. In A.B. Eder, K. Rothermund, S.R. Schweinberger, M.C. Steffens & H. Wiese, (Hrsg.), *Beiträge zur 51. Tagung experimentell arbeitender Psychologen* (S. 38). Lengerich: Pabst Science Publishers.

Minge, M. & Thüring, M. (2009b). Dynamics of User Experience. Judgments of Attractiveness, Usability, and Emotions Over Time. *Technical Report 10-2009*. Berlin: TU Berlin.

Pohlmeyer, A.E., Hecht, M., & Blessing, L. (2009). User Experience Lifecycle Model ContinUE [Continuous User Experience]. In A. Lichtenstein, C. Stößel & C. Clemens (Eds.), *Der Mensch im Mittepunkt technischer Systeme. Fortschritt-Berichte VDI Reihe 22 Nr. 29* (pp. 314-317). Düsseldorf: VDI-Verlag.

Scherer, K. R. (2001). Appraisal considered as a process of multi-level sequential checking. In K. R. Scherer, A. Schorr, & T. Johnstone (Eds.), *Appraisal processes in emotion: Theory, methods, research* (pp. 92-120). New York: Oxford University Press.

Thüring, M. & Mahlke, S. (2007). Usability, Aesthetics and Emotion in Human-Technology Interaction. *International Journal of Psychology, 42(4)*, 253-264.

Tractinsky, N., Katz, A.S. & Ikar, D. (2000). What is beautiful is usable. *Interacting with Computers, 13*, 127-145.

Vogel, M. (2013). Temporal Evaluation of Aesthetics of User Interfaces as one Component of User Experience. In R.T. Smith & B.C. Wünsche (Eds.), *Proceedings of the Fourteenth Australian User Interface Conference (AUIC2013), Adelaide, Australia.* Conferences in Research and Practice in Information Technology Series, Vol. 139, (pp.131-132). Australian Computer Society.

Zajonc, R. B. (1968). Attitudinal Effects of Mere Exposure. *Journal of Personality and Social Psychology, 9(2)*, 224-228.

S. Boll, S. Maaß & R. Malaka (Hrsg.): Workshopband Mensch & Computer 2013
München: Oldenbourg Verlag, 2013, S. 121–129

Exposition und Erleben in der Mensch-Maschine-Interaktion

Marlene Vogel[1], Nina Hallier[2], Manfred Thüring[3]

Graduiertenkolleg prometei, Technische Universität Berlin, [1]
Spiegel Institut Stuttgart GmbH c/o Daimler AG [2]
Kognitionspsychologie und Kognitive Ergonomie, Technische Universität Berlin [3]

Zusammenfassung

Das Nutzererleben (User Experience, UX) wird als ein sich zeitlich dynamisch entwickelndes Phänomen im Umgang mit technischen Produkten als auch Service Anwendungen betrachtet. Dabei kann das Erleben in unterschiedliche Phasen unterteilt werden: vor, während und nach einer Interaktion sowie der wiederholten Nutzung (Pohlmeyer, 2011). Diese Phasen unterliegen verschiedensten Einflussfaktoren und tragen zu einem spezifischen und individuellen Nutzererleben bei. Der vorliegende Beitrag untersucht den Einfluss der Expositionshäufigkeit verschiedener Varianten eines Interface auf die Wahrnehmung von pragmatischen Erlebenskomponenten und dem allgemeinen Gefallen (engl.: Liking). Dabei zeigen sich Auswirkungen auf die antizipierte Usability von User Interfaces in der *pre-use* Phase, allerdings ohne dass diese Einflüsse auf die anschließende Nutzungsphase übergreifen.

1 Einleitung

Um das ganzheitliche Nutzererleben bei der Mensch-Maschine-Interaktion zu verstehen, ist es wichtig den Charakter verschiedener Phasen (Pohlmeyer, 2011) näher zu betrachten. So verändern sich die Wahrnehmungen verschiedener Produkteigenschaften (Thüring & Mahlke, 2007) und das emotionale Erleben durch Nutzer- als auch Systemeigenschaften und spezifischer Interaktionscharakteristika während des gesamten Prozesses der Interaktion. Die Wahrnehmung der hedonischen und pragmatischen Produktqualitäten (Hassenzahl, 2003) ist dabei nicht unabhängig voneinander zu sehen, außerdem kann es zu HALO-Effekten kommen (Minge, 2011). Da ein komplexes Phänomen wie das des Nutzererlebens unterschiedlichsten Faktoren und Einflüssen unterliegt, müssen für ein umfassendes Verständnis dessen, diese Faktoren näher untersucht werden. Die vorliegende Arbeit fokussiert dabei den Einfluss der Expositionshäufigkeit eines Nutzers mit einem Interface in der *pre-use* Phase und daraus resultierende Effekte auf die Bewertung nach einer anschließenden Nutzungssituation (*use* Phase).

2   Studie

Im Rahmen der vorliegenden Untersuchung wurden zwei Varianten (siehe Abbildung 1) einer ÖPNV (öffentlicher Personennahverkehr) Applikation (App) in *pre-use* und *use* Phase verglichen, die sich hinsichtlich ihrer Usability stark unterschieden. In einer Vorbefragung (*N*=43, 20 weiblich/ 23 männlich, Alter: *M*=30.8, *SD*=10.3) konnten Screenshots dieser ÖPNV-App anhand eines siebenstufig, likert-skalierten Single-Items (gebrauchstauglich: 1=gar nicht, 7=voll und ganz) als höher (*M*=4.77, *SD*=1.8) und niedriger (*M*=3.28, *SD*=1.7) gebrauchstauglich (usable) validiert werden (siehe Abbildung 1).

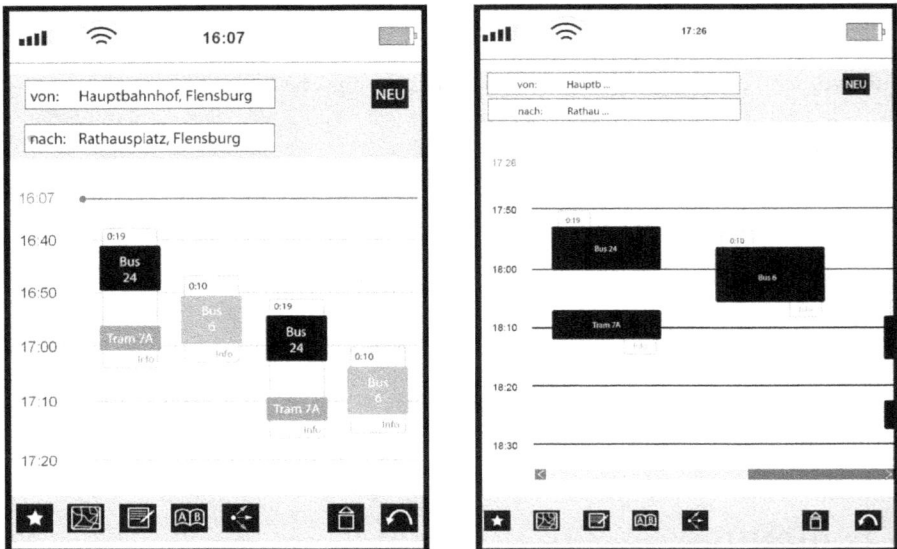

Abbildung 1: Interfacevarianten mit hoher (li.) und niedriger Usability (re.)

Bei einem Vergleich von diesen Gestaltungsvarianten über die Zeit und zunehmender Exposition hinweg, wird von einem scherenhaften Expositionseffekt ausgegangen. Dieser sollte sich in einer Verbesserung der Bewertung der ‚subjektiv wahrgenommenen Gebrauchstauglichkeit‘ hinsichtlich der hohen Usability-Variante und einer Verschlechterung dieser Bewertung für die niedrigere Usabilty-Variante zeigen. Ein derartiger Effekt wurde bereits für die Bewertung der visuellen Attraktivität von Interfaces in der *pre-use* Phase von Vogel (2013) festgestellt. Weiterführend stellt sich die Frage, ob ein derartiger Expositionseffekt in der *pre-use* Phase, Einfluss auf darauffolgende Phasen und das Nutzererleben während und nach der Interaktion hat.

2.1   Versuchsdesign

Im Rahmen der an die Vorbefragung anschließenden Laboruntersuchung wurde der Faktor ‚Expositionshäufigkeit‘ als Zwischensubjektfaktor variiert (*f* = 1 vs. 30 Darbietungen), dabei wurden die Probanden zufällig auf die Treatment- und Kontrollgruppe verteilt, wobei auf die gleichmäßige Verteilung von Männern und Frauen geachtet wurde. Der Faktor zur Gestaltung der ‚Usabilityvariante' (hoch vs. niedrig) ging als Innersubjektfaktor in das Versuchsdesign mit ein. Als abhängige Maße wurden die ‚subjektiv wahrgenommene Gebrauchstauglichkeit' und das ‚allgemeine Gefallen' (engl.: Liking) mittels siebenstufig, likert-skalierten Single-Items (gefällt mir: 1=gar nicht, 7= voll und ganz) gemessen. Den Probanden wurde vor Abgabe der ersten Bewertung für die ‚subjektiv wahrgenommene Gebrauchstauglichkeit' eine einheitliche Definition zur Usability präsentiert, die sich an der ISO 9241-210 (2010) und Attributen des AttrakDiffs (Hassenzahl, Burmester & Koller, 2003) orientierte. Als objektives abhängiges Maß wurde in der *pre-use* Phase die Reaktionszeit (RT), welches die Zeit vom Beginn der Reizdarbietung (SOA) bis zur Abgabe der Bewertung für die ‚subjektiv wahrgenommene Gebrauchstauglichkeit' auf der Tastatur darstellte, gemessen. In der *use* Phase wurde die Gesamtbearbeitungszeit (Total Task Time, TTT) für die zwei Aufgaben eines Aufgabenblocks gemittelt (siehe Abbildung 2).

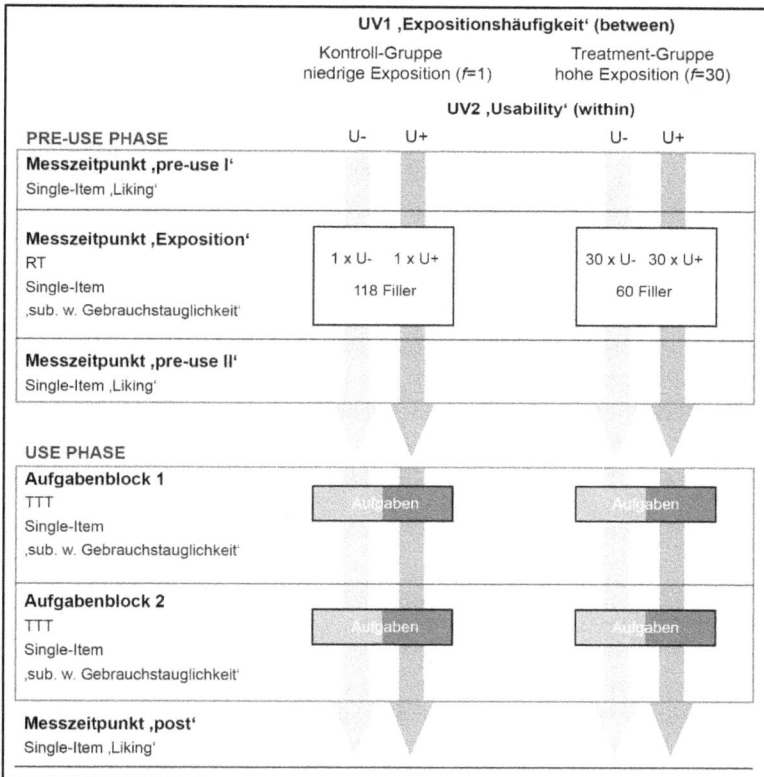

Abbildung 2: Versuchsdesign und Ablauf (RT=Reaktionszeit, TTT= Total Task Time)

Da im Rahmen des ContinUE Modells (Pohlmeyer, 2011) die Vorerfahrung als wichtiger Einflussfaktor für das Nutzererleben in der *pre-use* Phase benannt wird, wurde diese als dichotomer Zwischensubjektfaktor (vorhanden vs. nicht vorhanden) im Umgang mit Apps für den ÖPNV in das Design mit einbezogen.

2.2 Versuchsablauf & Stichprobe

Der Versuch unterteilte sich in die *pre-use* und *use* Phase (siehe Pohlmeyer, 2011), wobei die Manipulation der ‚Expositionshäufigkeit' nur in der *pre-use* Phase stattfand. In der Treatment-Gruppe (TG) wurden das System mit ‚niedriger Usability' (U-) und mit ‚hoher Usability' (U+) jeweils 30 × präsentiert. In der Kontroll-Gruppe (KG) wurden diese Zielstimuli jeweils einmal dargeboten. Zusätzlich wurden „Filler-Bilder" (FB) eingefügt, die Ansichten anderer Funktionen (u.a. Kartenkauf) der ÖPNV-App abbildeten. Die Zielstimuli wurden mit diesen FBern in sechs Blöcken randomisiert dargeboten. Die Zielstimuli traten demzufolge in der TG maximal zwei Mal hintereinander auf. Die Bewertung der ‚subjektiv wahrgenommenen Gebrauchstauglichkeit' erfolgte sowohl nach einem Zielstimulus als auch nach einem FB. Es mussten insgesamt 120 Bewertungen in der Expositionsphase abgegeben werden (siehe Abbildung 2).

Die *use* Phase bestand aus der Bearbeitung von zwei Aufgabenblöcken für jede Gestaltungsvariante in ausbalancierter Reihenfolge. Jeder Block bestand aus zwei Aufgaben: 1. Anzeige aller möglichen Abfahrten an einem Standort zu einer bestimmten Uhrzeit, 2. Anzeige einer selbstausgewählten Verbindung zu einer bestimmten Uhrzeit. Die Messung des ‚Likings' erfolgte für jeden Zielstimulus zu drei Messzeitpunkten: 1. zu Beginn der *pre-use* Phase, 2. nach der Expositionsphase (Ende der *pre-use* Phase) und 3. am Ende der *use* Phase. Die ‚subjektiv wahrgenommene Gebrauchstauglichkeit' wurde nach jedem Aufgabenblock (jeweils zwei Messzeitpunkte für jede Systemvariante) erhoben (siehe Abbildung 2).

Zum Abschluss wurden demografische Angaben (Alter, Geschlecht, Bildungsstand) und die Vorerfahrung im Umgang mit ähnlichen Applikationen für den ÖPNV erhoben.

An dem Versuch nahmen 40 Personen freiwillig teil, davon konnten 32 Probanden ($N=17$ weiblich / 15 männlich, Alter: $M=25.8$, $SD=4.2$) in die Auswertung miteinbezogen werden. Acht Personen mussten aufgrund technischer Probleme ausgeschlossen werden, da die Daten nicht zuverlässig aufgezeichnet wurden. Der TG sowie KG wurden jeweils 16 Personen zufällig zugeordnet. Die Versuchspersonen wurden monetär (EUR 10,00) oder mittels für das Studium nötige Versuchspersonenstunden (1 Std.) entlohnt.

3   Ergebnisse

Aufgrund der unterschiedlichen Messzeitpunkte und Phasen wurden mehrere, voneinander unabhängige Varianzanalysen für die abhängigen Maße ‚Liking' und ‚subjektiv wahrgenommene Gebrauchstauglichkeit' berechnet, wobei die Phasen (*pre-use, use*) ebenfalls einzeln voneinander analysiert wurden.

3.1   Pre-Use Phase

Um einen Expositionseffekt für die Treatment-Gruppe identifizieren zu können, wurde eine 2×2×30 Varianzanalyse mit den Innersubjektfaktoren ‚Usabilityvariante' (hoch/niedrig) und der ‚Exposition' (30 Messzeitpunkte), sowie dem Zwischensubjektfaktor ‚Vorerfahrung' (hoch/niedrig) berechnet. Als abhängige Maße wurden die ‚subjektiv wahrgenommene Gebrauchstauglichkeit' und die ‚Reaktionszeit' (RT) in einer Varianzanalyse untersucht.

Es konnten ein signifikanter Haupteffekt des Faktors ‚Usabilityvariante' [$F(1,14)=5.25$, $p=.04$, $\eta^2_{PART}=.28$] und ‚Vorerfahrung' [$F(1,14)=10.12$, $p=.007$, $\eta^2_{PART}=.42$] auf die Bewertung der ‚subjektiv wahrgenommenen Usability' gezeigt werden. Dabei wurde das Interface mit ‚hoher Usability' ($M=4.75$, $SD=0.3$) erwartungsgemäß besser bewertet als die Variante mit ‚niedriger Usability' ($M=3.92$, $SD=0.3$). Die Probanden mit Vorerfahrung gaben dabei generell eine höhere Bewertung ab ($M=5.12$, $SE=.30$) als Probanden ohne Vorerfahrung ($M=3.56$, $SE=.39$). Zusätzlich zeigt sich eine signifikante Interaktion zwischen den Faktoren ‚Usabilityvariante' und ‚Exposition' [$F(29,406)=1.86$, $p=.005$, $\eta^2_{PART}=.12$], welches den vermuteten scherenhaften Expositionseffekt bestätigt (siehe Abbildung 3).

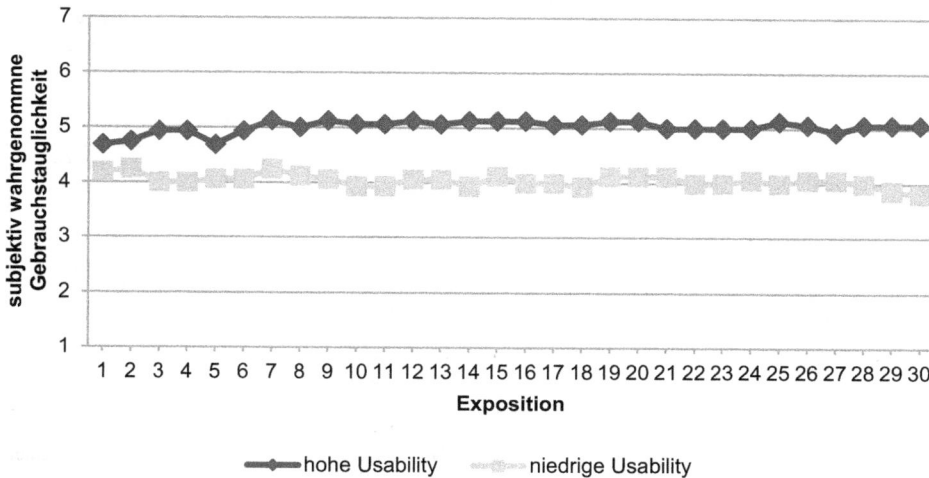

Abbildung 3: Interaktion und Einfluss von 'Exposition' und 'Usabilityvariante' auf die Bewertung der 'subjektiv wahrgenommenen Gebrauchstauglichkeit'.

Bei der Analyse der Reaktionszeit (RT) konnte ein signifikanter Haupteffekt der ‚Exposition' [$F(29,406)=8.25$, $p<.001$, $\eta^2_{PART}=.37$] ermittelt werden, wobei die RT mit zunehmender Exposition für beide Systemvarianten in gleicher Weise abnimmt.

3.2 Use Phase

Für die Analyse der *use* Phase wurde eine vier-faktorielle MANOVA mit den Innersubjektfaktoren ‚Usabilityvariante' (hoch/niedrig), ‚Aufgabenblock' (1/2), den Zwischensubjektfaktoren ‚Expositionshäufigkeit' (hoch/niedrig) und ‚Vorerfahrung' (hoch/niedrig) und den abhängigen Maßen ‚subjektiv wahrgenommene Gebrauchstauglichkeit' und ‚Total-Task-Time' (TTT in ms) berechnet.

In dieser Phase wurde ein signifikanter Haupteffekt für den Faktor ‚Usabilityvariante' und dessen Einfluss auf die ‚subjektiv wahrgenommene Gebrauchstauglichkeit'(siehe Tabelle 1) sowie der ‚TTT'(siehe Tabelle 1) ermittelt. Dieser Effekt ist erwartungskonform ausgerichtet, d.h. es kommt zu einer besseren Bewertung und schnelleren Erfüllung der Aufgaben für die Variante mit ‚hoher Usability' als bei der Variante mit ‚niedriger Usability'.

Zusätzlich wurden ein marginal signifikanter Haupteffekt für den Faktor ‚Aufgabenblock' auf die Bewertung der ‚subjektiv wahrgenommenen Gebrauchstauglichkeit'(siehe Tabelle 1) und ein signifikanter Einfluss auf die ‚TTT'(siehe Tabelle 1) identifiziert.

Quelle der Varianz	df	F-Werte und Effektstärke (η^2_{PART})	
		Single-Item „subjektiv wahr-genommene Gebrauchstauglich-keit"	Total Task Time
‚Usabilityvariante' (UV)	1	**91.20***** **(0.77)**	**35.35***** **(0.56)**
‚Expositionshäufigkeit' (E)	1	0.19 (0.01)	2.33 (0.08)
‚Aufgabenblock' (AB)	1	3.36(*) (0.11)	**41.34***** **(0.60)**
UV × E	1	0.05 (0.002)	0.50 (0.02)
UV × AB	1	0.57 (0.02)	**11.48**** **(0.29)**
Fehler innerhalb der Gruppen	28	[1.85]	[159306.42]

Tabelle 1: Varianzanalyse für das Nutzererleben in der use Phase. Werte in runden Klammern repräsentieren die zugehörige Effektstärke (η^2_{PART}). Werte in eckigen Klammern repräsentieren die mittleren Quadratfehler. Anmerkung: (*)p<.1, *p<.05, **p<.01, ***p<.001.

Es zeigt sich zudem eine signifikante Interaktion zwischen den Faktoren ‚Usabilityvariante' und ‚Aufgabenblock' für die ‚TTT' (siehe Tabelle 1 und Abbildung 4).

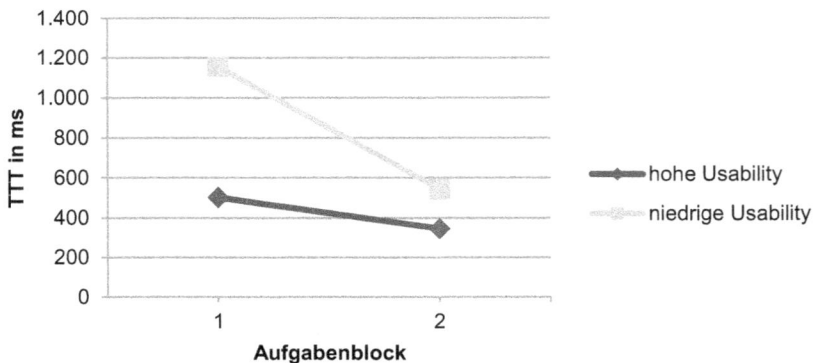

Abbildung 4: Interaktion von ‚Usabilityvariante' und ‚Aufgabenblock' auf die ‚Total-Task-Time' (TTT in ms) in der use Phase.

Jedoch konnte kein Einfluss der ‚Expositionshäufigkeit' in der *use* Phase beim Vergleich der Treatment- und Kontroll-Gruppe hinsichtlich der ‚subjektiv wahrgenommenen Gebrauchstauglichkeit' (siehe Tabelle 1) beobachtet werden.

3.3 Liking

Hinsichtlich des ‚Likings' konnte kein Effekt der ‚Expositionshäufigkeit' [$F(1,29)=0.55$, $p=.46$, $\eta^2_{PART}=.02$] und des ‚Messzeitpunktes' (vor/ nach Expositionsphase) [$F(1,28)=2.44$, $p=.13$, $\eta^2_{PART}=.08$] in der *pre-use* Phase festgestellt werden. Erst in der *use* Phase hat die ‚Usabilityvariante' [$F(1,28)=24.68$, $p=<.001$, $\eta^2_{PART}=.47$] einen signifikanten Einfluss auf die Bewertung des ‚Likings' (siehe Abbildung 5).

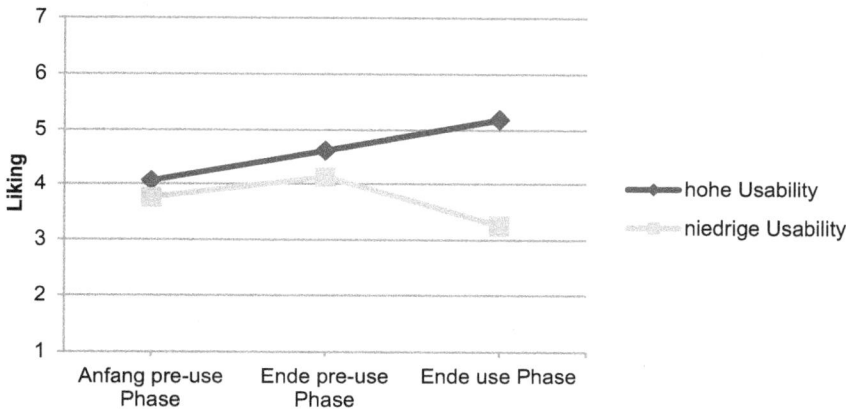

Abbildung 5: Einfluss von ‚Usaybilityvariante' auf die Bewertung des ‚Likings' in der pre-use und use Phase
(1=gefällt mir gar nicht, 7=gefällt mir voll und ganz).

Allerdings konnte in der *pre-use* Phase ein signifikanter Einfluss der Vorerfahrung [$F(1,29)=5.67$, $p=.02$, $\eta^2_{PART}=.17$] im Umgang mit ÖPNV-Apps und eine signifikante Interaktion der ‚Usabilityvarianten' mit dieser ‚Vorerfahrung' [$F(1,28)=23.03$, $p<.001$, $\eta^2_{PART}=.45$] auf das ‚Liking' gezeigt werden (siehe Abbildung 6).

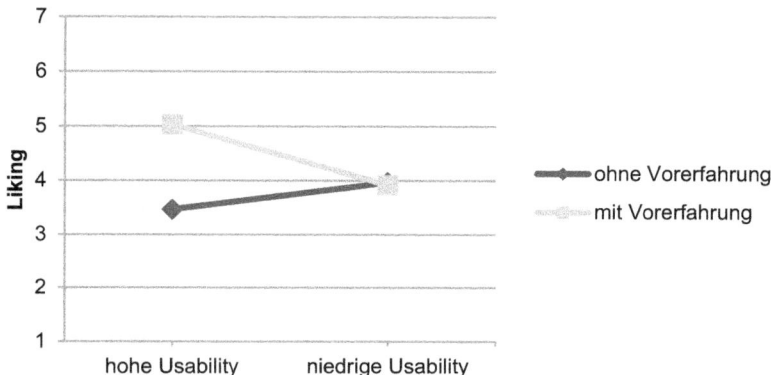

Abbildung 6: Einfluss und Interaktion der ‚Vorerfahrung' und ‚Usabilityvariante' auf die Bewertung des ‚Likings'
(1=gefällt mir gar nicht, 7=gefällt mir voll und ganz) in der pre-use Phase.

4   Diskussion & Ausblick

Im Rahmen der zuvor beschriebenen Auswertung und Analyse konnte ein Einfluss der ‚Expositionshäufigkeit' auf die Bewertung der ‚subjektiv wahrgenommenen Gebrauchstauglichkeit' in der Treatment-Gruppe identifiziert werden. Bei einem derartigen Effekt wird auch von einem *Mere Exposure Effekt* (Zajonc, 1968) gesprochen. Im vorliegenden Experiment wird eine scherenhaften Ausprägung erkennbar, ähnlich wie bei den Versuchen von Brickman, Redfield, Harrison und Crandall (1972) und Grush (1976). Es kommt dabei zu einer Verbesserung der Bewertung der höher gebrauchstauglichen Systemvariante und zu einer Verschlechterung der Bewertung für die geringer gebrauchstaugliche Variante. Im weiteren Verlauf des Nutzererlebenszykluses wird aber erkennbar, dass dieser Effekt der Expositionshäufigkeit keinen Einfluss auf die Bewertung der ‚subjektiv wahrgenommenen Gebrauchstauglichkeit' in der anschließenden *use* Phase hat. Die Bewertung der Gebrauchstauglichkeit orientiert sich sowohl bei der Treatment- als auch Kontroll-Gruppe an der tatsächlichen Ausprägung dieser pragmatischen Produktqualität. Die Erfahrung während der tatsächlichen Interaktion ist in dieser Phase ausschlaggebend für die Bewertung.

Hinsichtlich des ‚Allgemeinen Gefallens' (Liking) konnte kein Unterschied zwischen hoher und niedriger Expositionshäufigkeit identifiziert werden und damit auch kein *Mere Exposure Effekt* auf dieser für die klassischen *Mere Exposure* Experimente (Bornstein, 1989) typischen Bewertungsdimension. Wie in einem Versuch von Carbon und Leder (2005) gezeigt wurde, kann eine wiederholte Evaluation auf unterschiedlichen Dimensionen zu einer verbesserten Bewertung und höheren Attraktivität führen. Diese Evaluationstechnik wird als Repeated-Evaluation-Technique (RET) bezeichnet. Es stellt sich die Frage, ob demzufolge die wiederholte und bewusste Evaluation der Gebrauchstauglichkeit zu einem Expositionseffekt geführt hat und ob dieser auch auftreten würde, wenn nur vor und nach der Expositionsphase nach der Bewertung dieser Eigenschaft gefragt werden würde. Inwiefern kann also von einem *Mere* (‚reinen') Expositionseffekt ausgegangen werden. Dies sollte in zukünftigen Untersuchungen fokussiert werden. Zudem konnte festgestellt werden, dass die Vorerfahrung nur in der *pre-use* Phase einen Einfluss auf die Bewertung der ‚Gebrauchstauglichkeit' hat und somit die Annahmen des Modells ContinUE gestützt werden können.

Literaturverzeichnis

Bornstein, R. F. (1989). Exposure and affect: Overview and meta-analysis of research, 1968–1987. *Psychological Bulletin, 106*(2), 265–289.

Brickman, P., Redfield, J., Harrison, A.A. & Crandall, R. (1972). Drive and predisposition as factors in the attitudinal effects of mere exposure. *Journal of Experimental Social Psychology, 8*(1), 31-44.

Carbon, C.-C., & Leder, H. (2005). The Repeated Evaluation Technique (RET). A method to capture dynamic effects of innovativeness and attractiveness. *Applied Cognitive Psychology, 19*(5), 587–601.

Grush, J.E. (1976): Attitude Formation and Mere Exposure Phenomena: A Nonartifactual Explanation of Empirical Findings. *Journal of Personality and Social Psychology, 33*(3), 281-290.

Hassenzahl, M., Burmester, M., & Koller, F. (2003). AttrakDiff: Ein Fragebogen zur Messung wahrgenommener hedonischer und pragmatischer Qualität. In G. Szwillus & J. Ziegler (Hersg.), *Mensch und Computer 2003: Interaktion in Bewegung*, 187-196. Stuttgart: B.G. Teubner.

ISO 9241-210 (2010). *Ergonomics of human-computer interaction – Part 210: Human Centered design process for interactive systems.* Geneva: International Standardization Organization (ISO).

Pohlmeyer, A.E. *Identifying Attribute Importance in Early Product Development.* Technische Universität Berlin, Ph.D. thesis (2011).

Vogel, M. (2013). Temporal Evaluation of Aesthetics of User Interfaces as one Component of User Experience. In Smith, R.T. and Wünsche, B.C. (eds.) Proceedings of the Fourteenth Australasian User Interface Conference (AUIC2013), Adelaide, Australia. *Conferences in Research and Practice in Information Technology Series, 139,* 131-132, Australien Computer Society Inc.

Zajonc, R.B. (1968). Attitudinal Effects of Mere Exposure. *Journal of Personality and Social Psychology, 9*(2), 1-27.

Kontaktinformationen

Dipl.-Des., M.Sc. Marlene Vogel, marlene.vogel@zmms.tu-berlin.de

S. Boll, S. Maaß & R. Malaka (Hrsg.): Workshopband Mensch & Computer 2013
München: Oldenbourg Verlag, 2013, S. 131–136

Effects of (frustrated) Expectations on UX Ratings and UX Phases

Alice Gross[1],

Research Graduate School prometei, Berlin Institute of Technology[1]

Abstract

Temporal aspects of user experience [UX] play an important part in shaping the overall UX of a product. Accordingly, different phases of UX can be identified, covering UX from a pre-use-phase, over a use-phase to a past-use-phase. Expectations about the interaction with a product are an important indicator for overall UX and are already formed before the actual interaction during the pre-use-phase. This paper tries to shed light on differing effects of the fulfilment and the frustration of these expectations depending on UX phases. An experiment was carried out to investigate how expectations from the pre-use-phase can influence the use- as well as the post-use-phase.

1 Introduction

Interacting with technical products has become an important part of our everyday life. Whether this interaction is a positive and enjoyable experience highly depends on the product's usability as well as on the resulting UX. The concept of user UX goes beyond pure usability and takes into account emotional aspects as well as timely aspects of user interaction with a product (ISO 9241-210, 2010). Moreover, not only the interaction itself but expectations about the interaction play an important part in shaping UX (Karapanos, Zimmerman, Forlizzi & Martens, 2009; Pohlmeyer, 2011). As these expectations about the interaction process are not always fulfilled, unforeseeable performance of a product can lead to a surprise reaction in the user (Ludden & Schifferstein, 2007). When looking at UX as a long-term process with different phases rather than as a short-term, interaction-dependent construct, expectations form and change during these different phases of the UX eventually eliciting surprise which affects UX ratings. How these processes are interrelated with different phases of UX, and how this can be leveraged when experimentally investigating the phenomenon of surprise and product ratings, will be described in the following paragraphs.

1.1 Temporal Aspects of UX

In their „user experience lifecycle model" ContinUE from 2011, Pohlmeyer proposes the understanding of UX as a continuous process (Pohlmeyer, 2011). She identifies different phases of UX and acts on the assumption that UX already begins before the actual interaction (pre-use phase), continues throughout the interaction phase (use phase), leading to an overall UX rating after the actual use of the product (post-use phase).

1.2   The surprise process

The processes elicited by surprising events can be described in terms of a serial model (see figure 1). They follow from a discrepancy between beliefs or expectations about an event and the detected information about the event. As a result, the schematic processing of information is interrupted, and in its place a more effortful, conscious, and deliberate analysis of the unexpected event is initiated. If the newly gathered information about the unexpected event is deemed necessary, a schema update is initiated, resulting in an updated or revised schema (Meyer, Reisenzein & Schützwohl, 1997).

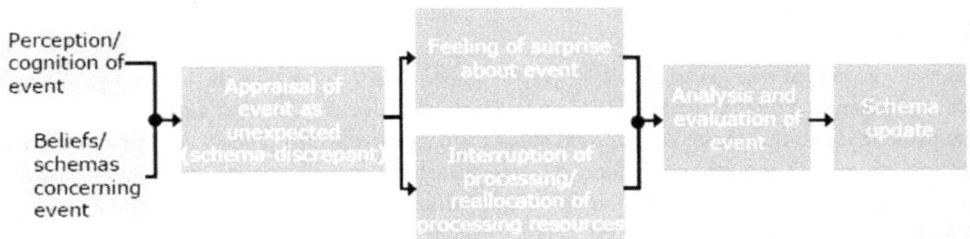

Fig. 1: The surprise process (according to Meyer et al., 1997)

1.3   Expectations and pleasant/unpleasant Surprise

Oliver and Winer (1987) state that expectations are formed by memories of actual events, perception of current stimuli and inferences which are drawn from related experiences. An important part of UX are the expectations users have about the interaction with a product (Karapanos et al., 2009; Pohlmeyer, 2011). These expectations develop before the actual interaction and can be either fulfilled or frustrated during the course of interacting with the product. Following Reisenzein's belief-desire theory of emotion (BDTE), emotions are the product of cognitions and desires (Reisenzein, 2008). Accordingly, the result of an unfulfilled cognition (e.g. expectation) is surprise. If this disconfirmation co-occurs with desire fulfilment, it is a pleasant surprise. If it co-occurs with desire frustration it is an unpleasant surprise (see a schematic description of this process in figure 2).

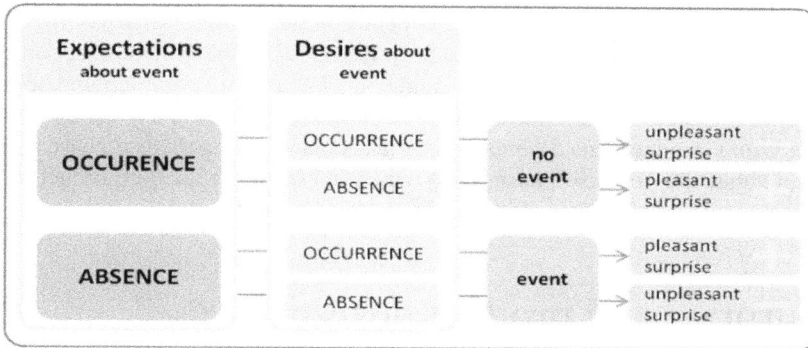

Fig. 2: Schematic development of pleasant/unpleasant surprise (according to Reisenzein, 2008)

1.4 Surprise and UX

The focus in emotional UX research lies on factors which shape a "high-quality experience" (Law & van Schaik, 2010) and thus influence the success of a product. Surprise, as an emotional reaction to sudden, unexpected events has been proven to be beneficial for user interaction, but has been mostly studied in tangible products, so far (Ludden, Hekkert & Schifferstein, 2006; Ludden, Schifferstein & Hekkert, 2008). Ludden, Schifferstein & Hekkert (2009) were able to show that surprising products are more interesting, easier to remember, and elicit increased word-of-mouth than similar, conventional products. These insights raise the question whether similar effects can be attained by furnishing interactive products with surprising aspects "because surprise may arouse interest and intensify UX" (Gross & Thüring, 2013). Put differently, a transfer of the findings of Ludden et al. from touchable to digital products could be beneficial for creating high-quality UX.

2 ContinUE and Surprise

To shed light on the relation between surprise and expectations about the interaction with a technical product, the effects of surprise on UX ratings can be investigated with regard to the different phases of the ContinUE model by Pohlmeyer (2011).

2.1 Surprise in the different phases

As it has been mentioned above, expectations about the interaction with a product are already formed *before* an actual interaction, namely in the pre-use-phase. As these expectations are formed pre-interaction, they are not necessarily accurate and thus can be either fulfilled or frustrated during the following phases of the interaction. Former experiences as well as attitudes towards a product serve as a basis for this expectation formation. Even a person that has never interacted with a product can already have expectations about its behaviour when in use (Karapanos et al., 2009). During the actual interaction, these expectations can be fulfilled or frustrated, depending on the behaviour of the product: If a mismatch is detected between expectations and actual behaviour, a surprise reaction can be the result. Whether this surprise is a pleasant or an unpleasant one, depends on the desires a user has about the product's functionality (see figure 2). As it has been described in the previous section, when encountering a surprising event, the schemas and beliefs about this event are updated and newly acquired knowledge is accommodated in one's mental model about the situation. When interacting with a product, this schema update takes place during the use phase and is maintained throughout the post-use phase. Only when interacting with the product again these models can be updated after encountering of new, maybe surprising information.

3   Surprise and product design

In classical product design, excitement and interest have been created by putting a pleasant surprise aspect into the design of a product (Ludden et al., 2009). By creating products that exhibit features which do not match the expectations of the user, these products were more interesting, easier to remember, and elicited increased word-of-mouth than similar, conventional products (Ludden et al., 2009).

To make use of these findings a possible transfer of surprising product design to digital, interactive products could be beneficial. Not only effects of pleasant surprise should be investigated but also possible effects of unpleasant surprise. If pleasant surprise has an effect on product evaluation and UX scores of digital products, it could become a design asset for product developers. Investigating the negative impact of unpleasant surprise can provide measures of its harmfulness.

3.1   Experimental findings

While pleasant surprise has been studied extensively in classical product design, not many researchers have actively explored it as a design factor for digital, interactive products. Although some studies refer to surprise related concepts, like WOW, delight or appraisal (Desmet, Porcelijn & van Dijk, 2007; Mori & Inoue, 2004; Väänänen-Vainio-Mattila, Palvianen, Pakarinen, Lagerstam & Kangas, 2011), most research was constrained to non-interactive products. In contrast, we investigate how surprising behavior of interactive digital products influences UX. We want to know whether the UX differs between two products which are basically identical but elicit either pleasant or unpleasant surprises. To answer this question, an experiment was carried out in which three groups of participants played three differently surprising Tetris games. During the game a surprising event was encountered in the form of an unexpected and inexplicable addition of points (creation of pleasant surprise) or a reduction of points (unpleasant surprise), depending in which manipulation group users were playing the game (For a detailed description of the experiment, see Gross & Thüring, 2013). An increase of reaction times during trials, in which a surprise occurred, was predicted for these two groups in comparison to a control group. Supporting this hypothesis, there was a main effect for the factor group, showing significant differences between the three groups: The group that encountered a sudden reduction of points had significantly longer reaction times. No effect was found for the group that encountered an unexpected bonus. Similarly, considering UX ratings of the Tetris games, only the reduction group showed significantly lower

UX ratings on the SAM valence scale as well as the AttrakDiff (hedonic quality stimulation scale).

In summary, the manipulation of surprise was only partially successful as trials with unpleasant surprises took longer to process and the ratings of the respective group indicate a less positive UX while we didn't find a positive effect for the bonus group. A possible explanation could be found in the gaming context used for the experiment. An unexpected bonus in a game may not be as surprising as an unexpected deduction of points.

To further investigate the impact of surprise on different phases of UX, especially pleasant surprise, further experiments need to be carried out. A stronger manipulation of the positive surprise should produce deeper insights into its possible beneficial effects. Furthermore, changing the context of the interaction from a gaming environment to a more goal-directed environment (e.g. productivity applications rather than games) can produce insights into how surprise influences UX ratings for productivity applications.

4 Discussion

UX is a complex and dynamic construct. It has been used to capture a user's experience when interacting with a product. Some researchers have tried to come up with models of UX which describe the dynamic components of the construct and shed light on interrelated influences between different parts of UX (Thüring & Mahlke, 2007, Pohlmeyer, 2011). One important part of UX that can be identified in those models are the expectations about the interaction with a product a user has in mind when starting the interaction with that product. According to the ContinUE model of Pohlmeyer (2011), expectations and their possible consequences impact a user before, during and after the interaction with a product. Surprise as a possible consequence of frustrated expectations could prove to be a useful design element, as it has been shown to elevate product ratings in classical product design (Ludden, 2009). Furthermore, the harmful impact of negative surprise should be investigated, as well. Results from a first gaming environment experiment produced some promising results: Expectations about the game that existed before the actual interaction were frustrated during the game. Concerning UX ratings, results of the study point into two directions: First, unexpected events during human computer interaction which lead to *undesirable* consequences should be prevented under all circumstances. They can lead to negative surprise which can impair a users information processing and can have a negative influence on UX ratings. Second, it is not clear whether unexpected events with *desirable* consequences and thus positive surprise have an influence on UX ratings. This could be attributed to the system under consideration and the interaction context. An unexpected bonus in a game might not have the same impact as an unexpected reduction of points since bonuses are more common in games and thus could be less surprising than unexpected losses. For other systems and in different contexts, such as software in a working environment, an unexpected and beneficial system response may prove as more surprising. As it has been shown, expectations about interaction and phases of interaction are closely intertwined. When designing digital products, it seems advisable to keep in mind how different phases of interaction bear different potential for pleasant/unpleasant surprise and how these surprises can influence overall UX.

References

Desmet, P. M. A., Porcelijn, R., & Van Dijk, M. B. (2007). Emotional Design; Application of a re-search-based design approach. *Knowledge, Technology & Policy*, *20*(3), 141–155.

Gross, A., & Thüring, M. (2013). Encountering the Unexpected: Influencing User Experience through Surprise. In Shlomo Berkovsky, S., Herder, E., Lops, P. & Santos, O. C. (Eds): *Proc. of UMAP Annual Conference*, Rome, Italy: Springer. 3-9.

ISO 9241-210. (2010). Ergonomics of human-system interaction -- Part 210: Human-centered design for interactive systems. The international organization for standardization.

Karapanos, E., Zimmerman, J., Forlizzi, J. & Martens, J.-B. (2009). User Experience Over Time. An Initial Framework. In: *Proceedings of the SIGCHI Conference on Human Factors in Computing Systems*, Boston, US: ACM Press. 729 -738.

Law, E. L.-C., & Schaik, P. van. (2010). Modelling user experience - An agenda for research and prac-tice. *Interacting with Computers*, *22*(5), 313–322.

Ludden, G. D. S., Hekkert, P., & Schifferstein, H. N. J. (2006). Surprise & emotion. In P. Desmet, M. Karlsson, and J. van Erp (Eds.): *Proc. Conference on Design and Emotion Society*. Gothenburg, Sweden: Chalmers University of Technology.

Ludden, G. D. S., & Schifferstein, H. N. J. (2007). Effects of visual–auditory incongruity on product expression and surprise. *International Journal of Design, 1*, 29–39.

Ludden, G. D. S., Schifferstein, H. N. J., & Hekkert, P. (2008). Surprise as a design strategy. *Design Issues, 24*(2), 28-38.

Ludden, G. D. S., Schifferstein, H. N. J., Hekkert, P. (2009). Visual-tactual incongruities in products as sources of surprise. *Empirical Studies of the Arts, 27(1)*, 61-87.

Meyer, W.-U., Reisenzein, R., & Schützwohl, A. (1997). Towards a process analysis of emotions: The case of surprise. *Motivation and Emotion, 21*, 251-274.

Mori, H., Inoue, J. (2004). Jigsaw Panel: A Tangible Approach for Delightful Human-Computer Interaction. In *Proc. of SICE Annual Conference*, Sapporo, Japan. 1579-1582.

Oliver, R.L. & Winer, R. S. (1987). A framework for the formation and structure of consumer expecta-tions – Review and Propositions. *Journal of Economic Psychology 8*, 4, 469-499.

Pohlmeyer, A. E. (2011). *Identifying Attribute Importance in Early Product Development*. Technische Universität Berlin, Ph.D. thesis.

Reisenzein, R. (2008). Emotions as metarepresentational states of mind: Naturalizing the belief-desire theory of emotion. *Journal of Cognitive Systems Research. 10*, 6-20.

Väänänen-Vainio-Mattila, K., Palvianen, J., Pakarinen, S., Lagerstam, E., Kangas, E.: User Perception of Wow Experiences and Design Implications for Cloud Services. In: DPPI '11 Proceedings of the 2011 Conference on Designing Pleasurable Products, ACM Press, New York (2011)

Kontaktinformationen

Alice Gross, M.Sc.
Marchstraße 23, Sekr. 3-3
10587 Berlin
www.prometei.de
agross@zmms.tu-berlin.de

S. Boll, S. Maaß & R. Malaka (Hrsg.): Workshopband Mensch & Computer 2013
München: Oldenbourg Verlag, 2013, S. 137–144

Und ob du wirklich richtig stehst …
Zur diskriminativen Validität des User Experience Fragebogens „meCUE"

Michael Minge[1], Laura Riedel[1] & Manfred Thüring[2]

[1] Technische Universität Berlin, DFG-Graduiertenkolleg prometei
[2] Technische Universität Berlin, FG Kognitionspsychologie und Kognitive Ergonomie

Zusammenfassung

In diesem Beitrag werden die bisherigen Entwicklungsschritte bei der Konstruktion eines modularen Fragebogens zur Messung des Interaktionserlebens zusammengefasst. Inhaltlich orientiert sich die Fragebogenstruktur am Komponentenmodell des Nutzungserlebens, *CUE*, nach Thüring und Mahlke (2007). Die Validierung fand sowohl im Rahmen mehrerer Datenerhebungen im Feld als auch unter laborexperimentellen Bedingungen statt. Speziell geht dieser Beitrag auf erste Befunde zur Bestimmung der diskriminativen Validität ein, also zur Fähigkeit des Fragebogens, vorliegende Unterschiede im Erleben interaktiver Produkte zu identifizieren.

1 Einleitung

Bei der Evaluation von Technik eröffnen Fragebögen die Möglichkeit, subjektive Bewertungen aus nutzerzentrierter Perspektive standardisiert und ökonomisch zu erheben. Fragebögen sind insbesondere dann zweckmäßig, wenn das Ziel besteht, verschiedene Gestaltungslösungen relativ zueinander zu vergleichen oder bei einem technischen Produkt Veränderungen im Interaktionserleben über einen längeren Nutzungszeitraum zu erfassen. Entsprechend des „User Experience Lifecycle Models" (*ContinUE*) erfolgt die Bewertung in der Regel in retrospektiver Weise in der *Past Use Phase* (Pohlmeyer, Hecht & Blessing, 2009).

Zur möglichst ganzheitlichen Erfassung des Nutzungserlebens wurde auf Basis eines weithin etablierten und empirisch abgesicherten Modells zur User Experience, dem CUE-Modell von Thüring und Mahlke (2007), der modular aufgebaute Fragebogen *meCUE* entwickelt.

Zur Erfassung der a priori abgeleiteten Dimensionen wurden zunächst 67 Items deduktiv vorgeschlagen und in einem siebenfach gestuften Likert-Skalenformat formuliert. Die Itemselektion erfolgte auf Basis zweier Datenerhebungen im Feld und führte zu einer Rohversion mit 33 Items. Neben einer Validierung des Gesamtfragebogens erfolgte eine Zuordnung der

Dimensionen zu drei einzeln einsetzbaren Modulen, die separat validiert wurden. Das erste Modul bezieht sich auf die Wahrnehmung aufgabenbezogener und nicht-aufgaben-bezogener Produktqualitäten (Nützlichkeit, Benutzbarkeit, visuelle Ästhetik, Status, Bindung), das zweite Modul auf Nutzeremotionen (positive sowie negative Emotionen) und das dritte Modul auf Konsequenzen der Interaktion (Produktloyalität, Nutzungsintention).

Die faktorielle Struktur konnte im Rahmen einer laborexperimentellen Studie bereits erfolgreich repliziert werden (Minge & Riedel, submitted). Ebenso konnte aufgezeigt werden, dass alle Skalen eine ausreichende bis sehr gute interne Konsistenz aufweisen (.76 < Cronbachs Alpha < .94), und dass erwartungsgemäße Korrelationen sowohl zu inhaltlich vergleichbaren Skalen anderer Fragebögen als auch zu objektiven Außenkriterien, wie der bearbeiteten Aufgabenmenge in einem vorgegebenen Zeitrahmen, vorliegen (ebenda).

Neben einer empirischen Absicherung der faktoriellen Struktur, der Reliabilität und der Konstruktvalidität des konstruierten Verfahrens bezog sich eine wesentliche Fragestellung in dieser laborexperimentellen Studie bereits auf eine erste Bestimmung der diskriminativen Validität bzw. Sensitivität des Fragebogens und damit auf die Fähigkeit, vorliegende Unterschiede im Erleben zwischen verschiedenen interaktiven Systemen identifizieren zu können.

2 Bestimmung der diskriminativen Validität

2.1 Methode

Die Fähigkeit des Fragebogens, vorliegende Unterschiede im Interaktionserleben zu identifizieren, wurde laborexperimentell geprüft. Hierzu waren Probanden aufgefordert, die Interaktion mit Produkten unterschiedlicher Art (Audio-Player und Anwendungssoftware) zu bewerten. Aus beiden Produktbereichen kamen jeweils zwei verschiedene Gestaltungsvarianten zum Einsatz. Die Varianten unterschieden sich in erster Linie hinsichtlich ihres Bekanntheitsgrades und ihrer aktuellen Marktpräsenz. So handelte es sich bei der Textbearbeitungssoftware um eine gängige kostenpflichtige Standardanwendung einerseits und einer frei verfügbaren, quelloffenen Software andererseits. Bei den digitalen Audio-Playern wurde das Produkt eines Marktführers gegen das Produkt eines Außenseiters getestet. Bei allen vier Varianten handelte es sich also um reale Produkte, wobei in diesem Beitrag allerdings sowohl die Namen der Hersteller als auch die konkrete Produktbezeichnung ungenannt bleiben.

Alle Probanden bekamen Systeme aus beiden Bereichen vorgelegt (Messwiederholung). Innerhalb der Produktarten bewertete jeder Proband jeweils nur eine Variante (Zwischensubjektfaktor). Die Reihenfolge der Produktgruppen wurde über alle Teilnehmer ausbalanciert, die Zuordnung der Gestaltungsvarianten wurde randomisiert.

Die Beurteilung der Produkte erfolgte nach einer jeweils angeleiteten fünfminütigen Interaktionsphase. Bei der Textbearbeitung wurden die Probanden instruiert, einen vorgelegten Brief inklusive aller Formatierungen abzutippen. Beim mobilen Audioplayer ging es darum, Musikstücke anzuhören und abschließend einen persönlichen Favoriten zu nennen. Hierzu konnten die Teilnehmer unter einer kontrollierten Auswahl zur Verfügung gestellter Musikstücke selbstständig entscheiden, welche Lieder sie wie lange bzw. wie oft anhören wollten.

Neben dem neu konstruierten Instrument kamen als weitere Fragebogenverfahren im Bereich Nutzungserleben zusätzlich der AttrakDiff (Hassenzahl, Burmester & Koller 2008) und der User Experience Questionnaire UEQ (Laugwitz, Schrepp & Held, 2006) zum Einsatz.

An der Studie nahmen 67 Personen mit einem Durchschnittsalter von 28.8 Jahren ($s = 8.5$) teil, darunter 34 Frauen und 33 Männer. Eine Untersuchung dauerte ungefähr 50 Minuten.

2.2 Ergebnisse zur Produktgruppe „Mobiler Audio-Player"

Zur Analyse von Bewertungsunterschieden zwischen den Audio-Playern wurde eine multivariate Varianzanalyse mit dem zweifachgestuften Zwischensubjektfaktor Produktvariante (A bzw. B) gerechnet. Die Ergebnisse des *meCUE* Fragebogens sind in Abbildung 1, diejenigen des AttrakDiff und des UEQ in Abbildung 2 dargestellt. Die durchweg positiveren Bewertungen für das Produkt A erweisen sich auf den erhobenen Dimensionen aller Fragebögen als statistisch bedeutsam mit Werten für die Effektstärke *d* im mindestens mittleren bis hohen Bereich (Cohen, 1988). Auffällig erscheint, dass Urteile auf den Fragebögen AttrakDiff und UEQ mit wenig Variation über die Dimensionen hinweg entweder im überdurchschnittlichen (Produkt A) oder im unterdurchschnittlichen Bereich (Produkt B) liegen, wohingegen beim *meCUE* Fragebogen eine höhere Variation zwischen den Dimensionen beobachtet werden kann. So fallen beispielsweise auch für das Produkt A Bewertungen zum Status, zur Bindung und zur Loyalität trotz erkannter relativer Vorteile tendenziell unterdurchschnittlich aus.

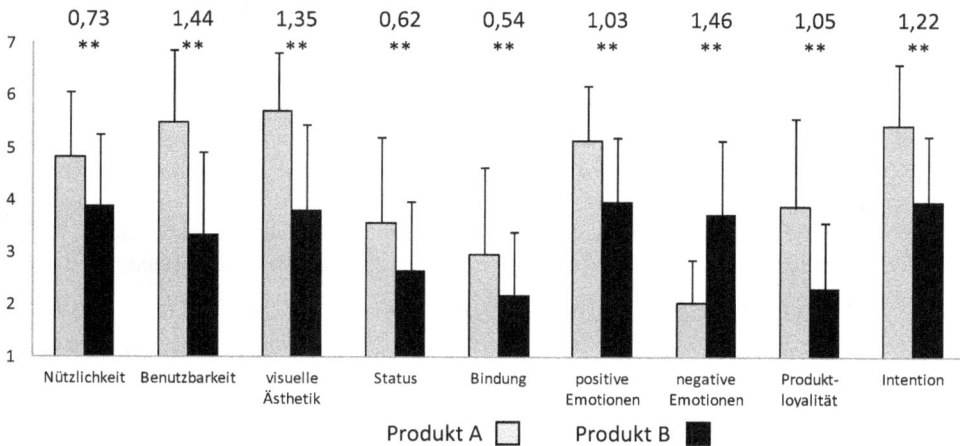

Abbildung 1: Ergebnisse des meCUE Fragebogens zur Produktgruppe „Mobiler Audio-Player", als Werte angegeben werden Effektstärken d nach Cohen (1988); ** p < .01.

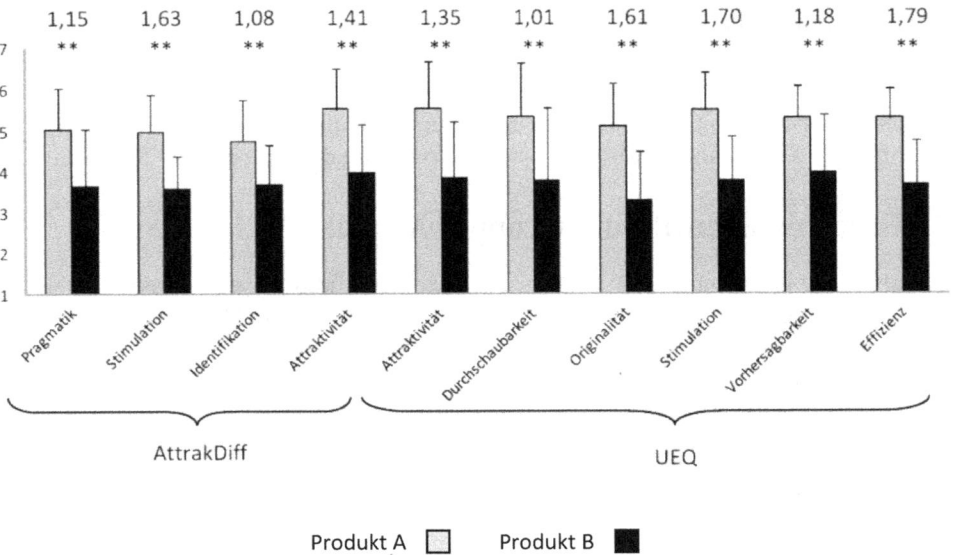

Abbildung 2: Ergebnisse der Fragebögen AttrakDiff und UEQ zur Produktgruppe „Mobiler Audio-Player,
als Werte angegeben werden Effektstärken d nach Cohen (1988); ** p < .01.

2.3   Ergebnisse zur Produktgruppe „Textbearbeitungssoftware"

Die Bewertungen der beiden Textbearbeitungsprogramme wurden ebenfalls mit einer multivariaten Varianzanalyse und dem zweifachgestuften Zwischensubjektfaktor Produktvariante (C bzw. D) ausgewertet. Hierbei erwiesen sich die Unterschiede auf den Dimensionen des *meCUE* und des AttrakDiff als statistisch nicht bedeutsam (siehe Abb. 3 und 4). Allerdings konnten mit dem UEQ die auch mit dem *meCUE* und AttrakDiff tendenziell vorliegenden Vorteile bei der Bewertung pragmatischer Produktqualitäten (Durchschaubarkeit, Vorhersagbarkeit, Effizienz) für das Produkt C inferenzstatistisch gestützt werden (siehe Abb. 4).

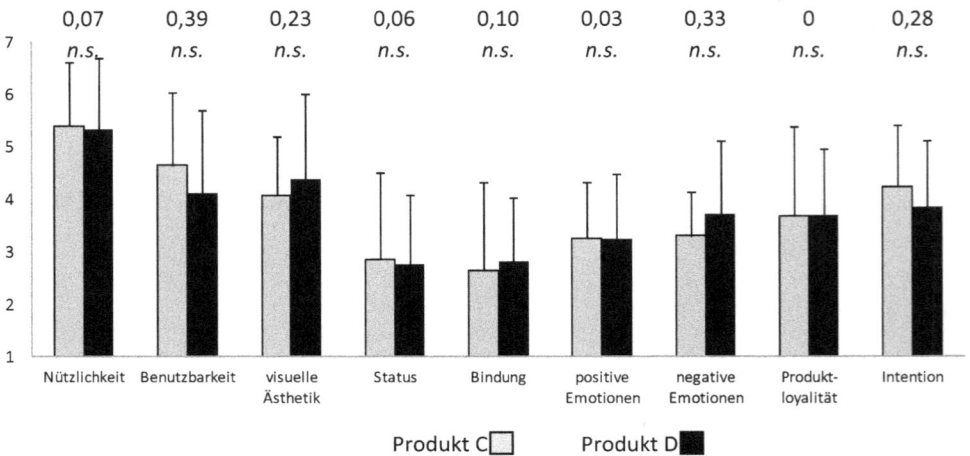

Abbildung 3: Ergebnisse des meCUE Fragebogens zur Produktgruppe „Textbearbeitungssoftware",
als Werte angegeben werden Effektstärken d nach Cohen (1988).

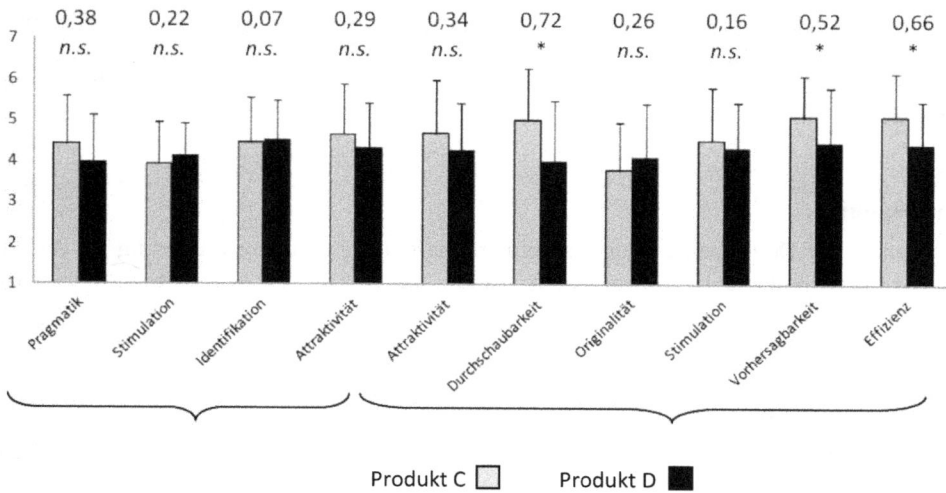

Abbildung 4: Ergebnisse der Fragebögen AttrakDiff und UEQ zur Produktgruppe „Textbearbeitungssoftware", als Werte angegeben werden Effektstärken d nach Cohen (1988); * p < .05.

3   Diskussion

Zusammenfassend kann die Annahme diskriminativer Validität des *meCUE* Fragebogens auf Basis der vorliegenden Ergebnisse vorläufig gestützt werden. Neben der theoriegeleiteten Konstruktion des Fragebogens und der empirisch abgesicherten inneren und äußeren kriteriumsbezogenen Validität liegt ein wesentlicher Vorteil und der Mehrwert, der durch die Verwendung des neu entwickelten Messinstruments im Vergleich zu den bereits verfügbaren Fragebögen AttrakDiff und UEQ erzielt wird, in seiner mehrdimensionalen und modularen Fragenbogenstruktur. Diese Struktur ermöglicht es, zusätzliche Aspekte beim Erleben von Technik zu erheben, welche über die reine Wahrnehmung und Bewertung von Produkteigenschaften hinaus gehen, wie z.B. Emotionen, Ästhetik und Nutzungsintention.

Einschränkend muss auf Basis der vorliegenden Befunde jedoch erwähnt werden, dass zumindest für den Bereich Anwendungssoftware der UEQ, vermutlich auch aufgrund seiner facettenreicheren Substruktur, sensitiver erscheint, um die Wahrnehmung pragmatischer Produktqualitäten zu erfassen. Die identifizierten Differenzen stehen einerseits in Zusammenhang mit den tendenziell vorliegenden Unterschieden im *meCUE* und im *AttrakDiff*, andererseits können sie auch durch Maße der Performanz zusätzlich gestützt werden. So zeigte sich für das Produkt C, welches mit höheren Werten im aufgabenbezogenen Bereich beurteilt wurde, dass damit im zeitlich begrenzten Zeitrahmen auch eine signifikant höhere Bearbeitungsmenge erreicht werden kann.

In diesem Zusammenhang wird es für zukünftige Studien noch stärker erforderlich sein, eine systematische Vorgehensweise bei der Auswahl von Testprodukten vorzunehmen und die Analyse von Produktunterschieden zusätzlich durch andere methodische Verfahren im Vorfeld sicherzustellen (z.B. Heuristische Evaluation, Expertenbefragung, Fokusgruppen).

Mit der Erweiterung des Fragebogens um ein viertes Modul zur Erhebung eines globalen Produkturteils wurde jüngst eine revidierte Endfassung des Fragebogens erstellt und überprüft (Minge, Riedel & Thüring, accepted). Eine Übersicht aller Items dieser Endfassung findet sich im Anhang dieses Beitrages.

Danksagung

Wir danken der Deutschen Forschungsgemeinschaft (DFG) für ihre Förderung im Rahmen des Graduiertenkollegs 1013/2: „Prospektive Gestaltung von Mensch-Technik-Interaktion" (prometei).

Literaturverzeichnis

Cohen, J. (1988). *Statistical Power Analysis for the Behavioal Sciences,* 2. Auflage. Hillsdale: Erlbaum Associates.

Hassenzahl, M., Burmester, M. & Koller, F. (2008). Der User Experience (UX) auf der Spur: Zum Einsatz von www.attrak.diff. In: H. Brau, S. Diefenbach, M. Hassenzahl, F. Koller, M. Peissner & K. Rose. (Hrsg.): *Usability Professionals 2008,* 78-82.

Laugwitz, B., Schrepp, M. & Held, T. (2006). Konstruktion eines Fragebogens zur Messung der User Experience von Softwareprodukten. In A. M. Heinecke & H. Paul (Hrsg.), *M&C 2006: Mensch und Computer im Strukturwandel* (S. 125-134). München: Oldenbourg.

Minge, M. & Riedel, L. (accepted). meCUE – Ein modularer Fragebogen zur Erfassung des Nutzungserlebens. *Mensch und Computer 2013,* 08.-11.09.2013, Bremen.

Minge, M., Riedel, L. & Thüring, M. (accepted). Modulare Evaluation von Technik. Entwicklung und Validierung des meCUE Fragebogens zur Messung der User Experience. *10. Berliner Werkstatt Mensch-Maschine-Systeme,* 10.-12.10.2013, Berlin.

Pohlmeyer, A.E., Hecht, M. & Blessing, L. (2009). User Experience Lifecycle Model ContinUE [Continous User Experience]. In A. Lichtenstein, C. Stößel & C. Clemens (Hrsg.), *Der Mensch im Mittelpunkt technischer Systeme. Fortschritt-Berichte VDI Reihe 22 Nr. 29* (S. 314-317). Düsseldorf: VDI-Verlag.

Thüring, M. & Mahlke,S. (2007). Usability, aesthetics, and emotions in human-technology interaction. *International Journal of Psychology, 42*(4), 253-264.

Kontaktinformationen

Dr. Michael Minge / Laura Riedel / Prof. Dr. Manfred Thüring
Mail: mmi@zmms.tu-berlin.de / lriedel@zmms.tu-berlin.de / manfred.thuering@tu-berlin.de

Anhang

Modul I: Produktbewertungen

Nützlichkeit
Insgesamt halte ich das Produkt für absolut nützlich.
Mithilfe des Produkts kann ich meine Ziele erreichen.
Die Funktionen des Produkts sind genau richtig für meine Ziele.

Benutzbarkeit
Die Bedienung des Produkts ist verständlich.
Das Produkt lässt sich einfach benutzen.
Es wird schnell klar, wie man das Produkt bedienen muss.

Visuelle Ästhetik
Das Design wirkt attraktiv.
Das Produkt ist stilvoll.
Das Produkt ist kreativ gestaltet.

Status
Das Produkt verleiht mir ein höheres Ansehen.
Durch das Produkt werde ich anders wahrgenommen.
Meine Freunde dürfen ruhig neidisch auf das Produkt sein.

Bindung
Ohne das Produkt kann ich nicht leben.
Das Produkt ist wie ein Freund für mich.
Wenn ich das Produkt verlieren würde, würde für mich eine Welt zusammenbrechen.

Modul II: Nutzeremotionen

Positive Emotionen
Durch das Produkt fühle ich mich ausgeglichen.
Das Produkt beruhigt mich.
Das Produkt entspannt mich.
Das Produkt stimmt mich euphorisch.
Das Produkt beschwingt mich.
Durch das Produkt fühle ich mich fröhlich.

Negative Emotionen
Das Produkt macht mich müde.
Durch das Produkt fühle ich mich erschöpft.
Das Produkt entspannt mich.
Durch das Produkt fühle ich mich passiv.
Das Produkt nervt mich.
Das Produkt verärgert mich.
Das Produkt frustriert mich.

Modul III:

Nutzungsintention
Wenn ich könnte, würde ich das Produkt täglich nutzen.
Ich kann es kaum erwarten, das Produkt erneut zu verwenden.
Wenn ich mit dem Produkt zu tun habe, vergesse ich schon mal die Zeit.

Produktloyalität
Ich würde mir genau dieses Produkt jederzeit (wieder) zulegen.
Ich würde dieses Produkt gegen kein anderes eintauschen.
Im Vergleich zu diesem Produkt wirken andere Produkte unvollkommen.

Modul IV:

Globales Produkturteil
Geben Sie bitte abschließend an, wie Sie das Produkt insgesamt bewerten:
schlecht – gut (*)

Alle Items sind siebenstufig Likert-skaliert mit den folgenden Antwortvorgaben: lehne völlig
ab / lehne ab / lehne eher ab / weder noch / stimme eher zu / stimme zu / stimme völlig zu;
(*) beim letzten Item handelt es sich um ein semantisches Differenzial mit 21 Stufen.

S. Boll, S. Maaß & R. Malaka (Hrsg.): Workshopband Mensch & Computer 2013
München: Oldenbourg Verlag, 2013, S. 145–153

Design Evaluation: Zeitliche Dynamik ästhetischer Wertschätzung

Géza Harsányi, Fabian Gebauer, Peter Kraemer, Claus-Christian Carbon

Lehrstuhl für Allgemeine Psychologie und Methodenlehre, Universität Bamberg

Forschungsgruppe EPÆG, Ergonomie – Psychologische Æsthetik – Gestaltung, Bamberg

Zusammenfassung

Dieser Beitrag liefert einen Methodenbeitrag zum Zusammenhang zwischen Nutzererleben und den ästhetischen Bewertungen eines Produktdesigns. Vor allem zwei Eigenheiten solcher Bewertungen sind dabei zu berücksichtigen: (1) Um differenzierte Ableitungen für den Produktgestaltungs- und Marketingbereich zu erhalten, benötigt man multidimensionale Erfassungsinstrumentarien; (2) Ästhetische Wertschätzung ist geprägt von starker Dynamik, die durch statische Abfragemethoden per se nicht adäquat erfasst werden kann. Um beiden Anforderungen gerecht zu werden, stellen wir sowohl ein implizites Maß zur Erfassung multidimensionaler impliziter Assoziationen (md-IAT) (Gattol, Sääksjärvi, & Carbon, 2011) als auch eine Methode zur Erfassung dynamischer Effekte ästhetischer Werturteile (Repeated Evaluation Technique, RET) (Carbon & Leder, 2005) vor. Im Sinne des ContinUE Modells (Pohlmeyer, Hecht, & Blessing, 2009) kann somit Nutzererleben unter Berücksichtigung von Erwartungen und fortlaufenden Neubewertungen („repetitive experience") labor-experimentell simuliert werden.

1 Einführung

Produktdesign ist ein wesentlicher Faktor für den Markterfolg auf stark von Wettbewerb geprägten Märkten für Produkte mit austauschbaren technischen Komponenten, wie z. B. HiFi-Komponenten, Haushaltsgeräten, Mobiltelefonen etc. (Kreuzbauer & Malter, 2005). Erfolgreiche Produkte erfordern eine Passung zwischen Nutzerinteresse, -wünschen und Bedürfnissen und dem Design des Produkts. Für funktionale und technische Designaspekte existiert eine Fülle von Verfahren zur Testung der Usability (Jordan, 1998), human factors (Green & Jordan, 1998) und der Ergonomie (Salvendy, 2006). Diese Verfahren werden regelmäßig von Herstellern bei der Entwicklung von Konsumprodukten eingesetzt. Im Bereich der ästhetischen Beurteilung von Produkten existieren jedoch keine standardisierten Verfahren und können somit auch nicht systematisch in der Design-Evaluation eingesetzt werden (Hekkert, 2006; Jordan, 2000). Häufig werden ästhetische Dimensionen überhaupt gar nicht in der Produktevaluation berücksichtigt (Liu, 2003), obwohl ästhetische Dimensionen aus der Nutzerperspektive eine so bedeutende Rolle spielen, dass der Ergonomieexperte Patrick W. Jordan sogar von „new human factors" spricht. Ein prominentes Beispiel für die Bedeutsamkeit ästhetischer Designaspekte ist ganz bestimmt der Apple iPod oder das jeweils neue iPhone. Solche Produkte sind bezüglich ihrer technischen Ausführung und Funktionalität relativ austauschbar mit Produkten anderer Firmen. Darüber hinaus sind Konkurrenzprodukte häufig sogar preisökonomischer. Dennoch schwang sich bspw. der iPod zum weltweit meistverkauften Mediaplayer auf. Diese Popularität verdankt der iPod seinen hohen ästhetischen Werten, modischen Eigenschaften und seiner innovativen Philosophie. Der iPod wurde somit nicht nur zur ökonomischen Standsäule der Apple Inc., sondern auch zum Werbeträger für weitere Apple-Produkte.

Eine steigende Zahl von Unternehmen richtet zunehmend die Aufmerksamkeit auf ästhetische Designaspekte, allerdings häufig ohne zu bedenken, wie ästhetische Qualität durch standardisierte Verfahren erfasst werden sollen. Bei der Produktentwicklung werden häufig recht aufwendige und kostspielige Tests mit typischen Nutzern in verschiedenen Settings eingesetzt. Darunter zählen Fragebögen, Fokusgruppendiskussionen, verbale Protokolle, aber auch *car clinics* im Falle des Automobilsektors (siehe, Jordan, 2000). Alle diese Methoden haben gemeinsam, dass Bewertungen durch Konsumenten nur zu *einem einzigen Zeitpunkt* erhoben werden. Darüber hinaus sind die Produkte für den Nutzer häufig recht unbekannt. Solche Evaluationsmethoden führen zu verzerrtem Antwortverhalten, welche nicht unbedingt die Bewertungen von Produktdesigns durch Nutzer im alltäglichen Leben widerspiegelt. Beispielsweise konnten Leder und Carbon (2005) anhand von Materialen mit unterschiedlichen Innovativitätsgraden zeigen, dass Nutzer ihnen bekannte Produkte mit recht konservativen Designs bevorzugen, während sie neue und hoch innovative Produkte ablehnten. Erfolgreiche Produkte wie der Apple iPod zeigen jedoch, dass hoch innovative Designs im alltäglichen Nutzerverhalten durchaus stark präferiert werden.

2   Simulation alltäglichen Erlebens: Die Repeated Evaluation Technique (RET)

Wie können wir nun aber erklären, dass Nutzer recht konservative Produktdesigns in experimentellen Studien bevorzugen, jedoch häufig dazu neigen innovative Designs im alltäglichen Leben zu präferieren? Carbon und Leder (2005) argumentieren, dass die alltägliche Erfahrung mit einem Produktdesign *vor* der Messung von Präferenzen oder Gefallensurteilen in experimentellen Studien simuliert werden muss. Wenn die Erfahrung mit einem Design nicht berücksichtig wird, erhält man invalide und irreführende Vorhersagen für zukünftige ästhetische Urteile. Eine Folge davon ist, dass sich Produktenwicklungen an solchen limitierten Evaluationsmethoden ausrichten, die Nutzerurteile nur zu einem einzigen Zeitpunkt erfassen, ohne dass sich Nutzer mit dem Produkt vertraut machen können. Ohne die zeitlichen Dynamiken ästhetischer Urteile zu berücksichtigen, kann die Produktentwicklung in eine fatal falsche Richtung gesteuert werden. Neue Produktdesigns haben mit diesen limitierten Evaluationsmethoden eine höhere Wahrscheinlichkeit einer kurzen Marktdauer, ohne dass längerfristige Entwicklungen berücksichtig werden und können leicht ökonomisch scheitern.

Die Repeated Evaluation Technique (RET, Carbon & Leder, 2005) bietet eine Antwort auf die oben skizzierten Probleme der a) fehlenden Vertrautheit mit neuen Designs und b) der Validitätsprobleme durch Messung zu nur einem Zeitpunkt, und integriert diese in eine zusammenhängende Prozedur. Die integrierte RET-Prozedur (siehe Abbildung 1) umfasst zwei identische Testphasen (t1 und t2) zu unterschiedlichen Zeitpunkten, bei denen zentrale ästhetische Variablen wie Gefallen, Innovativität, Valenz, etc. gemessen werden. Zwischen diesen zwei Messungen liegt eine Elaborationsphase (RET-Phase), in der das gesamte Material wiederholt von den Teilnehmern elaboriert wird. Typischerweise werden in der RET-Phase die Materialien anhand von Aspekten wie „angenehm", „funktional", „elegant", etc. bewertet. Die Anzahl der Aspekte in der RET-Phase sollte mindestens 25 solcher Adjektive enthalten, um eine tiefe Elaboration zu gewährleisten. Die Auswahl der Adjektive hängt vom jeweiligen Produkt ab, dessen Design evaluiert wird.

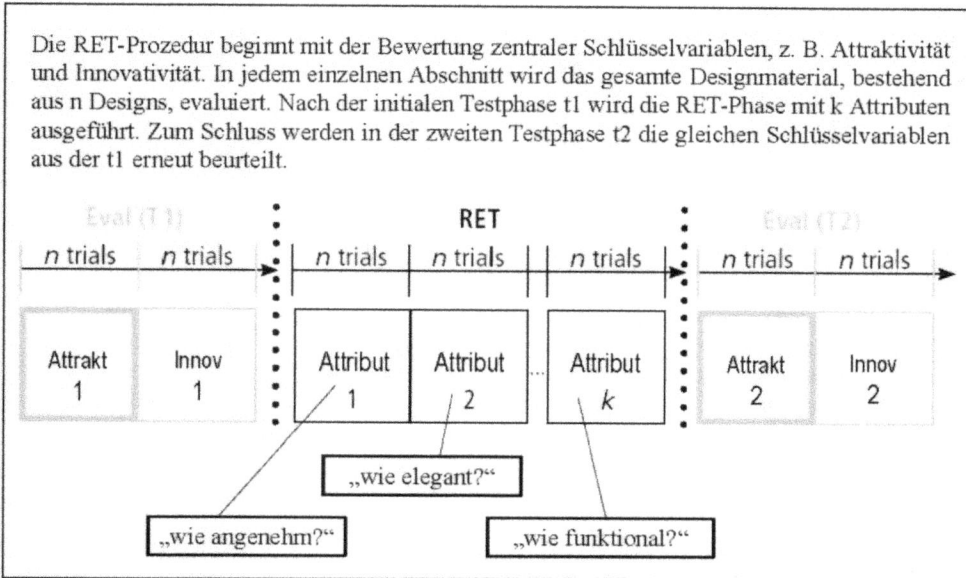

Die RET-Prozedur beginnt mit der Bewertung zentraler Schlüsselvariablen, z. B. Attraktivität und Innovativität. In jedem einzelnen Abschnitt wird das gesamte Designmaterial, bestehend aus n Designs, evaluiert. Nach der initialen Testphase t1 wird die RET-Phase mit k Attributen ausgeführt. Zum Schluss werden in der zweiten Testphase t2 die gleichen Schlüsselvariablen aus der t1 erneut beurteilt.

Eval (T1)   RET   Eval (T2)

| n trials | n trials | | n trials | n trials | | n trials | | n trials | n trials |

| Attrakt 1 | Innov 1 | | Attribut 1 | Attribut 2 | ... | Attribut k | | Attrakt 2 | Innov 2 |

„wie elegant?"

„wie angenehm?"   „wie funktional?"

Abbildung 1: Illustration des Verlaufs der RET-Prozedur zur Evaluation von Produktdesigns.Quelle: Carbon & Leder (2007)

Mit dem Einsatz der RET anhand von Autointeriors, die sich in Innovativität und Kurvigkeit unterschieden, konnte gezeigt werden, dass Nutzer nur anfänglich unbekannte und innovative Designs ablehnten und bekannte und konservative Designs bevorzugten (Carbon & Leder, 2005; Zajonc & Markus, 1982). Nachdem Nutzer das Material wiederholt bewertet und elaboriert haben, präferierten sie die innovativen Designs und wiesen das konservative Material zurück. Dieser Sachverhalt steht im Einklang mit der einflussreichen Theorie von D. E. Berlyne, die annimmt, dass Interesse, Neuartigkeit und Neugier Prädiktoren für exploratives Verhalten sind, welches wiederum direkt Präferenzen beeinflusst (Berlyne, 1970). Ebenso steht der Befund im Einklang mit Erkenntnissen aus der Marktforschung (Zandstra, Weegels, Van Spronsen, & Klerk, 2004). Abbildung 2 illustriert die Dynamik des Gefallens, die durch Elaboration bewirkt wird: Innovative Designs werden zu Beginn als relativ unattraktiv bewertet. Das entspricht den Standardmethoden mit nur einer Messung und führt zu irreführenden Schlussfolgerungen. Dagegen werden konservative Designs als eher attraktiv gewertet. Im Gegensatz dazu kann durch den Einsatz der RET zum zweiten Messzeitpunkt ein ganz anderes Antwortverhalten beobachtet werden: Nachdem die Materialen tief elaboriert und verstanden worden sind, vertauschen sich die Bewertungen von innovativen und konservativen geradezu in das Gegenteil. Hoch innovative Designs gefallen nun sehr viel mehr, während konservative Designs an Attraktivität verlieren. Die dritte Kurve in Abbildung 2 zeigt einen Verlauf während der Elaboration für „optimale" Designs. Solche Designs sind gekennzeichnet durch eine optimale Kombination von sowohl Vertrautheit als auch Innovativität (entsprechend dem MAYA-Prinzip, Hekkert, Snelders, & van Wieringen, 2003). Sind Vertrautheit und Innovativität ausgewogen, dann werden Designs von Beginn an als relativ positiv bewertet, gewinnen aber durch Elaboration mit der Zeit an Attraktivität. Ein zentrales Element der RET besteht demnach darin, eine Dynamik des Gefallens über die Zeit beschreiben und vorhersagen zu können.

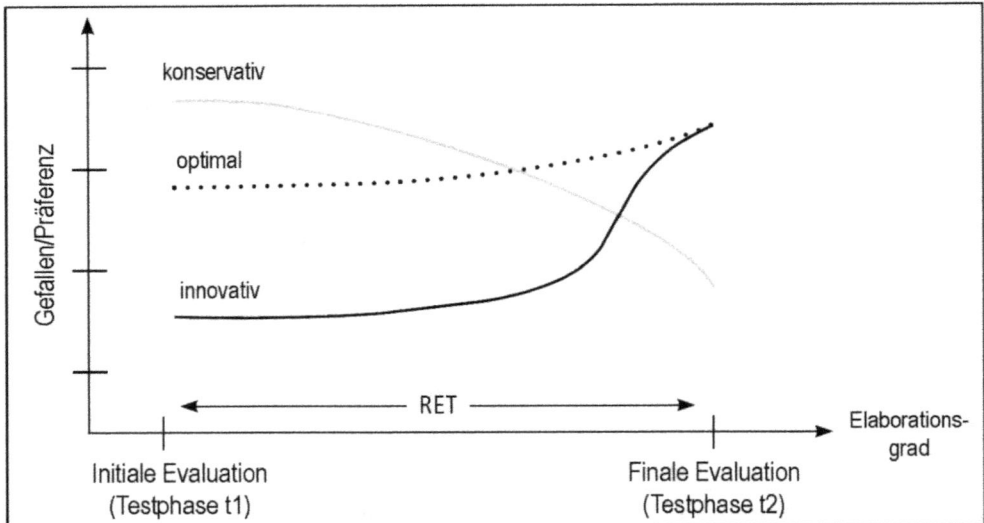

Abbildung 2: Idealisierte Verlaufsdynamik ästhetischer Qualitäten von Produktdesigns. Quelle: Carbon & Leder (2007)

5   Mehrdimensionale ästhetische Wertschätzung

Wie bereits durch die Beschreibung der RET angedeutet, ist die Beschränkung auf eine einzelne Variable bei der Erfassung ästhetischer Urteile nicht unbedingt zielführend. Häufig werden nur Gefallensurteile oder Präferenzurteile von Nutzern abverlangt. Zeitliche Dynamiken ästhetischer Urteile, wie sie mit der RET beobachtet werden können, zeigen bereits, dass solche Dynamiken nicht allein auf die Attraktivität wirken. Langeweile ist ein möglicher Faktor, der auf die Abwertung von Designs Einfluss nimmt. Ebenso kann plausibel angenommen werden, dass zuerst als innovativ beurteilte Designs im wiederholten Umgang mit diesen an (wahrgenommener) Innovativität verlieren. So lassen sich zyklische Dynamiken des Gefallens anhand von Automobildesigns beobachten (Carbon, 2010), was damit erklärt werden kann, dass sich Grundformen langsam ändern und alleine die Expositionshäufigkeit solcher Formen via höher-kognitiver Adaptationseffekte Gefallensbeurteilungen systematisch verändern (Carbon, 2011; Carbon, 2012). Vormals innovative Designs entsprechen nicht mehr dem Zeitgeist und werden ästhetisch abgewertet. Die gleichen Designmerkmale werden dann wiederum nach einiger Zeit wieder modern und attraktiv. Eine Analyse zentraler ästhetischer Bewertungskriterien (Faerber, Leder, Gerger, & Carbon, 2010) ergab, dass ästhetische Bewertungen mindestens an sechs wesentlichen Variablen valide erfassbar sind. Diese Variablen ergeben gemeinsam ein Konstrukt der ästhetischen Wertschätzung und bestehen aus: Gefallen, Innovativität, Interessantheit, Valenz, Langeweile, und Anregungsgehalt. Je nach Fragestellung können mehr oder weniger als diese sechs Variablen sinnvollerweise erfasst werden, ebenso auch weitere Variablen, die sich auf erwünschte oder auch unerwünschte Eigenschaften eines Produktes beziehen.

Typischerweise werden direkte („explizite") Maße für die Evaluation von Produktdesigns verwendet, wie z. B. verbale Protokolle oder Ratingskalen. Direkte Maße können aber prinzipiell von Nutzern kognitiv durchdrungen werden und somit zu verzerrten Antwortmustern führen. Ebenso können schwer verbalisierbare Eigenschaften nicht direkt gemessen werden. Einen Ausweg daraus bietet der multidimensionale Implizite Assoziationstest (md-IAT) (Gattol, Sääksjärvi, & Carbon, 2011). Der md-IAT ist eine Erweiterung des Impliziten Assoziationstests (IAT) (Greenwald, McGhee, & Schwartz, 1998). Der IAT misst indirekt Assoziationen von dichotom negativ und positiv ausgeprägten Attributen (z. B. „sicher" vs. „unsicher") mit visuellen oder semantischen Konzepten (z. B. „BMW" vs. „Audi") (Abbildung 3). Ein IAT besteht aus fünf aufeinanderfolgenden Phasen. Die Aufgabe ist, einen zentral präsentierten Stimulus so schnell wie möglich einer von zwei Kategorien per Tastendruck zu zuordnen. Die ersten zwei Phasen sind lediglich Übungsphasen, in denen Stimulus-Response-Assoziationen gelernt werden. Am Beispiel der Abbildung 3 wird in der ersten Phase, der *target-concept discrimination task*, die Assoziation des Konzepts „BMW" mit dem linken Tastendruck gelernt, und die Assoziation des Konzepts „Audi" mit dem rechten Tastendruck. Entsprechend werden in der zweiten Phase, der *attribute discrimination task*, linker und rechter Tastendruck mit den Attributen „sicher" und „unsicher" assoziiert. Danach folgt die erste Testphase (Phase 3: *initial combined task*), in denen beide Aufgaben aus den vorherigen Phasen kombiniert im Wechsel von einem Durchgang zum nächsten durchgeführt werden. Die vierte Phase ist die *reversed target-concept discrimination task*. Sie ist erneut eine Übungsphase und der ersten Phase identisch, mit der Ausnahme, dass die räumlichen Zuordnungen der Konzepte zu den Tasten vertauscht werden. Die letzte Phase des IAT ist die zweite Testphase (Phase 5: *reversed combined task*), und ist identisch mit der ersten Testphase, mit der Ausnahme, dass die Vertauschung der Konzepte aus der vierten Phase beibehalten wird. Wenn nun in der mentalen Repräsentation „sicher" und „BMW" (Phase 3) stärker miteinander assoziiert sind als „sicher" und „Audi" (Phase 5), werden die Antworten in Phase 3 im Durchschnitt schneller sein, als in der Phase 5 (bzw. umgekehrt, wenn „sicher" und „Audi" stärker assoziiert sind als „sicher" und „BMW"). Entsprechend besteht der IAT-Effekt aus den Differenzen der mittleren Reaktionszeiten der *reversed combined task* (Phase 5) und der der *initial combined task* (Phase 3).

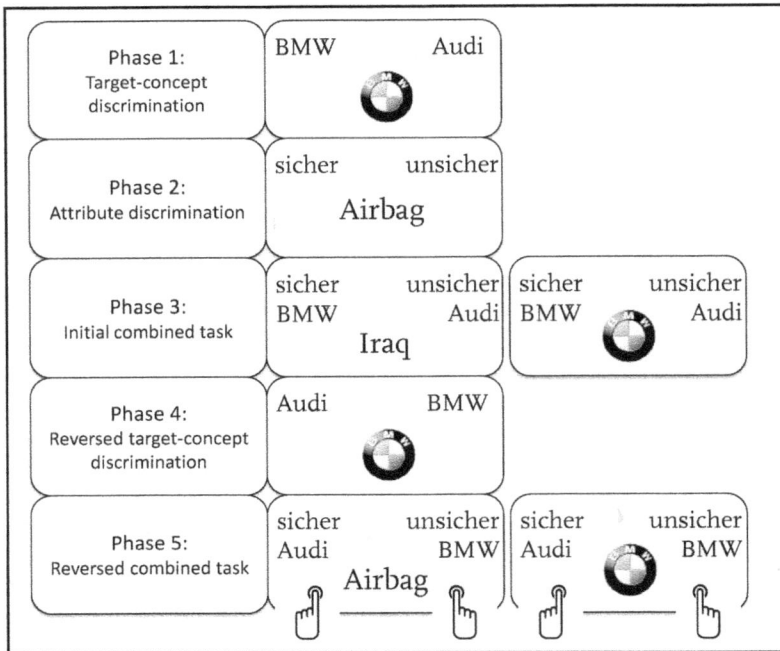

Abbildung 3: Illustration eines einzelnen IAT. Der IAT misst Assoziationsstärken von Attributen („sicher"-„unsicher") mit visuellen oder semantischen Konzepten („BMW"/"Audi"). Der multidimensionale Implizite Assoziationstest (md-IAT) erweitert das Prinzip auf mehrere Attribute („sicher"-„unsicher","umweltfreundlich"-„nicht umweltfreundlich,„aggressiv"-„friedlich", etc.)

Durch Reihung einzelner IATs hinter einander, kann eine multidimensionale Beurteilung über verschiedene Attribute hinaus gewährleistet werden. Das Ergebnis ist ein Profil impliziter Einstellungen gegenüber einem Produktdesign. Gattol et al. (2011) illustrierten den md-IAT mit der Erstellung von impliziten Markenpersönlichkeiten zweier deutscher Automobilhersteller. Die Teilnehmer evaluierten die Marken mittels des md-IATs anhand von sechs für das Image von Automobilmarken relevanten Dimensionen: Sicherheit, Alter, Zuverlässigkeit, Aggressivität, Umweltfreundlichkeit und Innovativät. Das dadurch erhaltene implizite Einstellungsprofil gibt eine differenzierte Auskunft über die Nutzerwahrnehmung dieser Marken (Abbildung 4).

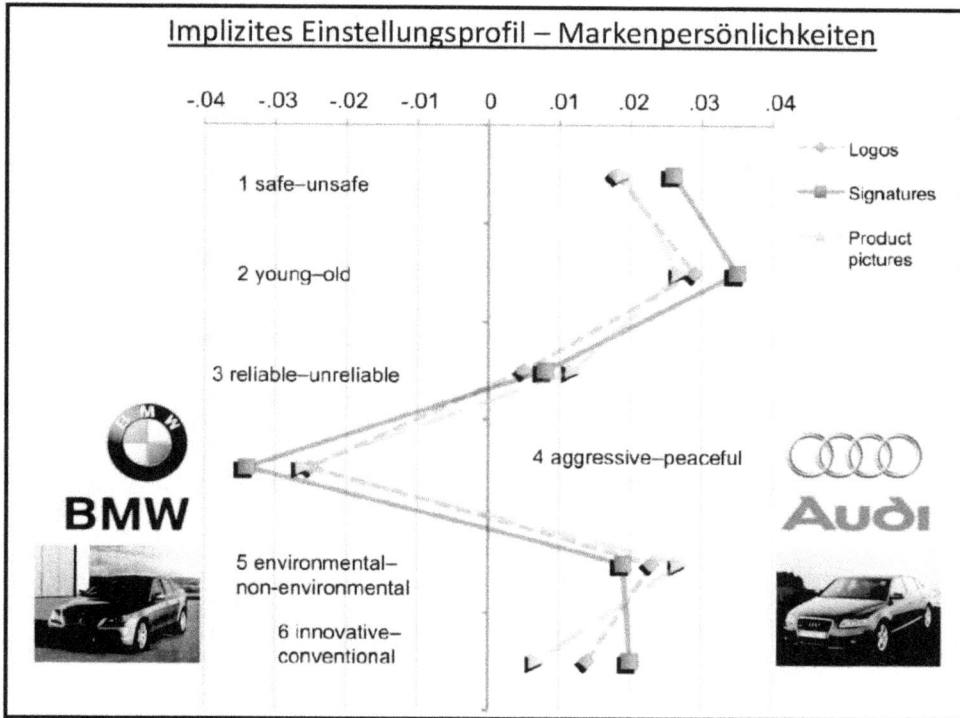

Abbildung 4: Markenprofile zweier deutscher Automobilmarken. Die Darstellung zeigt ein implizites Einstellungs-profil, dass durch den md-IAT erstellt wurde. Interpretiert werden kann das Profil folgendermaßen: Die Marke Audi wird als „sicher", „jung", „zuverlässig", „friedlich", „umweltfreundlich" und „innovativ" angesehen. Die Marke BMW hingegen als „unsicher", „alt", „unzuverlässig", „aggressiv", „nicht umweltfreundlich" und „konventionell". Quelle: Gattol, Sääksjärvi, & Carbon (2011).

6   Ausblick

Wesentliche Aspekte des Nutzererlebens und der ästhetischen Wertschätzung sind a) ihr multidimensionaler Charakter und b) ihre dynamische Veränderungen über die Zeit. Die hier vorgestellten Methoden adressieren beide Aspekte. Der md-IAT wurde konstruiert, um mul-tidimensionale implizite Einstellungsprofile zu erstellen. Die RET erfasst dagegen Dynami-ken des Gefallens und ästhetischer Wertschätzung über die Zeit. Beide Instrumente erfassen somit je einen der beiden zentralen Aspekte des Nutzererlebens. Zukünftige Weiterentwick-lungen dieser Methoden werden auf einen integrativen Ansatz beider Aspekte abzielen: Die explizite und implizite Erfassung mehrdimensionaler ästhetischer Bewertungen über die Zeit.

Literaturverzeichnis

Berlyne, D. E. (1970). Novelty, complexity, and hedonic value. *Perception & Psychophysics, 8*(5A), 279-286.

Carbon, C. C. (2010). The cycle of preference: Long-term dynamics of aesthetic appreciation. *Acta Psychologica, 134*(2), 233-244.

Carbon, C.-C. (2011). Cognitive mechanisms for explaining dynamics of aesthetic appreciation. *i-Perception, 2*, 708-719.

Carbon, C.-C. (2012). Dynamics of aesthetic appreciation. *Human Vision and Electronic Imaging, 8291*(1A), 1-6.

Carbon, C. C., & Leder, H. (2005). The repeated evaluation technique (RET). A method to capture dynamic effects of innovativeness and attractiveness. *Applied Cognitive Psychology, 19*(5), 587-601.

Carbon, C. C., & Leder, H. (2007). Design Evaluation: From typical problems to state-of-the-art solutions. *Thexis, 2*(33-37).

Faerber, S. J., Leder, H., Gerger, G., & Carbon, C. C. (2010). Priming semantic concepts affects the dynamics of aesthetic appreciation. *Acta Psychologica, 135*(2), 191-200.

Gattol, V., Sääksjärvi, M., & Carbon, C. C. (2011). Extending the Implicit Association Test (IAT): Assessing consumer attitudes based on multi-dimensional implicit associations. *Plos One, 6*(1), e15849.

Green, W. S., & Jordan, P. W. (1998). *Human factors in product design: Current practice and future trends*. London: Taylor & Francis.

Greenwald, A. G., McGhee, D. E., & Schwartz, J. L. K. (1998). Measuring individual differences in implicit cognition: The implicit association test. *Journal of Personality and Social Psychology, 74*(6), 1464-1480.

Hekkert, P. (2006). Design aesthetics: principles of pleasure in design. *Psychology Science, 48*(2), 157-172.

Hekkert, P., Snelders, D., & van Wieringen, P. C. W. (2003). 'Most advanced, yet acceptable': Typicality and novelty as joint predictors of aesthetic preference in industrial design. *British Journal of Psychology, 94*, 111-124.

Jordan, P. W. (1998). *An introduction to usability*. London: Taylor & Francis.

Jordan, P. W. (2000). *Designing pleasurable products: An introduction to the new human factors*. New York: Taylor & Francis.

Kreuzbauer, R., & Malter, A. J. (2005). Embodied cognition and new product design: Changing product form to influence brand categorization. *Journal of Product Innovation Management, 22*(2), 165-176.

Leder, H., & Carbon, C. C. (2005). Dimensions in appreciation of car interior design. *Applied Cognitive Psychology, 19*(5), 603-618.

Liu, Y. (2003). Engineering aesthetics and aesthetic ergonomics: theoretical foundations and a dual-process research methodology. *Ergonomics, 46*(13-14), 1273-1292.

Pohlmeyer, A. E., Hecht, M., & Blessing, L. (2009). User Experience Lifecycle Model ContinUE [Continuous User Experience]. In A. Lichtenstein, C. Stößel & C. Clemens (Eds.), *Der Mensch im Mittepunkt technischer Systeme. Fortschritt-Berichte VDI Reihe 22 Nr. 29* (pp. 314-317). Düsseldorf: VDI-Verlag.

Salvendy, G. (2006). *Handbook of human factors and ergonomics* (3rd ed.). Hoboken/NJ: John Wiley.

Zajonc, R. B., & Markus, H. (1982). Affective and cognitive-factors in preferences. *Journal of Consumer Research, 9*(2), 123-131.

Zandstra, E. H., Weegels, M. F., Van Spronsen, A. A., & Klerk, M. (2004). Scoring or boring? Predicting boredom through repeated in-home consumption. *Food Quality and Preference, 15*(6), 549-557.

Kontaktinformationen

Claus-Christian Carbon, ccc@experimental-psychology.com

S. Boll, S. Maaß & R. Malaka (Hrsg.): Workshopband Mensch & Computer 2013
München: Oldenbourg Verlag, 2013, S. 155–163

M^{5}oX:
Methoden zur multidimensionalen und dynamischen Erfassung des Nutzererlebens

Marius Hans Raab, Claudia Muth & Claus-Christian Carbon

Lehrstuhl für Allgemeine Psychologie und Methodenlehre, Universität Bamberg
Forschungsgruppe EPÆG, Ergonomie – Psychologische Æsthetik – Gestaltung, Bamberg

1 Dimensionalität und Dynamik des Nutzererlebens

Wie erleben wir Design? Welche kognitiven, affektiven und körperlichen Bestandteile zeichnen dieses Erleben aus? Welche Faktoren spielen bei der Bewertung und Nutzung von Objekten eine Rolle? Wie verändern sich Präferenzen von Objekten oder Kunstwerken im Laufe der Zeit? Diese Fragen verweisen auf verschiedene Perspektiven des Nutzererlebens, die spezifische methodologische Ansätze erfordern. Einerseits variiert hierbei die Erfassung in der Dimensionalität des Erlebens, andererseits wird sie in unterschiedlichem Maße der Dynamik des Erlebens gerecht (aufgeschlüsselt in Abbildung 1).

Abbildung 1: Multidimensionalität und Dynamik als Facetten der User Experience.

Wir stellen im Folgenden verschiedene Arten der methodischen Erfassung des Nutzererlebens unter diesen Gesichtspunkten dar und präsentieren konkrete Beispiele des Einsatzes kontinuierlicher Messungen.

2 Eine Toolbox für verschiedene Facetten des Nutzererlebens

Die Erfassung von Produkt- oder Nutzereigenschaften mittels expliziter Abfrage durch Fragebogen, aber auch durch indirekte Erfassung impliziter Haltungen zu Produkten [beispielsweise über Reaktionszeiten bei Assoziationsaufgaben durch den Test „md-IAT" (Gattol, Sääksjärvi, & Carbon, 2011)] ermöglicht die Abbildung multidimensionaler Faktoren des Nutzererlebens. Veränderungen innerhalb des Erlebens lassen sich allerdings erst durch den Vergleich mehrerer Testzeitpunkte feststellen. Vor allem im Bereich des Designs und der Kunstbetrachtung spielen solche dynamischen Prozesse eine große Rolle: Bei der Erfassung des Gefallens von Produkten während eines einzigen Zeitpunkts schneiden beispielsweise innovative im Vergleich zu vertrauten Stimuli schlechter ab (Reber, Schwarz, & Winkielman, 2004), während bei wiederholter Abfrage nach einer intensiven Beschäftigung mit dem Material ein Anstieg der Präferenz innovativer Designs zu verzeichnen ist (Carbon & Leder, 2005). Die Methode der „Repeated Evaluation Technique (RET)" (Carbon & Leder, 2005) erfasst in der Minimalversion mit zwei Messzeitpunkten bereits Veränderungen verschiedener Variablen der Wertschätzung; höhere Wiederholungsraten ermöglichen ein feineres zeitliches Abbild [bspw. $k=4$ in Carbon, Faerber, Gerger, Forster, & Leder (in press)]. Während sich, wie von Zajonc (1968) als „Mere-Exposure Effect" beschrieben, Präferenzen bereits aufgrund mehrfacher bloßer Präsentation eines Stimulus ändern, konnten Muth und Carbon (2013) mit dem „Aesthetic Aha"-Effekt zeigen, dass nicht nur die Präsentationshäufigkeit, sondern vielmehr die Dynamik des Erkennens eine Rolle spielt: Nur direkt nach einer perzeptuellen Einsicht (in Form plötzlicher Gestalterkennung) stieg das Gefallen signifikant an. Hier wurden Bilder alternierend je sechs Mal auf Erkennbarkeit der Gestalt und nach Gefallen bewertet, um eine wiederum feinere Abbildung der Prozesse zu ermöglichen und so einen bisher verborgenen Zusammenhang aufzudecken. Die nächste Stufe der zeitlichen Auflösung von dynamischen Prozessen des Erlebens stellen Erfassungsmethoden dar, die den temporalen Aspekt des Erlebens abbilden. Sie werden exemplarisch im nächsten Kapitel beschrieben.

Abbildung 2 veranschaulicht den Zusammenhang der hier präsentierten Erfassungsmethoden mit den oben beschriebenen Facetten des Erlebens: Multidimensionalität und Dynamik. Mit der Abbildung dynamischer Prozesse gehen Einschränkungen der Erfassung von Multidimensionalität einher. Während zwei Messzeitpunkte noch ausführliche Befragungen und Testungen ermöglichen [bspw. 6 Dimensionen in Faerber, Leder, Gerger, & Carbon (2010)], muss bereits bei fünf Messzeitpunkten mit hohem Zeitaufwand und Störfaktoren wie Langeweile, Frustration und Ermüdung gerechnet werden, soll Multidimensionalität gewährt bleiben. Die Erfassung mittels kontinuierlicher Messmethoden ist im Falle von beispielsweise der Posturographie, der Hautwiderstandsmessung oder auch dem Eye-tracking auf eine Modalität beschränkt. In Kombination mit anderen Methoden ermöglicht sie allerdings Multidimensionalität bezüglich der Prozessmodalitäten (wie affektive und kognitive Modi, siehe Abbildung 1) – beispielsweise durch die Erfassung des Hautwiderstands während einer kognitiven oder perzeptuellen Aufgabe. Im Folgenden stellen wir anhand von drei Studien beispielhaft verschiedene kontinuierliche Messmethoden vor und diskutieren Vor- und Nachteile für Fragestellungen aus dem Bereich des Nutzererlebens.

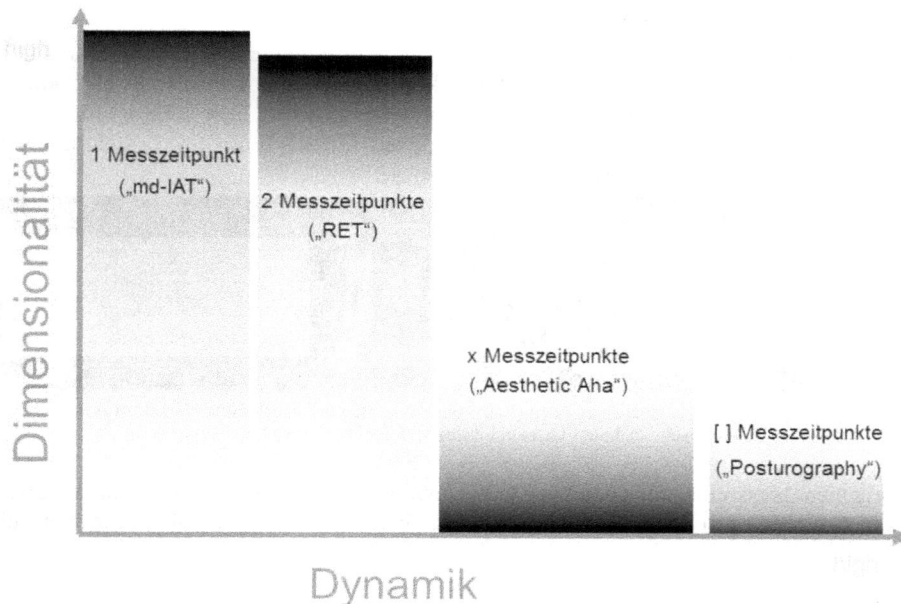

Abbildung 2: Verschiedene Erfassungsmethoden und ihre Positionierung hinsichtlich Dimensionalität und Dynamik des Nutzererlebens. Während ein Messzeitpunkt hohe Multidimensionalität ermöglicht, wird sie mit steigender Abbildungsfähigkeit dynamischer Prozesse geringer. In Klammern werden im Text besprochene Beispiele für die verschiedenen Methoden genannt.

3 Kontinuierliche Messmethoden

3.1 Posturographie mit dem Nintendo Balance Board

Die Theorie der Ur-Affekte (Kafka, 1950), aufgegriffen und erweitert von Parrott (2009), verknüpft das emotionale Erleben untrennbar mit Motorik. Gemütsbewegung ist bei Kafka wörtlich zu verstehen, Objekte erzeugen bei uns Erregung und Spannung. Er nimmt Gibsons (1977) Affordance-Konzept vorweg, indem er in Objekten eine Aufforderung an das Individuum sieht, sie auf gewisse Art und Weise zu behandeln.

Die mögliche Handlung, und daraus abgeleitet die möglichen Emotionen, verbindet er mit vier basalen Optionen: Das Objekt näher „heranbringen" (Ingestion, zum Beispiel bei Gier), das Objekt „hinfortstoßen" (Ejektion, zum Beispiel Widerwille), vor dem Objekt „fliehen" (Rezession, etwa bei Furcht) und sich zum Objekt „hinbewegen" (Profusion, beispielsweise als Liebe). Besonders interessant für die Erforschung des Nutzer-Erlebens sind Objekte, die eine Mischung aus verschiedenen Uraffekten hervorrufen, beispielsweise eine Mischung aus Drohung und Lockung. Dies resultiert in einer Mischung aus An- und Entspannung und dementsprechend in einer komplexen emotionalen Reaktion. Eine Integration dieser Theorie in die User-Experience-Forschung würde ein Messinstrument erfordern, das schnell und genau auch subtile motorische Annäherungs- und Vermeidungsbewegungen registriert. Diesen Ansatz verfolgen wir mit dem Einsatz des *Balance Boards* von *Nintendo*.

3.1.1 Technik und Schnittstelle

Das Balance Board des japanischen Videospiel- und Konsolenherstellers Nintendo (siehe Abbildung 3) ist ein Zubehör zur populären Spielekonsole *Wii*. Die Konsole ist seit 2006 auf dem Markt und wurde jüngst durch den Nachfolger *Wii U* abgelöst. Seit 2008 ist für die Wii das Zusatzpaket *Wii fit* erhältlich (derzeitiger Marktpreis rund 80 Euro); es besteht aus dem Balance Board und einem dafür entwickelten Videospiel.

Abbildung 3: Das Nintendo Balance Board von oben (links) und von unten mit geöffnetem Boden (Mitte).In die vier Füße sind elektronische Dehnungssensoren integriert (rechts, vergrößerte Darstellung).

In einer eigenen Messreihe mit geeichten Gewichten stellten wir einen linear ansteigenden Messfehler von 100 g pro 15 kg Gewicht (auf dem gesamten Board, also über alle vier Sensoren) fest. Die tatsächliche Abtastrate betrug 100 Hz.

3.1.2 Auswertung

Ausgleichsbewegungen während des ruhigen Stehens folgen hoch komplexen Aktivierungen vieler und großer Muskelgruppen (Winter, Patla, Ishac & Gage, 2003). Schwankungen sind so als systematische Grundaktivität in den Daten vorhanden. Um sie weitgehend zu eliminieren, errechnen wir für ereignisbezogene Abschnitte der Daten Fourier-Kurvenanpassungen höherer Ordnung und subtrahieren diese Idealkurven von den tatsächlichen Kurven. Harmonische Schwingungsanteile werden so herausgerechnet. Übrig bleiben schnelle und ereigniskorrelierte motorische Reaktionen des Gleichgewichtsapparates, die unwillkürliche Anziehung und Abstoßung widerspiegeln. Entsprechend Kafkas Theorie würde ein hässliches Bild ein Weg-Bewegen induzieren, also eine Gewichtsverlagerung nach hinten Durch Betrachtung sowohl der Gewichtsverlagerungskurve als auch ihrer ersten Ableitung können wir sowohl für einzelne Individuen als auch auf Gruppenebene motorische Reaktionen identifizieren, beispielsweise im Vergleich von (zuvor entsprechend bewerteten) als schön und hässlich empfundenen Bildern (Abb. 4). Wir nennen diese Auswertung „Emotional Footprint".

3.1.3 Diskussion

Das Balance Board erlaubt es, mit einfachen Mitteln einen zeitlich hoch aufgelösten und genauen „Emotional Footprint" zu erstellen. In Kombination mit weiteren Verfahren – beispielsweise einem klassischen Fragebogen vor oder nach dem eigentlichen Board-Experiment – ist es ein wichtiger Baustein der M^5oX-Toolbox.

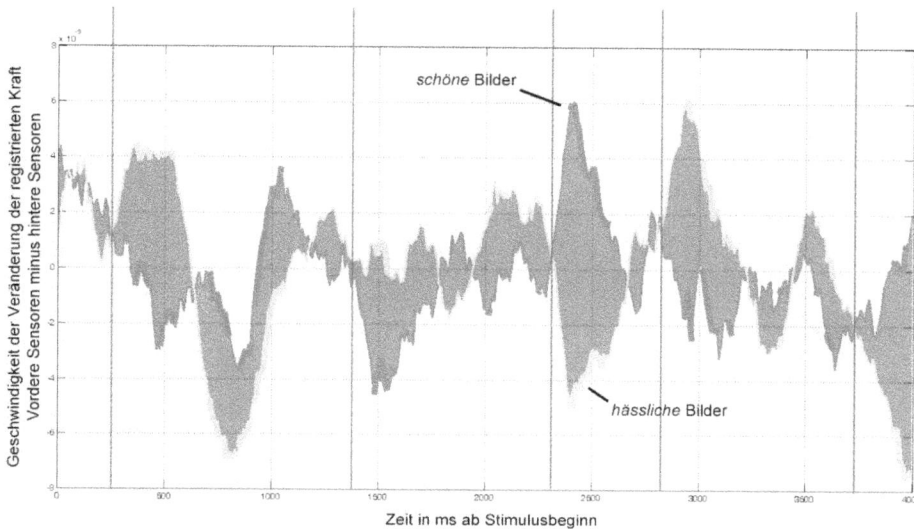

Abbildung 4: Die erste Ableitung der Sensordaten (vordere Sensoren minus hintere Sensoren), gemittelt über 30 Teilnehmer, zeigt charakteristische Unterschiede im Vergleich von schönen und hässlichen Bildstimuli.

3.2 Dynamische Erfassung ästhetischer Filmwirkung

Aus Erfahrungen mit optischen Illusionen und Suchbildern kennen wir das Gefühl des "Aha"-Erlebnisses, wenn wir etwas plötzlich deutlich erkennen. Muth und Carbon (2013) deckten diesen „Aesthetic Aha"-Effekt kürzlich anhand unbestimmter Darstellungen von Gesichtern auf. In einer aktuellen Studie untersuchen wir die Relevanz dieses Effekts für die Bewertung künstlerischen Filmmaterials, in dem eine Gestalt entsteht, sich verändert bzw. auflöst und wieder neu entsteht (siehe Beispiele ‚a'-‚d' in Abbildung 5). Der Einsatz eines Schiebereglers ermöglicht die Erfassung der Dynamik der Bestimmtheit (respektive Eindeutigkeit) der verschiedenen Phasen des Films sowie der Dynamik des Gefallens. Dies ermöglicht die Betrachtung des Zusammenhangs zwischen Bestimmtheit und Gefallen mit hoher zeitlicher Auflösung.

3.2.1 Technik und Schnittstelle

Zur Erfassung kontinuierlicher Daten nutzen wir einen 10 cm langen Schieberegler mit 10 kΩ (lineare Kennlinie). Der gesamte Schiebeweg wird über 1024 einzelne Messwerte realisiert und über einen FTDI RS232-USB-Emulator an den Rechner übertragen.

3.2.2 Experiment und Datengewinnung

In den Räumen der Ausstellung „Irritation und Auflösung" in der Griesbadgalerie Ulm betrachteten 28 Versuchspersonen vier Stop-Motion Filme (insgesamt 7 min, 15 s.). Sie bewerteten in zwei Blöcken zeitgleich mit der Betrachtung die Filmstadien auf Bestimmtheit respektive Gefallen.

3.2.3 Auswertung

Abbildung 5 zeigt den Verlauf der dynamischen Bestimmtheits- und Gefallensbewertung über alle fünf Filme. Auffällig ist hierbei die Kongruenz der Variablen zu Beginn des Films und ihr zunehmendes Auseinanderdriften (sichtbar durch die gesteigerte Differenzfläche). In Folgestudien möchten wir eruieren, ob sich v.a. bei unbestimmten Stadien andere Faktoren (z.B. Kontrast) auf Gefallen stärker auswirken und somit die erhöhten Differenzen erklärt werden können (siehe z. B. Standbild ‚b' und ‚d' in Abbildung 5).

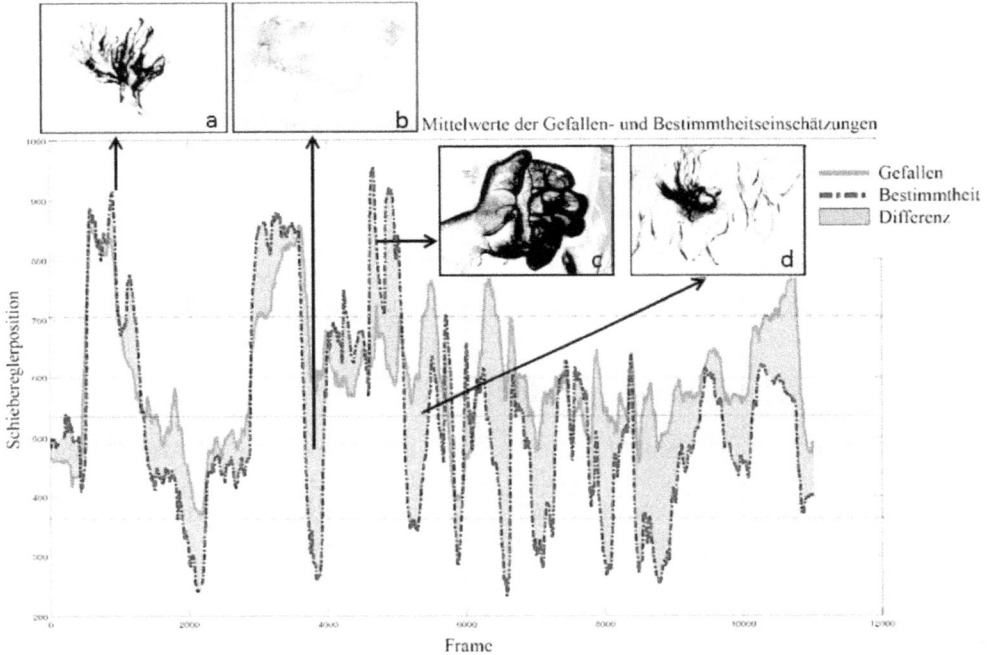

Abbildung 5:Verlauf und Differenz der dynamischen Bestimmtheits- und Gefallensbewertung des Filmmaterials gemittelt über 28 Versuchspersonen. Beispielhafte Standbilder (‚a'-‚d') veranschaulichen interessante Stadien der Kongruenz und Inkongruenz der ermittelten Variablen.

3.2.4 Diskussion

Die kontinuierliche Erfassung dynamischer Bestimmtheits- und Gefallensbewertungen kann dynamische Prozesse während des Kunstbetrachtens abbilden. Gleichzeitig zeigt sich hier deutlich, dass Multidimensionalität erheblich zum Verständnis komplexer kognitiver und affektiver Prozesse beiträgt und in diesem Fall nötig ist, um das Zusammenspiel von Bestimmtheit und Gefallen während einer ästhetischen Erfahrung zu verstehen.

3.3   Kinect zur Erfassung motorischer Konzepte

Bewegungsübungen zur Bewältigung von seelischen Belastungen – beispielsweise Yoga, Qi Gong und Tai Chi – sind weit verbreitet. Unter dem Schlagwort *embodiment* untersucht die Psychologie das Wechselspiel von Emotion, Kognition und Körperbewegungen (Koch &

Fuchs, 2001). Einer Vielzahl an Studien zum Einfluss der Körperhaltung auf das psychische Erleben (beispielsweise Carney, Cuddy & Yap, 2010; Riskind & Gotay, 1982) stehen wenige Untersuchungen zu komplexen Bewegungsfolgen gegenüber. Dies könnte zum Teil an der Schwierigkeit liegen, solche Bewegungsmuster von unterschiedlichen Versuchspersonen möglichst ähnlich und damit vergleichbar ausführen zu lassen.

3.3.1 Technik und Schnittstelle

Der Microsoft Kinect-Sensor basiert auf Hardware der Firma *PrimeSense*. Ausgestattet[1] ist er mit einem 3D-Mikrofon, einer VGA-Kamera (übliche Videoauflösung 640 x 480 Pixel) und einer IR-Tiefenkamera (57° horizontaler Erfassungswinkel, nutzbare Distanz 0.8 bis 4 Meter[2]). Angesteuert wird Kinect in unseren Experimenten über die Processing 1.5.1, einer auf Java basierenden Grafik-API[3]. Über den Java-Wrapper *SimpleOpenNI*[4] kann das 3D-SDK *OpenNI* angesteuert werden, das alle Kinect-Funktionen nutzbar macht.

3.3.2   Experiment und Datengewinnung

In einer ersten Pilotstudie zur Auswirkung von Bewegungsübungen auf den affektiven Zustand ahmten 29 Versuchspersonen eine Qi-Gong-Übung nach. Aus einem zuvor gedrehten Video einer Entspannungsübung extrahierten wir die Position der Hände. Dabei variierten wir einerseits die Länge des Videos sowie die Qualität der gezeigten Bewegung (a) Kreise folgen langsam der kompletten Bewegung, b) Kreise springen ca. pro Sekunde schlagartig zur nächsten Position) Die Versuchspersonen wurden instruiert, mit ihren eigenen Händen diesen Kreisen zu folgen. Dabei wurde die Position der Hände der Versuchsperson kontinuierlich über Kinect erfasst und direkt auf dem angezeigten Video eingeblendet. So hatten die Versuchspersonen eine beständige Rückmeldung, wie gut sie der Bewegung gerade folgen. Vor und nach dieser Übung schätzten die Teilnehmerinnen und Teilnehmer ihren aktuellen emotionalen Zustand. Dazu bewerteten sie 14 Adjektive (wach, ruhig, zentriert,…) auf einer fünfstufigen Skala, die sie über Handbewegungen via Kinect auf der Leinwand „ankreuzten".

3.3.3 Auswertung

Die über Kinect abgegeben Bewertungen wurden in eine Datenmatrix gespeichert und mit SPSS ausgewertet. Die Versuchspersonen fühlen sich nach der Imitation des kurzen Videos signifikant weniger zentriert als zuvor (Mixed ANOVA, repeated measurement, $F(1,27)=4.99$, $p=.034$); das Imitieren des langen Videos ließ die „Zentriertheit" dagegen ansteigen ($F(1,27)=5.98$, $p=.021$). Eine Interaktion ergab sich bei Berücksichtigung der Bewegungsqualität (nur langes Video): Die langsamen, geführten Bewegungen ließen die „Zentriertheit" ansteigen, das Video mit den Bewegungs-Sprüngen verringerte hingegen die „Zentriertheit" signifikant ($F(1,13)=6.086$, $p=.028$). In der Nachbefragung konnten die Versuchspersonen „zentriert" in Worten schlecht beschreiben. Auch für weitere Adjektive, beispielsweise „wach", ergaben sich signifikante, hypothesenkonforme Ergebnisse.

---

[1] http://msdn.microsoft.com/en-us/library/jj131033.aspx

[2] http://msdn.microsoft.com/en-us/library/hh973078.aspx#Depth_Ranges

[3] http://www.processing.org/

[4] http://code.google.com/p/simple-openni/

3.3.4 Diskussion

Unsere Ergebnisse deuten darauf hin, dass die Bewegungsqualität selbst – und nicht nur das Wissen über den Sinn einer Bewegungsfolge – den affektiven Zustand einer Person verändert. Kinect ermöglichte es, die Bewegung abstrahiert vom Entspannungs-Kontext vorzugeben. Gleichzeitig konnten die Teilnehmerinnen und Teilnehmern die Bewegungen ohne vorheriges Üben genau nachvollziehen. Wir vermuten, dass das Rating des Adjektive über Kinect begünstigt hat, dass die Versuchspersonen nach dem Video im motorischen Fluss bleiben und Armbewegungen zum Antworten nutzen konnten – ein großer Vorteil zu einem klassischen Fragebogen. Besonders deutlich zeigten sich die vermuteten Effekte beim Begriff „zentriert", den die Versuchspersonen verbal kaum definieren konnten. Offenbar ist dieser Begriff stark mit Körpergefühl und Emotionen verknüpft, die verbal schlecht zugänglich sind, mit einer auf Kinect basierenden Testungen aber gezielt manipuliert und auch abgefragt werden können.

4   Allgemeine Diskussion

Wir plädieren für ein Konzept des Nutzererlebens, das dynamische Prozesse auf der kognitiven, affektiven und körperlichen Ebene einbezieht. Je nach Fragestellung bieten sich zur Erfassung der relevanten Faktoren und Effekte unterschiedliche Methoden an, deren Qualität sich an der erzielbaren Dimensionalität und Dynamik misst. Mit der Idee der M^5oX präsentieren wir eine Methoden-Toolbox, die Möglichkeiten und Einschränkungen der einzelnen Techniken systematisch veranschaulicht.

Die beschriebenen Studien exemplifizieren das Potential kostengünstiger, robuster Techniken zur detaillierten Erfassung dynamischer Prozesse. Ziel ist nun die Entwicklung von Standard-Auswertungsroutinen für kontinuierliche Messmethoden sowie eine Fortführung der Toolbox hinsichtlich sinnvoller Kombinationsmöglichkeiten zur Optimierung des Verhältnisses von Dimensionalität und Dynamik.

Literaturverzeichnis

Carbon, C. C., Faerber, S. J., Gerger, G., Forster, M., & Leder, H. (in press). Innovation is appreciated when we feel safe: On the situational dependence of the appreciation of innovation. *International Journal of Design*.

Carbon, C. C., & Leder, H. (2005). The Repeated Evaluation Technique (RET). A method to capture dynamic effects of innovativeness and attractiveness. *Applied Cognitive Psychology, 19*(5), 587-601.

Carney, D. R., Cuddy, A. J. C., & Yap, A. Y. (2010). Power posing: Brief nonverbal displays affect neuroendocrine levels and risk tolerance. *Psychological Science, 21*(10), 1363-1368.

Faerber, S. J., Leder, H., Gerger, G., & Carbon, C. C. (2010). Priming semantic concepts affects the dynamics of aesthetic appreciation. *Acta Psychologica, 135*(2), 191-200.

Gattol, V., Sääksjärvi, M., & Carbon, C. C. (2011). Extending the Implicit Association Test (IAT): Assessing Consumer Attitudes Based on Multi-Dimensional Implicit Associations. *PLoS ONE, 6*(1). doi: 10.1371/journal.pone.0015849

Gibson, J.J. (*1977*). The Theory of Affordances. In R. Shaw & J. Bransford (Eds.). *Perceiving, Acting, and Knowing: Toward an Ecological Psychology, 67-82.*

Kafka, G. (1950). Über Uraffekte. *Acta Psychologica, 7,* 256-278.

Muth, C., & Carbon, C. C. (2013). The Aesthetic Aha: On the pleasure of having insights into Gestalt. *Acta Psychologica, 144*(1), 25–30.

Parrot, W. G. (2009). Ur-emotions and your emotions: Reconceptualizing basic emotions. *Emotions Review, 2,* 14-21.

Reber, R., Schwarz, N., & Winkielman, P. (2004). Processing Fluency and Aesthetic Pleasure. Is Beauty in the Perceiver's Processing Experience? *Personality and Social Psychology Review, 8*(4), 364-382.

Riskind, J. H., & Gotay, C. C. (1982). Physical posture: Could it have regulatory or Feedback Effects on Motivation and Emotion? *Motivation and Emotion, 6*(3), 273-297.

Winter, D.A., Patla, A.E., Ishac, M., & Gage, W.H. (2003). Motor mechanisms of balance during quiet standing. *Journal of Electromyography and Kinesiology, 13*(1), 49-56.

Zajonc, R. B. (1968). Attitudinal effects of mere-exposure. *Journal of Personality and Social Psychology, 9*(2), 1-27.

Kontaktinformationen

Marius Hans Raab, marius.raab@uni-bamberg.de

S. Boll, S. Maaß & R. Malaka (Hrsg.): Workshopband Mensch & Computer 2013
München: Oldenbourg Verlag, 2013, S. 165–172

Haptische User Experience

Claus-Christian Carbon

Lehrstuhl für Allgemeine Psychologie und Methodenlehre, Universität Bamberg

1 Dynamische Betrachtung von User Experience

User Experience — „Nutzererleben" — ist bereits von der ureigenen Bedeutung her ein dynamisches Phänomen, beschreibt es doch einen spezifischen Bereich des „Er-Lebens", also einen komplexen, dynamischen Prozess. Dennoch finden wir in der Literatur oft statische Betrachtungen, die entweder einzelne Teilbereiche dieses Erlebens isoliert betrachten oder die sich aus Erfahrungen, Reflektionen und die aus wiederholten Interaktionen mit Produkten ergebenden Dynamiken und Rückkopplungen schlichtweg in ihrer Bedeutung unterschätzen. So verfolgen große Teile der ,scientific community' maximal Teilaspekte einer ganzen Reihe von sich gegenseitig beeinflussenden Phänomenen.

Als paradigmatisches Beispiel mag das Gefallen für ein Produkt und dessen messtechnische Erfassung gelten. So versuchen z.B. viele wissenschaftliche Ansätze das Produkt selbst als maßgebliche Größe zu definieren, d.h. es wird versucht, Objekteigenschaften zu identifizieren, die Gefallen vorhersagen (siehe brand personality in Aaker, 1997). Andere Ansätze fokussieren auf Persönlichkeitseigenschaften (sog. „traits") oder Konsumentenspezifika (bspw. gemäß des *Diffusion of Innovation*-Ansatzes, siehe Rogers, 2003), die wiederum die wichtige Interaktion mit dem Produkt und die Dynamik dieser Interaktion als nicht zentral ansehen.

Carbon & Leder (2005) haben aufgezeigt, dass man wichtige dynamische Phänomene des Gefallens unterschätzt oder ignoriert, wenn man Versuchspersonen verweigert, sich mit Produkten intensiv zu beschäftigen. Mit Hilfe der von ihnen entwickelten sog. „Repeated Evaluation Technique" (RET) konnten sie zeigen, dass sowohl Verständnis als auch Wertschätzung von innovativen Produkt(ideen) sich erst entwickeln konnten, wenn eine vorhergehende Interaktion („Elaboration") mit dem Produkt stattfand und diese in die Analysen mit einbezogen wurde (Faerber, Leder, Gerger & Carbon, 2010).

In dem „User Experience Lifecycle Model ContinUE" (ContinUE) von Pohlmeyer, Hecht & Blessing (2009) werden solche Interaktions-, Elaborations- und Rückkopplungsschleifen explizit integriert, die in interaktiven Produktdesigntheorien wie von Desmet, Nicolas & Schoormans (2008) als essentiell angesehen werden: Das Nutzererleben wir als ein dynamischer Prozess verstanden, kompatibel zu entsprechenden Prozessebenen des Funktionalen Modells haptischer Ästhetik, welches in einem späteren Kapitel (siehe auch Abbildung 3) näher gewürdigt wird.

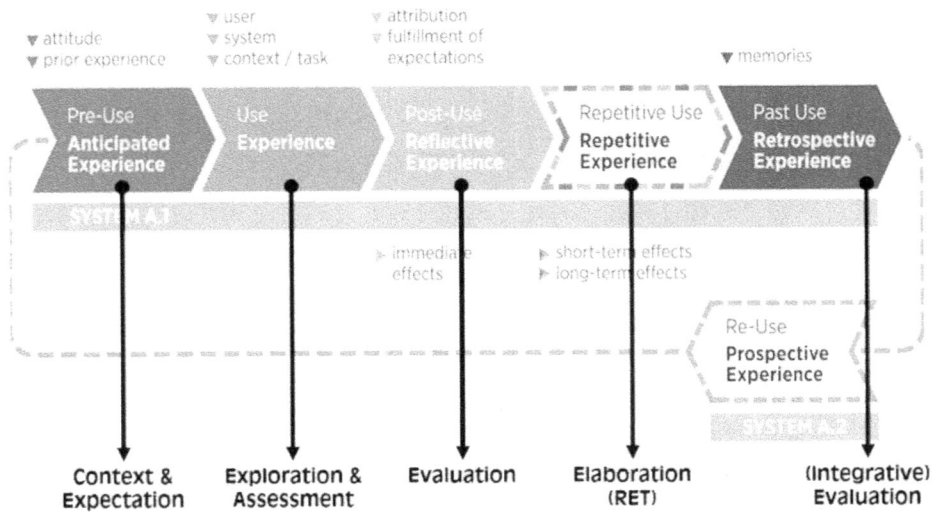

Abbildung 1: Phasen im „User Experience Lifecycle Model ContinUE" (ContinUE) von Pohlmeyer et al. (2009), verbunden mit einzelnen Stufen und Verarbeitungsschritten des Funktionalen Modells haptischer Ästhetik von Carbon & Jakesch (in press).

2 Haptik – eine wesentliche Modalität des Erlebens

Diese Unterschätzung der Wichtigkeit oder gar das direkte Ignorieren dynamischer Komponenten wirkt sich besonders problematisch beim Analysieren *haptischer* Phänomene aus. Die haptische Modalität zeichnet sich in einzigartiger Weise durch ihre inhärente Interaktivität aus: Während visuelle, auditorische, gustatorische und olfaktorische Reize beim Wahrnehmungsakt (bspw. durch den Nutzer) nicht verändert werden, ergibt sich durch die taktile Erkundung eine direkte *Interaktion* mit dem Objekt, da durch diese erste Exploration bereits das Objekt und das erkundende System selbst potentiell verändert (bspw. durch seine plastischen oder thermalen Eigenschaften) werden. Das taktile Sensorsystem, z.B. die Hand des Nutzers, wird damit selbst wiederum taktil stimuliert und wirkt somit physikalisch direkt auf das Objekt ein.

Gleichzeitig scheint der Berührungsakt besonders imperativ zu sein. Zwei maßgebliche Gründe spielen dabei eine Rolle: 1) durch die Interaktivität der haptischen Sinnesmodalität werden wir selbst stimuliert; zudem können wir direkten Einfluss auf ein Objekt nehmen (aktive Elaboration, Verformung des Objekts, Aufwärmen des Objekts); 2) durch die multimethodalen Eigenschaften haptischer Verarbeitung können wir ein Objekt auf unterschiedlichste Weise erkunden, einschätzen, elaborieren und schließlich „verstehen".

2.1 Interaktivität

Dadurch dass der haptische Sinn prinzipiell in aktiver Weise funktioniert, tritt er inhärent mit einem zu erkundenden Objekt in ganz konkreter Weise in Interaktion. Durch die Möglichkeit einer direkten physikalischen Kontaktaufnahme mit einem Objekt stellt der haptische Sinn damit die einzigartige Möglichkeit zur Verfügung, sich bei Unklarheiten bzgl. der genauen Physis eines Objekts, diesen physikalisch zu überprüfen. Dies ist z.B. dann von entscheidender Bedeutung, wenn Nutzer unklar über die Materialeigenschaften sind: Ein Türgriff an der Innenseite einer Autotür mag zwar glänzen wie ein Metallgriff, nur der haptische Test bzgl. Härte und thermaler Eigenschaften gibt aber entscheidende Hinweise, ob der Griff wirklich aus Metall oder doch eher aus Kunststoff gefertigt ist. Neben dem sich Gewahrwerdenkönnen über physikalische Eigenschaften verhilft uns die Interaktivität zusätzlich zu einem tieferen Elaborieren und einem besseren Erinnern an haptisch explorierte Objekte: Verbunden mit dem sog. „enactment"-Phänomen (Hornstein & Mulligan, 2004) kann man zeigen, dass Objekte, zu denen man entweder eine motorische Aktivität assoziiert oder ausgeführt hat, besser im Gedächtnis behalten werden als Objekte, mit denen solch eine Interaktion nicht stattgefunden hat (Gabjong, Jaebong, In, Seokhee & Seungmoon, 2010).

2.2 Multimethodalität

Haptische Exploration und Verarbeitung erfolgt in komplexer multimethodaler Weise. Sonneveld & Schifferstein (2008) bieten hierzu ein Rahmenmodell an, um zu zeigen auf welch vielfältige Art, Produkte haptisch verarbeitet werden. Dieses Modell basiert auf dem von Lederman & Klatzky (1987) entwickelten Schema zur Einteilung haptischer Explorationsmechanismen inkl. damit verbundener hierarchischer Verarbeitungsschritte (siehe Abbildung 2).

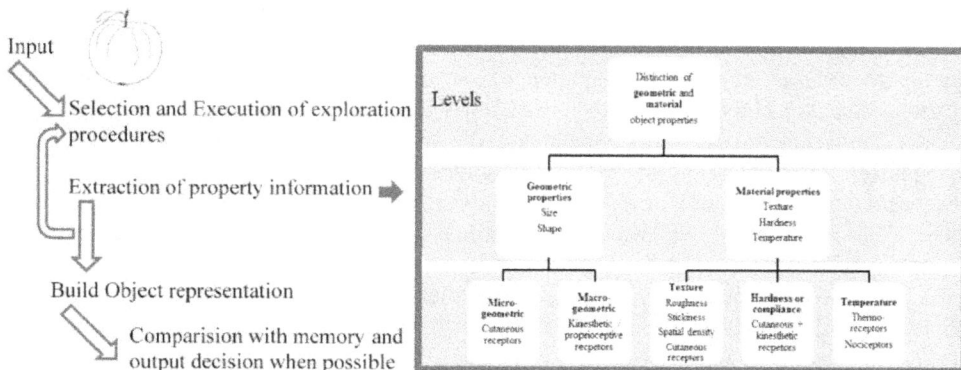

Abbildung 2: Schematische Übersicht haptischer Verarbeitung im Sinne einer Hierarchie von Verarbeitungsschritten (Klatzky & Lederman, 1993).

Charakteristisch ist, dass die einzelnen Verarbeitungsebenen teilweise parallel vonstattengehen und so eine vielfältige und genaue Untersuchungsmöglichkeit von Produkten erlauben.

3   Das Funktionale Modell haptischer Ästhetik

3.1   Grundidee des Modells

Das „Funktionale Modell haptischer Ästhetik" (Carbon & Jakesch, in press) ist im Sinne von einzelnen, sequentiell aufeinander aufbauen Verarbeitungsstufen konzipiert (siehe Abbildung 3). Von Stufe zu Stufe erhöht sich der Spezifikations- und Komplexitätsgrad der Verarbeitung. Zusätzlich zu dieser feed-forward-Prozessstruktur existieren vielfältige Rückkopplungsschleifen, die mittels Top-Down-Verarbeitung wiederum Einfluss auf vorangegangene Prozesse nehmen können.

3.2   Stufen der Verarbeitung

Als Input für das Modell wird ein haptisch unspezifischer Reiz angenommen, der über die Verarbeitungsstufen hinweg immer elaborierter verarbeitet wird, um schließlich am Schluss hinreichend haptisch spezifiziert zu sein.

Der Prozess startet mit einer Reihe von „low-level"-Analysen, die einzelne haptische Qualitäten, losgelöst voneinander, verarbeitet. Diese Stufe wird *Exploration* genannt und analysiert lediglich lokale haptische Aspekte, die angelehnt an die Nomenklatur von Sonneveld & Schifferstein (2008) orthogonale, tangentiale und weiterführende Eigenschaften analysiert. Unter orthogonalen Eigenschaften werden bspw. Härte, Klebrigkeit, Kraftaufwand und Plastizität subsumiert. Tangentiale Eigenschaften sind dagegen Rauheit, Tiefe, Verzögerung, Glätte und Faserigkeit. Zudem können auf dieser Stufe weiterführende Eigenschaften analysiert werden, die im Modell als Mess-Explorationen aufgeführt werden. Zu verstehen sind darunter diejenigen Eigenschaften, zu denen man klare und alltagsrelevante Messmodelle in der Physik besitzt, bspw. Temperatur (thermale Eigenschaft), Gewicht und Größe.

Auf der nächsten Verarbeitungsstufe, werden „mid-level"-Analysen durchgeführt, die mit dem Oberbegriff „Assessment" zusammengefasst werden. Hier werden nun erstmals globale haptische Aspekte einbezogen. Dabei wird unter „Absolute assessment" die Verarbeitung globaler haptischer Eigenschaften verstanden, die keiner Vergleiche mit anderen Eigenschaften bedürfen. Beispiele sind Symmetrie, Geschlossenheit und Konturen. „Relative assessment" funktioniert dagegen mit Hilfe von Vergleichen. Nach Berlyne (1970) bezeichnet man solche Eigenschaften als „kollativ", hauptsächlich ist darunter die Einschätzung von Komplexität zu verstehen. Die auf dieser Stufe gewonnen Informationen werden abschließend im Sinne einer Kohärenzprüfung integriert, wobei auch Informationen von anderen Sinnesmodalitäten integriert werden können.

Auf der höchsten Verarbeitungsstufe *Elaboration* werden „high-level"-Analysen durchgeführt, die vorrangig kognitive und emotionale Aspekte berücksichtigen. Dies geschieht einerseits durch die Integration von Anwendungsaspekten, andererseits durch die Einbeziehung von ästhetischen Faktoren. Anwendungsaspekte sind vorrangig Eigenschaften betreffend der Usability, Ergonomie und Funktionalität, aber auch betreffend der Intuitivität, Adäquatheit und Praktikabilität.

3.3 Rückkopplungsschleifen

Um der Dynamik des haptischen Verarbeitungsprozesses gerecht zu werden und Top-Down-Einflüsse von späteren Verarbeitungsstufen auf vorangegangene realisieren zu können, werden weiterhin Rückkopplungsschleifen angenommen. Typische Top-Down-Effekte konnten z.B. beim sog. „Scenario-based touching" (Jakesch, Zachhuber, Leder, Spingler & Carbon, 2011) demonstriert werden: Durch gezielte Informationen über die Anwendung eines haptischen Materials (bspw. Szenario „Material ist Teil eines Lenkrads" vs. „Material ist Teil eines Schalters") lassen sich dessen Einschätzung maßgeblich auf allen Stufen der Analyse verändern.

Insgesamt werden 4 Rückkopplungsschleifen (*Kontext, Erwartung, Integration, Vertrautheit*) angenommen, die jeweils auf den Stufen *Input* (d.h. des unspezifischen haptischen Reizes), *Exploration, Assessment* und *Evaluation* (siehe oben) operieren.

Innerhalb der *Kontext*-Schleife wird mit Hilfe von kontextuellen Informationen (z.B. die spezifische Situation oder Anwendung, aber auch die kulturellen und örtlichen Begebenheiten bei der Verarbeitung des haptischen Reizes) der Explorationsprozess optimiert und angepasst. Das Ergebnis kann nicht nur in einer Top-Down-gesteuerten Einflussnahme auf die Art der Exploration münden, sondern kann z.B. bei Gefahren oder Verboten, etwas haptisch zu explorieren, zum gänzlichen Abbruch der Exploration und damit auch des weiteren haptischen Prozesses führen.

Aufgrund der bisher vorliegenden Informationen, speziell durch den Faktor Kontext, können innerhalb der *Erwartungs*-Schleife Antizipationen auf der Stufe der „low-level"-Analysen aufgebaut werden. Zusätzlich können auch Informationen anderer Sinnesmodalitäten genutzt werden, bspw. wird ein metallisches Aussehen einer Oberfläche die Erwartung für ein gewisses Kälteempfinden vorbereiten. Diese Erwartungshaltungen können die Aufmerksamkeit und die Ressourcenpriorisierung für die weitere Verarbeitung maßgeblich beeinflussen.

Mit Hilfe der *Integrations*-Schleife werden die „mid-level"-Analysen weiter verarbeitet und adaptiert, wobei lokale haptische Aspekte zu globalen Eigenschafen zusammengefasst werden. Diese globalen Aspekte werden dann wiederum selbst hinsichtlich zeitlicher und räumlicher Dimensionen weiter integriert.

Innerhalb der letzten Rückkopplungsschleife, der sog. *Vertrautheits*-Schleife aktivieren schließlich die Informationen, die auf der Ebene der „high-level"-Verarbeitung gewonnen wurden, weiterführende semantische Informationen über das (haptische) Zielobjekt. Dies ermöglicht die tiefe und subordinierte Verarbeitung. Zudem können über die Vertrautheitseffekte sog. Mere-Exposure-Phänomene, die mittlerweile auch in der haptischen Domäne nachgewiesen werden konnten (Jakesch & Carbon, 2012), erklärt werden. Sollte ein Objekt dem Nutzer noch nicht persönlich bekannt sein, das Objekt aber innerhalb der *Vertrautheits*-Schleife mit anderen Objekten (z.B. einer darüber liegenden Objektklasse, oder einer bestimmten Produktmarke) assoziiert werden, so können wiederum klassen- oder markenspezifische Eigenschaften aktiviert werden und so Einfluss auf die abschließende Evaluation des Objekts nehmen. Dies kann sowohl Vergleichsprozesse auf Anwendungs- als auch auf ästhetischen Ebenen nach sich ziehen. So könnte ein relativ hochwertiges Objekt trotz durchwegs positiver Eigenschaften schlechter evaluiert werden, alleine weil es nicht der Klasse oder Marke gemäß angesehen wird.

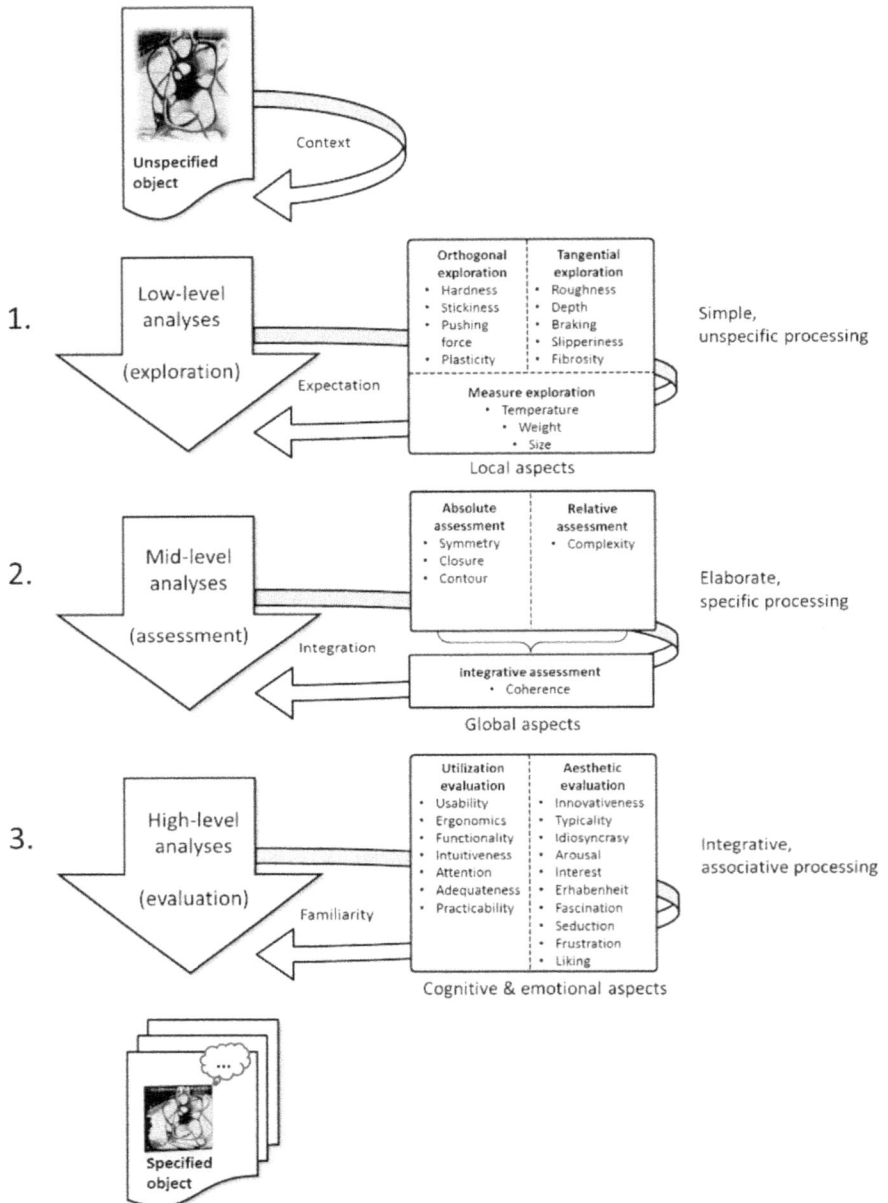

Abbildung 3: Das „Funktionale Modell haptischer Ästhetik" von Carbon & Jakesch (in press).

4   Fazit und Ausblick

Die vorliegende Arbeit will darauf aufmerksam machen, dass moderne Forschung im Bereich der User Experience notwendigerweise folgende Dinge beachten muss:

a) das Nutzererleben als Prozess zu verstehen (wie z.B. als Rahmenmodell formuliert bei Pohlmeyer et al., 2009),

b) adäquate Messtechniken benutzen, um Dynamiken des Erlebens erfassen zu können (bspw. via Repeated Evaluation Technique, siehe Carbon & Leder, 2005),

c) Wesentliche Sinnesmodalitäten integrieren (bspw. haptische Erfahrungen, siehe Carbon & Jakesch, in press), um Erlebnisse beim affektiven und kognitiven Verarbeiten eines Produkts, auch in multisensorischer Weise, valide und holistisch erfassen zu können.

Dabei erscheint die Integration des Rahmenmodells des Nutzerlebens „User Experience Lifecycle Model ContinUE" (ContinUE) von Pohlmeyer et al. (2009) in Verbindung mit spezifischen Prozessmodellen (bspw. haptisches Verarbeiten bei Carbon & Jakesch, in press) und Modellen zum Aufzeigen relevanter Faktoren des Nutzererlebens (bspw. das Components of User Experience = CUE-Modell von Thüring & Mahlke, 2007) als besonders zielführend.

Literaturverzeichnis

Aaker, J. L. (1997). Dimensions of brand personality. *Journal of Marketing Research, 34*, 347-356.

Berlyne, D. E. (1970). Novelty, complexity, and hedonic value. *Perception and Psychophysics, 8*(5A), 279-286.

Carbon, C. C., & Jakesch, M. (in press). A model for haptic aesthetic processing and its implications for design. *Proceedings of the IEEE, 101*(September).

Carbon, C. C., & Leder, H. (2005). The Repeated Evaluation Technique (RET): A method to capture dynamic effects of innovativeness and attractiveness. *Applied Cognitive Psychology, 19*(5), 587-601.

Desmet, P. M. A., Nicolas, J. C. O., & Schoormans, J. P. (2008). Product personality in physical interaction. *Design Studies, 29*(5), 458-477.

Faerber, S. J., Leder, H., Gerger, G., & Carbon, C. C. (2010). Priming semantic concepts affects the dynamics of aesthetic appreciation. *Acta Psychologica, 135*(2), 191-200.

Gabjong, H., Jaebong, L., In, L., Seokhee, J., & Seungmoon, C. (2010, 25-26 March 2010). *Effects of kinesthetic information on working memory for 2D sequential selection task.* Paper presented at the Haptics Symposium, 2010 IEEE.

Hornstein, S. L., & Mulligan, N. W. (2004). Memory for actions: Enactment and source memory. *Psychonomic Bulletin & Review, 11*(2), 367-372.

Jakesch, M., & Carbon, C. C. (2012). The Mere Exposure Effect in the domain of haptics. *PLoS ONE, 7*(2).

Jakesch, M., Zachhuber, M., Leder, H., Spingler, M., & Carbon, C. C. (2011). Scenario-based touching: On the influence of top-down processes on tactile and visual appreciation. *Research in Engineering Design., 22*, 143-152.

Klatzky, R. L., & Lederman, S. J. (1993). Toward a computational model of constraint-driven exploration and haptic object identification. *Perception, 22*(5), 597-621.

Lederman, S. J., & Klatzky, R. L. (1987). Hand movements: A window Into haptic object recognition. *Cognitive Psychology, 19*(3), 342-368.

Pohlmeyer, A. E., Hecht, M., & Blessing, L. (2009). User Experience Lifecycle Model ContinUE [Continuous User Experience]. In A. Lichtenstein, C. Stoessel & C. Clemens (Eds.), *Der Mensch im Mittelpunkt technischer Systeme. 8. Berliner Werkstatt Mensch-Maschine-Systeme* (pp. 314-317). Düsseldorf: VDI.

Rogers, E. M. (2003). *Diffusion of Innovations* (5th ed.). New York: Free Press.

Sonneveld, M. H., & Schifferstein, H. N. J. (2008). The tactual experience of objects. In H. N. J. Schifferstein & P. Hekkert (Eds.), *Product Experience* (pp. 41-67). Amsterdam: Elsevier.

Thüring, M., & Mahlke, S. (2007). Usability, aesthetics and emotions in human-technology interaction. *International Journal of Psychology, 42*(4), 253-264.

Kontaktinformationen

Claus-Christian Carbon, ccc@experimental-psychology.com

Workshop

Be-greifbare Interaktion

Bernard Robben
Sarah Diefenbach
Marie Schacht
Anja Zeising

S. Boll, S. Maaß & R. Malaka (Hrsg.): Workshopband Mensch & Computer 2013
München: Oldenbourg Verlag, 2013, S. 175–177

Be-greifbare Interaktion

Bernard Robben[1], Sarah Diefenbach[2], Marie Schacht[3], Anja Zeising[1]

FB3, AG Digitale Medien in der Bildung, Universität Bremen[1]
Nutzererleben und Ergonomie Folkwang Universität der Künste Essen[2]
DAI Labor, Technische Universität Berlin[3]

Zusammenfassung

Be-greifbare Benutzungsschnittstellen (engl.: Tangible User Interfaces, kurz: TUI) sind Systeme, die Computertechnologie in physische Artefakte und Umgebungen einbetten. Ihr Fokus liegt buchstäblich auf dem *Be-greifbarmachen* digitaler Inhalte. Eine *natürliche* Interaktion mit computergestützten Schnittstellen basiert auf Handlungsweisen, die dem Menschen aus dem Umgang mit nicht-technologischen Aspekten seiner realen Umgebung vertraut sind. Das interdisziplinäre Forschungsfeld der Be-greifbaren Interaktion (engl.: Tangible Interaction) bewegt sich an der Schnittstelle zwischen Physischem und Digitalem. Seit Jahren arbeiten Forscher/-innen, Designer/innen, Entwickler/innen und Künstler/innen auch in Deutschland daran, das Feld theoretisch und empirisch zu erschließen, technische Grundlagen und Prototypen zu entwickeln, und die Möglichkeiten hybrider Schnittstellen auszureizen.

Die Fachgruppe „Be-greifbare Interaktion" des GI-Fachbereichs Mensch-Computer-Interaktion bietet ein Forum aus Design, Informatik, Ingenieurswesen, Psychologie, Pädagogik und Medientheorie, zum Austausch von Informationen und Erfahrungen. Der Workshop wird sich mit neuen Entwicklungen und Forschungsergebnissen in diesem Feld befassen, und aktuelle Fragestellungen offenlegen. Sowohl theoretische Auseinandersetzungen, kritische und zukunftsweisende Reflexionen, als auch Berichte praktischer Umsetzung und Systemdemonstrationen werden behandelt.

1 Einleitung

Die Interaktion mit klassischen graphischen Benutzungsoberflächen beschränkt sich auf Sehen, Zeigen und Klicken (engl.: see-point-click), ein Paradigma, das dem Menschen aus dem Umgang mit seiner physischen Umgebung nicht vertraut ist. TUI-Systeme zielen auf den Einsatz simpler haptischer Interaktionsfertigkeiten. Im Sinne be-greifbarer Wirklichkeiten soll das unmittelbare, intuitive Verstehen durch die sinnhaften Qualitäten der verwendeten Objekte ermöglicht werden.

Bei klassischen Interfaces steht häufig das Bedürfnis, komplexe Vorgänge im Griff zu behalten, im Widerspruch mit der Flüchtigkeit der grafischen Darstellung digitaler Informationen. Als konkrete Verkörperungen digitaler Daten und Prozesse versprechen Tangibles einen

Ausweg aus diesem Dilemma (Ishii, Ullmer 1997). Hier verschmelzen die Grenzen zwischen digitalen Medien und physischer Realität zu gemischten Wirklichkeiten. Der Computer in seiner klassischen Form wird unsichtbar (Weiser 1991).

Die neuartige Verbindung von virtuellen mit stofflichen Realitäten stellt spannende Fragen und Herausforderungen an Gestaltung und Einbettung von be-greifbaren, interaktiven Systemen. Neue Potenziale können sich in verschiedenen Lern-, Arbeits-, Spiel- und Lebenswelten entfalten.

Der Workshop soll die Diskussion über diese Thematik anhand von aktuellen Forschungsbeispielen theoretisch und praktisch weitertreiben.

2   Inhalte

Im Workshop werden aktuelle Forschungsergebnisse aus den Bereichen Tangible Interfaces und Mixed Reality vorgestellt. Die sowohl theoretischen Auseinandersetzungen als auch praktischen Entwicklungen sollen einen vielschichtigen Austausch anregen, und sich in zukunftsweisenden Visionen zu be-greifbarer Interaktion manifestieren.

Folgende Themen sind zur Schwerpunktsetzung für die Beiträge vorgeschlagen worden:
- Design be-greifbarer Schnittstellen
- Forschung und Praxis zum Potenzial von Digital Fabrication für be-greifbare Schnittstellen
- Forschung zu Tangible Interaction, Mixed-Reality und zu physischer Interaktion mit mobilen Endgeräten
- Technische Grundlagen (z.B. Tracking-Technologien, Realisierung von haptischem Feedback)
- Empirische Erforschung der Wirkungen be-greifbarer Schnittstellen
- Entwicklung von Methoden
- Theoretisches Grundlagenverständnis des Gebiets und Modellbildung
- Diskussion philosophischer, psychologischer und pädagogischer Implikationen
- Anwendungen be-greifbarer Interaktion
- Demonstration von Systemen und Prototypen

Die angenommenen Beiträge setzen sich mit folgenden Inhalten auseinander:
- Beschreibung des Einsatzes von Tangibles zur Förderung von Lernprozessen im Grundschulalter
- Vorstellung mehrerer Prototypen für Menschen mit Demenz zur Unterstützung ihrer Alltagsbewältigung

- Beschreibung einer neuartigen, formfokussierenden Methode zur Gestaltung be-greifbarer Schnittstellen

- konzeptioneller Entwurf und prototypische Umsetzung eines be-greifbaren, frei platzier-baren Benachrichtigungswerkzeugs zur Fernverwaltung des eigenen Wohnraumes

- Vorstellung eines technischen Frameworks für den verteilten Zugriff auf Ein- und Ausga-begeräte, über Betriebssystemgrenzen hinweg

- Beschreibung konzeptioneller Grundlagen und Gestaltungsrationale für verteilte, tragbare Computerschnittstellen (engl.: Distributed Wearable User Interface, kurz: DWUI)

3 Organisation

Der Workshop „Be-greifbare Interaktion" wird als Veranstaltung auf der Fachtagung „Mensch Computer 2013" durchgeführt, parallel zu weiteren Workshops und Tutorials.

Prof. Dr. Eva Hornecker wird als geladene Gastvortragende den gemeinsamen Wissens-austausch anregen. Die angenommenen Beiträge werden in Kurzvorträgen vorgestellt und von den Fachleuten aus Wissenschaft und Praxis kontrovers diskutiert. In der mehrjährigen Tradition des Workshops stehen auch Demonstrationen und das kurzfristige Mitbringen von Tangibles, wozu Teilnehmende eingeladen sind und wofür es Raum und Zeit zum Auspro-bieren und Besprechen geben wird.

Literaturverzeichnis

Ishii, H. & Ullmer, B. (1997). *Tangible Bits: Towards Seamless Interfaces between People, Bits and Atoms*. Proc. CHI 1997.

Robben, B. & Schelhowe, H. (2012). *Be-greifbare Interaktionen – Der allgegenwärtige Compu-ter:Touchscreens, Wearables, Tangibles und Ubiquitous Computing*. Bielefeld: transcript.

Weiser, M. (1991): *The Computer fort the 21st Century*. Scientific American 09-91.

Kontaktinformationen

E-Mail: begreifbareinteraktion@tzi.de

S. Boll, S. Maaß & R. Malaka (Hrsg.): Workshopband Mensch & Computer 2013
München: Oldenbourg Verlag, 2013, S. 179–184

SpelLit – Tangible Cross-Device-Interaction beim Erlernen von Lesen und Schreiben

Thomas Winkler, Florian Scharf, Michael Herczeg

Institut für Multimediale und Interaktive Systeme (IMIS), Universität zu Lübeck

Zusammenfassung

In diesem Beitrag wird beschrieben, wie Cross-Device-Interaction mit Hilfe von Tangibles zur Förderung von Lernprozessen im Vorschul- und beginnenden Grundschulalter eingesetzt werden kann. Es wird ein mit digitalen Medien angereicherter Lernraum geschaffen, in dem mit Hilfe von geräteübergreifender körper- und raumbezogener Interaktion spielerisch Lesen und Schreiben gelernt werden kann.

1 Einleitung

Ausgehend von der „Lesen durch Schreiben"-Methode von Jürgen Reichen (Reichen, 1983) wurde ein Konzept erarbeitet, dass die Methode des selbstbestimmten Erwerbens von Lese- und Rechtschreibkompetenz aufgreift und, unterstützt durch digitale Medien, diese durch neue kollaborative Aspekte sowie Körper- und Raumbezug ergänzt. Während Reichens Konzept auf der Zuhilfenahme traditioneller Medien wie Bild, Stift und Papier aufbaut, haben wir durch die Verwendung neuer digitaler Medien eine ambiente Lernumgebung geschaffen, die Lesen und Schreiben lernen *be*-greifbar macht. Dabei soll der Einsatz mehrerer miteinander kommunizierender unterschiedlicher Geräte die Multimodalität durch Hören, Sehen und Berühren berücksichtigen, sowie die Einbindung von Körper- und Raumwahrnehmung in den Lernprozess fördern. Medien sind einerseits Extensionen des individuellen Körpers und andererseits des Raumes, der Menschen umgibt. Ein körper- und raumbezogenes pädagogisches Konzept greift in diesem Beitrag diese Idee medialer Extension auf und wird in Bezug zur aktuellen medienpädagogischen Forschung gesetzt und erläutert. Der Schwerpunkt des Beitrags setzt sich mit dem Potenzial von Cross-Device-Interaction (XDI) bei körper- und raumbezogenen, digital angereicherten Lernumgebungen am Beispiel von SpelLit 2.0, einem System zur Unterstützung des Erwerbs von Schreib- und Lesekompetenz, auseinander.

XDI steht für eine Form der Interaktion, bei der Benutzer mit verschiedenen Ein- und Ausgabegeräten auch ad-hoc interagieren und Eingabegeräte verwenden, um Inhalt indirekt auf Ausgabegeräten im lokalen Wahrnehmungs- und Handlungsraum zu manipulieren. Diese

Ausgabegeräte reagieren dabei mit sofortiger und expliziter Rückmeldung auf die Eingaben des Benutzers. XDI bildet die Grundlage für Applikationen, um sich in geplanten oder auch ad-hoc Situationen miteinander zu verbinden und auszutauschen. Die Verwendung verschiedenster Ein- und Ausgabegeräte mit unterschiedlichen Eigenschaften erzeugt dabei eine multimodale Interaktion der Nutzer. Im Kontext der hier vorgestellten Lernumgebung ermöglicht XDI den 5-8 jährigen Kindern persönliche und gemeinsam genutzte Geräte zu verbinden und dadurch eine Brücke zwischen individuellem und gemeinsamem Lernen zu schlagen. Auf diese Weise kann das Konzept von Reichen auf kollaboratives Arbeiten ausgeweitet werden.

2 Das Lernspiel

Wir erklären zunächst Aufbau und Ablauf des Lernspiels SpelLit 2.0. Das Konzept des Spiels basiert auf einer kritischen Auseinandersetzung mit Jürgen Reichens pädagogischem Konzept, sowie dem Einfluss von Körperwahrnehmung, Raumorientierung und Bewegung auf das Lernen.

2.1 Aufbau

Das Lernspiel SpelLit 2.0 ist eine Fortsetzung erfolgreich erprobter Konzepte aus den beiden *be*-greifbaren Lernapplikationen *Tangicons 3.0* (Scharf et al., 2012) und *SpelLit 1.0* (Scharf et al., 2010). Im Vordergrund steht zum einen eine Erweiterung und multimediale Anreicherung des Konzepts von Reichen, wie bereits bei SpelLit 1.0 realisiert, sowie die Erweiterung um Bewegung, Körperwahrnehmung und Raumorientierung, wie es bei den Tangicons der Fall ist. Ziel ist bei beiden Lernsystemen die Förderung von Motivation, des selbstständigen Lernens, des gemeinschaftlichen Lernens sowie eine Entlastung der Pädagogen. Das Spiel gliedert sich in drei Spielabschnitte. Um ein Wort im Sinne des Konzepts von Reichen zu bilden, werden im ersten Spielabschnitt „Anlaute" ausgewählt und im zweiten Spielabschnitt mit Hilfe eines persönlichen mobilen Geräts zu einer entfernten Präsentationsfläche transportiert, um dort im dritten Spielabschnitt zu einem Wort zusammengefügt zu werden.

Ein Szenario für vier Kinder: Die Kinder begeben sich zu einem Tablet-PC[1] und wählen ein Spiel für vier Personen[2] auf diesem aus. Danach erscheint das Bild eines Objekts (z.B. ein Eimer, siehe Abb. 2). Wird das Bild angeklickt, so liest das System den Namen des Objekts vor. Mit einer Wischgeste kann ein anderes Objekt ausgewählt werden. Daneben liegen quadratische „Elemente", die Anlaute in Form von Schriftzeichen und Bildchen repräsentieren. Dabei steht z.B. das Bildchen eines Eises für den Anlaut „ei" oder eines Mädchens für „m" (siehe Abb. 3). Wird einer dieser „Elemente" berührt, so gibt dieses akustisch den Anlaut wieder.

---

1 Statt eines Tablet-PCs kann auch ein Multitouch-Tisch verwendet werden. Aus Kosten- sowie Portabilitäts- und Platzgründen haben wir uns zunächst im Kontext von Schulen für eine Variante mit Tablet-PC entschieden.
2 SpelIt 2.0 kann mit drei bis sechs Sifteo-Cubes, d.h. von drei bis sechs Kindern gemeinsam, gespielt werden.

Abb. 1: Erster, zweiter und dritter Spielabschnitt

Jedes Kind erhält einen eigenen Sifteo-Cube (Merrill, Kalanithi & Maes, 2007) als tangibles Element. Dieser stellt eine Verbindung zwischen den unterschiedlichen Geräten her. Der Cube wird zunächst zur individuellen Aufnahme des Anlauts vom Tablet-PC verwendet, passend zu dem Bild des Objekts (des Eimers). Durch gleichzeitiges Drücken des Elements auf dem Tablet-PC sowie des Displays des Sifteo-Cubes wird das Element auf den Cube übertragen (Abb. 3). Danach läuft jedes Kind mit seinem „Anlaut" zu einem entfernten Laptop[3]. Dort stellen sich die Kinder passend zu ihren Anlauten in die richtige Reihenfolge, um das Wort „Eimer" zu bilden. Ein Klick auf den jeweiligen Sifteo-Cube, in der Reihenfolge, in der die Kinder stehen, überträgt den Anlaut vom Sifteo-Cube auf den Bildschirm. Das Wort wird vom System vorgelesen (auch wenn es falsch buchstabiert wurde). Falls die Anlaute in der richtigen Reihenfolge gelegt wurden, wird auch das Bild des Objekts angezeigt.

Abb. 2: Bild eines Objekts (Eimer) und Elemente, die Anlaute in Form von Schriftzeichen und Bildchen auf einem Tablet-PC

Abb. 3: Elemente für die Anlaute „Ei" und „m" schriftlich und bildlich kodiert auf Sifteo-Cubes

2.2   Pädagogische Grundlagen des digitalen Lernspiels

SpelLit folgt einer kritischen Auseinandersetzung mit der Methode „Lesen durch Schreiben". Einerseits sollen die Stärken der Methode genutzt werden, die sich insbesondere in der Möglichkeit des (inter)aktiven und selbstständigen Lernens manifestiert. Kinder werden in die Lage versetzt, Schrift in Buchstaben, Wörter und Sätze aktiv in hoher Komplexität zu untersuchen. Dabei werden anders als beim Lernen, beispielsweise mit einer Fibel, Kinder mit Vorwissen genauso gefordert wie Kinder, die noch keine oder kaum Erfahrungen beim Schreiben und Lesen haben. Allerdings bleibt die Methode trotz aller Vorteile gegenüber anderen Methoden schwach, wenn es um das Erlernen von Regelhaftigkeiten und Ausnahmen von der Lautgerechtigkeit oder einem Lernen seitens Kinder geht, die nicht wissen, wie ein Wort richtig ausgesprochen wird (Ludwig, 2007). Insbesondere die ausschließliche Arbeit mit Anlauttabellen, bei der Orthographieregeln und die Erläuterung der Sprachstruktur unbeachtet bleiben, kann den Lernprozess verlangsamen. Ebenso werden kollaborative Lernprozesse dabei wenig beachtet. So wird bei Reichens Methode das selbständige Lernen unter minimaler Hilfe eines Pädagogen angestrebt, obwohl Schreiben ein gemeinsamer Prozess ist, wie auch erste Versuche des Lesens Mit- sowie Vorlesen beinhalten sollten (Balhorn, 1986). Mit SpelLit wird durch XDI und damit der Einbeziehung sozialer Aktionsräume eine kollaborative Lernsituationen geschaffen, die ein minimal von außen strukturiertes Lernen ermöglicht, bei der die Gruppenmitglieder ihre Ziele und Vorgehensweisen selbst bestimmen (siehe

---

[3] Statt des Laptops mit Bildschirm kann auch ein PC mit Beamerprojektion oder Wanddisplay verwendet werden.

dazu auch Reinmann-Rothmeier & Mandl, 1999). Ein wesentlicher Vorteil des von SpelLit unterstützten gemeinsamen Erlernens von Lesen und Schreiben bestehen auch darin, dass die Kinder von den Erläuterungen anderer profitieren. Sie können sich gegenseitig motivieren und etwas erklären, Rückmeldungen zur Gültigkeit ihres Wissens erhalten und so ihre Überlegungen neu bewerten und ordnen.

2.3   Lesen und Schreiben im Bewegungsraum

Auch wenn Reichen von Bruner (1960) die Wichtigkeit des Einbezugs und des Nebeneinanders der dinglichen, bildlichen und abstrakten Repräsentationsebene beim Erwerb von Schreib- und Lesekompetenz in der Altersgruppe von sechs- bis siebenjährigen Kindern übernommen hat[4], so findet der Lernprozess überwiegend in einer Umgebung statt, in der dem Bewegungsdrang der Lernenden nicht entsprochen wird und es deshalb zu Unaufmerksamkeit, Unlust, motorischer Unruhe und schneller Ermüdung kommen kann (Zahner et al., 2004). Neure Untersuchungen belegen, dass das Koppeln von körperlicher Bewegung und kognitivem Handeln im Sinne einer lernbegleitenden als auch lernerschließenden Funktion sowohl kurzfristig (Wamser & Leyk, 2003; Müller & Petzold, 2003) als auch langfristig (Min-Fang, 2007, Ritteser 2007) Lernen befördert. Die zweite Generation von SpelLit berücksichtigt deshalb nicht nur das Bildliche und Abstrakte durch Abbildungen von Gegenständlichem und Buchstaben. Vielmehr negiert es das Stillsitzen während des Lernprozesses und fördert das Haptische durch die Verwendung der Sifteo-Cubes, das Akustische durch das „Vorlesen" der Anlaute", so wie das grobmotorische Bewegen des Lernenden im Raum. Bewegung, Körperwahrnehmung und Raumorientierung unterstützt Lernprozesse (Högger, 2013).

3   Der Einfluss von XDI auf den Lernprozess

Im Lernspiel kommen verschiedene Aktionsräume der Spieler zum Tragen. Einerseits sollen Kinder selbstbestimmt lernen, was innerhalb eines sehr persönlichen Aktionsraumes stattfindet. Sie interagieren mit persönlichen Objekten und Geräten und treffen eigene Entscheidungen. Auf der anderen Seite werden sie dazu aufgefordert, gemeinsam zu spielen und sich abzustimmen und zu koordinieren, um ein Wort erfolgreich zu bilden. Hier wird der individuelle Aktionsraum auf einen sozialen Aktionsraum ausgeweitet und andere Mitspieler einbezogen. XDI ermöglicht dieses Zusammenspiel, indem es persönliche, körpernahe Geräte, und damit auch seine Nutzer, in einen gemeinschaftlichen Lernprozess einbezieht, bei dem individuelle wie auch soziale Entscheidungen interaktiv möglich werden.

Durch die individuelle Aufnahme des Sifteo-Cubes agiert ein Spieler in einem persönlichen Aktionsraum und kann sich körperlich mit dem Anlaut identifizieren. Nach dem Transport, nachdem sich die Kinder nebeneinander in der Reihenfolge aufgestellt haben, verbindet sich der Sifteo-Cube mit dem Bildschirm des Laptops, um die Platzierung und Ordnung des An-

---

[4] Nach Bruner entwickelt sich das Wissen auf verschiedenen Repräsentationsebenen: der *Enaktiven Ebene* bei der das Wissen an Aktivitäten mit konkreten Gegenständen gebunden ist, der *Ikonischen Ebene*, bei der das Wissen an bildliche Vorstellungen gebunden ist und ohne die Ausführung konkreter Handlungen abgerufen werden kann, sowie der *Symbolischen Ebene*, bei der das Wissen nicht mehr an bildliche Vorstellungen gebunden ist.

lauts auf diesem mit dem bereits bekannten Interaktionsparadigma vorzunehmen. Dieser Vorgang geschieht in einem gemeinschaftlichen körperlich-räumlichen Prozess. Der Bezug zu dem persönlichen Gerät (Sifteo-Cube) verschränkt hier ein gemeinschaftlich-kommunikatives Symbol eines Anlauts mit der Singularität des Körpers, des im Sinne des Konstruktivismus Lernenden und dem aus mehreren Symbolen zusammengesetzten Wort.

Die Lernenden müssen in diesem postmodernen handlungsorientierten Lernprozess im Sinne von Kerscher (2013) in der Cross-Device-Interaction mit den körper- und raumorientierten Unterrichtsmedien zwischen ambienten Medien (im umgebenden Raum, dem Tablet-PC, dem Bildschirm und dem Sifteo-Cube) sowohl bei der Selektion als auch der Platzierung argumentativ tätig werden. Sie werden aber auch auf die Eigensteuerung aufmerksam, durch die feinmotorische Handhabung des persönlichen Cubes und der grobmotorische Tätigkeit des Laufens mit diesem Cube, das auch die Motivation und Konzentration fördern soll.

4   Zusammenfassung und Ausblick

Mit Hilfe von XDI kann die Methode „*Lesen durch Schreiben*" sinnvoll erweitert werden. So kann durch multimodales Feedback durch das Anhören der Anlaute, dem *Be*-greifen der Sifteos-Cubes sowie der körperlichen Identifikation mit einem Anlaut die dingliche Repräsentationsebene im Lernprozess gestärkt werden. Ad-hoc Cross-Device-Interaction stärkt kollaboratives Lernen indem es individuelle mit gemeinschaftlichen Lernsituationen mit Hilfe eines Sifteo-Cubes im körperlich-räumlichen Kontext verbindet. Der Sifteo-Cube stellt hierbei das Bindeglied der verschiedenen Systeme dar, welche mit Hilfe von XDI über diesen gesteuert werden. So etwa bei der Diskussion der Kinder, während Anlaute mit den Sifteo-Cubes vom Laptop aufgenommen werden, als auch wenn sich die Kinder mit dem Sifteo-Cube in der Hand in eine Reihe stellen, bevor sie die Anlaute auf den Laptop mittels der Sifteo-Cubes in der gewählten Reihung übertragen. Die Umsetzung des Lernspiels erfolgt in einem Co-Designprozess mit den Kindern. Es werden verschiedene Varianten mit unterschiedlichen Geräten evaluiert. Die verschiedenen Varianten sollen in den anstehenden weiteren Untersuchungen den üblichen Einsatz der „*Lesen durch Schreiben*"-Methode in quantitativen Evaluationen gegenübergestellt werden. Dabei gilt es auch zu erfassen, ob es zu einer Entlastung der Pädagogen durch den Einsatz von SpelLit 2.0 kommt.

Literatur

Balhorn, H. (1986). *Jetzt schreib' ich die Wörtersprache*. In: ABC und Schriftsprache: Rätsel für Kinder, Lehrer und Forscher. Hrsg. Von Hans Brügelmann. Faude. S. 120.

Bruner, J. S. (1960). *The Process of Education*. Cambridge, MA: Harvard University Press.

Högger, D. (2013). *Körper und Lernen. Mit Bewegung, Körperwahrnehmung und Raumwahrnehmung das Lernen unterstützen*. Bern: Schulverlag plus AG.

Kerscher, K-H.I. (2013). Schaffensfroh und qualifiziert. Akzente postmoderner PädagogikGRIN Verlag, Norderstedt.Ludwig, A. (2007*). Lesen durch Schreiben von Jürgen Reichen. Eine Methode nach der Schüler selbstgesteuert lesen lernen*. München: GRIN Verlag GmbH.

Merrill, D., Kalanithi, J. & Maes, P. (2007). *Siftables: towards sensor network user interfaces*. In Ullmer, B. & Schmidt, A. (Hrsg.): Proceedings of the 1st International Conference on Tangible and Embedded Interaction 2007. New York: ACM, S. 75-78.

Min-Fang, K. (2007). *Neuroplastizität: Induktion und Modulation mittels externer Stimulation und pharmakologischer Intervention.* Dissertation, Georg-August-Universität Göttingen. Elektronische Publikation: http://webdoc.sub.gwdg.de/diss/2007/kuo/

Müller, C & Petzold, R. (2002). *Längsschnittstudie bewegte Grundschule – Ergebnisse einer vierjährigen Erprobung eines pädagogischen Konzeptes zur bewegten Grundschule.* Sankt Augustin: Academia.

Reichen, J. (1983). *Durch Schreiben zum Lesen. Gedanken zu einer neuen bzw. „uralten" Lesemethode.* In: Grundschule 15. Heft 7, Westermann-Verlag, Braunschweig. S. 8.

Reinmann-Rothmeier, G.; Mandl, H.: *Teamlüge oder Individualisierungsfalle? Eine Analyse kollaborativen Lernens und deren Bedeutung für die Förderung von Lernprozessen in virtuellen Gruppen.* Forschungsbericht 115 des Instituts für Pädagogische Psychologie und Empirische Pädagogik der Universität München, 1999.

Ritteser, M. (2007). Bewegung und Lernen - Evaluation: Auswirkungen von Bewegung in der Schule auf Konzentration, Merkfähigkeit und Befindlichkeit. München: GRIN Verlag GmbH.

Scharf, F., Winkler T., Hahn C., Wolters C., Herczeg M. (2012). *Tangicons 3.0: An Educational Non-Competitive Collaborative Game.* In IDC '12 Proceedings of the 11th International Conference on Interaction Design and Children. Bremen: ACM. S. 144-151.

Scharf, F., Gunther, S., Winkler, T., & Herczeg, M. (2010). *SpelLit: Development of a multi-touch application to foster literacy skills at elementary schools.* 2010 IEEE Frontiers in Education Conference (FIE) (pp. T4D–1–T4D–6). IEEE.

Wamser, P. & Leyk, D. (2003). *Einfluss von Sport und Bewegung auf Konzentration und Aufmerksamkeit: Effekte eines "bewegten Unterrichts" im Schulalltag.* Sportunterricht, 52 (4). S. 108-113.

Zahner, L.; Pühse, U.; Stüssi, C.; Schmid, J.; Dössegger, A. (2004). *Aktive Kindheit - Gesund durchs Leben*, Handbuch für Fachpersonen, Fischer: Münsingen 2004.

S. Boll, S. Maaß & R. Malaka (Hrsg.): Workshopband Mensch & Computer 2013
München: Oldenbourg Verlag, 2013, S. 185–188

„Talking Objects" Hilfen für Menschen mit Demenz

Ali Riza Özoguz, Johannes Kenkel, Hendrik Lüdders

Studiengang Digitale Medien, Universität Bremen / Hochschule für Künste

Zusammenfassung

Unsere Projekte ermöglichen Menschen mit einer Demenz-Erkrankung etwas eigenständiger zu werden. Sie fördern ihr Erinnerungsvermögen und lassen sich sehr leicht ohne fremde Hilfe bedienen. Ziel ist es älteren Menschen mehr Spaß zu vermitteln und zu zeigen, dass sie ein wichtiger Bestandteil unserer Gesellschaft sind. Dafür entwickelten und bauten wir zwei *Talking Objects*.

1 Zielsetzung

Aufgrund des Wandels der Altersstruktur in Deutschland erlangt die Demenz-Krankheit mehr und mehr Bedeutung (Weyerer 2005). Demenzielle Erkrankungen beeinträchtigen neben Funktionen, die die kognitiven Fähigkeiten betreffen, auch nicht kognitive Systeme wie Wahrnehmung, Affektivität und Persönlichkeitsmerkmale. Symptome der Demenz führen neben einer Verschlechterung der Lebensqualität der Kranken zu erheblichen Belastungen für die Betreuenden. Unser Projekt ist darauf ausgelegt, Demenz-Erkrankte zu unterstützen. Dafür wurden zwei „sprechende" Artefakte entwickelt, welche primär das Erinnerungsvermögen durch Gedächtnistraining und Stimulierung aufrechterhalten sollen. Um einen schnell zugänglichen und natürlichen Umgang mit den Objekten zu gewährleisten, wurde besonderer Wert auf ein dieser Zielgruppe entsprechendes Design gelegt. Es soll Demenzkranken vermittelt werden, dass moderne digitale Technik auch ihnen das Leben erfreulicher gestalten kann. Aus diesem Grund soll die Technik – für die Nutzer und Nutzerinnen kaum bemerkbar – mit den von uns gestalteten sprechenden Objekten verschmelzen.

2 Talking Objects

Im hochschulübergreifenden Bachelorprojekt „Talking Objects" wurden Kommunikationsprozesse thematisiert, die Austausch und Darstellung von Daten und Informationen durch „sprechende" und „intelligente" Objekte realisieren. So gestaltete Artefakte sollten auf vielfältige Weise miteinander, mit Menschen und der Umwelt kommunizieren und interagieren.

Wir, 15 Studierende der Universität Bremen und der Hochschule für Künste, haben für Menschen mit beginnender Demenz intelligente, *sprechende* Objekte entworfen. Diese Menschen sollen mit unseren Objekten interagieren können, ohne dabei direkt mit unverständlicher Technik und Computern konfrontiert zu werden. Im Rahmen unseres Projektes verwirklichten wir zwei *Talking Objects*: Erstens entwickelten wir ein interaktives sprechendes Fotoalbum, welches dem Nutzer ermöglicht, entsprechende Sprachnachrichten zu seinen Fotos zu speichern und wieder abzurufen. Zweitens entwarfen und implementierten wir ein interaktives Brettspiel, das Nutzer und Nutzerinnen anleitet und durch den Spielablauf hilft. Im Vordergrund steht hier, den Nutzer in seinen kognitiven Fähigkeiten, mithilfe von Visualisierung und Audiowiedergabe, zu unterstützen oder zu trainieren.

2.1 Das Fotobuch

Die Innovation unseres sprechenden Fotobuches liegt darin, dass wir einen analogen bekannten Gegenstand mit nicht offensichtlicher Technik ausstatten und so mit *Digitalen Medien* verbinden. Wir ermöglichen es, Nutzern und Nutzerinnen direkt Informationen in Form von Audioaufnahmen durch Druck auf die entsprechende Fotoseite abzurufen, sowie auch abzuspeichern. Dabei bleibt immer der Bezug zur traditionellen Nutzungserfahrung eines Fotoalbums gewahrt. Auch in Hinblick auf die Förderung der kognitiven Eigenschaften von demenziell erkrankten Menschen kann das Buch einen Beitrag leisten in Form von Audionachrichten (gesprochene Sprache) zu entsprechenden visuellen Objekten (Bildern), sodass die Nutzer Erinnerungen etwa an vergessene Personen oder an Ereignisse wieder erlangen. Die einzelnen Buchseiten sind mit entsprechender Technik ausgestattet.

Abbildung 1: Fotobuch – Design und Ladestation

So wirken wir aktuellen Trendentwicklungen entgegen, bei dem eher Geräte für die Konsumgewohnheiten von Menschen zwischen 17-49 Jahren produziert werden, anstatt einfache und benutzungsfreundliche Geräte für ältere Benutzer zu konzipieren. Wir ermöglichen

- eine direkte Interaktion mit einem analogen Fotobuch,

- ein angenehmes Nutzungsgefühl des herkömmlich bekannten Albums und

- eine Förderung kognitiver Eigenschaften.

2.2 Das Brettspiel

Unser Brettspiel besitzt in der Hinsicht einen innovativen Charakter, dass es Spielerinnen und Spielern durch akustische und visuelle Anreize während dem Spiel hilft, das Verständnis für das Spielgeschehen aufrechtzuerhalten. Dabei soll unser digitales Brettspiel den analogen Charakter nicht verlieren. Deshalb wurde bei der Gestaltung darauf Wert gelegt, Elemente bekannter Spiele aufzugreifen, zum Beispiel durch eine Ähnlichkeit in der Form mit dem Spiel „Mensch ärgere dich nicht" oder durch das Aufgreifen des Prinzips von Fragen – angelehnt an das auf Demenz-Erkrankte zugeschnittene Brettspiel „Vertellekes"(Forst 2010). Auch Menschen, die nicht technikaffin sind, sollen zum Spielen animiert werden. Generell zielt die Gestaltung darauf ab, nicht Technik überladen zu wirken.

Abbildung2: Das sprechende Brettspiel

Ein besonderes Feature an unserem Spiel ist die Sprachausgabe. Das ganze Spiel über weiß eine eingebaute Computereinheit genau, wer gerade am Zug ist und was die Person tun muss. Durch diese innovative Spielleitung können Spieler ohne Hilfe eines Betreuers spielen, da sie vom Feld selbst angeleitet werden. Unterstützend zur Sprache kann das Feld, auf dem der aktive Spieler steht, leuchten, um Verwechslungen zu vermeiden. Als besonderes Highlight, kann man zu Beginn des Spiels seinen Namen einsprechen und dieser wird dann das Spiel über verwendet, wenn die Person am Zug ist. Bis auf die Eingabe am Anfang läuft das ganze Spiel automatisch ab. Es werden keine Knöpfe benötigt. Das ist wichtig, da demente Menschen sonst vergessen würden einen Knopf am Ende ihres Zuges zu drücken.

Wir versuchen eine gute Mischung aus einem Frage-Antwort Spiel und dem klassischen Aufbau und Regelwerk des Spiels „Mensch ärgere dich nicht" zu konzipieren, um der Zielgruppe die Annahme unseres Spiels zu erleichtern und Mitglieder der Familie zum Mitspielen zu animieren. Um Spielspaß mit anderen Altersstufen zu garantieren, wählen wir Fragen so, dass sie von den Großeltern, ihren Kindern und auch den Enkelkindern beantwortet werden können. Darüber hinaus sind Erweiterungspacks für Karten geplant, die dann aber auf eine der Gruppen beschränkt sind, damit diese unter sich spielen können.

3   Fazit

Unser Ziel war es, mit Unterstützung von Technik einen sozialen Zweck zu verfolgen. Wir haben zu diesem Zweck unsere "Talking Objects" an der im Alter auftretenden Krankheit Demenz ausgerichtet. Damit wollen wir dieser entgegenwirken und den Erkrankten eine Hilfestellung gewähren. Durch unsere Entwicklungen des Fotosbuchs und des Bettspiels geben wir den Erkrankten die Möglichkeit eigenständiger zu agieren. Die Menschen sollen sich nicht mehr hilflos und auf andere angewiesen fühlen. Die Objekte bereichern den Alltag der Erkrankten durch das Anregen des Gedächtnisses, den beabsichtigten sozialen Interaktionen während der Nutzung sowie dem Erzeugen bekannter positiver Emotionen.

Danksagung

Wir danken unseren Projektbetreuern Dr.-Ing. Bernard Robben, Dr.-Ing. Dennis Krannich und Dipl.-Ling. Sabrina Wilske, für ihre Unterstützung.

Projektteam

Johannes Kenkel, Manuel Sendtko, Christina Bensch, Hendrik Lüdders, Julia Schmolke, Fabricius Seifert, Ali Riza Özoguz, Tanja Schieche, Marius Bechtloff, Lara Feldermann, Inga Lehne, Julian Thies, Franziska Feyer, Melina Cahnbley, Linh Nguyen

Literaturverzeichnis

Arduino (n.d)[online]. Verfügbar unter: http://www.arduino.cc/ (06.04.2013)

Forst, Svenja (2010). *Vertellekes - Spielend zur Erinnerung* [online]. Verfügbar unter: http://www.ebede.net/testberichte/spiel/219-vertellekes-spielend-zur-erinnerung [01.05.2013]

Weyerer, Siegfried (2005). *Altersdemenz*. In Robert-Koch-Institut in Zusammenarbeit mit dem statistischen Bundesamt (Hrsg): *Gesundheitsberichterstattung des Bundes*. Heft 28

Kontaktinformationen

Bachelorprojekt „Talking Objects"
Bibliothekstraße 1, MZH
28359 Bremen
www.informatik.uni-bremen.de/~cbensch

S. Boll, S. Maaß & R. Malaka (Hrsg.): Workshopband Mensch & Computer 2013
München: Oldenbourg Verlag, 2013, S. 189–195

A Shape-Oriented Approach for Creating Novel Tangible Interfaces

Brian Eschrich, Anja Knöfel, Thomas Gründer, Mandy Keck, Rainer Groh

Chair of Media Design, Technische Universität Dresden

Abstract

Most design methods for developing tangible interfaces apply a user-centered strategy for problem-solving. These methods introduce an analytic approach to identify needs and requirements of the emerging interface. They also require the mapping of interaction to functionality. However, they rarely elaborate how such a mapping can be achieved. In this paper, we describe a shape-oriented method that supports the mapping process by stimulating creative ideas and broaden the variety of solutions.

1 Introduction

With novel devices like Nintendo Wii and Microsoft Kinect, tangible and graspable interfaces have become more popular. To support researchers in exploring new ways of interacting with computers in a tangible way, Jacob et al. proposed a framework for Post-WIMP Interfaces (Jacob et al. 2008). The shift to reality based interaction design depends on the understanding of the world around us. Concepts, patterns, and physical properties are already understood in daily life and it is beneficial to apply them in human-computer interaction. However, it is not sufficient to "mimic the real world" (Jacob et al. 2008) in embodied and tangible interaction, since it leads to problems in interpreting the interface (Shneiderman 2003). Furthermore, the virtual world possesses its own benefits and "magic" (Rohrer 1995), which enhances the interaction experience.

While the benefits of reality based interaction design are obvious, there is a lack of tools and methods that make effective use of this paradigm. Saffer describes several general approaches to design: user-centered design, which focuses on user needs and goals, activity-centered design, which examines tasks and activities of the user, and systems design with an emphasis on existing components of the system (Saffer 2010, p. 33). In the literature about reality based interaction, the focus lies on user-centered design and problem solving. For example, Edge et al. describe an analytical design approach based on four stages: context analysis, activity analysis, mapping analysis, and meaning analysis (Edge et al. 2009). For every stage, they propose questions to identify the problems and evaluate the progress. The same applies to the brainstorm card game (Hornecker et al. 2010), which identifies problems and tasks. However, while using these methods, there is no guideline how to map actions and feedback from reality to the digital world. Inspiration and genius are just vague ideas about how to solve this problem. Döring et al. (Döring et al. 2012) and Groh et al. (Groh et al. 2012) describe ways to use the exploration of substances and materials as foundation to generate new concepts for interaction. With this derived knowledge, the pool of ideas and concepts can be extended to map those properties to digital functions. In this paper we describe another exploration approach based on geometric objects. Section 2 explains the process and section 3 demonstrates practical results.

2   Procedure

Most models of design processes follow the same stages. There is general consent that the analysis of potential users, stakeholders, and competitors leads to more detailed information and insights about the problems and goals at hand (Cooper et al. 2012, Moggridge & Atkinson 2007, Saffer 2010). The outcome of these steps is a structured and weighted list of requirements and functions of the emerging interface. Another step is to identify the constraints that the developed solution has to fulfill. These constraints can be technical, economical, or ethical. Within the following process of ideation, the design team has to develop concepts to transform the essential functions into form and behavior, in order to create the tangible interface.

We propose an object-based analytical process as a suitable next step within the design process, in order to develop new tangible interaction concepts, which are based on a "tacit interaction language" (Svanaes & Verplank 2000). With this strategy, we rely on the assumption that humans have profound tacit knowledge about the physical world and of their own bodies (Jacob et al. 2008). This analysis of physical objects should lead to interaction principles, which are intuitively recognized and more independent from individual, temporary, or cultural background.

2.1   Object Analysis

The initial point of this shape-oriented design process is the analysis of simple geometrical objects like cubes, spheres, cones, or cylinders (see Figure 1, left). Starting with the analysis of geometrical shapes, it is possible to describe the structure of the object, including the number of points, lines, and surfaces. In the three-dimensional context, the number of corners, edges, and surfaces are considered. This basic analysis of geometry is supported by the analysis of proportion, the comparison of size with the human body (see Figure 1, middle), the position in space, the degrees of freedom, which depend on form and size of an object, the hollowness (solid, hollow), and the material (light, heavy, cool, warm, rough, smooth, rigid, deformable). This object analysis is an active, hands-on process, supported by a pool of different, nontechnical objects like diverse balls, boxes, or arts and crafts materials. During the direct interaction with the real physical object, the following questions help to describe the different aspects of form and appearance and thereby account for formal pragmatic and semantic aspects: "What is it?", "What does it feel and look like?", and "What might it be?" Each of these three questions should be followed by the enquiry: "… and how can you interact with this object?" The aim is to develop a systematic overview of objects and corresponding interaction modalities.

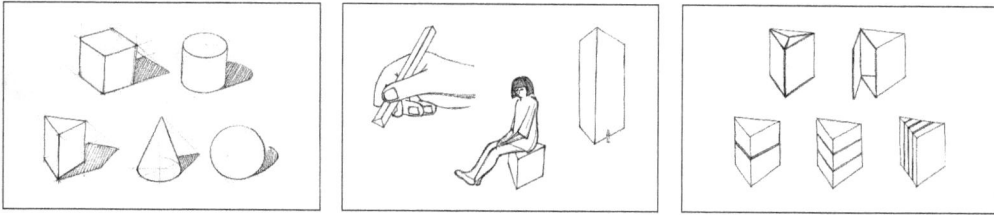

Figure 1: Basic geometrical elements used for object analyses (left), proportion analyses of a prism as part of the object analyses (middle), object transformation: more complex objects created from basic objects by cutting and recombining (right)

2.2 Object Transformation

The procedure of object analysis is followed by a systematical transformation from basic into more complex objects to extend the pool of possible interaction modalities. In order to develop the greatest diversity of variations, this should be done first on a basis of two-dimensional sketches or by using paper prototypes (see Figure 1, right). In a second step, the results can be improved by means of three-dimensional, virtual models and particularly with the use of real physical mock-ups made of different materials. With these more complex physical objects, the procedure of object analysis should be repeated to refine the results.

When comparing objects of basic geometrical forms with various sizes or materials, the different behavior of the objects based on the established features becomes apparent. Furthermore, the interaction with real physical objects equally reveals that each object prompts different actions. These actions are based on our knowledge about the physical world and of our own bodies.

2.3 Object Structuring

The final step of the process is to structure the object's interaction properties in a suitable overview. We propose to map common operations in a digital context to interactions of the investigated objects. Operations and interactions should correspond on an abstract level. For instance, discrete operations like opening or closing, or continuous manipulations like rotating. Further operations can be mapped, for instance choosing or erasing something as well as the modification of data (see Figure 2).

We suggest introducing this analytic shape-oriented process to students in order to sensitize future developers of interface technologies to aspects of tangible interaction. We propose that this method enhances the design process concerning tangible interaction and enriches the diversity of tangible and graspable interaction devices.

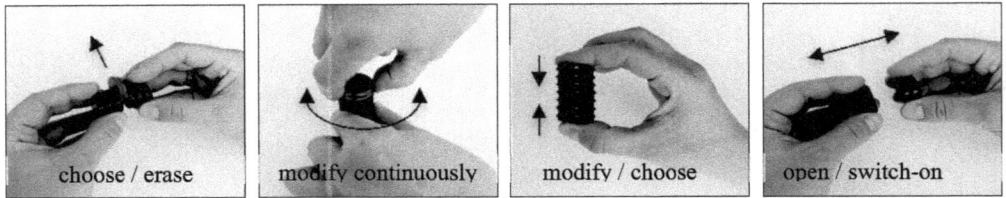

choose / erase	modify continuously	modify / choose	open / switch-on

Figure 2: mapping of object interactions to operations in the digital world

3 Examples

In this section we describe the results of a workshop with undergraduate students, which used the introduced approach. The objective of this workshop was to create tangible interfaces for controlling a smart home or a car. We started with the analyses of basic geometrical objects and determined their properties, affordances, typical states, and state transitions. This led us to a "construction kit" of various inherent design variations and interaction techniques that is free from any constraints of a particular problem domain. Next, we followed common design strategies by analyzing the problems and requirements of the final goal. Consequently, the main question was identified: "…how does a remote control for such an interactive smart home or car look like?" By answering the question, constraints such as size, functions, users, and environment conditions of the emerging product were defined. In a third step, the results of the object and the problem analyses were fused by finding suitable interaction techniques and shapes, which can be mapped to the determined subtasks.

Tophat2k (see Figure 3) is a control for private car sharing, which can be used to quickly access information about the car's status. It uses coins that can be stacked to form a cylinder. Each coin has a specific function, which is activated when the coin is on top of the stack. The idea of stacking coins, which are flat cylinders that form a taller cylinder, has been developed during the object analyses (see Figure 3, left). The side of the stack forms the interface of Tophat2k. Each coin represents a pixel that shows information about trunk space in the car or booked reservations. The position attribute of the cylinder has been used as well. While standing, the stack is in passive mode, providing information like a fuel gage when using the fuel coin. If brought in horizontal position, the active mode is enabled. When the fuel coin is on top of the stack, it can be rolled across a map, to check if sufficient fuel is left for a specific trip.

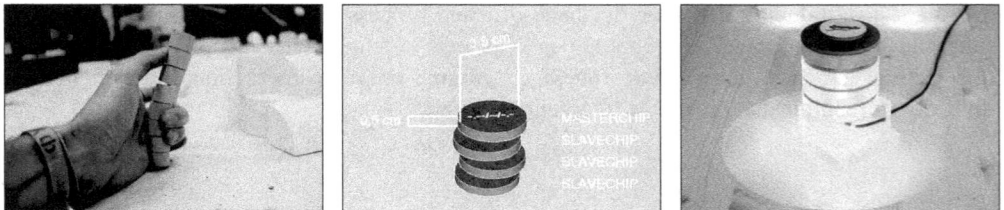

Figure 3: Tophat2k - evoled from a basic cylinder (left) it consists of a stack of chips where the topmost chip sets the selected function (middle). The final prototype provides its information through a led display on the side (right)

The prototype is manufactured of acrylic plates using led-lights for visualization and magnetic contacts for stacking (see Figure 3, right).

The tANGibLE (see Figure 4) uses the basic shape of a cuboid. During the object analysis, various shapes based on the angular nature of the cuboid and typical interaction techniques such as moving, rotating, and stacking were observed. The student team designed an angled interaction object with similar properties, which offers various states and relations (see Figure 4, left). Two of these objects are used to combine various iconic or symbolic compositions, for instance, a U-form symbolizing a bath tub (see Figure 4, middle & right). All these combinations access different functions of a smart home, such as filling the bath tub, activating the alarm clock, or controlling the home heating. The prototype is built of plastic and acrylic plates with magnetic bipolar contracts on the sides, which allows the identification of different stages and permits a simple and playful interaction.

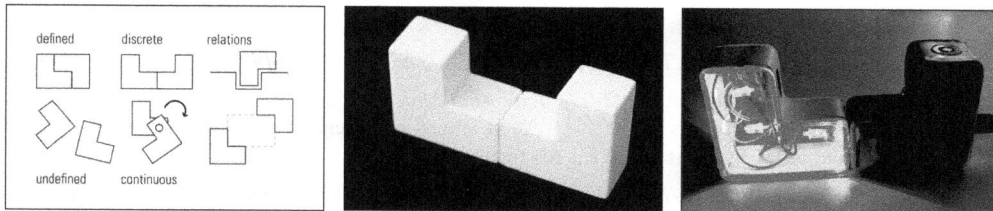

Figure 4: tANGibLE - after various combinations and states have been identified (left), the final design consists of two angled interaction objects (middle), which react on the users input with light and vibration (right)

The Gerät (see 5) is a device for outdoor tours with a car. Its shape is more evolved from basic shapes than Tophat2k and tANGibLE. The group started with exploring a cone. After the analysis and modification process, the cone was truncated and divided in two connected parts (see 5, left). These two parts can be rotated. Markers on the side show fixed positions. The analysis of the outdoor scenario required a portable, durable tool, which can be attached to other outdoor equipment. These requirements led to a kind of bracelet with the interface on top. The rotation of the two elements served as basic interaction technique (see 5, middle). Through a rotatable button (see 5, left), all functions can be accessed in fixed steps. This button is also used as an interface displaying information via led light. For instance, a compass shows where the car is parked while being on a hike.

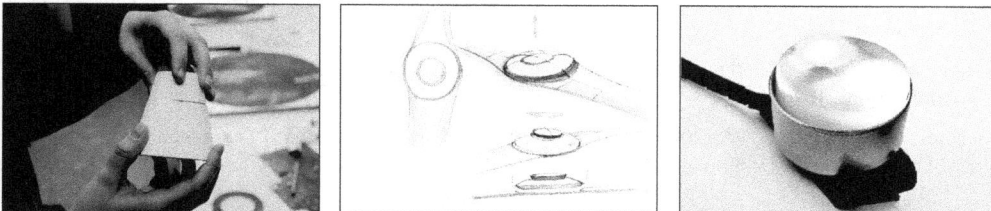

Figure 5: Gerät - started from a truncated cone (left) it developed to a wearable device (middle). It displays information like the position of the car via compass through an led display (right).

4 Conclusion and Future Work

The general design process of tangible interfaces consists of two main strategies. First, there are methods to determine problems and requirements of the emerging artifact. Second, there is a process that determines the function mapping from real objects to virtual data. While the methods to identify problems and requirements are well described in the literature, such as weighted lists, methods for ideation are rarely formulated. We presented the method of shape-oriented design, which supports the mapping of compatible interactions with tangible objects. This method comprises steps that experienced designers follow implicitly when creating interfaces. Hence, it serves to teach students how to generate capable, useful interaction mappings in an interface. Shape-oriented design as part of teaching how to develop tangible UIs can lead to more profound results when students become practitioners.

References

Cooper, A., Reimann, R., Cronin. D. (2012) *About Face 3: The Essentials of Interaction Design*. Wiley

Döring, T., Sylvester, A., Schmidt, A. (2012). *Exploring Material-Centered Design Concepts for Tangible Interaction*. Proceedings of the 2012 ACM annual conference extended abstracts on Human Factors in Computing Systems Extended Abstracts. ACM , 1523-1528

Edge, D. & Blackwell A.F. (2009) *Peripheral Tangible Interaction by Analytic Design*. Proceedings of the 3rd International Conference on Tangible and Embedded Interaction. ACM , 69-76

Groh, R., Gründer, T. & Keck, M. (2012). *Metaphernproduktion für Begreifbare Benutzerschnittstellen*. i-com 11.2. 44-9.

Hornecker, E.. (2010) *Creative Idea Exploration within the Structure of a Guiding Framework: The Card Brainstorming Game*. Proceedings of the fourth international conference on Tangible, embedded, and embodied interaction. ACM , 101-108.

Jacob, R. JK, et al. (2008) *Reality-Based Interaction: A Framework for Post-WIMP Interfaces*. Proceedings of the SIGCHI conference on Human factors in computing systems. ACM

Moggridge, B. & Atkinson, B. (2007). *Designing Interactions*. MIT press Cambridge.

Rohrer, T. (1995). *Metaphors we Compute by: Bringing Magic into Interface Design*. Center for the Cognitive Science of Metaphor, Philosophy Department, University of Oregon

Saffer, D. (2010). *Designing for Interaction: Creating Smart Applications and Clever Devices*. New Riders Pub

Shneiderman, B. (2003). *Why Not make Interfaces Better than 3D Reality?* Computer Graphics and Applications, IEEE 23.6

Svanaes, D. & Verplank, W. (2000). *In Search of Metaphors for Tangible User Intefaces*. Proceedings of DARE 2000 on Designing augmented reality environments. ACM

Acknowledgments

This research has been funded by the European Social Fund and the Free State of Saxony (Project number: 100072525). We thank all students and advisors who participated in realizing the design cases presented in this paper.

Contact Information

Technische Universität Dresden, Fakultät Informatik, Institut für Software- und Multimediatechnik, Professur für Mediengestaltung, 01062 Dresden. brian.eschrich@tu-dresden.de

S. Boll, S. Maaß & R. Malaka (Hrsg.): Workshopband Mensch & Computer 2013
München: Oldenbourg Verlag, 2013, S. 197–200

NUBSL – A Freely Placeable, Low-cost Notification Utility

Marius Brade, Mathias Müller, Sebastian Walther, Rainer Groh

Chair of Media Design, Technische Universität Dresden, Dresden

Abstract

We propose a tangible notification utility for remote maintenance of flats or houses in the context of "Internet of Things", focusing on two core aspects: First, an alert feature in case of urgent problems which immediately informs the user about threats, damages or events with high priority, utilizing sound and light to ensure immediate response. Additionally, passive reminder functionality was implemented, which is related to tasks or events with low priority, in order to inform the user without distracting him from his current objectives. The novelty of the approach is the versatility of the devices, their mobility and the ability to place them anywhere in proximity to the user.

1 Introduction and Related Work

The manifold opportunities of the "Internet of Things" enabled by the distribution of sensors and actuators in everyday things and their connection to smart objects results in a growing autonomy of daily life systems (Fleisch 2010). As a result the demand of remote maintenance and monitoring arises (Wittenberg 2004).We propose a tangible solution for notification of non-critical tasks as a digital post-it and for remote maintenance in daily life, e.g. the monitoring of one's own flat during a longer vacation or business trip. Instead of using smartphones for this task, tangible interfaces provide several benefits. A robust tangible device can be used under conditions where smartphones are difficult to handle, e.g. factory settings, in which the user may be restricted in hearing or in performing touch gestures (Ziegler et al. 2011). Another benefit of a tangible device, which serves only a single purpose, is the opportunity to give it to friends or colleagues during a longer absence, which usually is not done with the personal smartphone. In addition, low manufacturing costs unlock all kinds of domains for tangible user interfaces, because the destruction or the loss of such a device is not as bad as losing a smartphone with all its saved personal data.

There are several approaches regarding remote maintenance. Ziegler et al. propose a device for factory settings, which is using a display on top of gloves and a rotating button at the belt to interact with remote data under harsh working conditions (Ziegler et al. 2011). Atzori et al. mention monitoring, alarm systems and the prevention of thefts as scenarios for smart objects in the context of smart homes. In their paper they also cover the idea of an intelligent utility which reminds users about the location of misplaced or missing objects (Atzori et al. 2010). The StaTube from Hausen et al. is a presence indicator located on a user's desk. It is a desktop lamp connected to the user's Skype account and consists of several rings, each representing a Skype contact. The topmost ring stands for the user's own account. Every ring can be illuminated in the color of the connected contact state. Thus the user can see if others are available without checking the online status with an extra device. The topmost ring informs attendant colleagues if the user does not want to be disturbed (Hausen et al. 2012). StickEar from Yeo et al. is an input/output device that enables sound-based interactions for applications such as remote sound monitoring, remote triggering of sound, autonomous response to sound events, and controlling of digital devices using sound (Yeo et al. 2013).

2   Concept NUBSL

Our concept consists of two parts – one device could be used as a reminder for non-critical tasks and one is for urgent notifications, which are triggered by a connected monitoring system (e.g. a system installed in the users flat). The device itself is a small plasticine ball, which can be carried along anywhere. Therefore, it could be placed at the user's desk during work, in the car, when on the road or on the backpack when travelling (Figure 2). The concept behind this approach is related to the idea of Tangible User Interfaces as "Ambient Media", that remain unrecognized by the user, and only act in case of urgent problems or when the user (un)intentionally touches them (Ishii 2008).

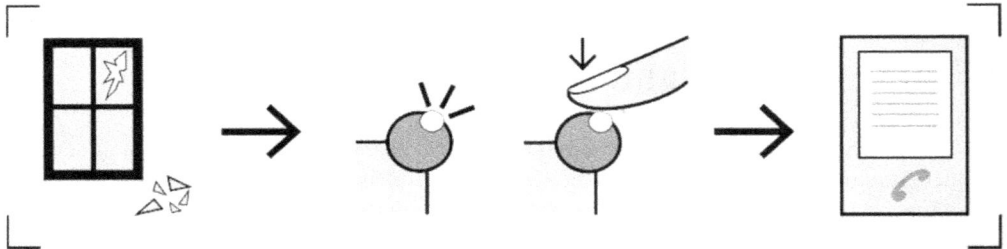

Figure 1: An example for remote monitoring: In case of an urgent event, a message is sent to the NUBSL, which immediately starts to blink and replays a predefined sound. Warned by the alert, the user presses the button on the device and a prepared message is displayed on his smartphone or any other computational device he wants to.

The proposed device allows recording messages in order to remind the user of less important things. Therefore the user has to press and hold the device. A light indicates that the device is ready for recording. To recall the message later, the user has to tap the device to replay the message. The device can be placed at any surface (e.g. at the edge of a table or a screen, see Figure 2). This flexibility in mounting allows either the use of NUBSL as a constant reminder or as a quite inconspicuous solution, which reminds the user infrequently. If the user does not remember the exact task by looking at the device, a tap on the device replays the recorded message or additional information.

Direct notifications for high priority incidents need to be communicated to the user in a different way. In order to get the user's attention immediately, the device gives a visual and acoustic signal to the user as soon as the notification arrives (see Figure 1). With a slight press on top of the device a prepared message is instantly sent to the user's mobile phone or computer including information about the current problem and offering a prepared solution, which, for example, could consist of a message to a contact person or the police. In addition, it is also possible to make use of NUBSL as a calendar, which informs the users about upcoming appointments or deadlines.

3   Realization and Implementation

In order to achieve a flexible placement of the NUBSL prototype, it was realized by using plasticine and Sugru (Sugru 2013) as base material. Inside the device, there is a speaker, a RGB-LED, a microphone and a button to implement the functionality described before (see Figure 2). For the audio output and input a voice recorder was disassembled and the parts were connected to an Arduino™ controller (Arduino 2013). Several parts of the voice recorder are controlled by the micro-controller as well as the communication with the user's home. In case of an alert, serial port communication is used, e.g. sending prepared notifications to the smartphone.

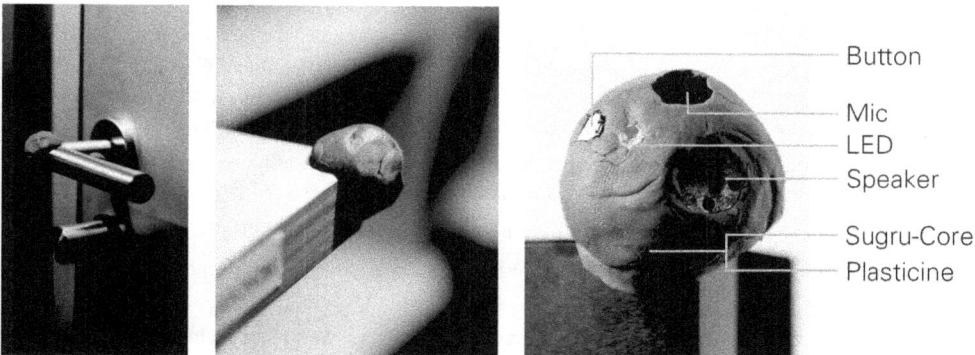

Figure 2: NUBSL can be placed everywhere you want. Right: prototype receiving an urgent message.

4   Conclusion and Future Work

We created a concept for a flexible device, used for notification and remote monitoring. The concept consists of two parts, the first one addressing the recognition of low-priority notifications, which are noticed only incidentally by looking at or touching the device. The second purpose is to submit direct notifications for high priority events. The concept was realized using an Arduino™ micro-controller to trigger visual and acoustic signals. The critical reflection on the created prototype and the experiences with it shows the strengths of the concept and points to areas of further improvement. The focus on two distinct core functions leads to an easy understanding of the device and a very simple interaction concept. The biggest strength of the device is its versatility.

Although utilizing a simple concept, it can be used nearly everywhere to setup a short reminder, but also prevents unexpected events from remaining unnoticed. However, there are also areas of improvement: In its current implementation neither the Arduino™ board nor an adequate power supply are integrated into the device. Ongoing miniaturization should help to resolve that issue. Therefore the portability, as well as the usability could be enhanced. Another improvement could be the use of a smartphone or a PC application, which simplifies the configuration of the device. Currently the NUBSL-concept focuses solely on the aspects of notification issues, so the next steps contain a deeper integration of concepts for remote monitoring and connecting the device with these systems.

Acknowledgements

We greatly appreciate the assistance of the colleagues and students Brian Eschrich, Deborah Schmidt, Anja Knöfel, Thomas Gründer, Marcus Kirsch and Konstantin Klamka at the Technische Universität Dresden.

References

Arduino™, http://www.arduino.cc/. Last accessed: 2013-04-30.

Atzori, L., Iera, A. &Morabito, G. (2010). The internet of things: A survey. *Computer Networks,* 54(15), 2787-2805.

Fleisch, E. (2010): *What is the Internet of Things? When Things Add Value.* Auto-ID Labs White Paper WP-BIZAPP-053, Auto-ID Lab: St. Gallen.

Hausen, D., Boring, S., Lueling, C., Rodestock, S., & Butz, A. (2012). StaTube: facilitating state management in instant messaging systems. In: *Proceedings of the Sixth International Conference on Tangible, Embedded and Embodied Interaction. (TEI'12).*ACM: New York. pp. 283-290.

Ishii, H. (2008). Tangible Bits: Beyond Pixels. In: *Proceedings of the 2nd international conference on Tangible and embedded interaction. (TEI '08),* ACM: New York. pp. 25-35.

Sugru, http://sugru.com/, FormFormForm Ltd., London. Last accessed: 2013-06-07.

Wittenberg, C. (2004). User requirements for the use of mobile devices in the industrial automation. *Automatisierungstechnik,* 52(3), 136–146.

Yeo, K. P. and Nanayakkara, S. 2013. StickEar: augmenting objects and places wherever whenever. In CHI EA '13. ACM, New York, NY, USA, 751-756. DOI=10.1145/2468356.2468490

Ziegler, J., Pfeffer, J., & Urbas, L. (2011).A mobile system for industrial maintenance support based on embodied interaction. In: *Proceedings of TEI'11.* ACM: New York. pp. 181-188.

Zhang, T. & Brügge, B. (2004).Empowering the user to build smart home applications. In: *International Conference on Smart Home and Health Telematics. (ICOST'04). pp.*170-176.

Contact Information

Marius Brade, Mathias Müller, Sebastian Walther, Rainer Groh
Chair of Media Design, Technische Universität Dresden, Nöthnitzer Str. 46, 01062 Dresden
E-mail: {marius.brade, mathias.mueller, sebastian.walther2, rainer.groh}@tu-dresden.de

S. Boll, S. Maaß & R. Malaka (Hrsg.): Workshopband Mensch & Computer 2013
München: Oldenbourg Verlag, 2013, S. 201–206

TUI-Framework zur Integration begreifbarer Objekte in interaktive Systeme

Oliver Belaifa, Johann Habakuk Israel

Virtuelle Produktentstehung, Fraunhofer IPK Berlin

Zusammenfassung

Dieser Beitrag stellt ein technisches Framework vor, das es Entwicklern erleichtert, verteilt und über Betriebssystem-Grenzen hinweg auf Ein- und Ausgabegeräte zuzugreifen. Be-greifbare Objekte, die hardwareseitig verschiedene Sensor- und Aktuator-Technologien nutzen, können mit Hilfe des Frameworks in einfach zu handhabende Software-Objekte gekapselt werden. Ursprünglich wurde das Framework entwickelt, um die Integration von be-greifbaren Objekten und Werkzeugen in virtuellen Umgebungen zu unterstützen. Das Framework findet derzeit aber auch Einsatz außerhalb immersiver Umgebungen. Dieser Beitrag skizziert den aktuellen Stand des Frameworks, das bereits zuvor vorgestellt wurde, und zeigt neue Anwendungsbeispiele und neue Geräte-Schnittstellen.

1 Einleitung

Das vorgestellte TUI-Framework wurde mit dem Ziel entwickelt, die Entwicklung von be-greifbaren Objekten und Werkzeugen in virtuellen Umgebungen zu erleichtern. Diese benötigen meistens ein Trackingverfahren, um im Raum erfasst werden zu können, und Sensoren, z. B. Knöpfe und Schalter, mit denen der Benutzer Aktionen auslösen kann. Außerdem ist es insbesondere für be-greifbare Schnittstellen wichtig, auch über einen Rückkanal von der Applikation zum Werkzeug zu verfügen, beispielsweise für Kraft-rückkoppelnde Geräte. Diese und weitere Funktionen werden durch das TUI-Framework realisiert (Israel, Belaifa, Gispen & Stark, 2011). So können mithilfe des Frameworks Softwareobjekte (TUIObjects) entwickelt werden, die Informationen aus Eingabe-Kanälen unterschiedlicher Interaktionsgeräten kapseln und zusätzlich in der Lage sind, Informationen an Ausgabe-Geräte zu senden. Die Entwicklung des TUI-Framework wurde 2009 im Rahmen des BMBF-geförderten Projekt AVILUSplus begonnen (AVILUSplus, 2011) und wird jetzt im Rahmen des EU-geförderten Projekts VISIONAIR weiterentwickelt (Visionair, 2013). Das Framework ist als Open-Source-Projekt samt Beispielimplementierungen verfügbar unter https://github.com/fraunhoferipk/tuiframework. In diesem Beitrag soll die veränderte Architektur des Frameworks, die sich daraus ergebenen neuen Möglichkeiten und neue integrierte Interaktionshardware vorgestellt werden.

2 Der TUI-Server

Der TUI-Server dient als zentrale Datenaustauschstelle im Framework. Er wird mit einer Konfigurationsdatei verwaltet. Diese Datei enthält Einstellungen und Definitionen der verwendeten TUI-Entitäten sowie den zugehörigen Datenflussgraphen. Die TUI-Entitäten gliedern sich in drei Klassen. *TUI-Devices* sind Abstraktionen für die Hardware, sie repräsentieren z. B. Trackingsysteme oder Force-Feedback-Geräte. *TUI-MSPs* (Multi Stream Processors) manipulieren oder synchronisieren Datenströme. *TUI-Objekte* abstrahieren konkrete Interaktionsobjekte, also beispielsweise Werkzeuge, die optisch getrackt werden und über physische Schalter verfügen. Die Konfigurationsdatei liegt im XML-Format vor und wird vom TUI-Server beim Einlesen mit Hilfe einer XML-Schema-Definition validiert.

Das manuelle Editieren der Konfigurationsdatei ist eine häufige Ursache von Fehlerquellen bei der Inbetriebnahme eines TUI-Servers. Um dem vorzubeugen, wurde ein Konfigurationstool programmiert, welches dem Nutzer eine schnelle graphische Konfigurierung des TUI-Servers ermöglicht (Abschnitt 7).

3 Plug-in-Architektur

Der TUI-Server verwendet in der Regel mehrere Module, um ein TUI-Szenario zu realisieren. Diese können in einem TUI-Server eingebettet sein oder dem TUI-Server als Bestandteile gemeinsam genutzter Code-Bibliotheken zur Verfügung stehen. Letzteres erfordert die Unterstützung einer sogenannten Plug-In-Architektur. Sie erlaubt die Kompilierung eines generischen TUI-Servers, welcher die zusätzliche Funktionalität der weiteren Module über die TUI-Plug-Ins erlangt. Für die Unterstützung der Plug-In-Architektur bietet das TUI-Framework vorgefertigte systemspezifische C++-Klassen für Windows, Linux und MacOS. Beim Start des TUI-Servers mit Plug-In-Architektur wird in einem Verzeichnis nach gemeinsam genutzten Code-Bibliotheken, nach TUI-Devices und TUI-MSPs sowie gegebenenfalls neuen Datentypen gesucht. Diese werden automatisch registriert und bereitgestellt und stehen daraufhin im TUI-Framework zur Verfügung.

4 Flexibler Einsatz des TUI-Frameworks

Für ein TUI-System wird oftmals Hardware verschiedener Hersteller für die Realisierung der TUI-Interaktionsobjekte benötigt. Beispielsweise kann ein Stift für das Skizzieren im Raum einen Marker für das optische Tracking der 3D Position und Orientierung, einen Drucksensor, eine LED sowie einen Bluetooth-Chip für die Sensorübertragung enthalten (Israel, Wiese, Mateescu & Stark, 2009).

Für die Integration der Hardware können Hürden in Erscheinung treten. Beispielsweise können benötigte Hardware-Treiber nur auf unterschiedlichen Betriebssystemen zur Verfügung stehen oder es können Inkompatibilitäten einzelner APIs untereinander auftreten. Beispielsweise gibt es Hardware-APIs, die Exklusivität innerhalb eines Prozessraums verlangen. Probleme können auch entstehen, wenn die benötigten APIs nur in unterschiedlichen Programmiersprachen zur Verfügung stehen.

Das TUI-Framework bietet für diese Probleme Lösungsmöglichkeiten an und gibt Entwicklern eine große Flexibilität in der Entwicklung interaktiver Szenarien (vgl. Abbildung 7):

- Das TUI-Framework wurde plattformunabhängig programmiert und kann unter Windows, Linux und MacOS verwendet werden. Somit kann bei Betriebssystem-Einschränkungen der Hardware-API ein TUI-Device-Modul unter dem jeweiligen Betriebssystem implementiert werden.

- Das TUI-Framework beinhaltet die Funktionalität der Plug-In-Architektur. Hilfreich ist diese u. a., wenn Hardware-APIs untereinander nicht kompatibel sind oder einzelne Hardware-APIs Exklusivität des Prozessraums erwarten.

- Eine weitere Flexibilitätssteigerung stellt die Möglichkeit dar, mehrere TUI-Server in einem TUI-System zu verwenden. Das erlaubt unter anderem die gleichzeitige Ansteuerung von Hardware auf unterschiedlichen Betriebssystemen. Eine weitere Technik um die Betriebssystemgrenzen zu überwinden ist die Ansteuerung der Hardware-API vom separaten TUI-Device-Modul über eine P2P Netzwerkverbindung. Vorgefertigte Klassen für die Nutzung dieser Funktionalität werden von dem TUI-Framework zur Verfügung gestellt.

- Eine TUI-Anwendung kann aus mehreren verteilten Systemen bestehen. Diese benötigen die Datenströme der TUI-Objekte gegebenenfalls in mehreren Knotenpunkten. Für die Realisierung dieses Anwendungsfalls unterstützt das TUI-Framework die Netzwerkverbindung mehrerer TUI-Clients mit einem oder mehreren TUI-Servern. Kommuniziert wird über das Netzwerkprotokoll UDP im Unicast- oder Multicastmodus.

- Interaktionsgeräte werden durch typisierte Eingangs- und Ausgangs-Ports abstrahiert. Die Typisierung ist für die Applikation hilfreich, damit sie spezifische Handler installieren kann. Der Typ des ankommenden Datenstroms ist bekannt und kann somit einfach verarbeitet werden.

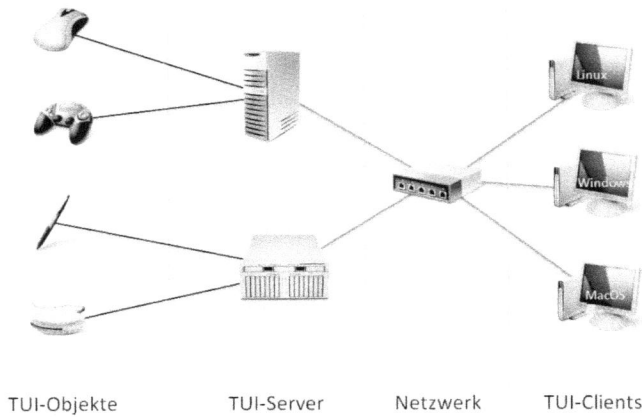

TUI-Objekte   TUI-Server   Netzwerk   TUI-Clients

Abbildung 7: Konfigurationsbeispiele des TUI-Frameworks

5   Die Kinect als Interaktionsgerät

Die erste Anwendung des TUI-Frameworks war eine immersive Modellieranwendung in einer Virtual-Reality-Cave. Hierfür wurden spezielle Interaktionsgeräte wie Stifte und Zangen entwickelt. Ihre 3D-Position und -Orientierung werden über ein optisches Trackingverfahren ermittelt und ihre Sensordaten (Knöpfe, Drucksensoren) drahtlos übertragen (Israel et al., 2009).

Um bestimmte Interaktionen der Modellieranwendung berührungslos auslegen zu können, wurde eine Kinect-Tiefenkamera über das TUI-Framework in die Anwendung integriert (Israel & Sniegula, 2012). Hierzu wurde ein Kinect-TUIDevice entwickelt, welches die 3D Positionen der Gelenke (Joints) des Benutzers im Koordinatensystem der Kinect liefert. Um die Positionen in das Koordinatensystem des Trackingsystems zu transformieren, benötigt man die Position und die Orientierung der Kinect im Trackingkoordinatensystem. Hierfür wird ein optischer Marker an die Kinect befestigt. Das Trackingsystem liefert die gewünschte Transformationsmatrix und ermöglicht die Transformation der Joint-Positionen in das Tracking-Koordinatensystem zur Laufzeit.

Für die Interpretation der Joint-Bewegung wurde ein MSP entwickelt, welches mehrere Gesten erkennen kann. Das MSP emittiert bei einer Detektion beispielsweise Zustandsänderungen eines Knopfes. Dies erlaubt es beispielsweise, das optische Head-Tracking durch Informationen aus der Kinect zu ersetzten. Da das TUI-Framework eine Hardware-Abstraktions-Schicht besitzt, muss hierfür applikationsseitig der Programmcode nicht verändert werden, denn die TUIDevices sowohl der Kinect als auch des optischen Trackingverfahrens liefern Ereignisse desselben Typs.

6 Die Multi-Maus-Anbindung

Ein weiteres neues TUIDevice ist ein Multi-Maus-Modul. Es ermöglicht die gleichzeitige Benutzung beliebig vieler Mäuse in einer Applikation. Das Multi-Maus-Modul enthält mehrere Untermodule. Hierzu gehören ein Mouse-Server, ein TUI-MouseDevice und ein Mouse-Demultiplexer. Der Mouse-Server ist nur unter Windows lauffähig und verhindert die Weitergabe aller Mausereignisse an das Betriebssystem, um nicht intendierte Funktionsaufrufe zu verhindern. Erfasst werden alle relativen Positionsänderungen sowie die Betätigung der Mausknöpfe und des Mausrades. Alle Änderungen werden vom Mouse-Server an das TUI-MouseDevice gesendet, welcher sie über die Framework-Ports zu den nächsten verbundenen Entitäten weiterleitet, z. B. zu einem MouseTUI-Objekt.

Ein möglicher Anwendungsfall für die Multi-Maus-Anbindung ist beispielsweise ein Lernprogramm, bei dem sich mehrere Schüler einen PC teilen. Für die Entwickler von interaktiven Systemen ist diese Möglichkeit beispielsweise dann interessant, wenn sie ihre Anwendungen an einem herkömmlichen PC entwickeln, an dem nicht alle benötigten Geräte und Objekte vorhanden sind. Sie können dann jedes Gerät durch eine Maus simulieren, indem sie die Maustasten und –position auf bestimmte Ports des TUIObjects mappen. Später müssen diese Mappings dann mithilfe der TUI-Serversettings lediglich auf die eigentlichen TUIDevices umgesetzt werden, Änderungen im Programmcode werden nicht notwendig.

7 Interaktive haptische Fahrzeugsimulation

Ein neuer Anwendungsfall des TUI-Frameworks ist eine interaktive haptische Fahrzeugsimulation, bestehend aus mehreren Hard- und Softwarekomponenten verschiedener Hersteller (Beckmann, 2013). Der Simulator besteht aus der Motion-Plattform der Firma Festo-Didactic, einem Echtzeitfahrzeugsimulator, einem Multifunktionslenkrad mit Pedalerie und Schalteinheit der Firma Logitec sowie einem Rendering- und Audiosystem (Abbildung 8). Das *Fahrzeug und die externe Umgebung interagierten in einer Co-Simulation.* Für die Intrakommunikation, Steuerung und Synchronisation dieser Komponenten wurde das TUI-Framework eingesetzt. Hierbei musste die Verarbeitung der Daten über das TUI-Framework in Echtzeit geschehen, damit die *Reaktionszeiten des Gesamtsystems gering bleiben, um die Plausibilität der Fahrsimulation zu gewährleisten. Bei der Integration durch das TUI-Framework wurden TUI-Devices der einzelnen Hardware-Module implementiert und TUI-Objekte definiert, welche die einzelnen Module geeignet abstrahieren und der zentralen Steuerungsanwendung zur Verfügung stehen. Einen Ausschnitt der grafisch repräsentierten XML-Konfiguration zeigt* Abbildung 9.

Abbildung 8: haptischer Fahr-
zeugsimulator

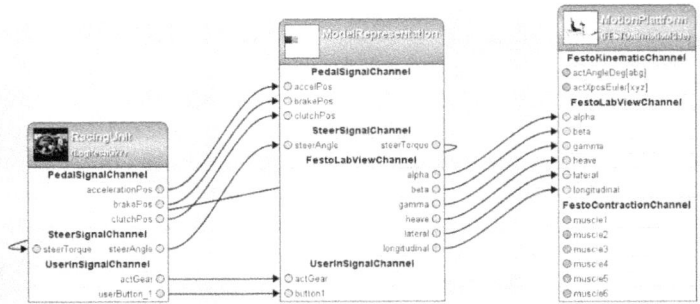

Abbildung 9: Konfigurationsbeispiel des TUI-Frameworks am Beispiel einer
haptischen Fahrzeugsimulation (Ausschnitt, aus Beckmann, 2013, S. 59)

8   Schlussteil

Für die Zukunft ist es geplant, das Framework um weitere Geräte zu erweitern, z. B. ein Eye-
Tracking-System oder mobile Endgeräte. Weiterhin sollen die Gesamtarchitektur des
Frameworks weiter dezentralisiert und die Echtzeitfähigkeit verbessert werden.

Danksagung

Diese Arbeit wurde durch das EU-finanzierte Projekt VISONAIR (262044) für Forschung
auf den Gebieten der Visualisierung und Interaktionstechniken unterstützt.

Literatur

AVILUSplus. (2011). *Angewandte Virtuelle Technologien mit Langfristfokus auf den Produkt- und
    Produktionsmittel-Lebenszyklus*. Zugriff am 8. Juni 2013,von http://www.avilusplus.de

Beckmann, T. (2013). *Interaktive Co-Simulationsmethoden für Virtual Reality Anwendungen
    „Functional-Drive“ und „Smart-Hybrid-Prototyping“*. Technische Universität Berlin.

Israel, J. H., Belaifa, O., Gispen, A. & Stark, R. (2011). *An Object-centric Interaction Framework for
    Tangible Interfaces in Virtual Environments. Fifth international conference on Tangible,
    embedded, and embodied interaction ACM TEI'11* (S. 325–332). Fuchal, Portugal: ACM Press.

Israel, J. H. & Sniegula, E. (2012). *Berührungslose und be-greifbare Interaktionen des 3D-Skizzierens.
    Mensch & Computer 2012 – Workshopband: interaktiv informiert – allgegenwärtig und
    allumfassend!?* (S. 147–153). München: Oldenbourg Verlag.

Israel, J. H., Wiese, E., Mateescu, M. & Stark, R. (2009). *Investigating three-dimensional sketching for
    early conceptual design—Results from expert discussions and user studies. Computers &
    Graphics, 33*(4), 462–473.

Visionair. (2013). *VISION Advanced Infrastructure for Research*. Zugriff am 8. Juni 2013, von
    http://www.infra-visionair.eu/

Kontaktinformationen

Oliver Belaifa, Johann Habakuk Israel
Virtuelle Produktentstehung, Fraunhofer IPK
Pascalstraße 8-9, 10587 Berlin
http://www.ipk.fraunhofer.de/geschaeftsfelder/virtuelle-produktentstehung/

S. Boll, S. Maaß & R. Malaka (Hrsg.): Workshopband Mensch & Computer 2013
München: Oldenbourg Verlag, 2013, S. 207–212

Begreifbare Interaktion mit Distributed Wearable User Interfaces

Jens Ziegler, Leon Urbas

Professur für Prozessleittechnik, Fakultät für Elektrotechnik und Informationstechnik, Technische Universität Dresden

Zusammenfassung

Mobile Interaktion ist heute geprägt von Berührungs- oder Stiftbedienung auf hochintegrierten Einzelgeräten. Dieses Interaktionsparadigma ist für Mobilgeräte zur Arbeitsunterstützung, zum Beispiel für Landwirte oder Anlagentechniker, kaum geeignet. Kontextspezifische Einschränkungen sowie vielfältige Anforderungen der Arbeitsaufgaben erfordern vielmehr spezifische, hochoptimierte und anpassbare Benutzungsschnittstellen, die hochgradig ergonomisch gestaltet sind. Dieser Beitrag stellt das Konzept der Distributed Wearable User Interfaces (DWUI) vor. DWUI sind Sammlungen von lose gekoppelten Eingabe- und Ausgabegeräten, die in einem körpernahen Netzwerk organisiert sind. Die Geräte werden verteilt am Körper des Nutzers befestigt und bilden eine integrierte und dennoch anpassungsfähige und flexible Benutzungsschnittstelle zu mobilen Systemen. Der Beitrag stellt die konzeptionellen Grundlagen sowie die Gestaltungsrationale für DWUI vor und demonstriert deren Anwendbarkeit anhand einer Beispielimplementierung im Bereich der industriellen Instandhaltung.

1 Einleitung

Mobile IT-gestützte Arbeit ist ein wesentlicher Wettbewerbsfaktor für Unternehmen. Der Zugriff auf Informationen und Dienste zu jeder Zeit an jedem Ort wird ein Hauptfaktor für Produktivitätssteigerungen und ökonomisches Wachstum werden. Mobile Arbeitsabläufe werden dazu mit mobiler Informationstechnologie (IT) unterstützt. Die Arbeitsabläufe werden dabei zunehmend komplexer, die Arbeitssituationen immer widriger. Derzeit verbreitete Interaktionsmechanismen sind dafür nicht mehr ausreichend. Je komplexer die primären Arbeitsaufgaben werden, desto begreifbarer muss die Interaktionen mit den Unterstützungssystemen werden. Im letzten Jahrzehnt wurden klassische Mensch-Maschine- Mediatoren wie Tastaturen, Joysticks oder Scrollräder vielfach durch direkte und multimodale Interaktionsmechanismen einschließlich berührungsempfindlicher Displays und Spracherkennung mit haptischem oder akustischem Feedback ersetzt (Natural User Interfaces). Heute stehen sehr leistungsfähige, für die Berührungsbedienung optimierte Benutzungsschnittstellen zur Verfügung für all jene Anwendungsfälle, für die sich Berührungsbedienung eignet. Für viele Anwendungsfälle, in denen sie sich nicht eignet, existieren heute jedoch kaum gebrauchstaugliche Alternativen. Dies ist besonders in Bereichen problematisch, in denen die bloßen Hände nicht nutzbar sind oder Eingaben ohne Sichtkontakt zum Eingabegerät oder unter ungünstigen Arbeitshaltungen erfolgen müssen.

Distributed Wearable User Interfaces (DWUI) schließen diese Lücke. Sie bieten die Möglichkeit zur flexiblen Zusammenstellung gebrauchstauglicher Benutzungsschnittstellen für komplexe Arbeitsabläufe in widrigen Arbeitssituationen. DWUI setzen sich zusammen aus einer Anzahl von Ein- und Ausgabegeräten, die in einem kabellosen körpernahen Funknetzwerk miteinander verbunden sind und in ihrer Kombination die Benutzungsschnittstelle zu einem mobilen System bilden. Die Geräte sind ergonomisch und funktional optimal am Körper des Nutzers verteilt, wobei jedes Gerät vollkommen eigenständig nutzbar ist. Das System integriert sich optimal in den Bewegungsraum des Nutzers. Jedes Gerät ist für eine bestimmte Aufgabe oder einen bestimmten Nutzungskontext optimiert. Das System kann entsprechend flexibel an den Nutzungskontext angepasst werden. Die Ein- und Ausgaberäume der einzelnen Geräte werden harmonisiert und bilden zusammen einen integrierten Interaktionsraum für den Nutzer (Dvorak 2008). Somit ergibt sich eine für den jeweiligen Nutzungskontext optimale Gebrauchstauglichkeit des Systems.

Im folgenden Kapitel werden die konzeptionellen Grundlagen der DWUI näher erläutert. In Kapitel 3 werden diese Grundlagen anhand einer Beispielanwendung im Bereich der industriellen Instandhaltung praktisch umgesetzt. Dazu es werden grundsätzliche Gestaltungsregeln für DWUI vorgestellt, und es wird eine exemplarische Implementierung eines DWUI vorgestellt. Der Beitrag schließt mit einer kurzen Diskussion in Kapitel 4 und einer Zusammenfassung in Kapitel 5.

2   Distributed Wearable User Interfaces

Mobile Systeme stellen Informationen und Dienste zu jeder Zeit an jedem Ort bereit (Pernici 2006). Sie müssen daher transportierbar und während der Bewegung nutzbar sein, autark und kabellos arbeiten und in wechselnden, häufig widrigen Arbeitssituationen gleichbleibend hohe Gebrauchstauglichkeit gewährleisten. Dafür müssen sie verschiedene Ein- und Ausgabemechanismen für verschiedene Modalitäten bereitstellen und eine für diesen Anwendungszweck geeignete Größe und Form aufweisen (Gorlenko & Merrick 2003). Dvorak (2008) unterscheidet dabei zwischen einem mobilen System und einem Wearable System. Ein Wearable System wird derart gestaltet, dass es sich nahtlos in den natürlichen Bewegungsraum des Nutzers, in dessen Arbeitsaufgabe und dessen Sozialverhalten integriert. Im Gegensatz zu mobilen Geräten verfolgen Wearable Systems das Paradigma der impliziten Interaktion. Mann (1998) definiert acht Charakteristika für Wearable Systems. Sie schränken die Mobilität des Nutzers nicht ein. Sie monopolisieren nicht die Aufmerksamkeit des Nutzers, er kann neben der Interaktionsaufgabe also weitere Aufgaben durchführen. Sie sind stets beobachtbar, der Nutzer erkennt jederzeit den aktuellen Systemzustand und wird auf Ereignisse aufmerksam gemacht. Sie sind steuerbar durch den Nutzer, er kann jederzeit in die (Hintergrund-)Aktivitäten des Systems eingreifen und die Kontrolle über das System erlangen. Sie sind umgebungsintelligent, das System kann mit seiner Umgebung kommunizieren und interagieren und kommuniziert mit anderen Geräten und Systemen. Sie sind permanent im Hinblick auf Verfügbarkeit und Einsatzbereitschaft. Wearable Systems sind personalisiert und privat für deren Nutzer.

Dvorak definiert darauf aufbauend die Klasse der *Distributed Wearable Systems*. Er beschreibt damit Sammlungen lose gekoppelter, aber stark integrierter, kollaborativer Komponenten unterschiedlicher Art und Größe. Diese sind kabellos miteinander vernetzt und häufig dezentral organisiert. Nutzer können diese Komposition jederzeit entsprechend ihrer Bedürfnisse ändern. Die flexible Organisation und die hohe Integration erlauben erweiterte System-Funktionen und neue System-Dienste. Ihre Ein- und Ausgaben sind derart harmonisiert, dass die Benutzungsschnittstelle stets konsistent, verständlich und gebrauchstauglich ist, auch wenn sich die Systemkonfiguration gelegentlich verändert (Dvorak 2008). Aufgrund der stetig steigenden Miniaturisierung und Konnektivität mobiler Komponenten sind Wearable Devices heute für den Nutzer häufig nur noch über ihre Benutzungsschnittstelle präsent. Die Größe und Form der Geräte folgt den ergonomischen und ästhetischen Bedürfnissen des Nutzers und nicht mehr primär den Anforderungen der Technik. Diese wird miniaturisiert oder wird entfernt vom Nutzer (*remote*) bereitgestellt. Die tatsächlich am Körper getragenen Komponenten stellen in ihrer Gesamtheit also die Benutzungsschnittstelle dar. Diese Komponenten stellen somit das *Distributed Wearable User Interface (DWUI)* dar und sind der tatsächlich am Körper getragene Teil des Distributed Wearable Systems. Ein DWUI kann entsprechend als eine Sammlung von Ein- und Ausgabegeräten definiert werden, die am Körper des Nutzers angebracht sind und nahtlos und unter ständiger Kontrolle des Nutzers miteinander kollaborieren, um eine konsistente, verständliche und gebrauchstaugliche Benutzungsschnittstelle für beliebige Nutzungskontexte bereitzustellen. Diese Geräte, einzeln oder zusammen, erzeugen geringe oder keine Operational Inertia. Sie sind proaktiv und unaufdringlich im Betrieb. Nutzer verwenden diese Geräte in einer fast unbewussten Weise und erkennen darin eine Erhöhung der Gebrauchstauglichkeit und des Nutzungskomforts mobiler IT.

Diese Definition führt das Konzept der *Operational Inertia* nach Dvorak (2008) als zentrale Metrik für die Gestaltung und Bewertung von DWUI ein. Operational Inertia beschreibt den Widerstand, den ein Gerät oder System der eigenen Nutzung allein durch die Art seiner Gestaltung entgegenbringt. Dafür gibt es drei Hauptquellen. Der *Einrichtungsaufwand* umfasst alle die Aktionen, die notwendig sind, um das System nutzbar zu machen. Die *Interaktionskomplexität* bemisst die Schwierigkeit der Nutzung eines nutzungsbereiten Geräts. Die *Beeinträchtigung bei Nichtnutzung* wiederum umfasst alle Einschränkungen, die allein durch die Anwesenheit des Systems verursacht werden. Nach Dvorak (2008) ist die Minimierung der Operational Inertia in allen drei Kategorien das wesentliche Gestaltungsziel für DWUI mit dem Entwurfsideal des *Zero Operational Inertia Device (ZOID)*. Das DWUI-Konzept teilt wesentliche Ziele mit anderen Post-WIMP Konzepten wie Natural User Interfaces (NUI) oder Tangible User Interfaces (TUI), nämlich eine direktere, unmittelbare, leicht erlernbare und möglichst zugängliche Interaktion mit digitalen Systemen in der realen Welt. Das DWUI-Konzept unterscheidet sich jedoch wesentlich im Realisierungsprinzip für die dazu bereitgestellten Benutzungsschnittstellen.

3   DWUI für die Industrielle Instandhaltung

3.1   Nutzungskontext

Die industrielle Instandhaltung von verfahrenstechnischen Anlagen ist ein anspruchsvoller Anwendungsfall für DWUI. Das Instandhaltungspersonal arbeitet in der Anlage und inspiziert, wartet, repariert und überholt eine Vielzahl von Geräten und Systemen und trägt dabei in der Regel persönliche Schutzausrüstung. Während dieser Arbeiten konsumiert und produziert das Personal unentwegt Information, die vor Ort durch mobile IT bereitgestellt bzw. verarbeitet wird. Diese mobile IT muss in teils ungünstiger Arbeitshaltung unter widrigen Umgebungsbedingungen parallel zu anderen Tätigkeiten genutzt und bedient werden. Studien haben gezeigt, dass DWUI in diesem Nutzungskontext erfolgreich eingesetzt werden können (Ziegler et al. 2011).

3.2   Gestaltungsregeln

DWUI können die Sicherheit und das Wohlbefinden des Nutzers erheblich beeinflussen. Eine systematische, kriterienbasierte Gestaltung auf Grundlage geeigneter Gestaltungsregeln ist daher unerlässlich für den erfolgreichen Entwurf eines DWUI. Das Konzept der Operational Inertia bietet dafür einen geeigneten Rahmen (Dvorak 2008). Sowohl die Komponenten eines Distributed Wearable Systems, also die Wearable Devices selbst sowie die darauf laufenden Dienste bzw. Anwendungen, als auch das System als Ganzes erzeugen Operational Inertia. Gemperle u.a. (1998) definiert 13 *Guidelines for wearability*, welche speziell die Auswahl geeigneter Anbringungsbereiche und die optimale Gestaltung von Anbringungslösungen unterstützen. Dabei werden die Faktoren Platzierung, Anbringung, Dimensionierung, Formsprache, menschliche Bewegung, Proxemik, Thermik, Einhausung, Gewicht, Zugänglichkeit, sensorische Interaktion, Ästhetik sowie Langzeitnutzung berücksichtigt. Dvorak (2008) erweitert diese Regeln und ordnet sie in das Konzept der Operational Inertia ein. Er entwickelt daraus die *Transparent Use Design principles* für die Gestaltung von Distributed Wearable Systems. Diese Gestaltungsregeln können für die Gestaltung von DWUI genutzt werden, wie die folgende Implementierung zeigt.

3.3   Implementierung

Das DWUI besteht aus vier Eingabegeräten: Ein Dreh-Drücksteller, der seitlich an der Hüfte auf Höhe des Hüftgelenks angebracht ist, ein Gestenerkenner und ein RFID-Lesegerät, jeweils integriert in einen Arbeitshandschuh sowie eine Tastatur, angebracht am Unterarm. Als einziges Ausgabegerät dient ein Smartphone vom Typ Samsung Galaxy Nexus, welches ebenfalls am Unterarm angebracht ist. Das Gerät kann auch über Berührbedienung oder Spracheingabe als Eingabemechanismus genutzt werden. Gestenerkenner, Tastatur und Dreh-Drücksteller bieten einen äquivalenten Eingaberaum zur Bedienung der Anwendung. Tastatur und RFID-Lesegerät bieten darüber hinaus Vokabulare zur Eingabe von Text bzw. von elektronischen Kennungen. Die Ein- und Ausgabegeräte sind kabellos über Bluetooth miteinander vernetzt. Die Geräte verarbeiten die Nutzereingaben dezentral und geben wohldefinierte Eingabevokabulare aus. Diese werden auf dem Smartphone harmonisiert und an die Anwendung weitergegeben. Sämtliche Ein- und Ausgabegeräte wurden lauffähig prototypisch realisiert (Abbildung 1).

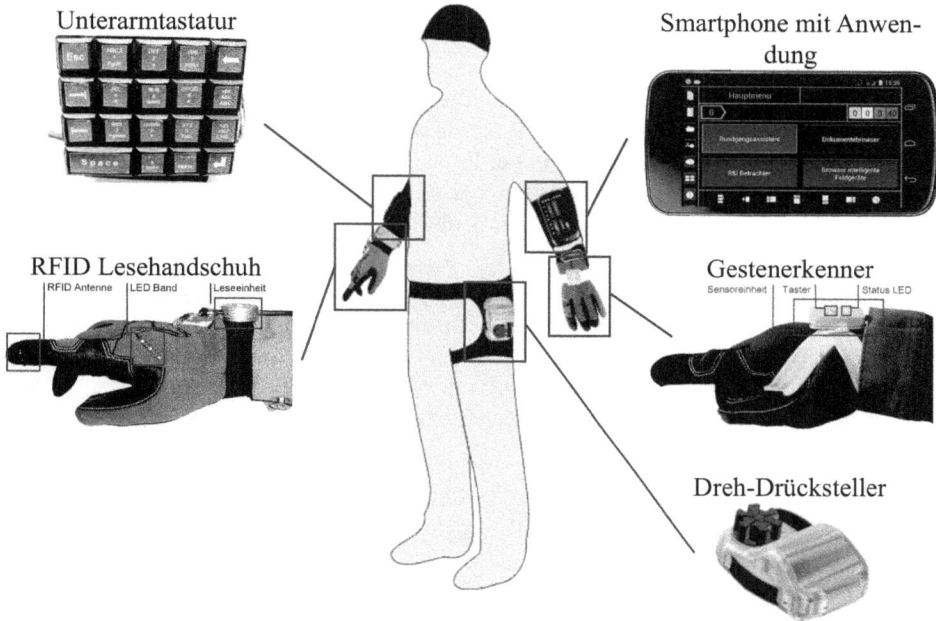

Abbildung 1: Aufbau und Anordnung des DWUI am Nutzer

4 Diskussion

Die vorgestellten Ein- und Ausgabegeräte erlauben eine einfache, unmittelbare, ungehinderte und damit – im direkten oder übertragenen Sinne – begreifbare Interaktion. Die beschriebene Anordnung ist vollständig auf eine Blindbedienung der Eingabegeräte ausgerichtet. Die Geräte unterstützen teils unterschiedliche Funktionen und teils dieselbe Funktion, jedoch optimiert für verschiedene Arbeitssituationen. Sie können demnach kombiniert werden, um den Funktionsumfang bzw. Eingaberaum zu vergrößern (*synergetische Nutzung*) oder um den Einsatzbereich des Systems zu vergrößern (*konkurrierende Nutzung*). Die vorgestellte Architektur erlaubt es, beide Ansätze bei entsprechender Konfiguration parallel zu nutzen. Weitgehend ungeklärt ist die Frage, wie Nutzer diese neuen Freiheitsgrade unter Einsatzbedingungen tatsächlich nutzen und inwieweit sich synergetische und konkurrierende Nutzung für den Nutzer transparent und begreifbar darstellen. Im aktuellen Stand der Realisierung erfolgt die Harmonisierung der Eingaberäume zudem noch manuell. Mit einer semantischen Beschreibung der Eingabevokabulare und einer entsprechenden Regelbasis könnte man die Harmonisierung auch automatisieren.

5 Zusammenfassung und Ausblick

In diesem Beitrag wurde das Konzept der Distributed Wearable User Interfaces (DWUI) vorgestellt. Dieses Konzept erlaubt es den Nutzern, die Benutzungsschnittstelle für ein mobiles System optimal und mit minimalem Aufwand an die aktuelle Aufgabe und Arbeitssituation anzupassen. Das Konzept der Operational Inertia ermöglicht eine zielgerichtete und kriterienbasierte Gestaltung entsprechender Geräte. Es wurde eine Beispielimplementierung vorgestellt, in der ein lauffähiges DWUI für ein Unterstützungssystem für die industrielle Instandhaltung realisiert wurde. Diese Implementierung demonstriert das Potenzial des vorgestellten Konzepts an einem realen Anwendungsfall.

Im nächsten Schritt wird das vorgestellte System unter realen Einsatzbedingungen summativ evaluiert werden, um die Gebrauchstauglichkeit der entworfenen Lösung empirisch zu belegen. Daneben wird der Fokus auf die Entwicklung von innovativen Ausgabegeräten gelegt werden. Weitere Studien werden nötig sein, um das Nutzungsverhalten von Nutzern bei Verfügbarkeit einer größeren Zahl an Geräten unter Einsatzbedingungen zu bewerten.

Danksagung

Diese Arbeit wurde teilweise aus Mitteln des 7. Rahmenprogramms der Europäischen Union (FP7-284928 ComVantage) gefördert.

Literaturverzeichnis

Dvorak, J.L. (2008). *Moving Wearables into the Mainstream. Taming the Borg.* New York, NY, USA: Springer.

Gemperle, F., Kasabach, C., Stivoric, J., Bauer, M., & Martin, R. (1998). Design for wearability. In: *Second International Symposium on Wearable Computers (ISWC).* Pittsburgh, Pennsylvania, USA, 116-122.

Gorlenko, L. & Merrick, R. (2003). No wires attached: Usability challenges in the connected mobile world. *IBM SYSTEMS JOURNAL*, 42(4), 639-651.

Pernici, B. (2006). *Mobile Information Systems: Infrastructure and design for adaptivity and flexibility.* Berlin/ Heidelberg/New York: Springer.

Ziegler, J., Pfeffer, J., & Urbas, L. (2011). A mobile system for industrial maintenance support based on embodied interaction. In *Proceedings of the fifth international conference on Tangible, embedded, and embodied interaction (TEI).* Funchal, Portugal, 181-188.

Kontaktinformationen

Dipl.-Ing. Jens Ziegler, Prof. Dr.-Ing. habil. Leon Urbas
E-Mail: jens.ziegler@tu-dresden.de; leon.urbas@tu-dresden.de
Technische Universität Dresden
Fakultät Elektrotechnik und Informationstechnik
Institut für Automatisierungstechnik, Professur für Prozessleittechnik

Workshop

Leichtgewichtige Werkzeuge zur Unterstützung von Kooperation und persönlichem Wissensmanagement

Svetlana Matiouk

Nils Jeners

Martin Christof Kindsmüller

S. Boll, S. Maaß & R. Malaka (Hrsg.): Workshopband Mensch & Computer 2013
München: Oldenbourg Verlag, 2013, S. 215–218

Leichtgewichtige Werkzeuge zur Unterstützung von Kooperation und persönlichem Wissensmanagement

Svetlana Matiouk[1], Nils Jeners[2], Martin Christof Kindsmüller[3]

Fraunhofer FIT[1]
RWTH Aachen[2]
Universität Hamburg[3]

Zusammenfassung

Der Workshop thematisiert leichtgewichtige Systeme, deren Klassifikation und die speziellen Anforderungen an die Gestaltung der Interaktion. Insbesondere wird das Blickfeld auf mobile Systeme, multimodale Ansätze, Natural User Interfaces und Tangible User Interfaces erweitert. Die Ziele des Workshops sind die Aufarbeitung der aktuell formulierten Herausforderungen und die gleichzeitige Entwicklung innovativer Lösungsvorschläge.

1 Einleitung

Die Vielfalt persönlicher Informationssysteme und gruppenorientierter Kooperationssysteme ist in den letzten Jahren zunehmend gewachsen. Insbesondere ist der Anteil der leichtgewichtigen Werkzeuge erkennbar gestiegen. Dies bringt Herausforderungen mit sich, wie beispielsweise die Interoperabilität der einzelnen Werkzeuge oder die Reduktion der Informationsflut und der Medienbrüche auf ein akzeptables Niveau.

Um eine Grundlage für adäquate Lösungen zu erarbeiten, ist es wichtig sich mit folgenden Aspekten auseinanderzusetzen: Was bedeutet Leichtgewichtigkeit? Ist Leichtgewichtigkeit eine Frage des Designs der Benutzungsschnittstelle, eine Frage der inhärenten Komplexität des Systems oder etwa eine Frage der Balance von UI-Design und Systemkomplexität? Welche Gestaltungsprinzipien gelten für leichtgewichtige Systeme? Welche Kriterien können genutzt werden, um Leichtgewichtigkeit zu messen? Wie können Entwickler und Designer bei der Konzeption und Konstruktion neuer Systeme unterstützt werden jene Leichtgewichtigkeit zu erreichen, die von Anwendern gefordert wird?

2   Herausforderungen

Im Gegensatz zu monolithischen Informations- und Kooperationssystemen besitzen leicht-gewichtige Systeme offene Schnittstellen und eine Vielzahl an Kombinations-möglichkeiten bei geringem Ressourceneinsatz. Wie in einer Art Werkzeugkiste existieren für jede Aufgabe elementare Hilfsmittel, die zielgerichtet, pragmatisch und oft ohne feste Gruppen und Regeln zum Einsatz kommen können.

Durch diese besonderen Eigenschaften der leichtgewichtigen Werkzeuge, ergeben sich gleichzeitig neue Anforderungen an die Gestaltung der Interaktion mit dem System, sowie an die Gestaltung des Austauschs und der Zusammenarbeit mit anderen Anwendern. So be-schränken wir uns nicht nur auf klassische Interaktionsmuster von Desktop-Anwendungen, sondern erweitern unser Blickfeld auch auf mobile Systeme, multimodale Ansätze, Natural User Interfaces und Tangible User Interfaces. Die Bandbreite der Methoden reicht von An-sätzen zur nutzerzentrierten Systemgestaltung bis zu kontextbasierten adaptiven Schnittstel-len. Ziel ist es eine für Menschen im gegebenen Nutzungskontext „natürliche" Interaktion zu ermöglichen. Dafür müssen adäquate Lösungen für Authentifizierung, Vernetzung, Awaren-ess, Kontaktaufnahme, Regeln und Konventionen entwickelt werden.

3   Workshop

Dieser Workshop ist als Nachfolger des Workshops *„Leichtgewichtige Kooperationswerk-zeuge – Herausforderungen an Gestaltung und Praxis"* (Gräther, Jeners & Mambrey, 2009) veranstaltet, der auf der Mensch & Computer 2009 durchgeführt wurde. Während in dem vorausgegangenen Workshop der Fokus auf Kooperationssysteme lag, soll nun das Feld um Systeme für das persönliche Wissensmanagement (PKM) erweitert werden und auf diese Weise eine Brücke zum Workshop *„Personal Knowledge Management – Understanding, Supporting, and Evaluating the Management of Personal Knowledge"* (Elsweiler, Haller, Kindsmüller & Pircher, 2010) auf der Mensch & Computer 2010 geschlagen werden. Im zusammengeführten thematisch erweiterten Workshop werden Aspekte der Gestaltung und Evaluation von Interaktionskonzepten im Mittelpunkt stehen.

Im Workshop werden diverse leichtgewichtige Entwicklungen von den Teilnehmern präsen-tiert und gemeinsam analysiert. Die einzelnen Beiträge liefern wertvolle Beispiele und Er-kenntnisse für leichtgewichtige Werkzeuge. Deren Bandbreite umfasst die Einsatzgebiete persönliches Wissensmanagement und computergestützte Gruppenarbeit. Im Folgenden sind die Zusammenfassungen der Beiträge angegeben.

3.1   Thoughts on the Next Generation of Lightweight
Cooperation Systems

Oleksandr Lobunets und Nils Jeners diskutieren ein wesentliches Problem aktueller Koope-rationssysteme: Daten liegen in heterogenen Informationssilos vor, und für einen Zugriff auf die Informationsartefakte müssen vorwiegend proprietäre Lösungen verwendet werden. Die Autoren beschreiben verschiedene Arten von leichtgewichtigen Kooperationswerkzeugen und skizzieren deren typische Benutzung. Ferner stellt der Beitrag ein Konzept zur Integration von verschiedenartigen leichtgewichtigen Kooperationslösungen vor, um die Präsentation von Informationen, welche durch die leichtgewichtigen Kooperationslösungen erstellt oder erarbeitet wurden, zu homogenisieren.

3.2 Kollaborative Verbesserung von Ideen auf webbasierten Ideenplattformen

Philipp Kipp und Jan Marco Leimeister stellen einen Kollaborationsprozess zur strukturierten Qualitätserhöhung von Innovationsideen, welche im Rahmen eines webbasierten Brainstormings entstanden sind. In dem vorgestellten, iterativen Prozess arbeiten die Teilnehmer die bestehenden Ideenentwürfe gemeinsam aus. Zur Unterstützung dieses Vorgangs wurde ein leichtgewichtiges Tool entwickelt und in eine bestehende Ideenplattform integriert. Die Integrationsfähigkeit des unterstützenden Werkzeuges in bestehende Ideenplattformen bietet Potenzial für umfangreiche Evaluationen und verbesserte Chancen für den tatsächlichen Einsatz.

3.3 PKM-Vision mobile: persönliches Wissensmanagement unterwegs

Der Beitrag von Phillip Pfingstl und Martin Christof Kindsmüller beschreibt die mobile Version des Personal-Knowledge-Management-Tools PKM-Vision Mobile, das das Sammeln, Klassifizieren, Speichern, Durchsuchen und Wiederfinden von Informationen auf mobilen Endgeräten (Smartphones, Tablets) unterstützt. Die Autoren führen in Ihrem Beitrag das nachvollziehbare Bedürfnis an, persönliche Wissensartefakte auch in Situationen fern des Arbeitsplatzes in das Wissensmanagement-System einfügen zu können. Dafür haben sie das PKM-Vision-System um eine mobile Version erweitert.

3.4 TeaCo iPad – Eine SocialWare zwischen Desktop und Smartphone

Jan-Philipp Kalus und Martin Christof Kindsmüller stellen eine iPad-Anwendung vor, die mehrere Benutzerinnen und Benutzer bei der gemeinsamen Terminfindung unterstützten soll. Die Anwendung ergänzt die existierenden TeaCo-Tools für Desktop-PCs (Browser) und Smartphones. Die Autoren beschreiben wie sie mit den Herausforderungen einer Tablet-spezifischen Gestaltung in Abgrenzung existierender Smartphone- und Desktop-Lösungen umgegangen sind und welche Erkenntnisse sie daraus gewonnen haben.

Danksagung

Wir danken dem Programmkomitee: Amelie Roenspieß (Universität zu Lübeck), Christoph Beckmann (Otto-Friedrich-Universität Bamberg), Gunnar Stevens (Universität Siegen), Martin Burkhard (Universität der Bundeswehr München) und Steffen Budweg (Universität Duisburg-Essen) für die Begutachtung der eingereichten Beiträge.

Kontaktinformationen

Svetlana Matiouk   Nils Jeners   Martin Christof Kindsmüller
Fraunhofer FIT   RWTH Aachen   Universität Hamburg
svetlana.matiouk@fit.fraunhofer.de nils.jeners@rwth-aachen.de mck@informatik.uni-hamburg.de

S. Boll, S. Maaß & R. Malaka (Hrsg.): Workshopband Mensch & Computer 2013
München: Oldenbourg Verlag, 2013, S. 219–223

Thoughts on the Next Generation of Lightweight Cooperation Systems

Oleksandr Lobunets[1], Nils Jeners[2]

Fraunhofer FIT[1]
RWTH Aachen[2]

Abstract

Today's collaborative work environments tend to be complex monolithic systems. The interoperability between them and quick adaptation to new user requirements is barely impossible due to a long development turnaround circle. In this position paper we briefly want to review design aspects and sketch the shape of the next generation lightweight groupware.

1 Introduction & Background

The current work environment of knowledge workers is moving from monolithic cooperation systems to a more lightweight ecosystem with a vast choice of available systems (Jeners and Lobunets, 2013). Although monolithic groupware systems support many kinds of cooperation patterns, they are not used at full capacity. Users apply smaller subsets of functions, e.g. document management and sharing, while the rest of the features are rarely or never used. Figure 2 shows small working groups working with lightweight collaboration tools. The selection of these tools is individual and reflects users' previous experience and personal preferences. Later on, the results of local collaborative work are distributed using either a monolithic groupware or email. Email plays a special role due to its simplicity. Email is the backbone of professional communication and cooperation and it is still the primary medium for electronic cooperation within and between organizations (Prinz et al., 2009).

In the following, we are facing three questions: "Why are groupware applications shifting towards a lightweight work environment? How would the next generation of collaboration systems look like? What are the building blocks of such a groupware?"

There are two aspects of interaction with information depending on how it is stored and organized, and how it is presented, discovered and consumed. This reflects a well-known problem of *information access versus information display* (Kaptelinin and Czerwinski, 2007). We believe that in the collaborative software, which is designed specifically to help people at work, the key factor of the successful adoption and usage is the user interface (UI) and the user experience (UX) delivered by this software. How information is stored, organized and processed (*information access*) should not be exposed to the end user of the system. The UI/UX (*information display*) should hide all the backend complexity and should be created following user-centered task-oriented design approaches. The most of the monolithic groupware systems are mainly focused on implementing more functions under one roof for their users but they fail in delivering a clear and easy-to-use experience. Therefore, users tend to apply specialized collaboration tools for various cooperation patterns. In the following we will show how to integrate them.

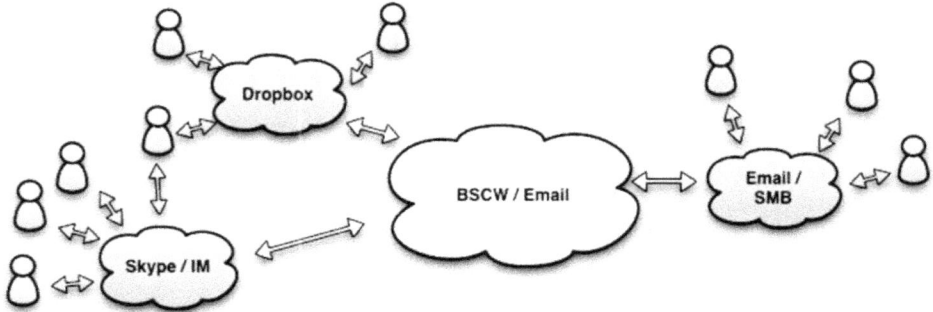

Figure 2. Work in small groups and interaction between them in a big project.

2   Concept

A lightweight collaborative work environment (CWE) is defined as a loosely coupled set of tools with the purpose to support knowledge workers. Every tool itself is lightweight, which means ease of use and without much user involvement (Dourish and Bly, 1992).

Let us consider different types of existing groupware systems in order to elaborate on which features the next generation of the collaborative system should incorporate. We will also try to figure out how the problem of information access versus information display is solved there. Of course it is difficult to assign a specific groupware to one of the types since it can provide several views. Generally speaking it is a question of user's intention. We can distinguish four different types of design solutions in the collaborative systems: (1) Activity-centric, (2) People-centric, (3) Object-centric, and (4) Dashboard.

The *activity-centric* groupware systems place special emphasis on the activities performed by the users within the system, e.g. social activities or any other system event. An activity is defined in terms of the Activity Streams Specification: An *actor* performs an action (*verb*) on an object (*target*). The enterprise social network Yammer and Facebook are examples of activity-centric systems. This representation is an important view on the information that solves the problem of awareness in the workspaces (Ott and Koch, 2012).

People-centric systems can be represented by such examples as Skype or any other instant messenger that supports file exchange. In this kind of systems the list of people takes the 1st place in the design. All actions and objects are arranged around the person or a group of persons. On our opinion this is the most important information representation in the digital working environment, where people are working together (Prinz and Kolvenbach, 2012).

Object-centric systems focus around documents, folders and their hierarchy. Other types of objects are also included in this hierarchy. The design of the interaction with objects resembles the desktop computer file system metaphor. BSCW (Basic Support for Cooperative Work; Appelt and Busbach, 1996) and Dropbox represent such an object-centric system. This kind of metaphor has been around for more than 30 years.

Dashboard-based systems use the mixed approach combing activity, people, and object views on the corresponding widgets on a single screen. This approach gives an overview of the groupware activities, people and objects, without the requirement of additional interaction with the UI. Dashboards represent different chunks of information from various systems (including activities, people and content of workspaces) (Jeners et al., 2009).

Each of the types described above has its benefits and the success of the software product and its usability depends on the final implementation. The monolithic systems require more development efforts for the wide functionality and thus provide a complex UI and a poor UX. This kind of UI/UX combination does not create a "lightweight" feeling. We argue that a lightweight collaborative system should expose a lightweight UI/UX additionally to a loosely coupled integration with other tools.

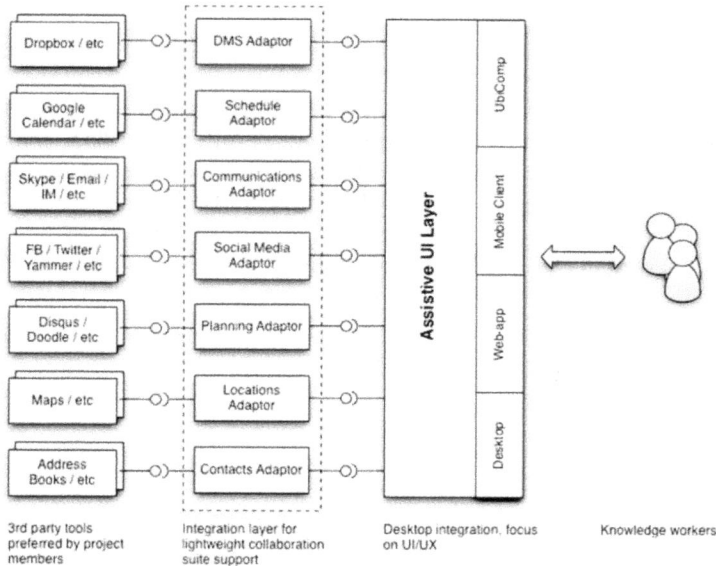

Figure 3. Integration of lightweight collaboration tools with an assistive UI layer.

The concept of the next generation lightweight collaborative system is shown in the Figure 3. It corresponds to the definition of a lightweight collaborative system and includes the design aspects mentioned above. First of all, this groupware model is not a monolithic system, but rather integration with existing ones. Integrating each of the third-party systems would require implementation of an adaptor that should harmonize the characteristics of a specific provider. For example, a Document Management System (DMS) adaptor would unify the API with interchangeable backend, such as: Dropbox, or BSCW. An assistive UI layer is a user-facing component of the groupware, developed on top of the harmonized API to different features, which are provided by third-party services. The assistive UI should support traditional UI and emerging technologies of the Future Smart Office (FSO). The characteristics of the assistive UI layer include (but not limited to): (1) native UX and desktop integration (referring to the success of Dropbox), (2) context awareness (to deal with information overload and attention management), (3) support for mobile computing, (4) support for smart environments (FSO).

3   Conclusions & Future Work

The idea of the integrated work environment is not new (Prinz et al., 2006; Kaptelinin and Boardman, 2007). We have analyzed the use of different groupware system over several projects (Jeners and Lobunets, 2013). Our proposal of the integrated approach consists in changing and integrating UI/UX without writing a groupware from scratch (Karger, 2007), building on top of existing lightweight tools, following the usability guidelines for UI/UX (native look and feel, desktop/working environment integration, conforming to well-known and accepted standards), supporting ubiquity of the groupware & providing availability across various devices (cf. Lachenmaier et al., 2012).

For the moment of writing we are working on the implementation of the prototype (BACW – Basic API for Collaborative Work) that tries to provide a harmonized API to different third-party systems and thus simplify integration with UI on different platforms (desktop, mobile, smart environment). Furthermore we are investigating different UI/UX solutions for the collaborative work as part of students' master thesis work and this year's CSCW Experiences Lab. These solutions include lightweight UI alternatives to BSCW, instant files exchange by sending and/or sharing, native groupware integration into the desktop environment and extension of a digital working environment in the FSO.

References

Jeners, N. and Lobunets, O. (2013): 'What Groupware Functionality Do Users Really Use? (A study of collaboration within digital ecosystems)', in *IEEE DEST*.

Prinz, W., Jeners, N., Ruland, R., and Villa, M. (2009): 'Supporting the change of cooperation patterns by integrated collaboration tools', *Leveraging knowledge for innovation in collaborative networks*, pp. 651–658.

Dourish, P. and Bly, S. (1992): 'Portholes: supporting awareness in a distributed work group', in *Proceedings of the SIGCHI conference on Human factors in computing systems*, pp. 541–547.

Ott, F. and Koch, M. (2012): 'Social Software Beyond the Desktop — Ambient Awareness and Ubiquitous Activity Streaming', *it - Information Technology*, vol. 54, no. 5, pp. 243–252.

Prinz, W. and Kolvenbach, S. (2012): 'From Groupware to Social Media — Extending an Existing Shared Workplace System with Social Media Features', *it - Information Technology*, vol. 54, no. 5, pp. 228–234.

Appelt, W. and Busbach, U. (1996): 'The BSCW system: a WWW-based application to support cooperation of distributed groups', in pp. 304–309.

Jeners, N., Budweg, S., and Prinz, W. (2009): 'Portal modules for groupware systems', in *Collaborative Computing: Networking, Applications and Worksharing, 2009. CollaborateCom 2009. 5th International Conference on*, pp. 1–10.

Prinz, W., Loh, H., Pallot, M., Schaffers, H., Skarmeta, A., and Decker, S. (2006): 'ECOSPACE - Towards an Integrated Collaboration Space for eProfessionals', in *Collaborative Computing: Networking, Applications and Worksharing*, pp. 1–7.

Kaptelinin, V. and Boardman, R. (2007): 'Toward integrated work environments: Application-centric versus workspace-level design', in *Beyond the desktop metaphor designing integrated digital work environments*, pp. 295–331.

Karger, D.R. (2007): 'Unify everything : it's all the same to me', in *Personal information management*, pp. 127–152.

Lachenmaier, P., Ott, F., and Koch, M. (2012): 'Model-driven development of a person-centric mashup for social software', *Social Network Analysis and Mining*, vol. 3, no. 2, pp. 193–207.

Kontaktinformationen

Oleksandr Lobunets, Fraunhofer FIT, oleksandr.lobunets@fit.fraunhofer.de
Nils Jeners, RWTH Aachen, nils.jeners@rwth-aachen.de

S. Boll, S. Maaß & R. Malaka (Hrsg.): Workshopband Mensch & Computer 2013
München: Oldenbourg Verlag, 2013, S. 225–229

Kollaborative Verbesserung von Ideen auf webbasierten Ideenplattformen

Philipp Kipp[1], Jan Marco Leimeister[1]

Wirtschaftsinformatik, Universität Kassel[1]

Zusammenfassung

Lediglich ein Bruchteil der Ideen auf webbasierten Ideenplattformen kann von Firmen ausgewertet und umgesetzt werden. Das wird insbesondere dadurch unterstützt, dass aktuelle Plattformen sehr gezielt für die Entwicklung von möglichst viel Inhalt durch viele Beteiligte entworfen werden. Um jedoch besser von den Ideen der Plattformnutzer profitieren zu können, ist eine stärkere Fokussierung auf die Qualität der generierten Ideen notwendig. Dieser Beitrag demonstriert, wie Benutzerkollaboration auf webbasierten Ideenplattformen unterstützt werden kann. Das vorgestellte Kollaborationswerkzeug versetzt motivierte Teilnehmer in die Lage gemeinsam an der Verbesserung der bereits existierenden Ideen mitzuwirken. Dabei durchlaufen Sie einen strukturierten Prozess, der für beliebige Ideen wiederholbar abgebildet wird.

1 Forschungshintergrund

Webbasierte Ideenplattformen (WBIP) sind etablierte Werkzeuge zur groß angelegten Ideenfindung. WBIPs ermöglichen es Unternehmen und anderen Organisationen nicht nur, externe Stakeholder anzusprechen, sondern diese auch gezielt zur Ideengenerierung zu nutzen (Füller, Bartl et al. 2006; Reichwald & Piller 2009; Bretschneider 2012). Nach Armstrong und Hagel (1995) fallen WBIP in die Kategorie der interessenorientierten („interest oriented") virtuellen Communities. Sie dienen also dem Austausch der Nutzer über ein Thema von gemeinsamem Interesse. Dies können zum Beispiel Produkte und Dienstleistungen, aber auch soziale Fragestellungen sein. Bisherige Forschungsergebnisse zeigen, dass externe Stakeholder – und hierbei insbesondere Kunden – willens und in der Lage sind, ihre Ideen nicht nur untereinander auszutauschen und zu diskutieren, sondern sie auch mit Unternehmen und Organisationen teilen (Bretschneider & Leimeister 2011). Aus der Kreativitätsforschung ist zudem bekannt, dass Nutzer von IT-Systemen in der Entwicklung kreativer Artefakte unterstützt werden müssen, um die besten Ergebnisse zu erzielen (Shneiderman 2002). Der Großteil der aktuellen WBIPs zielt allerdings vor allem auf die Generierung einer hohen Anzahl von Ideen ab und bietet nur rudimentäre Funktionalitäten, die auf die Unterstützung der Nutzer bei der Generierung von möglichst guten und umsetzbaren Ideen abzielen. Dies mag zwar für eine erfolgreiche webbasierte Ideenfindung notwendig sein, scheint aber für die Entwicklung hochwertiger Ideen nicht hinreichend (Kipp, Wieck et al. 2013).

2   Kollaborationsprozess

Das in diesem Beitrag vorgestellte Artefakt ist ein toolgestützter Kollaborationsprozess für webbasierte Ideenplattformen. Dieses sozio-technische System wird unter Verwendung der Design-Science-Methode entwickelt und evaluiert.

Der Kollaborationsprozess wird für existierende WBIPs entwickelt und fügt sich hinter die erste Phase des Innovationsprozesses, der Ideengenerierung, in die Konzepterarbeitung ein. Diese Positionierung ermöglicht es, ausgewählte und vielversprechende Ideen, die auf der WBIP generiert wurden, in den Prozess zu geben und kollaborativ weiterzuentwickeln. Hierbei kann der Plattformbetreiber als „Gatekeeper" wirken und sich so in die Vorauswahl der Ideen einbringen (Heiskanen & Similä 1992).

Abbildung 1:Eingliederung des Prozesses in die frühen Phasen der Innovationsentwicklung (Verworn & Herstatt 2007)

Die besondere Herausforderung in der Übertragung von Kollaborationsprozessen auf webbasierte Plattformen liegt in den Besonderheiten der webbasierten Kommunikation. Diesen wird insbesondere Rechnung getragen, indem die Benutzer jederzeit die Möglichkeit haben durch kleine Beiträge zu klaren Aufgabenstellungen zur Verbesserung der Ideen beizutragen. Der Ablauf des Kollaborationsprozesses wurde so entworfen, dass er nicht mit einer vordefinierten Gruppe von Teilnehmer abläuft. So kann jeder Nutzer der jeweiligen Ideenplattform jederzeit in den Prozess einsteigen und zur Weiterentwicklung der Idee beitragen. So stellt sich die Teilnahme für jeden potenziellen Teilnehmer sehr einfach dar. Um dieses Ziel zu erreichen wurde der Prozess in kleine, verteilte Arbeitspakete aufgeteilt und stellt sämtliche Beiträge und Zwischenergebnisse jederzeit für alle Nutzer der Plattform transparent dar.

Die dargestellte Version des Kollaborationsprozesses beruht auf sechs Schritten, die mit der initialen Idee beginnen und mit der gemeinsam ausgearbeiteten Idee enden. Die methodischen Grundlagen für die Entwicklung des im Werkzeug abgebildeten Kollaborationsprozesses orientieren sich am „Collaboration Process Design Approach" (COPDA) nach Kolfschoten und De Vreede (Kolfschoten & De Vreede 2009).

Der erste Schritt, die „Problemdefinition", ist die Analyse der Ausgangsidee mit dem Ziel, das ihr zugrunde liegende Problem zu identifizieren. Das erledigen die Teilnehmer, indem sie, basierend auf der initialen Idee, einzelne Aspekte des Problems identifizieren und mit den anderen Nutzern der Plattform teilen. Dies wird fortgesetzt, bis über einen bestimmten Zeitraum von den Nutzern keine Veränderungen mehr vorgenommen werden.

Im zweiten Schritt, der „Problemabstimmung", geht es um die Relevanzabschätzung der zuvor generierten Problemaspekte. Die Aufgabe der Teilnehmer besteht hierbei darin, die Problembeschreibung zu kommentieren und zu bewerten. So kann das Meinungsbild der Community zu den Beiträgen für die weitere Bearbeitung schnell erfasst werden.

Die Prozessschritte drei und vier („Lösungsdefinition" und „Lösungsabstimmung") laufen analog zu den ersten zwei Prozessschritten ab, befassen sich aber mit der Lösung des zuvor ausgearbeiteten Problems und gehen dabei von der Lösung aus, die in der initialen Idee beschrieben wurde.

Schritte fünf und sechs („Problem-„ bzw. „Lösungsformulierung") dienen der Aufarbeitung der bewerteten Brainstormbeiträge. Ziel dieser Prozessschritte ist die Ausformulierung einer gemeinsamen Beschreibung der überarbeiteten Idee. Hierzu greifen die Teilnehmer auf sämtliche Ergebnisse der vorrangegangenen Prozessschritte (Beiträge und deren Bewertungen) zurück und nutzen eine kollaborative Textverarbeitung, die es erlaubt, dass mehrere Teilnehmer gleichzeitig am Text arbeiten. So entsteht eine gemeinsam überarbeitete, lesbare Version der Idee, die die kreativen Lösungen und unterschiedlichen Sichtweisen der Teilnehmer vereint.

Dieser sechs-stufige Prozess wurde mit drei verschiedenen Gruppen getestet, deren Aufgabe darin bestand, bestehende Ideen zur Verbesserung der universitären Lernumgebung weiterzuentwickeln. Die ausgearbeiteten Ideen wurden Experten vorgelegt, welche die Qualität der Ideen und insbesondere ihren Ausarbeitungsgrad nach dem Prozess signifikant höher bewerteten als davor.

3 Software Artefakt

Der beschriebene Kollaborationsprozess wurde in eine eigens entwickelte webbasierte Ideenplattform integriert. Die Implementierung des Kollaborationsprozesses als webbasiertes Werkzeug basiert auf dem CMS System Drupal 6 und wurde dort als eigenständiges und auf andere Plattformen übertragbares Modul implementiert. Dies ermöglicht eine Evaluation des Kollaborationsprozesses in Laborexperimenten und Feldtests mit verschiedenen Teilnehmergruppen. Die Ergebnisse der Sitzungen und Experimente werden dann als Grundlage für die zukünftige Überarbeitung des Tools dienen.

Die Prozessschritte zur Identifikation und Konkretisierung von Problem und Lösung, aus denen sich die Ideen zusammensetzen, wurden in Form eines Brainstorms implementiert, zu dem jeder Benutzer der Plattform zeit- und ortsunabhängig beitragen kann. Um die Einschätzung der Relevanz der einzelnen Brainstormingbeiträge zu gewinnen, können diese während dieser Prozessschritte von den Prozessteilnehmern bewertet werden. Dies versetzt die Teilnehmer in die Lage, die Relevanz der kollaborativ zusammengetragenen Problem- und Lösungsaspekte einzuschätzen und in der Ausformulierung entsprechend zu Berücksichtigen. Zur Unterstützung der Prozessschritte für die Formulierung von Problem und Lösung als zusammenhängende Texte wird die kollaborative Textverarbeitung Etherpad Lite[1] eingesetzt. Dieser erlaubt es den Teilnehmern jederzeit gleichzeitig zur Formulierung beizutragen und gibt den Forschern die Möglichkeit, den Entstehungsprozess der überarbeiteten Idee detailliert nachzuvollziehen, indem jede Nutzereingabe einzeln nachvollziehbar ist.

---

[1] http://www.etherpad.org

Ideenausarbeitung zur Idee Leselampen gegen Müdigkeit

Inhalt der Originalidee ansehen

In den Hörsälen wie z.B. H1 ist es äußerst anstrengend sich Notizen zu machen und sich voll zu konzentrieren, wenn die Profs für eine Präsentation das Licht dimmen. Somit ist mein Vorschlag an die Pulte kleine Leselampen anzubringen, die sich jeder auf seinen Tisch ausrichten kann. Möglich wäre z.B. auch eine Kopplung des Stromes der Lampe an das Klapppult. Sobald das Pult heruntergeklappt wird, geht die Lampe an.

Gemeinsame Ausarbeitung - Problemformulierung

Fassen Sie die Problemaspekte zu einer Problembeschreibung zusammen. Lesen Sie dafür die im Vorfeld von der Community zusammengetragenen Problemaspekte und arbeiten Sie diese unten gemeinsam aus. Versuchen Sie dabei die gut bewerteten Problemaspekte mit in die Beschreibung aufzunehmen. Im Textfeld unten können sie gleichzeitig mit den anderen Co-Create Uni Kassel! Mitgliedern zu der Ausformulierung beitragen und sich im Chat zu den Formulierungen austauschen. Der Text wird nach jeder Veränderung automatisch gespeichert.

Problemausarbeitung   Lösungsausarbeitung

Die Hörsäle sind schlecht ausgeleuchtet.

Philipp Kipp
🗑
1 Punkte

An sich sind die Tische viel zu klein, um sinnvoll mitzuschreiben.

Philipp Kipp
🗑
1 Punkte

Professoren müssen aufgrund der schlechten Beamerleistung das Licht im Hörsaal dimmen.

Philipp Kipp
🗑
-1 Punkte

B I U S ≣ ≣ ⛶ ⛶ ↺ C ⊘   ⇄ ⊙ ☆ ⚙ </> 👤

In den Hörsälen wie z.B. H1 ist es äußerst anstrengend sich Notizen zu machen und sich voll zu konzentrieren, wenn die Profs für eine

Fortschritt der Ausarbeitung

PROBLEMDEFINITION

PROBLEMABSTIMMUNG

LÖSUNGSDEFINITION

LÖSUNGSABSTIMMUNG

PROBLEMFORMULIERUNG

LÖSUNGSFORMULIERUNG

Abbildung 2: Bildschirmfoto des Kollaborationstools mit einer Beispielidee

Während des gesamten Bearbeitungsprozesses sind alle bisherigen Arbeitsergebnisse sowie die initiale Idee für die Bearbeiter einsehbar. So ist sichergestellt, dass die Bearbeitungsschritte auf einander aufbauend bearbeitet werden können. Abbildung 1 zeigt ein beispielhaftes Bildschirmfoto des Kollaborationswerkzeugs, das in die Ideenplattform „Co-Create Uni Kassel!" eingebunden ist.

4   Ausblick

Dieser Beitrag zeigt ein Kollaborationswerkzeug, das es Nutzern von webbasierten Ideenplattformen ermöglicht gemeinsam ausgewählte Ideen auf der Plattform zu verbessern. Erste Endnutzertests mit Expertenbewertung konnten zeigen, dass die Ideenqualität durch den eingesetzten Prozess verbessert werden kann. Evaluationen mit vielen Teilnehmern und Versuche stehen aktuell noch aus und sind in den nächsten Monaten geplant. Durch die Integration des Werkzeugs in eine bestehende Ideenplattform kann die Evaluation sehr praxisnah mit echten Nutzern, aber auch in kontrollierten Laborumgebungen erfolgen. Diese sollen Rückschlüsse auf Prozessanpassungen und die Eignung des gewählten Collaboration Engineering Ansatzes für die Entwicklung von werkzeugunterstützen verteilten Kollaborationsprozessen liefern. So soll das Kollaborationswerkzeug dazu beitragen, die Kundenintegration über webbasierte Ideenplattformen erfolgreicher im Sinne einer größeren Anzahl qualitativ hochwertiger und umsetzbarer Ideen zu gestalten.

Literaturverzeichnis

Armstrong, A. G. & Hagel, J. (1995). The real value of online communities. *Creating value in the network economy*. Boston, MA, USA: Harvardn Business Review Book Series, 173-185.

Bretschneider, U. (2012). *Die Ideen Community zur Integration von Kunden in die frühen Phasen des Innovationsprozesses: Empirische Analysen und Implikationen für Forschung und Praxis*. Wiesbaden, Springer Gabler.

Bretschneider, U. & Leimeister, J. M. (2011). Getting costomers' motives: Lean on motivation theor for designing virtual ideas communities. *Governance and Sustainability in Information Systems: Managing the Transfer and Diffusion of IT, Proceedings International Working Conference IFIP*, Hamburg, Nüttgens, M.; Gadatsch, A.; Kautz, K.; Schirmer, I.; Blinn, N.

Füller, J., Bartl, M., Ernst, H. & Mühlbacher, H. (2006). Community based innovation: How to integrate members of virtual communities into new product development. *Electronic Commerce Research 6*(1), 57-73.

Heiskanen, A. & Similä, J. (1992). Gatekeepers in the action structure of software contracting: a case study of the evolution of user-developer relationships. *Proceedings of the 1992 ACM SIGCPR conference on Computer personnel research*, ACM.

Kipp, P., Wieck, E., Bretschneider, U. & Leimeister, J. M. (2013). 12 Years of GENEX Framework: What did Practice Learn from Science in Terms of Web-Based Ideation? *11. Internationale Tagung Wirtschaftsinformatik*, Leipzig.

Kolfschoten, G. L. & De Vreede, G.-J. (2009). A Design Approach for Collaboration Processes: A Multimethod Design Science Study in Collaboration Engineering. *Journal of Management Information Systems 26*(1), 225-256.

Reichwald, R. & Piller, F. (2009). *Interaktive Wertschöpfung - Open Innovation, Individualisierung und neue Formen der Arbeitsteilung*. Wiesbaden, Gabler.

Shneiderman, B. (2002). Creativity Support Tools. *Communications of the ACM 45*(10), 116 - 120.

Verworn, B. & Herstatt, C. (2007). Bedeutung und Charakteristika der frühen Phasen des Innovationsprozesses. *Management der frühen Innovationsphasen*: Springer, 3-19.

Kontaktinformationen

Philipp Kipp: philipp.kipp@uni-kassel.de
Jan Marco Leimeister: leimeister@uni-kassel.de
Universität Kassel, Wirtschaftsinformatik, Pfannkuchstr. 1, 34121 Kassel

S. Boll, S. Maaß & R. Malaka (Hrsg.): Workshopband Mensch & Computer 2013
München: Oldenbourg Verlag, 2013, S. 231–236

PKM-Vision mobile: persönliches Wissensmanagement unterwegs

Phillip Pfingstl[1], Martin Christof Kindsmüller[2]

User Experience Design, Ergosign GmbH[1]
Mensch-Computer-Interaktion, Fachbereich Informatik, Universität Hamburg[2]

Zusammenfassung

PKM-Vision mobile ist ein System zur leichten und schnellen Integration von multimedialen Inhalten in eine bestehende digital vorhandene Informationsstruktur. Es ergänzt die browserbasierte und plattformunabhängige Anwendung PKM-Vision, einem Werkzeug zum persönlichen Wissensmanagement, das insbesondere zur Visualisierung von Wissensstrukturen dient. Das für Smartphones konzipierte PKM-Vision mobile erweitert das bestehende System sowohl um die Möglichkeit der mobilen Nutzung vorhandener Inhalte als auch um die einfache Möglichkeit, diese mit neuen Informationen zu ergänzen. PKM-Vision mobile ist nahtlos in das Android-Betriebssystem integriert und so konzipiert, dass Ergänzungen in möglichst wenigen Schritten durchgeführt werden können.

1 Persönliches Wissensmanagement mit PKM-Vision

Personal Knowledge Management (PKM) besteht aus individuellen Prozessen, um Informationen sammeln, klassifizieren, speichern, durchsuchen und wiederfinden zu können (Grundspenkis 2007, S. 451-457) und diese mit bestehenden Wissensstrukturen zu verknüpfen. PKM ist heutzutage eine große Herausforderung, da einzelne Informationsobjekte in unterschiedlichster Form vorliegen können. Oft ist ein Medienbruch zu beobachten, wenn es um die Verknüpfung von analoger und digitaler Information geht. Doch selbst komplett digitalisierte Information ist in der Regel heterogener Natur: verschiedene Dateitypen, andere Dateisysteme zur Speicherung, mehrere Speicherorte der gleichen Datei und damit eventuell inkonsistente Versionen, inkompatible Dateiformate, proprietäre Anwendungen sowie unterschiedliche Betriebssysteme lassen kaum ganzheitliches persönliches Wissensmanagement zu.

Das persönliche Wissensmanagementwerkzeug PKM-Vision (Roenspieß et al. 2011) wurde als browserbasierte Anwendung für den Desktopbereich konzipiert und realisiert, um diesen Herausforderungen zu begegnen. Neben der Möglichkeit, neue oder bestehende Informationsobjekte zu verknüpfen und somit dauerhafte Relationen zwischen diesen zu erzeugen, liegen weitere Schwerpunkte der Anwendung auf der Verwaltung (Hierarchien, Tags, Meta-Daten, ...) und der Visualisierung bereits bestehender eigener Wissensstrukturen.

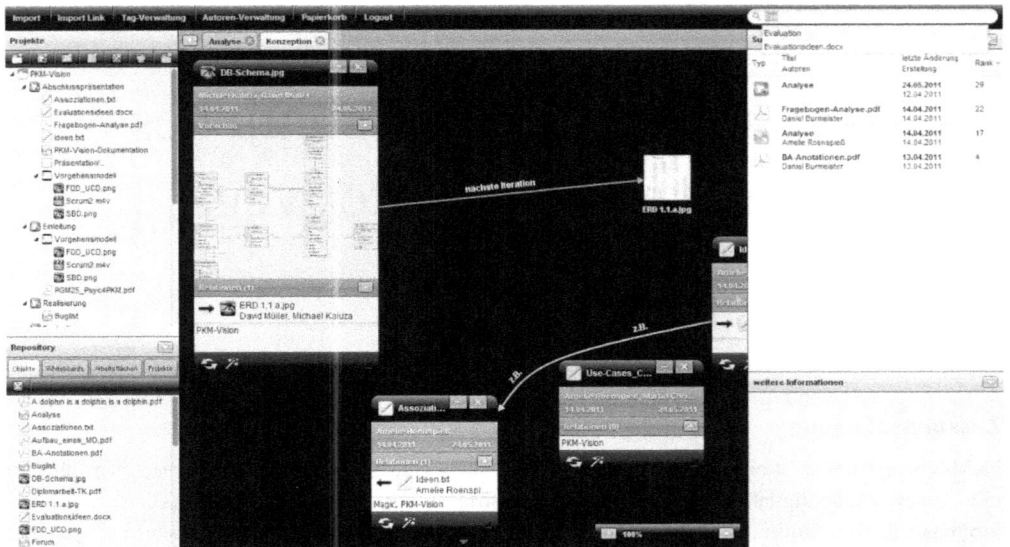

Abbildung 1: PKM-Vision

Für die Entwicklung einer mobilen Anwendung, die sich in eine bestehende Infrastruktur integrieren soll, ist zunächst eine Systemanalyse hilfreich, welche die Strukturierungsmöglichkeiten von PKM-Vision beschreibt: Als oberste Strukturelemente dienen Projekte, die einem Ordner-Prinzip folgen. Ein Projekt kann mehrere Arbeitsflächen (siehe Abbildung 1) und beliebig viele Informationsobjekte enthalten, also z.B. Bilder, Dokumente, virtuelle Post-its, URLs, Videos, Audio-Aufzeichnungen, PDFs oder beliebige andere Dateien. Auf geöffneten Arbeitsflächen (in Abbildung 1 als Tabs zu sehen) lassen sich Whiteboards und wiederum Informationsobjekte grafisch anordnen und diese zueinander in Bezug setzen. Arbeitsflächen sind also am ehesten als eine Kombination aus Schreibtisch und Pinnwand zu sehen. Das Repository unten links bietet eine direkte, flache Zugriffsmöglichkeit auf Informationsobjekte, Whiteboards, Arbeitsflächen und Projekte, die nicht zwingend geöffnet sein müssen. Neue Informationsobjekte können zum Repository hinzugefügt werden und lassen sich anschließend auf Arbeitsflächen, Whiteboards und in Projekten platzieren.

PKM-Vision unterscheidet sich von ähnlichen Systemen wie Evernote (www.evernote.com) durch die umfassenderen Strukturierungs- und sowie reichhaltigere Visualisierungsmöglichkeiten von miteinander in Relation stehenden Informationsobjekten. In Abbildung 1 sind diese als Pfeile dargestellt. Durch die dauerhafte Speicherung von Relationen am Informationsobjekt gehen diese Verbindungen auch bei einer Verwendung der Informationsobjekt in einem anderen Kontext nicht verloren und bleiben weiterhin abrufbar.

2 Integration von Inhalten mit PKM-Vision mobile

PKM findet nicht nur am heimischen Rechner statt. Auch unterwegs im Bus oder z.B. im Wartezimmer beim Zahnarzt gibt es Situationen, in denen relevante Information festgehalten werden soll (*encountered information*). Aus diesem Bedürfnis heraus ist die ergänzende Anwendung PKM-Vision mobile (Pfingstl 2011) entstanden, die eine schnelle Integration von unterwegs anfallenden Inhalten in bestehende Informationsstrukturen erlaubt. Eine Befragung von PKM-Vision-Anwendern mit einem bis sieben Monaten Erfahrung bestätigte die Vermutung, dass diese auch im mobilen Kontext auf die vollständigen Strukturen zugreifen und dort Inhalte einpflegen möchten. Zusätzlich besteht das Bedürfnis Informationsobjekte schnell in einer Art generischer Inbox abspeichern zu können. Dies ist relevant, wenn zum Zeitpunkt des Abspeicherns noch keine Klarheit über die finale Position innerhalb der Struktur besteht oder aktuell keine Zeit zum Traversieren der Informationsstruktur aufgewendet werden soll.

Abbildung 2(a) zeigt, dass eine Arbeitsfläche in PKM-Vision mobile als scrollbare Liste realisiert ist, bei der die dort befindlichen Informationsobjekte mit Hilfe von Icons klassifiziert sind. Diese lassen sich jeweils mit verschiedenen Programmen öffnen, je nachdem, welche Anwendungen auf dem Android-System installiert sind. Die aktuelle Navigationsebene ist als Text visualisiert, die Navigation erfolgt mit Hilfe der Pfeile: Der nach oben gerichtete Pfeil bringt den Nutzer auf die nächst höhere Ebene; auf gleicher Hierarchieebene kann mit den horizontalen Pfeilen zwischen Informationsobjekten/Arbeitsflächen etc. navigiert werden, um den Navigationsaufwand zu minimieren. Ein neues Informationsobjekt kann mit einem Druck auf den Plus-Button in Abbildung 2(a) angelegt werden. Dann wird ein Dialog aufgerufen, der in Abbildung 2(b) dargestellt ist. Dort können typische Medientypen ausgewählt werden, aber auch Strukturelemente wie Projekte. Nach Auswahl des Medientyps kann direkt ein Objekt des betreffenden Typs (z.B. Foto) erstellt und mit Hilfe des Dialogs in Abbildung 3(a) mit Metadaten (Titel, Autoren, Tags) und einem Speicherort versehen werden. Zur Unterstützung des Nutzers werden dabei sinnvolle Standardwerte genutzt, was die effiziente Integration neuer Inhalte ermöglicht.

Noch schneller und flexibler gelingt die Integration mit dem in Abbildung 3(b) dargestellten Homescreen-Widget. Hier kann beispielsweise mit nur einem Tap die Kamera-App gestartet werden. Nach Erstellung eines Bildes wird konsistent der gleiche Dialog zur Speicherung genutzt. Mit nur drei Schritten kann also ein neues Informationsobjekt in die bestehende Informationsstruktur integriert werden. Falls im Prozess eine Abfrage zur Entscheidung, ob ein Informationsobjekt tatsächlich gespeichert werden soll, vorgesehen ist, so stellt dies die minimale Anzahl an Schritten dar. Nicht nur neue, sondern auch auf dem Smartphone bereits vorhanden Dateien und Metadaten können im PKM-Vision integriert werden. So können z.B. Lesezeichen aus einem Browser an PKM-Vision mobile gesendet werden, ohne dass der Nutzer die Anwendung vorher geöffnet hat. Beim Speichern (vgl. Abbildung 3(a)) wird beispielsweise der Titel des Lesezeichens übernommen. Analog dazu können beliebige andere Informationsobjekte hinzugefügt werden, solange die jeweils andere Anwendung das Senden von Daten unterstützt.

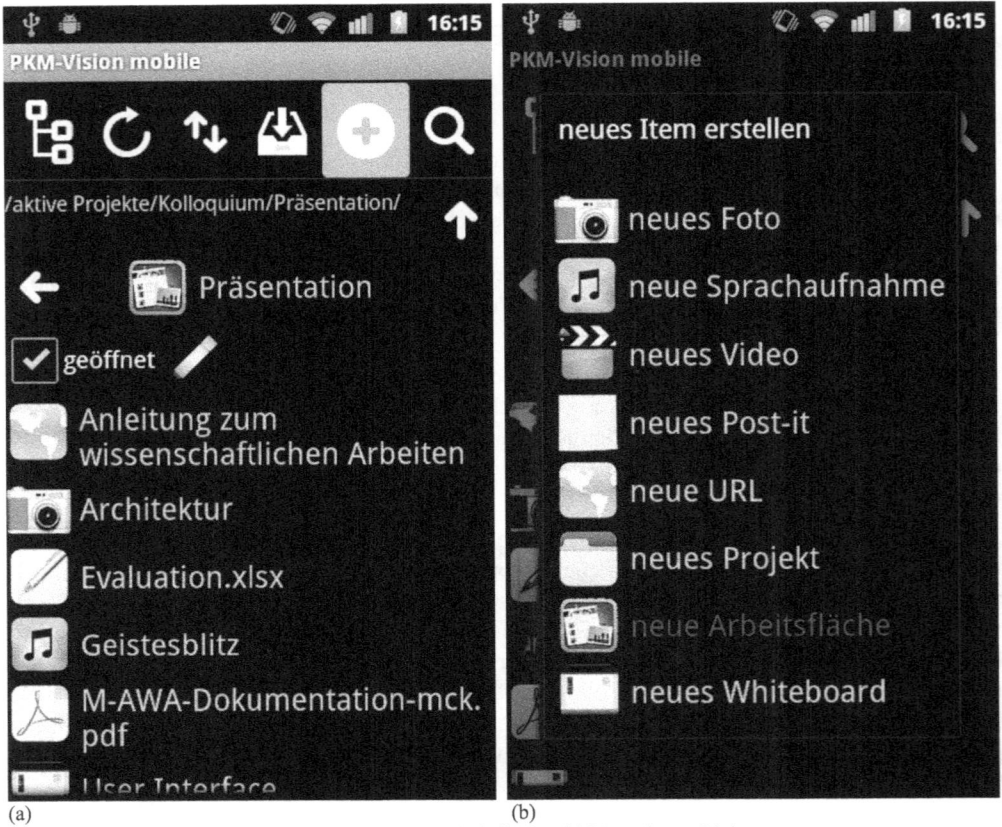

(a)   (b)

Abbildung 2: PKM-Vision mobile: (a) Arbeitsfläche, (b) Neuanlegen-Dialog

In einer ersten vergleichenden Evaluation ($n = 5$) von PKM-Vision und PKM-Vision mobile konnte in einem ersten Schritt qualitativ gezeigt werden, dass der intendierte Einsatzzweck des Systems, insbesondere das schnelle Einpflegen neuer Information, von der mobilen Version sehr gut unterstützt wird. Nach einer etwa dreiminütigen Einführung sollten die Probanden typische Arbeitsaufgaben mit der mobilen Version erfüllen. Dies umfasste

- den Abruf bestehender Strukturen (Projekte, Arbeitsflächen, Whiteboards),
- die Integration von neuen Items (Foto, Sprachaufnahme, Post-it) in bestehende Strukturen,
- die Integration bestehender Dateien von der Speicherkarte des Smartphones,
- die Integration bestehender Daten aus anderen Apps,
- die Integration von URLs und Lesezeichen,
- die Interaktion mit dem Widget,
- die Suche sowie
- das Kopieren von Elementen.

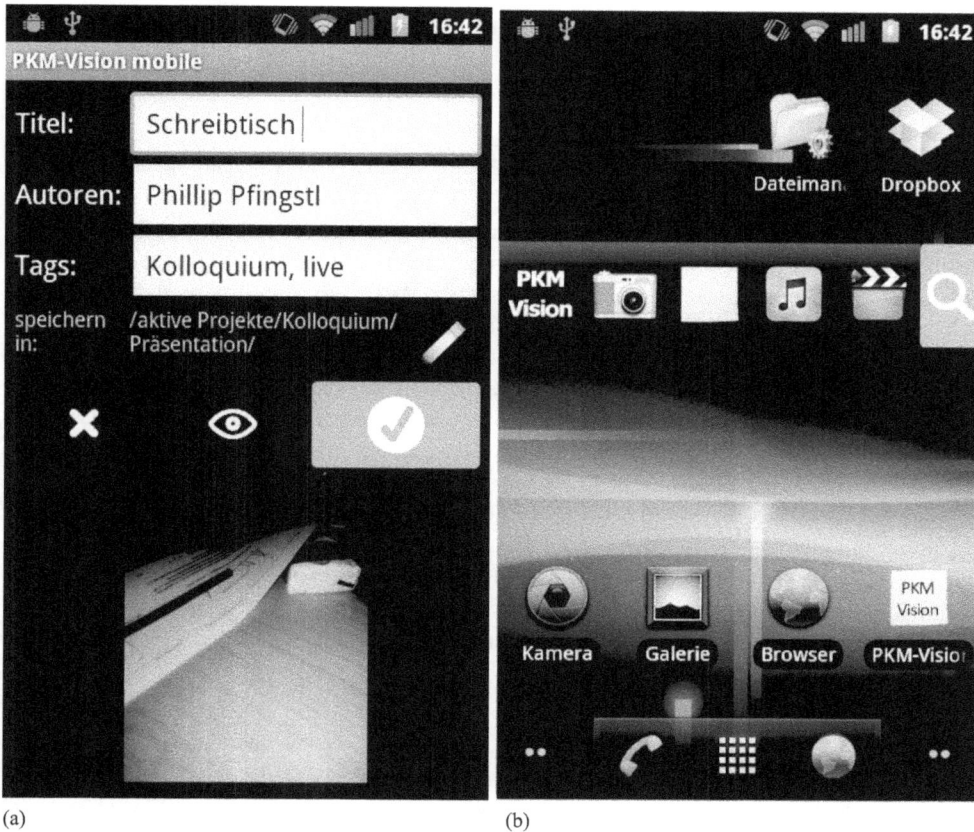

Abbildung 3: (a) Metadatenidalog von PKM-Vision mobile, (b) Android-Homescreen mit Widget

Nachdem diese Aufgaben problemlos durchgeführt wurden, war davon auszugehen, dass die Probanden wussten, wie sie welche Aktion in PKM-Vision mobile auslösen können.

In einem zweiten Schritt sollte nun quantitativ belegt werden, dass PKM-Vision mobile für den intendierten Nutzungskontext eine leichtgewichtige und effiziente Alternative darstellt. Dazu sollten die Nutzer zunächst ein neu zu erstellendes Foto mit Hilfe von PKM-Vision mobile auf eine definierte Arbeitsfläche legen. Anschließend sollten sie die gleiche Aufgabe mit der Desktop-Version von PKM-Vision erledigen. Wie dies genau durchzuführen war, konnten die Probanden selbst entscheiden, sie durften hierzu allerdings nicht PKM-Vision mobile benutzen. Hierbei zeigte sich, dass das die Geschwindigkeit beim Einpflegen eines neuen Fotos in die bestehende Struktur beinahe um den Faktor 4 (durchschnittlich 37 Sek. gegenüber 123 Sek. beim bisherigen System) gesteigert werden konnte. Diese Messungen demonstrieren die erhöhte Effizienz bei der Integration neuer Inhalte im Vergleich zur Desktop-Version, während die durchweg sehr positiven subjektiven Ratings zur Zufriedenheit bei der Aufgabenerfüllung zeigen, dass effektiv und mit Zufriedenheit mit PKM-Vision mobile gearbeitet werden kann.

PKM-Vision mobile weist im Vergleich zur Desktop-Version einen grundsätzlich komplementären Charakter auf, da der Fokus der App auf der schnellen Integration von Informationsobjekten liegt. Die App kann als Ergänzung zur Desktop-Version, aber auch als eigenständige Anwendung genutzt werden.

3 Ausblick

Um mehr Platz für die Darstellung der Inhalte zur Verfügung zu haben, ohne die Gebrauchstauglichkeit einzuschränken, würde es sich anbieten, die zur Navigation eingesetzten Pfeil-Icons durch eine Gestensteuerung zu ersetzen. Auch eine Optimierung für Android-Tablets ist mit der vorhandenen Version leicht möglich. So kann die aktuelle Version bereits auf Tablets installiert und die Kernfunktionalität auch auf diesen Geräten bereits genutzt werden. Allerdings müssten die Layouts einiger Screens angepasst werden - gerade das grafisch geprägte Arbeiten auf Arbeitsflächen könnte auf Tablets aufgrund größerer Displays besser unterstützt werden als auf Smartphones.

Obwohl der effiziente Import von Informationsobjekten eine Stärke von PKM-Vision mobile ist, kann dieser noch komfortabler gestaltet werden: So könnten bei Textdateien abhängig vom Inhalt automatisch Tags für das Objekt vorgeschlagen werden; ähnliches ist mit Hilfe einer schnellen Bild- oder Audioanalyse auch für Bilder und Sprachaufnahmen denkbar. Auch die stärkere Nutzung von vorhandenen Sensoren wäre sinnvoll, insbesondere die Nutzung von GPS-Daten beim Erstellen neuer Informationsobjekte.

Literaturverzeichnis

Grundspenkis, J. (2007). Agent based approach for organization and personal knowledge modelling: knowledge management perspective. *Journal Of Intelligent Manufacturing, 18.4* , S. 451-457.

Pfingstl, P. (2011). *Adaptierung einer Rich Internet Application für Smartphones.* Masterarbeit am Institut für Multimediale und Interaktive Systeme der Universität zu Lübeck.

Roenspieß, A., Pfingstl, P., Schröder, N., Müller, D., Kaluza, M., Wolters, C., Heckel, S., Böcken, A. & Jent, S. (2011). *Abschlussbericht der Fallstudie „Innovative Produktentwicklung".* Institut für Multimediale und Interaktive Systeme der Universität zu Lübeck

Kontaktinformationen
Phillip Pfingstl, Ergosign GmbH, phillip.pfingstl@googlemail.com
Martin Christof Kindsmüller, Universität Hamburg, mck@informatik.uni-hamburg.de

S. Boll, S. Maaß & R. Malaka (Hrsg.): Workshopband Mensch & Computer 2013
München: Oldenbourg Verlag, 2013, S. 237–242

TeaCo iPad – Eine SocialWare zwischen Desktop und Smartphone

Jan-Philipp Kalus[1], Martin Christof Kindsmüller[2]

[1] neoteric notion GbR, Lübeck

[2] MCI – Fachbereich Informatik, Universität Hamburg

Zusammenfassung

In der vorliegenden Arbeit wurden die Fragen untersucht, wie Anwendungssysteme, die bereits für Desktop-PCs und Smartphones existieren, auf ein Tablet übertragen werden können, welche Lehren aus der Desktop- und der Smartphone-Welt in Bezug auf die Gestaltung der Benutzungsschnittstelle einer Tablet-Anwendung gezogen werden können und an welchen Stellen über diese etablierten Gestaltungsprinzipien hinausgegangen werden muss. Diese Fragestellungen werden beispielhaft anhand einer nativen iPad-Applikation für den leichtgewichtigen Terminkoordinator TeaCo untersucht.

1   Einleitung

TeaCo ist ein Werkzeug zur Terminplanung für kleinere und größere Gruppen. Es möchte vor allem durch seine Leichtgewichtigkeit und Interoperabilität überzeugen und sich so von Systemen wie Microsoft Exchange oder IBM Lotus Notes abheben. Für TeaCo existiert bereits je eine Variante für Desktop-Browser (Lohrenz, 2009) und mobile Browser (Roenspieß et al., 2011) sowie eine Variante als native iPhone-Applikation (Schröder, 2010).

Betrachtet man die Interaktionsmöglichkeiten eines Tablets, so lässt sich feststellen, dass weder die bewährten Gestaltungsprinzipien eines Desktop-PCs noch die eines Smartphones ohne weiteres auf eine Benutzungsschnittstelle für einen Tablet übertragen werden können. Vielmehr muss für die Benutzungsschnittstelle eines Tablets für jeden Anwendungsfall differenziert analysiert werden, ob Desktop- oder Smartphone-Gestaltungsprinzipien die bessere Grundorientierung geben oder ob für den spezifischen Anwendungsfall neue Gestaltungsprinzipien für Tablets entwickelt werden müssen.

Im Folgenden wird ein typisches Anwendungsszenario des TeaCo-Systems geschildert:

Alice möchte mit Bob und Carl zwei verschiedene Meetings vereinbaren. Das dringliche Meeting „Brainstorming" muss noch innerhalb der nächsten Woche stattfinden. Für das zweite Meeting „Grillparty" kommen nur Wochenenden in Frage, dafür ist dieses nicht so dringlich. Alice sitzt gerade in ihrem Wohnzimmer und ruft TeaCo iPad auf, um die beiden Meetings anzulegen. Nachdem Alice den Titel für das Brainstorming-Meeting festgelegt hat, erscheint auf dem iPad-Display die Meetingansicht. Da nur die nächste Woche zur Verfü-

gung steht, wechselt Alice in die Wochenansicht und wählt die nächste Woche aus. Dort legt sie nun verschiedene Terminvorschläge an und lädt anschließend Bob und Carl ein. Für das zweite Meeting Grillparty verfährt Alice ähnlich. Allerdings nutzt sie beim Anlegen der Terminvorschläge die Monatsansicht, um mehrere Wochenenden gleichzeitig sehen zu können.

Als Bob via E-Mail die Einladungen zu den Meetings erhält, sitzt er gerade im Büro vor seinem PC. Über einen Link in den E-Mails gelangt Bob direkt zu Meetingansicht von TeaCo Desktop in seinem Browser. Bob gibt für jedes Meeting an, wann er Zeit hat und wann nicht. Zusätzlich lädt er über das TeaCo-System den neuen Praktikanten Dave für das Grillparty-Meeting ein.

Carl sitzt gerade im Zug, als ihn eine Push-Nachricht von TeaCo iPhone über die Einladungen von Alice informiert. Carl öffnet die Meetings via TeaCo iPhone und gibt ebenfalls für jedes Meeting an, ob er Zeit hat. Beim Brainstorming-Meeting erkennt er, dass er als letzter abgestimmt hat und es sich genau ein Termin gefunden hat, an dem alle Zeit haben. Er markiert diesen als endgültig und lässt das TeaCo-System die anderen Teilnehmer darüber informieren. Für das zweite Meeting Grillparty wurde jedoch kein für alle passender Terminvorschlag gefunden. Carl schlägt deshalb weitere Termine vor und informiert über einen TeaCo-Kommentar die übrigen Teilnehmer, damit diese erneut abstimmen können.

2   Entwicklungsprozess und Dialoggestaltung

Das System wurde auf Grundlage eines verschränkten Entwicklungsprozesses aus User Centered Design (UCD, Norman & Draper, 1986) und Feature Driven Development (FDD, Coad et al., 1999) konzipiert und realisiert. Ein zentraler Punkt in der Entwicklung war das Design der Meetingansicht, da hier die Desktop- und die Smartphone-Variante sehr unterschiedlich implementiert und in dieser Form für ein Tablet nicht geeignet sind. Die Meetingansicht stellt ein Meeting mit allen dazugehörigen Terminvorschlägen, Teilnehmern und Kommentaren dar.

In der Desktop-Variante (Abb. 1) werden alle Terminvorschläge in einem kalenderartigen Grid dargestellt, wobei Tage ohne Terminvorschlag ausgelassen werden. So gewinnt man einen recht guten zeitlichen Überblick über die Terminvorschläge, wenngleich bei der Evaluation (Lohrenz, 2009) festgestellt wurde, dass das Weglassen von Tagen die Nutzer verwirren kann. In der Smartphone-Variante (Abb. 2) werden die Terminvorschläge untereinander aufgelistet (Quickvote-Ansicht). Das hat den Vorteil, dass der Benutzer alle Termine in einer kompakten Übersicht hat und schnell interagieren und insbesondere abstimmen kann. Einen zeitlichen Überblick erhält der Benutzer jedoch nicht.

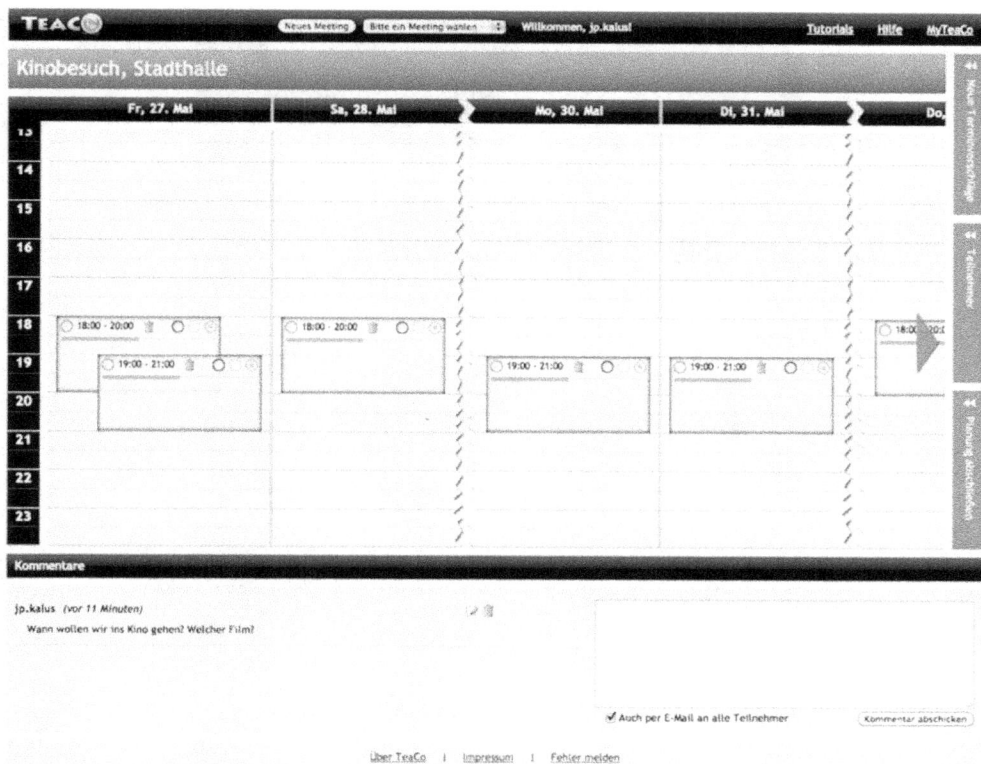

Abbildung 1, TeaCo Desktop, Meetingansicht

In der Meetingansicht von TeaCo iPad wurden beide Darstellungsformen kombiniert, um jeweils von den positiven Aspekten zu profitieren. Allerdings wurden statt dem Grid aus der Desktop-Variante, welches sich durch Weglassen von Tagen automatisch an die Verteilung der Terminvorschläge anpasst, drei verschiedene Ansichten eingeführt, zwischen denen der Benutzer spontan wechseln kann. Der Benutzer hat nun eine Tages-, eine Wochen- und eine Monatsansicht zur Verfügung zwischen der er – je nach Verteilung der Terminvorschläge und eigenen Vorlieben – wählen kann. Eine zeitliche Verzerrung wie in der Desktop-Variante wird so vermieden. Zwischen allen Ansichten findet eine wechselseitige Synchronisation statt. Jede Änderung in einer Ansicht wird sofort auch in den übrigen Ansichten sichtbar. Dies betrifft nicht nur Manipulationen von Terminvorschlägen. Scrollt der Benutzer einer Ansicht zu einem bestimmten Terminvorschlag, so ist dieser auch bei einem Wechsel zu einer anderen Ansicht weiterhin sichtbar.

Abbildung 2, TeaCo iPhone, Meetingansicht

Abbildung 3 zeigt die Meetingansicht von TeaCo iPad in der Wochenansicht. Der Benutzer kann zwischen einer Tages-, einer Wochen- und einer Monatsansicht wechseln. In allen drei Ansichten findet sich auf der linken Seite eine Auflistung aller Terminvorschläge, so dass schnell abgestimmt werden kann. Außerdem kann in dieser Liste ein Terminvorschlag als endgültig markiert oder bearbeitet werden. Über dieser Liste befinden sich zwei Buttons. Der eine Button führt zurück zur Meetingübersicht, mit dem anderen wird ein Pop-Up zum Erstellen eines neuen Terminvorschlags eingeblendet. Unter der Liste befindet sich ein Button zum Aktualisieren der Ansicht. In der Kopfzeile des rechten Teils der Meetingansicht befindet sich der Bearbeiten-Button, mit welchem man in den Editiermodus gelangt. Zentriert befindet sich der Titel des Meetings. Zentriert in der Fußzeile befindet sich die Schaltfläche zum Wechseln zwischen den einzelnen Darstellungen der Terminvorschläge und rechts daneben die Buttons zum Versenden von Termindaten sowie zum Verwalten von Teilnehmern und Kommentaren.

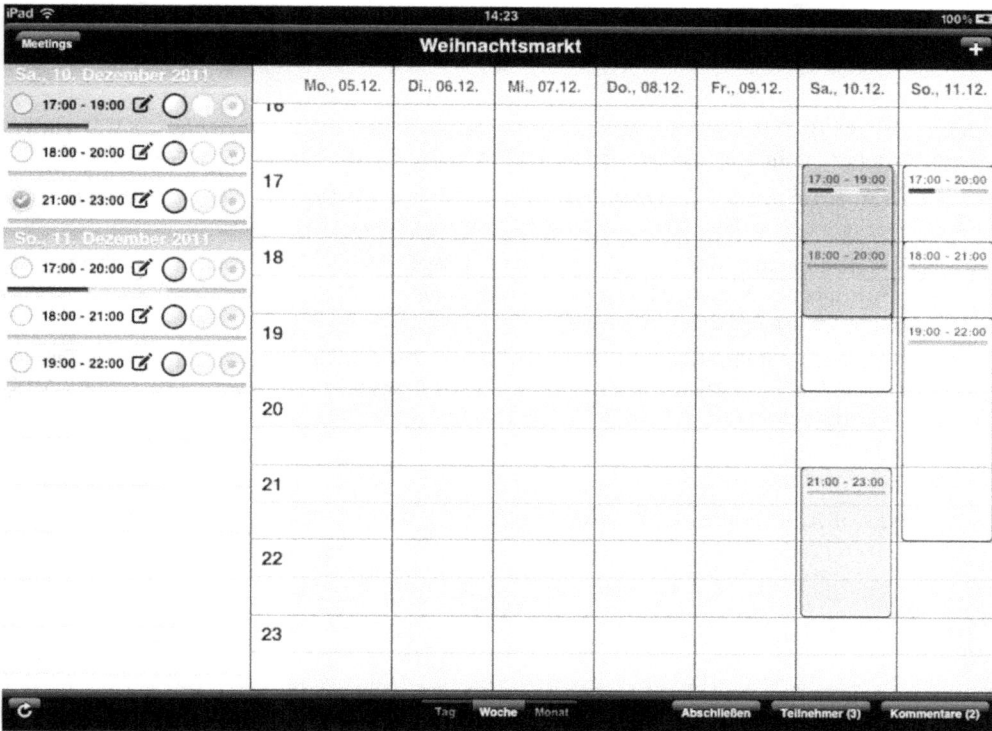

Abbildung 3: TeaCo iPad, Meetingansicht, Wochenansicht

3 Zusammenfassung und Ausblick

Das Beispiel TeaCo iPad hat gezeigt, dass weder die Benutzungsschnittstelle eines Smartphones noch die einer Desktop-Anwendung zu einer optimalen Lösung auf einem Tablet führen. Vielmehr muss für eine Tablet-Variante ein neues Konzept entwickelt werden, welches Elemente aus Smartphone- und Desktop-Lösungen verbindet und um eigene Elemente erweitert. Die besondere Herausforderung ergibt sich daraus, dass die Gestaltungscharakteristika eines Tablet in Bezug auf die Eingabeformen eher denen eines Smartphones – in Bezug auf die Ausgabeformen jedoch eher denen eines Desktop-PCs ähneln.

In der vorliegenden Implementierung konnten bislang noch nicht alle geplanten Features umgesetzt werden. Die vermutlich größte Bereicherung für TeaCo iPad wäre eine Drag&Drop-Funktion zum Bearbeiten der Terminvorschläge, wie sie in der Desktop-Version zur Verfügung steht. Zwar konnte in der Evaluation dokumentiert werden, dass die momentane Lösung durchaus gut bedienbar ist, dieses Feature wurde allerdings von einigen Probanden gewünscht. Mittels Drag&Drop ließe sich neben der Zufriedenstellung auch die Effizienz erhören, da sich Termine auf diese Weise noch schneller und einfacher verschieben, verkürzen oder verlängern ließen.

Literaturverzeichnis

Coad, P., Lefebvre, E. & Luca, J. D. (1999). *Java Modeling in Color with UML: Enterprise Components and Process*. Upper Saddle River, NJ: Prentice Hall.

Lohrenz, A. (2009). *TeaCo - Entwicklung eines webbasierten Terminkoordinationssystems*. Bachelorarbeit am Institut für Multimediale und Interaktive Systeme (IMIS) der Universität zu Lübeck.

Norman, D. A. & Draper, S. W. (1986). *User Centered System Design: New Perspectives on Human-Computer Interaction*. Hillsdale, New Jersey: Lawrence Erlbaum Associates.

Roenspieß A., Kindsmüller M.C. & Herczeg M. (2011). TeaCoMobile: Webbasierte Terminkoordination für Smartphones. In Eibl, M. (Ed.) *Mensch & Computer 2011 – überMEDIEN ÜBERmorgen*. Oldenbourg Verlag. 293-296.

Schröder, N. (2010). *Entwicklung einer nativen iPhone-Applikation für den Team- und Termin-Koordinator TeaCo*. Bachelorarbeit am Institut für Multimediale und Interaktive Systeme (IMIS) der Universität zu Lübeck.

Kontaktinformationen

Martin Christof Kindsmüller, Universität Hamburg, mck@informatik.uni-hamburg.de

Workshop

Entertainment Computing

Marc Herrlich

Barbara Grüter

Paul Grimm

Johannes Konert

S. Boll, S. Maaß & R. Malaka (Hrsg.): Workshopband Mensch & Computer 2013
München: Oldenbourg Verlag, 2013, S. 245–247

Workshop Entertainment Computing

Marc Herrlich[1], Barbara Grüter[2], Paul Grimm[3], Johannes Konert[4]

AG Digitale Medien, TZI, Universität Bremen[1]
Zentrum für Informatik und Medientechnologien. ZIMT, Hochschule Bremen[2]
Computergraphik, Hochschule Fulda[3]
FG Multimedia Kommunikation, Serious Games, Technische Universität Darmstadt[4]

Zusammenfassung

Der Workshop Entertainment Computing soll Wissenschaftler aus diesem Bereich zusammen bringen und ein Forum für den Austausch über die neusten Entwicklungen auf diesem Gebiet bieten. Dazu werden begutachtete wissenschaftliche Kurzbeiträge und Poster präsentiert und diskutiert.

1 Inhalte und Konzept

Der Markt für Unterhaltungssoftware ist in den letzten Jahren zunehmend wichtiger und differenzierter geworden. Dabei handelt es sich um hochkomplexe Software- und Hardware-systeme, in denen alle Gebiete der Informatik und viele weitere Disziplinen z.B. aus der Psychologie oder der Gestaltung sowie Fachexperten aus den Anwendungsgebieten (z.B. Wissenschaftler, Künstler) zusammen kommen. Entertainment Computing umfasst nicht nur Computerspiele für die Unterhaltung, sondern auch Computerspiele für ernsthafte Anwen-dungen wie Bildung, Sport und Gesundheit („Serious Games") sowie mobile Spiele in ge-mischten Welten. Außerdem hat sich in den letzten Jahren eine große Vielfalt an Plattformen und Eingabegeräten vom klassischen PC mit Tastatur und Maus oder Gamepad über mobile Geräte bis hin zu sogenannten „Natural User Interfaces" etabliert. Jede mit spezifischen An-forderungen und Möglichkeiten.

Ziel des Workshops ist es, Wissenschaftler aus allen Gebieten des Entertainment Computing zusammen zu bringen und ein Forum für den Austausch über aktuelle Entwicklungen und Projekte zu bieten. Dies soll die Kommunikation innerhalb der deutschsprachigen wissen-schaftlichen Gemeinschaft und die Sichtbarkeit des Feldes in diesem Bereich stärken.

Es konnten wissenschaftliche Kurz- (maximal sechs Seiten) und Posterbeiträge (maximal vier Seiten) gemäß den Autorenrichtlinien der Mensch und Computer eingereicht werden. Beiträge konnten in deutscher oder englischer Sprache verfasst werden. Alle Beiträge wur-den durch ein Programmkomitee (siehe unten) begutachtet und auf Basis der Begutachtung angenommen oder abgelehnt.

2 Themen

Entertainment Game & Interaction Design
- Mobile Games
- Social Games and Entertainment
- Health Games
- Gamification

Entertainment Interface Design
- Game Interface Design
- Tangible and Gesture-Based Interfaces
- Auditive Interfaces
- User Interfaces for Serious Games
- Personalised Interfaces
- Entertainment Interface Diversification

Emotional and Physiological Entertainment
- Interfaces for Social Games, Educational Games and Entertainment
- Interfaces for Health Games
- Entertainment Interfaces for Convergent Media Products
- Entertainment Technology

Game Environments
- Mobile, Pervasive and Ubiquitious Game Technology
- VR Entertainment Technology
- Game Editing and Prototyping Tools
- Game Middleware
- Interactive Storytelling
- Entertainment Interface Evaluation
- Social Media and Entertainment/Serious Games

Game Usability & Playability
- Interface Evaluation Methods
- Eyetracking and Physiological Measurement Methods
- Measurement of Fun in Games

Business & Best-Practices
- Business models and market studies for/of Serious Games and Edutainment applications
- Grand challenges and obstacles for game developers and publishers
- Field reports, demonstrations and evaluation studies of Serious Games
- Research prototypes and commercial games 'more than fun'

3 Organisatoren

Marc Herrlich ist wissenschaftlicher Mitarbeiter an der Arbeitsgruppe Digitale Medien der Universität Bremen und bereits seit einigen Jahren im Bereich des Entertainment Computing aktiv. Schwerpunkte seiner Forschung sind Exergames für ältere Menschen sowie parametrisierbares Game Design.

Barbara Grüter ist Professorin für Mensch-Computer-Interaktion an der Hochschule Bremen. Sie leitet seit mehr als zehn Jahren die Forschungsgruppe Gangs of Bremen, die auf dem Gebiet Mobile Gaming Experiences and HCI konzeptionelle, technische und ästhetische Voraussetzungen Mobiler Spiele auf der Basis der Entwicklung von Prototypen untersucht. Sie ist Sprecherin des Forschungsclusters Mobiles Leben an der Hochschule Bremen und assoziierte Professorin des Graduiertenkollegs Advances in Digital Media an der Universität Bremen.

Paul Grimm Professor für Computergraphik an der Hochschule Fulda. Seine Forschungsschwerpunkte liegen in der Vereinfachung des Erstellungsprozesses von Computerspielen und Virtuellen Welten.

Johannes Konert ist seit Juni 2010 wissenschaftlicher Mitarbeiter der Serious Games Gruppe am Fachgebiet Multimedia Kommunikation (KOM) der Technischen Universität Darmstadt und forscht an der Verbindung von Serious Games und Online Social Networks. Er erhielt als Mitglied des Graduiertenkollegs „E-Learning" ein Promotionsstipendium der Deutschen Forschungsgesellschaft (DFG).

4   Programmkomitee

Chris Geiger, Fachhochschule Düsseldorf
Stefan Göbel, TU Darmstadt
Timo Göttel, Universität Hamburg
Yvonne Jung, Fraunhofer IGD
Markus Krause, Leibniz Universität Hannover
Kai von Luck, HAW Hamburg
Rainer Malaka, Universität Bremen
Maic Masuch, Universität Duisburg-Essen
Jörg Niesenhaus, Universität Duisburg-Essen
Jonas Schild, Universität Duisburg-Essen
Jan Smeddinck, University of Saskatchewan / Universität Bremen

S. Boll, S. Maaß & R. Malaka (Hrsg.): Workshopband Mensch & Computer 2013
München: Oldenbourg Verlag, 2013, S. 249–254

Strong and Loose Cooperation in Exergames for Older Adults with Parkinson's Disease

Robert Hermann, Marc Herrlich, Dirk Wenig, Jan Smeddinck, Rainer Malaka

Research Group Digital Media, TZI, University of Bremen

Abstract

Physical training games – so-called *exergames* – might complement traditional physiotherapy to help older adults suffering from Parkinson's disease to slow the progress and ease symptoms of this non-reversible disease. Adding social aspects, such as multiplayer gaming, could potentially increase the motivation to play and thereby exercise. This paper investigates two design options for cooperative multiplayer exergaming, called *strong* and *loose* cooperation. Employing a specifically developed "window washer" game, a user study with 22 patients with Parkinson's disease was conducted, indicating that strong cooperation entails benefits such as increasing communication and coordination between the players, resulting in higher overall scores. Nevertheless, 50% of the participants preferred the loose cooperation mode.

1 Introduction

Parkinson's disease (PD) is a progressive and non-reversible neurodegenerative disorder that affects many older adults. Specific and sustained physical exercises can help to slow the progress and ease a range of symptoms of the disease (de Goede et al. 2001). Physical training games, so-called *exergames*, might complement traditional physiotherapy in this regard. Such games aim at combining the motivational component of computer games with the health benefits of regular physical training. However, in order to design effective games, more research is needed on the specific requirements of this application area in conjunction with the special audience that is not usually familiar with digital games. This work focuses on the aspect of simultaneous multiplayer gaming. It is motivated by the fact that traditional physiotherapy for PD patients is often performed within a group and training – just as gaming – can be more fun in a group setting. Yet, many older adults and especially people suffering from PD are very conscious about their limitations and can be intimidated by training or playing in front of, or together with, other people. This paper investigates the impact of *strong* versus *loose* cooperation on the player experience and performance of PD patients playing an exergame. Strong cooperation (SC) within the scope of this paper is defined as designing the game in such a way that the players have to work together in order to successfully complete the game. Loose cooperation (LC) means that it can be beneficial for the players to work together but that cooperation is not absolutely necessary. A conducted user study with 22 PD patients revealed that even though SC encouraged communication between the players and increased their overall performance, many players still prefer LC.

2   Related Work

Over the recent years, a number of research projects have reported encouraging findings regarding the potential of utilizing full-body motion-based games to motivate people who are in need of physical therapy or rehabilitation to carry out their often repetitive exercise routines (Assad et al. 2011; Anderson-Hanley 2012; Gerling et al. 2012). Following the model of Rigby and Ryan (2011), which is rooted in self-determination theory, games are so successful in intrinsically motivating people to be active, because they can satisfy the needs of feeling competency, autonomy and relatedness. While many games excel in fostering competency and autonomy by providing a broad selection of compelling and adequately challenging tasks with dense and rewarding feedback, relatedness is a basic human need which is most strongly satisfied by games that support social play (Rigby & Ryan 2011). This motivates explorations in multiplayer games in the context of the application area of this work. Older adults appear to prefer co-located (Nap et al. 2009) cooperative play (Gajadhar et al. 2010) which results in increased player experience and well-received conversations of players (Aarhus et al. 2011) and bystanders alike that focus on helping and supporting each other, rather than on competitiveness. Thus, co-located (cooperative) social play can help improve social bonds between players (Alankus et al. 2010) and long-term motivation (De Schutter & Vanden Abeele 2010). However, game design for co-located cooperative play can take many forms, as Mueller and Gibbs highlight when differentiating between *parallel play*, which means that players do not influence each other during their game interactions and *non-parallel* play, in which one player can act as an obstacle [or facilitator] to the other (Mueller and Gibbs 2007). While they conclude that non-parallel play promotes social play stronger than parallel play, the aspects of SC and LC, as framed above, have not yet been studied and further research in this area can help game designers to make more informed decisions which, in turn, can lead to more adequate exergames for target groups which can greatly benefit from regular guided physical exercises.

3   Game Design

The exergame prototype we developed to compare SC and LC is called *Window Washers*. It can be played by two players simultaneously by standing in front of a large screen and moving their hands. For tracking the players, the Microsoft Kinect in conjunction with the provided Kinect SDK[1] is used. The goal of *Window Washers* is to reveal a photograph by cleaning a dirty window and to identify the pictured object. Therefore, the players have to collect water and wipe over dirty areas. The game implements two different cooperative game

---

[1] https://www.microsoft.com/en-us/kinectforwindows/, last viewed 2013-07-09

modes. While both game modes include the same tasks, these are differently distributed among the two players (see below).

Figure 1: Main game screen with partially cleaned windows (left) and answer screen

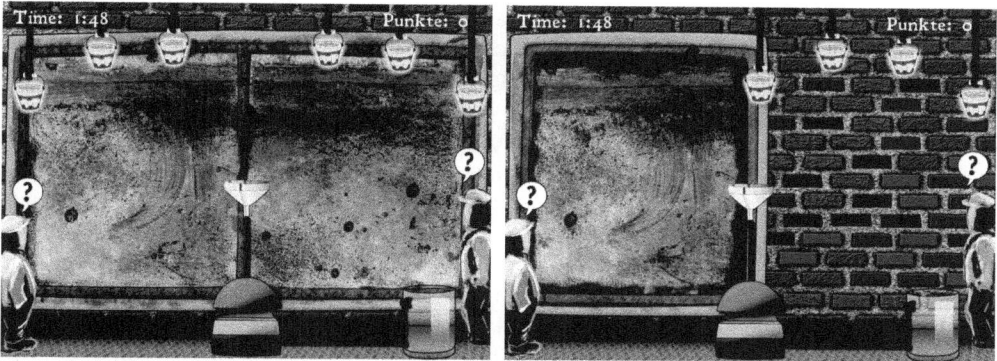

Figure 2: Loose cooperation mode (left) and strong cooperation mode (right)

In both cooperation modes the players have to collect water first. To do so, they have to grasp water buckets by moving their hands to them and to drop the water in a glass tank by moving the buckets to one of the window washer figures at the sides of the screen or the cone in the middle. With a filled tank the players are able to clean the window by wiping over dirty areas (figure 1, left). Each movement cleans the touched area and reveals the underlying photograph but consumes water and empties the tank. When there is no more water left in the tank, the players have to collect water buckets again. At any time the players are allowed to hit a buzzer and guess the object on the photograph out of three possible answers (figure 1, right). They are awarded 100 points for each correct answer. The two different games modes of LC and SC are realized through a different distribution of the three games roles *water collector*, *window cleaner* and *guesser* to the players. In the LC mode both players are able to collect water, to clean the window and to guess the object (figure 2, left). In the SC mode only one player is able to grasp the water buckets while task of the other one is the wipe over the window (figure 2, right). Both players are allowed to hit the buzzer and guess the object.

4   User Study

A user study was conducted in order to compare the different game modes regarding user preference and performance. We were also interested in any effects on the social interaction between the two players, i.e., verbal and non-verbal communication behavior. Participants were recruited through local physiotherapists, who also provided the rooms for conducting the experiments. A pre-test was conducted in order to investigate potential difficulties with our prototype and evaluation setup. The final evaluation consisted of nine sessions over three months. Each session lasted about two hours and took place in conjunction with the normal meetings of the local therapy groups. The order of game modes was counter-balanced to reduce potential learning effects. In addition to the normal player controls, we implemented special keyboard controls for the experimenter to enable Wizard-of-Oz intervention in order to prevent unintended activation of the buzzer and/or selection of answers by the participants as the pre-tests showed that this posed a problem for some participants. The main game tasks, i.e., cleaning windows and collecting water, were not affected by these special controls. For each session, teams of two participants were randomly selected and led to a separate room where we set up the equipment for playing the game. After introducing them to the planned procedure, the general task and asking them for their informed consent, participants were introduced to the first game mode they would play. The introduction always consisted of two test rounds to introduce the two basic game mechanics, i.e., window cleaning and water collecting. When the participants agreed to feeling ready, we initiated the testing phase with the first game mode. After participants played the first game mode, we collected subjective feedback on the respective mode before repeating the procedure for the second game mode. The playing phase lasted four minutes in total for each game mode, however, in the SC game mode, players were asked to switch roles/sides after two minutes. We expected that the SC game mode would be more efficient, i.e., result in higher game scores. Furthermore, we expected to observe more non-verbal and verbal communication and a higher level of coordination between the participants for the SC mode. Since many of the established therapy approaches for PD patients are group exercises, we also expected that SC would be the preferred mode of the majority of patients as it actively encourages communication and social interaction.

5   Results and Discussion

In total, 11 groups (22 participants) from three different local therapy groups participated in the evaluation. The average age was 72.32 (SD 7.13) years, ranging from 57 to 86 years with an equal distribution of men and women. Of the 11 groups, five consisted of only men, five of only women and one group was mixed. 46% of the participants had no former experience with exergames while 45% had some experience with other games from our lab and 9% had some experience with other exergames. A Wilcoxon test for dependent groups revealed that on average the participants scored significantly ($p < 0.01$) higher in the SC (472.72, SD 198.04) than in the LC game mode (336.36, SD 100.22). During the evaluation sessions we counted how often the participants would talk to each other. This "chatting value" was higher for the SC condition with an average of 4.98 (SD 3.87) compared to the LC condition with an average of 3.36 (SD 2.01), although very narrowly not significantly so, as revealed by a Wilcoxon test (p = 0.07). Qualitative observations revealed that in the SC mode, the participants were more inclined to give specific "commands" to their team members and in general observed more closely what the other was doing. A shortened version of the Games Experience Questionnaire (GEQ) for collecting subjective feedback revealed no significant differences between the game modes regarding tension, immersion, fun, movements, and complexity (IJsselsteijn et al. 2008). Regarding fun, both modes received high ratings with an average score of approx. 3.5 (4 being the best possible score). Regarding the subjective feeling of success, participants felt significantly more successful (p < 0.05) in the SC condition with an average value of 2.5 (SD 1.01) than in the LC condition with an average of 2.05 (SD 1.05). This finding is consistent with the average achieved scores as an objective performance measure presented above. We also collected subjective feedback on how important and/or disturbing the participants judged playing together in a team for each game condition. In both conditions the participants did not feel irritated by the other player and found him/her to be moderately important for the game. When asked for their preferred game mode, 50% of the participants preferred LC, 27% SC, and 23% found both to be equally appealing. Compared to our initial expectations the results clearly support our assumptions that the SC mode is the more efficient mode, resulting in higher scores and overall game success, which was not only observed by us but also recognized by the participants. As expected, the participants also communicated more and more specifically for SC. However, the greater success and increased social interaction unexpectedly did not make the SC mode the preferred game mode. Regarding the context of this study, it can be hypothesized that this is an effect to the more independent gameplay in the LC condition, while anxiety of underperforming and being a burden for one's teammate may also play a role.

6   Conclusion

This paper investigated the impact of different types of simultaneous multiplayer interaction on player experience, performance and preference. A comparative study was conducted and the results indicate that the SC mode encourages the players to talk to each other more frequently and also changes the character (more "commands") of the verbal communication. For the SC mode the subjective and objective performance of the players measured by the game score was significantly higher. Although both game modes were rated very positively regarding fun by the participants, 50% of the participants preferred the LC mode, while only 27% clearly favored the SC mode. The results have several implications for future games and research in this area. It could be demonstrated that multiplayer exergames are possible and work for this target group as participants were not irritated by teammates in both conditions. It could further be demonstrated that asymmetric roles can encourage communication and lead to a better game performance in this context. Further research is needed to investigate the observed preference for the LC mode, i.e., looking at anxiety versus relatedness.

Acknowledgements

We would like to thank the "Deutsche Parkinson Vereinigung", the involved physiotherapists and all the participants for their support and for taking part in this study.

References

Aarhus, R., Grönvall, E., Larsen, S., and Wollsen, S. (2011). Turning training into play: Embodied gaming, seniors, physical training and motivation. Gerontechnology, 10(2).

Alankus, G., Lazar, A., May, M., and Kelleher, C. (2010). Towards customizable games for stroke rehabilitation. In Proc. CHI'10, pages 2113–2122, Atlanta, USA.

Anderson-Hanley, C., Arciero, P. J., Brickman, A. M., Nimon, J. P., … others (2012). Exergaming and Older Adult Cognition. American Journal of Preventive Medicine, 42(2), 109–119.

Assad, O., Hermann, R., Lilla, D., Mellies, B., Meyer, R., Shevach, L., … others (2011). Motion-Based Games for Parkinson's Disease Patients. Entertainment Computing–ICEC 2011, 47–58.

De Goede, C. J. T., Samyra, P. T., Keus, H. J., Gert Kwakkel, P. T., and Wagenaar, R. C. (2001). The effects of physical therapy in parkinson's disease: A research synthesis. Archives of Physical Medicine and Rehabilitation, 82(4), 509–515.

De Schutter, B. and Vanden Abeele, V. (2010). Designing meaningful play within the psycho-social context of older adults. Institute for Media Studies, pages 84–93.

Gajadhar, B. J., Nap, H. H., de Kort, Y. A. W., and IJsselsteijn, W. A. (2010). Out of sight, out of mind: co-player effects on seniors' player experience. In Fun and Games '10, pages 74–83. ACM.

Gerling, K. M., Schulte, F. P., Smeddinck, J., and Masuch, M. (2012). Game Design for Older Adults: Effects of Age-Related Changes on Structural Elements of Digital Games. In Entertainment Computing - ICEC 2012 (pp. 235–242). Springer Berlin Heidelberg.

IJsselsteijn, W., de Kort, Y., and Poels, K. (2008). The Game Experience Questionnaire: Development of a self-report measure to assess the psychological impact of digital games. *In preparation.*

Mueller, F. F. and Gibbs, M. R. (2007). A physical three-way interactive game based on table tennis. In Proceedings of the 4th Australasian conference on Interactive entertainment, page 18.

Nap, H., Kort, Y. D., and IJsselsteijn, W. (2009). Senior gamers: Preferences, motivations and needs. Gerontechnology, 8(4).

Rigby, S., and Ryan, R. (2011). Glued to Games: How Video Games Draw Us In and Hold Us Spellbound. Praeger.

S. Boll, S. Maaß & R. Malaka (Hrsg.): Workshopband Mensch & Computer 2013
München: Oldenbourg Verlag, 2013, S. 255–260

Social Serious Games Framework

Johannes Konert, Stefan Göbel, Ralf Steinmetz

Multimedia Kommunikation, Technische Universität Darmstadt

Zusammenfassung

Social Serious Games verbinden die Vorteile des Wissensaustausches über *Social Media* Plattformen mit dem interaktiven, immersiven Lernerlebnis eines *Serious Games*. Dadurch werden neue Formen des vernetzten Lernens direkt in und mit den Computerspielen möglich. Dieser Beitrag stellt nach einem Vorschlag zur Definition von *Social Serious Games* das Konzept für ein Framework vor, welches Spieleentwickler mit drei Hauptkomponenten bei der Verbindung von *Social Media* und *Serious Games* unterstützt: Die Einbindung von *User-generated Content* für den Wissensaustausch, die Nutzung von *Social Media* Plattform-Anbindungen zur Personalisierung und Individualisierung des Spiels und zusätzlich die Bildung von *Ad-Hoc Communities of Practice* zur Lerngruppenbildung.

1 Einleitung

Dass Lernen keine Insel ist, sondern besonders durch den Wissensaustausch von Individuen stattfindet, zeigt sich in auch in den vielfältigen sozialen Interaktionen und der massenhaften Nutzung von *Social Media* Anwendungen. Hier werden Beiträge verfasst, Meinungen, Erfahrungen und Bewertungen ausgetauscht und neue Erkenntnisse gewonnen. Das Potential des Lernens von Lernenden untereinander auch für formalere Lernszenarien wurde allgemeinhin zu wenig beachtet (Damon, 1984). Doch gerade wenn Lernende vor offene Aufgaben gestellt werden, die mehr als einen offensichtlichen Lösungsweg haben, kann der Austausch mit anderen zur Verbesserung der Problemlösekompetenzen beitragen.

Computerspiele, die Lerninhalte vermitteln und den Spielern (Kontroll)-Aufgaben zur Lernerfolgskontrolle geben, sind ein Teil der sogenannten *Serious Games*. Kommt ein Spieler trotz der sorgfältigen Konzeption des Spiels aufgrund einer Fehlvorstellung nicht weiter und kann Aufgaben nicht lösen, führt dies zu Unterbrechungen im Spiel und eventuell zum Abbruch. Statt einer Suche in Internetforen nach relevanten Hinweisen bietet sich eine Vernetzung der Spieler untereinander mittels *Social Media* an. Die Einbindung von *User-generated Content* erlaubt den direkten Austausch von Hinweisen und Hilfen im oder zum Spiel. Eine Einbindung anderer Nutzer zur Individualisierung des Spielverlaufes erlaubt zudem neue Interaktions- und Spielmechaniken. Eine ergänzende direkte Vernetzung in Lerngruppen kann den Wissensaustausch weiter anregen.

2   Verwandte Arbeiten

Im Bereich des computer-gestützten Lernens bieten insbesondere tutorielle Systeme sehr elaborierte Lernpfade bei der Wissensvermittlung an. Es fehlt ihnen jedoch die Funktionalität, neue Wissensinhalte der Lerner in die Systeme zu integrieren und den Wissensaustausch untereinander zu fördern (Ritter, Anderson, Koedinger, & Corbett, 2007). Interaktion und damit Kommunikation über den Lerninhalt sind wichtige Bestandteile des Lernprozesses, um Fehlvorstellungen zu identifizieren und Wissenslücken zu schließen (Richter, Konert, Bruder, Göbel, & Games, 2012). Die Vorteile des als *Peer Education* bekannten Konzeptes der gegenseitigen Wissensvermittlung (*Peer Tutoring*) und der gegenseitigen Bewertung (*Peer Assessment*) sind schon lange benannt (Damon, 1984). Die positiven Effekte beim computergestütztes Lernen wurden in diversen Szenarien nachgewiesen (Mohammad, Guetl, & Kappe, 2009; Stepanyan, Mather, Jones, & Lusuardi, 2009).

Der Meinungs- und Wissensaustausch untereinander und die Bewertung von Lösungen sind elementare Interaktionsformen von *Social Media* Anwendungen. Diese Interaktionen machen das „soziale" der so populären sozialen Medien aus und machen den Erfolg weltumspannender sozialer Netzwerke nachvollziehbar (Boyd, 2009). Die von Benutzern erstellten Inhalte (*User-generated Content*) stellen dabei den Wissenträger dar mithilfe dessen die Nutzer sich austauschen. Auf den gleichen Interaktionsformen aufbauend erlangen die sogenannten *Social Games* große Beliebtheit. Diverse Autoren haben Erfolgskritierien des *Social Gaming* identifiziert. Neben einer (für den Spieler) vorteilhaften Einbindung von *Social Media* zur Interaktion (Jarvinen, 2010), sind *Coopetition* (Nalebuff & Brandenburger, 2007) und *Casual Multiplayer* (O'Neill, 2008) wichtige Elemente für hauptsächlich kooperativ geprägte Spiel-Interaktionen, bei denen alle Beteiligten wahrnehmen, dass sie Teil einer größeren Spielgemeinde sind, deren Abhängigkeit voneinander jedoch sehr lose ist. Daran anknüpfend wird mit *Asynchronous Play* die zeitliche und örtliche Unabhängigkeit aller Spieler voneinander bezeichnet (Loreto & Gouaïch, 2004). Unter Beachtung dieser vier Kriterien lassen sich (Lern-)Spielkonzepte entwickeln, die den Wissensaustausch der Lerner untereinander anregen und fördern.

Um in einer großen Community einzelne Lerner passend zu ihrem gemeinsamen Lernziel miteinander zu *Communities of Practice* vernetzten, sind algorithmische Ansätze aus dem *Data Mining* und der *Social Network Analysis* vielversprechend (ETH Zürich, 2010). Die Kriterien nach denen eine solche Gruppenformierung zur bestmöglichen Erreichung des Lernziels aller Beteiligten optimiert werden kann, ist ein offenes Forschungsfeld. Es gibt jedoch Forschungserkenntnisse, die bereits zeigen welche Aspekte eher homogen und welche gegenseitig ergänzend zusammengebracht werden sollten. Hier spielen Kognitionsstile, Wissensdomänen, aber auch Geschlecht und Intensität der Nutzung eines Lernspiels eine Rolle (Cohen & G., 1994).

3 Was macht ein Social Serious Game aus?

Basierend auf den Erkenntnissen der Forschung zu den Erfolgskriterien der *Social Games* lässt sich ein *Social Serious Game* wie folgt definieren:

Social Serious Games sind Serious Games, die alle Kriterien erfüllen, welche für ein Social Game obligatorisch sind.

Da es nach dem aktuellen Stand keine einheitliche Definition für *Social Games* gibt und es an dieser Stelle nicht möglich ist, alle Aspekte abzuwägen und eine eigene Definition vorzunehmen, ist es für das weitere Verständnis dieses Beitrages ausreichend *Social Games* wie folgt zu beschreiben: Ein *Social Game* ist ein Computerspiel, welches die vier Kriterien 1. Vorteilhafte Social Media Interaktion, *Coopetition*, *Casual Multiplayer* und *Asynchronous Play* mit seinem Spielkonzept erfüllt.

Dies ermöglicht im Sinne der *Peer Education* Konzepte den Wissensaustausch der Lerner untereinander (mittels *Social Media Interaktion*), Vergleich und Sichtbarkeit der Fortschritte, sowie gegenseitige Unterstützung ohne direkten Wettbewerb (*Coopetition*), Sichtbarkeit der Aktivitäten der anderen; entkoppelt von eigener Lernzeit und Intensität (*Casual Multiplayer* und *Asynchronous Play*). *Peer Education* wird dabei als die Verbindung der gegenseitigen Unterstützung mittels Wissenshinhalten (*Peer Tutoring*) und der Bewertung von Inhalten (*Peer Assessment*) gesehen. Zur Unterstützung dieser Konzepte in *Social Serious Games* wurde am Fachgebiet Multimedia Kommunikation der Technischen Universität Darmstadt ein Framework konzipiert, welches zur Entwicklung solcher Spiele genutzt werden kann.

4 Konzept: Social Serious Games Framework

Eine der Stärken der *Social Games* – und damit der *Social Serious Games* – ist die lose Kopplung von Spielverlauf (*GamePlay*) und *Social Media Interaktionen*. Dadurch ist es jedem Spieler möglich, unabhängig von Anderen Zeit, Ort und Intensität seiner Nutzung des Spiels zu wählen. Das Konzept sieht demnach die Verbindung eines in sich eigenständigen *Social Serious Games* (SSG) mit einer ebenfalls in sich eigenständigen *Social Media Anwendung* mittels einer als Web-Service realisierten Middleware vor. Diese Middleware vermittelt Inhalte zwischen beiden Seiten und bietet dem SSG Funktionalität, die über die Möglichkeiten der Social Media Anwendungen hinausgehen, um gezielt *Peer Education* Konzepte.

Aufbauend auf den geforderten Kriterien lassen sich drei Komponenten identifizieren, die die Verwendung von Peer Education Konzepten in Social Serious Games unterstützen:

4.1 Einbindung und Austausch von User-generated Content

Spieleentwickler, welche das Social Serious Games Framework nutzen, können Inhaltsarten vom Typ Text, Bild, Video und eigene proprietäre Formate aus dem Spiel heraus speichern. Die proprietären Formate erlauben eine Spiel-spezifische Funktionalität (bspw. 3D-Inhalte od. Pfade) zum Austausch von *User-generated Content*. Semantische Informationen zu den Inhalten definieren diese als Fragestellung, Hinweis, Lösung oder Notiz. Weitere Meta-Daten lassen sich durch die Entwickler als Schlüssel-Wert-Paare angeben. Die Inhalte werden über die Programmierschnittstelle (API) der Middleware in einer zentralen Ablage des Framework-Servers gespeichert.

Die so erstellten und mit Meta-Daten versehenen Inhalte lassen sich über eine Web-Oberfläche durchsuchen, kommentieren und bewerten. Da mittels Metadaten die Zuordnung zu Spiel, Aufgaben (*Quests*), Leveln und Spielern gegeben ist, können die Inhalte gezielt für den Betrachter (vor)sortiert und Inhalte aus Spielbereichen, die er noch nicht erreicht hat, ausgeblendet werden. Auf diese Weise wird versehentliches Ansehen von Lösungen zu kommenden *Quests* verhindert und das Auffinden relevanter Inhalte gefördert. Alle Inhalte sind auch über die API direkt durch das Spiel abrufbar, kommentierbar und bewertbar, so dass eine Auflistung und Bearbeitung von Hinweisen und Fragen zu aktuellen *Quests* direkt im Spiel möglich ist.

4.2   Unterstützung von Spiel-Personalisierung und Beeinflussung

Die Angaben aus dem Sozialen Netzwerk eines Spielers lassen sich durch den Spiele-Entwickler zur Personalisierung und Individualisierung der Spielumgebung nutzen.

Zum einen können direkt Metriken des Sozialen Netzwerks des Spielers (*Ego-Network*) wie Anzahl Freunde, deren Alter und Ortsangaben, sowie Spieler-eigene Angaben zu Vorlieben, Name, Alter oder Ort genutzt werden. Die API der Middleware unterstützt die Verbindung mit mehreren *Social Media Plattformen* gleichzeitig und normalisiert die Daten der unterschiedlichen Plattformen, so dass Spiele-Entwickler Profildaten in einem einheitlichen Format abrufen können.

Zum anderen lassen sich andere Spieler und/oder die mit dem Spieler vernetzen Personen der Social Media Plattformen mittels angebotener Interaktionsmuster zur Beeinflussung und Individualisierung des Spielverlaufs einbinden. Basierend auf den Social Media Interaktionsformen bietet die Middleware API diverse Einflussarten an. Mittels Konfiguration der Antwortmöglichkeiten, Zeitverlauf und Sichtbarkeit definiert der Entwickler die Beeinflussung und startet eine Umfrage. Die Middleware sendete dazu Nachrichten oder sogenannte *Wall-Posts* über die angebundenen *Social Media* Plattformen aus. Ein Hyperlink darin erlaubt die Teilnahme der Empfänger über eine von der Middleware generierte web-basierte Benutzeroberfläche. Einflussarten sind beispielsweise Single-/Multiple-Choice, Texteingabe, Bilder-Upload, Zuordnungs- oder Markierungsfragen. Die Umfrage/Beteiligung wird automatisch nach einem gesetzten Zeitlimit beendet. Spieleentwickler können die Zwischen- und Endergebnisse über die API abrufen.

4.3   Bildung von Ad-Hoc Communities of Practice

Die Middleware erfasst automatisch Metriken zum Spieler um ein Profil zu Attributen wie Spielintensität, gelösten *Quests* und Aktivität (Lesen, Schreiben, Kommentieren, Bewerten) bei der Nutzung des *User-generated Content* zu erstellen. Dieses allgemeine Profil kann durch die Spieleentwickler mit Spiel-spezifischen Attributen wie Charakterfähigkeiten oder Spielertyp ergänzt werden.

Auf Basis der Attribute und der Angabe ob diese möglichst ähnlich oder sich ergänzend zusammengeführt werden sollen, berechnet die Middleware eine Gruppierung der Spieler. Optimierungsziel ist es, auf Basis der Erkenntnisse aus Soziologie und pädagogischer Psychologie, Gruppen zu bilden, die sich zur Erreichung der mit dem *Social Serious Game* verknüpften Lernziele und der intendierten Lerneffekte optimal ergänzen.

Spielern werden ihre aktuellen „optimalen" Lernpartner kommuniziert und exponiert hervorgehoben in den *Social Media* Komponenten der Middleware; beispielswiese beim Durchstöbern des *User-generated Content* (siehe Abschnitt 4.2).

5   Zusammenfassung und Ausblick

Um Wissen weiterzugeben und sich dieses anzueignen muss es immer in Form eines Wissensträgers vorliegen. *User-generated Content* in und aus *Social Media* Anwendungen stellt einen solchen Wissensträger dar, welcher für den Austausch und das Lernen von Anwendern untereinander wertvoll ist. Werden diese Formen des kooperativen Lernens für *Serious Games* nutzbar gemacht, können neue Formen des vernetzten Lernens mittels Computerspielen entstehen.

Es wurde ausgehend von den verwandten Arbeiten zu den Vorteilen von *Peer Education* und den Interaktionsformen in *Social Media* Anwendungen und den Kriterien für *Social Games* eine Definition für *Social Serious Games* vorgeschlagen. Ausgehend davon ist skizziert worden, welche Komponenten das vorgestellte Framework zur Entwicklung solcher Computerspiele hat. Die Einbindung und das Speichern von *User-generated Content* direkt in das *Serious Games* hat das Ziel, den Wissensaustausch der Spieler/Lerner zu unterstützen. Die Einbindung von Nutzern der *Social Media* Plattformen zur Personalisierung und Beeinflussung des Spielverlaufes wurde vorgestellt zur Verbesserung der Immersion, Interaktivität der Spieler in neuen Spielmechaniken und zur Förderung einer viralen Verbreitung. Die Bildung der *Ad-Hoc Communities of Practice* unterstützt es, Spieler zu Lerngruppen zusammenzufassen um den Lernerfolg zu optimieren.

Weitere Forschung ist notwendig zur Identifizierung der Kriterien und Algorithmen zur optimalen Bildung der Lerngruppen. Eine offene Frage ist ebenso der Umfang an Funktionalität und Einflussformen, welche für die Spielbeeinflussung und Personalisierung von Spielentwicklern, wie auch von Spielern, als förderlich erachtet wird. Darüber hinaus sind die möglichen Formen vernetzten Lernens und die neuen Spielmechaniken, welche durch *Social Serious Games* möglich werden, ein weitreichendes Forschungsfeld.

Danksagung

Teile dieser Arbeit sind im Rahmen des Forschungsprojektes GENIUS entstanden. Dieses Projekt (HA-Projekt-Nr.: 258/11-04) wird im Rahmen von Hessen ModellProjekte aus Mitteln der LOEWE – Landes-Offensive zur Entwicklung Wissenschaftlich-ökonomischer Exzellenz, Förderlinie 3: KMU-Verbundvorhaben gefördert.

Literaturverzeichnis

Boyd, D. (2009). Social Media is Here to Stay... Now What? Redmond: Microsoft Research Tech Fest. Retrieved October 12, 2011, from http://www.danah.org/papers/talks/MSRTechFest2009.html

Cohen, & G., E. (1994). *Designing Groupwork: Strategies for the Heterogeneous Classroom* (2nd Editio., p. 202). Teachers College Press.

Damon, W. (1984). Peer education: The untapped potential. *Journal of Applied Developmental Psychology*, *5*(4), 331–343. doi:10.1016/0193-3973(84)90006-6

ETH Zürich. (2010). Applications of Social Network Analysis. *7th International Conference on Applications of Social Network Analysis ASNA 2010*.

Jarvinen, A. (2010). Aesthetics of Social Games. *Gamasutra*. Retrieved August 30, 2011, from http://www.gamasutra.com/blogs/AkiJarvinen/20100705/5489/Aesthetics_of_Social_Games.php

Loreto, I. Di, & Gouaïch, A. (2004). Social Casual Games Success is not so Casual. *Word Journal Of The International Linguistic Association*.

Mohammad, A. L. S., Guetl, C., & Kappe, F. (2009). PASS: Peer-ASSessment Approach for Modern Learning Settings. *Advances in Web Based Learning-ICWL 2009: 8th International Conference, Aachen, Germany, August 19-21, 2009, Proceedings* (p. 44). Springer-Verlag New York Inc. doi:10.1007/978-3-642-03426-8_5

Nalebuff, B., & Brandenburger, A. (2007). Coopetition — kooperativ konkurrieren. Mit der Spieltheorie zum Unternehmenserfolg. In C. Boersch & R. Elschen (Eds.), *Das Summa Summarum des Management* (1st ed., pp. 217–230). Gabler. doi:10.1007/978-3-8349-9320-5_18

O'Neill, N. (2008). What exactly are social games? *Social Times*. Retrieved January 18, 2011, from http://www.socialtimes.com/2008/07/social-games/

Richter, K., Konert, J., Bruder, R., Göbel, S., & Games, A. G. S. (2012). Formatives Assessment durch Peer Review? Eine peer-basierte Diagnose- und Lernumgebung für den Mathematikunterricht. *AssessmentTagungsband der GML² 2012: Grundfragen multimedialen Lehrens und Lernens*, *1*(10).

Ritter, S., Anderson, J. R., Koedinger, K. R., & Corbett, A. (2007). Cognitive tutor: applied research in mathematics education. *Psychonomic bulletin & review*, *14*(2), 249–55. Retrieved from http://www.ncbi.nlm.nih.gov/pubmed/17694909

Stepanyan, K., Mather, R., Jones, H., & Lusuardi, C. (2009). Student Engagement with Peer Assessment: A Review of Pedagogical Design and Technologies. *Advances in Web Based Learning–ICWL 2009*, 367–375. doi:10.1007/978-3-642-03426-8_44

Kontaktinformationen

Technische Universität Darmstadt, FG Multimedia Kommunikation,
Rundeturmstraße 10, 64283 Darmstadt,
Tel.: 06151 166 887, Johannes.Konert@KOM.TU-Darmstadt.de

S. Boll, S. Maaß & R. Malaka (Hrsg.): Workshopband Mensch & Computer 2013
München: Oldenbourg Verlag, 2013, S. 261–266

Mobile Games with Touch and Indirect Sensor Control

Dirk Wenig, Marc Herrlich, Daniel Böhrs, Rainer Malaka

Research Group Digital Media, TZI, University of Bremen

Abstract

Controls for games on mobile devices, e.g. smartphones, are mostly based on touch interaction or physical gestures like tilting the device. Both approaches often interfere with the player's view of the game world, e.g. by occluding parts of the screen, enforcing a limited view angle or fast shaky movements of the whole device. We present a novel control concept for mobile games integrating tilt-interaction and touch-input with different mappings depending on the current orientation of the device and a corresponding view of the virtual world. The result is a cleaner user interface with no distracting objects but enhanced interaction possibilities. An evaluation against software buttons shows that while our control concept is comparable regarding objective performance it significantly increases the subjective user experience.

1   Introduction

Controls for mobile games on smartphones are mostly based on touch interaction, while some games of very specific genres like racing games make use of the additional sensors available in modern handhelds, e.g., accelerometers. On their own, both interfaces concepts can be problematic. Touch interaction is often restricted to a simple transfer of conventional hardware controls from mobile gaming handhelds to software buttons. Software buttons severely limit the field of view of the player. Tilt-based interaction can be very disturbing if the player turns the device to the side or shakes it while watching the screen. In order to tackle these challenges, we present a control concept based on a combination of a physical pitch gesture and touch areas. While the touch area technique provides a button less interface, the physical gesture is used as an indirect control mechanism. Pitching the device allows the player to switch between a top-down view and a third-person view as well as to switch between two touch input modes; one for translation and one for rotation. This results in a clean interface with no distracting objects on the screen while providing enhanced interaction possibilities.

2   Related Work

Rekimoto (1996) proposed using tilting for interaction with small screen devices already in 1996. General tilt interaction techniques are ubiquitous on today's mobile devices like smartphones and tablets. However, the application-specific impact is still not completely explored. Especially, in the area of games, where fun and the emotional experience are often more important than pure efficiency it is important to further investigate the trade-off between different input technologies. While some studies suggest that hardware buttons and keyboards are generally preferred by users compared to touch input (Wong et al. 2010; Chu & Wong 2011), the same studies also hint at the great potential of touch interaction. As hardware keyboards are no longer available on the majority of mobile devices today, this raises the question if the user experience for touch input can be improved by integrating additional input data, e.g., from accelerometers as in this work. Wenig and Malaka (2010) for example, extended touch interaction for map navigation by integrating tilting gestures. We build on this concept and investigate transferring it to the mobile gaming domain. While other studies investigated the use of tilt gestures for mobile gaming (Gilbertson et al. 2008; Chehimi & Coulton 2008) or compared tilting gestures to keypad (Tonder & Wesson 2011) or touch input (Browne & Anand 2012), our approach is unique in employing tilting gestures for switching between different view types with specific input mappings. Most closely related to our work is the research of Browne and Anand (2012), who found that players prefer accelerometer-based interaction to touch gestures and touch buttons but they also note that multiple user interfaces should be available. Our approach is consistent with their findings and also the design guidelines of Salo et al. (2012), who state that minimizing the number of on screen GUI elements is very important.

3   Control Concepts and Game

The proposed interaction concepts (introduced by Böhrs et al. (2012)) are based on the idea of different input modes depending on the current view in the virtual world. When a top-down view is shown, interaction with the smartphone results in rotation while in a third-person view interaction results in translation. We implemented three different ways of switching between both views: a physical gesture, a touch area and software buttons. Figure 1 shows the concept transferred to a ball-through-labyrinth game, which was employed as a testbed. The labyrinth is based on corridors which have to be passed by the user. The player's avatar moves forward continuously without the player's control and only stops when it hits a wall. The top-down view provides an overview but does not show objects in areas covered by tunnels. Only the third-person view allows the player to navigate effectively around these hidden objects. A simple casual game was used to reduce the influence of complex game mechanics. Each of the three different ways of switching between the top-down view and the third-person view described below was implemented for the game.

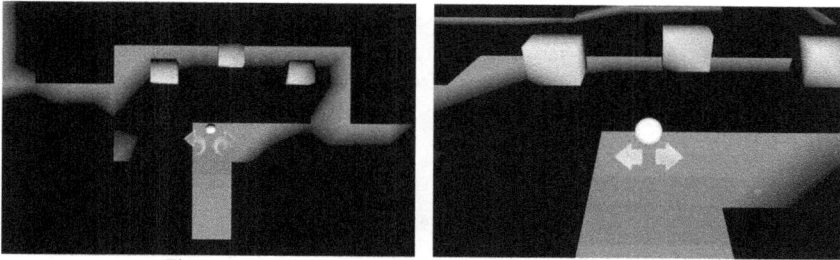

Figure 1: Top-down view (left) and third-person view (right)

Physical gesture and touch areas The first concept is based on a physical pitch gesture. When the player holds the device horizontally the top-down view is shown while he can switch to the third-person view by holding it in an upright position (figure 2, left). Furthermore, the screen is divided vertically into two areas (figure 2, right). Touching the left area triggers actions to the left while touching the right area triggers actions to the right. In the top-down view the action is a rotation. In the third-person view the action is a translation. The main advantage of this approach is a clean screen without any visible objects and an intuitive way of switching between the views. Additionally, the touch screen is only divided into two large areas, which reduces the chance of accidentally triggering a wrong action.

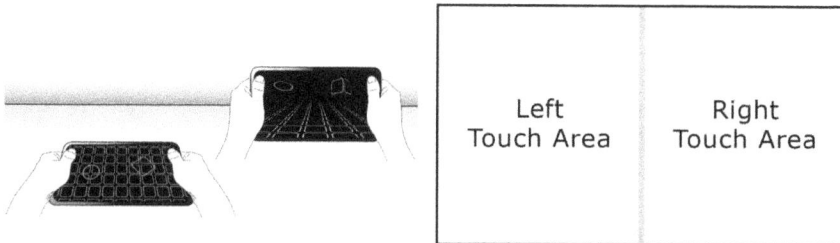

Figure 2: Concept of the pitch gesture (left) and touch areas (right)

Touch areas The second concept is based on the first one but without the need of physical interaction. Instead of switching the views by pitching, another touch area is added at the bottom of the screen (figure 3, left). This area is divided from the others by a viewable thin grey line. This concept reduces the required interaction to touch controls without limiting the field of view.

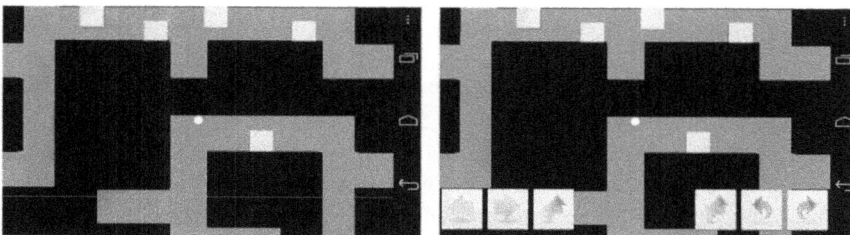

Figure 3: Touch area concept (left) and software button concept (right)

Software buttons The third concept is based on traditional software buttons located at the bottom of the screen (figure 3, right) for translation, rotation and switching the views (with both the left hand and the right hand). The interaction was restricted because pre-tests suggested that rotating the view in the third-person view irritates users. While players are allowed to translate in both views, rotation can only be triggered in the top-down view.

4   Evaluation

We conducted a user study to empirically compare the three different interaction concepts regarding subjective user experience and preference as well as objective user performance. We wanted to test the following assumptions: **(1)** Gesture-based interaction (even if restricted) is preferred to widget-based interaction (buttons). **(2)** Experience is more important than efficiency in the gaming context. **(3)** Users are able to understand and successfully employ the view-switching techniques and the different control mappings for each view.

The general setup of the study followed a within-subjects design, i.e., each participant tested all three interface conditions. The order of conditions was randomized between participants to avoid a possible learning bias. We chose a hybrid approach of on-site as well as online-based evaluation in order to increase the potential number of participants. The test application was made available through the Google Play Store. On-site participants could choose between bringing their own smartphone or using one of our phones for the evaluation. Participants were recruited through notices posted on our campus, a website that included a link to the Google Play Store and by spreading the information through social networks and mailing lists. Every interface condition was introduced by a short tutorial including images and screenshots that explained the goal of the game and the specific controls. The goal of the game was in all cases to reach the exit of the maze as quickly as possible. For each interface condition, completion times, input events and the number of view changes were logged directly by the application for later analysis. After each condition, the application presented a digital version of the QUESI (Naumann & Hurtienne 2010) questionnaire to collect subjective feedback concerning the usability. After they played all three conditions, we conducted an interview with all on-site participants. The online participants could choose to answer the same questions as a Google Docs questionnaire. The interview included questions regarding familiarity, specific problems and preference regarding the different input approaches.

Overall 22 users (19 m, 2 f) with an average age of 28 years (SD 8.2) participated in the evaluation. 10 users participated on-site and 12 users online. Only one of the online participants answered the optional interview questions. Eight of the on-site participants used the provided smart phone, two brought their own devices. Analysis of the application log data revealed that completion times were comparable across conditions. On average it took 121.28 sec (SD 84.67) to finish the maze for the tilt condition, 100.36 sec (SD 60.79) for the touch areas condition and 116.58 sec (SD 71.24) for the touch buttons condition. Usage of the view-switching and view-specific interaction counts were also very similar across all conditions. For all conditions, the top-down view dominated both in terms of overall time spent in this view (approx. 83% of the overall time) and in the number of interactions (approx. 86% of all touch input events) performed in this view compared to the third person view. While a non-parametric test for repeated measures (Friedman) of the subjective usability ratings obtained by the QUESI questionnaire revealed statistically significant (p = 0.02) differences between all three conditions with touch areas rated highest (M 3.74, SD 0.88) followed by tilt-touch-interaction (M 3.53, SD 0.91) and soft buttons (M 3.28, SD 1.02), pair-wise analysis of variances did not show significances. Five of the eleven participants who answered the interview questions, rated the soft-buttons to be the most effective of the three conditions. The remaining participants in equal parts rated touch areas (three) and tilt-touch interaction (three), respectively, to be the most efficient. Regarding fun, the participants almost unanimously voted for the tilt-touch interaction condition (nine). Two participants found touch areas to be the best in terms of fun. No participant voted for the soft buttons in this category. When asked to choose the most limiting interface condition, most participants decided for the soft buttons condition (seven), four participants voted for the touch areas condition and none for tilt-touch interaction.

The obtained log data shows that all interface conditions were in principle understood and successfully employed by the participants. The objective performance measures were all similar across conditions. Within the bounds of this experiment no objective difference regarding efficiency of one of the conditions could be found. It is interesting that the top-down view dominated the interaction. This can be explained by the specific game setting (maze) and the familiarity some users might have with games like the well-known marble-maze type games, which are mostly played from a top-down perspective. That being said, the third-person view was also successfully used for almost 20% of the overall game time. Thus we deem the selection of interface conditions and the game mechanics and mapping overall as successful. With regard to our initial assumptions (assumption 3) in can be stated that users did indeed understand the view-switching mechanic and that they had no problems with changing the control mappings according to the view. The subjective usability rating shows that users preferred the gesture-based interaction to widget-based interaction as with the soft buttons (assumption 1). Even though the touch areas lack any visual feedback, the concept was well received and rated best of all three interface conditions. Even if no objective differences regarding efficiency could be found, most users rated the soft buttons interface condition to be the most effective. Still, the tilt-touch interaction was rated to be the most fun and the least limiting condition. This does not fully confirm assumption 2 but indicates that experience may be more important than efficiency to users in the context of this study.

5   Conclusion and Future Work

In this paper we presented a novel control concept for mobile games based on the integration of touch-input and tilt-interaction with different input mappings depending on the current view in the virtual world. In a user study, we compared our concept to standard software buttons and pure touch-interaction. The results of the experiment show that while all techniques are comparable regarding objective performance, i.e. game completion time, our concept increased the subjective user experience, which is an important factor for designing mobile games. As player preferences might depend on the specific game genre, further evaluations with different kind of games and larger samples sizes will be necessary in the future. Furthermore, more complex games might give insights on the transferability and the generalizability of the proposed control concepts.

References

Böhrs, D., Wenig, D. & Malaka, R. (2012). Mobile Gaming with Indirect Sensor Control. In Proceedings of the ICEC 2012, pages 441–444, Berlin, Heidelberg. Springer.

Browne, K. & Anand, C. (2012). An empirical evaluation of user interfaces for a mobile video game. Entertainment Computing, 3(1):1–10.

Chehimi, F. & Coulton, P. (2008). Motion Controlled Mobile 3D Multiplayer Gaming. In Proceedings of the ACE '08, pages 267–270, New York. ACM.

Chu, K. & Wong, C. Y. (2011). Mobile Input Devices for Gaming Experience. In Proceedings of the iUSEr 2011, pages 83–88. IEEE.

Gilbertson, P., Coulton, P., Chehimi, F., & Vajk, T. (2008). Using "Tilt" as an Interface to Control "No-Button" 3-D Mobile Games. Comput. Entertain., 6(3):1–13.

Naumann, A. & Hurtienne, J. (2010). Benchmarks for Intuitive Interaction with Mobile Devices. In Proceedings of the MobileHCI '10, pages 401–402, New York. ACM.

Rekimoto, J. (1996). Tilting Operations for Small Screen Interfaces. In Proceedings of the UIST '96, pages 167–168, New York. ACM.

Salo, K., Arhippainen, L. & Hickey, S. (2012). Design Guidelines for Hybrid 2D/3D User Interfaces on Tablet Devices - A User Experience Evaluation. In Proceedings of the AHCI 2012, pages 180–185. ThinkMind Digital Library.

Tonder, B. & Wesson, J. (2011). IntelliTilt: An Enhanced Tilt Interaction Technique for Mobile Map-Based Applications. In Proceedings of INTERACT 2011, pages 505–523, Berlin, Heidelberg. Springer.

Wenig, D. & Malaka, R. (2010). Interaction with Combinations of Maps and Images for Pedestrian Navigation and Virtual Exploration. In Proceedings of the MobileHCI '10, pages 377–378, New York. ACM.

Wong, C. Y., Chu, K., Khong, C. W. & Lim, T. Y. (2010). Evaluating Playability on Haptic User Interface for Mobile Gaming. In Proceedings of ITSim 2010, pages 1093–1098. IEEE.

Workshop

Methodische Zugänge zu Mensch-Maschine-Interaktion

Andreas Bischof

Benny Liebold

S. Boll, S. Maaß & R. Malaka (Hrsg.): Workshopband Mensch & Computer 2013
München: Oldenbourg Verlag, 2013, S. 269–270

Methodological Approaches to HMI

Andreas Bischof & Benny Liebold

Graduate Program „CrossWorlds" of the German Science Foundation
Chemnitz University of Technology

Preface

The design and the evaluation of human-machine interaction (HMI) are increasingly addressed by interdisciplinary research groups and by applied sciences such as information science. This development is a necessary consequence of the fact that technologies for advanced applications require advanced knowledge about the users and the specific interaction processes. The asset of such interdisciplinary approaches is their ability to combine the knowledge as well as the practical expertise of researchers of different disciplines. At the same time, however, these approaches require the interdisciplinary research groups to at least sensitize their members to the often conflicting theoretical frameworks, definitions, and vocabulary (for a possible approach see Bischof et al., 2013). One major problem lies in the development, correct selection and discussion of adequate methods that are required to assess and evaluate HMI and its design.

First, unreflected adoptions of validated instruments from social sciences by researches from different disciplines may lead to misapplications or misinterpretations of gathered data. This problem is often caused by a less intense review of literature on social-scientific methods. However, a thorough review is necessary in order to understand a method's suitability for specific research scenarios. Especially, the implicitly embedded meta-theoretical premises of different methodologies (e.g. positivism and constructivism) already entail possibilities and limitations, but are often not reflected appropriately.

Second, the application of validated methods does not automatically guarantee successful research. For example, disciplines such as psychology and sociology should reconsider the applicability of their methodology according to the specific scenarios in HMI research. For example, the blindfolded use of questionnaires for many research questions related to the design and the assessment of communication technology should be reconsidered. But also methods, such as camera-aided observations, can only contribute to the research success, if we know which levels of analysis are adequate for the specific research interest.

The aim of the assembled contributions is not to tighten the manifold methods of the heterogeneous disciplines that contribute to the research in HMI towards a single paradigm (Reiterer, 2006), but to sensitize researchers to the fact that different technologies and their related research questions require different methodological approaches to HMI. The following abstracts of the presentations at the workshop "Methodological Approaches to HMI" aim to address different methodological aspects of HMI-research within interdisciplinary research groups.

In the first contribution, Michael Heidt tackles the problem of interdisciplinary work on digital artifacts by emphasizing the "translation" between heterogeneous perspectives. He argues that the source code, from which digital artifacts emerge in the first place, could serve as a common ground for interdisciplinary work. However, social scientists are often not trained to work with this form of symbolic representation and therefore more adequate methodologies of social science research are required, which take the practice of coding into account. This should, in the long run, sensitize researches from different disciplines for the perspective of each other.

In the second contribution, Maximilian Speicher, Andreas Both, and Martin Gaedke present INUIT – a new measure, which aims at measuring the usability of web interfaces. The model was first specified with regard to ISO-based design guidelines and then evaluated by several e-commerce experts. The authors also report data about the first application of the new evaluation utility. The resulting web-based questionnaire can be used to gather ecologically valid data without the need to fill out lengthy online-questionnaires. This should facilitate faster iteration cycles in the development and evaluation of new web interfaces.

The third contribution by Mei Miao and Gerhard Weber identifies three main problems and challenges in developing and designing multimodal applications for blind people. Since blind users are insufficiently involved in such processes and developers normally not blind, their mental models usual differ widely. In order to cope with these problems the authors present a phase model for blind user-centered design process. Correlating blind user-centered methods are proposed: User analysis through telephone interviews and the reconstruction mental models by methods like teaching back and thinking aloud (Sasse 1991).

In the fifth contribution, Kalja Kanellopoulos an Michael Storz present an example of qualitative methodology for interdisciplinary work. Their contribution focuses the coordination of cooperative work between computer scientists and social scientists by reference to their own work on the user-centered design of a multi-user multitouch table. Centrally they discuss the intertwining processes of framing / reframing and prototyping for such interdisciplinary development processes.

References

Bischof, A., Obländer, V., Heidt, M., Kanellopoulos, K., Küszter, V., Liebold, B., Martin, K.-U., Pietschmann, D., Storz, M., Tallig, A., Teichmann, M. & Wuttke, M. (2013): Interdisziplinäre Impulse für den Begriff "Interaktion". In: Hobohm, H.-C. (Hrsg.). *Informationswissenschaft zwischen virtueller Infrastruktur und materiellen Lebenswelten.* Tagungsband des 13. Internationalen Symposiums für Informationswissenschaft (ISI 2013), Potsdam, 19.-22.03.2013. Glücksstadt: Hülsbusch, 448–453.

Reiterer, H. (2006): Einleitung. Benutzerzentrierung als gemeinsames Paradigma. In: Eibl, M., Reiterer, H., Stephan, P. F. & Thissen, F. (Hrsg.). *Knowledge Media Design. Theorie, Methodik, Praxis.* 2. korr. Auflage. München: Oldenbourg, 196–174.

Sasse, M. A. (1991). *How to T(r)ap Users' Mental Models.* In Proceeding: Informatics and Psychology Workshop. Tauber, M.J. and Achermann, D. (Eds). North-Holland, pp 59-79.

S. Boll, S. Maaß & R. Malaka (Hrsg.): Workshopband Mensch & Computer 2013
München: Oldenbourg Verlag, 2013, S. 271–275

Reconstructing Coding Practice - Towards a Methodology for Source-Code

Michael Heidt

Graduate Program „CrossWorlds" of the German Science Foundation
Chemnitz University of Technology

Abstract

Mutual cooperation between the domains of social research and digital artefact production comprises an important aspect of HCI design projects. Despite this fact, scientific practitioners are confronted by a startling lack of methodologically sound approaches pertaining incorporation of source code into the social research process. The text therefore provides a theoretically founded inquiry into possible reasons and remedies for the situation described.

1 Introduction

1.1 General Approach

Since its inception, the field of HCI has been informed by a set of methodologies "borrowed" from or derived from those of other disciplines. These methodological imports designate both a consistent element of the discipline, while they are part of an accelerating trend: Rather than consolidating itself internally, HCI continues to diversify itself by importing concepts and methods from a growing array of otherwise distinct disciplines and subdisciplines (Rogers, 2012).

This level of diversity is accompanied by an ever growing supply of new concepts and languages. Given this level of heterogeneity, we think it infeasible to establish wholly integrative concepts within HCI project teams. Consequently, the project underlying our discussions aims at providing translations between perspectives, rather than trying to formulate an integrative conceptual corpus. Thus, following Muller (Muller, 1997), we adopted a conceptualisation of HCI as a translational and as a practical endeavour.

Drawing on this concept of translation we employ an approach towards interdisciplinary communication developed by Heidt et. al. (Heidt, Kanellopoulos, Pfeiffer, & Rosenthal, 2013). The goal is to sensitise participants towards the view of others, thus allowing differences to become explicit. We believe this sensitisation can prove to be beneficial and productive on the level of artefact production, be these theoretical or material in nature.

1.2 Project Outline

The discussions communicated unfolded themselves within the aforementioned research context, tasked with developing technologically productive forms of interdisciplinary communication. As a whole, the project concerns itself with the development of translations within interdisciplinary HCI projects. Conducted from the perspective of informatics it emphasises translations to and from source code.

The feasibility of translation-devices is tested within the context of a development project, creating interactive installation to be deployed in museums. Among the prototypes developed are sketches for a mobile-recommender system, a social-media infrastructure as well as a tangible UI installation.

2 Issues Encountered

In order to better facilitate both practices of translation and of production, we highlight some of the methodological shortcomings encountered.

Despite its roots both in cognitive as well as in computer science HCI does not seem to have developed adequate methods for addressing processes of source-code production. Throughout our observations of relevant social research practices, we were confronted with a surprising lack of understanding and a surprising lack of methods addressing the coding process. This is in stark contrast to the high level of intellectual competence displayed throughout other aspects of social research.

During the initial phases of the projects, we came to the understanding that despite their overwhelming interest in the subject area, social scientists seemed to be ill-equipped to deal with processes of source code production. We noted that translations pertaining to the level of code seemed to be substantially harder to accomplish than those to and from physical materialities.

This state of affairs is aggravated by the fact that many modern development styles rely heavily on coding, often bypassing the more formal and more verbal stages of digital production (Boehm & Turner, 2003). There exist remedies to these problems, i.e. in the form of prototyping. However, we believe the potential contributions of social-scientists will be left largely unrealised as long as they remain unable to perform methodological sound reconstructions of coding processes.

In search for a reason for these deficiencies one might again consider the relative disciplinary independence of the methodologies in question. While imported into the field of HCI, they evolved apart from the field of digital production. This seems to constitute both part of their appeal within HCI, as well as rendering them blind to specific forms of digital practice.

Development of suitable methodological tools could inform itself by a discussion of theoretical artefacts created within the fields of informatics and HCI. Subsequently, we discuss a series of conceptual candidates we believe might benefit endeavours tasked with developing adequate methodologies.

3   Theory Candidates

3.1   Concepts

First of all, digital artefacts can be conceptualised in analogy to other material artefacts, leading to the concept of "digital materialities" (Leonardi, 2010). As discussed, informing design processes of physical artefacts seemed to pose no problem for social scientists. While trained for reflection rather than for design, they easily were able to employ their skillsets within the context of a HCI development project.

However, it is our position that adopting the concept of a special type of materiality alone cannot prove to be sufficient. Coding is a practice more complex and exhibiting a more involved set of communicative implications than other design processes.

At least to the computer professionals involved, software construction can be conceptualised as a form of reality construction (Floyd, 1992). In order to do justice to the informatics-side of the process, coding thus has to be acknowledged as a process involving the aspects of negotiation (Curtis & Iscoe, 1990) as well as theory building (Naur, 1985). As far as the community of coders is concerned, it can be viewed as a mode of "world making".[1]

We believe theoretical incentives of this kind provide potential when discussed within the community of the social-sciences. Since many of the works cited emerged from an intensive dialogue of informatics with social and cultural theory, reimporting them should prove to be possible.

3.2   Practice

Practical methodologies allowing for tighter integration and a more direct dialogue of digital design and social theory building processes might be developed by accounting for structural similarities between informatics theory building processes and certain forms of qualitative social research.

While more agile forms of digital production create grave problems for traditional forms of material collection, they also parallel the iterative style of theory development i.e. employed by grounded-theory (Engelmeier, 1994; Glaser & Strauss, 1967).

The importance of this similarity in structure most not be overemphasised for there remain fundamental practical and theoretical differences between both practices of theory building. However, being accustomed to an iterative style of theory development should provide a basis for mutual understanding. Consequently, we believe the discussion of interlocking forms of agile software production and social theory making bears enormous potential.

---

[1]   Whether this mode could be designated as "poetic" in the sense of Warner (Warner, 2002) is left for the reader to be decided at this point. Indeed, further conceptions might liken coding within academic or open-source contexts to other forms of public address. Drawing on more poignant theories of the circulation of speech such as brought forth by Warner would lead to a reformulation of the problem. It would be framed as one of failing to account for the reflexive mode of constitution of the public to be addressed by a particular body of code.

4   Conclusion

We discussed a family of issues encountered while observing interdisciplinary HCI projects within the academic context. Regarding endeavours calling for an unusually high degree of interdisciplinarity, we called into question the feasibility of a common language within project contexts. Instead, we built on conceptions of HCI as a practice of translation. Differences are to be rendered productive on the level of artefact construction, while researchers learn to translate between their disparate disciplinary worlds as well as the world of the users. Despite the roots of HCI within informatics, we found construals of the coding practice to remain insufficient within the HCI domain. We discussed possible reasons for this state of affairs in the context of social research. As a potential remedy, we provided a discussion of theoretical and conceptual elements informing possible future development of more adequate methodologies.

References

Boehm, B., & Turner, R. (2003). *Balancing agility and discipline: A guide for the perplexed*. Addison-Wesley Professional.

Curtis, B., & Iscoe, N. (1990). Modeling the Software Design Process. *Empirical Foundations of Information and Software Science V* (pp. 21–27). Springer.

Engelmeier, G. (1994). *Grounded Theory und Systemanalyse in der Informatik*. In A. Boehm, A. Mengel, & T. Muhr (Eds.), *Texte verstehen: Konzepte, Methoden, Werkzeuge* (pp. 141–158). Konstanz: UVK Univ.-Verlag.

Floyd, C. (1992). Software Development as Reality Construction. In C. Floyd, H. Züllighoven, R. Budde, & R. Keil-Slawik (Eds.), *Software Development and Reality Construction SE - 10* (pp. 86–100). Springer Berlin Heidelberg. doi:10.1007/978-3-642-76817-0_10

Glaser, B. G., & Strauss, A. L. (1967). *The Discovery of Grounded Theory: Strategies for Qualitative Research*. (B. Glaser & A. N. Strauss, Eds.)*Observations* (Vol. 1, p. 271). Aldine. doi:10.2307/2575405

Heidt, M., Kanellopoulos, K., Pfeiffer, L., & Rosenthal, P. (in press). Diverse Ecologies – Interdisciplinary Development for Cultural Education. *INTERACT 2013*.

Leonardi, P. M. (2010). Digital materiality? How artifacts without matter, matter. *First Monday*, *15*(6), 7.

Muller, M. J. (1997). Translations in HCI: formal representations for work analysis and collaboration. *Proceedings of the ACM SIGCHI Conference on Human factors in computing systems* (pp. 544–545).

Naur, P. (1985). Programming as theory building. *Microprocessing and microprogramming*, *15*(5), 253–261.

Rogers, Y. (2012). *HCI Theory: Classical, Modern, and Contemporary. HCI Theory*. Morgan & Claypool Publishers.

Warner, M. (2002). Publics and counterpublics. *Public culture*, *14*(1), 49–90.

Contact Information

Michael Heidt
Technische Universität Chemnitz
Fakultät für Informatik
Graduiertenkolleg crossWorlds
Thüringer Weg 5
D-09111 Chemnitz

Fax: +49(0)371 531-832513
eMail: michael.heidt@informatik.tu-chemnitz.de

S. Boll, S. Maaß & R. Malaka (Hrsg.): Workshopband Mensch & Computer 2013
München: Oldenbourg Verlag, 2013, S. 277–281

Towards Metric-based Usability Evaluation of Online Web Interfaces

Maximilian Speicher[1,2], Andreas Both[2], Martin Gaedke[1]

Chemnitz University of Technology[1]
R&D, Unister GmbH[2]

Abstract

Current approaches to web interface evaluation are tedious or do not provide sufficient information. Thus, we propose a new metric-based method building on interaction data and usability models. This would enable internet companies to evaluate interfaces at faster iteration cycles but poses new requirements to usability instruments. As a first step, we present INUIT—an instrument aiming at this specific purpose. A confirmatory factor analysis showed that INUIT can reasonably well describe real-world perceptions of usability while being compatible with the desired metric-based approach.

1 Motivation

In e-commerce, customer loyalty and satisfaction highly depend on web interface usability (Sauro 2010). Thus, it is crucial to perform usability evaluations for product optimization. Common approaches are inspection methods (Nielsen 1994), controlled user studies (Jeffries et al. 1991) or A/B testing. From own experience we know that the first two options are *effective* but mostly cumbersome and only performed *before* a new website or major redesign is launched. The latter option is more *efficient* and can be used with *online* web interfaces but lacks insights into users' actual behavior (Nielsen 2005). Conversions such as the number of registrations, on which A/B tests are based, can even be contradictory to usability (Nielsen 2005).

We propose a new methodological approach to usability evaluation that is both efficient and *effective by inferring a quantitative measure from user interactions.* Given interaction data and explicit usability judgments, it is possible to provide a model predicting such a measure from interactions with a web interface. Contrary to user studies, explicit usability judgments are only required during an initial step in which we collect training data for learning the model. Further evaluations can be based on real users' interactions that are fed into this model. Developers can deploy variations of an online web interface during A/B tests and are provided with usability values that are derived from automatically tracked user interactions. These values can be directly compared to identify the potentially better interface, without tedious inspections of actual interaction data (Fig. 1).

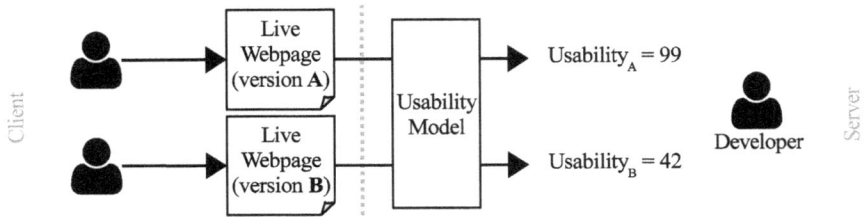

Figure 1: Concept of metric-based usability evaluation with sample values.

Existing solutions (Atterer et al. 2006; *m-pathy*[1]) leverage interaction data but do not infer usability values from these. Rather, interactions are visualized and have to be inspected by experts/developers. If metrics are provided, they are rather oriented towards conversion optimization. As another example, De Vasconcelos & Baldochi Jr. (2012) compare interactions against pre-defined optimal patterns in a remote user study setting.

The design of an adequate quantitative usability measure is a major challenge that is addressed in the remainder of this paper. The development of a complete system (Fig. 1) is our current work-in-progress.

2   Inuit: The Interface Usability Instrument

Providing a measure of usability requires an adequate instrument describing this latent variable. *Yet, it is not possible to simply take an existing one since these were not developed w.r.t. the specific purpose described above.* Particularly, our approach poses the following specific requirements:

(R1) The number of items is kept to a minimum so that users asked to fill out a questionnaire are not deterred and we can obtain a large amount of high-quality training data.

(R2) The items have the right level of abstraction so that they can be meaningfully correlated with user interactions. For example, "user confusion" can be mapped to interactions such as unstructured cursor movements.

(R3) The items can be applied to a webpage as a stand-alone entity since we want to enable correlations with client-side interactions, which are difficult to track and put into context across multiple webpages.

Existing instruments do not meet all of these specific requirements. Green & Pearson (2006) describe an instrument to measure the usability of e-commerce websites. Yet, several of their items do not have the right level of abstraction (R2) or cannot be applied to individual webpages (R3). Questionnaires such as *AttrakDiff*[2] or *UEQ*[3] show similar problems. They are rather oriented towards user experience evaluation of complete interactive products (e.g., online shops), which is considerably different from usability evaluation of a stand-alone web

---

[1]   http://www.m-pathy.com/
[2]   http://www.attrakdiff.de/
[3]   http://www.ueq-online.org/

interface (R3). For example, it is not possible to map items like *product novelty* (UEQ) onto concrete interactions (R2).

In the following we present INUIT—the new INterface Usability InstrumenT that aims at meeting R1–R3 above.

Item Design

We have determined the items of INUIT in a two-step process. First, we have reviewed popular usability guidelines (i.e., heuristics and checklists) with over 250 rules for usability. After eliminating all rules not consistent with R1–R3, we extracted a set of underlying factors, i.e., we investigated which of the remaining rules were different expressions of a common underlying principle. From these, we have derived a "structure" of usability (Fig. 2) based on ISO 9241-11 (1998).

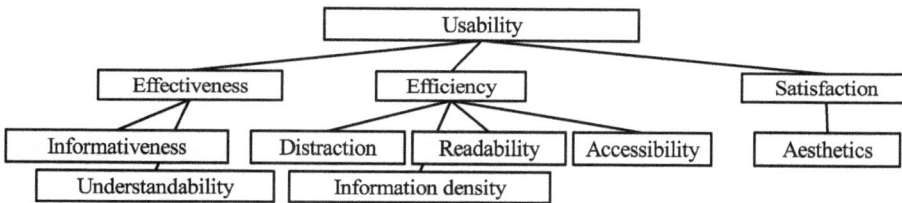

Figure 2: Structure of usability derived from guideline reviews.

Second, we conducted interviews with nine frontend/usability experts working in e-commerce (avg. age 30.44, σ=2.96). We asked them to name driving factors of usability while showing corresponding examples on the web. Subsequently, we presented them with pen and paper showing Fig. 2 and asked them to modify it so that it reflected their perception of usability with R1–R3 in mind. All of the above factors were mentioned by the experts but 38 similar statements like "a not clearly structured layout leads to user confusion" remained that did not fit into the existing set. Thus, it was necessary to add *user confusion* as a sub-concept of *efficiency*. After also removing *satisfaction*, which does not comply with R2, we formulated corresponding questions to form INUIT:

Usability factor	Question
Informativeness	Did you find the content you were looking for?
Understandability	Could you easily understand the provided content?
Confusion	Were you confused using the webpage?
Distraction	Were you distracted by elements of the webpage?
Readability	Did typography and layout add to readability?
Information density	Was there too much information presented on too little space?
Accessibility	Was your desired content easily accessible?

Table 1: The Interface Usability Instrument.

Evaluation

To evaluate INUIT, we conducted a Confirmatory Factor Analysis (CFA; Arbuckle 2011) with a model in which all of the items directly load on the latent variable *usability*. Data for evaluation was obtained in a study with 81 non-unique participants (66 male, avg. age 28.43, σ=2.37) who interacted with one of four news articles and rated its usability using a questionnaire based on the above items. It was possible to take part a maximum of four times with different articles.

Results suggest that our model is a reasonably good fit to the data set, with χ^2=15.817 (df=12, p=0.2), a comparative fit index of 0.971 and a root mean square error of approximation (Arbuckle 2011) of 0.063.

3   Demo

A demo is available at "http://vsr.informatik.tu-chemnitz.de/demo/inuit". We provide the study set-up for inspection (i.e. the specifically prepared news articles including the questionnaire), the complete guideline review results and all necessary resources for reproducing the CFA with IBM SPSS Amos 20.

4   Conclusions

This paper focused on the methodological challenge of providing a new metric-based approach to usability evaluation. As a first step, we presented INUIT—an instrument aiming at this specific purpose. Results of a user study and CFA suggest that INUIT reasonably well describes real-world perceptions of usability. We are aware of the fact that usability is a difficult-to-grasp concept that cannot be forced into yes/no questions in its entirety. Thus, we plan to repeat the user study and CFA with a more complex scenario, i.e., a larger amount of users and Likert scale–based ratings of the usability items. Still, INUIT is an important step into the direction of metric-based usability evaluation, which enables internet companies to optimize their web interfaces at faster iteration cycles compared to inspections and user studies. However, due to the subjective nature of usability, the proposed approach cannot be a complete solution. It should be combined with established methods during interface development and if usability values are not significantly different between evaluated interfaces.

Acknowledgments

This work has been supported by the ESF and the Free State of Saxony.

Europa fördert Sachsen.

ESF

Europäischer Sozialfonds

Gefördert aus Mitteln
der Europäischen Union

References

Arbuckle, J. L. (2011). *IBM SPSS Amos 20 User's Guide*. Armonk: IBM Corporation.

Atterer, R., Wnuk, M. & Schmidt, A. (2006). Knowing the User's Every Move – User Activity Tracking for Website Usability Evaluation and Implicit Interaction. In *Proc. WWW*.

De Vasconcelos, L. G. & Baldochi Jr., L. A. (2012). Towards an automatic evaluation of Web applications. In *Proc. SAC*.

Green, D. & Pearson, J. M. (2006). Development of a Website Usability Instrument based on ISO 9241-11. *JCIS, 47*(1).

ISO 9241-11 (1998). *Ergonomic requirements for office work with visual display terminals (VDTs) – Part 11: Guidance on usability*. ISO, Geneva.

Jeffries, R., Miller, J., Wharton, C. & Uyeda, K. (1991). User Interface Evaluation in the Real World: A Comparison of Four Techniques. In *Proc. CHI*.

Nielsen, J. (1994). Usability Inspection Methods. In *CHI '94: Conference Companion on Human Factors in Computing Systems*.

Nielsen, J. (2005). Putting A/B Testing in Its Place. http://www.nngroup.com/articles/putting-ab-testing-in-its-place/ (2013/03/14).

Sauro, J. (2010). Does Better Usability Increase Customer Loyalty? http://www.measuringusability.com/usability-loyalty.php (2013/06/05).

Contact Information

Maximilian Speicher

TU Chemnitz, Professur VSR
Straße der Nationen 62
D-09111 Chemnitz

E-Mail: maximilian.speicher@unister.de

S. Boll, S. Maaß & R. Malaka (Hrsg.): Workshopband Mensch & Computer 2013
München: Oldenbourg Verlag, 2013, S. 283–286

User Requirements Analysis in the Context of Multimodal Applications for Blind Users

Mei Miao, Gerhard Weber

Technische Universität Dresden, Institut für Angewandte Informatik

Abstract

The Contribution identifies three main problems and challenges in developing multimodal applications for blind people. Since blind users are insufficiently involved and developers normally not blind, their mental models are different. In order to cope with these problems the authors present a phase model for blind user-centred design process. Correlating blind user-centred methods are proposed: User analysis through telephone interviews and the reconstruction mental models by methods like teaching back and thinking aloud (Sasse 1991).

1 Introduction

The known Human-centred design processes for interactive systems (ISO 9241-210 2010) and the Usability Engineering Lifecycle (Mayhew 1999) recommend to analyse the user requirements in the early stage of the development. However, in practice, the user requirements analysis has not been paid sufficient attention for different reasons. Problems arise increasingly while conducting user requirements analysis, especially when developing multimodal applications for blind people. The following main problems and challenges have been identified:

Blind users are insufficiently involved. The "technology-centric approach" still dominates the development of assistive technologies.

Developers are normally not blind. This leads to the following problems:

- Sighted developers and blind users have different mental models.

- Sighted developers normally do not have a realistic insight into the usage environment of blind users.

- Communication problems occur between developers and users with respect to terminology. For example, "tab" means a new window in Windows Internet Explorer 7. However, for blind users "tab" basically means the tab key on the keyboard.

- The subconscious requirements of blind users are much more difficult to discover as these are specific to blind users but not for the sighted.

The requirements analysis applies not only to aspect of usability, but also to accessibility.

2   Blind user-centred analysis approach

The above problems are insufficiently addressed in the existing approaches. Therefore it is necessary to develop a new approach to support the user requirements analysis for multimodal applications for blind people. We present a new approach, which consists of 8 steps. These steps are built on one another.

2.1   Analysis of Users

Who are the target users and what characteristics do they have? In this step, we have to address these two questions. While answering these questions, all target users (primary, secondary, and tertiary users) should be considered. In addition to the common characteristics, ability of blind users to use screen reader and Braille display and the time of blindness (congenitally or adventitiously blind) are also important. On the basis of our experience, telephone interviews are the best way to determine characteristics of blind users. The result of this step is the user profile for each user group.

2.2.1 Analysis of usage environment

Information on the real usage environment provides the developers the possibility to understand the context of use better. The usage environment comprises the physical, technical and the social environments. Physical environment concerns the characteristics of workplace such as the temperature and noise. Technical environment refers to the hardware and software used for the application to be developed, particularly the characteristics of assistive technologies used for blind people such as the type and version of screen reader, the type of Braille display and devices for speech output. The social environment concerns about the cooperation and information exchange among blind users or between blind and sighted users.

2.3   Design principle analysis

The existing approaches recommend considering the requirements from available design principles. For developing multimodal applications, there are several relevant design principles such as the *7 dialogue principles* (ISO 9241-110 2006), the *Common Sense Suggestions for Developing Multimodal User Interfaces* (Larson 2006) and the *Multimodal interaction, communication and navigation guidelines* (ETSI 2003). There are also several design principles for developing applications for people with special needs.

2.4   Creation of mental models

Sighted and blind users have different experiences while using an application, because of the different input and output modalities. For the input, blind users do not use mouse, but only keyboard or speech or a combination of them. For the output, they do not need a display but a screen reader to read the content of the display. This leads to different approaches for interacting with an application. Blind and sighted users therefore build different mental modals. Since mental models influence the effectiveness, efficiency and satisfaction of an application, it is important to analyse the mental models of blind users with respect to similar application and relevant matters. With the help of the mental models we can derive requirements, especially the subconscious requirements on the application.

In this step, we create mental models of blind people. There are several methods for doing this, such as interview, teaching back, and thinking aloud (Sasse 1991). If the application to be developed has some functions that an existing application has, we can analyse the behaviour of users to these functions with the help of task analysis.

2.5   Collection of conscious requirements

Generally we can subdivide the user requirements into conscious, subconscious and derived requirements. Conscious requirements are requirements, which users explicitly have on an application. In this step, we collect conscious requirements with methods like interview, focus group and questionnaire. Subconscious requirements are requirements, which users take for granted. Therefore, they normally do not mention these requirements openly. Derived requirements are not found out from users. We have to derive them based on the information we have.

2.6   Analysis of subconscious and derived requirements

After collecting the conscious requirements from users, subconscious and derived requirements should be analysed with the help of user profiles (step 1), descriptions about environment of use (step 2) and mental models (step 4).

2.7   Choice of modalities

The design of multimodal interaction is commonly divided into two aspects: design of input modality and design of output modality. For the choice of modality there are several design principles available. However, they are described in a very general manner. Moreover, most of them concentrate on the output modality. Hence, we conducted a study with blind users about the choice of input modalities on a multimodal navigation system. The results are not presented in this paper.

2.8   Validation of the requirements

In this step, all user requirements are validated by means of two aspects:

- Firstly, the developers verify the requirements with respect to technical realization.

- Subsequently, the users check the requirements with respect to the content through interview or questionnaire.

This approach takes the specific feature of blind users and multimodal application into account. In comparison with existing approaches, it stands out due to the following two characters: Firstly, mental models of blind people are analysed for understanding the user behaviour, analysing subconscious and derived requirements. Next, in order to minimize the cost of subsequent amendments, the choice of modality is considered in the stage of requirements analysis. If new user group is identified during the development, the process should be conducted once again.

References

ETSI Guide EG 202 191 V1.1.1. (2003) *Human Factors (HF):* Multimodal interaction, communication and navigation guidelines.

ISO 9241-210 (2010) *Ergonomics of human-system interaction – Part 210:* Human-centred design processes for interactive systems.

ISO 9241-110 (2006) *Ergonomics of human-system interaction – Part 110:* Dialogue principles.

Sasse, M. A. (1991). *How to T(r)ap Users' Mental Models*. In Proceeding: Informatics and Psychology Workshop. Tauber, M.J. and Achermann, D. (Eds). North-Holland, pp 59-79.

Mayhew, D. (1999) *The Usability Engineering Lifecycle – A practitioner's handbook for user interface design*. Morgan Kaufmann, San Francisco, Calif.

Larson, J. (2006) *Common Sense Suggestions for Developing Multimodal User Interfaces*. W3C Working Group Note 11 September 2006.

S. Boll, S. Maaß & R. Malaka (Hrsg.): Workshopband Mensch & Computer 2013
München: Oldenbourg Verlag, 2013, S. 287–296

Design eines Multitouch-Tisches für den musealen Kontext

Kalja Kanellopoulos[1], Michael Storz[2]

Professur Medienkommunikation, Technische Universität Chemnitz[1]
Professur Medieninformatik, Technisch Universität Chemnitz[2]

Zusammenfassung

Gestaltungsarbeit in interdisziplinären Teamkonstellationen ist gerade bei der Entwicklung komplexerer technischer Systemen nahezu unausweichlich. Von entscheidender Bedeutung ist in derartigen Projekten die Koordination der kooperativen Arbeit. Im Folgenden wird anhand einer Fallstudie zum nutzerzentrierten Design eines Multitouch-Tisches für den musealen Kontext untersucht, welche Rolle Prozesse von Framing-Reframing und Prototyping in der interdisziplinären Systementwicklung einnehmen können und wie sie zusammenwirken.

1 Einleitung

Unter Framing-Reframing wird im Design die iterative Anpassung neuer Lösungsmöglichkeiten während des Gestaltungsprozesses verstanden. (Schön 1983; Paton & Dorst 2011) Der vorliegende Beitrag fokussiert auf Prozesse des Framing-Reframing und Prototyping in der interdisziplinären Systementwicklung. Im Rahmen einer Fallstudie wird ein Forschungsprojekt in den Blick genommen, das dem nutzerzentrierten Design eines mehrnutzerfähigen Multitouch-Tisches gewidmet ist. Das Projekt ist in universitärem Rahmen zu verorten – es handelt sich um zwei im Rahmen eines interdisziplinären Graduiertenkollegs zum Tandem gekoppelte Dissertationen eines Informatikers und einer Sozialwissenschaftlerin. Zukünftiges Anwendungsfeld des technischen Systems ist das Sächsische Industriemuseum in Chemnitz. Dem Ansatz des *Blended Museums* folgend soll mit Hilfe innovativer Technik eine soziale Interaktionsplattform geschaffen werden, die physisch-aktuellen und medial vermittelten Museumsraum didaktisch sinnvoll miteinander verknüpft und vielfältige Besuchererfahrungen (*Visitor Experience*) ermöglicht (Klinkhammer & Reiterer 2008).

2 Methodisches Vorgehen

Von sozialwissenschaftlicher Seite her werden im Verlauf des Projektes durch den Einsatz ethnographischer Feldforschung in verschiedenen Museen und Ausstellungen empirisch

Daten gewonnen und analysiert. Zu diesen gehören etwa schriftliche Notizen von teilnehmenden Beobachtungen oder Gesprächen, Skizzen und Fotografien sowie Videoaufnahmen. Diese Datenmaterialien werden in Form von Präsentationen schriftlich und visuell aufbereitet und in regelmäßigen Debriefing Sessions dem Tandempartner vorgestellt und mit diesem diskutiert. Derartige gemeinsame Sitzungen finden zusätzlich mit weiteren Personen verschiedener wissenschaftlicher Fachrichtungen wie Informatik, Soziologie, Medienpsychologie, Ingenieurswissenschaft oder Design statt.

Die Erkenntnisse aus der empirischen Datengewinnung fließen in den parallel ablaufenden Designprozess des Multitouch-Tisches ein. Hughes et al. beschreiben diesen Typus der Ethnographie in der Systementwicklung als *concurrent ethnography*. Diese zeichnet sich dadurch aus, dass ethnografische Untersuchungen dem Designprozess vorangehen, aber auch immer wieder parallel durchgeführt werden. Der Arbeitsprozess besteht aus iterativen Zyklen, in denen sich Feldforschung, Debriefing, Prototypengestaltung und erneute Feldforschung ablösen. (Hughes et al. 1994, 432) Dabei sind in dem hier untersuchten Projekt beide Tandempartner gleichberechtigt an Designentscheidungen beteiligt. Gleichzeitig beeinflussen die Erkenntnisse aus der bisherigen Feldforschung, den gemeinsamen Debriefing Sessions und Designentscheidungen den Verlauf der weiteren Datengewinnung. (vgl. Abb. 1a)

Auch der gesamte Forschungsprozess des interdisziplinären Projektes zeichnet sich durch eine iterativ-zyklische Natur aus. Dabei greifen verschiedene Arbeitsprozesse wie empirische Datengewinnung und -analyse, Interfacedesign sowie wissenschaftliche Theoriebildung zeitlich eng ineinander und beeinflussen sich wechselseitig. (vgl. Abb. 1b)

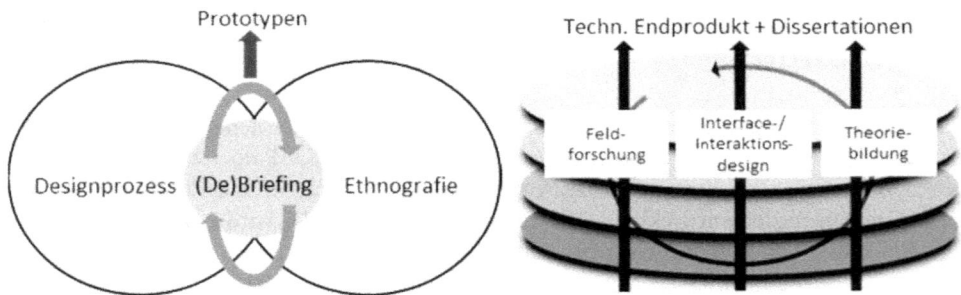

Abbildung 1a+b: methodisches Vorgehen im interdisziplinären Tandem

Der gemeinsame Designprozess – inklusive des Prototypings – bildet die Schnittstelle der interdisziplinären Zusammenarbeit. Während Feldforschung und Theoriebildung verstärkt in den sozialwissenschaftlichen Arbeitsbereich fallen, liegt von informatischer Seite her der Fokus eher auf Systementwicklung und der Implementierung der technischen Anwendungen. Es muss an dieser Stelle jedoch betont werden, dass es sich hierbei um eine idealtypische Darstellung handelt – in der Praxis verschwimmen die Grenzen häufig situativ. So werden zusätzlich zu formellen und informellen Debriefings gemeinsame Forschungsaufenthalte in Museen und anderen natürlichen Situationen im (halb-)öffentlichen Raum durchgeführt, die der Untersuchung des zukünftigen Anwendungskontextes oder dem Test von Prototypen gewidmet sind. Gleichzeitig finden in regelmäßigen Abständen gemeinsame Datenanalysesitzungen statt sowie Sessions, die der Analyse technischer Systeme oder Software gewidmet sind.

Die in diesen gemeinsamen Sitzungen unterschiedlicher Art ablaufenden Kommunikationsprozesse werden – einschließlich der in ihnen zu Tage tretenden unterschiedlichen Perspektiven der einzelnen Parteien – ethnografisch dokumentiert und im Anschluss ausgewertet. Ziel ist es dabei, Komplexität zu erfassen statt zu reduzieren, die heterogenen Perspektiven und Frames der verschiedenen Akteure zu reflektieren, ihnen Raum zu geben und gleichzeitig eine gemeinsame Linie in Bezug auf das weitere Design auszuhandeln. Das auf diese Weise gewonnene Datenmaterial fließt ebenfalls in weitere Designentscheidungen (Reframing) ein und beeinflusst konkrete Schritte des weiteren Vorgehens, wie etwa die Planung längerer Feldaufenthalte oder anstehender Programmieraufgaben.

Von sozialwissenschaftlicher Seite her liegt dem iterativen Prozess aus Datengewinnung, -analyse und Theoriebildung der Forschungsstil der Grounded Theory (Strauss und Corbin 1994) bzw. deren situationsanalytische Weiterentwicklung (Clarke 2010) zu Grunde. In Bezug auf den Forschungsablauf und die Organisation des Arbeitsprozesses weist dieser Forschungsstil starke Ähnlichkeiten mit dem Agile Methoden-Ansatz der Informatik (Cohen et al. 2004) auf. Neben dem iterativen Vorgehen haben diese Ansätze eine starke Fokussetzung auf Interaktion und Kommunikation gemein. Sie erlauben den Forschern auf diese Weise ein schnelles Reagieren auf wechselnde Umstände und stetige Kursjustierungen in Bezug auf das weitere Vorgehen anhand des aktuellen Status Quo – sowohl im Bereich der Datengewinnung als auch dem der Systementwicklung.

Bei der Entwicklung und Gestaltung von Wissensmedien wie dem hier beschriebenen Multitouch-Tisch sind verschiedenste Methoden anwendbar. Gemeinsam ist diesen, dass sie alle in der Tradition des *User Centered Design* zu verorten sind. Der Benutzer des jeweiligen technischen Systems, seine Aufgaben, Interessen und Neigungen sowie der jeweilige Anwendungskontext stellen nach diesem Ansatz zentrale Faktoren dar, die das Design bestimmen. (Reiterer 2006, 169) Die empirische Untersuchung der Nutzungssituation des technischen Systems ist demnach von entscheidender Bedeutung. Ziel ist dabei nicht die bloße Auflistung funktioneller Empfehlungen[1], sondern ein ganzheitliches Erfassen der Situation in einer ihr angemessenen Komplexität. (Paton & Dorst 2011, 8)

3 Designprozess

3.1 Framing

Bereits in den ersten Briefings eines Designprojektes stoßen verschiedene Frames der Projektteilnehmer aufeinander und erfordern Aushandlungsprozesse in Bezug auf die iterative Anpassung des weiteren Vorgehens. (Paton & Dorst 2011, 574) Im Folgenden werden zunächst die initialen Frames der beiden an der Konstruktion des Multitouch-Tisches beteiligten Forscher dargelegt, bevor auf Prozesse des Reframing eingegangen wird, die unter Einfluss der Erkenntnisse aus der parallel zum Gestaltungsprozess laufenden Feldforschung erfolgen.

---

[1] Ein in der HCI in Bezug auf den Einsatz ethnografischer Feldforschung in der Systementwicklung häufig auftretendes Missverständnis. (Vgl. hierzu Dourish 2007)

In einem ersten Framing galt es einen Forschungsgegenstand zu konstruieren, der aus Sicht beider am Designprozess beteiligter Forscher von wissenschaftlichem Erkenntnisinteresse ist. Als Schnittmenge des informatischen und des sozialwissenschaftlichen Forschungsinteresses kristallisierte sich schnell die Mehrnutzerfähigkeit des Multitouch-Tisches heraus.

Von informatischer Seite her soll mittels Bildverarbeitungs- und Objektdetektionsverfahren eine Nutzererkennung in den Tisch integriert werden, die es ermöglicht, Anwendungen so zu konzipieren, dass ihre Inhalte situativ an die jeweiligen Nutzer angepasst werden können. Eine derartige Anpassung kann sich z.B. an Nutzerzahl, -position oder auch Nutzeralter orientieren. Hierin besteht eine entscheidende technische Innovation des entwickelten Systems im Vergleich zu anderen Tabletop-Systemen.[2]

Von sozialwissenschaftlicher Seite her wird zum einen die Interaktivität in den Blick genommen, die zwischen Nutzern und technischem System in der sich um den Multitouch-Tisch eröffnenden sozialen Situation stattfindet. Zum anderen werden zwischen den Nutzern ablaufende Kommunikations- und Interaktionsprozesse untersucht, denn die soziale Interaktion mit anderen spielt in Bezug auf die *Visitor Experience* im Museum eine tragende Rolle. (Vom Lehn et al. 2001) Gleichzeitig ist der Multitouch-Tisch durch seine Mehrnutzerfähigkeit im Vergleich zu anderen technischen Systemen in besonderem Maße geeignet Interaktionen zwischen den Nutzern anzuregen.

Ein weiterer bereits ab dieser frühen Projektphase für beide Forscher relevanter Frame ist den Gestaltungsprinzipien des *User Centered Design* geschuldet: Es gilt den spezifischen Anwendungskontext im Sächsischen Industriemuseum von Beginn an mit einzubeziehen und den Nutzern in Bezug auf den Ausstellungsbesuch einen Mehrwert zu verschaffen. Dazu mussten zunächst die Bedürfnisse der Museumsbesucher ermittelt und herausgefunden werden, welche der Situation angemessenen innovativen Interaktions- und Erlebnismöglichkeiten sich für diese durch einen mehrnutzerfähigen Multitouch-Tisch eröffnen lassen. Aus diesem Grund wurde zunächst mittels teilnehmender Beobachtung und Befragung eine Nutzungskontextanalyse im Industriemuseum durchgeführt.[3]

3.2 Nutzungskontextanalyse im Sächsischen Industriemuseum

Das Sächsische Industriemuseum in Chemnitz ist in einer ehemaligen Fabrikhalle untergebracht und besteht aus einem großen Hauptraum (Dauerausstellung), einem kleineren Nebenraum (Sonderausstellung) sowie einem weiteren Raum im Kellergeschoss. Letzterer nimmt etwa ein Drittel der Fläche des Hauptraums ein und beinhaltet verschiedene Maschinen für die Textilherstellung. Das Gebäude besteht aus rotem Backstein, wobei das größtenteils verglaste Dach dafür sorgt, dass die Haupthalle von Tageslicht durchflutet wird. Diese Lichtver-

---

[2] Vgl. etwa Konstan et al 2012; Nitsche et al. 2012; Hinrichs und Carpendale 2011; Hornecker 2008

[3] Weiterhin wurden in eine mehrmonatige explorative Pilotstudie auch verschiedenste weitere Museen und Ausstellungen mit einbezogen. Ziel dieser Pilotstudie war es, in Bezug auf in Museen im deutschsprachigen Raum eingesetzte Wissensmedien und Tabletop-Technologien einen empirisch fundierten Überblick über den *State of the Art* zu ermöglichen. Zu diesen im Rahmen der explorativen Pilotstudie untersuchten Ausstellungen und Museen gehören etwa die documenta (13) in Kassel, das Ars Electronica Center in Linz, das Zentrum für Kunst- und Medientechnologie (ZKM) in Karlsruhe, das Hygienemuseum Dresden, das Jüdische Museum und das Naturkundemuseum in Berlin sowie das Bach-Museum in Leipzig. Eine detaillierte Beschreibung der empirischen Pilotstudie würde jedoch an dieser Stelle den Rahmen sprengen. Der Fokus wird im Folgenden auf die Analyse des zukünftigen Nutzungskontextes Industriemuseum und ihrer in Bezug auf das Framing-Reframing relevanten Aspekte gelegt.

hältnisse sind in Bezug auf das situationsangemessene Design des Multitouch-Tisches von Bedeutung, denn sie verhindern eine Gestaltung über einen starken ästhetischen Zugang, wie dieser häufig bei derartigen Tabletop-Systemen umgesetzt wird: Dunkler Raum und unauffällige Tischkonstruktion versus hell und farbig leuchtender Bildschirm.

Die in der Haupthalle untergebrachte Dauerausstellung ist in acht verschiedene Themenbereiche unterteilt, die auch farblich unterschiedlich gestaltet sind: Sachsen, Karl-Marx-Städter, Unternehmer, Kreative, Familie, Konsumenten, Arbeiter, Europäer. Innerhalb dieser Themenbereiche sind industrielle Exponate unterschiedlichster Art versammelt. Einige Exponate können durch vom Museum angestellte Vorführer in Betrieb genommen werden. Dafür sind keine festen Zeiten oder Termine vorgesehen, das Personal richtet sich diesbezüglich nach dem Interesse und der Nachfrage der Besucher. Die meisten Exponate dürfen jedoch von den Besuchern selbst nicht angefasst oder ausprobiert werden.

Über die Ausstellung verteilt sind fünf interaktive Objekte zu finden, die mit einem speziellen Symbol gekennzeichnet sind. Zu diesen gehört eine Handstickmaschine (der Nachbau einer danebenstehenden großen Stickmaschine), eine Telefonanlage, eine Schreibmaschine und ein Tresor. In der Haupthalle sind zusätzlich einige Informationsstelen mit integrierten Bildschirmen und Lautsprechern sowie davor positionierten, stoffüberzogenen Sitzhockern aufgestellt. Die durchsichtigen Stelen offenbaren dem Betrachter dabei ihr technisches Innenleben. Über das Interface werden verschiedene Zusatzinformationen zu Exponaten zugänglich gemacht, neben schriftlichen Texten etwa auch Bilder und Videos. Während der teilnehmenden Beobachtungen konnte festgestellt werden, dass diese Informationsstelen im Gegensatz zu den interaktiven Objekten von den Besuchern nur in geringem Umfang angenommen werden. Das befragte Museumspersonal sieht die Ursache hierfür darin, dass das Industriemuseum von vielen Personen und Gruppen besucht wird, die auch die angebotenen Führungen wahrnehmen und dementsprechend kaum Bedarf nach weiteren Informationen haben. Eine weitere Besonderheit des das Industriemuseum besuchenden Publikums liegt darin, dass viele der Besucher früher selbst an Maschinen wie den ausgestellten gearbeitet oder diese produziert haben – viele verfügen also bereits über Fachwissen zu einzelnen Exponaten und geben dies während des Besuchs auch mündlich an Kinder, Enkel oder andere Begleitpersonen weiter.

Neben der geringen Nutzungsquote der Stelen in ihrer Funktion als Wissensmedien mit breitgefächertem Informationsangebot fiel während der teilnehmenden Beobachtungen die häufige Nutzung der zu den Informationsstelen gehörigen Sitzflächen für Erholungspausen auf. Diese Hocker sind, abgesehen von einer Sofaecke im Eingangsbereich des Museums, die einzigen Sitzgelegenheiten in der Ausstellung.

Abbildung 2: Nutzung der Informationsstelen im Sächsischen Industriemuseum als Möglichkeit für Sitzpausen

3.3 Prototyping und Reframing

Die gemeinsame Entwicklung des Multitouch-Tisches begann im April 2012, zeitgleich mit der empirischen Vorstudie. Erste Papier-Prototypen halfen in entscheidender Weise dabei Brücken zwischen den unterschiedlichen disziplinären Vokabularen und Sprachdukti zu schlagen. Sie waren vor allem im Hinblick auf Greifbarkeit und Diskussion der Maße des Interfaces von Bedeutung. In der Folge wurde zunächst das Interface technisch umgesetzt und konstruiert. Es besteht aus einem horizontal gelagerten 46" Display und einer darauf liegenden Multitouch-Oberfläche, welche bis zu 32 Berührungspunkte gleichzeitig registrieren kann. Die Ansteuerung des Displays und die Verarbeitung der Touch-Eingaben erfolgt über einen im Tisch integrierten PC.

Nach der Fertigstellung der Tischoberfläche wurde dieser Teil des Zielsystems in der Folge als Prototyp genutzt, welcher sowohl in Bezug auf die projektinterne als auch -externe Kommunikation – etwa mit dem Kooperationspartner Sächsisches Industriemuseum – eine vermittelnde Funktion einnahm. An ihm wurden zudem erste digitale Prototypen von Anwendungen getestet. Das Interface wurde zu diesem Zweck im gemeinsamen Büro der beiden am Projekt beteiligten Forscher installiert, im Selbsttest genutzt und auch den Kollegen zur Verfügung gestellt.

Die beschriebene Technik wurde in einem weiteren Schritt in eine eigens für die spezifische Nutzungssituation im Sächsischen Industriemuseum entworfene Tischkonstruktion integriert. Für deren Konzeption und Konstruktion wurde eine Produktdesignerin hinzugezogen. In mehreren gemeinsamen Treffen wurde der Entwurf der Tischkonstruktion präzisiert und Entscheidungen bzgl. der Form und der zu verwendenden Materialien getroffen. Dabei war vor allem auch die Kommunikation über das in den bisherigen Feldforschungen gewonnene und analysierte Datenmaterial von entscheidender Bedeutung. Zusätzlich wurden Rücksprachen mit der hauseigenen Gestalterin des Museums gehalten.

Die äußere Gestalt des Tisches führt die rechteckige Form des enthaltenen Displays bewusst nicht weiter, sondern bietet dezidierte Anlaufflächen zur Interaktion (Buchten). Die Anordnung von verschiedenen Frei-, Sitz-, Knie- und Trittflächen soll unterschiedlichsten Nutzergruppen wie Kindern, Jugendlichen, Erwachsenen, älteren Besuchern oder Rollstuhlfahrern eine barrierefreie Interaktion ermöglichen. (vgl. Abb. 3)

Abbildung 3: Entwurf der äußeren Tischkonstruktion

Der Tisch kann durch die angebrachten Sitzflächen gleichzeitig als Möglichkeit zum Pausieren und Ausruhen genutzt werden. Die verschiedenen Flächen der Außenkonstruktion des Tisches sind in unterschiedlichen Materialien und Farben gestaltet: dunkelrotes Linoleum, schwarzes MDF, orangenes Kunstleder, braunes Holz und silbernes Stahlblech. Diese Materialien finden sich an verschiedenen Exponaten der Ausstellung wieder. Derart wird visuell eine Integration des Tisches in die spezifische Nutzungssituation gewährleistet, die sich auch inhaltlich fortführt: Durch die Anwendungen des Tisches sollen spielerisch und ohne tiefen Informationsgehalt Bezüge zu den Exponaten der Ausstellung geschaffen werden. Dieser Gestaltungsansatz trägt den oben beschriebenen Erkenntnissen aus der durchgeführten Nutzungskontextanalyse Rechnung.

Als Framing für die Gestaltung erster Anwendungen wurde das *Vergleichen von Exponaten* gewählt. Ein erster selbst programmierter Prototyp in Form eines Kartenspiels existiert und wird weiter ausgearbeitet. Zeitgleich wird mit Hilfe der Ontologie des *CIDOC Conceptual Reference Module* (Doerr 2003) der aktuelle Bestand des Industriemuseums an digitalen Informationen zu Exponaten standardisiert und vereinheitlicht. Ein Vorteil dieses Vorgehens besteht darin einfache semantische Verbindungen zwischen digitalen Objekten aufzeigen zu können. (Hohmann 2010) Die auf diese Weise abrufbaren Verbindungen zwischen einzelnen Exponaten sollen für die Gestaltung weiterer Anwendungen genutzt werden.

Das maßgefertigte Grundgerüst der äußeren Tischkonstruktion wurde zunächst ohne die Sitz-, Knie- und Stehflächen fertiggestellt. Dieser erweiterte Prototyp wurde nach der Fertigstellung im Rahmen der Studentischen Medientage an der TU Chemnitz getestet. Neben schriftlich festgehaltenen teilnehmenden Beobachtungen wurden dabei auch Videoaufzeichnungen durchgeführt und im Hinblick auf Designentscheidungen analysiert. Schnell bestätigte sich etwa die Nützlichkeit der noch zu produzierenden Sitz-, Knie- und Stehflächen für eine barrierefreie Gestaltung des Tisches. (vgl. Abb. 4)

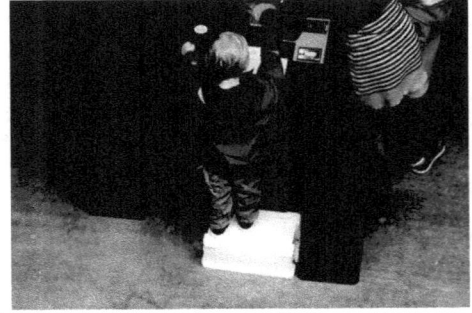

Abbildung 4: Grundgerüst Tischkonstruktion während des ersten Tests

Im weiteren Vorgehen werden die Sitz-, Knie- und Stehflächen angefertigt, die Nutzererkennung mit dem zugehörigen Kamerasystem sowie weitere Anwendungen implementiert. Der Multitouch-Tisch wird nach der Fertigstellung dieser weiteren Systemteile zunächst für einen Zeitraum von ca. 4-6 Wochen im Industriemuseum installiert und evaluiert. Um Vergleichswerte zu gewährleisten wird anschließend zusätzlich auch in anderen Nutzungskontexten getestet. Ab dem Zeitpunkt der Fertigstellung der Tischkonstruktion sowie der ersten Anwendungen liegt ein Schwerpunkt der begleitenden ethnographischen Untersuchung also in der Evaluation dieses Prototypens. Anhand der Ergebnisse des Evaluationsprozesses kann der Tisch im Verlauf der weiteren Arbeit modifiziert und weiterentwickelt werden.

4   Zusammenfassung

Der zentrale Fokus des hier untersuchten Forschungsprojektes ist wie beschrieben Entwicklung und Design eines technischen Systems. Es gibt jedoch keinen Designer im Team. Um einen erfolgreichen Verlauf des Projektes zu gewährleisten, müssen beide Forscher sich zusätzliche und teilweise fachfremde Kompetenzen aneignen. So muss etwa die in derartigen Kontexten der Systementwicklung üblicherweise von Designern angeleitete iterative Anpassung neuer Lösungsmöglichkeiten (Framing-Reframing) von den beiden Forschern selbst durchgeführt werden. Dies erfordert höchste Aufmerksamkeit, Reflexionsfähigkeit und Einfühlungsvermögen für die Perspektive des anderen bei starker zeitgleicher Involviertheit in den Designprozess als teilnehmende Partei – mit eigenem Framing und eigenen Zielstellungen an die gemeinsame Arbeit sowie die von dieser abhängige eigene Dissertation. Ein bequemes Sich-Zurücklehnen in den vertrauten Ohrensessel der eigenen Disziplin und der für diese typischen Aufgabenbereiche ist in dieser Konstellation und ohne den Designer als vermittelnde und reflektierende Instanz nicht möglich. Folglich ist zu beobachten, dass die Entwicklung bestimmter Fähigkeiten hier von entscheidender Bedeutung ist. Zu diesen gehört sich auf den Anderen und dessen Frames einlassen zu können ohne dabei die eigenen aus den Augen zu verlieren – oder sich mit der Wissenschaftssprache des Anderen vertraut zu machen und gegebenenfalls Übersetzungsarbeit leisten zu können. Dabei spielen Prototypen eine tragende Rolle – ihre Dinghaftigkeit ermöglicht intuitivere Verständigung.

Im Unterschied zu vielen anderen Designprozessen interaktiver Systeme gibt es in dem untersuchten Forschungsprojekt einen zentralen Design-Prototypen, der anhand der aus der begleitenden ethnografischen Forschung gezogenen Erkenntnisse stetig erweitert wird und sich schließlich im fertigen System wiederfindet. Dementsprechend gut nachvollziehbar sind in diesem kristallisierte Prozesse des Reframing. Gleichzeitig wird das im gemeinsamen Designprozess generierte Wissen von sozialwissenschaftlicher Seite her kontinuierlich dokumentiert, reflektiert und ausgewertet. Ziel ist dabei die Zusammenführung unterschiedlicher Perspektiven auf eine Art und Weise, die Raum für Multiperspektivität lässt.

5 Literaturverzeichnis

Clarke, A. E. (2010): *Situationsanalyse. 1. Aufl.* Hrsg. u. mit Vorw. v. Reiner Keller. Wiesbaden: VS.

Cohen, D.; Lindvall, M.; Costa, P. (2004): An Introduction to Agile Methods. In Zelkowitz, M. V. (Hrsg.): *Advances in software engineering.* Amsterdam, Sydney: Elsevier.

Doerr, M. (2003): The CIDOC Conceptual Reference Module. An Ontological Approach to Semantic Interoperability of Metadata. In: *AI Magazine* 24 (3), S. 75-92.

Dourish, P. (2007): Responsibilities and Implications: Further Thoughts on Ethnography and Design: In *DUX '07.*

Hinrichs, U.; Carpendale, S. (2011): Gestures in the Wild: Studying Multi-Touch Gesture Sequences on Interactive Tabletop Exhibits. In *CHI '11*, S. 3023–3032.

Hohmann, G. (2010): Die Anwendung von Ontologien zur Wissensrepräsentation und -kommunikation im Bereich des kulturellen Erbes. In Schomburg S., Leggewie, C; Lobin, H.; Puschmann, C. (Hrsg.): *Digitale Wissenschaft. Stand und Entwicklung digital vernetzter Forschung in Deutschland. Beiträge der Tagung. 2. erg. Aufl.*, S. 33–40.

Hornecker, E. (2008): "I don't understand it either, but it is cool" – Visitor Interactions with a Multi-Touch Table in a Museum. In *IEEE Tabletop 2008*, S. 121–128.

Hughes, J.; King, V.; Rodden, T.; Andersen, H. (1994): Moving out from the control room: ethnography in system design. In Furuta, R. K.; Neuwirth C. M. (Hrsg.): *CSCW '94*, S. 429–439.

Klinkhammer, D.; Reiterer, H. (2008): Blended Museum - Perspektiven für eine vielfältige Besuchererfahrung. In *iCOM - Zeitschrift für interaktive und kooperative Medien* (Sonderheft Blended Museum), S. 4–10.

Konstan, J. A.; Chi, E. H.; Höök, K.; Horn, M.; Atrash Leong, Z.; Block, F. (2012): Of BATs and APEs. In: *CHI '12* , S. 2059–2068.

Nitsche, M.; Klinkhammer, D.; Reiterer, H. (2012): Be-Gehbare Interaktion: Dynamische Persönliche Bereiche für Interaktive Tische. In *i-com* 11 (2), S. 12–19.

Paton, B.; Dorst, K. (2011): Briefing and reframing: A situated practice. In *Design Studies* 32 (6), S. 573–587.

Reiterer, H. (2006): Benutzerzentrierung als gemeinsames Paradigma. In Eibl, M.; Reiterer, H.; Stephan, P. F.; Thissen, F. (Hrsg.): *Knowledge Media Design. Theorie, Methodik, Praxis. 2. Aufl.* München u.a.: Oldenbourg, S. 169–210.

Schön, D. (1983): *The reflective practitioner. How professionals think in action.* Aldershot: Ashgate.

Strauss, A.; Corbin, J. (1994): Grounded Theory Methodology. An Overview. In Denzin, N. K.; Lincoln, Y. S. (Hrsg.): *Handbook of qualitative research.* Thousand Oaks: Sage, S. 273–285.

Vom Lehn, D.; Heath, C.; Hindmarsh, J. (2001): Exhibiting Interaction: Conduct and Collaboration in Museums and Galleries. In *Symbolic Interaction* 24 (2), S. 189–216.

Kontaktinformationen

Kalja Kanellopoulos / Michael Storz
DFG-Graduiertenkolleg CrossWorlds
Technische Universität Chemnitz
Thüringer Weg 5, 09126 Chemnitz
Kalja.Kanellopoulos@phil.tu-chemnitz.de
Michael.Storz@informatik.tu-chemnitz.de

http://crossworlds.info/

Workshop

Interactive Spaces – Die Zukunft kollaborativer Arbeit

Michael Ksoll

Nina Sendt

Florian Klompmaker

S. Boll, S. Maaß & R. Malaka (Hrsg.): Workshopband Mensch & Computer 2013
München: Oldenbourg Verlag, 2013, S. 299–304

Collaboration on Interactive Ceilings

Alexander Bazo, Raphael Wimmer, Markus Heckner,
Christian Wolff

Media Informatics Group, University of Regensburg

Abstract

In this paper we discuss how interactive ceilings may improve productivity and collaboration in office environments. The ceiling of an office offers an unobtrusive und generally unobstructed display and input area which is accessible to all persons in the room. Therefore, enhancing ceilings with input and display capabilities allows for a range of new single- and multi-user applications such as status indicators, notifications, in-house navigation and collaborative work areas. However, ergonomic constraints limit the application space. To investigate such constraints we have built a working prototype of an interactive ceiling. Currently, we are conducting a study investigating which areas on the ceiling may be used for displaying notifications and content.

1 Interactive Ceilings

Interactive surfaces support collaboration between co-located and remote co-workers. They allow multiple collaborators to simultaneously view and manipulate shared data. Beside personal displays and tablet devices, interactive tabletops and wall-mounted interactive whiteboards are commonly used. However, interactive tabletops and whiteboards suffer from several limitations that discourage quick, ad-hoc collaboration. All collaborators have to walk up to the table or wall to interact with them. Content on tabletops is only visible to users standing right next to the device. Content on wall-mounted displays gets occluded by other people or objects standing in the line-of-sight. Without proper software support, exchanging data between personal computing devices and collaborative interactive surfaces is cumbersome. Tabletops and walls offer only limited display space which often allows only a subset of all relevant data to be displayed at once. In our experience, these limitations make shared interactive surfaces so tedious to use that people rarely use them for ad-hoc collaboration and sharing of data.

Most office spaces have a ceiling. It differs from other surfaces in the room in several characteristics: In general, ceilings offer large, uninterrupted flat white areas. Unlike walls, they are rarely occluded or interrupted by doors, windows and furniture and are visible from any position in the room. Lighting fixtures in office environments are rather unobtrusive and often embedded into the ceiling.

Each location on the floor may be mapped to a location on the ceiling. Thereby, information displayed on the ceiling may be associated with persons or objects below it. Such ceilings may be easily turned into large interactive displays by installing computer screens or projecting screen contents from below. These may be viewed and used simultaneously by multiple users. Unlike interactive whiteboards or tabletop systems an interactive ceiling does not imply preferred positions for users and can not be visual blocked by other users. Therefore, users may interact with and on the ceiling from their desks. This facilitates ad-hoc interaction and allows for better integrating personal computing devices with a shared interactive surface. In typical settings for large office spaces with cubicle desks providing some kind of privacy in the large room, interaction via the ceiling may still be possible.

We define interactive ceilings as display surfaces which cover ceilings partly or completely, allow visualization of digital content and offer input techniques for user interaction. For investigating the potential of interactive ceilings we have built a prototypical setup of such a surface. We have already discussed properties and some general usage scenarios (Wimmer et al., 2013). In this paper we present preliminary findings of a user study on visual perception of content on the ceiling and discuss its potential for collaborative use.

2   Related Work

Ceilings have long been a topic of research in architecture. However, few researchers have investigated the potential of interactive ceilings so far. Pieper and Kobsa (1999) present a ceiling-mounted display for bed-ridden users. Martin Tomitsch explores basic properties of interactive ceilings and has implemented several ambient information displays on a ceiling (Tomitsch, 2007,2008; Tomitsch & Greching, 2007). Meagher (2010) discusses architectural aspects of ceilings as display surfaces. The collaborative use of interactive ceilings has not been investigated so far.

3   Perception and Ergonomics

Whereas wall displays and tabletops require users to look straight ahead or slightly downwards, interactive ceilings require users to look up. Depending on the location of content on the ceiling, users have to lift their gaze slightly or significantly. Obviously, looking upwards is rather tiring and may even hurt after some time. Therefore, a crucial objective of first ceiling interaction studies must be the users' perceptual and ergonomic constraints. Exploring these allows us to determine which areas of the ceiling are visible without lifting the head, and which areas are comfortable to look at for a longer time.

For this purpose we have designed and are currently conducting a study to identify a user's field of view depending on a) whether the user is sitting or standing, and b) how much the user turns their head upwards. Users stand or sit under the interactive ceiling, focusing fixed markers on the floor, wall and ceiling. Each marker represents a specific inclination of the user's line of sight. Those inclinations reflect different typical working situations as looking into a computer screen (slightly downwards), reading a book (downwards) or looking directly at the ceiling (heavily upwards).

While the user stares at the marker, a high-contrast target moves slowly into their field of view form different directions. Once the user recognizes it, he presses a button. This allows us to determine the area on the ceiling where one might be able to perceive notifications. Each target also has an embedded semi-random letter (letters are randomly chosen from the following set of symmetrically shaped letters 'O,X,E,H,I,S' to minimize misinterpretation by orientation) in it, representing notification content to be read. While the target is in the peripheral field of view, the user is not able to identify the letter. Once the user can read the letter, they press the button again. This allows us to determine the area on the ceiling where one might be able to read text or watch other content.

In our study, we have conducted two rounds with 2 (sitting/standing) x 6 (marker positions) x 4 (repetitions) = 48 trials each. In the first round (see Fig. 1 left), users were asked to stare at the marker for the whole experiment. In this case, the letter within the target became only visible once the target moved into the user's central field of view. In the second round (see Fig. 1 right), users were allowed to focus on the target once it entered their peripheral field of view. This allows us to analyze both minimally and maximally available area for textual content on the ceiling.

Based on preliminary findings from four participants we have reason to believe that ceiling interaction is useful both for notifications and more complex use cases with higher attention needs. Realistic user poses (reading, desktop computer use) still allow users to notice visual stimuli on the ceiling within their peripheral field of view. Needless to say, facing the ceiling directly increases the chance to identify the character correctly. Users report that even though they are able to identify the targets and characters from lower angles, higher neck angles allow faster fixation of the targets. Furthermore all users report that they would use an interactive ceiling as a notification area or for other tasks that require occasionally looking directly at the ceiling (see Figure 1).

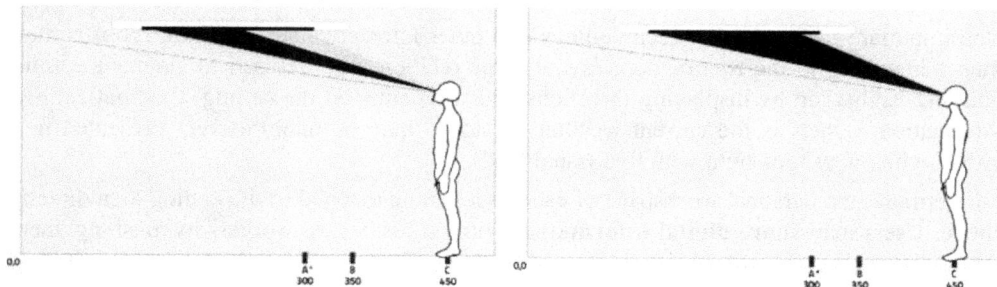

Figure 1: Field of view as determined in our study: Fixed eye gaze position (left), Non-fixed eye gaze position (right). Dark areas show users' central field of view.

4   Applications

Based on the characteristics outlined above, we see three major use cases for interactive ceilings: (1) Interactive ceilings can be used to display ambient or highly visible notifications. (2) Interactive ceilings allow displaying content that is spatially connected to objects, waypoints or persons below it. (3) Interactive ceilings improve collaborative work by offering an open, rarely occluded interactive surface (see Figure 2).

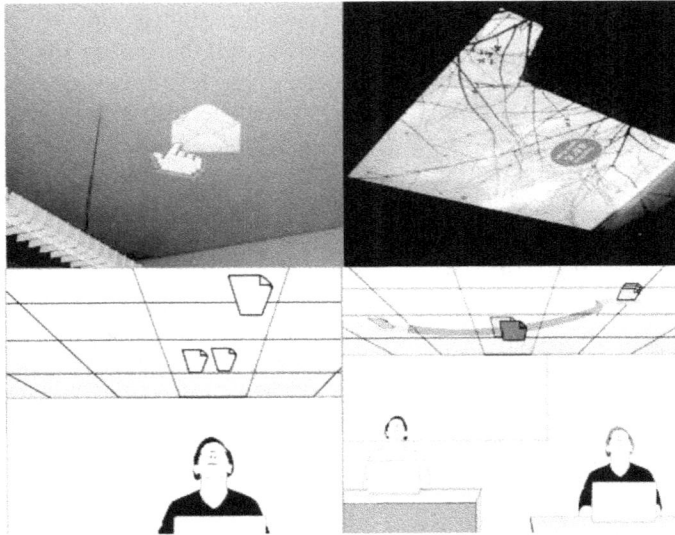

Figure 2: Applications (clockwise): Email notification, virtual rooflight with weather information, personal clipboard, document sharing

Notifications of incoming messages or due appointments could be displayed on the ceiling.
As users notice visual stimuli in their peripheral field of view, an interactive ceiling may be
used as an additional unobtrusive area for such information while the primary work area (e.g.
a desktop computer's screen) remains available for main tasks. This can be combined with
clipboard functions allowing users to temporally stash and share content out of view on the
ceiling.

One important difference between ceilings and other interactive surfaces in a room is their
direct mapping to the room's floor layout. This relation may be used to augment within-
building navigation by displaying directions and waypoints on the ceiling. External context
information – such as the current weather outside – may be unobtrusively presented in a
virtual window or roof-light with live visual feeds.

Furthermore, the personal workspace of each user can be mapped to the ceiling area directly
above. Users may **share digital information** with co-located co-workers by 'pushing' them
across the ceiling towards the recipient's workspace. Status information about objects and
persons (e.g. "do not disturb") may be presented above them on the ceiling.

5   Collaboration Support: An Example Scenario

Several characteristics of interactive ceiling may address collaboration. The large-scaled,
always present display space offers a shared workspace allowing natural user interfaces for
multi user workflows. Digital artifacts as files, messages or task representations may be
transferred via the ceiling from one user to an other offering a quick exchange possibility.
Users may not have to stand up from their desk for simultaneously using a shared workspace.

Spatial reference between floor and ceiling supports teamwork. Co-located persons may utilize the ceiling area above them as an ad-hoc shared display as it is easily sub dividable for multiple groups.

While implementing such scenarios we have to be aware of obvious limitations. For ergonomic reasons ("gorilla neck") ceilings should not be used continuously for long periods. As pointing may be inaccurate direct interaction should be limited or realized by other means. In addition the user interface itself may be hard to implement as the users share no common orientation or viewing angle while facing the ceiling.

The following "a day in the life of"-scenario for fictitious office worker *Mary* demonstrates the possibilities of ceiling interaction while avoiding mentioned limitations. Typical characteristics of interactive ceilings are mentioned in *italics*:

Mary enters the office. At a glance she sees the status of the whole team (*status messages over the team members, spatial reference*): Peter has 20 support tickets hovering over him, Max is busy and does not want to be disturbed and Michelle and Tom are obviously working together on a presentation – they are using a *shared workspace on the ceiling* to exchange illustrations.

Mary sits down at her desk and browses through her incoming messages. One is outside her area of expertise. As she glances to the ceiling, she notices that Tom has already a pile of messages waiting for him, while Jerry has only two messages (*user information with spatial reference*). Therefore, Mary forwards the message to Jerry. She drags it upwards to the ceiling and slides it towards Jerry's desk by pointing at the message and conducting a quick pushing gesture (*physical workflows*).

Mary notices Tamara joining Michelle and Tom: When she moves towards them, *the shared area on the ceiling expands* and Tamara's files are added to the stack of files shown on the ceiling (*ad-hoc displays for co-located work*). Some time later the three leave for coffee. *Status indicators* above their desks show everyone in the room that they will be back in a few minutes.

Later on, Jim, a customer, arrives to talk to Mary about a recently started project. It is his first visit in this open-plan office and he does not know where Mary's cubicle is. He opens her contact information on his smartphone and the ceiling briefly shows *navigational information* to guide him towards Mary (*spatial reference*).

Leaving the office in the evening, Mary looks up at the ceiling, through the *virtual roof light* above the door (see Fig. 2, upper right). The live feed from a camera installed on the roof of the building shows her that it is raining outside. She goes back to her desk and fetches her umbrella.

6 Outlook

We are currently conducting the aforementioned study and plan to present results soon. A future study will investigate constraints for interaction on the ceiling. Following this, we plan to implement and analyze several novel interaction techniques for ceilings.

References

Meagher, M. Dynamic Ornament: The Design of Responsive Architectural Environments. PhD thesis, Ecole Polytechnique Federale de Lausanne, 2010.

Pieper, M., and Kobsa, A. Talking to the ceiling: an interface for bed-ridden manually impaired users.In CHI '99 Extended Abstracts on Human Factors in Computing Systems , CHI EA '99, ACM (New York, NY, USA, 1999), 9–10.

Tomitsch, M. Interactive Ceiling – Ambient Information Display for Architectural Environments PhDthesis, Vienna University of Technology, 2008.

Tomitsch, M., and Grechenig, T. Reaching for the ceiling: Exploring modes of interaction. In Adjunct Proceedings of the International Conference on Ubiquitous Computing (Ubicomp07) (2007).

Tomitsch, M., Grechenig, T., and Mayrhofer, S. Mobility and emotional distance: exploring the ceiling as an ambient display to provide remote awareness. In Intelligent Environments, 2007. IE 07. 3rd IET International Conference on (Sept. 2007), 164–167.

Wimmer R., Bazo A., Heckner M., Wolff C. Ceiling Interaction: Properties,Usage Scenarios, and a Prototype. In Blended Interaction (Workshop) at ACM SIGCHI Conference on Human Factors in Computing Systems, Paris 2013.

S. Boll, S. Maaß & R. Malaka (Hrsg.): Workshopband Mensch & Computer 2013
München: Oldenbourg Verlag, 2013, S. 305–310

Effiziente Objekterkennung für LLP-Tabletops

Adrian Hülsmann, Jonas Fortmann, Viktor Koop, Julian Maicher

Universität Paderborn, Institut für Informatik

Zusammenfassung

Heutige Tabletop-Systeme basieren meist auf optischen Trackingverfahren, in denen Infrarotlicht zur Erkennung von Fingereingaben genutzt wird. LLP-Tabletops liefern dabei im Vergleich zu anderen Verfahren (DI, FTIR und DSI) bessere Trackingergebnisse, da auch sehr schnelle Fingerbewegungen kontinuierlich erkannt werden können. Allerdings konnten LLP-Systeme bisher nicht mit be-greifbaren Interaktionsobjekten kombiniert werden. Daher stellen wir in diesem Paper eine effiziente Methode für die Objekterkennung auf LLP-Tabletops vor, die auf verschiedengroßen Markerpunkten basiert.

1 Einleitung

Die Interaktion mit Tabletop-Systemen über Bewegungen der Finger und die zusätzliche Verwendung von be-greifbaren Interaktionsobjekten (Tangibles) auf der Tabletop-Oberfläche sind zurzeit intensiver Forschungsgegenstand. Dabei hat sich u.a. gezeigt, dass Tangibles eine präzisere Navigation ermöglichen (Hancock et al. 2009; Piovesana et al. 2010) und das Situationsbewusstsein in kollaborativen Szenarien fördern (Olson et al. 2011).

Technisch basieren die meisten Tabletop-Systeme auf optischen Erkennungsverfahren, in denen Infrarotlicht von den Fingern bzw. Objekten auf der Oberfläche reflektiert und mittels einer oder mehrerer Kamera(s) erfasst wird. Die vorherrschenden Prinzipien sind hierbei *Diffused Illumination* (DI), bei dem die Ausleuchtung der Oberfläche von der Tabletop-Unterseite erfolgt, *Frustrated Total Internal Reflection* (FTIR), bei dem das Infrarotlicht von der Seite in die Oberfläche gebracht wird und durch das physikalische Prinzip der Totalreflektion diese erst bei Berührung wieder verlassen kann, *Diffused Surface Illumination* (DSI), das wie FTIR Infrarotlicht von der Seite in eine Oberfläche aus speziellem Endlighten-Plexiglas einbringt und *Laser Light Plane* (LLP), bei dem eine Infrarot-Laserlichtebene knapp über der Oberfläche aufgespannt und bei Berührung durchbrochen wird (Schöning et al. 2010).

Dabei hat jedes dieser Prinzipien individuelle Vor- und Nachteile, die hier nur kurz erläutert werden können.

DI ermöglicht das Erkennen von Fingern und Fiducial-Markern (Kaltenbrunner & Bencina 2007) auf der Unterseite von Objekten, die sich schnell und kostengünstig herstellen lassen.

FTIR-basierte Tabletop-Systeme sind hingegen nicht in der Lage Objekte über Fiducials zu erkennen, liefern dafür aber ein kontrastreicheres Kamerabild und ermöglichen so eine genauere Erkennung von schnellen Fingerbewegungen.

DSI ermöglicht wie DI das Erkennen von Fingern und Objekten, benötigt dafür aber ein spezielles und kostenintensives Endlighten-Plexiglas als Tabletop-Oberfläche.

LLP bietet neben einer präzisen Erkennung von sehr schnellen Fingerbewegungen gegenüber den anderen Verfahren den Vorteil, auch sehr große Tabletops realisieren zu können. Dies liegt daran, dass LLP-Tabletops mit Glasscheiben ausgerüstet werden können, die eine höhere Formstabilität als Plexiglas aufweisen, wie sie bei FTIR- bzw. DSI-Systemen verwendet werden (müssen). Die deutlich einfachere Bauweise von LLP-Tabletops ergibt sich zudem aus der Tatsache, dass die Oberfläche bei wachsender Größe für eine konstante Ausleuchtung nicht mehr bzw. stärkere Lichtquellen benötigt (wie bei DI, FTIR, DSI). Aufgrund der Tatsache, dass die Laserlichtebene knapp über der Oberfläche verläuft, lassen sich mit LLP keine Objekttrackingverfahren anwenden, die auf einer flächigen Ausleuchtung von Markern unterhalb von Objekten basieren (z.B. Fiducials), da die Marker von der Laserlichtebene nicht beleuchtet werden und damit optisch nicht erkannt werden können.

Zusammengefasst bedeutet dies, dass LLP-Tabletops bauartbedingt zwar deutliche Vorteile in der Fingererkennung aufweisen, durch die fehlende Möglichkeit der Objekterkennung aber bisher in der Forschung wenig Verwendung fanden. Daher stellen wir im Folgenden eine Möglichkeit vor, die LLP-Tabletops um das Erkennen von Objekten auf deren Oberfläche erweitert.

2   Konzeption

Die Verwendung und die Gestaltung von Tangibles hängen stark vom jeweiligen Nutzungskontext und den beabsichtigten Manipulationsmöglichkeiten innerhalb einer Anwendung ab. Obwohl grundsätzlich jegliche Formen der Interaktion mit be-greifbaren Objekten denkbar sind, unterliegen diese zwangsläufig auch individuellen technischen Anforderungen an das System.

Wir beschränken uns daher in unserem Konzept auf die Definition grundsätzlicher Anforderungen, die eine möglichst allgemeine Verwendung von Tangibles in Anwendungen ermöglichen sollen.

Diese Anforderungen lauten:

- es sollten Tangibles *unterschiedlicher Größe* verwendet werden können,
- das System sollte *mehrere Tangibles* präzise voneinander unterscheiden,
- das System sollte *Positions-, Rotations-* sowie *Zustandsänderungen* von Tangibles erkennen,
- die Fähigkeit der *zuverlässigen Erkennung* von sehr schnellen Fingerbewegungen sollte durch die zusätzliche Erkennung von Tangibles nicht ausgebremst werden,
- die Verwendung von *transparenten Tangibles* sollte möglich sein, da diese deutliche Vorteile in der Gestaltung der Anwendungs-GUI haben. Dieses impliziert auch die letzte Bedingung, denn
- die Tangibles sollten *passiv* sein, d.h. ohne weitere Elektronik auskommen.

Zur Umsetzung dieser Forderungen machen wir uns die Eigenschaft zunutze, dass ein LLP-Tabletop für jeden Finger, aber auch generell für jedes Objekt, das die Laserlichtebene durchbricht und nach unten in die Kamera(s) reflektiert, einen Erkennungspunkt (Blob) in der Trackingsoftware liefert.

Die grundlegende Idee ist daher, Markerpunkte unter einem Tangible anzubringen und aus den daraus resultierenden Blobnachrichten der Trackingsoftware ein Pattern abzuleiten, das einem Tangible zugeordnet werden kann. Somit muss das Tracking von Objekten nicht durch aufwändige Image-Processing Verfahren (wie bei Fiducials) erfolgen, sondern kann effizient durch einfache Berechnungen und nur auf Grundlage der Blobdaten ermöglicht werden.

Hierzu ist es allerdings nötig, Blobnachrichten, die einem Pattern zugeordnet wurden, aus der Menge aller Nachrichten über Events auf der Tabletop-Oberfläche herauszufiltern. Anschließend werden diese durch eine neue Nachricht mit Daten über das erkannte Tangible ersetzt, um so auf Anwendungsseite zwischen Finger- und Objekteingaben unterscheiden zu können.

3   Implementation

Unser System fungiert als TUIO-Proxy zwischen der weit verbreiteten Trackingsoftware Community Core Vision (CCV) und einer entsprechenden Tabletop-Anwendung (siehe Abbildung 1).

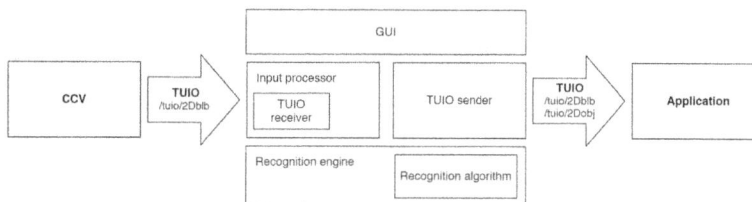

Abbildung 1: Architektur

CCV wurde dabei so modifiziert, dass ausgehende TUIO-Nachrichten (Kaltenbrunner 2005) nicht nur Positionswerte, sondern auch die Größe (Blobsize) der Blobs beinhalten. Dies erfolgt über das */tuio/2Dblb*-Nachrichtenprofil. Die vier Hauptmodule *Input processor, Recog-*

niton engine, TUIO sender und *GUI* verarbeiten eintreffende Nachrichten und splitten sie nach einer algorithmischen Analyse auf in */tuio/2Dblb-* (für Finger) und */tuio/2Dobj-* Nachrichten (für Tangibles), die anschließend zur Anwendung übermittelt werden.

Die GUI (siehe Abbildung 2) bietet zudem visuelles Live-Feedback (1), das aus Performancegründen ein- und ausgeschaltet werden kann (2), eine Übersicht über die gespeicherten Pattern in der Datenbank (3), einen Button zum Hinzufügen von neuen Pattern (4) und Möglichkeiten den Erkennungsalgorithmus über Parameter anzupassen (5).

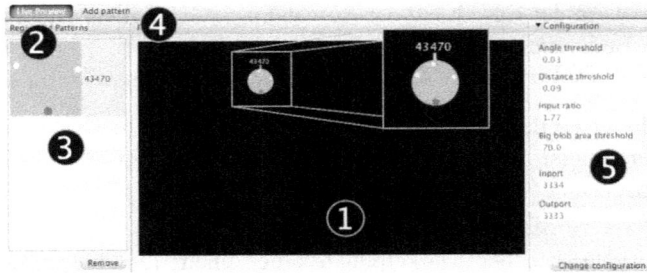

Abbildung 2: GUI

Die Pattern bestehen, wie in Abschnitt 2 beschrieben, aus Markerpunkten unter den Objekten. Dabei werden zwei unterschiedliche Größen verwendet, so dass jedes Pattern stets aus einem *BigBlob* und mehreren *SmallBlobs* (siehe Abbildung 3) besteht. Dieses Vorgehen steigert die Effizienz, da sich der Algorithmus auf diese Weise so gestalten lässt, dass nur in einer definierten Nähe zum BigBlob (je nach verwendeter Tangiblegröße) nach einem Pattern gesucht wird. Aus den Positionen und Abständen der SmallBlobs zum BigBlob wird in linearer Zeit der *kleinste umschließende Kreis* berechnet, dessen Mittelpunkt wiederum einen Vektor zum BigBlob definiert, über den der Rotationswinkel des Tangibles berechnet werden kann (siehe Abbildung 3).

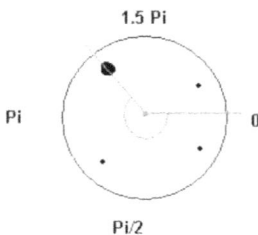

Abbildung 3: Pattern

Abbildung 4: Tangible mit Button

Außerdem besitzt das System Maßnahmen zur Steigerung der Fehlertoleranz, indem Blobs ohne Auswirkungen kurzfristig verloren gehen können (z.B. wenn Tangibles schnell bewegt werden). Es reicht aus, dass irgendein Blob des Patterns während dieser Zeit erhalten bleibt, um anschließend beim Wiederauftauchen der Punkte den ursprünglichen Zustand wiederherzustellen.

Neben statischen werden auch dynamische Pattern unterstützt. Ähnlich zu (Klompmaker et al. 2011) haben wir Tangibles mit einem Button ausgestattet, der beim Drücken einen zusätzlichen Blob und damit einen neuen Zustand des Patterns erzeugt (siehe Abbildung 4). Über die GUI lassen sich diese beiden Zustände einem Tangible komfortabel zuweisen und innerhalb der Anwendung darauf reagieren.

4 Zusammenfassung

Die hier vorgestellte Methode ermöglicht eine zuverlässige und effiziente Erkennung von begreifbaren Objekten auf LLP-Tabletops und erfüllt die im Kapitel 2 genannten Bedingungen. Die Berechnungen der Objektdaten erfolgt dabei auf Basis der Blobnachrichten und nicht auf einem deutlich langsameren Image Processing Verfahren.

Die Marker unterhalb der Tangibles können beliebig angebracht werden, um ein Pattern zu formen. Es sollte aber darauf geachtet werden, dass die Standfestigkeit des Objektes nicht zu sehr beeinflusst wird. Zwangsläufig ergibt sich durch das Design auch eine Abhängigkeit zwischen der Mindestgröße der Objekte, um Markierungspunkte in ausreichendem Abstand anzubringen, und der Anzahl der zu unterscheidenden Objekte. Sind kleinere Tangibles gewünscht, sind entsprechend weniger voneinander unterscheidbare Pattern möglich. Exakte Zahlen dieser Abhängigkeit sind schwierig zu bestimmen, unser System ist aber problemlos in der Lage zehn verschiedene Pattern bei einer Tangiblegröße von 8cm zu unterscheiden.

Das System kann für verschiedenste Anwendungsszenarien eingesetzt werden, in denen begreifbare Interaktionsobjekte einen Mehrwert zur Fingerinteraktion bieten. Besonders interessant wäre es evtl. für Szenarien, die nicht viele, aber schnell bewegbare Tangibles vorsehen. Als Beispiel sei hier „Airhockey" aus dem Gaming Bereich genannt. Transparente Tangibles bieten zudem die Möglichkeit einer direkteren visuellen Rückkopplung zwischen dem Objekt und der Tabletop-GUI (Hennecke et al. 2011).

Literaturverzeichnis

Community Core Vision. http://ccv.nuigroup.com/.

Hancock, M., Hilliges, O., Collins, C., Baur, D. & Carpendale, S. (2009). Exploring tangible and direct touch interfaces for manipulating 2d and 3d information on a digital table. *Proceedings of the ACM International Conference on Interactive Tabletops and Surfaces, ITS '09*, ACM (New York, NY, USA, 2009), 77–84.

Hennecke, F., Berwein, F. & Butz, A. (2011). Optical pressure sensing for tangible user interfaces. *Proceedings of the ACM International Conference on Interactive Tabletops and Surfaces, ITS '11*, ACM (New York, NY, USA, 2011), 45–48.

Kaltenbrunner, M., Bovermann, T., Bencina, R. & Costanza, E. (2005). TUIO: A protocol for table-top tangible user interfaces. *Proc. of the 6th International Workshop on Gesture in Human-Computer Interaction and Simulation*.

Kaltenbrunner, M. & Bencina, R. (2007). reactivision: a computer-vision framework for table-based tangible interaction. *Proceedings of the 1st international conference on Tangible and embedded interaction, TEI '07*, ACM (New York, NY, USA, 2007), 69–74.

Klompmaker, F., Nebe, K., & Jung, H. (2011). Smart Fiducials : Advanced Tangible Interaction Techniques through Dynamic Visual Patterns. *Workshop on Interacting with Smart Objects, IUI '11,* 1-4.

Olson, I., Leong, Z., Wilensky, U. & Horn, M. S. (2011). It's just a toolbar!: using tangibles to help children manage conflict around a multi-touch tabletop. *Proceedings of the 5th International Conference on Tangible and Embedded Interaction, TEI '11,* ACM (New York, NY, USA, 2011), 29-36.

Piovesana, M., Chen, Y.-J., Yu, N.-H., Wu, H.-T., Chan, L.-W. & Hung, Y.-P. (2010). Multi-display map touring with tangible widget. *Proceedings of the international conference on Multimedia - MM '10,* ACM (New York, NY, USA, 2010), 679-682.

Schöning, J., Hook, J., Motamedi, N., Olivier, P., Echtler, F., Brandl, P., Muller, L., Daiber, F., Hilliges, O., Loechtefeld, M., Roth, T., Schmidt, D. & von Zadow, U. (2010). Building interactive multi-touch surfaces. *Tabletops-Horizontal Interactive Displays,* Springer, 27–49.

Kontaktinformationen

Adrian Hülsmann

Uni Paderborn, Institut für Informatik
Fürstenallee 11
33102 Paderborn
klecks@upb.de

S. Boll, S. Maaß & R. Malaka (Hrsg.): Workshopband Mensch & Computer 2013
München: Oldenbourg Verlag, 2013, S. 311–315

Extreme Collaboration mit SMART Boards und mobilen Endgeräten

Christian Kohls[1], Tobias Windbrake[1]

SMART Technologies[1]

Zusammenfassung

Viele Besprechungs- und Seminarräume sind inzwischen mit interaktiven Displays ausgestattet. Gleichzeitig verfügen die meisten Teilnehmer einer gemeinsamen Arbeitssitzung über eigene mobile Endgeräte – vom Smartphone über Tablets bis zum Standard-Laptop. Damit Ideen und Informationen von diesen einzelnen Endgeräten auf einem gemeinsamen Arbeitsbereich zusammengetragen werden können bedarf es einer Lösung, die eine ad-hoc Verbindung ermöglicht, um die heterogenen Geräte ohne Installation oder Setup einzubinden. Durch das Einbeziehen mehrerer Endgeräte können Arbeitsaufgaben parallelisiert und Ergebnisse sehr einfach ausgetauscht werden. Extreme Collaboration ist ein cloud-basierter Service, der persönliche Endgeräte mit SMART Boards verbindet und damit neue Formen der Zusammenarbeit ermöglicht.

1 Einleitung

„Exreme Collaboration" (extreme-collaboration.com) ist eine Erweiterung für die SMART Notebook- Software, der Whiteboarding-Software für SMART Boards. Das Add-on kann nachträglich auf dem am SMART Board angeschlossenen Rechner installiert werden und nutzt das Software Development Kit von SMART. Nach der Installation können Collaboration Sessions gestartet werden, um Daten (Textnachrichten und Bilder) von beliebigen Endgeräten an das SMART Board zu senden. Bei jeder Session wird automatisch eine zufällige ID generiert, über die die Teilnehmer sich hinzuschalten können. Die Teilnehmer tragen die ID auf ihrem Client entweder manuell ein oder scannen einen QR-Code. Der Client ist webbasiert und läuft auf allen mobilen Endgeräten. Der Client ist HTML5-konform und wurde auf verschiedenen Betriebssystemen (iOS, Android, Windows, Mac) und mit verschiedenen Gerätetypen getestet. Es gibt bereits verschiedene Systeme, mit denen ebenfalls Beiträge von mobilen Endgeräten oder auch durch die Digitalisierung analoger Beiträge (Skizzen, Stichworte) auf interaktive Displays transferiert werden können (z.B. IdeaVis, AffinityTable, DeskPiles). Bei der Konzeption von „Extreme Collaboration" wurde jedoch besonderes Augenmerk daraufgelegt, dass sich Teilnehmer ad-hoc verbinden können, ohne spezielle Eingabegeräte (z.B. Annoto-Pen oder Klicker) zu benötigen. Aufgrund der eindeutigen ID, die bei jeder Session zufällig erzeugt wird, ist ein Login durch die Teilnehmer nicht erforderlich.

Optional können sich Teilnehmer mit ihrem Namen anmelden, damit ihre Beiträge später identifiziert werden können.

Abbildung 1: Webbasierter Client - mit dem Smartphone QR Code scannen oder ID eingeben und Beiträge senden

Die Beiträge werden über den Cloud-Server vom persönlichen Gerät an das „Extreme Collaboration" Add- on weitergesendet. Dieses fügt die Beiträge dann auf der aktuellen Seite ein. Im Gegensatz zu prototypischen Installationen, wie etwa dem NiCE Discussion Room (Haller et al., 2010), lässt sich diese Lösung sofort umsetzen.

2   Typische Arbeitsphasen

Das Verknüpfen von individuellen Eingabegeräte und einer gemeinsamen Arbeitsfläche ist wichtig, da viele Formen der Zusammenarbeit in Gruppen den häufigen Wechsel zwischen individueller und gemeinsamer Arbeit erfordern (Gutwin & Greenberg, 1998). Die eingesetzte Technologie sollte daher unabhängige Views für die individuelle Arbeit und globale Views für die Gruppenarbeit ermöglichen (Tang, Tory, Po, Neumann & Carpendale, 2006). Eine erste Auswertung der Nutzung an den Pilotschulen zeigt, dass sich der Arbeitsablauf oft in vier Phasen gliedert: Aufgabe oder Thema spezifizieren; Beiträge von persönlichen Endgeräten ans SMART Board senden; mit den Beiträgen interaktiv arbeiten; Zusammenfassen und Ergebnisse speichern. Die ersten Phase dient der Hinführung zum Thema sowie der Aktivierung der Schüler: es werden der Arbeitsauftrag bzw. das Ziel einer gemeinsamen Session festgelegt. Diese sollten möglichst präzise formuliert werden: Sollen Teilnehmer einen Begriff oder Sätze senden? Wie viele Beiträge werden pro Teilnehmer erwartet bzw. zugelassen? Was für Stichwörter sollen gesendet werden: Nomen, Verben oder Adjektive? Wie viel Zeit steht für das Brainstorming bereit? In der zweiten Phase werden dann die eigentlichen Beiträge ans SMART Board geschickt. Dabei können Texte oder Bilder verschickt werden. Die Anordnung der gesendeten Begriffe richtet sich nach dem gewählten Aktivitätstyp: Beiträge können zufällig (z.B. für Brainstormings), untereinander in einer Liste (z.B. für das Sammeln von Daten), übereinander auf einem „Haufen" (z.B. um nacheinander einzelne Beiträge zu besprechen), oder unterhalb von Kategorien angeordnet werden (z.B. Pro/Kontra-Liste, SWOT-Analyse).

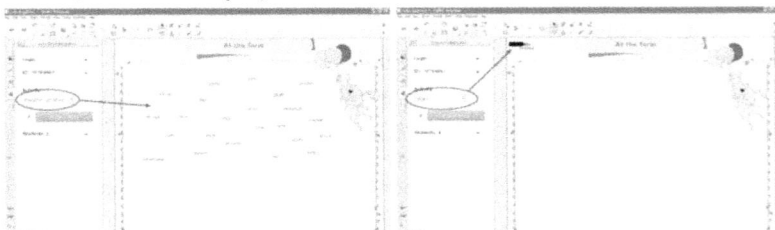

Abbildung 2: Beiträge zufällig (links) oder auf einem Haufen (rechts) einfügen

Nach dem Sammeln der Beiträge wird in der dritten Phase mit diesen interaktiv gearbeitet, um Konzepte auszuarbeiten oder Zusammenhänge und Kausalitäten aufzudecken. Da „Extreme Collaboration" die Beiträge direkt auf einer Seite der SMART Notebook Software einfügt, stehen alle interaktiven Funktionen dieser Software (Gutenberg, 2004) zur Verfügung: Beiträge können mit der Hand zu Clustern zusammengeschoben oder in einer Matrix positioniert werden. Mit den Stiften können Begriffe hervorgehoben oder verbunden werden. Der durch die Interaktivität gegebene Mehrwert ergibt sich aus dem dynamischen Strukturieren und Bewerten der Inhalte sowie beim Entwickeln und Experimentieren mit Strukturdarstellungen (Kirschner & Wopereis, 2003). Durch das Verschieben von Objekten können Kategorien entstehen, Tabellen erarbeitet und MindMaps umgesetzt werden. Begriffe können unterschiedlich angeordnet und mit Linien oder Pfeilen verbunden werden. Durch das Ändern von Größe, Farbe und Schriftstil lässt sich zusätzlich Bedeutung in der Darstellung festlegen. So können z. B. nach einem Brainstorming Oberbegriffe gefunden werden. Nach der Identifizierung passender Kategorien lassen sich leichter weitere Begriffsexemplare finden. Auf diese Weise wird sowohl konvergentes wie auch divergentes Denken gefördert. Einerseits hilft das Sortieren, Anordnen und Strukturieren dabei, Klassifikationen zu erarbeiten, Kausalzusammenhänge zu verstehen und Probleme zu analysieren. Andererseits werden durch das Erstellen und Kopieren von Objekten und Seiten gezielt neue Ideen und Ansichten generiert (Kohls, 2011). Die freie und veränderbare Anordnung und Gestaltung von Begriffen und Objekten fördert visuelles Denken und Problemlösen. Die gesammelten Beiträge können zudem Input für eine weitere Sammlungsphase werden. Beiträge eines Brainstormings können als Kategorien für einen weiteren Durchlauf genutzt werden. Einzelne Begriffe können per Drag & Drop auf einer neuen Seite als Überschrift verwendet werden. Bei der Gruppenarbeit lässt sich zwischen „tightly coupled" und „loosely coupled" Arbeitsaufträgen unterscheiden (Gutwin & Greenberg, 1998). Enggebunden meint dabei, dass die Lernteilnehmer aufeinander angewiesen sind, also z.B. auf die Ergebnisse anderer Schüler eingehen. Wenn Teilnehmer dagegen über längere Phasen individualisiert arbeiten, dann sind sie nur lose gebunden. Die dritte Arbeitsphase ist in der Regel „tightly coupled", d.h. die Beiträge die Lernenden diskutieren gemeinsam die Beiträge. Während der zweiten Arbeitsphase können sowohl lose als auch eng gebundene Teilaufträge bearbeitet werden. Zum Beispiel kann der Beitrag eines Schülers gleichzeitig der Impuls für weitere Beiträge anderer Schüler sein („tightly coupled"). Schüler können jedoch auch über längere Phasen hinweg individualisiert an einer eigenen Lösung arbeiten und erst das Ergebnis als Beitrag senden; dies wäre ein Beispiel für einen „loosely coupled" Arbeitsauftrag. Im schulischen Kontext ist es besonders wichtig, dass über die Ergebnisse und Beiträge reflektiert wird – damit aus individualisiertem Unterricht kein isolierter Unterricht wird. In der Schlussphase werden daher noch einmal die wichtigsten Ergebnisse zusammengefasst und in einer Datei gespeichert. Via Netzwerklaufwerk oder Datenspeichern in der Cloud (z.B. DropBox) kann diese Datei wiederum allen Teilnehmern bereitgestellt werden. Durch das Speichern der Arbeitsergebnisse lässt sich zudem in späteren Sitzungen weiter mit den gesammelten Beiträgen arbeiten.

3   Veränderte Arbeitsweise

„Extreme Collaboration" ermöglicht das parallele Senden von Beiträgen aller Teilnehmer. Im Gegensatz zum klassischen Brainstorming, bei dem Begriff für Begriff angeschrieben und womöglich durch den Moderator gefiltert wird, arbeiten alle Teilnehmer gleichzeitig aktiv.

Wenn zum Beispiel 50 Beiträge geschickt werden, dann kann allein der Anschrieb schnell 15-20 Minuten dauern. Durch das gleichzeitige Senden wird diese Zeit auf 1-2 Minuten verkürzt. Die gewonnene Zeit steht für die Diskussion und Reflektion zur Verfügung. Gerade durch die Interaktivität des Displays können so verschiedene Sichtweisen erörtert werden. Aus Pilotprojekten im Einsatz an Schulen wissen wir bereits, dass „Extreme Collaboration" positive Effekte auf die Schülerbeteiligung hat. Durch das parallele Arbeiten können Antworten von allen Schülern gesendet werden. So erhält jeder die Chance, seine Ideen und Meinungen zu äußern. Ein Schüler einer norwegischen Schule berichtete zum Beispiel: „Jetzt blamiere ich mich nicht mehr vor allen Schülern an der Tafel". Da sich für jeden Teilnehmer anzeigen lässt, wie viele Beiträge gesendet wurden, kann zudem sichergestellt werden, dass tatsächlich jeder sich beteiligt. Wir haben in einer Beispielstunde beobachtet, wie die Lehrerin auf alle Schüler gewartet hat, um sicherzustellen, dass sich jeder beteiligt. Dadurch werden vor allem schüchterne Schüler mehr mit einbezogen, wie die Lehrerin im danach geführten Interview berichtete. Jede Idee zählt und „Extreme Collaboration" senkt die Schwelle auch außergewöhnliche Ideen zu äußern, wenn sich ein Teilnehmer zum Beispiel nicht sicher ist, ob ein solcher Vorschlag angemessen ist. Durch die geringen Zeitkosten kann der Vorschlag trotzdem notiert werden und führt vielleicht zu weiteren Ideen. Wenn mehrere Teilnehmer die gleiche gute Idee haben, dann wird diese auch mehrfach erscheinen. Beim klassischen Sammeln von Vorschlägen wird dagegen in der Regel nur der Teilnehmer gewürdigt, der die Idee als erstes äußert. Das Präsentieren vor Arbeitsergebnissen und Aufzeichnungen wird zudem stark vereinfacht. Teilnehmer können ihre Ergebnisse direkt an die interaktive Tafel senden, um diese mit anderen zu diskutieren. Dies können die Ergebnisse einer Webrecherche aber auch die abfotografierte „Zeichnung auf der Serviette" sein. Durch das Nebeneinanderstellen mehrere Illustrationen, Ergebnisse oder Fotos können Ähnlichkeiten, Unterschiede und Besonderheiten herausgearbeitet werden. Ein schönes Beispiel aus der Unterrichtspraxis findet man im Blog eines kanadischen Lehrers[1]: Schüler haben hier unter anderem mathematische Formen gezeichnet und ihre Ergebnisse dann ans Board geschickt. Im Rahmen des EU-Projekts „iTec – Designing the Classroom of the Future" wird derzeit in vier europäischen Ländern erprobt, wie sich die Arbeitsweise durch „Extreme Collaboration" verändert und welche Vor- und Nachteile Lehrende und Schüler/innen identifizieren.

4   Zusammenfassung

Durch die ad-hoc Verbindung zwischen mobilen Endgeräten und interaktiven Displays werden neue Formen der Kollaboration ermöglicht. Aus den Pilotprojekten an Schulen haben wir gelernt, dass alle Lehrkräfte positiv hervorgehoben haben, dass vor allem stille Schüler sich sehr viel mehr am Unterricht beteiligen und gute Ideen einbringen. Im Gegensatz zum einfachen Screensharing unterscheidet „Extreme Collaboration" zwischen dem privaten Arbeitsbereich und dem gemeinsamen Arbeitsbereich. Dies ist wichtig, damit Schüler zunächst alleine an einer Idee, Lösung oder Antwort arbeiten können, bevor diese der Gruppe präsentiert wird (Scott, Carpendale & Inkpen, 2004). Beide Formen werden für eine effektive Zusammenarbeit benötigt. Es gibt zahlreiche virtuelle Whiteboards als Softwarelösung (Linoit, Conceptboard), doch diese legen ihren Fokus stets auf das gemeinsame Arbeiten innerhalb

---

[1] Mr. Orr' Webpage: http://www.chatt.hdsb.ca/~orrt/?OpenItemURL=S1364DCB4

einer einzigen Struktur. Screensharing ermöglicht es, den persönlichen Arbeitsbereich einzelner Teilnehmer für alle sichtbar zu machen (z.B. wenn das Endergebnis fertig ist), doch eine Verknüpfung der Ergebnisse mehrerer Teilnehmer ist meist nicht direkt möglich. „Extreme Collaboration" löst diese Probleme, indem es die Ergebnisse und Beiträge aus den persönlichen Arbeitsbereichen der Teilnehmer auf einem gemeinsamen Arbeitsbereich für die Diskussion bereitstellt. Durch den Cloud-Service kann jedes mobile Endgerät direkt eingebunden werden. Häufig verfügt ein Großteil der Schüler bereits über internetfähige Smartphones. Allerdings wird gerade in Deutschland die Nutzung einer Cloud (statt eines Schulservers) oft kritisch gesehen. Zudem ist hierzulande häufig die WLAN-Ausstattung an Schulen nicht weit fortgeschritten. Schüler sind also auf (kostenpflichtige) Netzbetreiber angewiesen, was zu einer Benachteiligung von Schülern führen kann, die keinen entsprechenden Flatrate-Vertrag haben. In den skandinavischen Ländern, in Großbritannien sowie den USA ist die Vernetzung der Schulen schon weiter fortgeschritten. Hier gibt es ganze Schulbezirke, die sich nach einer Testphase entschieden, das „Extreme Collaboration" Add-on auf allen Rechnern zu installieren, sobald die Betaphase beendet ist.

Literaturverzeichnis

Gutenberg, U. (2004). Standardsoftware PowerPoint vs. Smart Notebook. Eine Alternative für die Digitale Schulbank. *Computer + Unterricht*, 56 (4), 55-57.

Gutwin, C. and Greenberg, S. (1998). Design for individuals, design for groups: tradeoffs between power and workspace awareness. In *Proc. CSCW 1998*. ACM Press (1998), 207-216.

Haller, M., Leitner, J., Seifried, T., Wallace, J., Scott, S., Richter, C., Brandl, P., Gokcezade, A. & Hunter, S. (2010). The NiCE Discussion Room: Integrating Paper and Digital Media to Support Co-Located Group Meetings. In *Proceedings of the SIGCHI Conference on Human Factors in Computing Systems (CHI '10)*. ACM, New York, NY, USA, 609-618.

Kirschner, P.A. & Wopereis, I.G.J.H. (2003). Mindtools for teacher communities: A European perspective. *Technolgy, Pedagogy and Education*, 12, 105-124.

Kohls (2011). *Mein SMART Board. Praxishandbuch für den erfolgreichen Einsatz im Unterricht*. Erfurt: Kids Interactive.

Scott, S. D., Carpendale, M. S. T. & Inkpen, K. M. (2004). Territoriality in collaborative tabletop workspaces. In *Proc. CSCW 2004*. ACM Press (2004), 294-303.

Tang, A., Tory, M., Po, B., Neumann, P. & Carpendale, S. (2006). Collaborative coupling over tabletop displays. In R. Grinter, T. Rodden, P. Aoki, E. Cutrell, R. Jeffries & G. Olson (Eds.), *Proceedings of the SIGCHI Conference on Human Factors in Computing Systems (CHI '06)*, , ACM, New York, NY, USA,1181-1190.

S. Boll, S. Maaß & R. Malaka (Hrsg.): Workshopband Mensch & Computer 2013
München: Oldenbourg Verlag, 2013, S. 317–322

Medienbruchfreie Kollaboration in Scrum-Meetings

Lorenz Barnkow, Jan Schwarzer, Kai von Luck

Department Informatik, Hochschule für Angewandte Wissenschaften Hamburg

Zusammenfassung

Das in der Softwareentwicklung häufig eingesetzte agile Vorgehensmodell Scrum setzt ein hohes Maß an Kommunikation und Kollaboration voraus. Regelmäßig stattfindende Scrum-Meetings stellen die IT-Infrastruktur der Unternehmen vor neue Herausforderungen. Projektoren und Notebooks gehören zur Standardausrüstung von Meeting-Räumen, allerdings fehlt es an Möglichkeiten an den Arbeiten im Prozess des Meetings zu partizipieren und die Tätigkeiten entfernter Teams zu integrieren. Die starke Verbreitung mobiler Geräte bietet neue Potentiale, welche bisweilen häufig ungenutzt bleiben. Dieser Beitrag stellt das Collaboration Surface-System vor, welches die Möglichkeiten der vorhandenen Infrastruktur um mobile Geräte, Multitouch-Tische und weiterer Projektionsflächen ergänzt, um so Gruppenarbeit effizienter und erlebbarer zu gestalten.

1 Einleitung

Scrum (Schwaber & Sutherland 2011) ist ein viel genutztes Vorgehensmodel der agilen Softwareentwicklung. Eine weltweite Studie zum Stand agiler Softwareentwicklung zeigt, dass 84% der befragten Unternehmen agile Methoden einsetzen und davon 72% auf Scrum oder Scrum-Varianten bauen (VersionOne 2012). Eine wichtige Eigenschaft von Scrum ist es, dass Softwareentwicklungsteams ihr Vorgehen in regelmäßigen Treffen koordinieren und planen müssen. Insbesondere die zeitintensiven Scrum-Ereignisse *Sprint Review*, *Sprint Retrospective* und das *Sprint Planning Meeting* erfordern ein hohes Maß an Zusammenarbeit.

In Kooperation mit der Softwareentwicklungsabteilung eines großen deutschen Versicherungsunternehmens wurde eine Vorstudie zur Anwendung von Scrum durchgeführt. Diese Abteilung besteht aus ca. 300 Personen und ist über drei Standorte in Deutschland verteilt. Im Rahmen der Vorstudie wurden vier Teams interviewt, wobei jedes Team aus mindestens sechs Personen bestand. Die entsprechenden Software-Projekte hatten eine Laufzeit von mindestens einem halben Jahr. Als Werkzeuge für die hausinterne Scrum-Variante kamen zum Projektmanagement in der Hauptsache Atlassian JIRA und Confluence sowie Jenkins zum Einsatz. Weiterhin wurden Scrum-Meetings mehrerer Entwicklungsteams beobachtet, dokumentiert und die Beteiligten interviewt. Hierbei konnten verschiedene Probleme und Herausforderungen identifiziert werden.

In heutigen Konferenzräumen beschränkt sich die technische Ausstattung meist auf einen einzelnen Projektor und ein Notebook. Alle Eingaben werden dadurch jedoch streng serialisiert, was den gewünschten starken Austausch und die aktive Mitarbeit der Teilnehmenden in vielen Bereichen eines Scrum-Meetings deutlich einschränkt. Obwohl solche Gruppentreffen häufig an Tischen stattfinden, können deren charakteristischen Stärken bei Gruppenarbeit oft nicht optimal genutzt werden. An dieser Stelle haben Multitouch-Tische in Verbindung mit geeigneter Software das Potential diese Nutzungsbarrieren abzubauen und alle Beteiligten aktiv in die Arbeit einzubinden (Pinelle et al. 2006). In Verbindung mit Smartphones und Tablets, die für persönliche Arbeiten genutzt werden können, sowie weiteren Displayflächen zur Präsentation in der Gruppe, lassen sich die verschiedenen Arbeitsschritte der Scrum-Meetings besser unterstützen und die bestehende Infrastruktur optimal ergänzen.

Auch die diversen hard- und softwareseitigen Medienbrüche (Fleisch & Dierkes 2003), die sich während der Meetings ergeben, machen einen Handlungsbedarf deutlich. So führt fehlende Hardwareunterstützung dazu, dass analog erstellte Inhalte im Anschluss häufig zeitaufwendig zur Dokumentation digitalisiert werden müssen. Resultierend sind oftmals redundante oder unnötige Arbeitsschritte. Die Kombination der Meeting-Setups mit diesen neuen Technologien kann die entstandenen Brüche reduzieren.

In einer globalisierten und zunehmend digitalisierten Welt entsteht zudem immer häufiger die Notwendigkeit der Zusammenarbeit räumlich verteilter Teams. Lange Anfahrtswege für Meetings sind nicht nur kritische Kostenfaktoren für Unternehmen, sondern verstärken zudem die Frustration der Mitarbeitenden (Barnkow et al. 2012). Zum einen muss es eine technische Unterstützung zur kollaborativen Bearbeitung digitaler Artefakte geben, wie sie bspw. bei dem Web-basierten Werkzeug JIRA vorhanden ist. Zum anderen braucht es aber auch geeignete Techniken zur Visualisierung der Präsenz und der Aktionen entfernter Teammitglieder während des Meetings (Tang et al. 2004).

Diese Problemstellungen sollen mit dem Collaboration Surface-System adressiert werden. Durch die Verknüpfung von mobilen Geräten, Multitouch-Tischen und ergänzenden Projektionsflächen, soll die Gruppenarbeit in Scrum-Meetings stärker demokratisiert werden, so dass die Zusammenarbeit während der Meetings gefördert und erlebbarer gestaltet wird.

2 Scrum-Meetings in der Praxis

Bei den untersuchten Entwicklungsteams wurde zwischen den 14-tägigen Sprints je ein Meeting abgehalten. Bei diesen Meetings wurden jeweils ein Notebook, ein Projektor sowie eine Pinnwand eingesetzt. Auffallend war, dass alle Beteiligten Smartphones bzw. Tablets mitbrachten, obwohl diese während des Meetings nicht produktiv eingesetzt wurden.

Im Rahmen des Reviews stellte jedes Teammitglied anhand einer vorbereiteten Wiki-Seite die eigenen Tätigkeiten des vergangenen Sprints vor und diskutierte diese ggf. in der Gruppe. Mithilfe des angebundenen Ticketsystems wurden dabei die entsprechenden Aufgaben im Browser-Fenster geöffnet und über den Projektor für alle sichtbar projiziert. Der sogenannte *Scrum-Master* moderierte das Meeting und bediente das Notebook. Hierbei ergab sich das Problem, dass bestimmte Wiki-Seiten und Links auf Zuruf geöffnet werden mussten.

Die Retrospective diente der Beurteilung des vergangenen Sprints. Auf farbigen Kärtchen konnten die Beteiligten Erfahrungen, Verbesserungsvorschläge und Wünsche notieren. Im

Anschluss stellte jedes Teammitglied die eigenen Anmerkungen vor und heftete diese an die Pinnwand. Unter der Anleitung des Scrum Masters gruppierten und reflektierten die Beteiligten die Kärtchen. Der gemeinsam erarbeitete Stand wurde mit einem Foto dokumentiert und im Wiki hinterlegt. Dieser hardwareseitige Medienbruch, zwischen dem digitalen Wiki-System zur Dokumentation und den Papierkärtchen, bereitete ein großes Problem. Weiterhin entsteht ein softwareseitiger Medienbruch, da das Foto der Pinnwand zwar für jeden Sprint archiviert wird, jedoch durch die mangelnde Annotation der Bildinhalte nicht maschinenlesbar und somit bei späteren Suchen nach Schlagworten nicht auffindbar ist. Während der Retrospective wurde der Projektor vorrübergehend abgeschaltet.

Der letzte Abschnitt des Meetings war das Sprint Planning. Der *Product Owner* öffnete dazu die Liste der ausstehenden Aufgaben im Ticketsystem (*Backlog*). Die Aufwände, die mit jeder Aufgabe verknüpft waren, wurden in der Gruppe aufgrund der Erfahrungen aus dem vorherigen Sprint ggf. diskutiert und im Rahmen eines Spiels (*Planning Poker*) neu bewertet. Beim Planning Poker konnte jedes Teammitglied verdeckt eine Schätzung für die aktuell diskutierte Aufgabe vornehmen. Anschließend wurden alle Schätzungen aufgedeckt und Abweichungen diskutiert. Dieser Vorgang wurde wiederholt, bis eine Einigung erzielt wurde. Gemeinsam entschieden die Beteiligten, unter Berücksichtigung der Teamverfügbarkeit, dem Aufwand und der Priorität der einzelnen Pakete, welche der Aufgaben in den nächsten Sprint übernommen werden konnten. Auch während des Sprint Plannings führte der Medienbruch zwischen der digitalen Ticketverwaltung und dem Kartenspiel zu einem Mehraufwand, da die neuen Aufwände jeweils manuell übertragen werden mussten.

Wie einleitend beschrieben, erschwerte die räumliche Trennung von Standort-übergreifenden Teams die Durchführung der Scrum-Meetings. Die befragte Abteilung hat in der Vergangenheit bereits mit Video- und Telefonkonferenzsystemen sowie Remote Desktop-Werkzeugen experimentiert. Diese konnten sich jedoch aufgrund mangelnder Bild- und Ton-Qualität sowie unzureichender Unterstützung für Teamarbeit bislang nicht durchsetzen.

3 Collaboration Surface

3.1 Systementwurf

Das Collaboration Surface-System ergänzt die bestehende Infrastruktur der Meeting-Räume, um Touch-fähige Geräte wie Multitouch-Tische, Tablets und Smartphones (siehe Abbildung 1). Es baut auf eine nahtlose Integration der bereits vorhandenen Sub-Systeme, wie Wiki- und Ticketsysteme und macht diese über die Oberflächen seiner Komponenten zugänglich.

Es wurden separate Anwendungen für die Multitouch-Tische und die Projektionsflächen sowie eine Android-Anwendung für die mobilen Geräte entwickelt. Die Tisch-Anwendung dient der unmittelbaren Zusammenarbeit auf einer gemeinsam genutzten Arbeitsfläche. Ausgewählte Inhalte der Tischanwendung können zur Diskussion für alle sichtbar auf die Projektionsflächen gespiegelt werden. Die mobile Anwendung unterstützt bei der Eingabe von Texten und Erstellung von Inhalten. Alle genannten Komponenten des Collaboration Surface-Systems sind über einen gemeinsamen verteilten Speicher (Nitzberg und Lo 1991) synchronisiert. Für Arbeiten am Backlog stehen dem Product Owner und dem Scrum Master weiterhin die gewohnten Arbeitsumgebungen am Notebook zur Verfügung.

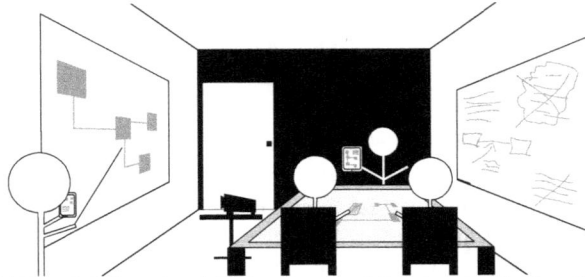

Abbildung 1: Skizze eines Meeting-Raums mit Collaboration Surface-System

In Bezug auf die Unterstützung räumlich verteilter Projektteams, wird die beschriebene Ausstattung an jedem Standort um eine bereits vorhandene Videokonferenz-Lösung ergänzt. Um die Awareness über die Anwesenheit und Aktionen entfernter Teammitglieder zu stärken können Techniken wie *Digital Arm Shadows* (Tang et al. 2004) eingesetzt werden. Eine entsprechende Umsetzung mit Kinect-Kameras ist zurzeit geplant.

3.2 Anwendung

Während des Reviews können die vorbereiteten Wiki-Seiten jeweils unabhängig sowohl auf dem Tisch als auch auf einem mobilen Gerät in einer Browser-Komponente aufgerufen werden. Aktuell Präsentierende können selbstständig ihre persönliche Ansicht auf den Projektor duplizieren und durch die Inhalte sowie verknüpfte Daten (z. B. angehängte Screenshots oder Protokolle) navigieren. Die Einbindung des Projektors dient einerseits der vergrößerten und fokussierten Darstellung relevanter Inhalte. Andererseits wird durch die vertikale Anzeigefläche auch das Problem der Ausrichtung auf der Tischoberfläche gelöst (Kruger et al. 2003). Durch die selbstgesteuerte Moderation und Diskussion entfallen auch die teilweise fehlinterpretierten Zurufe an den Scrum Master, der üblicherweise am Notebook durch die Wiki-Seiten navigierte.

Die Retrospective wird im neuen System vollständig digital durchgeführt. Die farbigen Kärtchen können wahlweise auf dem Tisch oder dem mobilen Gerät erstellt werden (siehe Abbildung 2). Die Pinnwand wird durch eine entsprechende Komponente auf dem Tisch ersetzt, auf der die Kärtchen mittels Drag & Drop positioniert werden können. Der Projektor wird als Präsentationsbereich für die Pinnwand-Komponente herangezogen. Nach der abschließenden Diskussion und Neuanordnung der Kärtchen wird das Ergebnis im Wiki-System archiviert. Dazu werden eine Abbildung der Pinnwand sowie eine textuelle Beschreibung der Inhalte erzeugt und automatisiert in eine Wiki-Seite überführt.

Abbildung 2: Android-Anwendung zur Erstellung von Kärtchen (links) und Ausschnitt der Tischanwendung (rechts)

Die Aufgaben des Backlogs stehen für das Sprint Planning auf dem Tisch zur Verfügung und können in der Gruppe diskutiert werden. Das optionale Planning Poker findet verdeckt auf den mobilen Geräten statt. Nachdem alle Beteiligten eine Schätzung abgegeben haben, werden diese vom System offengelegt und Abweichungen diskutiert. Die neue Bewertung wird dann automatisch für die aktuelle Aufgabe im Ticketsystem JIRA übernommen. Für die Planung können die ausgewählten Aufgaben per Drag & Drop dem nächsten Sprint zugewiesen werden.

4   Zusammenfassung und Ausblick

Dieser Beitrag stellt das Collaboration Surface-System vor, welches Gruppenarbeit in agilen und verteilten Scrum-Meetings fördert und erlebbarer gestaltet. Durch die Kombination von mobilen Geräten, Multitouch-Tischen und ergänzenden Projektionsflächen, erlaubt es eine optimale Zusammenarbeit der Beteiligten, vereinfacht zeitintensive Aufwände und reduziert redundante Arbeitsschritte. Aufgrund der hohen Anschaffungskosten aktueller Multitouch-Tische, sind auch kostengünstigere Eingabetechnologien zu prüfen. In Verbindung mit den Kinect-Kameras zur Erfassung der Digital Arm Shadows lässt sich ggf. gleichzeitig eine Touch-Erfassung für einen Tisch-Aufbau mit Top-Projektion umsetzen (Wilson 2010). Das System wird derzeit in verschiedenen Scrum-Teams erprobt, eine abschließende Evaluation des Systems steht jedoch noch aus.

Danksagung

Wir danken Jan Matussek für die Entwicklung der mobilen Android-Anwendung. Das Projekt wird aus dem Europäischen Sozialfonds ESF und von der Freien und Hansestadt Hamburg finanziert.

Literaturverzeichnis

Barnkow, L., Schwarzer, J. & von Luck, K. (2012). Berührungssensitive Schnittstellen für Social Software in Entwicklungsprozessen. In Köhler & Kahnwald, N. (Hrsg.): *Proceedings der 15. Gemeinschaften in Neuen Medien (GeNeMe'12)*. S. 63–66

Fleisch, E. & Dierkes, M. (2003). Ubiquitous Computing aus betriebswirtschaftlicher Sicht. In *Wirtschaftsinformatik*, Vol. 45, Nr. 6, S. 611–620

Kruger, R., Carpendale, S., Scott, S. D. & Greenberg, S. (2003). How people use orientation on tables: comprehension, coordination and communication. In *Proceedings of the 2003 international ACM SIGGROUP conference on Supporting group work*. S. 369–378.

Nitzberg, B. & Lo, V. (1991). Distributed shared memory: a survey of issues and algorithms. In *Computer*, Vol. 24, Nr. 8, S. 52–60.

Pinelle, D., Gutwin, C. & Subramanian, S. (2006). Designing digital tables for highly integrated collaboration. Forschungsbericht (HCI-TR-06-02).

Schwaber K. & Sutherland, J. (2011). The Scrum Guide. http://www.scrum.org/Portals/0/Documents/ Scrum%20Guides/Scrum_Guide.pdf, abgerufen am 28.05.2013.

Tang, A., Boyle, M. & Greenberg, S. (2004). Display and presence disparity in Mixed Presence Groupware. In Cockburn (Hrsg.): *Proceedings of the fifth conference on Australasian user interface - Volume 28 (AUIC '04)*, Vol. 28, S. 73–82.

VersionOne (2012). 7th Annual State of Agile Development Survey. http://www.versionone.com/pdf/ 7th-Annual-State-of-Agile-Development-Survey.pdf, abgerufen am 09.07.2013.

Wilson, A. (2010). Using a depth camera as a touch sensor. In *ACM International Conference on Interactive Tabletops and Surfaces (ITS '10)*. S. 69–72.

Kontaktinformationen

Lorenz Barnkow, Jan Schwarzer, Kai von Luck
Hochschule für Angewandte Wissenschaften Hamburg
c/o Labor für soziale Medien
Berliner Tor 7
20099 Hamburg

E-Mail:
{Lorenz.Barnkow | Jan.Schwarzer}@haw-hamburg.de
Luck@informatik.haw-hamburg.de

S. Boll, S. Maaß & R. Malaka (Hrsg.): Workshopband Mensch & Computer 2013
München: Oldenbourg Verlag, 2013, S. 323–328

Strategy, Ownership and Space: The Logistics of Collaborative Interaction

Robert Porzel[1], Adeel Naveed[1], Yuting Chen[1] and Marc Herrlich[1]

Digital Media Group, University of Bremen[1]

Abstract

Enabling collaborative work on multi-touch tables comes with many challenges for the design of tabletop systems. For example, multi-touch tables have been not standardized, tabletop groupware systems are built for various purposes and the diversity of task activities constitute some of the challenges for enabling natural collaborative human computer interaction on multi-touch tables. While many studies have been conducted on individual problems, aggregate guidelines for designing an appropriate tabletop groupware system that can adapt to variable conditions are still under construction. In this paper we contribute some insights toward more general guidelines via an empirical study that sought to untangle the interrelated effects of ownership, individual collaborative strategies and workspace usage.

1 Introduction

When users are collaborating on multi-touch tabletop systems they can adopt different strategies for approaching the task at hand. They also have to find ways of dealing with the ownership of visible objects to be manipulated as well as having to settle on usages of the space provided by the interactive surface. It seems unlikely that these decisions are absolute. Therefore, it is viable to postulate the hypothesis that these decisions are interdependent. In the experimental study described below we seek to find more concrete evidences concerning these interdependencies. For this we took ownership rules as our independent variable and observed the ensuing effects on the adopted strategies and the utilization of space.

In our experiment four users were given that task of solving four jigsaws – each representing a picture cut up into nine puzzles that were randomly mixed and evenly distributed. The assembly was performed under three different constraints:

    a) "take-only" where users were only allowed to take pieces from others,

    b) "give-only" where users were only allowed to give pieces to others,

    c) "free-way" where users were allowed to give and take pieces.

We will present the outcome of this study and the corresponding results of these constraints following a short glimpse at the pertinent state of the art.

2   Related Work

Collaborative scenarios seem to be a natural match for large displays and interactive surfaces such as big multi-touch screens or tables because of the sheer amount of screen estate they offer. However, besides featuring a large interaction area, only a few hardware devices directly support collaborative work and applications. One notable example is the well-known DiamondTouch table that is able to map touches to actual users or seats (Dietz and Leigh 2001). Other approaches employ additional cameras (Ramakers et al. 2012) or special sensors (Walther-Franks et al. 2008) to enable user distinction on multi-touch devices based on optical tracking. For a comprehensive overview of multi-touch detection techniques and the practicalities of touch detection we refer the reader to the works of Schoening et al. (2008) and Teichert et al. (2010).

Researchers have investigated different evaluation methods for collaborative work and groupware systems (Herskovic et al. 2007). In our study we concentrated on two main aspects of collaborations mechanics as described by the Collaboration Usability Analysis method (Pinelle, Gutwin & Greenberg 2003): shared access and transfer of objects. While researchers already investigated different aspects of collaborative behavior, e.g., how users divide and utilize the available workspace (Kruger et al. 2003; Scott et al. 2004; Yamashita et al. 2008; Tang et al. 2010), what kinds of collaborative strategies they employ (Ryall et al. 2004; Preguiça et al. 2005; Mendoza et al. 2005; Herrlich et al. 2011) or how transfer of ownership of objects is carried out (Staahl et al. 2002; Scott et al. 2003), it is still not fully understood how these aspects influence each other. This work is a first step towards filling this gap.

3   Experimental Approach

In our experiment users were told to complete a jigsaw from the nine puzzles located in front of them. They were also told that once they join two pieces that they will not be able to separate them again and that they faced a collaborative work task and can only win when all pictures are successfully completed. Additionally, individual groups of collaborators had to work under given constraints – either give-only, take-only or free-way as described above.

In total 32 users have participated in our experiment creating eight groups with four randomly selected participants each. More than 77% of the users have used multi-touch applications before on different gadgets and smart phones. The users' interaction was recorded by a camera mounted above the multi-touch table.

4   Results

A tabletop workspace can be divided into nine partitions: four private spaces in front of the users, a middle space at the center and four corner spaces (Scott et al. 2004). We have, therefore, counted the number of puzzles placed at the corner-, middle- and front spaces of tabletop, which showed the familiar result that show that users on the shorter sides of the table frequently used also the corners of the tabletop as a private space whereas users on longer side of the table worked almost exclusively in their front spaces. In our task, however, spaces were not only used for private assembly of pieces, but also for collaborative work.

In Table 1, given below, we have manually counted the number of times a specific tabletop area is utilized for private or group work.

Zones	Group	Private	Private	Private	Private	Private
Areas	Middle	Front	Top-left	Top-right	Bottom-left	Bottom-right
Give-only	7	39	4	6	3	5
Take-only	3	44	4	5	2	2
Free-way	22	26	4	1	1	2
Total	32	109	12	12	6	9

Table 1: Constraint-dependent space utilization for private and group work

This shows that the ownership constraints imposed on the users affect the tabletop areas utilization. In constrained sessions, front and corner spaces are mostly utilized for private work. In the free-way condition, there is an increase in the utilization of the middle space as for group work. To double check these findings, we performed an optical flow analysis, which showed frequent usage of different tabletop areas. Five regions were defined in every video for data collection. These regions provided us with motion detection information across time. An unpaired t-test confirmed that the middle part of the table is utilized more than corners depending on the existence of constraints versus unconstrained ($p=0.0038$) and during unconstrained sessions, corners are more utilized when compared to constrained sessions ($p=0.0030$).

Lastly, we have observed three different problem solving strategies:

a) individual - all group members work independently on available puzzles;

b) group - all group members work together to solve the puzzles;

c) hybrid - including both individual and group strategy i.e. in the beginning all users work individually; a user with a finished tasks starts helping the other group members.

We correlated a corresponding annotation of strategies with the three ownership constraints and with overall task accomplishment rates. The task completion rate decreases from almost 100% to 41% when groups opt for an individual strategy. Our results also show that the give-only and take-only constraints have a clear impact on strategy selection as shown in Figure 1.

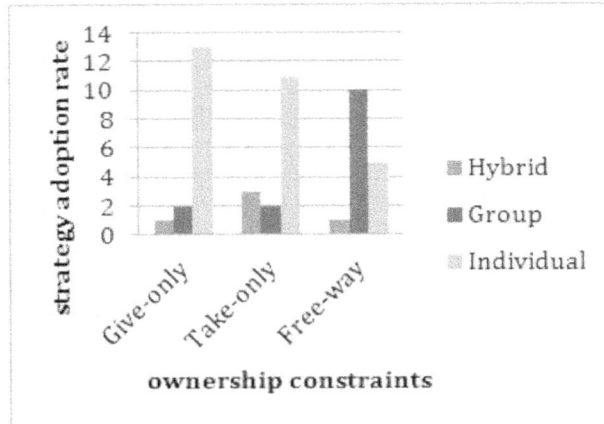

Figure 1: Strategy adoption within three constraints

5   Conclusion

The work described herein shows that ownership rules – as imposed in our study – have a profound effect on the collaborative strategies employed by the individual groups. This, in turn, affects not only efficiency but also has ramifications for the employment of the interactive surface for different kinds of utilization. In general, we see that designers of surface computing applications could either foster or inhibit collaborate work by imposing different types of ownership constraints. As a consequence they may adopt their applications to antici-pate the ensuing differences in area utilization.

In terms of future work several further questions arise from the findings presented above. Firstly, our study employed a specific task where each participant faced the same challenge as all the others. Nevertheless, there are collaborative tasks which are more heterogeneous and even ones that are hierarchically dependent. Therefore, it is necessary to test if the same interdependencies between ownership, space and strategies can be observed in such cases. Lastly, our findings give rise to the hypothesis that user-experience and usability of collabo-rative multi-user applications should improve when the design of the application follows the general principles outlined above. This, however, needs to be vindicated by contrasting ap-plications where spatial configurations are aligned with ownership constrains and ones where they are not.

References

Dietz, P., & Leigh, D. (2001). DiamondTouch: a multi-user touch technology. In Proceedings of the 14th annual ACM symposium on User interface software and technology, UIST '01, (pp. 219–226). New York, NY, USA: ACM.

Herrlich, M., Walther-Franks, B., Weidner, D., & Malaka, R. (2011). Designing for social interaction in collaborative games on large Multi-Touch displays. In *Proceedings of Mensch und Computer 2011*. Oldenbourg.

Herskovic, V., Pino, J., Ochoa, S., & Antunes, P. (2007). Evaluation methods for groupware systems. In J. Haake, S. Ochoa, & A. Cechich (Eds.) Groupware: Design, Implementation, and Use, vol. 4715 of Lecture Notes in Computer Science, chap. 26, (pp. 328–336). Berlin, Heidelberg: Springer Berlin Heidelberg.

Kruger, R., Carpendale, S., Scott, S. D., & Greenberg, S. (2003). How people use orientation on tables: comprehension, coordination and communication. In *GROUP '03: Proceedings of the 2003 international ACM SIGGROUP conference on Supporting group work*, (pp. 369–378). New York, NY, USA: ACM.

Mendoza, S., Decouchant, D., Morán, A., Enríquez, A., & Favela, J. (2005). Adaptive distribution support for co-authored documents on the web. In H. Fukś, S. Lukosch, & A. Salgado (Eds.) *Groupware: Design, Implementation, and Use*, vol. 3706 of *Lecture Notes in Computer Science*, (pp. 33–48). Springer Berlin Heidelberg.

Pinelle, D., Gutwin, C., & Greenberg, S. (2003). Task analysis for groupware usability evaluation: Modeling shared-workspace tasks with the mechanics of collaboration. *ACM Trans. Comput.-Hum. Interact.*, *10*(4), 281–311.

Preguiça, N., Martins, Domingos, H., & Duarte, S. (2005). Integrating synchronous and asynchronous interactions in groupware applications. In H. Fukś, S. Lukosch, & A. Salgado (Eds.) *Groupware: Design, Implementation, and Use*, vol. 3706 of *Lecture Notes in Computer Science*, (pp. 89–104). Springer Berlin Heidelberg.

Ramakers, R., Vanacken, D., Luyten, K., Coninx, K., & Schöning, J. (2012). Carpus: a non-intrusive user identification technique for interactive surfaces. In Proceedings of the 25th annual ACM symposium on User interface software and technology, UIST '12, (pp. 35–44). New York, NY, USA: ACM.

Ryall, K., Forlines, C., Shen, C., & Morris, M. R. (2004). Exploring the effects of group size and table size on interactions with tabletop shared-display groupware. In *Proceedings of the 2004 ACM conference on Computer supported cooperative work*, CSCW '04, (pp. 284–293). New York, NY, USA: ACM.

Schöning, J., Brandl, P., Daiber, F., Echtler, F., Hilliges, O., Hook, J., Löchtefeld, M., Motamedi, N., Muller, L., Olivier, P., Roth, T., & von Zadow, U. (2008). Multi-Touch surfaces: A technical guide. Tech. rep., University of Münster.

Scott, S. D., Grant, K. D., & Mandryk, R. L. (2003). System guidelines for co-located, collaborative work on a tabletop display. In *Proceedings of ECSCW'03, European Conference Computer-Supported Cooperative Work 2003*.

Scott, S. D., Sheelagh, M., Carpendale, T., & Inkpen, K. M. (2004). Territoriality in collaborative tabletop workspaces. In *Proceedings of the 2004 ACM conference on Computer supported cooperative work*, CSCW '04, (pp. 294–303). New York, NY, USA: ACM.

Staahl, O., Wallberg, A., Söderberg, J., Humble, J., Fahlén, L. E., Bullock, A., & Lundberg, J. (2002). Information exploration using the pond. In *Proceedings of the 4th international conference on Collaborative virtual environments*, CVE '02, (pp. 72–79). New York, NY, USA: ACM.

Tang, A., Pahud, M., Carpendale, S., & Buxton, B. (2010). VisTACO: visualizing tabletop collaboration. In *ACM International Conference on Interactive Tabletops and Surfaces*, ITS '10, (pp. 29–38). New York, NY, USA: ACM.

Teichert, J., Herrlich, M., Walther-Franks, B., Schwarten, L., Feige, S., Krause, M., & Malaka, R. (2010). Advancing large interactive surfaces for use in the real world. Advances in Human-Computer Interaction, 2010, 1–11.

Walther-Franks, B., Schwarten, L., Teichert, J., Krause, M., & Herrlich, M. (2008). User detection for a multi-touch table via proximity sensors. In IEEE Tabletops and Interactive Surfaces 2008. Los Alamitos, CA, USA: IEEE Computer Society.

Yamashita, N., Hirata, K., Aoyagi, S., Kuzuoka, H., & Harada, Y. (2008). Impact of seating positions on group video communication. In *Proceedings of the 2008 ACM conference on Computer supported cooperative work*, CSCW '08, (pp. 177–186). New York, NY, USA: ACM.

S. Boll, S. Maaß & R. Malaka (Hrsg.): Workshopband Mensch & Computer 2013
München: Oldenbourg Verlag, 2013, S. 329–334

Teaching in Interactive Spaces:
Considering a groups' experience

Martin Degeling[1], Thomas Herrmann[1], Michael Ksoll[1], Kai-Uwe Loser[1]

Institute for Applied Work Science, Ruhr-University Bochum[1]

Abstract

In an exploratory study we experimented with several available collaboration tools and techniques to support group interaction in presence situations. The room is equipped with an interactive large screen and various kinds of mobile devices were used. We present results within two domains. On the one hand, we report on the benefits and drawbacks of blended interaction with small and large devices during the course setting. On the other hand, we identify those aspects which influence the groups experience in such settings.

1 Introduction

Applications of large interactive touch walls profit - like many other innovative technologies - from curiosity of users. Therefore an initially raised motivation for usage can be observed. Furthermore, it is known that the user experience with such technologies includes a social facet. Creating a setting, which considers group development and social interaction when using the technology, we found especially important to consider the groups' experience, as a specific flavor of the current notion of user experience (Battarbee 2005, Norman 2004), where the social aspect of experience is usually only related to a single user. The social interaction, which can be fostered in several ways, can create changes in several aspects of personal and groups' perceptions and emotions during the usage of technology.

Within a co-located course on "Groupware and Knowledge Management" with IS-students we explored the relevance of group interaction for the perception of technology as well as ways to foster group development and interaction. For this, we used an interactive large screen and small devices like tablets with various applications to support collaboration. The goal was that students could use common groupware and online tools to (a) get a higher involvement during the lectures and (b) reflect on the software and their usage with respect to the topic of the course.

The course took place in the facilitation laboratory (ModLab) at the University in Bochum. The ModLab is a regular course room with an interactive (based on infrared-camera-technology) large screen of 1.2m x 4.8m size. The rear projection displays are connected to standard PC hardware and are used for presentations, research and web browsing. In addition, 12 tablets are available. The students are also encouraged to use their own devices like laptops, tablets and smartphones, all having access to the WIFI network. During the course, various kinds of applications were used. The course took place weekly for one semester as a 2.5 hour session including slots of lecturing as well as interactive sessions as described below. Files, links and organizational content were organized in a Moodle based learning management platform.

2   Methodology

The course was observed by a researcher who took notes on technology usage and on when and how many of the students actively participated in the task performance and discussions. In addition she noted occurrences of problems and comments on technology usage as well as other relevant observations. Furthermore, to get feedback on the impact of application usage on the perceived quality of the setting and course, the students filled in a questionnaire at three points of time during the course. The questionnaire gathered personal perceptions of the software usage. It was based on Hassenzahls' AttrakDiff[1] and incorporated several topics to evaluate the qualities of group interaction during the course. E.g. the question "How did you perceive today's technology usage during the course" was collected with 20 pairs of words like "structured – chaotic", "helpful – disturbing", "unfair – fair" or "surprising – boring".

3   Applications used in the course

To support group work and exchange between students and the lecturer, we used several – mainly web-based – tools during the course and tried to take advantage of the large screen as a means to display a diverse number of different kinds of information as well as tablets and other mobile devices used by the students. The applied software tools are presented in the following categories based on the devices regularly involved:

---

[1] http://www.attrakdiff.de/en/AttrakDiff/ last access at 10.07.2013

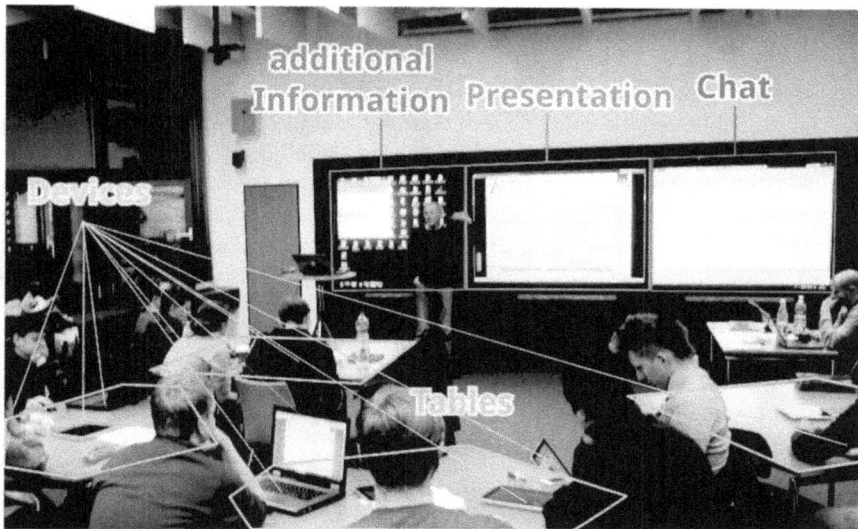

Figure 1: Setting at the ModLab

3.1 Large display centered tools

These tools were presented on the large screen and used by the lecturer; communication occurred unidirectionally, mostly from the facilitator to the whole group or during short conversations between the facilitator and one participant. It was used for the presentation of slides, websites, models, mind maps and videos, mainly fostering multi-media presentations. In addition we used a web-based tool to randomize between who should contribute something next, thus to foster involvement of those students who were waiting whether others wanted to be active and to bring in random interactivity. The large screen was also central for modeling sessions to develop large process models collaboratively with the students, in order to collect and achieve transparent co-creation of content.

The screen was a shared focus and reference for the group. When the current status or next steps were not clear to a participant, she was able to search for clues on the display.

3.2 From small devices to large screen

Participants were regularly asked to either perform tasks on their mobile devices or use an application to send the results to the front, where they became visible to all users. We therefore introduced a brainstorming tool to enter short notes with their (mobile) devices which were clustered, discussed and reused afterwards on the large screen. In another lecture, after the facilitated collaborative modeling of groupware applications, groups of students commented on a model via a web interface and the commented models were presented on the large screen to refine them. We also used a web mind-mapping tool to create knowledge maps. Similar to commenting of a model, this was first done in small groups on small devices and presented afterwards for discussion with the whole group.

3.3 Parallel usage of small devices

The third interaction mode included parallel usage of the small devices during lecture sequences. The students used a small web based voting tool to constantly give feedback on the lecture, e.g. by answering questions like "the lecturer is talking to quick" or "there are too few examples". The aggregated answers were displayed as traffic lights (red, yellow, green) on the lecturer's display. During several lectures students were asked to use chat in parallel to the lecture, e.g. to answer questions or in one case to find intentionally included misconceptions in the slides. While the chat was also visible on the large screen, an assistant followed the chat to support the lecturer in analyzing them and interrupt if a relevant message was posted.

Nevertheless at some points during the sessions, using technology was not possible since there were no adequate replacements, e.g. when creating group posters via flip-charts or pen and paper or designing pen-and-paper games.

4 Observations

There are various kinds of interactions observed which were made during the course. With respect to the workshop topic, the following might be relevant.

Participation: It was quite obvious that participation was increased in the course by the employed technological means. With respect to the face-to-face discussions, there was a stable group of students who participated intensely in nearly all discussions. Nevertheless, the more reluctant students were yet participating actively in those tasks done in small groups or individually with their devices, when the whole group was addressed, e.g. if brainstorming was used to collect aspects to a specific question. Furthermore, it was observable that students could become involved in other ways, which caused less (personal) stress than being directly asked in public to contribute. Reasons may be the way of contributing anonymously, or a better match between personality and a way of participation.

Although most students were not familiar to each other before the course, groups of four formed quite fast and stayed constant throughout the whole course. Although we changed the table and chair layout several times, the seating formed the same stable groups. Nevertheless, some students were less integrated into a group and switched once in a while since not all students were present in every session.

Tasks being individually performed (e.g. brainstorming) on the small devices, led to separated phases of work in solitude. They were followed by discussions between one participant and the lecturer. Or when these tasks were embedded into a larger group task (like collecting information and creating a presentation) the group interaction was quite high and discussions were more open.

Technical Drawbacks: During every session, there were technical issues hindering flawless interactions: may be the students forgot the WIFI password or just errors caused restarts of applications. While we thought this might break the experience, it became more tolerated when it was explained, reflected and discussed. For the presenter, the availability of an assistant is important to deal with technical problems or reviewing simultaneously created content, e.g. with chat.

We found some aspects of experience design in face-to-face situations where the group perspective became visible:

Anonymity influences participation and involvement: Not all but some of the tools allowed anonymous usage like brainstorming and chats. While in verbal discussions only about three students participated, in the virtual parallel discussion around six posted a message, some also refusing to disclose their identity if their messages were picked up in the group. Since anonymity cannot be guaranteed in co-located situations, offering the possibility of parallel, virtual contributions seem to allow more people to participate. Nevertheless, there is still one group not engaged at all and just waiting for every session to finally come to an end.

Enjoyment: Fun (Blythe et. Al. 2004) is an important aspect of user experience. We found a simple example of impacts on group use on fun aspects. Relevant aspects of causing fun are to give room to the contingency of human behavior or to challenge social pressure to defend their perspective or opinion on a certain issue. Of course, challenging has to be applied with care because social strain may also make individuals reluctant.

Results from questionnaires: We asked students to fill in the questionnaire at three times, as explained above, with 13 participants. Some tendencies become apparent about how students perceived the situation. In general, the feedback on the group experience was positive. The technology was perceived as more supportive than burdening, more effective than useless, and – with a weak tendency – more efficient than wasting time. The interaction with the technology was seen clearly as promoting the group-interactivity, more structured than chaotic, more integrating than excluding and most notably very fair. Less positive than expected were the answers on the cold vs. warm and surprising vs. boring questions where the direction was not clearly visible in the data.

5   Lessons learnt and Conclusions

Besides technological hindrances we draw the following conclusions: not surprisingly the familiarity is important and therefore one has to **limit the number of (new) applications** per session and introduce them carefully. More than about three different applications per session seem to be problematic. Independently from how the tools are used (constantly or just for a few minutes), we recognized a lack of interest when we introduced the fourth or fifth tool in a single session. Regardless whether they already knew it, the curiosity coming from novelty decreased rapidly. In addition, the patience of the participants for another set-up time (grabbing the device, finding the right app, orientation on the interface etc.) decreased rapidly the more applications were introduced.

One should plan for **active appropriation** of the tools if no rules are set from a facilitator or if there are no rules set from other practices. Employing technology, especially when a group should make sense of it for their own needs, requires extra effort to negotiate the collaborative use (Schmidth & Bannon 1992). This aspect may reduce over time, when practice is created in multiple instances of similar courses.

Direct Group Manipulation - an easy way to participate: As described above we used a collaborative mind-mapping tool to sort and discuss content about the topic of knowledge management. While the knowledge construction mainly took place in face-to-face group discussion that led to modifications finally performed by the lecturer, we observed some participants making continuously slight changes in the background like correcting typos and moving objects to other categories of the mind map without changing meaning. Here the technology offered options to participate also to those that do not actively engage in discussions by providing a side channel. Similar to *legitimated peripheral participation (LPP)* (Lave & Wanger 1991) encouraging this kind of action can lower the barriers for those not actively participating in discussions to still take part in knowledge building.

The blend between presentations in the front, small group interaction and individual work was thought to change the group experience of a regular university course. By integrating different tools in a single session we wanted to foster interaction and discussion, having in mind that knowledge building is easier in those activating situations. In general the tool usage was regarded as helpful and integrative by the students, nevertheless there were some drawbacks due to technical as well as organizational issues like the force to stick to known procedures which make it easier to fulfill reciprocal expectations in such a regulated and common form as a university course. In this initial, very explorative setting we could also identify some aspects of the employed tools that where beneficial to the group as a whole. In future work we want to focus on these aspects and develop supportive technologies that take the special requirements of synchronous co-located interaction also into account.

References

Battarbee, K., & Koskinen, I. (2005). Co-experience: user experience as interaction. *CoDesign*, *1*(1), 5-18.

Blythe, M. A., Overbeeke, K., Monk, A. F., & Wright, P. C. (Hrsg.) (2004). *Funology: from usability to enjoyment*. Springer.

Lave, J., & Wenger, E. (1991). *Situated learning: Legitimate peripheral participation*. Cambridge university press.

Norman, D. A. (2007). *Emotional design: Why we love (or hate) everyday things*. Basic books.

Schmidt, K., & Bannon, L. (1992). Taking CSCW seriously. *Computer Supported Cooperative Work (CSCW)*, *1*(1-2), 7-40.

S. Boll, S. Maaß & R. Malaka (Hrsg.): Workshopband Mensch & Computer 2013
München: Oldenbourg Verlag, 2013, S. 335–339

Vereinfachte Steuerung von interaktiven Großbildschirmen zur Steigerung von Awareness in moderierten CSCW-Meetings

Jonas Herbert, Michael Ksoll, Moritz Wiechers[1]

Lehrstuhl Informations- und Technikmanagement, Ruhr-Universität Bochum[1]

Zusammenfassung

Dieser Beitrag stellt eine prototypische Benutzerschnittstelle zur Verbesserung der Arbeit mit interaktiven Großbildschirmen vor. Das Ziel ist, eine natürliche, beiläufige Benutzung solcher Systeme zur Verfügung zu stellen, so dass ein Anwender seine Aufmerksamkeit den Hauptaufgaben einer moderierten und durch besagte Technik gestützten Sitzung widmen kann. Es werden Probleme bei der Bedienung anhand eines moderationsgestützten Gruppenmeetings angeschnitten und die Funktionen des Prototyps erläutert.

1   Einleitung

Die Unterstützung von kollaborativen Gruppenmeetings durch großflächige Projektionen, zumeist mit Hilfe von Videoprojektoren, zur Darstellung und Visualisierung von digitalen Arbeitsergebnissen, hat sich als weit verbreitetes Werkzeug von Moderatoren sowohl in CSCL als auch CSCW-Szenarien etabliert (vgl. Carell et al. 2004, Liao et al. 2007). Jedoch sind bereits zunehmend Konzepte in diesem Bereich wiederzufinden, die auf großflächige und zudem interaktive Bildschirme setzen (Ni et al. 2006). Die Vorteile ergeben sich vor allem in der direkten Interaktion mit und somit folglich auch der Manipulation von Arbeitsergebnissen gemäß den Vorstellungen der anwesenden Arbeitsgruppe. Für den Moderator können sich bei der Bedienung dieser sog. interaktiven „Wände" aber oftmals Probleme ergeben, welche zumeist darauf zurückzuführen sind, dass die zugrundeliegenden Betriebssysteme nicht für derartige Systeme konzipiert worden sind (Wimmer et al. 2012). Maßgebliche Unterschiede zwischen solchen Wänden und herkömmlichen Consumer Displays sind vor allem die Größe des Displays und die daraus resultierende Tatsache, dass nicht der gesamte Arbeitsbereich vom Blickfeld des Benutzers erfasst werden kann, sowie die Bedienung via Touch im Unterschied zur klassischen Variante via Maus und Tastatur. Da im Hinblick

auf die Selektionen von Elementen, die per Maus schneller und weniger fehleranfällig vonstattengehen können als per Touch (Sears & Shneiderman 1991), müssen diesbezüglich entsprechende ergonomische Maßnahmen an interaktiven Displays getroffen werden. Im un-
günstigsten Fall lässt sich ein Moderator in bestimmten Situationen zu stark von der Technik
ablenken, da, unter Ergonomie Aspekten betrachtet, die Grundfunktionen besagter Betriebssysteme nicht auf die natürliche Steuerung auf derart großen interaktiven Flächen ausgelegt
ist. Als signifikanteste Konsequenz stellt sich dabei die Tatsache heraus, dass vor allem die
Awareness gegenüber der Arbeitsgruppe leidet und somit der produktive Verlauf eines kollaborativen Meetings zum Teil unterbrochen, wenn nicht sogar gestört werden kann (vgl. Rogers & Lindley 2004). Die vorliegende Arbeit stellt anhand eines prototypischen Konzeptes
dar, wie man diesem Umstand entgegenwirken kann, um im Idealfall derartige Großbildschirme in besagten Meetings effizienter bedienen und nutzen zu können. Für die Umsetzung
wurde das Moderationslabor am Lehrstuhl für Informations- und Technikmanagement
(IMTM) der Ruhr-Universität Bochum genutzt, welches neben einem interaktiven, 4,8m x
1,2m großen Großbildschirm (im Folgenden ModLab genannt) über zwei Tiefenkameras
verfügt, welche die Situation vor dem ModLab erkennen und entsprechende Informationen
für das hier vorgestellte Konzept bereitstellen können.

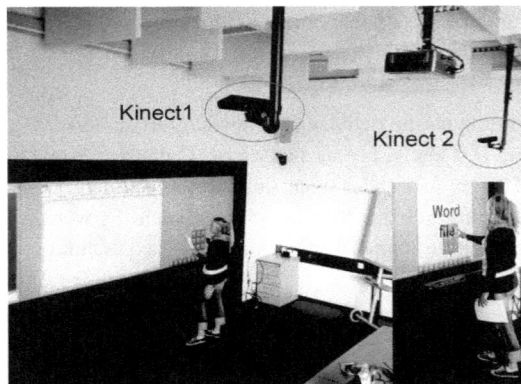

Abbildung 1: Das Moderationslabor des IMTM - Einsatz des Prototyps in Kombination mit zwei Tiefenkameras

2   Hintergrund & Anforderungserhebung

Für die Entwicklung einer prototypischen Benutzeroberfläche wurde eine Großbildschirm
gestützte Moderation als Nutzungsszenario zugrunde gelegt. Um zu untersuchen, welche
konkreten Probleme hier für den Moderator entstehen können, wurden zunächst Moderatio-
nen im Modlab gemäß der `Discount Usability Engineering`-Methode nach Nielsen & Hackos (1993) beobachtet. Die beobachteten Tasks lassen sich u.a. zum Starten von Programmen,
Anordnen von Fenstern und Wechseln zwischen Fenstern zusammenfassen. Es fiel auf, dass
das ModLab oft nicht ergonomisch vom Moderator genutzt werden kann und in vielen Fällen
auf die Unterstützung eines Assistenten zurückgegriffen wird, welcher wiederum auf Maus
und Tastatur zurückgreifen muss, um die Wand bedienen zu können. Nach Preim & Dachselt
(2010) sollte „die Aufmerksamkeit, die für die Bedienung einer Software oder eines Gerätes
benötigt wird, [...] minimal sein, insbesondere wenn die Software lediglich eine unterstüt-

zende Funktion hat und die Aufmerksamkeit für eine komplexere Aufgabe benötigt wird". Die alleinige Steuerung des ModLabs während des zuvor genannten Nutzungsszenarios würde demnach zu viel Aufmerksamkeit beanspruchen und den Moderator von seiner Hauptaufgabe ablenken. So kann es unter Umständen zu Unterbrechungen und häufigem Abwenden vom Publikum kommen, wenn z.B. ein Programm gestartet werden muss. Als zusätzliche Herausforderung können sich auch Bedienelemente wie „Minimieren", „Wiederherstellen" und „Schließen" eines Fensters herausstellen, da sich diese in der Regel am oberen Rand eines Fensters befinden. Bei einer Interaktionshöhe des ModLabs von ca. 2,30m können die entsprechenden Buttons in ungünstigen Fällen, z.B. bei Menschen geringerer Körpergröße, schwieriger erreichbar sein. Microsofts *User Experience Interaction Guidelines* (Microsoft 2010) raten grundsätzlich davon ab, kleine Bedienelemente am Rand von Touchscreens zu platzieren. Es wird zudem empfohlen, häufig verwendete oder wichtige Bedienelemente direkt auf dem User Interface oder im Bildschirminhalt zu platzieren, anstatt verschachtelt in Kontextmenüs. Eine weitere Beobachtung ist das Erscheinen von Fenstern und Meldungen in der Bildschirmmitte, oder an ihrem zuletzt gespeicherten Ort. So kann der Benutzer unter Umständen irritiert werden, wenn beispielsweise ein ungespeichertes Dokument geschlossen wird. In der Bildschirmmitte erscheint ein Kontrolldialog, der Benutzer nimmt diesen aber nicht wahr, da sein Fokus noch auf das Dokument gerichtet ist. Die Irritation entsteht somit dadurch, dass im Blickfeld des Nutzers vermeintlich nichts passiert. In Raskin (2000) wird dieses Problem generalisiert: Der Ort der Aufmerksamkeit eines Benutzers ist seine Aufgabe, nicht die Rückkopplung des Systems. Aus diesen und weiteren Nutzungsbeobachtungen wurden folgende (erste) Usability-Anforderungen für das User Interface zur vereinfachten Steuerung großflächiger Displays abgeleitet:

- Der Benutzer muss Fenster schnell anordnen können.
- Der Benutzer muss einen Touch-optimierten Zugriff auf häufig genutzte Funktionen haben
- Der Benutzer muss beim Aufrufen häufig genutzter Programme zur Sitzungsvorbereitung unterstützt werden.
- Der Benutzer muss häufig genutzte Funktionen auf der gesamten Breite der Wand direkt verfügbar haben.
- Der Benutzer muss Bestätigungsdialoge in seinem visuellen Fokusbereich bestätigen können.

3 Realisierung & Prototyp

Für die Realisierung der zuvor beschriebenen Anforderungen wurde eine interaktive Toolbar konzipiert, um den Moderator zu unterstützen und das Beschäftigen mit der eingesetzten Computertechnik auf ein Minimum zu reduzieren. Neben dem Aufgreifen der zuvor beschriebenen Problemfälle und der Bündelung von Funktionen auf Basis der genannten Anforderungen in der Toolbar, wurde diese derart implementiert, dass sie eigenständig auf das Umfeld reagieren kann und ihr Einsatz natürlicher und intuitiver wirkt. Im Rahmen der „proxemic interactions for ubicomp" (Greenberg et al. 2011) werden fünf Dimensionen genannt, die ein Zusammenspiel des Umfelds mit der Technik ermöglichen, von denen im beschrieben Prototyp drei umgesetzt werden (Entfernung des Benutzers zu der Interaktionsfläche, aktuelle Bewegung und Identität des Benutzers. Zusätzlich ist für große interaktive Displays die

Information der horizontalen Position des Benutzers vor diesem Display relevant, um z.B. Inhalte direkt beim Benutzer anzuzeigen. Für die Informationen über die einzelnen Dimensionen wurde der Prototyp zum kollaborativen Arbeiten nach (Turnwald et al. 2012) erweitert. Dieser baut nunmehr auf zwei Tiefenkameras der Firma Microsoft (Kinect) auf und ist so fähig den gesamten Interaktionsbereich vor dem ModLab aufzunehmen. Neben der Fähigkeit zu einer bestimmten Interaktion am Smart Board den entsprechenden Benutzer zu ermitteln, kann für einzelne Personen der Abstand sowie die horizontale Position in Bezug auf das Smart Board ermittelt werden. Diese Informationen werden für das Ein- und Ausblenden und das Positionieren der Toolbar benutzt. So kann die Toolbar dem Moderator folgen und sich ausblenden, wenn dieser sich von der Wand entfernt. Die Erkennung von Benutzern ermöglicht es, den Moderator von anderen Personen zu unterscheiden und die Reaktion der Toolbar auf sein Verhalten zu beschränken. Die in Abbildung 2 dargestellte, semitransparente Toolbar stellt neben den gängigen Funktionen wie *copy, paste* und *logout* u.a. noch die folgenden Funktionen über Touch-optimierte Buttons bereit. Zur Unterstützung bei der Vortragsvorbereitung ermöglicht es ein virtueller Assistent, genannt *alfred*, dem Benutzer Programme und Dateien sowie deren Anordnung auf der Projektionsfläche auszuwählen und dieses Szenario bei Bedarf automatisch erstellen zu lassen. Aktive Fenster können über das *arrange Menü* manipuliert werden. Diese Interaktions-Funktionen lassen sich mit dem *switch-Button* auf alle offenen Fenster anwenden. An der Position des Benutzers erscheint eine GUI mit allen geöffneten Fenstern. Nach Auswahl eines Fensters kann die gewünschte Aktion gewählt werden. Im *tools* Menü befinden sich je ein Button für die Bildschirmtastatur, -lupe und das Ein- bzw. Ausblenden von Desktopsymbolen. Bildschirmtastatur und -lupe werden nach Aufruf automatisch an die Position des Benutzers verschoben. Dies gilt im Übrigen auch für die im *apps* Menü bereitgestellten Programme.

Abbildung 2: Toolbar

4   Fazit & Ausblick

Der vorgestellte Prototyp stellt einen Ansatz zur vereinfachten Steuerung von großflächigen interaktiven Displays und zur Steigerung der Awareness seitens des Moderators innerhalb von kollaborativen Arbeitssituationen, die durch großflächige Projektionen unterstützt werden, dar. Das System ist zu jeder Zeit in der Lage zu merken, wann der Nutzer die in der Anforderungsanalyse erhobenen Funktionen benötigt, hält sich jedoch bei nicht vorhandenem Bedarf bedeckt im Hintergrund. Sobald der Nutzer jedoch auf Unterstützung angewiesen ist, wird ihm eine Sammlung von Basisfunktionen zur Verfügung gestellt, die ihn mit minimalem Awareness-Verlust zur Arbeitsgruppe die Arbeit mit der interaktiven Wand erleichtert. Neben der Optimierung des Prototyps sind Feldstudien geplant, in denen evaluiert werden soll, wie effektiv das System dem Moderator die Bedienung mit großflächigen Displays erleichtert und inwiefern der Einsatz der Toolbar die Awareness steigert. Das Verhalten der Toolbar soll zudem durch Umsetzung der in Greenberg et al. (2011) beschriebenen Dimension „Orientierung" so optimiert werden, dass diese nur sichtbar ist, wenn das Gesicht des Moderators der Interaktionsfläche zugewandt ist.

Literaturverweise

Carell, A.; Kienle, A.; Herrmann, T. (2004): *CSCL in Hochschulseminaren: Möglichkeiten und Grenzen*. CSCL-Kompendium. München. In: Haake, Jörg; Schwabe, Gerd; Wessner, Martin (Hrsg.): CSCL-Kompendium, München: Oldenbourg Verlag, S. 380-391.

Greenberg, S., Marquardt, N., Ballendat, T., Diaz-Marino, R. & Wang, M. (2011). Proxemic interactions: the new ubicomp?. In *interactions*. 18(1), 42–50.

Liao, C., Guimbretière, F., Anderson, R., Linnell, N., Prince, C., & Razmov, V. (2007): PaperCP: exploring the integration of physical and digital affordances for active learning. In *Human-Computer Interaction–INTERACT 2007* (pp. 15-28). Springer Berlin Heidelberg.

Microsoft (2010). Windows User Experience Interaction Guidelines.

Ni, T., Schmidt, G. S., Staadt, O. G., Livingston, M. A., Ball, R., & May, R. (2006): *A survey of large high-resolution display technologies, techniques, and applications*. In Virtual Reality Conference, 2006 (pp. 223-236). IEEE.

Nielsen, J. & Hackos, J.T. (1993): *Usability engineering*. Academic press Boston.

Preim, B. & Dachselt, R. (2010): *Interaktive Systeme: Band 1: Grundlagen, Graphical User Interfaces, Informationsvisualisierung*. Springer.

Raskin, J. (2000): *The humane interface: new directions for designing interactive systems*. Addison-Wesley Professional.

Rogers, Y. & Lindley, S. (2004). Collaborating around vertical and horizontal large interactive displays: which way is best? In *Interacting with Computers*. 16(6), 1133–1152.

Sears, A. & Shneiderman, B. (1991): High precision touchscreens: design strategies and comparisons with a mouse. In *International Journal of Man-Machine Studies*. 34(4), 593–613.

Turnwald, M., Nolte, A. & Ksoll, M. (2012): *Easy collaboration on interactive wall-size displays in a user distinction environment*. Workshop "Designing Collaborative Interactive Spaces for e-Creativity, e-Science and e-Learning."

Wimmer, C., Lohmann, S., Raschke, M., & Schlegel, T. (2012): *Migration und Anpassung von Benutzeroberflächen für Touchscreens*. In Mensch & Computer 2012: interaktiv informiert-allgegenwärtig und allumfassend!? S.93–102.

Kontaktinformationen

E-Mail: {jonas.herbert, michael.ksoll}@ruhr-uni-bochum.de,
                 wiechers@iaw.ruhr-uni-bochum.de

Workshop

AAL-Workshop
„Lachen kennt kein Alter"

Jonas Braier

Martin Burkhard

Katja Herrmanny

Michael Koch

Anna Kötteritzsch

Claudia Müller

Andrea Nutsi

Alexander Richter

Sandra Schering

Volker Wulf

Jürgen Ziegler

S. Boll, S. Maaß & R. Malaka (Hrsg.): Workshopband Mensch & Computer 2013
München: Oldenbourg Verlag, 2013, S. 343–346

AAL-Workshop „Lachen kennt kein Alter"

Jonas Braier[1], Martin Burkhard[2], Katja Herrmanny[1], Michael Koch[2], Anna Kötteritzsch[5], Claudia Müller[3], Andrea Nutsi[2], Alexander Richter[2], Sandra Schering[1], Volker Wulf[4], Jürgen Ziegler[1]

Forschungsgruppe Interaktive Systeme und Interaktionsdesign, Universität Duisburg-Essen[1]
Forschungsgruppe Kooperationssysteme, Universität der Bundeswehr München[2]
Internationales Institut für Sozio-Informatik, Bonn (IISI)[3]
Lehrstuhl Wirtschaftsinformatik und Neue Medien, Universität Siegen[4]
FamilyVision, gefördert durch das Exist Gründerstipendium von BMWi und ESF[5]

Motivation

Das „Ambient Assisted Living Joint Programme (AAL-JP)" fördert innovative Forschungs- und Entwicklungsvorhaben zur Sicherung der Lebensqualität der älteren Generation in Europa. Mit dem Beitragsaufruf zu „ICT based solutions for Advancement of Social Interaction of Elderly People" in 2009 trat die Berücksichtigung der sozialen Aspekte des Alltagslebens für Informations- und Kommunikationstechnologien (IKT) zunehmend in den Vordergrund. Damit verbunden ist die Förderung der drei Säulen der Gesundheit: Des physischen, psychischen sowie sozialen Wohlbefindens älterer Menschen.

Richtet man den Blick auf die Humorforschung in den Feldern Psychologie und Gerontologie, herrscht Einigkeit darüber, dass Lachen und Humor eine wesentliche Komponente für das soziale Wohlbefinden darstellen und Lebensfreude im Alter steigern können. Auch werden Humorinterventionen als therapeutisches Mittel in der Pflege und Sozialarbeit erfolgreich eingesetzt. Studien im Zusammenhang mit Demenzerkrankungen zeigen etwa, dass sich die kognitive Degeneration zwar auf das Verständnis von Witzen bzw. humorvollen Stimuli auswirkt, die affektive Humorverarbeitung allerdings noch länger bestehen bleibt (Schaier & Cicirelli 1979; Shammi & Stuss 2003). Humor ist zudem eingebettet in Veränderungsprozesse der kognitiven Fähigkeiten, in die Ausgestaltung sozialer Beziehungen und dient als Coping-Strategie gegen Verlusterfahrungen (Falkenberg 2010).

Im Rahmen der AAL-Technikgestaltung wurde der Einsatz von Humor und Spaß bislang kaum verfolgt und aktiv eingesetzt. Zum jetzigen Zeitpunkt ist noch weitgehend ungeklärt, welche Voraussetzungen in diesem Zusammenhang geschaffen werden müssen, um älteren Menschen Freude zu bereiten, worüber sie lachen, warum sie lachen oder auch nicht lachen. Auch wurde bisher nur ungenügend geprüft, wie sich der Einsatz Humor-auslösender Faktoren oder die Ansprache des Sinnes für Humor über die Lebenszeitspanne untersuchen lassen und wie AAL-Forscher das Thema angemessen in Technikentwicklungsprojekte einbeziehen können.

Vor diesem Hintergrund soll der Workshop „Lachen kennt kein Alter – Humor und Spaß in AAL-Entwicklungen" eine Möglichkeit für AAL-Forscher bieten sich mit dem Thema auseinanderzusetzen. Es soll erarbeitet werden, welche Forschungsfragen, -ansätze und -methoden aus Sicht der Technikforschung und -gestaltung relevant sind und wie diese einen angemessenen Raum in der AAL-Forschungslandschaft erhalten können.

Vertreter aus Forschung und Praxis stellen zunächst den aktuellen Stand ihrer Vorhaben vor und diskutieren interdisziplinär, wie kreative Erweiterungen für diese Lösungen entwickelt werden können, um AAL-Technologien näher an die Lebenswelt von älteren Menschen heranzubringen. Unserem Aufruf zur Einreichung von Beiträgen zum Tagungsband sind Forscher und Praxispartner aus mehreren nationalen und internationalen AAL-Projekten gefolgt und es wurden insgesamt sieben Beiträge zur Präsentation und Veröffentlichung ausgewählt.

Claudia Müller et al. demonstrieren anhand von zwei Fallstudien, dass die Schaffung von Räumen für gemeinsamen Austausch und gegenseitiges Lernen essentiell ist, wenn Designer AAL-Produkte avisieren, die darauf abzielen das soziale Wohlbefinden und die Lebensfreude von älteren Menschen zu unterstützen. Denn was individuell Spaß und Freude bereitet, kann nicht in punktuellen Workshops oder Erhebungen abgefragt werden. Dazu beschreiben die Autoren aus der Praxis heraus das Konzept des Experience-based Participatory Design.

Christian Hierhammer und Katja Herrmanny zeigen als Vertreter für das Projekt *FoSIB-LE* vorhandenes Potenzial von Gamification zur Motivations- und Engagementsteigerung im AAL-Kontext auf und stellen erfolgversprechende Anwendungsgebiete hierfür vor. Vor diesem Hintergrund diskutieren sie die Anforderungen an die Gestaltung gamifizierter AAL-Lösungen. Dabei werden gestaltungsrelevante Kriterien vorgestellt und deren Umsetzung exemplarisch anhand der Applikation *Gameinsam*, die einen Gamification-Ansatz zur Förderung sozialer Interaktion verfolgt, aufgezeigt.

Johannes Robier et al. etablieren im Projekt *Learning for Generations* eine Lehr- und Lern-Community, über die Senioren zusammen mit Schülern die selbstbestimme Nutzung digitaler Medien wie dem Social Web erlernen können. Der praxisorientierte Beitrag vermittelt einen ersten Einblick in die Anforderungen an die intergenerationale Lern-Plattform und stellt Online und Offline-Konzept zur Annäherung an die Plattform, sowie einen Gamification-Ansatz, um die Motivation der Teilnehmer zu fördern, vor.

Martin Burkhard et al. untersuchten im Projekt *SI-Screen* den Einsatz des Tablet-Computers *elisa*, um die soziale Interaktion älterer Menschen mit ihrer Familie und ihren Freunden zu unterstützen, sowie die Teilnahme an sozialen Aktivitäten in der näheren Umgebung zu fördern. In Bezug auf den AAL-Workshop wird diskutiert, wie humorvolle Inhalte bereitgestellt werden und wie spielerische Konzeptideen das Lernen des Umgangs mit der Benutzerschnittstelle erleichtern und zur Förderung sozialer Aktivität beitragen können.

Anna Kötteritzsch et al. stellen das im Projekt *FamilyVision* entwickelte Konzept zum Spaß-basierten Demenzinterventionstraining vor. Durch den Einsatz von Spielelementen in Kombination mit einem individuellen Trainingsablauf, bestehend aus kognitiven und psychomotorischen Übungen sowie dynamisch angepasster Schwierigkeit in einer Tablet Applikation, soll die Zielgruppe von Personen mit leichten kognitiven Beeinträchtigungen und Demenz im Anfangsstadium zu mehr kognitiver Aktivität im Alltag motiviert werden.

Michael Ksoll et al. stellen mit „Virtual Living" ein partizipatives Konzept zur Simulation von AAL-Lösungen in gewohnten Lebensumgebungen älterer Menschen sowie in Beratungsstellen vor. Mit Hilfe von Augmented Reality-Brillen sollen Endkunden und Dienstleister über ein Baukastenprinzip AAL-Unterstützungstechnologien auswählen und in den Alltag integrieren können, ohne dass kostenintensive bauliche Maßnahmen notwendig werden. Die Fragestellung für den Workshop besteht darin, wie "Virtual Living" um humorvolle Aspekte bereichert werden kann, um die Akzeptanz von AAL-Technologien bei älteren Menschen und ihrem Umfeld positiv zu beeinflussen.

Marcus Lewerenz et al. erläutern das im Projekt *Silvergame* entwickelte spielerische Konzept eines Fahr-Simulators für ältere Menschen zur Überprüfung und Verbesserung ihrer Fähigkeiten im realen Straßenverkehr. Ein Analyse-Tool deckt dabei die Fahrfehler während der Nutzung auf und bietet dem Nutzer abschließend eine Bewertung seines Fahrverhaltens, die er auf den Alltag übertragen kann. Weiterhin werden die Ergebnisse des durchgeführten Feldtests hinsichtlich des Spaßfaktors sowie der Nutzungsprobleme aufgezeigt.

Mit der vielfältigen Zusammensetzung der Beitragsthemen erwarten wir einen inspirierenden AAL-Workshop zum Thema „Lachen kennt kein Alter" mit spannenden Diskussionen über humorvolle Gestaltungsoptionen für Informations- und Kommunikationstechnologien mit Zugang zu interaktiven und kooperativen Medien zur Unterstützung der Selbstbestimmtheit und Autonomie älterer Menschen.

Unser besonderer Dank gilt den beitragenden Autoren und den Organisatoren der Mensch & Computer 2013 für die gute Unterstützung bei den Vorbereitungen und der Durchführung des Workshops.

Wir wünschen allen Teilnehmern einen interessanten und humorvollen Workshop.

Bonn, Duisburg, Essen, München, Siegen im September 2013

Jonas Braier
Universität Duisburg-Essen

Katja Herrmanny
Universität Duisburg-Essen

Anna Kötteritzsch
FamilyVision

Andrea Nutsi
Universität der Bundeswehr München

Sandra Schering
Universität Duisburg-Essen

Prof. Dr. Jürgen Ziegler
Universität Duisburg-Essen

Martin Burkhard
Universität der Bundeswehr München

Prof. Dr. Michael Koch
Universität der Bundeswehr München

Claudia Müller
Internationales Institut für Sozio-Informatik, Bonn

Dr. Alexander Richter
Universität der Bundeswehr München

Prof. Dr. Volker Wulf
Universität Siegen

Danksagung

Der Workshop findet im Zusammenhang mit den Forschungsprojekten FoSIBLE, SI-Screen und FamilyVision statt. FoSIBLE und SI-Screen werden mit Mitteln des Bundesministeriums für Bildung, und Forschung (Förderkennzeichen FoSIBLE: 16SV3991, 16SV3993, SI-Screen: 16SV3982) und dem Europäische AAL Joint Programme (FoSIBLE: AAL-2009-2-135, SI-Screen: AAL-2009-2-088) gefördert. Das Projekt FamilyVision wird durch Zuwendungen des EXIST-Gründerstipendiums von BMWi und ESF gefördert.

Literatur

Falkenberg, I. (2010). Entwicklung von Lachen und Humor in den verschiedenen Lebensphasen. In *Zeitschrift für Gerontologie und Geriatrie, 43*(1), 25-30.

Schaier, A. H. & Cicirelli, V. G. (1976). Age differences in humor comprehension and appreciation in old age. In *Journal of Gerontologie, 31*(5), 577-582.

Shammi, P. & Stuss, D. T. (2003). The effects of normal aging on humor appreciation. In *Journal of International Neuropsychological AASociety, 9*, 855-863

S. Boll, S. Maaß & R. Malaka (Hrsg.): Workshopband Mensch & Computer 2013
München: Oldenbourg Verlag, 2013, S. 347–354

Ankerpunkte für das Participatory Design mit älteren Menschen

Claudia Müller[1], Cornelius Neufeldt[2], Timo Jakobi[2], Volker Wulf[2]

Internationales Institut für Sozio-Informatik, Bonn (IISI) [1]
Lehrstuhl Wirtschaftsinformatik und Neue Medien, Universität Siegen[2]

Zusammenfassung

Damit AAL-Produkte einen Sitz im Lebensalltag älterer Menschen finden können, erscheint eine Auseinandersetzung damit wesentlich, wie Technikunterstützung mit Spaß und Lebensfreude zusammengebracht werden kann. In zwei Design-Fallstudien skizziert der vorliegende Beitrag die Herausforderung, Wissen darüber zu erlangen, was älteren Menschen Freude bereitet und wie sie als AnwendungspartnerInnen zur Teilnahme an längerfristigen Living Lab-Projekten motiviert werden können. Dazu wird das Konzept des Experience-based Participatory Design vorgestellt.

1 Motivation

In der Frage- und Antwortcommunity CosmiQ wurde von einem Nutzer die Frage gestellt: *„Wie kann man älteren Menschen eine Freude bereiten?"*[1] Es erfolgten mehrere Antworten an den Fragenden, und das Spektrum der Antworten reicht von eher generischen Ideen bis hin zu sehr dezidierten Vorschlägen. So liefert ein User generelle Vorschläge: *„Ich denke es reicht schon aus, ihnen Aufmerksamkeit und Zuneigung zu schenken,[...]Ansonsten kannst du natürlich immer Blumen oder Schokolade schenken [...]"*.

Ein weiterer User zählt eine ganze Liste an Ideen für gemeinsame Aktivitäten auf: *„[...]Tanztee, Weihnachtsbaumschmuck basteln, Waldspaziergang, mit den Enkeln zum Kasperletheater, alte Orte (z.B. Geburtsstadt) besuchen."* Und ein dritter Ideengeber schlägt auch gemeinsame Aktivitäten vor, scheint aber davon auszugehen, dass es schwierig bis unmöglich ist, eine gemeinsame Interessensbasis zu finden:

> *„Einfach schellen und dann etwas mit ihnen unternehmen. Aber ja nicht unhöflich oder so werden. Ihr könnt ja auch wenn die Oma ihr halbes Leben erzählt, einfach abschalten und ab und zu erstaunt aussehen oder ein "JA" sagen."*[2]

---

[1] http://www.cosmiq.de/qa/show/187291/Wie-kann-man-aeltere-Menschen-eine-Freude-bereiten/ (Letzter Abruf: 5.07.2013)

[2] Alle Forenbeitrage wurden in der Rechtschreibung angepasst.

Diese Antworten im Frage- und Antwortforum CosmiQ bieten einen interessanten Einstiegs-
punkt zu der Fragestellung, welchen Stellenwert Spaß und Freude im Alter haben und wie
jüngere Menschen sich mit dieser Frage auseinandersetzen.

Zum einen fällt auf, dass die Fragestellung auf einer sehr allgemeinen Ebene diskutiert wird.
Es geht um „die älteren Menschen", und niemand macht den Vorschlag, sich mit den individuellen Interessen der Person, um die es geht, zu beschäftigen. Auch wenn die hier vorgestellten drei Antwortbeispiele nur eine sehr limitierte Referenz darstellen, so spiegeln sie
doch eine häufig vorzufindende Haltung gegenüber der großen gesellschaftlichen Gruppe der
älteren Menschen wieder. Es liegen bestimmte Bilder und Vorurteile über ältere Menschen
vor, die das Denken und Handeln leiten. Besonders häufig findet man eine Nähe zu defizit-
orientierten Theorien des Alters und Alterns vor (vgl. Lehr 2007).

Ein weiterer Aspekt, der hier auffällt, ist die Abwesenheit einer konkreten Idee über eine
gemeinsame Aktivität, die beiden Akteuren gleichermaßen Spaß und Freude bereiten und
somit für alle eine sinnstiftende Tätigkeit sein könnte. Für AAL-Forscher und -Designer
bestehen im Prinzip dieselben Wissensdefizite und Fragestellungen, die durch den erforderlichen Transfer der Antworten in Technikdesign noch potenziert werden.

Der vorliegende Beitrag beschäftigt sich mit der methodischen Fragestellung des Set-ups und
der Durchführung langfristiger kooperativer IKT-Designprozesse mit älteren Menschen. Das
Thema „Spaß und Humor in AAL-Entwicklungen" erscheint hier aus zwei Blickrichtungen
relevant: zum Einen gerät immer mehr der Lebensalltag potentieller älterer IT-Nutzer in den
Fokus, da dieser das soziale Wohlbefinden konturiert, welches zu einem gelingenden Altern
beiträgt und neben dem psychischen und physischen Wohlbefinden die dritte Säule der Gesundheit darstellt (WHO 1984; Mollenkopf et al. 2005). Eine zweite Blickrichtung erstreckt
sich auf motivatorische Aspekte im Rahmen von Technikaneignungs- und Nutzungsprozes-
sen, die insbesondere bei älteren, technikunerfahrenen Nutzern ein großes Gewicht einnehmen. Spaß und Freude im Kontext von Techniknutzung wird bisher u.a. durch Usability-
Konzepte wie das „joy of use" oder mit der ‚hedonistischen' Produktqualität (Burmester et
al. 2002) erfasst. Als gängige AAL-Methoden werden beispielsweise Workshops oder Inter-
viewstudien eingesetzt, vgl. Podtschaske et al. (2010), die eine Übersicht zu eingesetzten
Methoden in AAL-Projekten liefern. Es hat sich gezeigt, dass die klassischen Methoden
häufig nur wenig hilfreich sind, wenn es um ein profundes Verständnis darüber geht, was
ältere Menschen in ihrem Leben beschäftigt und was ihnen Spaß und Freude bereitet, um
diese Erkenntnisse im nächsten Schritt durch Technik zu unterstützen. Im Folgenden werden
zwei Fallstudien skizziert, die dieses Problemfeld aus der Praxis heraus aufzeigen. Ferner
wird die Methode des Experience-based Participatory Design vorgeschlagen, um die vorliegenden Hürden besser überwinden zu können.

2   Fallstudie I: Social Display

„Social Display" ist ein Empirie-gestütztes und Living Lab-basiertes Technikdesignprojekt
in einem Altenheim, welches 2009 von den Autoren initiiert wurde (vgl. Müller et al. 2012a).
Ziel des Projektes ist die Erforschung und Gestaltung von Internetanwendungen, die statio-

när lebenden, älteren Menschen neue Möglichkeiten der Interaktion und sozialen Teilhabe bieten und damit zur Steigerung ihrer Lebensqualität in ihrem spezifischen Lebensumfeld beitragen. Im Zentrum steht die Entwicklung eines großformatigen Displays mit nutzerspezifischen Inhalten sowie auf die Zielgruppe abgestimmter, intuitiv nutzbarer Eingabegeräte.

Die empirische Anforderungserhebung erfolgte in mehreren Schritten, zunächst beginnend mit semi-standardisierten Interviews mit acht BewohnerInnen und drei Mitarbeiterinnen. Es galt, Erkenntnisse darüber zu erlangen, was den BewohnerInnen in ihrem Alltag wichtig ist, und was ihnen Freude bereitet. Ferner sollten ihre Informationsbedürfnisse, ihre Wünsche und ihr Interesse in Bezug auf gemeinschaftliche Aktivitäten sowie ihre Mediennutzungspräferenzen, wie Musikhören und Fernsehen, eruiert werden. Aus den Ergebnissen sollten schließlich Anforderungen für das IT-Design erhoben werden. Obwohl die Interviews in den Privatzimmern der Bewohner durchgeführt werden konnten, und damit private, für die BewohnerInnen bedeutsame Gegenstände als Gesprächstrigger mit einbezogen werden konnten (z.B. aufgestellte Familienfotos), waren die Interviewergebnisse nur bedingt hilfreich für die Anforderungsanalyse: Auf die Frage, was ihnen Spaß und Freude bereite, antworteten sie meist mit Aspekten, die ihnen in früheren Lebensphasen wichtig gewesen waren, die aber heute – im Altenheim – nicht mehr relevant wären. Insgesamt wurde stark deutlich, dass die institutionalisierten älteren HeimbewohnerInnen sich selbst stark marginalisierten und nur wenig Ansprüche erhoben, wie ihr Leben verbessert oder durch freude-spendende Aspekte angereichert werden könnte. Ein Beispiel einer Bewohnerin mag diesen Aspekt der starken Genügsamkeit verdeutlichen: „*Meine Enkelkinder besuchen mich nicht sehr häufig. Die Jugend mag keine Altenheime. Aber das ist schon in Ordnung so, man kann es ja verstehen.*"

Insgesamt konnten viele Aufschlüsse über Selbstkonzepte der älteren Interviewpartner gewonnen werden, wie z.B. eine hohe Genügsamkeit und Anspruchslosigkeit, auch in Bezug auf Spaß- und Freude-spendende Erlebnisse im vorliegenden Lebensumfeld. Es zeigte sich auch, dass Prozesse des Vergessens es in der Kommunikation erschweren, frühere Aspekte zu erinnern, die einmal Freude bereitet haben und die im früheren Leben gerne verfolgt wurden. Dies alles machte es fast unmöglich, Design- und Anwendungsideen für den zu gestaltenden Großbildschirm zu entwickeln. Für eine detailliertere Darstellung vgl. Müller & Neufeldt (2012). Eine Anpassung der Methodik war erforderlich, um die Lebenswelten der älteren BewohnerInnen mit den technischen Möglichkeiten stärker zu verzahnen und aktive Interaktionen zu ermöglichen. So wurden im Anschluss an mehreren Samstagen die sog. „Internettage" im Haus vor Ort durchgeführt. Diese wurden im Rahmen einer Lehrveranstaltung mit Studierenden der Medienwissenschaften vorbereitet. Ziel der Veranstaltungen sollte es sein, Internetanwendungen zu präsentieren und vor Ort mit einzelnen BewohnerInnen zu erforschen und zu diskutieren.

Im Eingangsbereich wurden fünf „Internetstationen" aufgebaut, die verschiedene, vorher ausgewählte Internetanwendungen präsentieren sollten. Jede Station umfasste hardwareseitig einen Laptop mit WLAN-Zugang. Die Einrichtung eines WLAN-Netzes war im Vorfeld durch das Forscherteam durchgeführt worden. Jeder Laptop wurde mit einem großen Monitor (24") verbunden, um eine gute Sicht zu gewährleisten. Die Internetangebote der einzelnen Stationen umfassten Skype, Facebook, TV-Content-Angebote wie Mediatheken und YouTube sowie Google Earth.

Das Interesse an den jeweiligen Stationen zeigte sich sehr unterschiedlich. Die jeweiligen Betreuer versuchten so viele Senioren wie möglich an den einzelnen Stationen zu involvieren, was allerdings aufgrund der hohen Teilnehmerzahl nicht immer möglich war.

Die Neugier der Senioren galt verschiedenen Aspekten: zum einen dem Event selbst, dann den vielen jüngeren Menschen, die Interesse an einer Unterhaltung mit den Senioren zeigten, den von uns präsentierten Technologien und den Inhalten der Computer. YouTube erwies sich als gutes Werkzeug, um gemeinsam interessante Medieninhalte zu erforschen. Zusammen mit den Studierenden, die die Station betreuten, durchstöberten die Senioren alte Filme und Serien, die sie gerne in den 1960er und 1970er Jahren gesehen hatten oder suchten nach Musikern und Musikstücken, die sie einst mochten, aber völlig vergessen hatten. Aber auch aktuelle Inhalte machten ihnen Spaß anzuschauen, wie z. B. Kochshows oder auch ungewöhnliche Beiträge, wie u.a. ein Filmbeitrag über einen 80-jährigen Fallschirmspringer.

An der Facebook-Station konnten wir beobachten, wie viele Senioren interessiert ihre Verwandten – hauptsächlich ihre Enkelkinder – suchten und jenen Nachrichten hinterließen. Besonders die Facebook-Seite des Heimleiters sorgte für Belustigung unter den Senioren und auch ihm hinterließen sie einen Kommentar auf seiner Pinnwand.

Weitere Programme und Webseiten waren interessant, die Erinnerungen und persönliche Lebensstationen nachzeichenbar machten. So war Google Earth sehr beliebt sowie Webseiten unterschiedlicher Städte, die Bilder des Geburtsorts, des ehemaligen Arbeitsplatzes oder früherer Urlaubsregionen enthielten. Zu Beginn einer Sitzung fragte ein Projektmitarbeiter zunächst, was die Senioren gerne sehen würden. Dabei erwähnten einige Senioren bereits bestimmte Regionen, andere wussten hingegen nicht was sie sagen sollten. Daraufhin fragten die Projektmitarbeiter dann Stück für Stück weiter und von Webseite zu Webseite begannen die Senioren aktiver zu werden und erinnerten sich an Stationen ihres früheren Lebens, die sie sich nochmals gerne anschauen wollten; und so begann, oft durch Zufall, eine für beide Seiten spannende virtuelle Reise durch die Vergangenheit. Als ein überwältigendes Ergebnis der Aktion lässt sich die Freude und das mehrstündige Versinken eines 98-jährigen Bewohners im Internet nennen, der bis dahin seitens des Sozialdienstes als ein eher passiver hochaltriger Mensch wahrgenommen wurde und entsprechend wenig zu Aktivitätsangeboten eingeladen worden war. Jedes im Internet verfügbare Bild- und Textmaterial zu seinem Geburtsort, seiner Arbeitsstätte und seiner früheren Vereinstätigkeit wurde von ihm sorgfältig und mit großer Freude betrachtet.

Auch viele andere Bewohner freuten sich über die neuen Möglichkeiten der Information und Nachzeichnung der eigenen Biographie im Internet. Ein weiteres Beispiel dafür waren drei Frauen mit Flüchtlingshintergrund, die sich nach langer Zeit wieder in der Lage sahen, sich ihre Geburtsorte genau anzuschauen und den betreuenden Projektmitarbeitern davon zu erzählen.

Auch für die Sozialarbeiter erwiesen sich die Internet-Aktionstage als hilfreich, indem sie die Möglichkeit bekamen, ihre teilweise stereotype Kategorisierung der Bewohner als passive und unaufgeschlossene Akteure reflektieren zu können. Für die Sozialarbeiter überraschend zeigten viele Bewohner Interesse an den Internetstationen bei denen das Personal dieses Interesse nicht vermutet hätte. Diese Überraschung bringt eine Sozialarbeiterin wie folgt zum Ausdruck: *„Hier haben wir festgestellt, dass wir häufig zu wenig auf die Fähigkeiten und das Interesse unserer Bewohner vertrauen".*

3 Fallstudie II: Gestaltung eines Nachbarschaftshilfe-Portals

Das vom BMFSFJ geförderte Projekt „Hilfe, Rat & Tat für Mieterinnen und Mieter" richtet sich auf die Gestaltung eines Internetportals, das mit unterschiedlichen Anwendungen einen Beitrag dazu leisten soll, den Verbleib der älteren Mieterinnen und Mieter eines Modellquartiers in NRW in den eigenen vier Wänden möglichst lange zu sichern.

Technikunterstützung ist neben sozialen Maßnahmen des Quartiers- und Communitymanagements eine der tragenden Säulen des Projekts. Die Phase der Anforderungserhebung erstreckt sich auf soziale Events, die das Gemeinschaftsgefühl der Mieterinnen und Mieter stärken und in deren Rahmen Erkenntnisse über Bedürfnisse, Interessen und Wünsche zu potentieller Unterstützung mittels eines Webportals eruiert werden sollen. Dazu finden in regelmäßigen Abständen Veranstaltungen in einem Gemeinschaftsraum im Wohnquartier statt, in denen die Projektideen vorgestellt und diskutiert werden und in vielen Einzelgesprächen zwischen Forschern und QuartiersbewohnerInnen eine Annäherung zwischen den jeweiligen Stakeholdern stattfindet. Um Ängste und Barrieren gegenüber neuen Medien abzubauen, werden bereits in einem frühen Stadium Geräte, über die später auf das Portal zugegriffen werden können soll, ausgegeben. Derzeit wurden Smartphones und Tablet PCs an die älteren QuartiersbewohnerInnen im Rahmen begleitender Aneignungshilfen und Nutzungsideen ausgegeben, die im Alltag ausprobiert und genutzt werden können. Dabei ist das Nutzungsspektrum zunächst sehr begrenzt und der Spielraum steigt von Workshop zu Workshop, insbesondere auch durch gegenseitige Lernprozesse, indem neu genutzte Funktionalitäten von einer Person den anderen vorgeführt wird. Erste Nutzungsbeispiele, die die NutzerInnen motiviert haben, die Geräte zu nutzen, sind Foto- und Videofunktionen sowie Anwendungen der Geolokalisation, wie Google maps. Das hohe Engagement, mit den Geräten Fotos und Videofilme aufzunehmen, kommt einerseits daher, dass die Funktion von uns zunächst gezeigt wurde und dann im Rahmen der zahlreichen Veranstaltungen im Gemeinschaftsraum, z.B. während einer selbstorganisierten Karnevalsveranstaltung, auf fruchtbaren Boden gefallen ist, da die NutzerInnen große Freude dabei hatten, uns die Aufnahmen beim nächsten Treffen darauf vorzuführen. Fotos aufzunehmen, mobil mitzunehmen und anderen Menschen zu zeigen, ist eine weitere, von fast allen intensiv genutzte Funktion. Manche der älteren NutzerInnen haben ihre Familienfotos an der Wand abfotografiert oder auch Freunde, die zu Besuch gekommen sind. Bei jedem Treffen bekommen wir damit Einsichten in die individuellen Alltage demonstriert. Vermutlich sind das große Display zum Anschauen der Fotos sowie die Möglichkeit, alle wichtigen Fotos immer mobil dabei haben zu können, eine große Nutzungsmotivation.

Anwendungen der Geolokalisierung nutzen wir auch auf einem Microsoft Surface Tisch, der als Kommunikations- und Aushandlungsmedium zwischen Anwendungspartnern und Forschern im Quartiers-Gemeinschaftsraum genutzt wird. Zunächst haben wir damit begonnen, das Quartier auf Google maps zu betrachten und die räumlichen Gegebenheiten des näheren Wohnumfelds mit den BewohnerInnen zu diskutieren. Dies hat allen Teilnehmern sehr viel Spaß bereitet und es konnten gemeinsam z. B. die alltäglichen Wege der Menschen in ihrem Quartier nachgezeichnet werden. Von hier aus haben wir den Radius sukzessiv erweitert und frühere Lebensstationen sowie Urlaubsorte mit den AnwenderInnen nachverfolgt, die rege Diskussionen und das Erzählen und Erinnern angestoßen haben.

Eine Situation am MS Surface Table war bezeichnend für den verfolgten offenen, explorativen PD-Prozess: nach einer ca. einstündigen Sitzung am Tisch nahm das Interesse ab und die Aktivitäten verlagerten sich auf Einzelgespräche zwischen einzelnen TeilnehmerInnen um den Tisch herum. Am Tisch wurde schließlich der Bildschirmschoner aktiviert, weil keine Aktionen mehr stattfanden. Der Bildschirmschoner bestand aus wechselnden Bildern von Sommerblumen, die schließlich das Interesse der älteren TeilnehmerInnen, die erzählend am Tisch verblieben waren, auf sich zogen. Die Blumenbilder führten erneut zu regen Diskussionen unter den verbliebenen älteren weiblichen Teilnehmerinnen und läutete eine weitere ca. einstündige Diskussions- und Erzählrunde über eigene Interessen und Vorlieben in Bezug auf und Freude an Blumenschmuck ein. Für das Designteam wurde dadurch deutlich, dass es wichtig ist, auch mehr auf kleine Instanzen zu achten, die man zunächst nicht als relevant einschätzen würde und Gelegenheiten zu schaffen, die Freiraum für solch unerwartete Einblicke in den Alltag der Menschen bieten.

4   Diskussion

Die beiden kurzen Darstellungen der Fallstudien mögen demonstrieren, dass das, was älteren Menschen Spaß und Freude bereitet, oftmals nicht einfach zu finden oder zu erfragen ist. Daher ist es notwendig, sich stärker auf praxeologische Forschungen einzulassen, die helfen, (gemeinsam im Dialog) herauszufinden, was die Menschen bewegt und was ihnen in ihrem Alltag wichtig ist (Reckwitz 2003; Wulf 2009). Dazu gehört auch nachzuverfolgen, was Spaß und Freude bereitet und ein positives Lebensgefühl befördert.

Im Denken, in Vorstellungen und auch Vorurteilen werden in der Literatur hohe Barrieren zwischen (häufig jüngeren) ForscherInnen und älteren Menschen als AnwendungspartnerInnen beschrieben (Whitney & Keith 2009), die durch die eigene Erfahrung der Autoren bestätigt werden kann. Ein reflexives und offenes Vorgehen ist daher notwendig, das es ermöglicht, (Design-) Leitbilder und abstrakte Technikideen mit den zunächst unbekannten Lebenswelten der älteren Anwendungspartner zusammenzubringen. Aus Sicht der Anwendungspartner sind technische Geräte und Anwendungen häufig eine „blackbox" und abstraktes Denken nicht möglich. Daher ist es notwendig, zunächst einen gemeinsamen gedanklichen Möglichkeitsraum aufzubauen, in dem Einblicke in die Lebenswelten, aber auch in die technischen Möglichkeiten sukzessiv entwickelt und gefestigt werden können (Müller et al. 2012b). Unter anderem wurde dies durch die frühe Konfrontation mit technischen Geräten und einer zunächst nur limitierten Nutzungsbandbreite avisiert. Ferner bedarf es ein „sich aufeinander einlassen" zwischen den Anwendungspartnern und dem Forschungsteam und einer Umgebung, die dem gegenseitigen Lernen förderlich und für alle am Forschungs- und Designprozess beteiligten Stakeholder spannend ist. Für beide Fallstudien kann berichtet werden, dass das offene aufeinander Einlassen allen Beteiligten, insbesondere auch den jungen Studierenden, Spaß gemacht hat und es keinesfalls lediglich darum ging, *„die Oma ihr halbes Leben erzählen zu lassen und ab und zu erstaunt ‚Ja' zu sagen"*. Vielmehr geht es darum, in der gemeinsamen Interaktion gegenseitige Interessen zu identifizieren und voneinander zu lernen. Dies gilt nicht nur für die Parteien Forschung – AnwendungspartnerInnen, sondern auch für die AnwendungspartnerInnen untereinander, die in technikmediierten Sitzungen auch mehr übereinander erfahren, sich gegenseitig ihre Nutzungsweisen demonstrieren und damit in engere Alltagsbeziehungen eintreten können.

Die Fallstudien zeigen, dass es essentiell ist, Ankerpunkte aus der Lebenswelt der Menschen zu finden, um die herum dann im nächsten Schritt die Generierung konkreterer Designideen und Gestaltungsarbeiten erfolgen können. Solche Ankerpunkte, wie die oben beschriebenen Ergebnisse des explorativen sich aufeinander Einlassens ermöglichen es erst, reale Alltagsprobleme, Bedürfnisse, Wünsche und Interessen stärker aufzugreifen und gemeinsam in Bezug auf eine mögliche Technikunterstützung fortzuentwickeln.

Die genannten aktionsforschungsbasierten Elemente werden mit dem Konzeptbegriff „Experience-based Participatory Design" umfasst, um folgende Aspekte hervorzuheben: Das Design von AAL-Produkten, die Spaß und Lebensfreude fördern möchten, sollte Ankerpunkte in den Lebenswelten und -erfahrungen der prospektiven Nutzer identifizieren und ansprechen. Dies erfordert Offenheit und die Bereitschaft zu gegenseitigen als auch längerfristig angelegten Lernprozessen. Neue Medien und das Internet können als Werkzeuge für explorative Lernprozesse hilfreich sein. Was hat den AnwendungspartnerInnen nun konkret Spaß gemacht? Zum einen war dies die soziale Situation, das gemeinsame Tun und Erleben. Zum anderen haben sich biographische Bezüge und jene der Selbstaktualisierung als Freude und Wohlbefinden steigernd gezeigt, aber auch Anwendungen, die Emotionen ansprechen, wie Musikanwendungen oder überraschende Erlebnisse, z.B. das Auffinden von Verwandten und Bekannten im Internet.

Danksagung

Die Fallstudie II basiert auf Fördermitteln des BMFSFJ für das Projekt „Hilfe, Rat & Tat für Mieterinnen und Mieter".

Literaturverzeichnis

Burmester, M., Hassenzahl, M. & Koller, F. (2002). Usability ist nicht alles: Wege zu attraktiven Produkten. *i-com : Zeitschrift für interaktive und kooperative Medien, 1*, 32-40.

Lehr, U. (2007). *Psychologie des Alterns* (11., korr. Aufl.). Wiebelsheim: Quelle & Meyer.

Mollenkopf, H., Schakib-Ekbatan, K., Oswald, F. & Langer, N. (2005). *Technische Unterstützung zur Erhaltung von Lebensqualität im Wohnbereich bei Demenz. Ergebnisse einer Literatur-Recherche* (Forschungsberichte aus dem DZFA – Nr. 19, April 2005)

Müller, C., Neufeldt, C., Randall, D. & Wulf, V. (2012a). ICT-Development in Residential Care Settings: Sensitizing Design to the Life Circumstances of the Residents of a Care Home. In *Proceedings of the 2012 ACM annual conference on Human Factors in Computing Systems (CHI '12). ACM, New York, NY, USA,* S. 2639-2648.

Müller, C., Kötteritzsch, A., Budweg, S. (2012b). Technologische Komponenten von heute als Aushandlungsartefakte für neue Kompositionen von morgen – Erfahrungen und Ergebnisse aus dem AAL-Projekt FoSIBLE (Poster). *VDE 2012: 5. Dt. AAL-Kongress,* 24.-25.01.2012.

Müller, C., Neufeldt, C. (2012). Dimensionen medialer Nähe im Altenheim – Ein empiriege-stützter Designprozess von Internetanwendungen für hochaltrige Menschen. In: *Medialität der Nähe,* Ed. P. Abend, T. Haupts & C. Müller, Transcript, Bielefeld: transcript 2012, S. 301-327.

Podtschaske, B., Glende, S. & Nedopil, C. (2010). *Nutzerabhängige Innovationsbarrieren im Bereich altersgerechter Assistenzsysteme, 1. Studie im Rahmen der AAL-Begleitforschung des Bundesministeriums für Bildung und Forschung. Abschlussbericht.* Online verfügbar unter: http://www.aal-deutschland.de/deutschland/dokumente/Abschlussbericht%20AAL-Nutzerstudie_Final.pdf (20.07.2012)

Reckwitz, A. (2003). Grundelemente einer Theorie sozialer Praktiken: Eine sozialtheoretische Perspektive. *Zeitschrift für Soziologie, 32*(4), 282-301.

Whitney, G. & Keith, S. (2009). Bridging the gap between young designers and older users, in: The good, the bad and the challenging: the user and the future of information and communication technologies. In *Conference proceedings COST Action 298 "Participation in the Broadband Society"*. ABS Center, Koper, Slovenia, online verfügbar unter: http://www.abs-center.si/gbccd/papers/P046.pdf (20.02.2013)

WHO (1984). *The WHO-Constitution.* Geneva.

Wulf, V. (2009). Theorien sozialer Praktiken zur Fundierung der Wirtschaftsinformatik. In Becker, J., Krcmar, H. & Niehaves, B. (Hrsg.): *Wissenschaftstheorie und gestaltungsorientierte Wirtschaftsinformatik*, Springer, S. 211-224.

Kontaktinformationen

Claudia Müller, Internationales Institut für Sozio-Informatik, Bonn (IISI), 53111 Bonn
Email: claudia.mueller@uni-siegen.de

S. Boll, S. Maaß & R. Malaka (Hrsg.): Workshopband Mensch & Computer 2013
München: Oldenbourg Verlag, 2013, S. 355–362

Gamification für ältere Menschen – Potenziale und Herausforderungen

Christian Hierhammer, Katja Herrmanny

Interactive Systems, Universität Duisburg-Essen

Zusammenfassung

In diesem Beitrag wird der Einsatz von Gamification, also der Anwendung von Spielelementen im spielfremden Kontext, zur Motivations- und Engagementsteigerung im AAL-Bereich vorgestellt. Es werden Anforderungen an Gamification für eine ältere Nutzergruppe und resultierende Gestaltungskriterien herausgearbeitet. Deren Umsetzung wird anschließend anhand der Applikation *Gameinsam* exemplarisch dargestellt. Der Text zeigt auch den Bedarf an weiterer spezifischer Forschung zur Definition von Gestaltungsrichtlinien für gamifizierte AAL-Anwendungen.

1 Einleitung

Das Konzept des Spielens wird häufig mit einer Aktivität verbunden, die auf Kinder und Jugendliche ausgerichtet und für diese geeignet ist. In diesem Zusammenhang stellt sich allerdings die Frage, ob man jemals zu alt ist, um zu spielen.

Studien haben gezeigt, dass Spiele das Leben von älteren Menschen positiv beeinflussen können, indem sie beispielsweise auf spielerische Weise dazu beitragen, die kognitiven und körperlichen Fähigkeiten zu trainieren (Theng et al. 2009) oder die soziale Interaktion zu fördern (IJsselsteijn et al. 2007). Spiele können also dazu beitragen, das mentale, emotionale und körperliche Wohlbefinden von Menschen im fortgeschrittenen Alter zu steigern und somit die Lebensqualität zu erhöhen (Gerling et al. 2011).

Obwohl Spiele in den meisten Fällen als Freizeitbeschäftigung Anwendung finden, gibt es auch Bereiche, in denen sie mit „ernsthaften" Zwecken und Tätigkeiten kombiniert werden. Ein aktuell häufig diskutierter Ansatz zum zweckgebundenen Einsatz von Spielelementen ist „Gamification" (Deterding et al. 2011). Dabei werden Elemente, die aus Spielen bekannt sind, zur Motivationssteigerung und zur Förderung des Engagements angewendet. Die Anforderungen an die Umsetzung dieses Potenzials im AAL-Bereich sind Betrachtungsgegenstand dieser Arbeit. Dabei werden Kriterien, die bei der Gestaltung von Anwendungen im AAL-Bereich zu beachten sind, vorgestellt und deren Umsetzung anhand von Praxisbeispielen aufgezeigt.

2   Gamification

Der Begriff Gamification lässt sich als Einsatz von Game Design Elementen im Nicht-Spiel-Kontext definieren (Deterding et al. 2011). Dieser Ansatz ist dabei nicht auf den Bereich von Softwareanwendungen beschränkt, sondern lässt sich auf praktisch alle Lebensbereiche anwenden. In dieser Arbeit werden jedoch softwarebasierte Lösungen fokussiert.

Die Verwendung von Game Design Elementen kann dabei auf verschiedenen Ebenen erfolgen. So können zum Beispiel Game Interface Design Elemente, wie Abzeichen oder Ranglisten, oder Spielmechaniken, wie Zeitlimit oder rundenbasierte Interaktion, zum Einsatz kommen. Eine weitere Ebene der Game Design Elemente sind aus Spielen bekannte Prinzipien, wie zum Beispiel die Visualisierung von Zielen oder die Ermöglichung unterschiedlicher Herangehensweisen zur Zielerreichung. Darüber hinaus können Game Modelle wie das MDA-Modell (Hunicke et al. 2004), ein Framework zur Spielanalyse, oder Game Design Methoden wie beispielsweise Playtesting bei der Konzeption und Umsetzung einer Gamification-Idee von Nutzen sein (Deterding et al. 2011)

Die Ziele, die beim Einsatz von Gamification verfolgt werden, können sehr unterschiedlich sein. Beispiele hierfür sind die Verbesserung der Compliance, die Veränderung von Verhalten, die Unterstützung von Lernprozessen oder allgemeiner, die interessantere Gestaltung von zumeist langweiligen, anstrengenden oder unangenehmen Tätigkeiten. Die Basis hierfür ist im Allgemeinen die Steigerung der Motivation für die Ausübung einer Tätigkeit (Deterding et al. 2011; Zichermann & Cunningham 2011).

Ein wichtiger und häufig diskutierter Aspekt hierbei ist die Tatsache, dass der Einsatz von Gamification primär darauf abzielt durch die spielerische Interaktionsform intrinsische Motivation für Tätigkeiten zu schaffen. Zur Schaffung des Erlebens der Tätigkeit als spielerische Interaktion tragen unter anderem extrinsisch motivierende Elemente bei wie z.B. die Vergabe von Punkten oder anderweitige Belohnungen. Allerdings sollte darauf geachtet werden, dass sich gute Gamification nicht exklusiv darauf stützt (Deterding et al. 2011).

3   Anforderungen an Gamification für ältere Menschen

Der beschriebene Einsatz von Gamification zur Motivationsförderung ist weit verbreitet und findet inzwischen auch Anwendung im AAL-Bereich (vgl. Kapitel 4).

Die Konzeption von Gamification für ältere Nutzergruppen unterscheidet sich jedoch in mehreren Aspekten von der für jüngere Nutzer. Zum einen müssen altersbedingt veränderte kognitive und physische Fähigkeiten berücksichtigt werden (Carmichael 1999). Zum anderen sind ältere Menschen in vielen digitalen Spielgenres weniger erfahren als jüngere. Auch dieses unterschiedliche Vorwissen ist für die Gestaltung relevant (Gerling & Masuch 2011b). Richtlinien für die altersgerechte Gestaltung von gamifizierten Anwendungen im Speziellen existieren bisher allerdings nicht. Aufgrund der Nähe des Ansatzes zu klassischem Game Design, können Anwendungsbereiche und Gestaltungsanforderungen jedoch teilweise aus dem Bereich des Game Designs für ältere Menschen abgeleitet werden.

3.1 Anwendungsbereiche von Gamification für Senioren

Hinsichtlich der Anwendungsmöglichkeiten von Gamification im AAL-Bereich sind praktisch keine Grenzen gesetzt. Bei der Betrachtung der Literatur, die sich mit dem Design von digitalen Spielen für ältere Menschen beschäftigt (z.B. Whitcomb 1990; IJsselstein et al. 2007; Nap 2009), lassen sich neben Unterhaltung vor allem drei Bereiche identifizieren, für die digitale Spiele besonders geeignet sind. Dies ist zum einen die Förderung der sozialen Interaktion sowohl innerhalb als auch außerhalb des existierenden sozialen Netzwerkes, zum anderen die kognitive Aktivierung und die Förderung von kognitiven Fähigkeiten im Alter. Des Weiteren sind digitale Spiele besonders gut für therapeutische Zwecke, Rehabilitationsmaßnahmen und allgemeine körperliche Ertüchtigung zur Aufrechterhaltung der körperlichen Fitness geeignet (IJsselsteijn et al. 2007; Gerling et al. 2011). Diese Bereiche sind auch potenzielle Anwendungsgebiete für einen Gamification-Ansatz. Darüber hinaus zeigen die Beispiele von de Oliviera (2010) und Korn (2012), dass eine Vielzahl weiterer Anwendungsmöglichkeiten besteht.

3.2 Spielkonzeption

Eine grundlegende Entscheidung beim Design einer gamifizierten Anwendung für Senioren ist die Frage, ob diese Anwendung zur Einzelnutzung oder als Mehrspieler-Lösung konzipiert werden sollte. Für ersteres spricht der von IJsselsteijn et al. (2007) betonte hohe Motivationsfaktor der sozialen Komponente beim Spielen, die bei älteren Menschen sogar einen erhöhten Stellenwert im Vergleich zu jüngeren einnehme. Folgefragen sind, ob das gemeinsame Spielen face-to-face oder technik-vermittelt und mit bekannten Personen oder einer offenen Gruppe an Mitspielern stattfinden sollte und ob die Spielweise kooperativ, kollaborativ, kompetitiv oder eine Mischform sein sollte. In diesem Zusammenhang zeigen Forschungsergebnisse von Meurer und Wieching (2012), dass das Spielen mit unbekannten Personen über ein soziales Netzwerk von älteren Nutzern weniger präferiert war.

Im Hinblick auf den Wettbewerbscharakter gibt es keine eindeutigen Erkenntnisse. In einer Untersuchung zur Mensch-Roboter-Interaktion mit einer nicht altersspezifischen Zielgruppe fanden Mutlu et al. (2006) Hinweise darauf, dass kooperative Interaktion stärker mit Soziabilität – ein häufiges Ziel von AAL-Anwendungen – assoziiert wird, während Wettbewerb positivere Gefühle und stärkeres Involvement bei den Probanden auslöst. Mubin et al. (2008) zeigten, dass eine kompetitive Variante des Spiels Walk2Win zu Wettbewerbsverhalten und auch Spannungen zwischen den älteren Spielern führte, z.B. indem sie das Verhalten der Mitspieler als unfair betrachteten. Bei der Spielvariante in Teams hingegen waren kooperative Zusammenarbeit und gegenseitige Hilfe zu beobachten. Forschungsergebnisse bezogen auf den Sport deuten hingegen darauf hin, dass Wettbewerb dazu beitragen kann, negative Aspekte des Alterns weniger stark zum Tragen kommen zu lassen (Dionigi 2002). Es gibt also sowohl Gründe, die für Wettbewerb sprechen als auch Gründe für Kooperation bzw. Kollaboration. Die Wahl hängt unter anderem von der Zielsetzung ab, persönliche Präferenzen der Nutzer sind jedoch vermutlich ein wesentlicher Einflussfaktor. Ein möglicher Umgang mit diesen unsicheren Erkenntnissen könnte darin bestehen, gamifizierte Anwendungen mit alternativen Wettbewerbsvarianten zu konzipieren oder aber Mischformen aus Wettbewerb und Kooperation bzw. Kollaboration anzubieten.

3.3   Weitere Gestaltungsanforderungen

Da es sich beim Spielen um eine freiwillige Tätigkeit handelt, ist sehr wichtig, dass auch die Benutzung einer gamifizierten Anwendung freiwillig stattfindet. Dies gilt insbesondere dann, wenn durch den Einsatz von „Hindernissen" Herausforderungen geschaffen werden und die Nutzung einer Anwendung oder die Tätigkeit dadurch eventuell komplizierter oder anstrengender wird. Hier ist es sinnvoll, Alternativen ohne Gamification anzubieten.

Grundsätzlich ist es wünschenswert, dass die Verwendung einer gamifizierten Anwendung oder Tätigkeit an die persönlichen Bedürfnisse des Nutzers angepasst werden kann (IJsselsteijn et al. 2007). Wenn es sich dabei um eine softwarebasierte Anwendung handelt, sollten beispielsweise die Lautstärke und Bildschirmeinstellungen, wie zum Beispiel Schriftgröße und Kontrast, verändert werden können. Des Weiteren ist die Interfacegestaltung abhängig von dem verwendeten Medium. Wichtig ist hierbei die bewusste Gestaltung der Interfaceelemente hinsichtlich Anzahl, Größe, Form und Farbe. Darüber hinaus ist es von Vorteil, wenn die Geschwindigkeit der Interaktion mit der Anwendung durch den Nutzer festgelegt werden kann. Allgemein gilt, dass der Einsatz von Zeitdruck in Anwendungen für ältere Menschen nicht geeignet ist (IJsselsteijn et al. 2007).

Bei der Gestaltung des spielbezogenen Inhaltes empfiehlt es sich, auf bekannte Aktivitäten aufzubauen, regelmäßige Aufgaben einzubinden und das Regelwerk insgesamt überschaubar zu halten. Außerdem trägt die permanente Visualisierung des zu erreichenden Zieles zur kognitiven Unterstützung des Nutzers bei (Gerling et al. 2011). Wichtig ist hierbei ebenfalls, dass der Mehrwert einer gamifizierten Aktivität oder Anwendung deutlich zu erkennen ist (Meurer et al. 2012), da diese sonst als überflüssig wahrgenommen werden kann.

4   Anwendungsbeispiele

Gamifizierung verfolgt im AAL-Bereich, wie bereits beschrieben, verschiedene Zielsetzungen. So setzt beispielsweise *MoviPill* (de Oliviera 2010), eine Mobiltelefon-Applikation für ältere Menschen, Gamification ein, um die Compliance zur Einnahme von verschriebenen Medikamenten zu verbessern und kognitive Unterstützung zu leisten. Dies geschieht, indem eine Erinnerungs-Applikation mit einem Punktesystem verknüpft wird. Die Punkte werden in Abhängigkeit von zeitnaher Einnahme und Regelmäßigkeit vergeben und können innerhalb einer Community, die aus bekannten „Mitspielern" besteht, verglichen werden. Der Einsatz von *MoviPill* führte in einem Testlauf zu einer signifikanten Verbesserung der Compliance hinsichtlich Einnahmehäufigkeit und -regelmäßigkeit. Eine Anwendung zur Förderung der körperlichen Fitness ist *SilverPromenade* (Gerling & Masuch 2011b). Hier wird Bewegungstraining durch virtuelle Umgebungseindrücke (z.B. bekannte Gebiete, wie den Stadtpark) angereichert. Andere Gamification-Ansätze im AAL-Bereich beschäftigen sich beispielsweise mit Fallprävention (Meurer et al., 2012), Physio- und Kognitionstherapie (Gerling & Masuch 2011b) oder der Verbesserung der Arbeitssituation für ältere Menschen (Korn 2012).

Ein Beispiel für den Einsatz von Gamification im AAL-Bereich mit dem Ziel der Förderung von sozialer Interaktion ist *Gameinsam*. Am Beispiel dieser communitybasierten SocialTV Anwendung werden die in Kapitel 3 herausgearbeiteten Anforderungen an Gamification für ältere Menschen im Folgenden näher betrachtet.

4.1 Gamifiziertes Fernsehen

4.1.1 Die Applikation *Gameinsam*

Die Applikation *Gameinsam* (Herrmanny et al. 2012) ist ein Ansatz zur Gamifizierung von Fernsehen. Der Spielaspekt findet bezugnehmend auf das laufende TV-Programm statt, indem die Nutzer sendungsbezogene Fragen beantworten. Dies kann beispielsweise durch das Mitraten bei einer Quizshow geschehen, durch Vermutungen über das Weiterkommen oder Ausscheiden von Kandidaten bei Castingshows oder Tipps zu aktuell laufenden Sportsendungen (z.B. „Wie viele Treffer landet die gerade schießende Biathletin?"). Dieser Ansatz wird als spielerische Remote-Interaktion zwischen (im Rahmen einer Social-Network-Struktur) befreundeten Zuschauern ermöglicht: Die mitspielenden Personen und ihre Antworten werden in einer Buddy-List angezeigt. Durch die permanente Visualisierung können die Spieler z.B. durch Antwortwechsel auf die Antworten ihrer Mitspieler reagieren.

4.1.2 Ziele und Spielkonzeption

Die Applikation hat zum Ziel die intergenerationale Kommunikation zwischen älteren Menschen und deren Freunden und Angehörigen zu fördern, um so die soziale Inklusion zu stärken und Altersisolation zu vermeiden.

Die zugrundeliegende Netzwerkstruktur soll daher – unter Berücksichtigung der o.g. dargestellten Forschungsergebnisse von Meurer und Wieching (2012) – keine neuen sondern bereits real existierende soziale Beziehungen fokussieren und zusätzliche Interaktion zwischen diesen Personen ermöglichen. Diese Interaktionsförderung kann zum einen zur Spielzeit stattfinden, durch die Remote-Interaktion während des Fernsehens, und zum anderen als längerfristige Wirkung, indem die Sendung und die spielerische Interaktion als Gesprächsanlass und/oder als Gesprächsthema zu einem späteren Zeitpunkt dienen. Morrison (2001) bezeichnet diese beiden möglichen Wirkweisen als internale und externale soziale Funktionen des Fernsehens.

Aufgrund der Zielsetzung der Soziabilitätsförderung wurde vor dem Hintergrund der Ergebnisse von Mutlu et al. (2006) eine kooperative Spielweise gewählt. Alternative oder ergänzende kompetitive Spielvarianten sind jedoch auch einbindbar.

Ergebnisse einer empirischen Evaluation von *Gameinsam* mit einer intergenerationalen Probandengruppe (n=41, 18 männlich, M=25 Jahre, min 19 J. max 60 J.) im Rahmen des Projektes FoSIBLE bestätigen die Entstehung von sozialer Präsenz und sozialer Verbundenheit und deuten auch auf die Erzeugung des zuvor genannten externalen sozialen Effekts hin (Herrmanny 2012).

4.1.3 Nutzerzentrierte Gestaltung

Wie bereits dargelegt, ist eine optimierte Gestaltung anhand typischer Bedürfnisse älterer Personen von zentraler Bedeutung. Hierauf wurde bei der Anwendung *Gameinsam* daher ein expliziter Fokus gelegt. Bereits die Auswahl des Mediums fand unter Berücksichtigung dieser Anforderungen statt. So fiel die Wahl auf ein (internetfähiges) TV-Gerät. Dies hat die Vorteile, dass Fernsehgeräte auch für ältere Menschen vertraute Medien sind und mögliche Berührungsängste so gegebenenfalls reduziert werden, sowie dass eine (im Vergleich zu gängigen Computermonitoren) relativ große Darstellung ermöglicht wird.

Außerdem wurde die Interface-Gestaltung in einem nutzerzentrierten Designprozess schritt-weise optimiert, um den Bedürfnissen der Zielgruppe gerecht zu werden. So wurden unter anderem Größe und Größenverhältnisse, Anzahl sowie Anordnung der Elemente, Farbe und Kontrast, Benennungen und Interaktionsform auf diese Zielgruppe abgestimmt. Dabei wur-den potenzielle kognitive und physische altersbedingte Einschränkungen (Carmichael 1999) berücksichtigt. Eine vom Nutzer gesteuerte Interaktionsgeschwindigkeit war in diesem An-wendungsfall nur eingeschränkt möglich, da der Bezug zum zeitgebundenen Medium Fern-sehen eine bestimmte zeitliche Vorgabe beinhaltet. Es wurde jedoch bei der Auswahl der exemplarisch implementierten Sendung auf lange Antwortzeiten geachtet.

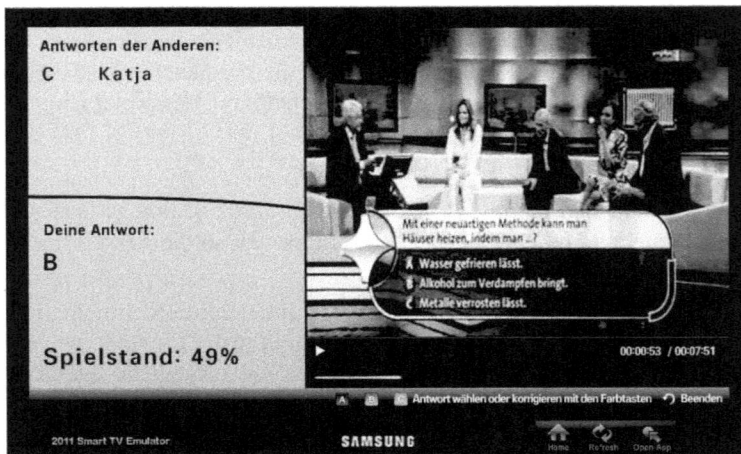

Abbildung 1: Gameinsam

5   Fazit und Ausblick

Bisherige Forschung zeigt ein Potenzial von Gamification für verschiedene Gebiete des AAL-Bereichs auf. Die adäquate Gestaltung von gamifizierten Anwendungen und Tätigkei-ten für ältere Nutzer ist jedoch bisher nicht fest definiert. Es existieren keine verbindlichen Richtlinien oder Normen, wenngleich es bei einigen Fragestellungen Hinweise für eine ziel-gruppengerechte Konzeption und Gestaltung gibt, die in diesem Beitrag vorgestellt wurden.

An dieser Stelle besteht jedoch Bedarf an weiterer, zielgerichteter Forschung basierend auf Anwendungsdaten. In diesem Workshop möchten wir daher mit den Teilnehmern ihre dies-bezüglichen Erfahrungen gerade aus der Nutzung durch die Endanwender diskutieren. Dar-über hinaus soll die wissenschaftliche Diskussion sowohl bezüglich möglicher Schwierigkei-ten und Grenzen von Gamification im AAL-Bereich, als auch im Hinblick auf wahrgenom-mene Potenziale und erfolgversprechende Anwendungsbereiche angeregt werden.

Danksagung

Die dargestellten Evaluationsergebnisse von *Gameinsam* wurden teilweise im Rahmen des Projektes FoSIBLE erhoben, das vom European Ambient Assisted Living (AAL) Joint Program zusammen mit BMBF, ANR und FFG gefördert wird.

Literaturverzeichnis

Carmichael, A. (1999). Style guide for the design of interactive television services for elderly viewers. *Independent Television Commission, Winchester.*

de Oliveira, R., Cherubini, M. & Oliver, N. (2010). MoviPill: improving medication compliance for elders using a mobile persuasive social game. In *Proceedings of the 12th ACM international conference on Ubiquitous computing.* New York: ACM Press. S. 251-260.

Deterding, S., Dixon, D., Khaled, R. & Nacke, L. (2011). From game design elements to gamefulness: defining gamification. In *Proceedings of the 15th International Academic MindTrek Conference: Envisioning Future Media Environments.* New York: ACM Press. S. 9-15.

Dionigi, R. A. (2002). Resistance and empowerment through leisure: the meaning of competitive sport participation to older adults. *Loisir et société*, 25(2), 303-328.

Gerling, K. M., Schulte, F. P. & Masuch, M. (2011). Designing and evaluating digital games for frail elderly persons. In *Proceedings of the 8th International Conference on Advances in Computer Entertainment Technology.* New York: ACM Press.

Gerling, K. M. & Masuch, M. (2011b). Exploring the potential of gamification among frail elderly persons. In *Proceedings of the CHI 2011 Workshop Gamification: Using Game Design Elements in Non-Game Contexts.* New York: ACM Press.

Herrmanny, K. (2012). *Potenziale von Social TV im Kontext informellen, edutainmentbasierten T-Learnings. Eine empirische Untersuchung am Beispiel der T-Learning-Anwendung Gameinsam.* Unveröffentlichte Bachelorarbeit. Universität Duisburg-Essen.

Herrmanny, K., Budweg, S., Klauser, M. & Kötteritzsch, A. (2012). Gameinsam – A playful application fostering distributed family interaction on TV. In Arbanowski, S., Steglich, S., Knoche, H. & Hess, J. (Hrsg.): *EuroITV 2012, Bridging People, Places and Platforms. Adjunct proceedings*: 10th European Interactive TV Conference, Berlin: Fraunhofer FOKUS. S. 21-22.

Hunicke, R., LeBlanc, M. & Zubek, R. (2004). MDA: A formal approach to game design and game research. In *Proceedings of the AAAI Workshop on Challenges in Game AI.* S. 1-5.

IJsselsteijn, W., Nap, H. H., de Kort, Y. & Poels, K. (2007). Digital game design for elderly users. In *Proceedings of the 2007 conference on Future Play.* New York: ACM Press. S. 17-22.

Korn, O. (2012). Industrial playgrounds: how gamification helps to enrich work for elderly or impaired persons in production. In *Proceedings of the 4th ACM SIGCHI symposium on Engineering interactive computing systems.* New York: ACM Press. S. 313-316.

Meurer, J. & Wieching, R. (2012). Motivating Elderly People to Use Fall Preventive Exercise Training Games at Home: Are Community Based ICT Features Always a Good Choice? In Budweg, S., Müller, C. & Lewkowicz, M. (Hrsg.): *Designing for Inter/Generational Communities, Proceedings of the 3rd International Workshop "Fostering Social Interactions in the Ageing Society", COOP Conference 2012, 9(1).* International Institute for Socio-Informatics. S. 28-31.

Morrison, M. (2001). A look at mass and computer mediated technologies: understanding the roles of television and computers in the home. *Journal of Broadcasting and Electronic Media,* 45(1), 135-161.

Mubin, O., Shahid, S. & Al Mahmud, A. (2008). Walk 2 Win: towards designing a mobile game for elderly's social engagement. In *Proceedings of the 22nd British HCI Group Annual Conference on People and Computers: Culture, Creativity, Interaction-Volume 2* British Computer Society. UK: British Computer Society Swinton. S. 11-14.

Mutlu, B., Osman, S., Forlizzi, J., Hodgins, J. & Kiesler, S. (2006, March). Perceptions of ASIMO: an exploration on co-operation and competition with humans and humanoid robots. In *Proceedings of the 1st ACM SIGCHI/SIGART conference on Human-robot interaction*. New York: ACM Press. S. 351-352.

Nap, H. H., Kort, Y. D. & IJsselsteijn, W. A. (2009). Senior gamers: Preferences, motivations and needs. *Gerontechnology, 8*(4), 247-262.

Theng, Y., Dahlan, A. B., Akmal, M. L. & Myint, T. Z. (2009). An exploratory study on senior citizens' perceptions of the Nintendo Wii. In *Proceedings of the 3rd International Convention on Rehabilitation Engineering & Assistive Technology*. New York: ACM Press.

Whitcomb, G. R. (1990). Computer games for the elderly. *ACM SIGCAS Computers and Society, 20*(3), 112-115.

Zichermann, G. & Cunningham C. (2011). *Gamification by Design: Implementing game mechanics in web and mobile apps*. Köln: O'Reilly Media.

Kontaktinformationen

Christian Hierhammer, Katja Herrmanny

E-Mail: christian.hierhammer@uni-due.de, katja.herrmanny@uni-due.de

S. Boll, S. Maaß & R. Malaka (Hrsg.): Workshopband Mensch & Computer 2013
München: Oldenbourg Verlag, 2013, S. 363–367

Jung und Alt – Gemeinsam spielend lernen

Johannes Robier[1], Kurt Majcen[2], Tatjana Prattes[3], Markus Stoisser[3]

youspi Consulting GmbH[1]
Institut DIGITAL, JOANNEUM RESEARCH Forschungsgesellschaft mbH[2]
Schulungszentrum Uranschek GmbH[3]

Zusammenfassung

Das Projekt „Learning for Generations" hat das Ziel, ältere Personen mit Hilfe von Präsenz- und virtuellen Lehr- und Lerneinheiten durch Jüngere zur Nutzung Digitaler, insbesondere Sozialer Medien, ermächtigt werden. Es werden intergenerationale Lernmethoden, -szenarien und eine altersgerechte Web-2.0-Plattform entwickelt. Der parallel dazu stattfindende Aufbau einer Lehr- und Lern-Community zwischen Jung und Alt sorgt für Nachhaltigkeit.

1 Forschungsfrage

Das Projekt „Learning for Generations" hat das Ziel, ältere Personen mit Hilfe von Präsenz- und virtuellen Lehr- und Lerneinheiten durch Jüngere zur Nutzung Digitaler, insbesondere Sozialer Medien zu ermächtigen. Dazu werden intergenerationale Lernmethoden und -szenarien sowie eine altersgerechte Web-2.0-Plattform entwickelt. Die Ausgangssituation war es herauszufinden, wie generationsübergreifendes Lernen auf breiter Basis möglich wird und wie zwei unterschiedliche Zielgruppen dazu motiviert werden, interaktiv zu werden und dadurch zum gemeinsamen Lernen begeistert werden können.

2 Ausgangssituation

In den österreichischen Bundesländern Steiermark und Kärnten findet jährlich, unterstützt durch die regionale Tageszeitung „Kleine Zeitung", die Aktion „Fit am PC" statt, bei der rund 2000 Senioren/-innen von ebenso vielen Schülern/-innen Face-to-Face bei einem mehrstündigen Treffen in den Disziplinen Computer und Internet unterrichtet werden. Im Rahmen der Aktion 2012 führten die Projektpartner in rund 200 Schulen eine erste Umfrage mit den wichtigsten Stakeholdern (Schüler/innen, Senioren/-innen und Lehrer/innen) durch.

2.1 Befragung der Senioren/-innen

Die Befragung der älteren Generation wurde mit klassischen Papierfragebögen direkt nach Ende der „Fit am PC"-Kurse abgehalten und beinhaltete Fragen zu den Kursen im Rahmen der Aktion, der Nutzung von Computer und Internet allgemein sowie der Unterstützung und dem Wissenserwerb bei Problemen mit Computer und Internet. Insgesamt nahmen an dieser Befragung 1058 Kursteilnehmer teil. Davon waren etwas mehr als 2/3 Frauen. Die Hälfte der Befragungsteilnehmer benutzt den Computer und das Internet am häufigsten abends und nachts. Um herauszufinden, mit welchen Tools in dem Projekt mit der Zielgruppe der Älteren gearbeitet werden kann, wurde die Nutzung von verschiedenen Geräten und Services abgefragt.

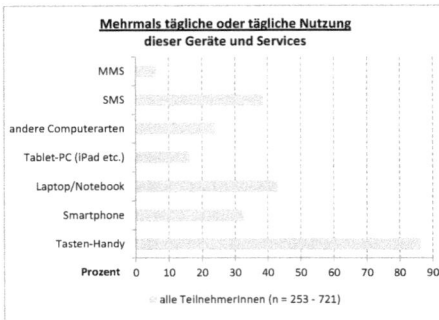

Abbildung 1: Nutzung von Geräten und Services

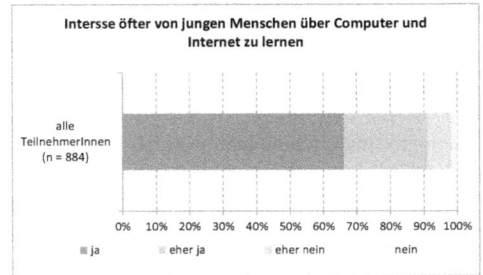

Abbildung 2:Interesse an zukünftiger Unterstützung

Die Ergebnisse zeigten eindeutig, dass die meisten Teilnehmer mehrmals täglich oder täglich ein Tasten-Handy, gefolgt von Laptop/Notebook benutzen (siehe   Abbildung 1). SMS werden häufiger verfasst als MMS. Hier wurde getestet, ob eine Kommunikation mit den Jüngeren auch per SMS bzw. MMS möglich wäre.

Insgesamt gaben rund 50% der Teilnehmenden an, dass sie das Internet zur Wissenserweiterung nutzen. 46% benötigen zumindest wöchentlich Unterstützung im Umgang mit Computer und Internet. Über 60% wären daran interessiert, öfter von jungen Menschen über die Verwendung von Computer und Internet zu lernen.

Ergebnisse der Evaluierungen zeigen ebenfalls, dass der Faktor „Spaß" bei der älteren Generation in erster Linie zweck- bzw. sinngebunden ist. Klassische Gamification-Modelle sind für die Senioren/-innen nicht zweckdienlich. Es geht primär um die Wissensaneignung. Spaß wird innerhalb der Zielgruppe gesehen als „...erlebtes Anwenden der Computerkenntnisse im Lebenskontext. Wenn Ältere also ihr Leben durch eine Nutzung Neuer Medien erleichtern oder unterstützen können."[1]

---

[1] Markus Stoisser, Trainer und Evaluator für Lernen und Lehren der Generation 50plus im Zusammenhang mit neuen Medien

2.2 Befragung der Schüler/innen

Die Befragung der jüngeren Generation, welche als Lehrende bei der *„Fit am PC"*-Aktion teilnahmen, erfolgte nach den Kursen mittels webbasiertem Fragebogen. An der Befragung haben 835 Personen teilgenommen, 508 davon weiblich und 327 davon männlich. Schwerpunkte der Befragung waren dabei die abgehaltenen Kurse, die Nutzung von Computer und Online-Services sowie Möglichkeiten, anderen Menschen Wissen rund um aktuelle Technologien und neue Medien zu vermitteln.

89% der Befragten verwenden Smartphones (mehrmals) täglich. Die Plattform Facebook wird ebenfalls von über 80% (mehrmals) täglich genutzt.

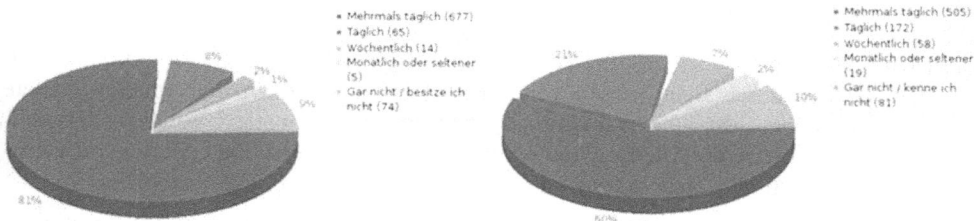

Abbildung 3:Nutzung von Smartphones (links) und Facebook

Die jungen Lehrenden hatten zu 95% Spaß an der Aktion *„Fit am PC"*, wobei als Gründe einerseits die Arbeit mit (älteren) Menschen und das Gefühl zu helfen und andererseits auch die umgekehrte Lehrerrolle genannt wurden. 96% der Schüler/innen waren davon überzeugt, dass sie den Kursteilnehmenden alles verständlich beibringen konnten. Als Motivation, auch nach den Kursen Älteren Wissen zu vermitteln, wurden schulische „Belohnungen" (z.B. schulfrei, gute Note) und reale Vergütungen (z.B. Gutscheine) genannt.

3 Cross Mediale Konzepte

Ergebnisse der Evaluierungen zeigen ganz klar, dass hier der duale Weg der Kommunikation von einem System bzw. Funktionalität für den Wissenstransfer gegeben sein muss. Die Anforderungen an ein System, um beide Zielgruppen zusammen zu bringen und beide zu motivieren, sind differenziert zu betrachten. Einerseits sind verschiedene Computervorkenntnisse und Motivationen vorhanden, andererseits existieren unterschiedliche Sprachwortschätze und Bedürfnisse. Ältere beschäftigen sich mit einem Thema viel intensiver und länger; Jugendliche führen ihre Aktivitäten mobil, spontan und oft rascher durch. Begrifflichkeiten, welche für Senioren/-innen teils nicht verständlich sind, sind für Jugendliche Alltag. Hier werden einerseits für Jugendliche virtuelle und physische didaktische Leitfäden und Lernszenarien entwickelt, um so Inhalte zielgruppenspezifische zu kommunizieren und andererseits einfache Möglichkeiten, virtuell und in physischen Präsenzeinheiten, für Ältere entwickelt, um einen Wissensaustausch nachhaltig möglich zu machen.

3.3   Online - Offline

Die Zielgruppe der Älteren wird weiterhin über die Aktion „*Fit am PC*" erreicht und angesprochen. In Face-to-Face Schulungen werden Grundkenntnisse vermittelt, die Online-Plattform erklärt und eine erste Beziehung zu den Schülern/-innen aufgebaut. In weiterer Folge können die Senioren/-innen Fragen zu verschiedenen Themen über diese Plattform stellen. Die teilnehmenden Schüler/innen verwenden eine eigene Web-Applikation, auf der sie alle Fragen beantworten können. Diese wird auch über die soziale Plattform „*Facebook*" zu bedienen sein. Senioren/-innen können diese Antworten bewerten oder neue Fragen stellen.

3.3   Gamification

Ranglisten und Sachpreise sollen die Spielmotivation bei der jüngeren Generation hoch halten. Diese können durch Beantworten von Fragen Punkte sammeln und erhalten weitere Punkte für besonders hilfreiche und qualitativ hochwertige Antworten. Schüler-, Klassen- und Schulwertungen werden die Spielmotivation noch weiter verstärken. Bei einem jährlichen Event der beteiligten Tageszeitung werden Sieger geehrt und Preise übergeben.

Die Senioren/-innen können ebenfalls Punkte sammeln, indem sie auf der Plattform aktiv sind. Diese Punkte können sie wiederum in Fragen investieren, Schüler bewerten und belohnen und so ihr Wissen erweitern. Können bei einer Frage keine Zusatzpunkte vergeben werden, wird diese nur mit einer Grundpunkteanzahl dotiert. Die Annahme scheint logisch, dass bei ausreichender Motivation Schülerinnen und Schüler wiederum Fragen mit höher dotierten Punkten bevorzugt behandeln und somit auch der Zeitfaktor eine Rolle spielt. Jene Ältere, die viele Punkte innerhalb einer Zeitperiode sammeln, werden ebenfalls mit Preisen belohnt.

4   Ausblick

Ein erster Prototyp des Lernspiels wird in Schulen und mit Senioren getestet und umgesetzt. Zusätzlich wurden in drei Gruppen mit den Schülern/-innen Konzepte zu Usability, Marketing und Pädagogik im Co-Creation-Ansatz entwickelt, welche wiederum in das Bereits bestehende Konzept eingearbeitet werden. Gemeinsam mit dem Innolab am Campus 02 der Wirtschaftskammer Steiermark werden laufend dazugehörende Geschäfts- und Verbreitungsmodelle konzipiert. Bei der „*Fit am PC*" Aktion im Herbst 2013 werden die Tools und Modelle im praktischen Einsatz bereits eingesetzt und bis zur Aktion 2014 laufend evaluiert und erweitert.

Kontaktinformationen

Johannes Robier (youspi Consulting GmbH)
Plüddemanngasse 70, A-8010 Graz, hannes.robier@youspi.com

Kurt Majcen (JOANNEUM RESEARCH Forschungsgesellschaft mbH)
Steyrergasse 17, A-8010 Graz, kurt.majcen@joanneum.at

Markus Stoisser (Schulungszentrum Uranschek GmbH)
Glockenspielplatz 5, A-8010 Graz, markus.stoisser@uranschek.at

S. Boll, S. Maaß & R. Malaka (Hrsg.): Workshopband Mensch & Computer 2013
München: Oldenbourg Verlag, 2013, S. 369–374

Einsatz von Spaß und Humor zur Förderung sozialer Aktivität

Martin Burkhard, Andrea Nutsi, Michael Koch

Forschungsgruppe Kooperationssysteme, Universität der Bundeswehr München

Zusammenfassung

Das Ziel des AAL-Forschungsprojektes Social Interaction Screen war, die soziale Interaktion älterer Menschen mit ihrer Familie und Freunden zu unterstützen, sowie die Teilnahme an sozialen Aktivitäten in der näheren Umgebung zu fördern. Das Anliegen dieses Beitrags ist es zunächst die Vorgehensweise bei der Realisierung und Evaluation des elderly interaction & service assistant Tablet-Computers vorzustellen. Anschließend soll nach derzeitigem Erkenntnisstand und anhand von Ergebnissen aus dem abschließenden Feldtest geprüft werden, wie humorvolle Konzepte und spielerische Elemente den Umgang mit einer neuartigen Benutzerschnittstelle erleichtern und zur Förderung sozialer Aktivität beitragen können.

1 Einleitung

Das Ziel des Ambient Assisted Living (AAL) Forschungsprojektes Social Interaction Screen (SI-Screen) war es, ein nutzerzentriertes Assistenzsystem zu realisieren, um ältere Menschen mittels Sozialer Medien mit ihrem sozialen Umfeld zu verbinden und sie zur Teilnahme an Aktivitäten in der näheren Umgebung anzuregen. Die im Feldtest gewonnenen Erkenntnisse legen den Schluss nahe, dass der prototypisch realisierte elderly interaction & service assistant Tablet-Computer selbst von technisch unerfahrenen Endanwendern weitgehend selbständig bedient werden konnte, sofern deren Neugier ihre Ängste hinsichtlich der Nutzung modernder Technik (Rogers & Fisk 2010) übertraf.

Anhand der täglich anzufertigenden Tagebucheinträge konnten wir bereits zu Beginn des Feldtests positive Rückmeldungen zur allgemeinen Zufriedenheit mit dem Lösungsansatz ausmachen. Allerdings stellte sich trotz tagesaktueller Artikel und Veranstaltungsangebote bereits nach mehreren Tagen ein Gewöhnungseffekt ein. Der zunehmende Wunsch nach Abwechslung und neuen Inhalten stand bei allen Teilnehmern unabhängig von ihrem technischen Vorwissen im Vordergrund.

Neben der Befriedigung des Wunsches nach Abwechslung hat sich die freudvolle Bedienung als wichtiger Faktor für die Motivation zur Nutzung herausgestellt. Hier sehen wir in Spaß im Sinne von Humor (Morkes et al. 1999) einen Schlüsselfaktor, über längere Zeit das Interesse an der Nutzung aufrecht zu erhalten.

In diesem Beitrag wollen wir anhand unserer Erkenntnisse aus dem SI-Screen Projekt einige Ideen aufzeigen, wie und zu welchem Zweck humorvolle und spaßige Elemente in nutzerzentrierte Technologien integriert werden können.

2 Erste Erkenntnisse zur Nutzung von Humor in IT-Anwendungen

Das erste grundlegende Werk, dass sich mit dem Einsatz, Auswirkungen und Evaluationsmethoden von Humor in der Mensch-Maschine-Interaktion auseinander setzt, ist die Richtlinie von Morkes et al. (1999). Der Richtlinie zufolge sind die wesentlichen Aspekte, die Zielgruppe zu identifizieren, ihren Humor und den situativen Kontext zu kennen, sowie kulturelle Unterschiede zu berücksichtigen (Morkes et al. 1999).

Im Umfeld von AAL ist die Zielgruppe der älteren Menschen jedoch zu stark diversifiziert, als dass die komplexen Eigenschaften und Präferenzen vollständig erfasst werden könnten. Als Alternative bietet sich das Erstellen von Persona an, einem Konzept des User Centered Designs (UCD). Dabei wird die Zielgruppe in fiktive Menschen (Personae) unterteilt, welche spezifische (Unterscheidungs-)Merkmale der zukünftigen Nutzergruppe aufweisen. Diese Vorgehensweise kann anschließend helfen die unterschiedlichen Anforderungen und Ziele der älteren Nutzer bei der Umsetzung zu berücksichtigen (Pruitt & Grudin 2003).

Ein wichtiger Bestandteil der Richtlinie von Morkes et al. (1999) ist der zeitgemäße und bedachte Einsatz von Humor, mit dem Ziel negative Auswirkungen auf den Nutzer zu vermeiden. Zunächst sollte zwischen verschiedenen Arten von Humor unterschieden werden. Anschließend muss durch Evaluation herausgefunden werden, welche Art des Humors für welche Zielgruppe und in welcher Situation geeignet ist. Morkes et al. empfehlen vorzugsweise „harmlosen" Humor einzusetzen, der weder sexuelle, aggressive, spöttische, noch sonstige subtile Anspielungen enthält. Darüber hinaus sollte die humorvollen Bestandteile im Laufe der Zeit geändert werden, um das Interesse der Nutzer aufrecht zu erhalten. Dieser Vorschlag lässt sich mit vergleichsweise geringen Aufwand über tagesaktuelle Inhalte und Illustrationen von verschiedenen Autoren realisieren. Die elisa-Anwendung könnte hierfür den älteren Nutzern humorvolle Artikel und Komikbilder über den Interessensbereich bereitstellen (Morkes et al. 1999).

Abschließend vertreten Morkes et al. (1999) die Auffassung, dass rein text-basierter Humor ausreichend ist, um positive Emotionen bei den Nutzern auszulösen. Sie sehen keine Notwendigkeit darin humorvolle Bilder, Videoclips oder Geräusche einzusetzen. Diese Auffassung steht im Widerspruch zu den Argumenten von Shneiderman (2004), welcher attraktive Grafiken, lustige Animationen sowie harmonische Klänge als wesentliche Bestandteile von Humor ansieht. Allerdings besteht die Gefahr, dass die übertriebene Anwendung dieser Elemente ablenkend oder störend auf die Zielgruppe wirken könnte.

Insgesamt ist der Einsatz von Humor und Spaß in der Mensch-Maschine-Interaktion durchaus lohnenswert, da positive Auswirkungen auf die Akzeptanz und Beliebtheit einer Anwendung zu erwarten sind (Morkes et al. 1999). Dennoch ist es schwierig die richtige Balance zwischen positiven Anreizen und Übertreibung zu finden. Infolgedessen empfiehlt Shneiderman (2004) wiederholt Akzeptanz-Tests durchzuführen und dem Nutzer ausreichend

Kontrollmöglichkeiten zur Verfügung zu stellen, um beispielsweise den Ton stumm zu schalten. Zur Überprüfung der Akzeptanz des eingesetzten Humors in der Anwendung eignen sich Usability-Studien (Morkes et al. 1999), bei denen die Probanden neben der Gebrauchstauglichkeit der Benutzerschnittstelle auch hinsichtlich der Wirkung der humorvollen Inhalte und Elemente befragt werden können.

3 Der Elderly Interaction & Service Assistant

Mit dem elderly interaction & service assistent (elisa) wurde im Projekt SI-Screen in drei Iterationen der Prototyp eines ganzheitlichen Tablet-basierten Assistenzsystems aus Hard- und Software geschaffen. Das Ziel des Projekts war es die soziale Interaktion von älteren Menschen mit ihrer Familie, Freunden und Bekannten aus der näheren Umgebung zu fördern, indem der Zugang zu Sozialen Medien für die älteren Nutzer vereinfacht wird (Burkhard & Koch 2012a).

Um die individuellen Bedürfnisse unserer älteren Zielgruppe (60+) bei der prototypischen Realisierung der Unterstützungstechnologie zu berücksichtigen, wurden ältere Teilnehmer zu Projektbeginn mittels Fokusgruppen hinsichtlich ihrer gegenwärtigen Herausforderungen interviewt und ihre persönlichen Anforderungen an elisa erhoben.

Im weiteren Verlauf des Projektes wurde die ältere Zielgruppe über Labortests und Stammtischtreffen in die Realisierung von elisa mit einbezogen. Der elisa Tablet-Computer wurde anhand von Rückmeldungen kontinuierlich angepasst und erweitert, sowie die Akzeptanz von Neuerungen nach jeder Iteration mit ausgewählten Repräsentanten der Zielgruppe evaluiert (vgl. Burkhard & Koch 2012a, 2012b).

Neben der Bewertung des Lösungsansatzes hinsichtlich der Erfüllung der geforderten Funktionalität, nahmen Qualitätskriterien, wie beispielsweise die einfache Benutzbarkeit, Übersichtlichkeit und intuitiv-freudvolle Handhabung der Benutzerschnittstelle einen zentralen Stellenwert unserer Untersuchungen ein. Aufbauend auf bestehenden Erkenntnissen zur Gestaltung geeigneter Benutzerschnittstellen für ältere Menschen, wurden ergänzende Labor-Tests zur Messung der Ergonomie der Mensch-System-Interaktion nach EN ISO 9241-9 Standard durchgeführt (vgl. Burkhard & Koch 2012b), um eine hohe Erkennungsrate durch die berührungsempfindliche Bedienoberfläche zu gewährleisten.

Den Abschluss der Evaluation bildeten zwei Feldtests in Spanien und Deutschland, bei denen jeweils zehn ältere Probanden für zwölf Tage zahlreiche Prüfreihen unter realen Bedingungen im Alltag durchführten. Während der Feldtests konnten die zehn Probanden mittels ihres individuell konfigurierten elisa Tablet-Computer selbstbestimmt mit ihrer Verwandtschaft und Freundeskreis interagieren, sich entlang persönlicher Interessen informieren, sowie sich zu gemeinsamen Aktivitäten in der näheren Umgebung verabreden.

Während in der ersten Woche täglich mehrere Aufgaben zu erfüllen waren, wurde die Ausgestaltung der zweiten Woche den Teilnehmern selbst überlassen. Zur Klärung der Erwartungen und Vergewisserung von Problematiken wurden die Teilnehmer sowohl vor als auch nach dem Feldtest interviewt. Im Verlauf der Feldtests kam zusätzlich das Tagebuchverfahren zur Anwendung, um die täglichen Eindrücke chronologisch festzuhalten.

4   Ideen für den Einsatz von Humor in elisa

Im Folgenden werden anknüpfend an ausgewählte Erkenntnisse aus der Evaluation Möglichkeiten zum Einsatz von Humor zur Verbesserung von elisa vorgestellt.

4.1   Erlernen der Anwendung

Trotz unserer Intention, die Benutzerschnittstelle an die Bedürfnisse und Fähigkeiten der älteren Nutzer anzupassen, zeigte der Feldtest, dass die Fertigkeiten im Umgang mit dem berührungsempfindlichen elisa Tablet-Computer zunächst erlernt werden mussten. Aufgrund ihrer Neugier konnte die Mehrheit der Probanden den Prototypen aber bereits nach wenigen Tagen vollständig bedienen. Bei einem von zehn Teilnehmern musste aber zunächst durch persönliche Anleitung die Bedienung des Prototypen erläutert werden.

Durch den Einsatz von Video-Tutorials wurden dem Nutzer zwar die Möglichkeiten der Interaktion näher gebracht, unser Lernansatz birgt jedoch viel Verbesserungspotential. Um den Umgang mit der Benutzerschnittstelle freudvoller zu erlernen, wäre ein humorvoller Anreiz vorstellbar, der sich an das Konzept der Unterhaltungssendung "Dingsda" anlehnt. Die zu erlernende Funktionsweise wird dabei auf spielerische und heitere Art und Weise durch Kinder im Kindergarten- oder Grundschulalter erklärt. Die Annahme dabei ist, dass ältere Menschen Freude am Anblick von Kindern haben und Kinder die Funktionalitäten einfach genug erklären, damit auch Menschen mit geringen (technischen) Vorkenntnissen die Konzepte verstehen und anwenden können.

Während sich bei Video-Tutorials die Interaktionsmöglichkeiten auf die Wiedergabe beschränken, wären die Lerneinheiten auch als interaktives Spiel realisierbar. Der Vorteil des interaktiven Spiels wäre, dass der ältere Nutzer die Bewegungsabläufe und das Reaktionsverhalten des Assistenzsystems trainieren kann. Ein häufig anzutreffendes Lernkonzept in Spielen ist dabei zunächst eine kurze Interaktionssequenz vorzuführen, die anschließend vom Anwender nachgespielt werden kann. Diese Lerneinheiten lassen sich zudem nutzenorientiert gestalten, indem der Nutzer eine bestehende Funktion des Systems in einem Testbereich (Sandbox-Umgebung) isoliert ausprobieren kann. Ein Beispiel dafür wäre sequentiell zu zeigen, wie eine Nachricht verfasst und gesendet werden kann, ohne dass die Nachricht tatsächlich zugestellt wird. Ob durch humorvolle Gestaltung ein besserer Lerneffekt erzielt werden kann ist in der Literatur umstritten (vgl. Oppliger 2003). Der spezielle Anwendungsfall, dass ältere Menschen den Umgang mit der Benutzerschnittelle auf humorvolle Art und Weise lernen, wäre hingegen zu untersuchen.

4.2   Steigerung Sozialer Aktivität

Im Projekt SI-Screen kam der Motivation zur Teilnahme an Aktivitäten besondere Bedeutung zu. Vor diesem Hintergrund wurden in nahezu allen Bereichen des elisa Prototypen Informationen zu Aktivitäten in der näheren Umgebung hinterlegt. Beispielsweise wurden abhängig von den eigenen Interessen und Kontext Veranstaltungshinweise angeboten oder zu einem Gesundheitsartikel zum Thema Diabetes Hinweise über Selbsthilfegruppen in der Nähe mit angezeigt. Wir setzen hierbei auf das Serendipitätsprinzip (Merton 1968), bei dem Nutzer auf Aktivitätsangebote zufällig aufmerksam werden, ohne ursprünglich danach zu suchen.

Die Resultate aus den Feldtests legen den Schluss nahe, dass das Anbieten von Informationen allein nicht ausreicht, solange die älteren Nutzer die Aktivitätsangebote nicht wahrnehmen. Um die Wirkung der Angebote zu verstärken bietet sich an, die angebotenen Inhalte zusammen mit einem spielerischen Konzept zu verknüpfen, um den Benutzer anzuregen an den Veranstaltungen und Treffen mit Gleichgesinnten teilzunehmen.

Eine Idee hierzu aus dem Gamification-Bereich (vgl. Koch & Ott 2012) ist die älteren Nutzer für ihre aktive Teilnahme an Veranstaltungen im realen Leben zu vergüten. Die Realisierung der Vergütung kann beispielsweise über ein Punktesystem erfolgen, bei dem ältere Anwender für jede Teilnahme Punkte erhalten. Für eine gewisse Anzahl von Punkten kann dann beispielsweise eine kostenlose Teilnahme an einer von elisa vorgeschlagenen Veranstaltung eingelöst werden, wie zum Beispiel eine Tanzstunde oder eine Nordic-Walking-Trainingseinheit. Das Gamification-Element einer einsehbaren Rangliste bietet zudem eine Vergleichbarkeit mit anderen (bekannten) elisa-Nutzern. Das Ziel der Rangliste ist es, sich auf spielerische Weise gegenseitig zur Teilnahme an sozialen Aktivitäten zu motivieren.

5   Fazit und Ausblick

Die Anwendung von Humor auf AAL-Unterstützungstechnologien befindet sich noch im Anfangsstadium. Insgesamt gesehen, bietet sich die Bereitstellung humorvoller Text- und Bildinhalte und eine durch Humor und Gamification-Elemente erreichte freudvolle Bedienung an, um Benutzerschnittstellen für ältere Menschen ansprechender zu gestalten. Dabei sollte „harmloser" Humor in Maßen eingesetzt und wiederholt Akzeptanz-Tests mit der Zielgruppe durchgeführt werden, um positive Effekte auf ältere Nutzer zu gewährleisten. Inwieweit die vorgestellten Konzepte das Erlernen des Umgangs mit der Benutzerschnittstelle fördern und eine Steigerung der sozialen Aktivität erwirken können, stellen wir zur Diskussion.

Danksagung

Dieser Beitrag steht im Zusammenhang mit dem Forschungsprojekt SI-Screen, das mit Mitteln des BMBF (FKZ 16SV3982), sowie durch das Europäische AAL Joint Programm (AAL-2009-2-088) gefördert wurde. Mehr Informationen unter www.si-screen.eu.

Literaturverzeichnis

Burkhard, M. & Koch, M. (2012). Social Interaction Screen. Making Social Networking Services Accessible for Elderly People. *i-com*, *11*(3), 3–7. doi:10.1524/icom.2012.0030

Burkhard, M. & Koch, M. (2012). Evaluating Touchscreen Interfaces of Tablet Computers for Elderly People. In Reiterer, H. & Deussen, O. (Hrsg.): *Workshopband Mensch & Computer 2012*. München: Oldenbourg Verlag, S. 53–59. http://dl.mensch-und-computer.de/handle/123456789/3007

Koch, M. & Ott, F. (2012). Gamification – Steigerung der Nutzungsmotivation durch Spielkonzepte. http://www.soziotech.org/gamification-steigerung-der-nutzungsmotivation-durch-spielkonzepte/ (Letzter Zugriff: 7.3.2013).

Merton, R. K. (1968). *Social Theory and Social Structure*. New York, NY, USA: Free Press.

Morkes, J., Kernal, H. K. & Nass, C. (1999). Effects of Humor in Task-Oriented Human-Computer Interaction and Computer-Mediated Communication: A Direct Test of SRCT Theory. *Human-Computer Interaction, 14*(4), 395–435. doi:10.1207/S15327051HCI1404_2

Oppliger, P. A. (2003). Humor and learning. In Bryant, J., Roskos-Ewoldsen, D. R., & Cantor, J. (Hrsg.): *Communication and emotion: Essays in honor of Dolf Zillman.* Routledge, S. 255–273.

Pruitt, J. & Grudin, J. (2003). Personas: practice and theory. *Proceedings of the 2003 conference on Designing for user experiences - DUX '03.* New York, New York, USA: ACM Press, S. 1–15. doi:10.1145/997078.997089

Rogers, W. A. & Fisk, A. D. (2010). Toward a Psychological Science of Advanced Technology Design for Older Adults. *The Journals of Gerontology Series B: Psychological Sciences and Social Sciences, 65B*(6), 645–653. doi:10.1093/geronb/gbq065

Kontaktinformationen

Martin Burkhard, Andrea Nutsi, Michael Koch
Universität der Bundeswehr München
Forschungsgruppe Kooperationssysteme
Werner-Heißenberg-Weg 39, D-85577 Neubiberg
E-Mail: {martin.burkhard, andrea.nutsi, michael.koch}@kooperationssysteme.de

S. Boll, S. Maaß & R. Malaka (Hrsg.): Workshopband Mensch & Computer 2013
München: Oldenbourg Verlag, 2013, S. 375–381

Spaß vergisst man nicht: Motivierung zur Demenzintervention

Anna Kötteritzsch, Cornelia Schmitz, Fritjof Lemân

FamilyVision, ein durch das Exist Gründerstipendium von BMWi und ESF gefördertes Projekt

Zusammenfassung

Spaß ist ein bedeutender Faktor zur Motivierung der Nutzung eines Systems. Gerade bei Anwendungsbereichen wie der Demenzintervention ist eine lang anhaltende Motivation für den nachweislichen Erfolg für den Erhalt der kognitiven und psychomotorischen Leistungsfähigkeit notwendig. Das in FamilyVision geplante Konzept eines angepassten Trainingsablaufs in einer Tabletanwendung basierend auf kleinen Spielen soll durch ein für die individuellen Fähigkeiten des Nutzers geeignetes Level an Forderung und den damit verbundenen Spaß am Spielen zur Motivierung von Aktivität in der eigenen Demenzintervention beitragen.

1 Einleitung

„Das macht Spaß!" ist eine Aussage, die für viele Entwickler als Erfolgsfaktor eines Systems gilt. Der Joy of Use, also der Spaß an der Nutzung, ist ein häufig erzieltes Konzept in der Entwicklung unterschiedlicher Systeme. Dieser geht einher mit einer emotionalen Aktivierung zwecks Steigerung der Motivation zur Nutzung von technologischen Entwicklungen (Hassenzahl et al. 2001). Für die Gruppe älterer Nutzer ist der Joy of Use von umso größerer Bedeutung, da diese sich durch eine niedrige Technologie-Akzeptanz und große Barrieren bei dem Herantreten an für sie neue Entwicklungen kennzeichnet (Renaud & Van Bijion 2008; Phillips & Sternthal 1977). Macht die Nutzung eines Systems keinen Spaß (z.B. aufgrund einer ungeeigneten Bedienung, einem wenig ansprechenden Design, oder, weil die Nutzung langweilig ist), wird es von der Zielgruppe abgelehnt. Spaß ist im Leben eine Quelle der Motivation und wirkt sich positiv auf die wahrgenommene Psyche und Physis aus (Emmons 1991; Tessler & Mechanic 1978). Als emotions-basiertes Konstrukt funktioniert Spaß auch im Alter und ist unabhängig von der physischen und kognitiven Konstitution und ist somit eine wichtige Größe bei der Konzeption und Entwicklung von digitalen Anwendungen für ältere Nutzer.

Da zudem im zunehmenden Alter die Mobilität abnimmt, die Familienstrukturen heute aber weitgehend dezentral sind, vereinsamen Menschen im Alter und Altersdepressionen nehmen zu. Diese fehlenden oder als unbefriedigend erlebten sozialen Kontakte bergen ein höheres

Demenzrisiko, da die soziale Isolation mit einem Mangel an emotionaler Aktivierung einhergeht (Fratiglioni et al. 2000).

Um Menschen im fortgeschrittenen Alter zu erreichen, die bereits unter einer beginnenden Beeinträchtigung ihrer kognitiven Fähigkeiten leiden zu erreichen, setzt FamilyVision bei der Konzeption von technischen Entwicklungen zur Unterstützung der Demenzintervention auf Gamification und Spiel-basierte Interaktion (Deterding et al. 2011). Dieser Einsatz von Spielen und spielerischen Elementen zur Motivierung wird in einem ganzheitlichen Ansatz von Applikationen zur Unterstützung der sozialen Anbindung älterer Menschen in Verbindung mit psychomotorischem Training zur Steigerung des Joy of Use genutzt. Im Folgenden werden mögliche Maßnahmen zur Demenzprävention anhand verschiedener leichter kognitiver Beeinträchtigungen systematisiert und darauf aufbauend das Konzept und die Planung von FamilyVision für eine Applikation mit angepasstem Trainingsablauf zur Unterstützung der Demenzintervention erläutert.

2   Spaß trotz leichter kognitiver Beeinträchtigung

Neurodegenerative Hirnveränderungen, wie die Alzheimer Demenz, werden im Zuge des demographischen Wandels zunehmend viele Menschen betreffen. So leiden im Alter über 85 bereits 50% der Bevölkerung an messbaren kognitiven Störungen (Förstl & Kleinschmidt 2010). Bereits die Symptome einer beginnenden Demenz, wie Konzentrationsstörungen und schnelle Erschöpfbarkeit, ein Gefühl der Überforderung, Depressivität, Verlust von Antrieb und Interessen sowie diffuse Ängste (Freund 2010), bedeuten große Einschränkungen in der Autonomie und Lebensqualität vieler Betroffener. Mit konkreten Maßnahmen zur Ansprache der Risikofaktoren einer späteren dementiellen Erkrankung, zu denen Defizite in den kognitiven Leistungen sowie kognitive und körperliche Inaktivität gehören (Verghese 2012), kann diesen Einschränkungen entgegen gewirkt werden.

Kognitives und psychomotorisches Training sowie soziale Kontakte erhöhen die Chance, den Eintritt einer leichten kognitiven Beeinträchtigung oder Demenzerkrankung zu verschieben oder den Krankheitsfortschritt zu verlangsamen (Laske et al. 2005). Studien zeigen zudem, dass soziale Integration und Selbständigkeit im Alter die Lebensfreude von Senioren erhalten (Holt-Lunstadt et al. 2010; Woll et al. 2003). Demnach tragen frühzeitig eingesetzte emotional, kognitiv und psychomotorisch aktivierende Maßnahmen zum Erhalt eines langen, autonomen Lebens bei. Derartige Konzepte lassen sich sowohl in der Therapie leichter kognitiver Beeinträchtigungen und demenziellen Erkrankungen als auch in der Entwicklung von technischen Hilfsmitteln für die Zielgruppe finden.

2.1   Emotionale Aktivierung in Therapie und Technik

Die Aktivierung unter der Ansprache positiver Emotionen gehört zur gängigen Praxis in der Behandlung von Patienten mit Demenz oder leichten kognitiven Beeinträchtigungen. Eingesetzt in Trainings zur Verbesserung der Gedächtnisleistung älterer Menschen kann dies das Wohlbefinden und die Selbständigkeit von Senioren deutlich erhöhen (Aarsland et al. 2010). Neben leichten psychomotorischen und kognitiv stimulierenden Übungen, sind bewährte therapeutische Ansätze beispielsweise Biographiearbeit, Erinnerungstherapie oder Geräusch-Memory (Stevens & Killeen 2006; Kawashima et al. 2005), sowie eine spielerische Aktivierung in der Ergo-Therapie. Auch das Konzept des Snoezelen, also das direkte Auslösen von

Wohlbefinden spielt in der Behandlung von Demenz eine zunehmend große Rolle (Freund 2010). Derartige therapeutische Maßnahmen sind jedoch nur für die Personen relevant, die sich aufgrund akuter Beschwerden in einer Tagesklinik oder in medizinischer Behandlung befinden und für pflegebedürftige Personen. Dabei ist mit einer steigenden Belastung des Personals unter dem großen Betreuungsbedarf im Zuge des demographischen Wandels die Unterstützung des Einzelnen zum Teil eingeschränkt (Hoppe 2011).

2.2 Technologische Konzepte der Intervention

Viele technische Ansätze zur Nutzung in der eigenen Wohnumgebung sollen Spaß und Freude an der Nutzung mit leichtem kognitivem Training verknüpfen. Darunter fallen auch Applikationen für Tablets, welche unterschiedliche Fähigkeiten von logischem Denken bis hin zu physischer Aktivität fördern sollen. Derartige technische Innovationen sind für ältere Menschen durch hohe Nutzungsbarrieren neuer Technologien oder Schwierigkeiten mit der Benutzeroberfläche häufig nicht zugänglich (Czaja et al. 2006). So zeigen sich beispielsweise bei der Interaktion mit Touchscreen-Oberflächen durch ältere Personen Unterschiede in der Akzeptanz von Technologien in Zusammenhang mit unterschiedlicher Präzision (Burkhardt & Koch 2012).

Der Bereich des Ambient Assisted Living erzielt die Entwicklung für die Zielgruppe älterer Nutzer geeigneter technischer Innovationen zur Erhaltung eines selbstbestimmten Lebens (Georgieff 2008). In diesem Rahmen lassen sich auch spaßbasierte technologische Konzepte zur emotionalen Aktivierung von Senioren finden. So wird etwa eine weiße Plüschrobbe in Altenheimen eingesetzt. Dabei handelt es sich um einen Roboter, der eine Babyrobbe simuliert und auf sensomotorische Einflüsse reagiert (Wada et al. 2008). Auch Serious Games für ältere Nutzer werden entwickelt, um eine emotional ansprechende und motivierende Unterstützung verschiedener Fähigkeiten zu erreichen (Klauser et al. 2012). Bei einer im Demenz-Interventionstraining relevanten heterogenen Nutzergruppe ist jedoch eine Ausrichtung des Trainings an die individuelle Leistungsfähigkeit notwendig, um die Motivation zur Nutzung herzustellen und eine Frustration beispielsweise durch zu hohe Anforderungen zu vermeiden (Malone 1981) und somit nicht verstärkend auf die Symptome der Demenz zu wirken (z.B. ein Gefühl der Überforderung).

3 FamilyVision

Das Vorhaben *FamilyVision* verfolgt einen ganzheitlichen Interventionsansatz im Rahmen von Tablet Anwendungen, in welchen unterschiedliche Risikofaktoren der dementiellen Erkrankung angesprochen werden. Die geplanten Module, die auf dem Tablet in einem Gesamtsystem dargestellt werden sollen, umfassen Videokommunikation zur Vermeidung sozialer Isolation, eine Alltagsunterstützung mit Trink- und Esserinnerungen sowie eine integrierte Biographiearbeit, die Einbindung von Services zur Vernetzung und Information und eine Trainingsanwendung für die kognitive Stimulation. Während eine ansprechende Gestaltung des Gesamtsystems den Joy of Use steigern soll, wird insbesondere innerhalb des Trainingsmoduls Spaß als grundlegender Faktor zur Motivierung angesehen.

3.1 Konzept einer Spaß-basierten Intervention

Das geplante FamilyVision Demenzinterventionstraining besteht aus kognitiven und psychomotorischen Übungen und Spielen zur Steigerung und zum Erhalt der kognitiven Leistungsfähigkeit sowie der Reservekapazität des Gehirns (vgl. z.B. Avila 2004; Rolland 2012). Dieses erzielt die Unterstützung des regelmäßigen Trainings für Nutzer außerhalb einer betreuten Therapie mittels eines geführten Trainings auf dem Tablet. Eine breite Variation an kurzen Übungen auf dem Tablet soll eine heterogene Nutzergruppe ansprechen, indem sowohl die Interessen als auch die Fähigkeiten des individuellen Nutzers für einen Trainingsablauf angepasst werden. Durch eine dynamische Adaption der Schwierigkeit und Auswahl der für einen Ablauf hinterlegten Übungen kann verhindert werden, dass der Nutzer über- oder unterfordert wird. Somit werden sowohl die Symptome demenzieller Erkrankungen gezielt angesprochen, aber auch kognitiv nicht beeinträchtigte Nutzer gefordert.

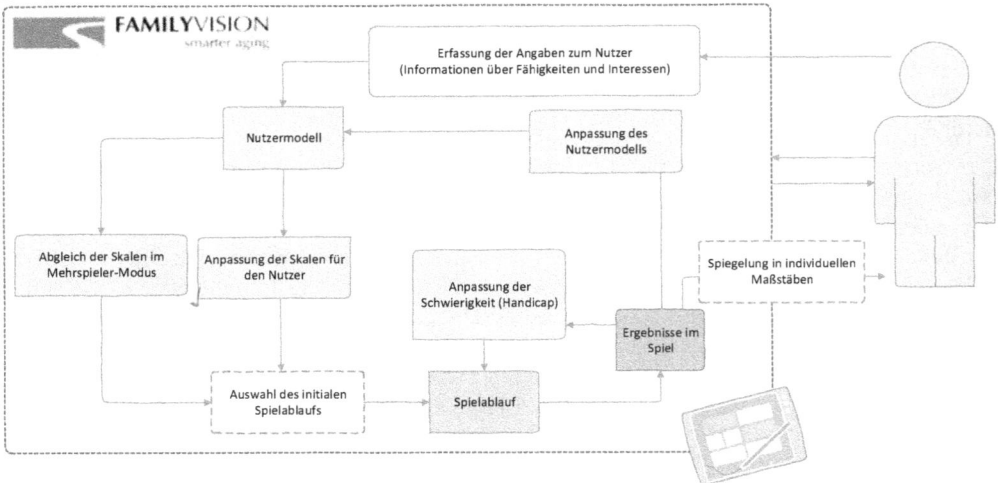

Abbildung 1: Adaptionsverfahren im Demenzinterventionstraining von FamilyVision

Dazu werden zunächst gängige Assessments für leichte kognitive Beeinträchtigungen, wie der Mini Mental State Test (Folstein et al. 1975) genutzt, um die Fähigkeiten eines Nutzers zu erfassen. Auf Grundlage weiterer Angaben, wie den Präferenzen des Nutzers, die entweder durch den Nutzer selbst, oder durch eine Vertrauensperson über eine Web-Schnittstelle eingegeben werden können, werden die Parameter der Skalen zur initialen Auswahl von Übungen angepasst. Zudem wird während des Spiels eine Adaption der Schwierigkeit anhand der Ergebnisse der einzelnen Übungen vorgenommen (siehe Abbildung 1). Zudem wird dem Nutzer die optionale Eingabe der aktuellen Gefühlslage ermöglicht. Der Ablauf bezieht also sowohl den langfristigen als auch den aktuellen physischen und kognitiven Zustand des Nutzers ein. So kann das spielerische Training bereits zum Zeitpunkt keiner Kognitionsbeeinträchtigungen über leichte kognitive Einschränkungen bis hin zur beginnenden Demenz eingesetzt werden. Zudem soll ein Gamification Ansatz mittels einer geeigneten Spiegelung von Ergebnissen und dem Einsatz von Trophäen die Motivierung über einen langen Zeitraum unterstützen.

Eine weitere Herausforderung ergibt sich in der Anwendung im Mehrspieler Modus. Dafür soll das System die individuelle Leistungsfähigkeit beider Spieler ermitteln sowie die hinterlegten Informationen zu den Interessen des Spielers berücksichtigen, um für beide Nutzer geeignete Spiele zu identifizieren und während des Spielens die Handicaps der Spieler anzupassen. Dabei werden die erzielten Punkte und Trophäen so gewählt, dass sie die Fähigkeiten und Erfolge des Einzelnen berücksichtigen.

3.2 Entwicklung und Evaluation

Das Demenzinterventionstraining wird zunächst als individuelle Applikation für Android basierte Tablets entwickelt. Im Verlauf der weiteren Entwicklung werden die zusätzlichen geplanten Module zugeschaltet. Innerhalb von FamilyVision wird durch iterative Entwicklung und Evaluation ein für den Nutzer geeignetes Ergebnis erzielt. In Kooperation mit der Tagesklinik des Marienhospitals in Köln werden einzelne Bestandteile unseres Konzepts evaluiert. Dazu werden diese prototypisch umgesetzt und anschließend anhand der Ergebnisse aus der Evaluation angepasst. Für die Evaluationsschritte werden sowohl die subjektive Einschätzung des Nutzers und die Beobachtungen der Testleiter, als auch standardisierte Fragebögen zum Joy of Use und verwandten Maßgrößen verwendet. Tabelle 1 fasst den groben Ablauf der Entwicklungs- und Evaluationsschritte zur Validierung des FamilyVision Konzepts zusammen.

Entwicklung	Evaluation
Identifikation geeigneter Assessment Verfahren	Expertendiskussion mit medizinischem Fachpersonal
Identifikation für die Zielgruppe geeigneter vorhandener Applikationen	(Formative) Nutzertest der Applikationen mit Zielgruppe
Übertragung der Assessments, Zusammenstellung eines Übungsablaufs unter Nutzung vorhandener Applikationen	Diskussion mit medizinischem Fachpersonal, formative Nutzertests
Erstellung eines Nutzermodells anhand der Assessments	Überprüfung innerhalb des Systemverhaltens
Erste Lösungsansätze für eigene Spiele und Übungen	Informelle Nutzerdiskussion, Befragung von Experten im Bereich Spieleentwicklung
Zusammenstellung eines ersten Ablaufs mit Ergebnissen, Maßstäbe zur Bewertung	Empirische Studie zur Ermittlung von Problemen und Schwachstellen
Prototyp von Erfassung bis hin zum angepassten Übungsablauf	Summative Evaluation zur Erfassung der Effektivität

Tabelle 1: Grobe Übersicht der Entwicklungs- und Evaluationsschritte

Im Trainingskonzept werden spielerische Elemente gezielt zur Motivierung der Nutzer eingesetzt. Bei der Zusammenstellung der Übungen und Spiele, die in den Ablauf integriert werden können, werden dazu aktuell bestehende Konzepte anhand ihrer Eignung und Beliebtheit auf dem Markt analysiert, mit der Zielgruppe getestet, angepasst und in einem für die Zielgruppe passenden Rahmen zusammengestellt. Sowohl Ansätze spielerischer Interaktion als auch Interaktionsrichtlinien für ältere Nutzer (Fisk et al. 2009) finden in dem Demenzinterventionstraining ihren Einsatz. Durch eine darauf aufbauende Skalierung von Voraussetzungen zur Anpassung, Einstufung von Ebenen der Anpassung und die Zuordnung dieser wird ein Algorithmus zur Adaption des Trainingsablaufs sowie ein initialer Satz an Spielen zur Demenzintervention entwickelt. Der dadurch entstandene Trainingsablauf soll durch spielerische Interaktion mit einer für die Anforderungen des Nutzers ausgelegten

Komplexität einen Beitrag zur Demenzintervention leisten und dem Nutzer ein „Das macht Spaß" entlocken.

Literaturverzeichnis

Aarsland, D., Sardahaee, F. S., Anderssen, S., Ballard, C., & the Alzheimer's Society Systematic Review group. (2010). Is physical activity a potential preventive factor for vascular dementia? A systematic review. *Aging & mental health*, 14(4), 386-395.

Avila, R., Bottino, C. M. C., Carvalho, I. A. M., Santos, C. B., Seral, C., & Miotto, E. C. (2004). Neuropsychological rehabilitation of memory deficits and activities of daily living in patients with Alzheimer's disease: a pilot study. *Braz J of Med Biol Res*, 37(11), 1721-1729.

Burkhard, M., & Koch, M. (2012). Evaluating Touchscreen Interfaces of Tablet Computers for Elderly People. *Mensch & Computer 2012–Workshopband: interaktiv informiert–allgegenwärtig und allumfassend!?*.

Czaja, S. J., Charness, N., Fisk, A. D., Hertzog, C., Nair, S. N., Rogers, W. A., & Sharit, J. (2006). Factors predicting the use of technology: Findings from the Center for Research and Education on Aging and Technology Enhancement (CREATE). *Psychology and aging*, 21(2), 333.

Deterding, S., Dixon, D., Khaled, R., & Nacke, L. (2011, September). From game design elements to gamefulness: defining gamification. In *Proceedings of the 15th International Academic MindTrek Conference* (S. 9-15). ACM.

Emmons, R. A. (1991). Personal Strivings, Daily Life Events, and Psychological and Physical Well-Being. *Journal of personality*, 59(3), 453-472.

Fisk, A. D., Rogers, W. A., Charness, N., Czaja, S. J., & Sharit, J. (2009). *Designing for older adults: Principles and creative human factors approaches*. CRC press.

Folstein, M. F., Folstein, S. E., & McHugh, P. R. (1975). *Mini-Mental State: a practical method for grading the cognitive state of patients for the clinician*. Pergamon Press.

Förstl, H, & Kleinschmidt, C. (2011). *Demenz. Diagnose und Therapie: MCI, Alzheimer, Lewy-Lörperchen, Frontotemporal, Vaskulär u.a.*. Stuttgard: Schattauer.

Fratiglioni L, Launer L J, Andersen K et al. (2000). Incidence of dementia and major subtypes in Europe: A collaborative study of population-based cohorts. *Neurology*, 54 (11 Suppl. 5): 10–15

Freund, H. (2010). *Geriatrisches Assessment und Testverfahren. Grundbegriffe – Anleitungen – Behandlungspfade*. Stuttgart: Kohlhammer.

Georgieff, P. (2008). *Ambient Assisted Living: Marktpotenziale IT-unterstützter Pflege für ein selbstbestimmtes Altern*. MFG-Stiftung Baden-Württemberg.

Hassenzahl, M., Beu, A., & Burmester, M. (2001). Engineering joy. *Software, IEEE*, 18(1), 70-76.

Holt-Lunstad, J., Smith, T. B., & Layton, J. B. (2010). Social relationships and mortality risk: a meta-analytic review. *PLoS Medicine*, 7(7), e1000316.

Kawashima, R., Okita, K., Yamazaki, R., Tajima, N., Yoshida, H., Taira, M., Iwata, K., Sasaki, T., Maeyama, K.; Usui,N. & Sugimoto, K. (2005). Reading aloud and arithmetic calculation improve frontal function of people with dementia. *J Gerontol A Biol Sci Med Sci*, 60(3), 380-384.

Klauser, M., Kötteritzsch, A., Niesenhaus, J., & Budweg, S. (2012). Analysis and Classification of Serious Games for Elderly. *Mensch & Computer 2012: interaktiv informiert–allgegenwärtig und allumfassend!?*.

Laske, C., Morawetz, C., Buchkremer, G., & Wormstall, H. (2005). Präventive Maßnahmen bei demenziellen Erkrankungen. *Deutsches Ärzteblatt*, 102, 1210-1216.

Malone, T. W. (1981). Toward a theory of intrinsically motivating instruction. *Cognitive science*, 5(4), 333-369.

Phillips, L. W., & Sternthal, B. (1977). Age differences in information processing: a perspective on the aged consumer. *Journal of Marketing Research*, 444-457.

Renaud, K., & Van Biljon, J. (2008, October). Predicting technology acceptance and adoption by the elderly: a qualitative study. In *Proceedings of the 2008 annual research conference of the SA-ICSIT* (S. 210-219). ACM.

Rolland, Y. (2012). Exercise and Dementia. *Pathy's Principles and Practice of Geriatric Medicine*, Volume 1 & 2, Fifth Edition, 911-921.

Stevens J, Killeen M. A (2006). Randomised controlled trial testing the impact of exercise on cognitive symptoms and disability of residents with dementia. *Contemp Nurse*, 21, 32–40.

Tessler, R., & Mechanic, D. (1978). Psychological distress and perceived health status. *Journal of Health and Social Behavior*, 254-262.

Verghese, J. (2010). Mental Stimulation and Dementia. *Pathy's Principles and Practice of Geriatric Medicine*, Volume 1 & 2, Fifth Edition, 903-909.

Wada, K., Shibata, T., Musha, T., & Kimura, S. (2008). Robot therapy for elders affected by dementia. *Eng Med Biol Mag, IEEE*, 27(4), 53-60.

Woll, A., et al. (2003). Aktivität und Gesundheit im Erwachsenenalter in K. Eisfeld et al. (Hrsg.) (2003). *Gesund und Bewegt ins Alter*. Butzbach-Griedel: Afra Verlag. 38-57.

Kontaktinformationen

Anna Kötteritzsch | E-Mail: anna.koetteritzsch@familyvision.de

FamilyVision ist ein durch das Exist Gründerstipendium von BMWi und ESF gefördertes Projekt. Es besteht eine enge Kooperation mit der Forschungsgruppe Kooperationssysteme an der Universität der Bundeswehr München unter der Leitung von Prof. Dr. Michael Koch sowie der Abteilung für Geriatrie am St. Marien-Hospital in Köln unter der Leitung von Prof. Dr. Ralf-Joachim Schulz.

S. Boll, S. Maaß & R. Malaka (Hrsg.): Workshopband Mensch & Computer 2013
München: Oldenbourg Verlag, 2013, S. 383–389

Virtual Living – AAL-Lösungen spielend im Alltag verstehen

Michael Ksoll[1], Michael Prilla[1], Thomas Herrmann[1], Asarnusch Rashid[2],
Tom Zentek[2], Martin Strehler[3]

Lehrstuhl Informations- und Technikmanagement, Ruhr Universität Bochum[1]
FZI Forschungszentrum Informatik[2]
Innovationsmanufaktur GmbH[3]

Zusammenfassung

„Virtual Living" verfolgt ein ganzeinheitliches multimodales Konzept zur Visualisierung und Simulation von AAL-Lösungen mit Hilfe von Augmented Reality Brillen und einem Baukasten-Ansatz. Ziel ist
es, Menschen in ihren gewohnten Lebensumfeldern und in Beratungsstellen den Einsatz von AAL-
Lösungen in der Praxis anschaulich erfahrbar zu machen und Erkenntnisse direkt in die Entwicklung
derartiger Lösungen einfließen zu lassen. Methodisch verbindet der Ansatz partizipative Technikgestal-
tung mit Meta-Design.

1   Einleitung

Ziel von Ambient Assisted Living (AAL) ist, die Lebensqualität für Menschen in allen Le-
bensabschnitten, besonders im Alter, zu erhöhen, indem neue Technologien und Dienstleistungen zu ihrer Unterstützung entwickelt und in soziale Umfelder integriert werden. Idealerweise lassen sich derartige Lösungen auf „ambiente" Art und Weise in die Lebensumgebung
bzw. in Alltagsgegenstände integrieren, d.h. sie werden kaum von Nutzern wahrgenommen.
Hierfür werden neben anderen Bereichen immer wieder auch Herangehensweisen partizipativer Technik- und Dienstleistungsentwicklung diskutiert, in denen ältere Menschen, ihr
Umfeld und auch Dienstleister direkt einbezogen werden (Compagna et al. 2010; Menschner
et al. 2011; Prilla et al. 2012; Prilla & Herrmann 2012).

Allerdings sehen sich Forscher wie Dienstleister derartiger Lösungen gleichermaßen wieder-
kehrend mit zwei zentralen Problemfeldern konfrontiert. Zum einen mangelt es an der Ver-
mittelbarkeit und Akzeptanz von AAL Systemen: Diese sind häufig bei ihren Zielgruppen
(ältere Menschen und Dienstleister) kaum bekannt oder mit Vorurteilen belegt (Prilla und
Rascher 2012). Zudem zeigt sich, dass aus es aufwändig ist, AAL-Technologien und -
Dienstleistungen ortsnah so bereitzuhalten (bspw. in Ausstellungen oder Laboren), dass sie
für Menschen als in den Alltag integriert wahrzunehmen sind. Dies ist jedoch notwendig, um
einerseits den Nutzen und die Nutzung derartiger Systeme zu vermitteln und bei den Nutzern
Vertrauen bzgl. Stabilität, Datenschutz und Datensicherheit gegenüber diesen Technologien

aufzubauen sowie andererseits potentielle Nutzer davon zu überzeugen, dass AAL-Technologien darauf ausgelegt sind, dass ihr privates Lebensumfeld nicht zu sehr eingeschränkt wird und ihre Autonomie gewahrt bleibt. Zum anderen fehlt es oft an der Vergleichbarkeit möglicher AAL Technologien. Zwar ermöglichen es Forschungsprojekte, die z.B. mit Living Labs zusammenarbeiten, bereits heutzutage bestimmte AAL Lösungen selbst zu erfahren, jedoch meist nur in einem sehr geringen Umfang. Dies ist dem Umstand geschuldet, dass für die Installation und Aktualisierung entsprechender AAL-Maßnahmen in der Regel ein hoher Aufwand betrieben werden muss, so dass es sich vor allem nicht rentiert, Systeme mit gleichem Einsatzzweck in der Praxis miteinander zu vergleichen.

In diesem Beitrag vertreten wir die Ansicht, dass eine aktive Auseinandersetzung mit Technologien und Dienstleistungen aus dem Bereich AAL hilft, Barrieren der Nutzung abzubauen und eine bedarfsgerechte Auswahl altersunterstützender Technologien vorzunehmen. Eine solche Auseinandersetzung muss AAL erfahrbar machen, damit ältere Menschen, ihr Umfeld und Dienstleister den Nutzen wahrnehmen können. Mit dem „Virtual Living" Konzept schlagen wir einen Ansatz hierzu vor, der Menschen auf spielerische Weise den Zugang zu AAL ermöglicht. Kernaspekte des Konzepts aus methodischer Sicht sind partizipative Gestaltung von AAL-Technologien (Prilla und Herrmann 2012) und Meta-Design (Fischer und Herrmann 2011) alltäglicher Unterstützung durch diese.

2   Zielsetzung

Mit „Virtual Living" sollen Menschen sowohl in ihren gewohnten Lebensumfeldern als auch in Beratungsstellen den Einsatz von AAL-Lösungen in der Praxis anschaulich erfahren können. Benutzer von AAL-Lösungen sollen stärker in ihre Entwicklung und Konfiguration eingebunden werden, auch um eine direkte Rückmeldung beim Testen zyklisch in die Verbesserung und Optimierung dieser Systeme einzubinden. Unter Benutzern werden somit hierbei jedoch nicht ausschließlich ältere Menschen und ihr Umfeld (Verwandte, Nachbarn usw.) verstanden, sondern auch Dienstleister innerhalb dieses Bereiches subsumiert, wie z.B. Ärzte, Pflegekräfte, Wohnwirtschaft, Handwerker, etc., welche die zu veranschaulichenden AAL-Lösungen ebenfalls testen und durch ihre Expertise dazu beitragen können, diese in die alltägliche Arbeitspraxis zu integrieren. Dabei sollen sich nach Möglichkeit diverse Vorteile für alle Stakeholder ergeben, die exemplarisch im Folgenden aufgelistet werden:

Vorteile für die Gesellschaft:	Vorteile für Pflege- und Wohnwirtschaft:	Vorteile für AAL-Systemanbieter:
- Verbreitung der AAL-Technologien zur höheren Sicherheit und Lebensqualität - Entlastung der Pflegekassen durch interaktive Vermittlung von AAL-Technologien und damit verknüpfte ambulante Dienstleistungen	- Innovative und günstige Form zur Vermittlung von AAL-Technologien - Bessere Planbarkeit des Einsatzes von AAL-Technologien	- Höhere Verkaufschancen durch bessere Vermittlung und neue Vertriebskanäle über Beratungsstellen - Bessere AAL-Technologien durch Nutzerrückmeldungen und frühe Nutzereinbindung

3   Idee und Konzeptdesign

„Virtual Living" ist ein ganzeinheitliches multimodales Konzept zur Visualisierung und Simulation von AAL-Lösungen, das im Kern aus zwei Hauptkomponenten besteht:

SMART GLASSES: Mit Augmented Reality-Brillen wie den derzeit häufig diskutierten „Google Glasses"[1] sollen Menschen den Einsatz von AAL-Technologien virtuell erfahren und zudem mit ihnen interagieren können, sofern ihr Sehvermögen diesbezüglich nicht stark eingeschränkt ist. Mit Hilfe von Simulationsmodulen sollen sich AAL-Lösungen virtuell installieren lassen und daraufhin deren Benutzung interaktiv (gemäß aktuellen Datenschutzrichtlinien) im direkten Lebensumfeld, wie z.B. in der eigenen Wohnung oder im Wohnheim, virtuell erlebbar gemacht werden. Dies ermöglicht es, angepasst an (Lebens-) Umgebungen, AAL-Maßnahmen benutzerspezifisch anzubieten, bspw. erhält der Nutzer einen Einblick wie z.B. spezielle Rauchmelder oder Klimaanlagen in seinem Umfeld hineinpassen und funktionieren könnten. Zudem kann ein Nutzer mit Technologien interagieren, indem bspw. virtuell eine Gefahrensituation ausgelöst wird und über die Smart Glasses das Verhalten besagter Systeme simuliert wird oder sich mit Hilfe von zusätzlichen Geräten in Kombinationen mit Spielekonsolen oder eigens dafür konzipierten Set-Top-Boxen sportlich oder spielerisch betätigt (Abb. 1). Aufgrund der Vielfalt von Möglichkeiten in der heutigen Spieleindustrie könnte davon ausgegangen werden, dass durch derartige technische Realisierungen gezielt Produkte entwickelt werden könnten, die darauf fokussiert sind, Spaß und, je nach Umsetzung, auch Humor in Form von (virtuellen) digitalen Spielen oder ähnlichen Anwendungen zu fördern. Derartige Konzepte würden Nutzern im Idealfall die Kaufentscheidung erleichtern, da kein oder lediglich ein minimaler physischer Eingriff durch Technik in die persönliche Lebensumgebung des Nutzers vonnöten wäre. Zudem können mehrere Smart Glasses simultan genutzt werden, um gemeinsam Technik zu erfahren: In der Praxis sind an der Auswahl von AAL-Technologien (vor allem in der Kombination Endkunde und Dienstleister) meist mehrere Menschen beteiligt, bspw. ältere Menschen und ihre Angehörigen. Über spezielle Entwicklungsumgebungen können AAL-Technologieanbieter und Unternehmen aus Pflege- und Wohnwirtschaft entsprechende Plugins selbst entwickeln, die ihre Produkte und Dienstleistungen simulieren.

Abbildung 1: Eine Nutzerin testet ein mit Smart-Glasses kombiniertes Sportgerät im eigenen Lebensumfeld

Für Technikentwickler, aber auch für potentielle Nutzer, erleichtert dieser Ansatz das Testen, Weiterentwickeln und Sammeln von Erfahrungen bezogen auf die mit den Smart Glasses simulierten Lösungen. Durch die Flexibilität des Systems können AAL-Technologien in den

---

[1] http://www.google.com/glass/start/

jeweils vorliegenden Versionen getestet, variiert und gegenübergestellt werden; und dies an jedem beliebigen Ort, was zusammengenommen eine drastische Verringerung von Produktionskosten nach sich ziehen würde, da zunächst keine physische Geräte entwickelt werden müssten, bzw. Prototypen aufgrund der Erfahrungen agil angepasst werden könnten. Für den Nutzer ergibt sich insbesondere dadurch ein Mehrwert, dass er sich zum einen im Bereich der AAL-Technologien kostenminimal beraten lassen kann, vor allem in Bezug auf die Frage ob und wie ihm diese Technik im Alltag überhaupt helfen kann, und zudem für ihn in Frage kommende AA-Maßnahmen virtuell ausprobiert und einander gegenübergestellt werden können, ohne dass dabei für ihn zusätzliche Kosten entstehen würden. Diese Vorteile können auch dazu beitragen, die im Kontext von AAL häufig beschriebene Kluft zwischen Entwicklung von Technik und realen Bedarfen zu verringern, da sie Nutzer und Entwickler zusammenbringt.

AAL Baukasten: Als Ergänzung der Simulation über die Smart Glasses soll ein elektronischer, zusammensteckbarer Baukasten zur plastischen Darstellung von AAL-Technologien in Form eines Tablet-Tisches dienen. Dieser soll vorranging technik-skeptischen Menschen spielerisch den Einstieg in das Themengebiet ermöglichen. Dabei können Nutzer, ähnlich dem virtuellen Modulkonzept, verschiedene AAL-Module auf der Tablet frei und ungezwungen zusammensetzen und durch Abspielen von Videoaufnahmen einen visuellen Eindruck über deren Funktionsweise erhalten. Ein derartiges Konzept könnte z.B. in Wohnberatungsstellen oder Pflegestützpunkten umgesetzt und von geschultem Personal begleitet werden. Entsprechende Fachkräfte könnten auf das individuelle Profil eines Nutzers passende AAL-Lösungen virtuell zur Verfügung stellen und ihm dann die Möglichkeit geben, sich die optimalen Maßnahmen zusammenzustecken. Der Spaßfaktor würde hierbei folglich durch die kreative Freiheit des Nutzers gefördert werden. Diese Vorgehensweise soll vor allem Personen helfen, die sich zunächst nicht (nur) auf innovative Technologien wie Smart Glasses einlassen bzw. verlassen wollen, und einfach (be-)greifbare Lösungen präferieren, um die Grundprinzipen von AAL-Lösungen zu verstehen.

Abbildung 2 zeigt, wie das gesamt Konzept von „Virtual Living" aufgebaut ist. Auf Basis der Smart Glasses in Verbindung mit dem modularen elektronischen Baukasten sollen im Virtual Living Projekt intergenerationale „Collaboratories" im Sinne des Meta-Designs nach Fischer & Herrmann (2011) entstehen. Diese sollen sowohl älteren Menschen als auch den mit ihnen (sozial) verbundenen Beteiligten (Familie, Verwandte, Freunde, Pfleger, Dienstleister, Ärzte, etc.) jeglichen Alters die Möglichkeit bieten, gemeinsam für den jeweiligen notwendigen Bedarf individuell einzelne oder sogar mehrere AAL-Maßnahmen zu kombinieren und über die besagten Technologien virtuell per Smart Glasses oder elektronischem Baukasten vor Ort gemeinsam auszuprobieren. Durch die Kollaboration der verschiedenen Stakeholder innerhalb dieses Umfeldes kann zum einen Technikverständnis und – kompetenz im Bereich AAL individuell angepasst, aufgebaut und kontinuierlich erweitert werden.

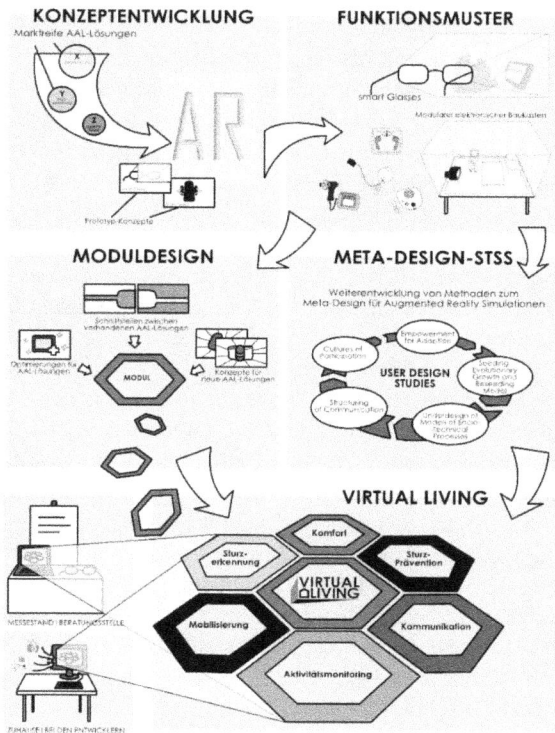

Abbildung 2: Schematischer Überblick über die Funktionsweise des Virtual Living Projektes

Zum anderen können Hersteller und Dienstleister mit den entsprechenden Zielgruppen neueste Technologien und Konzepte direkt in Entwicklungsprozesse (basierend auf Interviews oder anonymen Erhebungen) einfließen lassen und als sozio-technisches System mit deren Bedürfnissen in Einklang bringen und somit für nachhaltige Anpassbarkeit von Funktionsmustern und vor-geschlagenen Lösungen sorgen.

Primäre Zielgruppe stellen dabei sowohl ältere als auch jüngere Menschen dar, die mit Hilfe von AAL-Technologien in verschiedenen Bereichen ihrer Lebensumgebung wie z.B. Sicherheit, Kommunikation oder Gesundheit unterstützt werden können. Für sie stehen Funktionsweise und Nutzen derartiger Techno-logien im Vordergrund. Die sekundäre Zielgruppe bilden im Virtual Living Projekt die Dienst-leister. Für sie spielen Testszenarien, Mitarbeiterschulungen für neue Dienstleistungskonzepte sowie die Kombination verschiedener AAL - Lösungen eine vorrangige Rolle. Die tertiäre Zielgruppe sind Forscher, die AAL-Maßnahmen entwickeln und auf kostengünstige Evaluations-umgebungen angewiesen sind.

4   Ausblick

Virtual Living soll als technisches Bindeglied zwischen Entwicklern von AAL-Maßnahmen sowohl aus Forschung und Industrie und den daran interessierten Nutzern dienen. Während neu entwickelte AAL-Lösungen seitens der Entwickler kostenminimal und schnell in dem zuvor beschriebenen Konzept virtuell umgesetzt werden können, können potentielle Nutzer sich mit den besagte Technologien vertraut machen und diese in ihrer gewohnten (Lebens-) Umgebung ausprobieren, ohne dafür die Kosten tragen zu müssen, die eine Installation mit sich ziehen würde und, unter Beachtung von datenschutzrechtlichen Aspekten, ohne einen Eingriff in ihre Privatsphäre hinnehmen zu müssen. Dabei entsteht eine beidseitige Vorteils-situation, da neu entwickelte AAL-Lösungen direkt beim Endnutzer getestet werden können. Auf der einen Seite können Entwickler so ihre Produkte ersten Evaluationen unterziehen und die eingesetzte Technik entsprechend den Bedürfnissen und Vorstellungen den Nutzer anpas-sen, bevor das Produkt überhaupt in Serie geht. Auf der anderen Seite können potentielle Nutzer aus einer Vielfalt von Produkten das für sie (gefühlt) passendste Produkt auswählen, ohne dabei große finanzielle Risiken aufgrund von falschen Entscheidungen tragen zu müs-sen. Zudem dient das vorgestellte Konzept als ein erster Anwendungsfall für das Prinzip des Meta-Designs, aus dem sich im Idealfall speziell für das Forschungsgebiet AAL zugeschnit-tene Methoden und Designprinzipien ableiten lassen können, mit denen sich wiederum z.B. in AAL-Beratungsstellen Design-in-Use-Aufgaben umsetzen lassen könnten. Ein weiterer innovativer Aspekt findet sich auch in der Integration des User-Experience-Designs in den AAL-Kontext wieder, welcher es einerseits ermöglicht, Nutzer spielerisch an AAL-Lösungen heranzuführen und diese zum Ausprobieren zu motivieren. Andererseits können auf dieser Grundlage schnell mehrere Zyklen einer Entwicklungsstufe von AAL-Lösungen durchlaufen werden und basierend auf den Erkenntnissen angepasst werden. Zusammengenommen stellt dies somit eine wissenschaftlich-methodische Bereicherung zur Erarbeitung soziotechnischer Lösungen im Kontext des End-User Developments, des Participatory Designs, des Require-ments-Engineerings sowie dem AAL-Bereich selbst dar (vgl. Prilla & Herrmann 2012). Re-levante Fragen in diesem Zusammenhang sind, ob und wie der beschriebene Ansatz zur par-tizipativen Gestaltung von AAL-Technologie und –Dienstleistungen beiträgt sowie ob und wie der Ansatz Adoption und Akzeptanz von AAL-Technologien bei älteren Menschen und ihrem Umfeld (positiv) beeinflusst.

Der Ansatz bietet zudem in Kombination mit entsprechenden technischen Geräten (Kap. 3) eine vielfältige Anzahl von Möglichkeiten, AAL-Lösungen aufgrund der spielerischen Kom-ponenten mit Spaß und Humor zu begegnen. Vor allem die Verbindung zum Bereich der Gamification bietet hier einen lohnenden Fokus, um älteren Menschen diese Technologien nahe zu bringen, und dadurch ihre Skepsis auf AAL-Gebiet abzubauen.

Literaturverzeichnis

Compagna, D., Derpmann, S., Graf, B., Hartmann, C., Hilmer, M., Jacobs, T., Klein, P., Luz, J., Mauz, K., & Shire, K. (2010). *Anwenderorientierte Technikentwicklung im Pflege-Bereich: Instrumente für den Wissenstransfer zur partizipativen Gestaltung von Mikro-systemtechnik User-centered technical development in the care sector.*

Fischer, G. & Herrmann, T. (2011). *Socio-Technical Systems: A Meta-Design Perspective.* International Journal for Sociotechnology and Knowledge Development. 3(1), 1–33.

Menschner, P., Prinz, A., Koene, P., Köbler, F., Altmann, A., Krcmar, H. & Leimeister, J.M. (2011). *Reaching into patients' homes - participatory designed AAL services.* Electronic Markets. *21*(1), 63–76.

Prilla, M., Frerichs, A., Rascher, I. & Herrmann, T. (2012). *Partizipative Prozessgestaltung von AAL-Dienstleistungen: Erfahrungen aus dem Projekt service4home.* In Shire, K. & Leimeister, J.-M. (Hrsg.): *Technologiegestützte Dienstleistungsinnovation in der Gesundheitswirtschaft.* Gabler, S. 159–186.

Prilla, M. & Herrmann, T. (2012). Gestaltung von AAL-Lösungen als sozio-technische Systeme: Selbstgesteuerte Alltagsunterstützung. *i-com. Zeitschrift für interaktive und kooperative Medien.*

Prilla, M. & Rascher, I. (2012). *AAL? Lieber nicht! - Eine praktische Betrachtung von Barrieren des Transfers von AAL-Lösungen in den Markt und ihrer Überwindung.* Proceedings des 5. Deutschen AAL-Kongress.

S. Boll, S. Maaß & R. Malaka (Hrsg.): Workshopband Mensch & Computer 2013
München: Oldenbourg Verlag, 2013, S. 301–397

Spielerisch Fahrleistung erfassen - Der Silvergame Fahrsimulator

Marcus Lewerenz, Martin P. Herberg[1], Rajko Amberg, Dr. Michael John[1]

michael.john@fokus.fraunhofer.de, Fraunhofer Institut für offene Kommunikationssysteme
(FOKUS)[1]

Zusammenfassung

Das Projekt Silvergame hat zum Ziel, eine für ältere Menschen leicht zu bedienende Home-Entertainment-Plattform zu entwickeln, die interaktive spielbasierte Multimedia-Anwendungen mit webbasierten Informations- und Kommunikationsdienstleistungen verbindet. In diesem Beitrag wird der in Silvergame entwickelte Fahrsimulator vorgestellt. Zuerst beschreiben wir die Motivation und die Anforderungen aus Nutzersicht. Anschließend werden die graphischen Benutzeroberflächen erläutert bevor abschließend die empirischen Ergebnisse aus dem Feldtest dargestellt werden.

1 Motivation

Das Projekt Silvergame hat zum Ziel, eine Multimedia-Plattform zu entwickeln, die genau auf die Bedürfnisse von älteren Menschen ausgerichtet ist. Sie soll spielbasierte Applikationen mit webbasierten Informations- und Kommunikations-Services verbinden und somit die geistige und körperliche Fitness sowie die soziale Interaktion älterer Menschen fördern. Die Nutzer sollen die Möglichkeit bekommen, attraktive Freizeitbeschäftigungen wie Singen, Tanzen und Autofahren alleine oder gemeinsam mit anderen Nutzern auszuüben und sich über integrierte Online-Kanäle zu den jeweiligen Themengebieten zu informieren und auszutauschen. Das Projekt entwickelte prototypisch eine Multimedia-Plattform und drei Serious Games für die Nutzung auf dem Fernseher. Die Bedienung erfolgt über ein intuitives und zielgruppengerechtes Touchscreen-Interface auf einem handlichen Tablet-Computer. Die Spielanwendungen sowie die Dienstleistungen sollen modular zu erwerben und jederzeit erweiterbar sein.

Der hier vorgestellte 'Fahr-Simulator' wurde gemeinsam mit der Exozet GmbH entwickelt. Er ermöglicht es älteren Menschen in heimischer Umgebung auf spielerische Art und Weise ihre Fähigkeiten im Straßenverkehr zu überprüfen und zu verbessern. Der Fahrsimulator bietet über ein Fernsehgerät oder einen Monitor die Beteiligung an einer Autofahrsimulation an und lädt zur Teilnahme an einem Verkehrsquiz ein. Das Ziel bei der Entwicklung war dem Nutzer eine spielerische Anwendung zur Verfügung zu stellen, mit der er seine eigene Fähigkeit bei Alltags-Situationen im Straßenverkehr überprüfen kann. Während des vorgegebenen

Fahrszenarios werden spielerisch seine Fahrkompetenz anhand von Reaktionszeiten auf unvorhergesehene Ereignisse sowie seine kognitiven Fertigkeiten und sein Sehvermögen erfasst. Das analytische Feedback, das dem Fahrer nach dem Durchfahren einer konkreten Aufgabe gegeben wird, soll seine Kompetenzen für eine aktive Teilnahme am Straßenverkehr fördern.

1.1 Anforderungsanalyse

Die Szenarien zum Testen der Fahrleistung sollten in ihrer Gesamtheit möglichst viele kognitive Einflussfaktoren und verkehrstechnische Anforderungen abdecken. Bei den Überlegungen zum Simulator spielte unter anderem auch der Versuchsaufbau eine Rolle. Für das Systemdesign wurde sich an den Anforderungen zum Erhalt der Fahrpraxis orientiert, die um weitere altersspezifische Problemfaktoren erweitert wurden. In Kolb (2009) sind die Prüfungsrichtlinien für die Grundfahrübungen im PKW aufgeführt. Diese grundlegenden Aktivitäten sollten in der Fahrsimulation durchführbar sein. In Ehmen et al. (2010) werden diese Prüfungsrichtlinien um altersassoziierte Faktoren erweitert, die für die Beurteilung einer Fahrleistung im Alter wichtig sind. Da es sich bei dem Projekt Silvergame um eine Anwendung aus dem Bereich Serious Games handelt, sollten die Niederschwelligkeit und ein gewisser Spaßfaktor nicht vergessen werden. Für die Konzeption der Szenarien zur Analyse der Fahrleistung wurden daher drei Schwierigkeitsgrade angenommen, die auf einander aufbauen und dem Nutzer zuerst die Möglichkeit geben sollten sich in das Programm einzugewöhnen, bevor seine Fahrleistung anhand von immer komplexer werdenden Aufgaben erfasst wird. So wurde anhand verschiedener Szenarien auf der Landstraße, in der Stadt und auf der Autobahn ein Schema entwickelt, in dem die Fahrsituationen auf die zu erfassenden Leistungsparameter und die dafür benötigte sensorische Information abgebildet wurde (Lewerenz 2011). Aus den Anforderungen resultierend wurde im Projekt eine Fahrstrecke innerhalb einer locker bebauten Kleinstadt entwickelt, die bei Tag und bei Nacht befahren werden kann. Der Nutzer erhält zuerst eine Aufgabe (sog. Mission), z.B. „Fahre zum Gemüseladen und kaufe Obst", die er dann abfahren muss. Während der Fahrt dorthin muss er sich im Straßenverkehr orientieren und ggfs. läuft als unvorhergesehenes Ereignis auch ein Kind auf die Straße. Durch für dieses Szenario sollten fahrleistungsrelevante Parameter wie Kontrastsehen, selektive Aufmerksamkeit, Dämmerungssehschärfe, auditive Wahrnehmung von Signalen und Reaktionsfähigkeit erfassbar sein.

2   Systemarchitektur

Der Simulator besteht aus mehreren Hardware-Komponenten, sowohl aus Sensoren wie auch Steuerungs-Elementen. Abbildung 1 veranschaulicht seinen grundsätzlichen Aufbau.

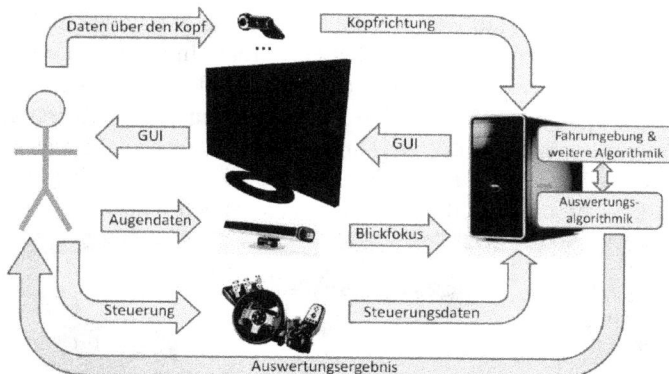

Abbildung 1: Hardware im Gesamtsystem (Bilder: SensoMotoric Instruments (2011), Logitech (2011) und Dell GmbH (2011)

Der Nutzer befindet sich vor dem Bildschirm. Zur Navigation wird ihm eine 2D-Fahrumgebung auf dem Bildschirm präsentiert. Mit Hilfe der Sensorsysteme (Eye-Tracker, Web-Cam) werden Daten zur Bewegung der Augen, des Kopfes sowie Mimikdaten erfasst. Mittels der vorhandenen Steuerungsgeräte (Lenkrad, Pedale, Tablet-PC) werden die Fahr- und Steuerdaten des Benutzers integriert. Für die Analyse werden diese Daten auf dem zuständigen Computer weiterverarbeitet. In Echtzeit bzw. abschließend wird dem Nutzer dann über die GUI ein Feedback über die erfasste Fahrleistung gegeben. Zur Erfassung der Blickpunkte des Probanden während der Fahrt wurde das iViewX RED 250 System der Firma SensoMotoric Instruments verwendet.[1] Zur Mimik-Erkennung dient die Logitech Quickcam Pro 9000 HD. Ebenso dient die Kamera für ein Head-Tracking-Framework zur Feststellung der Kopfposition des Probanden. Aus der Kopfposition wird die ungefähre Blickrichtung ermittelt. Auf diese Weise sollen die Eye-Tracker-Daten validiert werden um die Aussagekraft der Auswertungsergebnisse zu stützen. Hinzukommend wurde auf den Vorarbeiten von Cootes et al. (1992) in dem Projekt ein Klassifikator entworfen, der die Basisemotionen Freude, Ekel, Ärger, Angst, Trauer und Überraschung bei einem Fahrer erkennt (Amberg 2012).

3   Erfassung der Fahrleistung und Visualisierung

Die Visualisierung der Simulation erfolgte durch die Exozet GmbH. Mit Hilfe der Unity Entwicklungsumgebung für 3D-Anwendungen wurde eine PKW-Simulation in einer Kleinstadt erstellt. Die Fahrt im Fahrsimulator findet überwiegend aus der Cockpit-Perspektive statt. Der Fahrer blickt nach vorn und kann die Rückspiegel (unten links & rechts und oben) verwenden. Einige wenige Armatur-Elemente (Licht, Blinker, etc.) sind im unteren Bereich des Bildes integriert. Ansonsten soll ein möglichst flächiger Blick aus dem Cockpit heraus die Sicht auf die Straße und die Umgebung ermöglichen. Die simulierte Stadt teilt sich in Missionsbereiche auf. Dabei gibt es in der Regel eine Hauptmission (z.B. *Fahren Sie zum Gemüseladen*) in welcher der Fahrer von seinem aktuellen Standort den Weg zum Ziel finden soll. Auf dem Weg dorthin gibt es mehrere Unter-Missionen (z.B. Kind rennt auf die Straße

---

[1] Vergleich dazu Sensomotoric Instruments, SMI Webseite, http://www.smivision.com/.

→ ausweichen, Ampel schaltet auf Rot → anhalten). Für die Missionen und Unter-Missionen gibt es Punkte, wenn sie erfolgreich abgeschlossen werden. In der Regel wird die Abschluss-bewertung auf den Wertebereich [0...100 Punkte] abgebildet. Dabei stehen 100 Punkte für eine fehlerlose Bewältigung der Mission. Am Ende einer Fahrstrecke (Mission) bekommt der Fahrer eine aggregierte Übersicht der erreichten Punkte dargestellt. Dabei wird absichtlich die Auswertung einfach gehalten indem nur auf die vier Hauptpunkte (Geschwindigkeit, Reaktionszeit, Parksituation und Verkehrsregeln) eingegangen wird.

Abbildung 2: Simulationsansicht aus dem Cockpit (Exozet GmbH)

Da die Daten dem Nutzer in der von Exozet entwickelten GUI nur einen kleinen Ausschnitt der echtzeitbasierten Bewertungsalgorithmen visualisieren, entwickelte das Fh FOKUS eine eigenständige Oberfläche zur Visualisierung der Analysedaten, die im Folgenden beschrieben wird.

3.1   Grafische Oberfläche der Echtzeit-Analyse

Während der Fahrt kann mit der GUI des Analyse-Moduls bereits Einblick genommen wer-den zu Fahrfehlern des Probanden. Die Analysealgorithmen wurden am FOKUS Institut entwickelt. Verschiedene Informationen über den Fahrer während der Fahrt versetzen den Advisor in die Lage dem Probanden Hilfestellungen zu geben. Der Proband selbst erhält nach der Fahrt eine Zusammenfassung seiner Ergebnisse auf dem Schirm des Fahrsimulators. Für eine tiefergreifende Auswertung erfolgt nach einer Tour ein Beratungsgespräch mit dem Advisor, das auf den detaillierten Daten des Analyse-Moduls fußt und durch die GUI darge-stellt wird. Abbildung 3 zeigt die Analyse-GUI. Die Darstellung der Anwendung ist in fol-gende 5 Teilbereiche aufgeteilt.

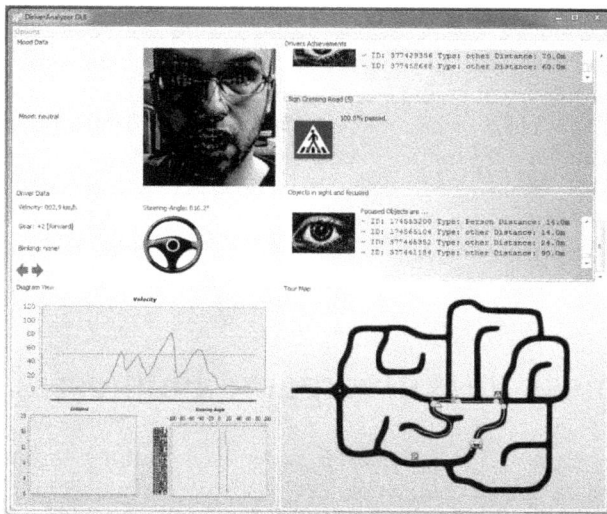

Abbildung 3: Grafische Oberfläche des Analyse-Moduls (Fraunhofer FOKUS)

Fahrparameter [links, Mitte]

Während der Fahrt kann der Advisor sehen, welche Fahrparameter der Proband momentan erzeugt. Er sieht in welchen Gang der Proband geschaltet hat, wie schnell er fährt, ob er blinkt und wie er das Lenkrad hält. Die Darstellung weiterer Parameter ist möglich, soweit sie dem System zur Verfügung gestellt werden und abrufbar sind.

Verlauf der Fahrparameter [links, unten]

Damit bei einer Auswertung im Nachhinein der Proband, welcher zur Fahrzeit keinen direkten Einblick in seine Fahrparameter haben sollte, wahrnehmen kann wie er gefahren ist und ob er Grenzen überschritten hat, steht ihm eine Verlaufsübersicht der Fahrparameter in Diagrammform zur Verfügung. Dort werden der Verlauf der Geschwindigkeit, der Lenkbewegungen und die Kollisionsanzahl dargestellt. Eingezeichnete rote Linien, zum Beispiel bei der Geschwindigkeitsdarstellung, zeigen dem Probanden ob und wie oft und lange er die erlaubte Höchstgeschwindigkeit überschritten hat.

Mimik-Einstufung [links, oben]

Während der Fahrt des Probanden sind eine oder mehrere Kameras auf seinen Kopf gerichtet und analysieren Mimik und Augenbewegungen. In Situationen, in denen unvorhergesehene Ereignisse auf den Fahrer zukommen, kann seine emotionale Reaktion darauf erkannt werden. Ebenso ist es möglich Anspannung oder Gelassenheit wahrzunehmen (Amberg 2012).

Event-Fenster [rechts, oben]

Alle Aktionen des Probanden, seine Fehler und was er gesehen hat (welche Objekte), werden in einem Übersichten-Fenster dargestellt. Jedes erfasste Ereignis bekommt einen eigenen Eintrag mit Zusatzinformationen. Zum Beispiel wie viele Punkte Abzug es bei einer konkreten Aktion (z.B. Kind rennt über die Straße und es wurde nicht rechtzeitig angehalten) gab und wofür. Ein zusätzlicher Farbcode der Aktionen lässt schnell erfassen, ob sie erfolgreich oder mit Abzug abgeschlossen wurde.

Stadtplan mit Fahrverlauf [rechts, unten]

Ein vereinfachter Stadtplan ermöglicht es dem Probanden im Nachhinein zu erkennen, wo in der Stadt seine Fahrziele lagen und wie er dort hingelangt ist. Dabei wird der Verlauf seiner Fahrstrecke als farbige Linie nachgezeichnet. Verletzungen der StVO werden neben den Hinweisen im Fenster "Driving-Achievements" auch im Stadtplan markiert. Auf diese Weise erkennt der Proband an welcher Stelle seiner Fahrstrecke er welche Fehler machte und ob sie sich an einem bestimmten Ort häuften. Somit kann gezielt nach der Ursache für diese Fehler gesucht und durch ein entsprechendes Training im realen Straßenverkehr dem begegnet werden.

4   Ergebnisse des Silvergame Feldtestes

Im Rahmen des Silvergame Feldtests wurde seitens des Berliner Institutes für Sozialforschung eine Evaluation des Fahrsimulators mit 10 Senioren durchgeführt. Die detaillierten Antworten der Testpersonen zeigen eine eher gespaltene Meinung zum Fahrsimulator, die vermutlich mit der allgemeinen Affinität zum Autofahren zusammenhängt (Schulze et al. 2013). Fünf der zehn Teilnehmenden stimmten der Aussage 'Simuliertes Autofahren macht Spaß' zu. Es steht zu vermuten, dass dies die fünf sind, die auch sonst gerne Autofahren gegenüber den Übrigen fünf, auf die das eher nicht zutrifft. Ebenfalls für fünf Personen stellt der Fahrsimulator eine Bereicherung der Freizeit dar. Der gleichen Anzahl erscheint diese Art Auto zu fahren nicht realistisch genug. Die Mehrheit der Befragten gab an, dass ihnen der Fahrsimulator Spaß mache. Die Simulation wurde von den Probanden überwiegend als sinnvoll und unterhaltsam empfunden. Allerdings berichteten die Probanden davon, dass es ihnen schwer fiel, Geschwindigkeit in der Simulation richtig einschätzen zu können. Auf Grund dessen verursachten sie Unfälle. Zum Teil ließ sich dies auch auf eine unscharfe Darstellung der Grafik-Engine zurückführen, welche mit der Hilfe von cineastischen Effekten beim Rendering der Bilder ein visuell angenehmeres Gefühl erzeugen sollte. Diese Unschärfen sollten ausbleiben und dafür klarere Bilder zum besseren Erkennen der Umgebung dargestellt werden. Die Darstellung der zu durchfahrenden Umgebung wird teilweise als unrealistisch empfunden. Die Steuerung des Fahrzeugs via iPad wurde im Durchschnitt als gewöhnungsbedürftig und eher als ungeeignet wahrgenommen. Das iPad wird nicht als adäquater Lenkrad-Ersatz empfunden, was hauptsächlich auch an der rechteckigen Form des Gerätes liegt. Die Bedienung der Buttons auf dem iPad um Gas und Bremse zu betätigen wurde als ungeeignet benannt. Einige Teilnehmer merkten kritisch an, dass sich im Simulator räumliche Orientierung, Reflexe, Lenkrad-Gefühl, persönliche Freude am Fahren nicht simulieren ließen. Ein Teilnehmer äußerte, dass er, wenn er täglich Auto fahre, anders gefordert sei als im Simulator. Er müsse aufpassen, was um ihn herum passiere. Eine weitere Anmerkung war, wenn jemand nicht mehr fahren dürfte oder könnte, könne sich dieser eventuell nicht vorstellen, dass eine Simulation ein ausreichender Ersatz für das Autofahren sein kann. Vielmehr könnte es möglich sein, dass die Simulation eine 'traurige Erinnerung' für denjenigen sei. Die Teilnehmer wünschten sich mehr variable, vielfältige und selbst bestimmbare Ziele in der Simulation. Ergänzend wurde von den Teilnehmern angemerkt, dass sie reale und konkrete Ziele bevorzugen würden, die man in Vorbereitung auf eine reale Fahrt zur Probe virtuell schon einmal fahren könnte. Wünschenswert fanden einige Teilnehmer, dass sie direkte und auch verbale Hinweise erhalten, wenn sie etwas falsch gemacht haben. Mehrere Teilnehmer sehen im Simulator eine gute Anwendungsmöglichkeit für Fahrschulen als Fahrtrainer, der von älteren und jüngeren Menschen gleichermaßen genutzt werden könnte. Die Teilnehmer äußerten mehrheitlich, dass Ihnen das ebenfalls angebotene Verkehrsquiz Spaß bereiten würde. Das Quiz sei eine gute Möglichkeit das Verkehrswissen aufzufrischen. Auch die Auswertung der Quizfragen spornte die Teilnehmer an, sich erneut an dem Quiz zu beteiligen.

Danksagung

Das Projekt Silvergame (aal-2009-2-113) wurde im Rahmen des Ambient Assisted Living Joint Programme (Call 2) von der Europäischen Union und dem Bundesministerium für Bildung und Forschung (16SV3989) gefördert. Die Autoren bedanken sich bei allen Projektteilnehmern und Fördereinrichtungen für den Beitrag zu dem Projekt.

Literaturverzeichnis

Amberg, R. (2012). *Facial-Expression-Recognition anhand Landmarks und Kernelfunktionen*, Masterarbeit an der Hochschule für Technik und Wirtschaft Berlin.

Cootes, T. F. & Taylor, C. J. (1992). *Active Shape Models - Smart Snakes*. In Hogg, D. C. & Boyle, R. (Hrsg): Proceedings of the British Machine Vision Conference, Leeds, Springer, S. 266–275.

Ehmen, H. et al. (2010). *Fahrleistungsrelevante Parameter im Alter*. In Tagungsband 3. AAL-Kongress Berlin.

Kolb, V. (2009). *Fahrschule.de Internetdienste GmbH*. http://www.fahrschule.de/.

Lewerenz, M. (2011). *Entwicklung einer sensorbasierten Auswertungsalgorithmik für die Erfassung des Fahrleistungsvermögens älterer Straßenverkehrsteilnehmer*, Diplomarbeit Universität Potsdam.

Schulze, E., et al.(2013). *Silvergame, Ergebnisse der Fokusgruppen und Feldtests - Endbericht*. Berliner Institut für Sozialforschung GmbH, Berlin.

Workshop

Vielfalt in der mediengestützten (Weiter-)Bildung
Visionen, Realisierungen und Grenzen – 1984 bis heute

Elisabeth Katzlinger

Johann Höller

Johann Mittendorfer

Manfred Pils

Michael A. Herzog

S. Boll, S. Maaß & R. Malaka (Hrsg.): Workshopband Mensch & Computer 2013
München: Oldenbourg Verlag, 2013, S. 401–402

Vielfalt in der mediengestützten (Weiter-)Bildung Visionen, Realisierungen und Grenzen – 1984 bis heute

Elisabeth Katzlinger[1], Johann Höller[1], Johann Mittendorfer[1], Manfred Pils[1], Michael A. Herzog[2]

Institut für Datenverarbeitung in den Sozial- und Wirtschaftswissenschaften, Johannes Kepler Universität Linz, Österreich[1]
Hochschule Magdeburg-Stendal, Deutschland[2]

20 Jahre World Wide Web haben bereits Geschichte geschrieben. Es stellen sich unter anderem folgende Fragen: Wie haben sich die Lehr- und Lernszenarien vor und in dieser Zeit verändert? Welchen Kulturwandel haben die neuen Medien bewirkt? Welche Träume sind heute Realität, welche Lektionen haben wir aus dem Scheitern gelernt? Welche historischen Konzepte sind heute wieder modern?

Unter dem Einfluss von Personal Computing, der Entwicklung des Internet, über die zunehmende Mobilität der Endgeräte bis hin zu Sozialen Medien und dem Internet der Dinge erfindet sich Lernen und Lehren mit den Medien immer wieder neu.

Am Beispiel der informationstechnischen Grundbildung für Sozial- und Wirtschaftswissenschafter an einer Universität kann die Entwicklung der Lehrinhalte, Methoden und digitalen Medien beispielgebend für ähnliche Aus- und Weiterbildungsszenarien beschrieben werden.

Im Bereich der vorschulischen Bildung begann der Einsatz der digitalen Medien um die Jahrtausendwende und entwickelte sich dort über Computer Based Training sowie über den Einsatz spezieller Lernumgebungen für bestimmte Kompetenzen (z. B. Sprachkompetenz) bis hin zum Einsatz von mobilen Multi-Touch Geräten. In diesem Bereich hat sich ein Blended Learning Ansatz bewährt.

Als bisher höchste entwickelte Form des mediengestützten Lernens sind jene Szenarien anzusehen, bei denen mit Hilfe neuer Medien multimediale Schöpfungen geschaffen werden, die ohne diese Werkzeuge nicht möglich wären.

Einen weiteren Schwerpunkt bilden Szenarien aus den universitären Bereichen Ausbildung in Informatik, Kommunikationswissenschaften sowie Sozial- und Wirtschaftswissenschaften. Die Sozialen Medien dienen als teilweiser Ersatz für klassischen Frontalunterricht bzw. zur Förderung der Kommunikation, Kollaboration und gemeinsamen Produktion von Inhalten im Lernprozess. Die digitalen Medien und Werkzeuge erweitern die genannten Funktionen und bringen nicht nur Freiheitsgrade in räumlichen und zeitlichen Aspekten ein.

Die Erweiterung der Funktionalität führt zu einer dramatischen Vervielfachung an Daten; Daten, die man nicht nur zur Umsetzung der Funktionalität anwenden muss, sondern auch in personenbezogener Hinsicht auswerten kann. Schon in nicht vernetzten Systemen können solche Daten in einer Art und Weise verwendet, die von den Betroffenen als zumindest unangemessen empfunden werden.

Soziale Medien potenzieren dieses Problem, wobei unterschiedliche Rechtsgebiete (Urheberrecht, Datenschutz) konfliktäre Zielvorgaben liefern. Gerade in Lernsituationen, wo Fehler systemimmanent vorkommen, ist deren lückenlose Dokumentation jedenfalls problematisch, wenn sie über den pädagogischen Zusammenhang hinaus gehen. Den Wandel in der Einstellung der Lernenden über die Aufzeichnung und Verwendung solcher Daten spiegelt die gesellschaftlichen Veränderungen des Datenschutzes wider.

Die Motivation, sich mit diesem Thema zu befassen, besteht darin, dass die Vielfalt und die Veränderungen in der Technik der Medien auch eine entsprechende Vielfalt und Veränderungen bei den Paradigmen, Konzepten und Visionen der (Weiter-)Bildung zur Folge haben.

Lehrende und Verantwortliche in der Aus- und Weiterbildung sehen sich komplexen und rasch ändernden Themen gegenüber und sollen bereit sein, sich den Wahrnehmungsprozessen der Lernenden zu stellen und in bewusster Erkenntnis der Sachlage Gebrauch von der Quellen-, Medien- und Werkzeugvielfalt zu machen. Erfahrungen und empirische Arbeiten, die auch Grenzen und Fehlentwicklungen über längere Zeiträume reflektieren, liefern wertvolle Hinweise für den positiven Einsatz der Medien.

S. Boll, S. Maaß & R. Malaka (Hrsg.): Workshopband Mensch & Computer 2013
München: Oldenbourg Verlag, 2013, S. 403–408

Lehrkonzept „Informationsverarbeitung" im Wandel der Zeit

Elisabeth Katzlinger

Institut für Datenverarbeitung in den Sozial- und Wirtschaftswissenschaften
Johannes Kepler Universität Linz, Österreich

Zusammenfassung

Informationstechnische Grundbildung war in den letzten drei Jahrzehnten einem ständigen Wandel unterzogen. Dieser Wandel war einerseits technikgetrieben, auf der anderen Seite änderten sich die wirtschaftlichen Rahmenbedingungen und das gesellschaftliche Umfeld. Dies hatte entsprechende Auswirkungen auf die Lernsettings auf allen Bildungsebenen. Am Beispiel des Lehrkonzeptes für die informationstechnische Grundbildung in den sozial- und wirtschaftswissenschaftlichen Studienrichtungen an der Universität Linz werden der Wandel und die Beständigkeit der Lehr- und Lernansätze gezeigt.

1 Einleitung und Hintergrund

Mit der zunehmenden Verbreitung der Informations- und Kommunikationstechnologien (IKT) Mitte der 80er Jahre in weite Bereiche des Wirtschaftslebens entstand daraus die Forderung nach einer informationstechnischen Grundbildung für die Absolventen dieser Studienrichtungen, die die verschiedenen Aspekte der IKT berücksichtigt (Schnepper et al. 1988). Dem entsprechend wurden die Curricula der Sozial- und Wirtschaftswissenschaftlichen Studienrichtungen angepasst.

Die technologische Entwicklung wurde in dieser Zeit durch die Verbreitung der Personal Computer geprägt, die auch ein geändertes Nutzerverhalten hervorgebracht hat. Unter den Schlagworten Endbenutzerwerkzeuge und individuelle Datenverarbeitung fanden geänderte Nutzerkonzepte Einzug in viele Unternehmensbereiche. Die Rolle der Nutzer in der IT änderte sich dahingehend, dass die Werkzeuge der IT nicht nur von IT-Experten verwendet wurden, sondern auch die Fachabteilungen mit den Fachexperten verwendeten die entsprechenden Programme.

Für die Bildungsinstitutionen ergaben sich aus diesen Entwicklungen neue Herausforderungen. Zunehmend gefragt wurde (und wird) eine umfassende Technik- und Medienkompetenz

(Hobbs 2009). Neben den Herausforderungen an die Anpassung der Lehrinhalte, änderten sich auch die Lernmedien und neue didaktische Konzepte wurden entwickelt. Die mediendidaktische Diskussion wurde im vergangenen Jahrzehnt durch konstruktivistische Ansätze stark dominiert. Wissen wird nicht als unmittelbares Ergebnis einer Wissensübertragung innerhalb eines Lehrprozesses gesehen, sondern wird vom Lernenden eigenständig konstruiert. Lernen wird „am besten durch die Bearbeitung von realitätsnahen Problemen und Projektaufgaben sowie durch kooperatives Lernen" umgesetzt (Gerstenmair & Mandl, 1995, S. 876ff). Der Konstruktivismus stellt den Lernenden in den Mittelpunkt der Theoriebildung und hebt die Vorstellung der prinzipiellen Steuerbarkeit des Lernens von außen auf (Gräsel et al. 1997). Die Entwicklung der universitären Curricula führt heute zunehmend in Richtung Kompetenzorientierung (Erpenbeck et al 2013) wobei aktive und kollaborative Lernmedien zunehmend berücksichtigt werden. Im Zusammenhang mit den Entwicklungen von Web 2.0 etablieren sich auch im Lernen neue Ansätze, wie der Konnektivismus von George Siemens (Siemens 2006), der die zunehmende Tendenz der Lernenden hin zu informellem, vernetztem und elektronisch gestütztem Lernen berücksichtigt.

2   Lehrkonzept

Im Zuge der Änderung der Studienpläne der Sozial- und Wirtschaftswissenschaften wurde an der Johannes Kepler Universität Linz ein neues Lehrkonzept für Datenverarbeitung konzipiert, das im WS 1986/87 erstmals erprobt wurde (Pils et al. 1986). Zielgruppe für dieses Fach waren Studierende der Sozial- und Wirtschaftswissenschaften, die damit eine informationstechnische Grundbildung im betriebswirtschaftlichen Zusammenhang erhalten haben. Das Lehrkonzept wurde im Zeitablauf mehrmals modifiziert und den technischen, betrieblichen und gesellschaftlichen Änderungen angepasst. Ziel der Lehrveranstaltungen war es, den (Personal-)Computer als Werkzeug für persönliche und betriebswirtschaftliche Aufgabenstellungen zu verwenden. Für diese Aufgabenstellung waren PCs mit grafischer Benutzeroberfläche besonders geeignet, es wurden daher Personalcomputer mit unterschiedlichen Betriebssystemen (Mac OS und MS DOS) verwendet.

Kernpunkt des Lehrkonzeptes war das Lernen in „realen Situation", es wurden Lernsituationen kreiert, die den Lernalltag der Studierenden in das Lernsetting integrierten. Das Lehrkonzept umfasste drei Phasen, die einander abwechselten und auf einander Bezug nahmen; für die Studierenden passive Informationsaufnahme wechselte mit aktiver Informationsverarbeitung:

- Lehrveranstaltung: theoretische Lehrinhalte wurden in einer Präsenzlehrveranstaltung vermittelt und das im Tutorium und freien Üben Geübte reflektiert.
- Tutorium: die Studierenden wurden durch Tutoren (höhersemestrige Studierende) in der praktischen Arbeit am Computer in Kleingruppen (<10 Lernende) betreut.
- Freies Üben: Aufgabenstellungen aus der Lehrveranstaltung wurden im freien Üben selbständig bearbeitet. Dabei wurde, wenn es möglich war, Bezug auf den studentischen Alltag genommen, es wurde beispielsweise die Aufgabe gestellt, eine Seminararbeit (aus einer anderen Lehrveranstaltung) zu formatieren und bestimmte Funktionen der Textverarbeitung anzuwenden.

Die Beurteilung der Studierenden in der Lehrveranstaltung erfolgt in zwei Teilen, der theoretische Teil wird über einen Multiple-Choice-Test geprüft, der praktische Teil über eine Prüfung direkt am Computer.

Dieses Grundkonzept des Lernsettings mit den ineinander verwobenen Phasen und der zweigeteilten Prüfung wurde über die Jahre beibehalten, die Inhalte und die entsprechenden Technologien und Lehrmedien haben sich entsprechend geändert.

3 Medien in der Lehre

In enger Wechselwirkung mit dem Lehrkonzept ist der Einsatz der IKT und der Lehrmedien, genauer betrachtet worden. An deren Entwicklung gelingt es den Wandel der IKT exemplarisch darzustellen..

Das „Lernen in realen Situationen" war dadurch geprägt, dass die IKT als Werkzeug zur Lösung von Aufgaben aus dem betrieblichen Umfeld verwendet wurden. Um dies zu erreichen wurde in der Präsenzlehrveranstaltung erstmals an der JKU ein Beamer zur Präsentation verwendet, dies erforderte den Umbau eines PCs zu einem Präsentationsarbeitsplatz. Demonstriert wurden die Aufgabenlösungen mit den entsprechenden Programmen, Präsentationssoftware, wie wir sie heute kennen, stand nicht zur Verfügung.

Die Labors für die Tutorien waren mit jeweils zehn Rechnern und einem Präsentationsarbeitsplatz (mit Overheadprojektor und Projektionsplatte) ausgestattet. Um den Werkzeugcharakter der IT in den Mittelpunkt zu stellen, wurden für die erste Lehrveranstaltung Computer mit grafischer Benutzeroberfläche (Apple Macintosh) verwendet. Für die aufbauende zweite Lehrveranstaltung, in der es in erster Linie um betriebswirtschaftliche Anwendungsfelder wie beispielsweise Finanzbuchhaltung ging, fanden Rechner mit dem Betriebssystem MS DOS Anwendung. Zwischen den Verfechtern der jeweiligen Betriebssysteme kam es durchaus zu Meinungsverschiedenheiten, die in der Lehrveranstaltung aufgegriffen und reflektiert wurden.

Das Labor für das freie Üben stand den Studierenden anfangs 7 Tage/Woche und 18 Stunden/Tag zur Verfügung. Die Rechner boten Platz, die Aufgaben aus der Lehrveranstaltung zu lösen bzw. sie standen den Studierenden für andere Aufgaben aus dem studentischen Umfeld zur Verfügung und wurden auch dem entsprechend genutzt. Aus dieser Nutzung ergaben sich aber auch einige Probleme wie beispielsweise belegte Rechner durch Spieler (auch von anderen LVs), exzessives Drucken, Vandalismus und Diebstahl, sodass die Nutzungszeiten eingeschränkt, Ausweiskontrollen sowie Zugangsbeschränkungen nur für Studierende der Lehrveranstaltungen notwendig wurden.

Durch die Entwicklung der IKT und der Medientechnik kam es neben der Änderung der Lehrinhalte (auf die in diesem Beitrag nicht weiter eingegangen wird) zu Veränderungen im Lehrkonzept. Der Grundaufbau mit den drei ineinander verwobenen Phasen blieb gleich, die Änderungen bezogen sich vor allem auf die IKT-Nutzung.

Die Verbreitung des Internets führte neben der Anpassung der Lehrinhalte auch zu einer geänderten Nutzung der IKT. Lehrinhalte rund um das Internet wurden aufgenommen und um den Grundsatz des Lernens in realen Situationen treu zu bleiben, wurde den Studierenden ein eigener Webspace für die persönliche Homepage bzw. die Möglichkeit zum Führen eines

persönlichen Lernblogs (Weblogs mit speziellen Funktionen für die chronologische Dokumentation des Lernporzesses) offeriert,. Bemerkenswert ist, dass eine namhafte Anzahl von
Studierenden die Löschung der während des Studiums erzeugten Webinhalte bzw. Lernbolgs
ausdrücklich wünscht.

Diskussionen darüber, ob grafische Benutzeroberflächen genutzt werden sollen, kommen in
der Zwischenzeit nicht mehr vor. Die Verwendung von unterschiedlichen Betriebssystemen
in der Lehre wird noch weiter thematisiert und diskutiert.

Für die Lehrenden, auch außerhalb der Informationsverarbeitungslehrveranstaltungen, ist die
Verwendung von Laptop und Beamer zur Visualisierung der Lehrinhalte selbstverständlich.
Die Präsentationsinhalte beziehen sich neben dem Demonstrieren von Programmen, auch auf
die Aufbereitung der Lehrinhalte mit Präsentationssoftware; multimediale Inhalte wie Videos
finden zunehmend Einzug in die Lehrveranstaltung.

Auf der Studierendenseite verlagert sich die Ausarbeitung der Aufgabenlösungen zunehmend
auf eigene persönliche Geräte; diese geänderte Techniknutzung spiegelt sich zunehmend
auch in der Nutzung des Labors freies Üben, dessen Auslastung zurück gegangen ist und eine
geänderte Nutzung bekommen hat.

Status Quo und zukünftige Entwicklung

Der Status Quo ist durch den breiten Einsatz von IKT-Unterstützung für die Administration
der Lehre, beispielsweise durch Lernplattformen, geprägt. Bei der technikgestützten Aufbereitung der Lehrinhalte kommen verschiedene Werkzeuge und Medien zum Einsatz, so werden beispielsweise die Lehrinhalte den Lernenden in Form eines Wikis (auch in einer Print-
Version) zur Verfügung gestellt.

Für die Lernenden stehen auch eine Fülle von Werkzeugen zur Verfügung, mit denen sie ihre
Lernsituationen bewältigen können. So verwenden die Lernenden Web 2.0 Tools für die
Lösung ihrer Aufgaben, wie beispielsweise ein Wiki zur Dokumentation einer Gruppenarbeit
und damit eignen sie sich zugleich Grundkenntnisse in HTML an. Ebenso ist das Themenfeld
Informationsrecherche stark mit Aufgabenstellungen aus dem studentischen Alltag verzahnt.

Im Tutorium und auch beim freien Üben zeigt sich zunehmend die Tendenz des BYOD
(bring your own device), das heißt die Lernenden verwenden ihre privaten mobilen Endgeräte wie Laptops oder Tabletts um ihre Aufgaben zu lösen (Heinen et al. 2013). Grundsätzlich
entspricht diese Entwicklung dem Ansatz des Lernens in realen Situationen, wie es bereits im
ersten Lehrkonzept realisiert wurde. Die Lernenden arbeiten lieber auf ihren eigenen Geräten
bis hin zu ihrer eigenen Software. Probleme ergeben sich zum Teil in der Prüfungssituation,
da die Studierenden mit den eingesetzten Programme und der Systemumgebung wenig vertraut sind.

Mit der Verwendung von Software, die als Open Source für unterschiedliche Betriebssys-
templattformen zur Verfügung steht, ist es für die Lernenden einfacher, sich auf ihren eigenen Rechnern vorzubereiten. Ein weiterer Ansatz ist die Verwendung von Software, die in
der Cloud zur Verfügung steht bzw. die über Browser, wie beispielsweise Wiki oder Blog,
abgerufen werden kann.

4 Partizipatives Präsentieren

Die Weiterentwicklung des Lehrkonzeptes Informationsverarbeitung führte neben der Konzeption des Faches als Blended Learning-Kurs mit hohen E-Learning-Anteilen im Rahmen vom Multimedia Studienservices SoWi (MUSSS) auch zu einer Neukonzeption der Unterrichtssituation im Sinne des partizipativen Präsentierens.

Das Lernszenario ist so konzipiert, dass die technische Ausstattung des Labors für kooperative Präsentation intensiv genutzt wird. Der Raum verfügt über zwei Großbildschirme, die einzeln oder synchron direkt von jedem Lernenden über Kabel bevorzugt aber über WLAN (Streaming Technologien) angesprochen werden können. „Dies wiederum erlaubt im erwähnten Umfeld die Präsentation digital-audio/visueller Medien von den mobilen Arbeitsgeräten (Laptops, Tabletcomputer und Smartphones) aus, ohne komplexe, technische Anpassungen und auch auf spontane Aufforderung hin. Es wird ein rascher Wechsel innerhalb weniger Sekunden von einem Präsentator auf einen anderen, vom Arbeitsplatz des Lernenden aus ermöglicht. Langwierige Anpassungen sogen. „Beamer-Rüstzeiten", die den Unterrichtsverlauf oft stören, entfallen somit. Doch der Hauptgewinn in Richtung partizipativer Unterricht, liegt im Wechsel von der Metapher „langatmiges Referat" zum kürzeren, pointierten Statement und damit vom Charakter der Instruktion zum Diskurs." (Mittendorfer 2013)

Die Rolle der Lehrperson nimmt die Form des Steuernden - technisch mittels Fernbedienung, von welchem(n) Endgerät(en) aus gerade präsentiert wird – an sie bestimmt damit in kleineren Abschnitten den Unterrichtsverlauf. Es ergeben sich neue Lernsituationen, in denen die Lernenden aktiv in den Unterricht eingebunden sind. Vor allem im Zusammenhang mit projektorientierten Lernmethoden kann eine Aufgabenlösung gemeinsam erarbeitet werden. Die Rolle der Lehrperson verändert sich hin zur Moderation der Lerngruppe.

5 Fazit

Die neueren Ansätze der Lerntheorien gehen verstärkt in Richtung aktive Lernmethoden unter starker Einbeziehung der Lernenden, wobei Medien und IKT eine bedeutende Rolle spielen. Gerade bei der Vermittlung von informationstechnischen Inhalten ist es sinnvoll, den „Inhalt zur Methode" zu machen. Die Durchdringung umfassender Lebensbereiche mit IKT, vor allem mit mobilen Geräten, kann durch das Einbeziehen von Alltagsaufgaben und -situationen für den Lernprozess genützt werden.

In den ersten Lehrveranstaltungen der Ausbildung in Datenverarbeitung war es für viele Studierende der erste Kontakt mit einem Computer. Dementsprechend musste auf die nicht vorhandenen Vorerfahrungen der Lernenden eingegangen werden. In der Zwischenzeit ist die Generation der „Digital Natives" (Prensky 2001) im Studium. Die Erfahrungen zeigen aber, dass, obwohl ein Großteil dieser Generation bereits im Kindesalter mit Computern in Berührung gekommen ist, über die reine Bedienung hinausgehenden technische Kenntnisse kaum vorhanden sind. Die unterschiedlichen Vorkenntnisse und Interessen führen zu einer sehr heterogenen Lerngruppe.

Die ursprünglichen Annahme, dass die Grundlagen der Informationstechnik nicht mehr ge-
lehrt werden müssen, weil alle Studierenden diese Kenntnisse besitzen, hat sich als nicht
zutreffend erwiesen. Die Heterogenität der Zielgruppe wird insofern im Lehrkonzept berücksichtigt, dass die Lehrinhalte in einen Grundlagen- und in einen Vertiefungsteil getrennt
wurden, die Grundlagen werden teilweise in der Sekundarstufe vermittelt.

Die zunehmende Verwendung von Social Media und mobilen Geräten nicht nur im privaten
Bereich, sondern auch in Unternehmen, führt zu einer Neuausrichtung des Lehrkonzeptes
sowohl im Hinblick auf die Lehrinhalte als auch auf die Lehrmethode einschließlich der
verwendeten Medien.

Literaturverzeichnis

Erpenbeck, J. & Sauter, W. (2013) Anforderungen an das betriebliche Lernen – heute und in der Zu-
    kunft. In: Erpenbeck, J. & Sauter, W. Hrsg.: *So werden wir lernen!* Springer Berlin Heidelberg,
    Berlin, Heidelberg; 45–106.

Gerstenmair, J., & Mandl, H. (6 1995). Wissenserwerb unter konstruktivistischer Perspektive. *Zeit-
    schrift für Pädagogik.* 867 - 888

Gräsel, C.; Bruhn, J.; Mandl, H. & Fischer, F. (1997). Lernen mit Computernetzen aus konstruktivis-
    tischer Perspektive. *Unterrichtswissenschaft,* 25(1), 4-18.

Heinen, R., Kerres, M. & Schiefner-Rohs, M. (2013). Auf dem Weg zur Medienschule: Begleitung der
    Integration von privaten, mobilen Endgeräten in Schulen. *Digitale Medien und Schule* 7(2013),
    [http://www.schulpaedagogik-
    heute.de/index.php/component/joomdoc/SH_7/SH7_33.pdf/download]

Hobbs, R. & Jensen, A. (2009). The Past, Present, and Future of Media Literacy Education. *Journal of
    Media Literacy Education,* 1-11.

Mittendorfer, H. (2013). Beurteilung und Mediendidaktisches Modell. [http://collabor.idv.edu/
    webkomm2013s/stories/42505/]

Pils, M., Felhofer, E. & Mittendorfer, J. (1986). *Datenverarbeitung für Sozial- und Wirtschaftswissen-
    schafter.* Ein Lehrkonzept, Arbeitsbericht der Arbeitsgruppe Ausbildung in Datenverarbeitung des
    Instituts für Wirtschaftsinformatik und Organisationsforschung, Linz 1986

Prensky, M. (2001). Digital Natives, Digital Immigrants. On the Horizon (MCB University Press, Vol.
    9 No. 5) [http://www.marcprensky.com/writing/Prensky%20-%20Digital%20Natives,%20Digital%
    20Immigrants%20-%20Part1.pdf]

Schnepper, J. & Steinmüller, W. (1988). Ziele informationstechnologischer Bildung. Ein Plädoyer
    gegen Programmierwahn und für soziale Beherrschbarkeit, in: *Verdatet und Vernetzt,* Frankfurt.

Siemens, G. (2006). *Knowing knowledge.* [http://www.elearnspace.org/KnowingKnowledge_
    LowRes.pdf].

Kontaktinformationen

Dr. Elisabeth Katzlinger

Institut für Datenverarbeitung in den Sozial- und Wirtschaftswissenschaften
Johannes Kepler Universität Linz, Österreich
Elisabeth.katzlinger@jku.at
www.idv.edu

S. Boll, S. Maaß & R. Malaka (Hrsg.): Workshopband Mensch & Computer 2013
München: Oldenbourg Verlag, 2013, S. 409–416

Einsatzszenarien für neue Medien im elementarpädagogischen Bereich

Manfred Pils[1], Elisabeth Pils[2]

Institut für Datenverarbeitung in den Sozial- und Wirtschaftswissenschaften, JKU Linz[1]
Kindergarten der Zukunft, KJS Linz[2]

Zusammenfassung

Im Bereich der elementarpädagogischen Bildung in Österreich begann der Einsatz neuer Medien um die Jahrtausendwende. Er umfasste zunächst Computer-Based-Trainings in Form von PC-Lernsoftware. Teilweise kam es zum Einsatz spezieller Lernumgebungen für bestimmte Kompetenzen (z. B. Spachkompetenz, mathematische Kompetenz); derzeit finden vereinzelt mobile Multi-Touch-Geräte Anwendung oder werden diskutiert. Zu den erfolgreichen Lernszenarien zählen auch ausgelagerte, mit neuen Medien angereicherte Lernwerkstätten sowie das Erstellen von multimedialen Schöpfungen in Ko-Konstruktion. Beispiele für Misserfolgsszenarien zeigen häufig anzutreffende Situationen, die in der Praxis elementarpädagogischer Bildungseinrichtungen anzutreffen sind.

1 Grundlagen

Medien und Lernprozesse stehen in einem engen Zusammenhang und können einander in der Anwendung unterstützen. Nachfolgend wird aus dem elementarpädagogischen Bereich anhand des Linzer Langzeitprojektes Blended Learning im Kindergarten (BLIK) die Entwicklung hinsichtlich der Szenarien der eingesetzten Medien und Lernumgebungen gezeigt (vgl. z. B. Pils & Pils 2007).

Im Zusammenhang mit neuen Medien ist das partizipative, und herbei insbesondere das forschende Lernen als Erfolgsfaktor zu nennen. Nicht gefragt sind also Schritt-für-Schritt-Anleitungen zur Erreichung eines, womöglich zentral definierten bzw. formalisierten Zieles. Die Kinder sollen vielmehr anregt werden, im vorgegebenen Rahmen eigene Fragestellungen zu entwickeln, die sie mit geeigneten Mitteln zu lösen versuchen (vgl. Huber 2009). Lernen erfolgt im elementarpädagogischen Bereich partizipativ und interaktionistisch. Ko-Konstruktion als Interventionsmethode beruft sich auf die Auffassung des sozialen Konstruktivismus, wonach Lernen durch Zusammenarbeit stattfindet, also „ko"-konstruiert wird (vgl. Fthenakis 2009). Der Offene Kindergarten (vgl. Regel 2008, Mienert & Vorholz 2011) als Spezialform des partizipativen bzw. erforschenden Lernens bietet eine Vielfalt von Gestaltungsmöglichkeiten; er hat „die Bewegungs- und Entscheidungsspielräume zu erweitern" (Mienert & Vorholz 2011, 14). Die angebotenen Lernumgebungen und Lernsituationen müssen jeweils an

die Interessen und Themen des Kindes angepasst sein: Zum Handeln und Ausprobieren ein-
ladende Materialien, Räume und Medien. Lernwerkstätten werden als räumlich-organi-
satorische Bereiche angesehen, in denen erforschendes und selbstbestimmtes Lernen unter
Einsatz aller Sinne möglich ist. Die vorbereitete Lernumgebung, strukturierte Arbeits-
materialen und deren freie Wahl sowie eine nicht-direktive erzieherische Haltung sind charakteristisch (vgl. Dieken 2004, 36). In der Praxis sind diese Grundsätze nicht oder nur teilweise implementiert. Beispielsweise wird in vielen Kindergärten an den klassischen Grup-
penstrukturen festgehalten, die die Kommunikation zwischen den Kindern und nach außen
erschwert. Es empfiehlt sich, im Kindergarten partizipative Medien in ein Blended-Learning-
Konzept einzubetten.

2   Erfolgreiche Einsatzszenarien für neue Medien

Im Rahmen des Langzeitprojektes BLIK fanden insbesondere folgende Einsatzszenarien für
neue Medien Anwendung. Diese können aus derzeitiger Sicht als positive Beispiele für den
Medieneinsatz im elementarpädagogischen Bereich angesehen werden.

Szenario Computer Based Training

Die ersten Erfahrungen wurden mit Computer-Based Trainings in Form von Spiel- und Lern-
software auf PCs gemacht. Begonnen wurde im Jahre 1999 mit dem Lernspiel *König der
Löwen*, im folgenden wurde die Zahl der Lernspiele allmählich gesteigert. Mehrere Funkti-
onen bzw. Lernbereiche und unterschiedliche Kompetenzen wurden angesprochen (z. B.
Kreativität, Mathematik, Feinmotorik der Hand). Entsprechende Szenarien wurde in (Pils &
Pils 2005, Straif 2006) dokumentiert.

Szenario Sprachkompetenz

Seit 2004 war die Verbesserung der Sprachkompetenz ein besonderer Schwerpunkt im Rahmen von BLIK. Hierfür boten sich u. a. auch partizipative Lernumgebungen an. Es wurden
Feldstudien (vgl. z. B. Mayr & Pils 2008, Pils 2009a&b) durchgeführt, um neue Erkenntnisse
über Nutzung und Erfolg der Schlaumäuse-Lernumgebung hinsichtlich Sprachstand zu erhalten. Diese Lernumgebung ist für Kinder im Alter von 4 bis 8 Jahren ausgerichtet. In einer
der Studien wurden mehrere Kategorien von Kindern in Bezug auf Begabung sowie mehrere
Teilbereiche der Sprachkompetenz betrachtet und gegenüber gestellt (vgl. Pils & Pils 2011).

Der mündliche Sprachgebrauch und die vorschulische Anbahnung des Schriftspracherwerbs
sind für die Schlaumäuse-Lernumgebung relevant. Diese kann, wenn diese didaktisch die
medienspezifischen Potentiale ausschöpft, den mündlichen Sprachgebrauch verbessern. Die
Lernumgebung bietet Kindern durch korrekte Grammatik, standardsprachliche Artikulation,
reichhaltigen Wortschatz und komplexe Satzstrukturen lernförderliche sprachliche Vorbilder.
Die Flüchtigkeit der gesprochenen Sprache in der zwischenmenschlichen Kommunikation
verliert durch die vom Kind beeinflussbaren Wiederholungen an Bedeutung (vgl. Kochan &
Schröter, o. J., 10). Obwohl die Eigenaktivität des/der Lernenden die Lernprozesse stark be-
stimmen, ist die mediale Lernumgebung Teil der ebenso bestimmenden physikalisch-sozialen
Umwelt der Bildungseinrichtung.

Szenario Ausgelagerte Lernwerkstätten

Positive Erfahrungen liegen zu einem mit dem Linzer Ars Electronica Center (AEC) durchgeführten Projekt vor (vgl. dazu Riedler 2008, Pils & Pils 2008). Es handelt sich um ausgelagerte, temporäre Lernwerkstätten, die in der Regel aus neuartigen Kombinationen von Medien bestehen, z. B. aus ungewöhnlichen User Interfaces oder virtuellen Welten. Inwieweit bei den Kindern das erforderliche Interesse tatsächlich geweckt, sowie konkrete Handlungen und das erforschende Lernen ermöglicht werden können, hängt u. a. von der kindgerechten Gestaltung der betreffenden Installation ab. Ziel einer Studie war es zu untersuchen, ob Anhaltspunkte gefunden werden können, wie eine Lernwerkstatt bzw. das dort installierte elektronische Medium beschaffen sein sollte, um bei Vorschulkindern ein möglichst hohes Interesse zu wecken. Es wurde überprüft, „welche Merkmale moderner, elektronischer Medien mit einem positiven Lernerfolg bei Vorschulkindern korrelieren" (Riedler 2008, 6).

Zwischen Dezember 2006 und März 2007 wurden insgesamt 21 Vorschulkinder beobachtet, wie lange sich diese bei welchen Installationen des AEC mit welcher Aufmerksamkeit aufhielten. Es sollten Zusammenhänge ermittelt werden zwischen dem Wechseln der Kinder zwischen den Installationen und dem dort jeweils gezeigten situationalen und aktualisierten Interesse (vgl. Riedler 2008, 25). Auch der Zusammenhang zwischen diesem Interesse und den jeweiligen Merkmalen der Installationen sowie auch das Kurz- und Langzeitinteresse waren Gegenstand der Forschungsbemühungen (vgl. Riedler 2008, 7). Einbezogen wurden 19 Installationen des AEC, die für die Kinder frei zugänglich und altersgeeignet waren.

Ein Eigenschaftskatalog bildete ab, wie das jeweilge Medium kommuniziert (Symbolsysteme), welche Sinne es anspricht (Sinnesmodalitäten), welche Handlungsoptionen es dem Kind bietet, und von wie vielen Personen es gleichzeitig bespielt werden kann. Die Ergebnisse der Beobachtungen wurden mit den Eigenschaften der Installationen kombiniert, um aus diesen Daten zu filtern, warum für die Kinder manche Installationen attraktiver waren als andere. Am für die Kinder interessantesten zeigten sich virtuelle Welten bzw. jene Installationen, bei denen sie die Lernumgebung mit der Bewegung des ganzen Körpers (hüpfen, laufen etc.) steuern mussten, oder wenn ein Spiel gewonnen werden konnte bzw. ein konkretes Spielziel (gemessen z. B. in Punkten, Spielständen, erreichten Levels) vorgegeben war. Das Interesse der Kinder war umso höher, je mehr Sinne von der Installation gleichzeitig angesprochen und/oder wenn verschiedene Handlungsoptionen angeboten wurden. Die durchschnittliche Interessiertheit der Kinder an den Installationen nahm im Verlauf der Studie zu, was zunächst nicht erwartet wurde. Darüber hinaus konnten keine signifikanten Unterschiede zwischen Jungen und Mädchen festgestellt werden (vgl. Riedler 2008, 98ff).

Es konnte beobachtet werden, dass sich die Kinder durch die vorliegende Variante des partizipativen Lernens in Lernwerkstätten erstaunlich schnell die jeweils erforderlichen Fähigkeiten zur Nutzung bislang unbekannter Technologien aneignen konnten und sich somit für neue Lernsituationen offen gezeigt haben. Als vorteilhaft erschien insbesondere auch die Kombination von Lernen mit Bewegung.

Szenario Mobile Medien

Es gibt neue Entwicklungen im Bereich mobiler Medien, die die Lernprozesse nachhaltig beeinflussen. Zum Einsatz von Tablets unter den Betriebssystemen iOS und Windows 8 wurde 2012 und 2013 eine Serie explorativer Feldstudien im Kindergarten durchgeführt. Dabei wurden – von einer kurzen Erläuterung zu Beginn abgesehen – keine Hilfestellung während des Spieles gegeben. Für die Interaktion stand lediglich das Touch-Display mit den Ikons der für die Studie ausgewählten Apps sowie die Home-Taste (für die Beendigung des Spieles) zur Verfügung. Die Auswahl der Lernspiele und die Art der Interaktion (Gestik der Finger) war den Kindern überlassen.

Bei einer der Feldstudien (vgl. Bauer & Glaninger 2012) wurden Kinder in unterschiedlich zusammengesetzten 3-er (18 Kinder) und 2-er (6 Kinder) Gruppen beim Spielen am iPad jeweils für 30 bzw. 20 Minuten beobachtet. Spiele, die sofort verstanden wurden, wurden länger gespielt. Wie zu erwarten, war die Interaktion (z. B. die gegenseitige Hilfestellung) sowie ob und wie lange ein Kind jeweils das Tablet nutzte, von der speziellen Gruppenzusammensetzung abhängig. Bei einer weiteren Feldstudie, im Rahmen derer jeweils nur ein Kind für 20 Minuten frei aus einer Auswahl von 53 Apps wählen konnte, wurden Spiele favorisiert, die bereits als Gesellschaftsspiele bekannt waren. Erst danach reihten sich Lernspiele, bei denen es um räumliche Vorstellung und Zuordnung ging, sowie um Reaktionsspiele und Geschichten. Bereits unter dem Durchschnitt lag die Nachfrage nach Musik- und Zeichenapps sowie nach Denkspielen. Abgeschlagen waren Schreiben, Englisch und Naturwissenschaften. Kam es zu Fehlversuchen, so wurde häufig das Spiel abgebrochen. Bei einer weiteren Studie (vgl. Lehner et al 2013) mit jeweils 3 Kindern wurden im Schnitt 18 Spiele in 30 Minuten gespielt. Es gab es Hinweise darauf, dass Lernspiele mit Bezug zu bereits bekannten Inhalten bevorzugt werden. Auch bestätigte sich, dass die Beobachtungsergebnisse stark von der jeweiligen Zusammensetzung der Kindergruppe abhängig waren. In etlichen Fällen ließen sich die Kinder beim Spielen nicht ablenken. Spiele, bei denen es um Zahlen und Buchstaben ging, erzeugten eine starke akustische Interaktion mit den Kindern (Nachsprechen, Klatschen). Die Kinder reagierten auch unerwartet schnell mit den Fingergesten auf unvorhergesehene Reaktionen der Lernspiele.

Eine weitere explorative, nicht repräsentative Studie zum Thema Tablets im Kindergarten fand im letzten Quartal 2012 statt (vgl. Rupprechter 2013). Die Beobachtung von 18 Kindern zwischen 4 und 6 Jahren (jeweils 20 Minuten), die bereits über erste Erfahrungen mit dem iPad verfügten, erfolgte in einer für den Kindergarten typischen Situation, in der Ablenkung und Unruhe besteht. Es wurden (ohne Eingriff ins Spielgeschehen durch die Beobachterin) insbesondere dokumentiert: Die Dauer der Spiel- und der Suchphasen, die ausgewählten Spiele, Gesprochenes, Anzahl der anwesenden Kinder, Gründe für das Beenden der Spiele. Nachfolgend sei auf einige der Ergebnisse verwiesen.

Es gibt Hinweise darauf, dass ein Zusammenhang zwischen der Auswahl der Spiele und der Gestaltung der Ikons besteht. Ikons mit Gesichtern und wenig Schrift scheinen bevorzugt zu werden. Die Spieldauer betrug im Durchschnitt 2:11, die Suchphase 0:17 Minuten, es gab keine Unterschiede bei den Geschlechtern. Es wurden (wie auch bei Lehner et al 2013) Phasen von hoher Konzentration und ohne Reaktion auf Störungen beobachtet. Durchgehende Spielphasen mit mehr als 5 Minuten Dauer ergaben Hinweise auf eine mögliche Flow-Situation. 17 Spiele (6 bei Mädchen, 11 bei Jungen) dauerten jeweils über 5 Minuten. Eine Spielverlaufsanalyse erbrachte, dass es in der 2. Hälfte der Beobachtung zu einer Erhöhung der Spieldauer pro Spiel kam. Es gibt daher Hinweise darauf, dass die Kinder zu Beginn eine Orientierungsphase für die Spielauswahl benötigen. Der häufigste Grund, ein Spiel zu beenden, kann mit „kennt sich nicht aus" beschrieben werden, gefolgt von „fertig gespielt" und „Langeweile, Ungeduld, Unlust". Von Interesse war auch, dass es kaum zu Unterschieden bei den Geschlechtern und bei Kindern mit unterschiedlicher Muttersprache kam (vgl. Rupprechter 2013, 63ff).

Bei einer 2013 im Kindergarten durchgeführten explorativen Feldstudie (vgl. Baumgartner & Kücük 2013) mit einem mobilen, multi-touch-fähigen Gerät unter Windows 8 kam die Schlaumäuse-3-App zum Einsatz. Positiv hervorgehoben wurden die Spiele *Redefluss*, *Humboldthain*, *Gutenberg*, *Wortschatz* und *Wörtersee*.

Als vorläufiges Ergebnis der Serie von Studien kann festgestellt werden, dass ein Bedarf an Lern-Apps besteht. Design und User-Interface sollten noch besser auf die Zielgruppe abgestimmt werden. Das Interesse der Kinder für die mobilen multi-touch-basierenden Geräte ist jedenfalls groß.

Szenario Multimediale Werke als Ko-Konstruktion

Ein spezielles Szenario fand im Jahre 2013 im Kindergarten der Zukunft Anwendung, das als eine hoch entwickelte Form des mediengestützten Lernens gilt, zumal eine multimediale Schöpfung geschaffen wurde, die ohne Einsatz neuer Medien nicht möglich wäre. Angeregt vom Projekt *Linzer Bilderbuch-Kindergärten*, in dessen Mittelpunkt der positive Zugang zum Medium Buch stand, wurde unter Verwendung des Ko-Konstruktionsansatzes ein Trickfilm produziert. Basis dafür war das Bilderbuch *Ein verrücktes Huhn* (von Heinz Janisch und Walter Schmögner), das von den Kindern aus insgesamt 12 Bilderbüchern mittels einer Wahl demokratisch bestimmt wurde. Die Figuren des Trickfilmes wurden von den Kindern entworfen, gezeichnet, ausgeschnitten und für die Filmaufnahmen bewegt. Die Texte wurden von den Kindern gesprochen, wobei auf detaillierte Regieanweisungen verzichtet wurde. In der Lernwerkstatt „Mini-Future-Lab" fertigten die Kinder ein großes gelbes Huhn an. Da auch die Präsentation im öffentlichen Raum Teil des Projektes war, wurde der Trickfilm mit dem Huhn im AEC ca. 3 Monate lang als Kunstwerk der Öffentlichkeit präsentiert (vgl. AEC 2013a). Das Motto lautete: *Artist Creators und Engineers, die Jüngsten, die bisher im AEC ausgestellt haben, bringen Verrückte Hühner und ihre Eier"ins Museum!* Neben dem Trickfilm war im AEC auch ein (von den Autoren produziertes) Making-Of-Video zu sehen. Im Sinne des Blended Learnings wurden bei diesem Szenario für die Produktion und die Multichannel-Präsentation auch klassische, nicht digitale Werkzeuge eingesetzt. Bei der Eröffnung der Ausstellung gab es eine Aufführung der zugrunde liegenden Geschichte im AEC durch die Kinder, was auch im Blog des AEC (vgl. AEC 2013b) Niederschlag fand. Im Rahmen eines Lesefestes fanden auch Lesungen in der fahrenden Straßenbahn statt.

3 Misserfolgs-Szenarien

Die Bereitstellung von Mediensystemen alleine reicht im elementarpädagogischen Bereich nicht aus, um von einer lernförderlichen Infrastruktur sprechen zu können. Eine entscheidende Rolle spielen u. a. die organisatorischen Rahmenbedingungen sowie die Einstellungen der Medien einsetzenden Pädagog/inn/en. Man kann hierbei drei Situationen unterscheiden.

Nicht partizipativer Medieneinsatz

Es wird von Fällen berichtet, bei denen Medien, die für einen partizipativen Einsatz konzipiert wurden, nicht den Intentionen der Entwickler entsprechend eingesetzt werden. Diese Medien können ihre zugedachten Potenziale in einem lehrerzentrierten, klassischen, nicht partizipativen Frontalunterricht nicht aktivieren, z. B. wenn sie kapitelweise vorgetragen werden, etwa in einer für alle Kinder gleichen Weise. In derartigen Situationen nehmen Lerninhalte, Lernschritte und Aufgaben auf individuelle Bedürfnisse (Vorwissen, Interessen, Begabungen usw.) keine Rücksicht.

Abnehmender Einsatz partizipativer Medien im Zeitablauf

Kleinere oder größere technische Probleme, personelle Engpässe oder Veränderungen werden zum Anlass genommen, die Nutzung der betreffenden partizipativen Medien im Alltag der Bildungsinstitution zurückzufahren oder einzustellen. Die Istsituation kann laut einer im Jahre 2012 in 50 Kindergärten einer österreichischen Stadt durchgeführten Befragung wie folgt beschrieben werden: Klassische digitale Medien (wie CD-Player, digitaler Fotoapparat) dominieren. Nur vereinzelt gelangen Beamer oder Tablets zum Einsatz. Allerdings hat sich in den meisten Kindergärten insbesondere die Schlaumäuse-Lernumgebung im Sinne des erforschenden Lernens durchaus bewährt, soferne betriebsbereite PCs zur Verfügung stehen. Auch werden angebotene Weiterbildungsveranstaltungen zu dieser Lernumgebung von den Pädagoginnen angenommen. Darüber hinausgehende Lernszenarien mit neuen Medien sind nicht anzutreffen.

Finanzielle und personelle Rahmenbedingungen

Den elementarpädagogischen Einrichtungen steht wenig Budget für neue Medien und für den Internet-Zugang zur Verfügung. Es herrscht Mangel an professioneller Betreuung der IT-Ressourcen. Ältere Geräte werden nicht oder nur schleppend erneuert. Auch die Weiterbildung zum Thema Medienkompetenz ist als Schwachstelle zu betrachten. Es bleibt in vielen Fällen dem jeweiligen Team vorbehalten, private, und daher in der Regel nicht flächenwirksame Initiativen zu setzen.

4 Fazit für den elementarpädagogischen Bereich

Der aktuelle Einsatzschwerpunkt neuer Medien kann derzeit nicht bei den Online-Medien gesehen werden. Aus dem Ablauf einer Studie (vgl. Kraml 2010), im Rahmen derer webbasierte Lernspiele aufwändig evaluiert wurden, kann gefolgert werden, dass webbasierte Lernumgebungen in der derzeit vorliegenden Form wenig geeignet bzw. für die Pädagoginnen nicht praktikabel sind. Der Einsatz webbasierter Lernsoftware sowie teilweise auch der von Lernapps auf Tablets scheitert bereits an der Verfügbarkeit des Internet am jeweiligen Ort des Lernens. Auch ist ein zum universitären Bereich vergleichbares Angebot altersgerechter, standardisierter Online-Tools, wie z. B. Weblogs, Wikis, Lernplattformen, im elementarpädagogischen Bereich nicht vorhanden. Die derzeit verfügbaren Social-Media-Plattformen wie Facebook & Co. sind für diesen Bildungsbereich gänzlich ungeeignet. Um in die Vermittlung von Medienkompetenz auch die Dimension Kommunikation einzubeziehen, gilt es, geeignete, partizipative Online-Tools zu entwickeln und zu evaluieren, und diese den Bildungseinrichtungen einsatzbereit anzubieten. Für künftige Social-Media-Angebote für den Kindergarten sollten lediglich Private-Cloud-basierende Anwendungen zum Einsatz gelangen; der Datenschutz wäre restriktiv zu handhaben.

Partizipation führt zur stärkeren Durchmischung und Fragmentierung der Lernprozesse. Geplante, vorstrukturierte Prozesse nehmen tendenziell ab. Die Lernprozesse sind zunehmend spontaner und offen und beziehen nach Bedarf weitere Personen ein und verwerten ein breites Spektrum an Quellen. Lernprozesse werden zunehmend zeit- und ortsunabhängig und finden in unterschiedlichen (Lern-)Umgebungen und Lebenslagen statt.

Zusammenfassend sei festgehalten, dass es zum derzeitigen Stand der Entwicklung die angesprochenen organisatorischen und pädagogischen Maßnahmen (Offener Kindergarten usw.) sind, die als kritische Erfolgsfaktoren einen systematischen, flächendeckenden erfolgreichen Einsatz neuer Medien ermöglichen.

Literatur und sonstige Quellen

AEC (2013a). http://www.aec.at/center/2013/05/06/ein-verruecktes-huhn/, aufgerufen am 3.7.2013

AEC (2013b). http://www.aec.at/aeblog/2013/05/27/ein-verruecktes-huhn/, abgerufen am 3.7.2013

Bauer, S. / Glaninger, J. (2012): Unveröffentlichter Abschlussbericht Case Studies 1 und 2, Institut für Datenverarbeitung in den SoWi, JKU Linz

Baumgartner, T. / Kücük, M. (2013): Unveröffentlichter Abschlussbericht Case Studies 1 und 2, Institut für Datenverarbeitung in den SoWi, JKU Linz

Dieken, C. v. (2004). *Lernwerkstätten und Forscherräume in Kita und Kindergarten*, 3. A., Freiburg/ Basel/ Wien: Herder Verlag

Fthenakis, W. E. (2009). Vortrag, Innovation- und Education Conference, 25. November 2009, Wien

Huber, L. (2009). Warum Forschendes Lernen nötig und möglich ist. In: Huber, L. et al (Hrsg): *Forschendes Lernen im Studium*, Bielefeld, 9-35.

Kochan, B. & Schröter, E. (o. J.). *Neues von den Schlaumäusen*, Das KITA Handbuch, o. O.

Kraml, A. H. (2010). *Dokumentation und Evaluation webbasierter Lern- und Spielsoftware für Kinder im Vorschulalter*, Diplomarbeit JKU Linz

Lehner, F. / Salzner, R. / Staudinger, Th. (2013): *Unveröffentlichter Abschlussbericht Case Studies 1 und 2*, Institut für Datenverarbeitung in den SoWi, JKU Linz

Mayr, D. & Pils, M. (2008). *Wie erfolgreich ist die Schlaumäuse-Lernumgebung?* In: Herczeg, M. & Kindsmüller, M. C. (Hrsg.): Mensch & Computer: Viel mehr Interaktion, Oldenburg Verlag München, 433 - 436

Mienert, M. & Vorholz, H. (2011). *Den Alltag öffnen - Perspektiven Erweitern, Offene Arbeit in der Kita nach den Bildungsplänen gestalten*, Bildungsverlag Eins, Köln

Pils, E. & Pils, M. (2005). *Blended Learning im Kindergarten*, in: Auinger, A. (Hrsg.): Workshop-Proceedings der 5. fachübergreifenden Konferenz *Mensch und Computer*, Oesterreichische Computer Gesellschaft Wien, Bd. 197, 119-126

Pils, E. & Pils, M. (2007). *eLearning-Visionen im Kindergarten*, in: Paul-Stueve, Th. (Hrsg.): Mensch und Computer 2007 Workshopband, Verlag der Bauhaus Universität Weimar, 87-90

Pils, M. & Pils, E. (2008). *Medien- und Sprachkompetenz durch Lernwerkstätten*, in: Lucke, U. / Kindsmüller, M. C. & Fischer, S. / Herczeg, M. / Seehusen, S. (Hrsg.): Workshop Proceedings der Tagungen Mensch und Computer, DeLFI, und Cognitive Design in Lübeck, Logos Verlag Berlin, 41-45

Pils, M. (2009a). *Lernprozesse an der Schlaumäuse-Lernumgebung im Kindergarten*, in: Wandke, H. / Kain, S. / Struve, D. (Hrsg.): Mensch und Computer: Grenzenlos frei!? Oldenburg Verlag München, 471–474

Pils, M. (2009b). *Studien zur Schlaumäuse-Lernumgebung*, in: Kain, S. / Struve, D. / Wandke, H. (Hrsg.): Workshop-Proceedings der Tagung Mensch & Computer, Logos Verlag Berlin, 331-337

Pils, M. & Pils, E. (2011). *Im Kindergarten partizipativ Lernen: Sprache erforschen mit neuen Medien*, in: Eibl, M. & Ritter, M. (Hrsg.): Workshop-Proceedings der Tagung Mensch & Computer, über-MEDIEN|ÜBERmorgen, Universitätsverlag Chemnitz, 187 - 192

Regel, G. (2008). *Plädoyer für eine offene Pädagogik der Achtsamkeit - Zur Zukunft des Offenen Kindergartens*, 2. A., EB-Verlag Hamburg-Schenefeld

Riedler, K. (2008). *Vorschulischer Lernerfolg mit Hilfe moderner, elektronischer Medien.* Beitrag zur Interessensforschung im Bereich E-Learning, Dipl.-Arbeit JKU Linz

Rupprechter, I. (2013). *Tablet-Lernspiele im Vorschulbereich.* Masterarbeit JKU Linz

Straif, M. (2006): *Konzeption, Entwicklung und Evaluation einer Lernumgebung anhand der Umsetzung eines praktischen Projekts*, in: Heinecke, A. M. und Paul, H. (Hrsg.): Workshop-Beiträge zur sechsten fachübergreifenden Konferenz Mensch & Computer - Mensch und Computer im Struktur*Wandel*, Oldenbourg Verlag München, 15-18

Kontaktinformationen

Univ.Prof. Dr. Manfred Pils, JKU Linz, Altenberger Str. 69, A-4040 Linz;

Elisabeth Pils, Kindergarten der Zukunft Linz, Leonfelder Str. 99d, A-4040 Linz;

Tel.: +43(0)650-5703999, +43(0)732-733218

E-Mail: {manfred.pils, elisabeth.pils}@jku.at

S. Boll, S. Maaß & R. Malaka (Hrsg.): Workshopband Mensch & Computer 2013
München: Oldenbourg Verlag, 2013, S. 417–422

Nutzen statt Bekämpfen: Social-Media in der universitären Informatik-Lehre

Claudia Wyrwoll, Martin Christof Kindsmüller

Mensch-Computer-Interaktion – Fachbereich Informatik, Universität Hamburg

Zusammenfassung

Der Beitrag beschreibt das Vorgehen und die Erfahrungen beim Einsatz verschiedener Social-Media-Systeme (Wiki-, Blogging- und Micro-Blogging-Systeme) in insgesamt drei Informatik-Lehrveranstaltungen (LVen). Die LVen wurden von den Autoren in den vergangenen fünf Jahren an zwei Universitäten gehalten und umfassen seminaristische und frontale Lehrformen in verschiedenen Informatik- (bzw. informatiknahen) Bachelor- und Masterstudiengängen. Die Lehrinhalte waren teilweise selbst referenziell Social-Media, bzw. SocialWare und CSCW..

1 Einleitung

Die Gestaltung von Lehrveranstaltungen (LVen) stellt Lehrende wie Lernende vor eine Reihe von Herausforderungen. Eine wichtige Voraussetzung für erfolgreiche LVen ist die Motivation und Lernbeteiligung der Studierenden. Dies gilt für Vorlesungen und für Seminare gleichermaßen. Während in frontalen Lernformen die Studierenden aus der Konsumhaltung herausgelöst und aktiviert werden sollen, geht es bei Seminaren darum die qua Lehr-/Lernform bereits vorhandene Interaktion zu intensivieren und vielschichtiger zu gestalten. Der Erfolg der Kompetenzvermittlung und des Wissensaufbaus hängt in beiden Fällen vom Engagement der Studierenden ab. Eine passive Konsumhaltung reduziert i.d.R. den Wissensaufbau, wohingegen eine intensive Interaktion über eine aktive Auseinandersetzungen mit den Lerninhalten zu reich- und nachhaltigerem Lernen führen kann.

Der Einsatz von Social-Media-Tools in LVen wird bei vielen Lehrenden derzeit ambivalent gesehen. Im Rahmen von Konferenzen konnte wiederholt ein Anstieg der Motivation und aktiven Beteiligung von Teilnehmern im Zusammenhang mit dem Einsatz von Microblogging-Tools beobachtet werden (Kindsmüller et al. 2009; Mateik 2010). Ließe sich dies auf LVen und möglicherweise auf weitere Social-Media-Tools übertragen, könnten diese positiven Effekte auch für die erfolgreiche Gestaltung von LVen genutzt werden. Dem Einsatz von Social-Media-Tools stehen jedoch auch Bedenken entgegen. So könnten die für die Kommunikation notwendigen mobilen Endgeräte zu lernfremden Zwecken eingesetzt werden (Wegener 2011). Ziel des Einsatzes von Social-Media-Tools war es zu eruieren, wie sich diese Konzepte auf die Lernmotivation, -Beteiligung und -Akzeptanz der Studierenden auswirkt.

Über einen Zeitraum von fünf Jahren wurden von den Verfassern an zwei Universitäten verschiedene Social-Media-Tools zur synchronen und asynchronen Kommunikation in Vorlesungen und Seminaren eingesetzt. Im Folgenden werden zunächst die früheren Konzepte und Erfahrungen mit dem Einsatz von Blogs vorgestellt. Anschließend werden jüngere Erfahrungen mit dem parallelen Einsatz von mehreren Social-Media-Tools dargelegt.

2   Social Media in frontalen Lehr-/Lernformen

In den Sommersemestern 2007 und 2008 wurde im Studiengang Informatik an der Universität zu Lübeck die LV „CSCW & SocialWare" (Computer-Supported Cooperative Work & Social Software) durchgeführt. Zielgruppe der LV waren Master-Studierende des Studiengangs Informatik, die das Modul als Wahlpflicht-Veranstaltung belegen konnten. Gegenstand der – in der Regel in Form einer Vorlesung (VL) durchgeführten – LV waren die Grundlagen, Konzepte und Methoden der Untersuchung und Gestaltung kooperativer Computersysteme. Neben „klassischer" CSCW und „klassischen" Groupware-Systemen, in denen der Arbeitskontext im Zentrum steht, sollten erstmals „moderne" SocialWare[1]-Ansätze in das Modul integriert werden. In beiden Semestern stand der Lehrende jedoch vor einem doppelten Problem. Zum einen gab es zu den SocialWare-Ansätzen (im Gegensatz zur klassischen CSCW) kein Lehrbuch. Zum anderen reichte die Studierenden-Population im gerade erst angelaufenen Master-Studiengang formal nicht aus, um eine klassische VL durchzuführen (SS2007: n = 5; SS2008: $n = 7$).

2.1   Konzept

Im LV-Konzept wurden Social-Media-Tools eingesetzt, um beide Probleme zu adressieren. Dazu wurde die frontale Lehr-/Lernform durch ein Gruppen-Blog[2] ergänzt und auf diese Weise um kooperative Elemente ergänzt. Der klassische CSCW-Lehrstoff wurde als Lektüre- und Gutachtenkurs eines damals neu erschienen CSCW-Lehrbuchs (Gross & Koch 2007) durchgeführt. Die Anzahl der VL-Termine wurde reduziert. Stattdessen wurden die Studierenden aufgefordert Begutachtungen einzelner Kapitel in Form von Blog-Artikeln zu verfassen und die offen gebliebenen Aspekte als Fragen für die Präsenztermine zu formulieren. Der Lehrende konnte sich so auf die Vermittlung der durch Fragen im Blog getriggerten komplexen Sachverhalte konzentrieren, „Triviales" eigneten sich die Studierenden selbst an. Die zweite Semesterhälfte widmete sich (damals) aktuellen SocialWare-Systemen (Blogs, Social-Bookmarking-Diensten, Wikis, Photo-Sharing-Diensten, Community-Systemen, Micro-Blogs). Jede Systemklasse wurde von einer Person vorgestellt. Nach einer konzeptionellen Einführung bestand die Aufgabe des Präsentierenden darin eine im Rahmen der LV sinnvolle Fragestellung mit dem jeweiligen Werkzeug in Kooperation mit den übrigen Studierenden zu bearbeiten.

---

[1] Die Begriffe Social-Media und SocialWare werden im Rahmen dieser Veröffentlichung synonym verwendet.
[2] Als Blog wurden Standard-Installationen von WordPress (SS2007) und Blogger (SS2008) eingesetzt.

2.2 Erfahrungen

Die LVen in beiden Semestern waren durch eine engagierte intensive (synchrone und asynchrone) Kommunikation gekennzeichnet. Die Gutachten zu den Buchkapiteln waren allesamt von hoher bis sehr hoher Qualität. Durch die sowohl konzeptionelle als auch eigene praktische Beschäftigung mit den SocialWare-Systemen wurden die Inhalte anscheinend tiefer verarbeitet, wie die in beiden Fällen über dem Durchschnitt mit vergleichbaren LVen liegenden Noten belegen. Beide LVen wiesen einen Drop-out von 0 Personen auf und wurden von den Studierenden sehr gut evaluiert. Auch für den Lehrenden war die LV in hohem Maße anregend, fordernd und vor allem eine – ohne Einschränkung – lohnende Erfahrung.

3 Social Media in seminaristischen Lehr-/ Lernformen

Im Wintersemester 2012/2013 wurde am Fachbereich Informatik der Universität Hamburg ein Seminar zum Thema „Social Media: Theorien und Modelle" durchgeführt. Im Seminar wurden verschiedene Social-Media-Plattformen zur synchronen und asynchronen Unterstützung der Lehre eingesetzt. Ziel der Veranstaltung was es neben der theoretischen Auseinandersetzung mit dem Thema, den Studenten auch praktische Erfahrungen im Umgang mit Social-Media-Tools zu vermitteln. Das Seminar richtete sich an Bachelor-Studierende an der Universität Hamburg. 40% der Teilnehmer studieren Wirtschaftsinformatik, 30% Informatik, jeweils 10% Mensch-Computer-Interaktion und Software-System-Entwicklung, 10% entfallen auf weitere Studiengänge. Zu Anfang wurde die Erfahrung der Seminarteilnehmer mit Social-Media-Tools erhoben. Von 20 Seminarteilnehmen hatten 5 keinen Facebook-Account und 14 keinen Twitter-Account. Eine Teilnehmerin hatte einen eigenen Blog, die übrigen Teilnehmer hatten keine Erfahrung mit dem Publizieren in Blogs.

3.1 Konzept

Zur Unterstützung des Lehr-Lernprozesses wurden im Seminar ein Wiki-, ein Blogging- sowie ein Mirco-Blogging-System eingesetzt. Auch der Einsatz einer Kommunikations-Komponente, die es ermöglicht direkt mit einzelnen in Kontakt zu treten, wurde als sinnvolle Ergänzung in Betracht gezogen. Dagegen sprach jedoch die Befürchtung, dass die Verwendung von zu vielen verschiedenen Tools zur Überforderung werden kann. Auch die überschaubare Teilnehmeranzahl sprach gegen die Notwendigkeit eines weiteren Tools. Als Wiki wurde eine Instanz von MediaWiki (mediawiki.org) genutzt. Alle Inhalte, die den Studierenden vermittelt wurden, wie wichtige Hinweise zum Seminar, Scheinkriterien, Termine, sowie Hinweise zu Arbeitstechniken und zum Erstellen englischer wissenschaftlicher Texte, wurden im Wiki bereitgestellt und wurden auch von dort aus in der LV präsentiert. Der Einsatz von Powerpoint und der damit verbundene Medienbruch konnte so vermieden werden. Darüber hinaus stellte das Wiki die Arbeitsplattform für die Studierenden dar. Hier sollten ihre Zwischenergebnisse festgehalten werden. Insbesondere sollten wichtige Fachbegriffe erläutert werden, um einen gemeinsamen Wortschatz aller Beteiligten zu entwickeln. Zusätzlich sollte das Wiki zur internen Kommunikation der Teilnehmer dienen. Zu Anfang des Semesters wurden die Themen des Seminars in einem Blended-Learning-Ansatz vermittelt. Teams von je zwei Teilnehmern hatten die Aufgabe eine Zusammenfassung zu einem Seminarthema zu erarbeiten und diese zunächst auf einem Plakat im Präsenztermin zu visualisieren und vorzustellen. Anschließend wurden die Inhalte den Kommilitonen als Wiki-Artikel zur Verfügung gestellt. Im weiteren Verlauf der Veranstaltung wurde den Studierenden Art und Intensität der Nutzung freigestellt. Um einen Beitrag im Wiki zu veröffentlichen war keine Anmeldung erforderlich. Als Blogging-System wurde eine selbst gehostete Version von WordPress eingesetzt. Das Blog wurde für die Veröffentlichung von finalen Arbeitsdokumenten genutzt. Die in Seminaren übliche Hausarbeit wurde in drei Teil-Aufsätze aufgeteilt. Zu einer Theorie aus dem Bereich Social-Media sollten jeweils eine These, eine Antithese und eine Synthese verfasst werden. Diese sollten als jeweils ein Blogeintrag auf Englisch veröffentlicht werden. Die These des Vortrages sollte eine Woche vor dem Vortrag veröffentlicht werden, die Antithese am Tag des Vortrages und die Synthese spätestens eine Woche nach dem Vortrag. Die Veröffentlichung der These vor dem Vortragstermin ermöglichte den anderen Seminarteilnehmern sich auf Thema vorzubereiten. Die Ergebnisse aus den kontroversen Debatten, die zum Vortragstermin mit den Kommilitonen geführt wurden, konnten in die Synthese aufgenommen werden. Um Beiträge im Blog zu veröffentlichen, war eine Anmeldung erforderlich. Kommentare zu Beiträgen konnten ohne Anmeldung verfasst werden. Während der Präsenztermine wurde das Mirco-Blogging-System Twitter eingesetzt. Ein Beamer stand den Vortragenden für die inhaltliche Präsentation zur Verfügung. Ein weiterer Beamer konnte genutzt werden, um die seminarbezogenen Twitterbeiträge (Tweets) für alle Teilnehmer anzuzeigen. Obwohl den Vortragenden freigestellt wurde, ob und wie sie die Nutzung von Twitter in ihr Präsentations- und Moderationskonzept integrierten, entschlossen sich alle für den Einsatz von Twitter. Zu Beginn des Veranstaltungstermins sollte kurz erläutert werden, wie Twitter eingesetzt werden sollte. Allen Studierenden, die nicht selbst über ein entsprechendes Endgerät verfügten, wurden iPads zur Verfügung gestellt, um sich mit Tweets aktiv am Seminar beteiligen zu können. Jeder Seminarteilnehmer musste sich einen Twitter-Account anlegen. Die Tweets zum Vortrag wurden über ein vorher vereinbartes Schlagwort (Hashtag) dem Seminar zugeordnet. Die Bandbreite der von den Vortragenden gewählten Nutzung war vielfältig. Sie reichte von dedizierten Fragen an das Publikum auf die zu vorgesehen Zeiten eingegangen wurde, Verständnisfragen die während des Vortrages aufkamen, über freie Assoziationen der Zuhörer, bis hin zur Echtzeit-Integration von Tweets in Powerpoint-Vortragsfolien.

3.2 Erfahrungen

Die Qualität der Blogbeiträge war überdurchschnittlich gut. Im Vergleich zu traditionellen Hausarbeiten waren sie besser formuliert und enthielten weniger Rechtschreib- und Flüchtigkeitsfehler. Die Veröffentlichung der Arbeiten könnte eine mögliche Ursache dafür sein. Frühere Erfahrungen haben gezeigt, dass das Wissen darüber, dass ihre Hausarbeiten nicht nur Lehrenden zu Verfügung stehen, sondern auch von Kommilitonen, Freunden, Familie und Unbekannten gelesen werden können, für Studierende einen großen Unterschied darstellt (Landow 2011). Ein Vorteil der Veröffentlichung der Seminararbeiten als Blogbeiträge liegt weiterhin darin, dass die Beiträge sowohl den anderen Seminarteilnehmern, als auch anderen Studierenden zu Verfügung stehen und auch zu einem späteren Zeitpunkt genutzt werden können. Wenn die Studierenden wissen, dass ihre Arbeit von Nutzen und Dauer sein wird, kann dies die Motivation der Studierenden erhöhen. Das Wiki wurde von den Studierenden gut angenommen. Von 40% der Teilnehmern wurde es über die obligatorischen Beträge hinaus intensiv genutzt, um Zwischenergebnisse in Form von kurzen Artikeln zu zentralen Begriffen und Konzepten ihres Themas festzuhalten. Die Offenheit des Systems führte allerdings nach zwei Monaten zu einem hohen Spamaufkommen. Eine Zugangsbeschränkung für die Veröffentlichung auf einem Wiki ist daher empfehlenswert.

Twitter wurde von den Seminarteilnehmern genutzt, um während des Vortrages Fragen zu stellen, Anregungen zu geben und eigenes Wissen zu ergänzen. Hier liegt eine Stärke des Einsatzes von Twitter in Seminaren gegenüber der traditionellen Art sich an Vorträgen aktiv zu beteiligen. Die traditionelle Art in Vorträgen beispielsweise Verständnisfragen zu klären besteht darin, die Hand zu heben und die Frage laut zu stellen. Alternativ hebt man sich die Frage für das Ende des Vortrages auf. Beide Varianten haben entscheidende Nachteile. Stellt man die Frage während des Vortrages, wird der Redner unterbrochen. Für viele Studierende stellt das eine Hemmschwelle dar. Sie befürchten, die vortragenden Kommilitonen zu stören. Dieser Effekt tritt bei wenig extrovertiert veranlagten, schüchternen Persönlichkeiten noch verstärkt auf. Hebt sich der Zuhörende eine Verständnisfrage bis zum Ende eines Vortrages auf, bedeutet dies, dass eventuell der übrige Teil des Vortrages für ihn nicht verständlich ist. Wenn Studierende Verständnisschwierigkeiten haben, die nicht ausgeräumt werden können, führt dies häufig dazu, dass sie aufhören dem Vortrag zu folgen und sich mental anderem widmen. Mit dem Einsatz von Twitter in Seminaren, können die Zuhörenden jederzeit Fragen stellen, ohne den Redefluss des Vortragenden unangenehm zu unterbrechen. Der Vortragende kann dann selbst entscheiden, wann er auf die Fragen eingeht. Der Einsatz von Twitter bewirkte eine rege Beteiligung der zuhörenden Studierenden am Seminar. Es wurde nicht kontrolliert, ob die Studierenden ihre mobilen Endgeräte auch nutzten, um nebenbei auch zu fachfremden Inhalten im Internet zu surfen. Die rege und inhaltlich solide Teilnahme an den anschließenden Diskussionen ließ jedoch darauf schließen, dass dem Vortrag eine hohe Aufmerksamkeit gewidmet wurde. Studierende suchen vermutlich erst dann fachfremde Ablenkung, wenn Langeweile entsteht. Die Möglichkeit sich ständig aktiv am Thema zu beteiligen, vermindert Langeweile und führt zu erhöhter Vigilanz.

4 Fazit

Zusammenfassend lässt sich feststellen, dass der Einsatz von Social Media zu einer hohen aktiven Beteiligung der Studierenden in den LVen geführt hat. Die Teilnehmer folgten den Vorträgen aufmerksam und beteiligten sich rege an Diskussionen. Während die aktive Beteiligung in „traditionellen" Seminaren an der Universität 2 durchschnittlich bei 20% - 30% liegt, lag die durchschnittliche Beteiligung in dieser LV bei 80% - 90%. Die schriftlichen Seminararbeiten in Form der Blogbeiträge waren von guter bis herausragender Qualität. Diese Effekte wurden auch beim alleinigen Einsatz von Wikis bereits beobachtet und beschrieben (Putnik et al. 2011, Guth, 2007). Die LV-Evaluation zeigt, dass die Studierenden ihre Vorträge mit überdurchschnittlich hohem Einsatz vorbereiten. Ein Grund für die besonders intensive Einarbeitung in ihr Thema besteht vermutlich darin, dass die Vortragenden mit tiefgehenden Fragen über Twitter rechnen mussten. Auch wussten sie, dass sie sich im Anschluss ihres Vortrages einer regen Diskussion stellen mussten, mit der sie nur mit ausreichendem Hintergrundwissen souverän umgehen konnten. Unsere Erfahrungen zeigen, dass ein verantwortungsvoller Einsatz von Social-Media-Tools in LVen möglich ist und sich positiv auf Motivation, Lernbeteiligung und -erfolg auswirken kann. Etwaige Bedenken gegen den Einsatz bestätigten sich in unseren Fällen nicht. Zentral für den erfolgreichen Einsatz erscheint uns ein stimmiges Konzept zu Art und Zweck des Einsatzes sowie eine daraus abgeleitete sorgfältige Auswahl der einzusetzenden Tools. Ob sich unsere Ergebnisse stabil replizieren lassen oder ein Artefakt der Neuigkeit der Tools darstellt, sollte in nachfolgenden Studien untersucht werden.

Literaturverzeichnis

Gross, T. & Koch, M. (2007). Computer-Supported Cooperative Work. München : Oldenbourg.

Guth, S.: Wikis in education: is public better? In Proceedings of the 2007 international symposium on Wikis, WikiSym '07. New York, NY: ACM, 61–68.

Kindsmüller M.C., Milz J. & Schmidt J. (2009). Instant Online Communities as a Means to Foster Conferences. In Ozok, A. A. & Zaphiris, P. (Eds.) Online Communities and Social Computing. Vol. 5621. Berlin: Springer, 62–71.

Landow. G. P. (2011). The victorian web and the victorian course wiki: comparing the educational effectiveness of identical assignments in web 1.0 and web 2.0. In Proceedings of the 22nd ACM conference on Hypertext and hypermedia, HT '11. New York, NY: ACM, 305–312.

Mateik, D. (2010). From "teaching technologies" to "teaching innovation": a conference changes with the times. In Proceedings of the 38th conference on SIGUCCS. New York, NY: ACM, 29–32.

Putnik, Z., Budimac, Z., Komlenov, V., Ivanovic, M. & Bothe, K. (2011). Wiki usage in team assignments for computer science students. In Proceedings of the 12th International Conference on Computer Systems and Technologies, CompSysTech '11, New York, NY: ACM, 596–601.

Wegener, R.; Bitzer, P.; Oeste, S. & Leimeister, J. M. (2011). Motivation und Herausforderungen für Dozenten bei der Einführung von mobile learning. Jahrestagung der GI, Nr, 41.

Kontaktinformationen

Fachbereich Informatik, Abteilung Mensch-Computer-Interaktion, Universität Hamburg, Claudia Wyrwoll, wyrwoll@informatik.uni-hamburg.de
Martin Christof Kindsmüller, mck@informatik.uni-hamburg.de

S. Boll, S. Maaß & R. Malaka (Hrsg.): Workshopband Mensch & Computer 2013
München: Oldenbourg Verlag, 2013, S. 423–427

Partizipatives Lernen in und mit Social Media

Johann Mittendorfer, Elisabeth Katzlinger

Institut für Datenverarbeitung in den Sozial- und Wirtschaftswissenschaften
Johannes Kepler Universität Linz, Österreich

Zusammenfassung

Die vorliegende, nicht repräsentative Studie basiert auf der qualitativen Auswertung dokumentierter Einsatzerfahrungen von Social Media im Rahmen der universitären Lehre. Gegenstand und Methode der Lehre war die Erprobung webbasierter Medien und Onlinedienste, welche die Organisation, Kommunikation und Kooperation im Studium unterstützen bzw. entsprechende Nutzenpotenziale vermuten lassen. Die dabei vermuteten Nutzenpotentiale, so die These, eröffnen neue Aspekte des „partizipativen, forschenden Lernens" (vgl. Huber 2009)

1 Methode und Entstehung der vorliegenden Studie

Das Hauptaugenmerk der Einsatzerfahrungen durch die Studierenden wurde nicht auf die generischen Funktionen der erprobten Social Media gelegt, etwa die Möglichkeit des Einbindens neuer Datenformate in ein Präsentationstool, sondern auf die Potenziale im Zusammenhang mit der Kommunikation, der Organisation oder der Kooperation.

Die Häufung von Nennungen im Zuge der Bewertungen lassen vermuten, dass das technisch Mögliche der genutzten Dienste die Partizipation am (Unterrichts)geschehen ebenso formt, wie gestellte Aufgaben, welche zur Nutzung der Dienste drängen. Mit anderen Worten, die Auslöser zur Nutzung der Social Media sind weder allein die Aufgaben und Herausforderungen der Lernprozesse, noch der eröffnete, technische Möglichkeitsraum. Es handelt sich vielmehr um ein gegenseitiges Aufschaukeln.

Die erprobten und bewerteten Onlinedienste bzw. Social Media wurden in folgende Kategorien unterteilt:

- Dienste zu Onlinequellen, deren Einordnung und Bewertung.

- Dienste zur Organisation des Lernprozesses (z.B. Terminabstimmung).

- Dienste zur kooperativen Bearbeitung und Nutzung von multimedialen Dokumenten, insbesondere Präsentationen.

- Dienste zur Kommunikation bzw. Interaktion.

Zur Eingrenzung des Begriffes Social Media bzw. der Beifügungen: „digital" und „online" galt, dass

1. sie gruppenorientiert sind,

2. die technischen Standards des Internets bzw. der Mobilkommunikation erfüllen,

3. mobil mittels „Apps" oder Web nutzbar sind,

4. die Bedienung auch durch nicht spezialisierte Nutzer möglich ist

5. und Technologien (Schnittstellen) vorhanden sind, die den Datenaustausch zwischen unterschiedlichen Anwendungen erlauben.

Abschließend wurden die 33 an der bereits erwähnten Lehrveranstaltung Teilnehmenden, davon 21 weiblich und 12 männlich aufgefordert, drei von den erprobten und präsentierten Werkzeugen auszuwählen, zu reihen und im Hinblick auf den Nutzen im Rahmen der universitären Arbeitsprozesse qualitativ zu bewerten. Die dokumentierten Bewertungen bilden die Grundlage der qualitativen Auswertung.

Nachfolgende Tabelle enthält jene digitalen Medien und Onlinedienste sowie ihre Reihung, die in die Abschlussbewertung aufgenommen wurden. Unaufgefordert wurden Sonderpunkte an Dienste vergeben, die in der Lehrveranstaltung zwar keine explizite Behandlung erfahren haben, aber im Studienalltag bereits Verwendung finden

	Platz 1	Platz 2	Platz 3	Sonderpunkt
Prezi	3	3	1	0
Dropbox	3	2	0	0
Etherpad	0	0	2	0
Doodle	2	0	2	0
CiteULike	1	1	0	0
Delicious	2	0	0	0
Skype	0	1	0	1
Adobe Connect	0	1	0	0
YouTube	0	0	3	0
iTunes U	1	0	0	0
Vodpod	0	0	1	0
Google Docs	0	0	0	3
Mediawiki	0	0	1	1
Presentationgym	0	0	0	1

Tabelle 1: Nennungen erprobter Dienste

2 Ansprüche an die und Nutzen von Social Media

Grundsätzlich ist jeder Dienst, der die bereits genannten Merkmale von Social Media erfüllt, auch in einer kooperativen Form einsetzbar. Manche Dienste, z.B. solche zur Findung gemeinsamer Termine oder Dienste zur Kommunikation und Interaktion, sind aufgrund ihrer Natur von vornherein gruppenorientiert.

Andere hingegen können entweder für ausschließlich persönliche Aufgaben oder eben gruppenorientiert, eingesetzt werden. Die Unterscheidung, ob ein Dienst gruppenorientiert ist und damit die Beifügung „social" verdient oder als „persönlich" einzustufen ist, ist meist nicht in den Funktionen, sondern in der Nutzung des jeweiligen Dienstes zu suchen. Funktionen, die der Gruppenorientierung zuzuordnen sind, etwa die Versionsverwaltung von Dokumenten, können auch ein- und demselben Nutzer, begründet durch den orts- und zeitunabhängigen Einsatz, dienlich sein.

Die Analyse der Bewertungen ergab zwei Nutzen-Cluster. Die Aspekte des ersten Clusters handeln vom abwechselnden Arbeiten zu unterschiedlichen Zeiten in unterschiedlichen Umgebungen und Lebenslagen, egal ob sie persönlichen oder gruppenorientierten Aufgaben dienen.

„Sehr nützlich war Adobe Connect Now vor allem über die Weihnachtsferien, um Präsentationen, Gruppenarbeiten, etc. von zu Hause aus gemeinsam zu erledigen."

Teilweise lassen die Aussagen auf verschachteltes Arbeiten für das Studium, im Beruf, während einer Reise, in der Freizeit, im Urlaub oder im Krankenbett schließen. Von den **Freiheitsgraden des Arbeitens in unterschiedlichen Umgebungen und Lebenslagen** handelt der erste Nutzen-Cluster.

Die Aspekte des zweiten Clusters konzentrieren sich auf die Arbeit in Gruppen, dem Austausch, dem Zur-Verfügung-Stellen, dem Koordinieren und Kommunizieren, auf das Teilen und Nutzen. Diesem Cluster wird der Begriff „Social Media" eher gerecht, doch die Dienste beider Nutzen-Cluster sind überwiegend ein- und dieselben. Sie erleichtern die gleitende Durchlässigkeit vom überwiegend individuellen Arbeiten zum gruppenorientierten Arbeiten und umgekehrt.

2.1 Flexibles Arbeiten in unterschiedlichen Umgebungen

Den Nennungen ist zu entnehmen, dass die TeilnehmerInnen unterschiedliche Arbeitsplätze, Endgeräte, Computer bzw. Smartphones (mobile Endgeräte) zur Erledigung privater oder universitärer Aufgaben, bzw. Aufgaben aus den Erwerbsarbeiten verwenden.

„Da ich sowohl beruflich als auch privat auf mehreren Computern, als auch auf einem Laptop arbeite.."

Den Bewertungen ist auch zu entnehmen, dass TeilnehmerInnen zwischen Wohnsitz und Studienort mit öffentlichen Verkehrsmitteln pendeln und daher während der Fahrt Arbeiten erledigen möchten. Somit ergibt sich der Wunsch nach einer ausreichenden Internetverbindung mit mobilen Endgeräten oder nach der Möglichkeit „offline" weiterarbeiten zu können.

Im Zusammenhang mit Arbeitsschritten in unterschiedlichen Arbeitsumgebungen werden Funktionen jener Dienste genannt,

- die zur Vermeidung von **Kompatibilitätsproblemen** beitragen,

- einen automatisierten Abgleich, bzw. eine **Synchronisation** mit Daten individueller Werkzeuge durchführen,

- eine **jederzeitige Verfügbarkeit der Dokumente** (aus der Cloud) unterstützen,

- das Einbetten von Elementen fremder Dokumente in eigene Dokumente

- oder Abgleich unterschiedlicher Datenbestände fördern.

Der Bedarf an automatisierter Synchronisation wird in folgender Bemerkung ausgedrückt:

> „Was die Arbeit mit Dropbox enorm vereinfacht ist die Tatsache, dass sich der Drop-box-Ordner direkt in die Ordner-Struktur des eigenen Betriebssystems einfügt".

Synchronisation trifft darüber hinaus auch dann zu, wenn der Terminkalender am persönlichen Endgerät mit Daten der Terminumfrage aus dem Dienst „doodle" automatisiert abgeglichen wird. Oder, wenn die Möglichkeit besteht, bibliografische Angaben des Quellen-Verwaltungs-Dienstes „citeulike" in individuell erstellte Dokumente integriert werden können.

Das **Vermeiden von Kompatibilitätsproblemen** ist Resultat des Einsatzes unterschiedlicher Betriebssysteme auf unterschiedlichen Endgeräten und betreffen den Heim- oder Studienarbeitsplatz, Arbeitsplätze an der Universität (z.B. für Präsentationen im Hörsaal) oder Arbeitsplätze im Rahmen der Erwerbsarbeit. Den Dokumentationen zu Folge, handelt es sich hauptsächlich um Versionen der Betriebssysteme „Windows" und „OS X" auf Laptops bzw. Standrechnern und „iOS" bzw. „Android" auf Mobilgeräten.

Positiv werden im Kontext der Kompatibilität auch jene Dienste bewertet, deren Funktionsumfang und Darstellung im User-Interface, auf unterschiedlichen Endgeräten analog umgesetzt sind.

Der Entfall der Notwendigkeit zur expliziten Beachtung von Dateiformaten, findet ebenso Niederschlag in den Beurteilungen zur Kompatibilität, wie die Tatsache, keine dedizierten Anwendung auf den genutzten Endgeräten installieren zu müssen. Da Webapplikationen in der Regel weder die Beachtung der Dateiformate noch – mit Ausnahme der zum Selbstverständnis gewordenen Browser – dedizierte Anwendungen erfordern, erfreuen sie sich entsprechender Beliebtheit.

Die jederzeitige Verfügbarkeit benötigter Dokumente in den Speicherplätzen der Cloud, findet ebenso viel Beachtung wie der automatische Abgleich (Synchronisation) der Dokumente mit dem/den persönlichen Endgeräten. Die gewünschte Funktion zeigt sich in der Feststellung:

> „Im Universitätsalltag bietet dies die Möglichkeit, zum Beispiel Präsentationen im Hörsaal zu öffnen, ohne einen USB-Stick anschließen zu müssen" ..

.. im Kontext des Dienstes „Prezi".

2.2 Teilen und Nutzen

Teilen und Nutzen sind zwei korrespondierende Seiten derselben Medaille. Teilen ist der gebende Anteil, Nutzen der nehmende. Doch beide beinhalten auch den jeweils gegenüberliegenden Aspekt. Wer in den Social Media teilt, hat die Chance auf Rückmeldung oder den Beitrag anderer, wer nutzt, trägt mindestens zur Nutzungsstatistik bei oder kommentiert und bewertet.

2.2.1 Zeitgleiches Arbeiten

Zeitgleiches Bearbeiten von Dokumenten durch mehrere Benutzer findet bei unterschiedlichen Diensten eine besondere Erwähnung. Fehlt ein zur Kooperation parallel verfügbarer Kommunikationskanal (z.B. Chat), so wird dieser entweder durch separate Dienste (z.B. Skype) ergänzt und als Mangel aufgezeigt.

2.2.2 Kollaborieren und Teilen unter Kontrolle

Hinweise auf die erwünschte Kontrolle des Kooperierens und Teilens finden sich in Formulierungen wie:

„Hauptsächlich bin ich davon begeistert, dass man ohne Probleme die einzelnen Arbeitsschritte der beteiligten Personen nachvollziehen kann."

„Auf Grund der Möglichkeit vollumfänglich synchron kollaborativ arbeiten zu können und dabei zu jedem Zeitpunkt zu sehen, an welchen Stellen der Präsentation die anderen Gruppenmitglieder momentan arbeiten."

Nennungen wie „Versionskontrolle", „sehen wer, was macht", „nachvollziehen können" oder „Timeline" fallen unter denselben Aspekt. Es soll „Beschädigung durch andere BenutzerInnen" entgegengewirkt werden.

Kontrolle wird aber auch im Zusammenhang mit der Freigabe von Dokumenten gefordert. Es scheint wichtig, dass „Privatsphäre-Einstellungen" möglich sind.

2.2.3 Offenes Arbeiten

Offenes Arbeiten drückt sich einerseits in der Möglichkeit aus „**nichtregistrierte** Benutzer teilnehmen zu lassen." Genannt werden Dienste welche die Möglichkeit bieten, jederzeit Gäste ohne Zwang zur Registrierung zur Mitarbeit einladen zu können.

„Über einen öffentlichen Ordner können auch Personen zugreifen, die Dropbox selbst nicht verwenden."

Der Wunsch nach offenem Arbeiten wird auch in nachfolgender Bemerkung ausgedrückt:

„...besonders auch die Angebote von großen internationalen Bildungseinrichtungen nutzen zu können."

Quellen

Huber L. (2009). *Warum Forschendes Lernen nötig und möglich ist,* in: L. Huber et al (Hrsg): "Forschendes Lernen im Studium". Bielefeld: UniversitätsVerlagWebler, 9-35.

S. Boll, S. Maaß & R. Malaka (Hrsg.): Workshopband Mensch & Computer 2013
München: Oldenbourg Verlag, 2013, S. 429–437

Von Orwell bis Facebook – Datensammlungen beim Lernen

Johann Höller

Institut für Datenverarbeitung in den Sozial- und Wirtschaftswissenschaften,
Johannes Kepler Universität Linz, Österreich

Zusammenfassung

Dieser Beitrag beschreibt die Möglichkeiten, digitale Medien für Lehrzwecke unter dem Aspekt „Kontrollsysteme" einzusetzen. Erfahrungen aus einem Experiment 1984 werden den Möglichkeiten heutiger Anwendungssysteme gegenübergestellt und daraus Schlussfolgerungen für die Nutzung aktueller Tools abgeleitet.

1 Einleitung

„Die Möglichkeiten der modernen Datenverarbeitung sind weithin nur noch für Fachleute durchschaubar und können beim Staatsbürger die Furcht vor einer unkontrollierbaren Persönlichkeitserfassung selbst dann auslösen, wenn der Gesetzgeber lediglich solche Angaben verlangt, die erforderlich und zumutbar sind" (BVerfG 1983, 6). Die Aussage stammt aus dem legendären „Volkszählungsurteil" des Bundesverfassungsgerichts in Karlsruhe, mit dem in Deutschland das „informationelle Selbstbestimmungsrecht" als Grundrecht abgeleitet wurde. 1983 – das war eine Zeit, als das WWW noch nicht einmal erfunden war, E-Mails praktisch nicht für private Zwecke genutzt wurden und viele der heutigen „Neuen Medien" höchstens Ideen waren, deren Realisierbarkeit noch in weiter Ferne lag.

Computer waren zu dieser Zeit noch weitgehend abgeschottete Inselsysteme; erste Ansätze einer Vernetzung versprach das System „Bildschirmtext". Es wurden in zwei deutschen Bundesländern eigene BTX-Feldversuchsgesetze erlassen, bei denen mit enormem Aufwand durch wissenschaftliche Begleitforschung die Folgen untersucht werden sollten, die die geplante massenhafte Verbreitung haben werde. Die Prognosen gingen von einer umfassenden Nutzung dieses Dienstes aus – nur die User folgten diesen Prognosen nicht. Dementsprechend gering verbreitet waren auch erste Weiterbildungsangebote, die mit der neuen Technik BTX angeboten wurden (wie etwa an der JKU Lackinger 1984).

Zu einem Überblick über das damalige Verständnis von „Neu" im Hinblick auf das, was wir heute „Neue Medien" nennen, siehe Bodenwinkler et al. 1985.

2   Das Orwell-Experiment

Ohne Orwell's Roman „1984" hätte die Jahreszahl 1984 sicherlich keine so „magische" Bedeutung erlangt; aber sein 1948 fertiggestelltes (1949 erschienenes) Werk bekam durch die technische Entwicklung auf dem Computersektor in den unmittelbar vorangehenden Jahren eine nicht voraussagbare Aktualität. Auch wenn die damaligen technischen Möglichkeiten noch weit hinter denen zurückblieben, mit denen wir heute konfrontiert sind, war die damalige gesellschaftliche Diskussion sehr geprägt von der Angst vor Überwachung und damit von Datenschutz als rechtlichem Konzept gegen diese drohende Gefahr. Das Volkszählungsurteil passt daher genau in diese Zeit einer gesellschaftskritischen Distanz zu Datensammlung und Überwachung.

Am Institut für Wirtschaftsinformatik und Organisationsforschung wurden damals Studierende in die Softwareentwicklung mittels MAI Business Basic eingeführt: Das dialogorientierte Minicomputersystem zeichnete sich dadurch aus, dass das Betriebssystem und der BASIC-Interpreter praktisch eine Einheit bildeten und so eine sehr einfach zu bedienende Softwareentwicklungsumgebung boten. Da die Syntax bei jeder Zeileneingabe geprüft wurde, erfolgte auch eine unmittelbare Fehlermeldung, wenn etwas falsch war. Diese Systemfunktionalität war der Anknüpfungspunkt für das im Folgenden beschriebene Experiment (siehe dazu auch Mittendorfer 1984).

Vorauszuschicken ist dazu noch, dass auch schon damals die Ressourcen knapp waren und die drei verfügbaren Computerarbeitsplätze daher rund um die Uhr zugänglich gemacht wurden. Um sicherzustellen, dass nur berechtigte Studierende (d. h. solche, die in die Lehrveranstaltungen des Instituts aufgenommen waren) das System nutzen konnten, wurde eine Anmeldeprozedur installiert. Damit war die Voraussetzung geschaffen, die Dauer der Tätigkeit sowie die dabei gemachten Fehler den Studierenden zuzuordnen. Es war jedoch nicht Absicht des Projekts, heimlich Daten zu sammeln, sondern ganz im Gegenteil, den Studierenden das Potenzial der Datensammlung bewusst zu machen und den Computer gleichsam als Dialogpartner zu personalisieren.

Fehlermeldungen wurden also nicht einfach als sachliche Information dokumentiert, sondern kommentiert und/oder interpretiert ausgedrückt. Sie wurden auch nicht immer in derselben Art und Weise verwendet, sondern – unter Verwendung von Zufallszahlen – gestreut.

```
Lieber Hans, das war ein Syntaxfehler!
Dateien haben 6 Zeichen, Keys sind nicht länger als definiert (oder will
Herr Mittendorfer vielleicht TO releasen?).
Hans, Du wiederholst Dich! Fehler Nr. 12 hatten wir gerade!
Herr Mittendorfer, wenn das so weitergeht, beschwere ich mich bei meiner
Gewerkschaft über Sie! Haben Sie jemals Programmieren gelernt? Wenn ja,
sagen Sie niemandem wo!
```

Schon diese Art der Kommunikation bewirkte ein starkes Überwachungsgefühl; das wurde komplettiert durch die Tatsache, dass das System ab einem gewissen Fehlerquotienten (Anzahl Fehler je Zeitraum) die weitere Arbeit untersagte und den User „zum Ausruhen" schickte.

```
1984        BESCHUETZERPROGRAMM                          04/01/1984
BIG BROTHER FUER HOELLER HANS                               10:13
-------------------------------------------------------------------

DU, lieber HANS, arbeitest heute seit 20 Minuten.
In dieser Zeit hast Du insgesamt 14 Fehler 12 gemacht.

Wer soviele Fehler macht, kann entweder nicht programmieren,
oder ist jedenfalls voruebergehend dazu nicht in der Lage.

Aus Ruecksicht auf Deine Gesundheit wirst Du daher heute von der Arbeit
entbunden. Melde Dich bitte sofort ab !!!

Gute Besserung
Dein Grosser Bruder !

>-----------------------------------------------------------------
```

Nachdem gerade beim Erlernen einer Programmiersprache Fehler unvermeidlich sind und vieles durch die Methode „Trial and Error" gelernt wird, war natürlich diese automatisierte Entscheidung eine spürbare Beeinträchtigung – gerade in Zeiten, in denen die verfügbare Zeit ohnehin knapp war. Allerdings war es aus systemtechnischen Gründen nicht möglich, den Benutzer wirklich von der Systemnutzung auszuschließen – als maximale Sanktion war die Blockade des Systems bzw. im Extremfall der Entzug der Benutzerberechtigung für zukünftige Systemanwendungen möglich.

```
1984        BESCHUETZERPROGRAMM                          04/01/1984
BIG BROTHER FUER HOELLER HANS                               10:17
-------------------------------------------------------------------

Und nun lassen Sie mich endlich in Ruhe und melden sich ab mit „/ENDE"
Sie missachten das jetzt zum 3. Mal, warten Sie 30 Sekunden

>-----------------------------------------------------------------
```

Die Reaktionen ließen nicht lange auf sich warten: Einige versuchten, das System auf technischer Ebene anzugreifen, die zugrundeliegenden Programme bzw. Dateien zu manipulieren bzw. zu löschen, während andere versuchten, sich dadurch zu behelfen, dass sie die Passwörter mit KollegInnen tauschten (oder sich sonst wie verschafften), um so unter mehreren Identitäten arbeiten zu können. Wieder andere – in deutlicher Minderzahl – versuchten, gemeinsame Protestmaßnahmen zu organisieren.

Es ging bei dem Experiment darum, das Überwachungspotenzial offenbar zu machen; typischerweise passiert Überwachung allerdings „im Geheimen". Wie auch der aktuelle Fall des Whistleblowers Edward Snowden zeigt, scheut staatliche Überwachung ebenso das Licht der Öffentlichkeit wie entsprechende Datensammlungen von privaten Unternehmen (siehe die umfangreiche Dokumentation bei europe-v-facebook.org).

Existiert haben die Daten, die beim Experiment Orwell verwendet wurden, vorher und nachher in gleicher Weise; den Unterschied machte nur aus, wie sie gespeichert und verarbeitet
wurden. Wenn das aber im Geheimen geschieht und die Daten bzw. Entscheidungen daraus
den Betroffenen nicht offenkundig gemacht werden, dann ist die Angst vor Überwachung
nicht unbegründet.

Selbstverständlich wurden nach Ende des Experiments die Umstände, insb. die Irrelevanz für
die Beurteilung, offengelegt sowie die Reaktionen mit den Studierenden diskutiert. Es dauerte aber wesentlich länger, bis das Misstrauen vor möglichen heimlichen Überwachungsmaßnahmen wieder verschwand.

3   Neue Medien heute

Wenn man heute von Neuen Medien spricht, dann meint man damit vor allem die digitalen
Medien, die sich durch umfassende Funktionalität, hochgradige Vernetzung und zunehmende
Mobilität der verwendeten Endgeräte auszeichnen. Allein schon für den „normalen" Betrieb
fallen also ungeheuerliche Datenmengen an, die für Überwachungs- und Kontrollsysteme
genutzt werden können.

Dazu kommt im Kontext von Lernmedien die Tatsache, dass für die Beurteilung die Kontrolle des Lernfortschritts eine Grundvoraussetzung darstellt. Ein bestimmtes Ausmaß an Kontrolle – unterschiedlich je nach Lehrveranstaltungstyp – ist daher systemimmanent.

Es sollte außer Streit stehen, dass trotz dieser Notwendigkeit von Kontrolle nicht jede technisch mögliche Kontrollmaßnahme dadurch gerechtfertigt werden kann, dass sie im Rahmen
eines Lehrszenarios durchgeführt wird. Selbstverständlich ist in diesem Zusammenhang
primär auf die datenschutzrechtlichen Bestimmungen hinzuweisen – aber auch andere
Rechtsvorschriften können Grenzen für den Einsatz von Lernmedien setzen bzw. Anforderungen an deren Verwendung stellen.

3.1   Lernmanagementsysteme

Lernmanagementsysteme, oft auch als Lernplattformen bezeichnet, werden hier als An-
wendungsprogramme verstanden, die primär der Bereitstellung und Verwaltung von Lehrin-
halten dienen. So bietet etwa die Lernplattform „Moodle" die Möglichkeit, den Lehrstoff
nach Wochen oder Themen in Blöcke zu gliedern, einzelne Blöcke erst unter Bedingungen
freizugeben und den einzelnen Blöcken „Arbeitsmaterialien" bzw. „Aktivitäten" zuzuordnen.

Arbeitsmaterial können im einfachen Fall Textfelder bzw. Textseiten, Link/URLs oder
StreamURLs sein; aber auch größere Objekte wie Dateien, Verzeichnisse und IMS-Content
können eingebunden werden. Arbeitsmaterialien sind „passiv"; d. h. sie liefern selbst keine
Daten zurück. Das System kann registrieren, wer wann diese Inhalte abgerufen hat – aber
Informationen über die Nutzungsdauer bzw. sonstige Details wie etwa die Verweildauer auf
einzelnen Seiten eines längeren Dokuments sind nicht verfügbar. Bei kleineren „Portionen"
kann allerdings aus der Sequenz von Aufrufen durchaus auf die Bearbeitungsdauer geschlossen werden.

Aktivitäten sind in Moodle z. B. Foren, Aufgaben und Abstimmungen. Es gibt viele andere Arten von Aufgaben bis hin zur Aktivität „Lernpaket", wo komplette SCORM-Pakete eingebunden werden können. Aktivitäten sind dazu gedacht, dass Studierende Rückmeldungen an die Plattform – und damit die Lehrenden – liefern. Das kann sich auf organisatorische Fragen ebenso beziehen wie auf Inhalte. Auch hier fallen neben dem gewollten Kern der Rückmeldung begleitend Daten an, die Schlüsse auf das Arbeits- bzw. Lernverhalten denkmöglich erscheinen lassen: Die IP-Adresse und damit ein wahrscheinlicher Standort, Informationen zum verwendeten Endgerät, bei mobilen Geräten möglicherweise auch genauere Informationen über den Standort, Zeitdauer der Lösung der Aufgabe, Informationen über wiederholte Lösungsversuche (wo zulässig) usw.

Es wird wohl kaum jemand daran zweifeln, dass man auch jede aktuelle Lernplattform dazu verwenden könnte, darauf basierend ein Kontrollsystem aufzubauen, das die Mächtigkeit des Orwell-Experiments bei weitem übersteigt. Vielleicht wäre das auch notwendig, denn nach der Erfahrung des Autors dominiert unter der Studierenden-Generation von heute das Gefühl, den Datensammlungen ohnehin nicht entgehen zu können. Sie messen dem Schutz ihrer Daten bzw. der Chance, durch sorgfältigen Umgang mit ihren Daten diese schützen zu können, wenig Erfolgschancen bei.

Diese Haltung ist für die Lehrenden zwar bequem – dennoch insgesamt nicht wünschenswert: „Individuelle Selbstbestimmung setzt aber – auch unter den Bedingungen moderner Informationsverarbeitungstechnologien – voraus, daß dem Einzelnen Entscheidungsfreiheit über vorzunehmende oder zu unterlassende Handlungen einschließlich der Möglichkeit gegeben ist, sich auch entsprechend dieser Entscheidung zu verhalten. Wer nicht mit hinreichender Sicherheit überschauen kann, welche ihn betreffenden Informationen in bestimmten Bereichen seiner sozialen Umwelt bekannt sind, und wer das Wissen möglicher Kommunikationspartner nicht einigermaßen abzuschätzen vermag, kann in seiner Freiheit wesentlich gehemmt werden, aus eigener Selbstbestimmung zu planen oder zu entscheiden. Mit dem Recht auf informationelle Selbstbestimmung wären eine Gesellschaftsordnung und eine diese ermöglichende Rechtsordnung nicht vereinbar, in der Bürger nicht mehr wissen können, wer was wann und bei welcher Gelegenheit über sie weiß." (BVerfG 1983, 46) Auch wenn diese Begründung ungefähr gleich alt ist wie das Orwell-Experiment, hat sie nicht an Aktualität verloren.

Vorbehaltlich besonderer gesetzlicher Vorschriften wird man daher als Richtschnur für die Verwendung von Daten in Lernplattformen festhalten: Daten, mit deren Verwendung die Studierenden rechnen konnten, werden zulässigerweise bei der Beurteilung herangezogen werden können. Besser ist es natürlich, wenn man es dabei nicht bei Vermutungen belässt, sondern den Studierenden klar kommuniziert, welche Informationen für Zwecke der Beurteilung gesammelt und ausgewertet werden. Österreichische Studierende haben ein gesetzliches Recht darauf: § 59 UG regelt die „Lernfreiheit", die auch das Recht umfasst (Abs. 6), von den Leiterinnen und Leitern der Lehrveranstaltungen vor Beginn jedes Semesters „über die Inhalte, die Methoden, die Beurteilungskriterien und die Beurteilungsmaßstäbe der Lehrveranstaltungsprüfungen" informiert zu werden.

3.2 Soziale Medien

Unter „Soziale Medien" sollen im vorliegenden Zusammenhang jene verstanden werden, die das gemeinsame Arbeiten bzw. Lernen mit anderen unterstützen. Typischerweise sind heute derartige Funktionalitäten auch Bestandteil vom LMS (Lehr 2011, 114). Die Frage, ob solche in LMS integrierte Tools angewendet werden sollen oder eigenständige Spezialanwendungen, ist primär eine Frage des pädagogischen Kontexts (Dalsgaard 2006) und für die hier zu untersuchende Frage von nachrangiger Bedeutung.

Eine wichtige Anwendungskategorie innerhalb der Sozialen Medien stellen Wikis und Blogs dar. Ihnen ist gemeinsam, dass mehrere Personen zusammenarbeiten, um ein Objekt zu schaffen. Während beim Blog eher das Schaffen einer Person im Mittelpunkt steht, die ihre Beiträge der Öffentlichkeit zur Kommentierung bereitstellt, tritt beim Wiki die Person, die Beiträge liefert, eher in den Hintergrund, während das geschaffene Objekt in den Vordergrund rückt. Untiet-Kepp (2012) unterscheidet beim kollaborativen Lernen (nach Roschelle und Teasley 1995, 70) zwei Ebenen der Zusammenarbeit, nämlich die der Kommunikation und der Ko-Konstruktion. „Kollaboration bedeutet somit, dass alle Mitglieder der Lerngruppe an der Bearbeitung der Aufgabe gleichermaßen mitwirken, also eine gemeinsame Lösung ko-konstruieren und während der Erstellung dieser Lösung miteinander kommunizieren. Andere Formen der Zusammenarbeit, vor allem die Kooperation, lässt sich durch diese Betrachtung der zwei Ebenen somit von der Kollaboration abgrenzen, da bei der kooperativen Aufgabenbearbeitung die Mitglieder der Lerngruppe die Aufgaben in Teilaufgaben aufteilen. Diese Teilaufgaben werden dann von jeweils einem der Gruppenmitglieder individuell bearbeitet. Die so entstandenen individuellen Teilergebnisse werden im Anschluss an diese individuelle Arbeitsphase zu einem Gesamtergebnis zusammengeführt."

Gemeinsam ist beiden Arten, dass das geschaffene Objekt ein Werk darstellen kann und dann dem urheberrechtlichen Schutz unterliegt. Der urheberrechtliche Schutz entsteht mit der Schaffung des Werkes – bzw. eines Beitrages dazu. Urheber eines Werkes ist, wer es geschaffen hat (§ 10 öUrhG); bilden die Ergebnisse des Schaffens mehrere Personen eine untrennbare Einheit, dann steht das Urheberrecht allen Miturhebern gemeinschaftlich zu (§ 11 leg. cit). Kollaboratives Arbeiten – typisch für Wikis – führt daher zur Miturheberschaft während die individuelle Bearbeitung von Teilaufgaben den einzelnen Urheber zuordenbar bleibt. Um die Voraussetzungen des Urheberrechts nachvollziehen zu können, müssen daher die einzelnen Aktivitäten bei der Erstellung bzw. Änderung eines Beitrages auf einem Wiki entsprechend aufgezeichnet werden. Allein schon daraus entsteht eine nicht unerhebliche Sammlung von Daten.

Das Urheberrecht erfordert aber nicht, dass der wirkliche Name des Urhebers angeführt wird – aus urheberrechtlicher Sicht ist auch die Verwendung von Pseudonymen („Nicknames") zulässig. Nicknames habe eine lange Tradition im Internet – und wenn man sich die Begründung des BverfG zum Volkszählungsurteil in Erinnerung ruft, durchaus auch ihre rechtliche Begründung.

Allerdings kollidiert die Verwendung von Nicknames im Sinne der Anonymität mit dem mit Lehrveranstaltungen verbundenen Erfordernis der Beurteilung der Studierenden. Zumindest gegenüber der Lehrveranstaltungsleitung kann daher die Anonymität bei der Erstellung von Beiträgen nicht bestehen bleiben.

Wenn Kollegen vorsehen, in Lehrveranstaltungen die Veröffentlichung von Beiträgen mit Angabe des Klarnamens zum Bestandteil der Beurteilung zu machen, dann muss das jedenfalls im Grundsatz als problematisch angesehen werden. Es kann sicher Gründe geben, die eine solche Anforderung aufgrund des Studienfortschritts, der Aufgabenstellung der Lehrveranstaltung und ihrer Stellung im Curriculum ausnahmsweise als zulässig erscheinen lassen.

Abgesehen von der rechtlichen Problematik scheint es auch didaktisch wenig sinnvoll, den Studierenden damit zu „drohen", jeder Fehler wäre lebenslang und unlöschbar im Internet nachzulesen. Es mag zwar dann wahrscheinlich Beiträge mit weniger Fehlern geben – aber es wird auch weniger Beiträge geben, vor allem von Studierenden, die noch Unsicherheiten in der Beherrschung des Lernstoffes aufweisen und diese tendenziell von der Mitwirkung unter diesen Umständen abhalten.

Wenn oben ausgeführt wurde, dass die Frage ob in LMS integrierte Tools oder eigenständige Anwendungssysteme verwendet werden, von nachrangiger Bedeutung sei, so kommt dieser Frage unter dem Aspekt der Öffentlichkeit nun doch Bedeutung zu: Wenn solche Tools in einem LMS integriert sind, dann steht der Zugriff idR auch nur angemeldeten Personen offen – und stellt damit dieselbe Situation her, die auch im Hörsaal bzw. Seminarraum herrscht.

Die andere sichere Alternative stellt die Verwendung von öffentlichen Diensten und Verwendung von Pseudonymen dar, deren Anonymität nur gegenüber der Lehrveranstaltungsleitung aufgehoben wird.

Besonders problematisch erweist sich der Einsatz von Tools, die von den Benutzern die Registrierung unter dem tatsächlichen Namen verlangen (vgl. Punkt 4 der Registrierungsbedingungen von Facebook „Facebook-Nutzer geben ihre wahren Namen und Daten an") und bei denen die ausnahmsweisen Gründe für den Einsatz in der Öffentlichkeit nicht vorliegen: Auch wenn das einfach sein mag und auch die Zielgruppe der Studierenden keine Bedenken hegt, das Werkzeug selbst zu verwenden, sollte man sich den Einsatz solcher Tools gut überlegen. Rechtlich sei angemerkt, dass die Zustimmung aller Betroffenen selbstverständlich den Einsatz unanfechtbar macht – wobei eine solche Zustimmung allerdings jederzeit widerrufen werden kann.

3.3   Elektronische Prüfungen

Eine besondere Form von Aktivitäten sind elektronische Prüfungen, egal ob sie nun auf Multiple-Choice-Tests, offenen Fragen oder sonstigen Frage- oder Aufgabenstellungen beruhen. Wie auch bei Prüfungen ohne Computereinsatz „verschärfte" Kontrollmaßnahmen gegenüber normalen Lehrveranstaltungsterminen üblich sind, wird dies auch bei elektronisch durchgeführten Prüfungen gerechtfertigt sein.

So wird etwa eine laufende Videoüberwachung von Seminarräumen im Regelfall unzulässig sein – jedenfalls dann, wenn dies den Studierenden nicht offengelegt wird. Wer etwa an einer Lehrveranstaltung teilnimmt, die auch an andere Standorte übertragen wird bzw. bei der andere Studierende via Videokonferenz teilnehmen, wird sich nicht darauf berufen können, von der Bild- und Tonaufzeichnung nicht informiert worden zu sein. Auch ist es in normalen Lehrveranstaltungen unüblich, die Authentizität der Teilnehmer festzustellen.

Im Rahmen von elektronisch abgehaltenen Prüfungen ist es etwa zulässig, zur Feststellung der Authentizität der Personen bzw. der tatsächlichen individuellen Leistungserbringung etwa

- maschinenlesbare Ausweise und deren Daten auszulesen und diesen Echtdaten (z.B. Aufnahme eines aktuellen Bildes) gegenüberzustellen;

- Aufzeichnungen zur Kontrolle der einzelnen Arbeitsschritte (z. B. Screenshots) anzufertigen;

- die Verwendung von nicht zugelassenen Diensten und Funktionen zu verhindern bzw. solche Zugriffsversuche zu protokollieren.

Selbstverständlich gilt auch hier das Gebot, die Studierenden über die getroffenen Überwachungsmaßnahmen zu informieren; die Konsequenz, dadurch die Studierenden an Handlungen zu hindern, die einer Feststellung des tatsächlichen Leistungsvermögens entgegenstehen, ist hier durchaus gewollt und rechtlich anerkannt.

4   Fazit

Computer sind potentiell sehr gute Überwachungs- und Kontrollsysteme – sowohl im nützlichen wie auch im bedrohlichen Sinne. Der Erfolg der Lehre wird gemessen durch Kontrolle, ob bestimmte vorgeschriebene Kompetenzen erreicht wurden. Die Kontrollfunktionen von Computersystemen sammeln eine Unmenge von Daten – oftmals mehr als sinnvoll für den Lehrzweck verarbeitbar sind.

Studierende haben die geringeren technischen Möglichkeiten der Vergangenheit extrem als „Überwachung" erlebt – Studierende von heute wissen mehr über die Überwachungsmöglichkeiten, scheinen diese aber lethargischer hinzunehmen. Auch wenn also die Gefahr von Beschwerden durch Studierende nicht sehr groß ist, sollten die technischen Möglichkeiten zur Kontrolle nur beschränkt genutzt werden:

- Es nützt in Lernszenarios wenig, alle gemachten Fehler zu dokumentieren; schließlich soll man aus Fehlern lernen und das Ergebnis im Vordergrund stehen.

- Der Zwang zur Nutzung öffentlicher Medien mit Klarnamen ist problematisch und bedarf einer Begründung.

- Man kann auch darauf hoffen, dass Studierende in Zukunft wieder mehr Sensibilität für das Thema Datenschutz mitbringen. Wenn sich Lehrende schon heute darauf einstellen, werden sie auch zukünftig auch keine Probleme haben.

In diesem Sinne gilt die grundsätzliche Empfehlung des Datenschutzes auch hier: Weniger ist Mehr – weniger Kontrolldaten zu sammeln bringt ein Mehr an didaktischem Nutzen und ein Mehr an Datenschutz.

Literaturverzeichnis

Bodenwinkler, P. (1985). *Neue Technologien für den betrieblichen Einsatz: Anwendungsbereiche und Auswirkungen der Mikroelektronik*, Wien: Orac.

BVerfG, 1 BvR 209/83 u.a. vom 15.12.1983

Dalsgaard, C. (2006). *Social software: E-learning beyond learning management systems*, unter: http://www.eurodl.org/materials/contrib/2006/Christian_Dalsgaard.htm (7. 7. 2013)

Lackinger, H. & Mühlbacher J. (1984). *Lernen mit Bildschirmtext: dezentral und zeitlich ungebunden*, Linz: JKU.

Lehr, C. (2011). *Web 2.0 in der universitären Lehre*, Boizenburg: Verlag Werner Hülsbusch.

Mittendorfer, H. (1984). *Experiment Orwell (Arbeiten unter Kontrolle)*, in: Symposium: "Der Computer als Instrument wissenschaftlicher Lehre und Forschung": Salzburg.

Untiet-Kepp, S.J. (2012). *Adaptives Feedback zur Unterstützung in kollaborativen Lernumgebungen*, Boizenburg: Verlag Werner Hülsbusch.

Kontaktinformationen

Johann Höller, E-Mail: johann.hoeller@jku.at

Johannes Kepler Universität Linz, Institut für Datenverarbeitung in den Sozial – und Wirtschaftswissenschaften

Altenbergerstraße 69, 4040 Linz

Workshop

Zur Forschung im Bereich der Entwicklung interkultureller Benutzungsschnittstellen

Rüdiger Heimgärtner

Thomas Mandl

Christa Womser-Hacker

S. Boll, S. Maaß & R. Malaka (Hrsg.): Workshopband Mensch & Computer 2013
München: Oldenbourg Verlag, 2013, S. 441–449

Zur Forschung im Bereich der Entwicklung interkultureller Benutzungsschnittstellen

Rüdiger Heimgärtner[1], Thomas Mandl[2], Christa Womser-Hacker[2]

[1]Intercultural User Interface Consulting (IUIC)

[1]ruediger.heimgaertner@iuic.de

[2]Universität Hildesheim, Institut für Informationswissenschaft und Sprachtechnologie

[2]{mandl, womser}@uni-hildesheim.de

Zusammenfassung

Informationssysteme und Benutzungsschnittstellen entstehen zunehmend in internationalen Kontexten. Zum einen sollen Interfaces global zur Verfügung gestellt werden, zum anderen erfolgt die Entwicklung in Kooperation zwischen weltweit verteilten Gruppen. Somit ist neben Usability Engineering im interkulturellen Kontext immer stärker auch interkulturelles HCI Design gefragt. Der Workshop verfolgt mehrere Ziele. Zunächst soll die bisherige Forschung zum Thema ‚Intercultural HCI' gebündelt werden, um danach aktuelle Arbeitsschwerpunkte und Projekte zu analysieren und anstehende thematische Herausforderungen zu identifizieren. Daraus sollen passende Maßnahmen abgeleitet und definiert werden. Neben der Zusammenstellung der Schwerpunktthemen sollte sich auch ein Portfolio von Experten erstellen lassen, um die Forschungstendenzen auch namentlich einzuordnen. Durch Nutzung heutiger Networking-Möglichkeiten und Austauschplattformen sowie anhand von Dialogen zu geplanten Ereignissen bzw. Veranstaltungen, soll nach einem halben Tag Workshop eine Übersicht zu aktuellen Themen, Kompetenzen und Experten im Bereich der Forschung zur Entwicklung interkultureller Benutzungsschnittstellen sowie eine Roadmap zu den kurz- und mittelfristigen Herausforderungen im Bereich der interkulturellen HCI (z.B. zu Themen, Personen, Terminen, Ereignissen, Veranstaltungen usw.) vorliegen.

1 Einleitung

Ausgehend von der Eisbergmetapher der kulturellen Einflüsse auf das User Interface Design (vgl. (Hoft, 1996)), werden insbesondere die visuellen Aspekte von Benutzungsoberflächen kulturell angepasst, weniger aber Elemente der Navigation und der Interaktion (vgl. (K. Röse & Zühlke, 2001), Abbildung 2). Häufig sind Systemarchitekturen eher auf die Anpassung von Sprache, Farben und Icons ausgelegt werden, weniger aber auf die Adaption von Interaktionsgeschwindigkeit, Informationsdichte oder Dialogstruktur. Zwar gibt es einzelne Untersuchungen im deutschsprachigen Raum (vgl. (Röbig, Didier, & Bruder, 2010)) und im internationalen Bereich (vgl. (Torkil Clemmensen et al., 2010)). Bisher ist aber noch nicht systematisch erforscht, wie sich die Design- und Entwicklungsprozesse von Benutzungsschnittstellen als auch das Usability Engineering mit all den einschlägigen Methoden im Einsatz in verschiedenen Kulturen unterscheiden und welchen Einfluss dies sowohl auf das HCI-Design als auch auf die Verwendung der Produkte und damit auf deren Usability und die User Experience hat (vgl. (Torkil Clemmensen & Roese, 2009), (Plocher, Patrick Rau, & Choong, 2012)).

Ein weiterer wichtiger Bereich ist die Perspektive des Internationalen Software-Engineering und das Management von globalen UX und Entwickler Teams und den dafür am besten geeigneten Methoden (z.B. (Paasivaara & Lassenius, 2003), (Ramasubbu, Cataldo, Balan, & Herbsleb, 2011)). Eine komplette Zusammenschau und systematische Ergebnisdarstellung und letztliche Verbindung aller Ergebnisse in einem möglichen Modell für kulturell beeinflusste HCI stehen noch aus – auch wenn auch hier bereits erste Versuche unternommen werden (z.B. (T. Clemmensen, 2009), (Rüdiger Heimgärtner, 2013b)).

Neuere Veröffentlichungen analysieren den Stand der Forschung im internationalen Bereich (vgl. (Rüdiger Heimgärtner, 2013a)). Es zeigt sich, dass seit dem Jahr 2000 die Anzahl der Arbeiten im Bereich der Verquickung von Kultur und HCI Design sehr stark zugenommen hat. Daher ist es auch sinnvoll, die Arbeiten im deutschsprachigen Raum mit dem internationalen Stand zu vergleichen. Im Moment arbeiten ca. 100 Forscher in Deutschland an interkulturellen Themen im HCI-Design. Insbesondere in den Bereichen „Interkulturelles User Interface Design" und „Interkulturelles Usability Engineering" gibt es sowohl Arbeiten und Veröffentlichungen als auch Konferenzen (z.B. M&C, Technik & Kultur etc., vgl. (Honold, 2000), (Kerstin Röse, 2002), (Vöhringer-Kuhnt, 2002), (Knapp, 2007), (Windl & Heimgärtner, 2013), (Röbig et al., 2010), (Biesterfeldt & Capra, 2011), (Ressin, Abdelnour-Nocera, Smith, th International Conference on Agile Processes in Software, & Extreme Programming, 2011), (André, Dybkjær, Minker, & Heisterkamp, 2004), (Leiber, 2010), (Kralisch, 2006), (Reinecke & Bernstein, 2009), (Berendt & Kralisch, 2007), (Elisabeth Kamentz & Womser-Hacker, 2003), (E. Kamentz & Mandl, 2003), (Maier, Mandl, Röse, Womser-Hacker, & Yetim, 2005), (Rüdiger Heimgärtner, 2012), (Hodemacher, Jarman, & Mandl, 2005), (Mandl & Womser-Hacker, 2009)).

2   Workshop

Mit dem Workshop wird eine Bündelung des Wissens in diesem Bereich verfolgt, um Parallelarbeit zu vermeiden und durch gezielte Ressourcennutzung einen Wissensvorsprung zu erzielen, der auch auf internationaler Ebene trägt und konkurrieren kann (vgl. z.B. (Torkil Clemmensen, 2012), (Abdelnour-Nocera, Smith, et al., 2011), (Plocher et al., 2012), (Rau, Plocher, & Choong, 2012), (Bidwell, 2011b), (Görtz, Mandl, Werner, & Womser-Hacker, 2012)).

Das aktuelle Forschungsgeschehen im deutschsprachigen Raum hinsichtlich interkultureller HCI ist heterogen und facettenreich. Der Workshop soll die verschiedene Forschungsstränge zutage fördern, um die Basis für nationale und internationale Standards in diesem Bereich schaffen zu können (vgl. GUPA 2012, (Bevan, 2001)). Damit verbunden ist eine beabsichtigte Stärkung der deutschsprachigen Forschungsgemeinde sowie eine verstärkte Internationalisierung.

Die Workshop-Teilnehmer erhalten einen Überblick zum aktuellen ‚State of Art' im Bereich „Intercultural HCI Design". Dabei wird der Austausch mit Kollegen, die am gleichen Thema arbeiten gefördert und ein Überblick zu individuellen Schwerpunktthemen ermöglicht. Der Workshop soll auch als Plattform für Dialog und Networking dienen und die Diskussion, den Austausch zu aktuellen Ansätzen und Projekterfahrungen und der Festigung von persönlichen Kontakten und Kooperationsbeziehungen fördern, was schließlich zur Stärkung der Lobby und der Durchführung von Gemeinschaftsprojekten in der deutschsprachigen HCI-Community beitragen soll. Dieser Effekt kann noch weiter verstärkt werden, wenn die Ergebnisse des Workshops im Nachgang auf internationalem Parkett präsentiert werden (z.B. auf Konferenzen wie Interact / CHI / UPA / HCII / IWIPS oder Journalen wie IJHCI / IHCI), um den erarbeiteten Synergie-Effekt im deutschsprachigen Raum auch in den internationalen Raum zu projizieren und die Ergebnisse auch auf internationaler Ebene zu integrieren.

In einem halbtägigen Workshop werden Positionen und Herausforderungen aus der Praxis gesammelt und gemeinsam diskutiert. Ergebnis soll eine Bestandsaufnahme, eine Klassifikation und Vorschläge für Gestaltungsanforderungen leichtgewichtiger Systeme sein. Der Workshop wird in zwei Abschnitte gegliedert. Im ersten Abschnitt werden die Positionen der eingereichten Beiträge vorgestellt und die wesentlichen Punkte innerhalb einer kurzen Zeitfrist demonstriert und erläutert. Der zweite Teil wird aus einer gemeinsamen Arbeitsphase bestehen, bei der übergeordnete Aspekte identifiziert und klassifiziert werden können, damit diese in Zukunft strukturierter angegangen werden können. Als Ziel des Workshops steht die Zusammenfassung der erarbeiteten Ergebnisse einem gemeinsamen Papier aller Beteiligten.

Ein ähnliches Vorgehen war auf der Interact 2011 im Rahmen des Workshops „Reframing HCI through indigenous perspectives" auf internationaler Ebene erfolgreich ((Abdelnour-Nocera, Kurosu, et al., 2011)), die Tiefe und Weite der Reflektion der Forschungsmethoden und das Bewusstsein für zusätzliche Perspektiven innerhalb des HCI-Designs und der HCI-Forschung zu erweitern.

2.1 Ablauf

Zunächst werden im Workshop die Erfahrungen der Workshop-Autoren und alle Positionspapiere vorgestellt, um ihre Sicht auf den aktuellen Stand der Forschung im Bereich interkulturelles HCI Design (basierend auf Literaturrecherchen) zu präsentieren und gemeinsamen für den deutschsprachigen Raum zu vervollständigen.

Das aus verschiedenen Perspektiven gezeichnete Bild kann dabei vielfältige Themenbereiche angefangen von der Gestaltung von interkulturellen Sprachdialogen und Benutzeroberflächen über die Analyse kultureller Interaktionsunterschiede bis hin zu Usability Engineering und Prozessanpassung im interkulturellen Kontext innerhalb der Produktentwicklung umfassen.

Die Inhalte des Workshops werden damit überwiegend durch die Statements der Teilnehmenden bestimmt. Anhand der vorab eingereichten Positionspapiere werden die Themenfelder durch die Moderatoren voneinander abgegrenzt und im Workshop eine Roadmap anhand der Ergebnisse bisheriger Forschung erstellt. Daraus werden analytisch mögliche Antworten auf die Forschungsfragen ermittelt und begründet sowie im Rahmen der Diskussion innerhalb des Workshops einer ersten Evaluation unterzogen.

Gemeinsam mit den Workshop-Teilnehmern wird dabei die Verfügbarkeit theoretischer und empirischer Arbeiten hinsichtlich kultureller Mensch-Computer-Interaktion im deutschsprachigen Raum eingeschätzt, um festzustellen, in welcher Form ein wissenschaftlicher Fortschritt im Bereich des „Intercultural User Interface Design (IUID)" zu erkennen ist (vgl. (Rüdiger Heimgärtner, 2013a)).

Die Einführung, Moderation und Zusammenführung der Beiträge in der Diskussion sowie die abschließende Ergebnisaufbereitung übernehmen die Workshop-Moderatoren. Im Workshop soll außerdem geklärt werden, ob die Ergebnisse in einen Überblicksartikel für die Zeitschrift I-Com einfließen können bzw. weiter auch auf internationaler Ebene veröffentlicht werden sollen.

Ziel ist es, aufzuzeigen, was bisher in der deutschsprachigen HCI-Community zum Thema ‚Intercultural HCI' geforscht wurde und welche Projekte aktuell bearbeitet werden. Danach sind aktuelle Arbeitsschwerpunkte zu analysieren und anstehende thematische Herausforderungen zu identifizieren. Wir wollen herausfinden, wo die Kompetenzen im deutschsprachigen Raum liegen und wo bzw. wie sich die Community im internationalen Kontext einordnen kann. Daraus ableitend kann eine Übersicht zu Experten und Schwerpunktthemen erstellt werden. Abschließend müssen Maßnahmen definiert werden, wie die Forschungsgemeinde ihre Stärke in diesem Themenbereich besser in der internationalen HCI-Community einbringen und darstellen kann. Durch Nutzung der Ergebnisse heutiger Networking-Möglichkeiten und Austauschplattformen der Experten sowie anhand von Dialogen zu geplanten Ereignissen/Veranstaltungen, sollen nach einem halben Tag Workshop folgende Ergebnisse erarbeitet sein:

- Übersicht zu aktuellen Themen, Kompetenzen und Experten.
- Roadmap zu den kurz- und mittelfristigen Herausforderungen im Bereich „Interkulturelle HCI" (z.B. Themen / Personen / Termine + Ereignisse/Veranstaltungen / geplante Ergebnisse).

Daraus können für die tägliche Arbeit im Hinblick auf Design, Methodik und Prozess auch notwendige Kompetenzen und praktische Empfehlungen abgeleitet werden.

3   Einreichungen und bisherige Ergebnisse

Victoria Böhm und Christian Wolff klassifizierten die Forschungsarbeiten zu Usability Engineering-Methoden in den letzten Jahren nach DIN EN ISO TR 16982 (Ergonomie der Mensch-System-Interaktion - Methoden zur Gewährleistung der Gebrauchstauglichkeit, die eine benutzerorientierte Gestaltung). Es zeichnet sich dabei die Tendenz, dass häufiger Methoden der „direkten Benutzerbeteiligung" nach DIN ISO TR 16982 eingesetzt und untersucht werden. Vor allem Thinking aloud, Interview und Fragebögen werden sehr häufig verwendet. Expertenevaluation, automatische Evaluation und modellbasierte Ansätze sind als Methoden hier weniger häufig vertreten, obwohl gerade diese Aspekte eine systematische Herangehensweisen für HCI-Designprozesse unterstützen würden.

Dies spiegelt sich in den Anforderungen für den interkulturellen HCI Designprozess wider, welche Yvonne Schoper darlegt. Sie fordert entsprechend ausgereifte Prozesse und Methoden, um eine strukturierte und geführte interkulturelle Produktentwicklung sicherzustellen. Darüber hinaus sind auch interkulturelle Teams erforderlich, die Reibungsverluste bei der interkulturellen Kommunikation unter anderem durch den Einsatz agiler Methoden ausgleichen können.

In diesem Sinne ist im Bereich des interkulturellen Usability Engineerings der Multikulturalismus zu beachten: Jan Bobeth, Stephanie Deutsch und Manfred Tscheligi untersuchten dazu Benutzungsschnittstellen für Immigranten. Hier spielen z.B. Ängstlichkeit und Misstrauen der Probanden gegenüber den Forschern eine Rolle, welche mit entsprechend angepassten Methoden abgeschwächt bzw. umgangen werden muss. Dies involviert insbesondere Kultur- und Kognitionswissenschaft.

Es müssen die kognitiven Stile und mentalen Modell an- und abgeglichen werden. Christian Sturm überträgt diese Problematik aus psychologischer Sicht auf die entsprechende Anpassung von Produkten, Systemen und Diensten. Allerdings steht dieser Bereich der Forschung noch ganz am Anfang. Anders sieht es aus mit der Untersuchung offensichtlicher Verhaltensunterschiede.

Silvia und Urs Zimmermann eruierten kulturelle Unterschiede im online Blickverhalten mit 500 Benutzern aus 17 Ländern. Sie fanden heraus, dass die Fixationszeit bis zur ersten Navigation länderspezifisch ist. Deutsche Benutzer lassen sich hier z.B. mehr Zeit als spanische Benutzer. Dies ist auch so für die Zeit bis zum ersten Down-Scrollen oder der Betrachtung von Detailinformationen. Diese empirischen Ergebnisse decken sich mit dem Modell der HCI-Style-Scores von Rüdiger Heimgärtner, welche den Interaktionsstil von kulturellen Benutzergruppen beschreibt (z.B. germanisch vs. romanisch).

Um diese kulturelle Unterschiede im Online-Verhalten noch trennschärfer zu erforschen, haben Thomas Mandl und Christa Womser-Hacker ein Korpus für den interkulturellen Vergleich von Websites generiert. Dabei wurde ein interkulturelles Interface eingesetzt, damit Forscher leicht und schnell mit diesem Korpus arbeiten und Informationen abrufen und auswerten können.

Diese Anforderung, eine Benutzungsschnittstelle interkulturell nutzbar zu machen, stellt sich heute vor allem im mobilen Bereich. Handys sind heute weltweit erschwinglich und dienen als Vorstufe zur professionellen Computernutzung – auch und gerade für Menschen mit geringerem Einkommen. Astrid Beck untersuchte daher den Markt und die Nutzung mobiler Anwendungen im Fahrzeug in China.

Jakob Biesterfeldt plädiert dafür, entsprechende Methoden und Werkzeuge für den Zielmarkt verfügbar zu machen und beschreibt die aus vielen internationalen Projekten erfahrenen Anforderungen für die erfolgreiche Nutzung dieser Mittel im interkulturellen Kontext.

Rüdiger Heimgärtner sammelt permanent den aktuellen Forschungsstand im Bereich der Entwicklung interkultureller Benutzungsschnittstellen. Die Ergebnisse zeigen, dass die Forschungsaktivitäten in diesem Bereich seit etwa 2000 stark zugenommen haben. Insbesondere hinsichtlich der zu verwendenden Methoden in diesem Bereich nahm die Zahl der Veröffentlichung rasant zu.

Danksagung

Wir danken allen Teilnehmern und aktiven Mitwirkenden des Workshops.

Literaturverzeichnis

Abdelnour-Nocera, J., Kurosu, M., Clemmensen, T., Bidwell, N., Vatrapu, R., Winschiers-Theophilus, H., . . . Yeo, A. (2011). *Re-framing HCI through Local and Indigenous Perspectives.* Paper presented at the Lecture notes in computer science., Berlin; New York.

Abdelnour-Nocera, J., Smith, A., Moore, J., Oyugi, C., Camara, S., Ressin, M., . . . Wiles, A. (2011). The Centre for Internationalization and Usability: Enabling Culture-Centred Design for All. *Lecture notes in computer science.*(6949), 683-684.

André, Elisabeth, Dybkjær, Laila, Minker, Wolfgang, & Heisterkamp, Paul. (2004). Affective dialogue systems: Tutorial and research workshop, ADS 2004, Kloster Irsee, Germany, June 14 - 16, 2004 ; proceedings. 3068, from http://springerlink.metapress.com/openurl.asp?genre=issue&issn=0302-9743&volume=3068

Berendt, Bettina, & Kralisch, Anett. (2007). From World-Wide-Web Mining to Worldwide Webmining: Understanding People's Diversity for Effective Knowledge Discovery. *From Web to Social Web: Discovering and Deploying User and Content Profiles*, 102-121.

Bevan, Nigel. (2001). International standards for HCI and usability. *International Journal of Human-Computer Studies International Journal of Human-Computer Studies, 55*(4), 533-552.

Bidwell, NJ., Winschiers-Theophilus, Heike, Koch Kapuire, G., Rehm, M.,. (2011b). Pushing Personhood into Place: Situating Media in the Transfer of Rural Knowledge in Africa. . *Int. Journal of Human-Computer Studies. Ed. Cheverst, K., Willis, K., Special Issue on Locative Media, 69*(10), S 618-631.

Biesterfeldt, Jakob, & Capra, Miranda. (2011). *Leading International UX Research Projects.* Paper presented at the Design, User Experience, and Usability. Theory, Methods, Tools and Practice.

Clemmensen, T. (2009). Towards a Theory of Cultural Usability: A Comparison of ADA and CMU Theory. *In: HCD 2009, Held as Part of HCI International 2009, San Diego, CA, USA, July 19-24. Publications about Culture and Human-Computer Interaction (HCI). In: Human Work Interaction Design: Usability in Social, Cultural and Organization Contexts. IFIP Advances in Information and Communication Technology, 316/2010*, 98-112.

Clemmensen, Torkil. (2012). Usability Problem Identification in Culturally Diverse Settings. *Information Systems Journal, 22*(2), 151-175. doi: 10.1111/j.1365-2575.2011.00381.x

Clemmensen, Torkil, Ørngreen, Rikke, Katre, Dinesh, Yammiyavar, Pradeep, Clemmensen, Torkil, Ørngreen, Rikke, . . . Yammiyavar, Pradeep. (2010). Usability in a Cultural Context. In T. Clemmensen (Ed.), *Human Work Interaction Design* (pp. 3-20). Heidelberg: Springer.

Clemmensen, Torkil, & Roese, Kerstin. (2009). *An overview of a decade of journal publications about Culture and Human-Computer Interaction (HCI)* Retrieved from /z-wcorg/ database

Görtz, Matthias, Mandl, Thomas, Werner, Katrin, & Womser-Hacker, Christa. (2012). Challenges for Globalised Information Systems in a Multilingual and Multicultural Context. *Library and Information Science, 6*, 169-191.

Heimgärtner, Rüdiger. (2013a). *Intercultural User Interface Design* K. Blashki & P. Isaias (Eds.), *Emerging Research and Trends in Interactivity and the Human-Computer Interface*

Heimgärtner, Rüdiger. (2013b). Reflections on a Model of Culturally Influenced Human Computer Interaction to Cover Cultural Contexts in HCI Design. *International Journal of Human-Computer Interaction.*

Heimgärtner, Rüdiger (2012). *Cultural Differences in Human-Computer Interaction* (Paperback B: Einband - flex.(Paperback) ed. Vol. 1): Oldenbourg Verlag.

Hodemacher, D., Jarman, F., & Mandl, T. (2005). *Kultur und Web-Design: Ein empirischer Vergleich zwischen Großbritannien und Deutschland.* Paper presented at the Mensch & Computer 2005: Kunst und Wissenschaft – Grenzüberschreitungen der interaktiven ART., Wien.

Hoft, Nancy L. (1996). Developing a cultural model. In E. M. Del Galdo & J. Nielsen (Eds.), *International users interface* (pp. 41-73): John Wiley & Sons, Inc.

Honold, Pia. (2000). *Interkulturelles usability engineering: Eine Untersuchung zu kulturellen Einflüssen auf die Gestaltung und Nutzung technischer Produkte* (Als Ms. gedr. ed. Vol. 647). Düsseldorf: VDI Verl.

Kamentz, E., & Mandl, T. (2003). Culture and E-Learning: Automatic Detection of a Users' Culture from Survey Data. In V. R. K. H. P. C. J. D. D. Evers (Ed.), *Proceedings of the Fifth International Workshop on Internationalisation of Products and Systems* (pp. 189-210). IWIPS 2003, Germany, Berlin, 17-19 July 2003. Kaiserslautern: University of Kaiserslautern.

Kamentz, Elisabeth, & Womser-Hacker, Christa. (2003). Defining Culture-Bound User Characteristics as a Starting-Point for the Design of Adaptive Learning Systems. *J. UCS, 9*(7), 596-607.

Knapp, B. (2007). Mental Models of Chinese and German Users and Their Implications for MMI: Experiences from the Case Study Navigation System. *Lecture Notes in Computer Science, 4550,* 882.

Kralisch, A. (2006). *The Impact of Culture and Language on the Use of the Internet Empirical Analyses of Behaviour and Attitudes.* (Dissertation), Berlin.

Leiber, Paul. (2010). *Ergonomische Produktgestaltung am Beispiel mobiler Geräte im interkulturellen Vergleich: China – Deutschland – USA.* (Dissertation). Retrieved from http://nbn-resolving.de/urn:nbn:de:bsz:ch1-qucosa-62582

Maier, Edith, Mandl, Thomas, Röse, Kerstin, Womser-Hacker, Christa, & Yetim, Fahri. (2005). Internationalisierung von Informationssystemen: Kulturelle Aspekte der Mensch-Maschine-Interaktion. In A. Auinger (Ed.), *Workshops-Proceedings der 5. fachübergreifenden Konferenz Mensch und Computer 2005* (pp. 57-58). Wien.

Mandl, Thomas, & Womser-Hacker, Christa (2009). Wirtschaftsinformatik: Kulturelle Aspekte von Informationssystemen. *WISU: Das Wirtschaftsstudium., 8-9/09,* 1135-1140.

Paasivaara, Maria, & Lassenius, Casper. (2003). Collaboration practices in global inter-organizational software development projects. *Software Process: Improvement and Practice, 8*(4), 183-199. doi: 10.1002/spip.187

Plocher, Tom, Patrick Rau, Pei-Luen, & Choong, Yee-Yin. (2012). Cross-Cultural Design *Handbook of Human Factors and Ergonomics* (pp. 162-191): John Wiley & Sons, Inc.

Ramasubbu, Narayan, Cataldo, Marcelo, Balan, Rajesh Krishna, & Herbsleb, James D. (2011). *Configuring global software teams: a multi-company analysis of project productivity, quality, and profits.* Paper presented at the Proceedings of the 33rd International Conference on Software Engineering, Waikiki, Honolulu, HI, USA.

Rau, Pei-Luen Patrick, Plocher, Tom, & Choong, Yee-Yin. (2012). International Usability Evaluation *Cross-Cultural Design for IT Products and Services* (pp. 191-200): CRC Press.

Reinecke, Katharina, & Bernstein, Abraham. (2009). *Tell Me Where You've Lived, And I'll Tell You What You Like: Adapting Interfaces to Cultural Preferences.* Paper presented at the User Modeling, Adaptation, and Personalization. 22-26 June 2009, Trento, Italy.

Ressin, M., Abdelnour-Nocera, J., Smith, A., th International Conference on Agile Processes in Software, Engineering, & Extreme Programming, X. P. (2011). Defects and agility: Localization issues in agile development projects. *Lect. Notes Bus. Inf. Process. Lecture Notes in Business Information Processing, 77 LNBIP*, 316-317.

Röbig, Sinja, Didier, Muriel, & Bruder, Ralph. (2010). *Internationales Verständnis von Usability sowie Methodenanwendung im Bereich der Usability.* Paper presented at the Grundlagen - Methoden - Technologien, 5. VDI Fachtagung USEWARE 2010, Baden-Baden. http://tubiblio.ulb.tu-darmstadt.de/46312/

Röse, K., & Zühlke, D. (2001). *Culture-Oriented Design: Developers' Knowledge Gaps in this Area.* Paper presented at the 8th IFAC/IFIPS/IFORS/IEA Symposium on Analysis, Design, and Evaluation of Human-Machine Systems, September 18-20, 2001, Kassel, Germany.

Röse, Kerstin. (2002). *Methodik zur Gestaltung interkultureller Mensch-Maschine-Systeme in der Produktionstechnik* (Vol. 5). Kaiserslautern: Univ.

Vöhringer-Kuhnt, T. (2002). *The Influence of Culture on Usability.* (M.A. master thesis), Freie Universität Berlin.

Windl, Helmut, & Heimgärtner, Rüdiger. (2013). *Intercultural Design for Use - Extending Usage-Centered Design by Cultural Aspects.* Paper presented at the HCII 2013, Las Vegas.

Kontaktinformationen

Dr. phil. Rüdiger K. Heimgärtner
Intercultural User Interface Consulting (IUIC)
Lindenstraße 9
93152 Undorf
Deutschland
ruediger.heimgaertner@iuic.de
www.iuic.de

Prof. Dr. Thomas Mandl
Institut für Informationswissenschaft und natürliche Sprachverarbeitung
Universität Hildesheim
Marienburger Platz 22
31141 Hildesheim
Deutschland
mandl@uni-hildesheim.de
http://www.uni-hildesheim.de/iwist

Prof. Dr. Christa Womser-Hacker
Institut für Informationswissenschaft und natürliche Sprachverarbeitung
Universität Hildesheim
Marienburger Platz 22
31141 Hildesheim
Deutschland
womser@uni-hildesheim.de
http://www.uni-hildesheim.de/iwist

S. Boll, S. Maaß & R. Malaka (Hrsg.): Workshopband Mensch & Computer 2013
München: Oldenbourg Verlag, 2013, S. 451–456

Zum Forschungsstand im Bereich der Entwicklung interkultureller Benutzungsschnittstellen

Rüdiger K. Heimgärtner

Intercultural User Interface Consulting (IUIC)

Zusammenfassung

In diesem Positionspapier werden eine Kurzdarstellung des aktuellen Forschungsstandes im Bereich der Entwicklung interkultureller Benutzungsschnittstellen sowie ein Ausblick auf die künftige Forschung gegeben. Anschließend werden die wichtigsten Forschungsschwerpunkte, Forschungsthemen, verwendete Forschungsmethoden, das Forschungsnetzwerk, besuchte Veranstaltungen und interessante Publikationsplattformen des Autors vorgestellt. Der Aufwand, auf dem aktuellen Forschungsstand zu bleiben, wird aufgrund der regen Forschungsgemeinden in diesem Bereich immer höher und erfordert die permanente Anwendung und Weiterentwicklung entsprechender Recherchemethoden.

1 Zum Forschungsstand

1.1 Kurzdarstellung des Forschungsstandes

Ausgehend von der Eisbergmetapher der kulturellen Einflüsse auf das User Interface Design (vgl. (Hoft, 1996)), werden insbesondere die visuellen Aspekte des User Interface Designs kulturell angepasst, weniger aber Aspekte der Navigation und der Interaktion (vgl. (Kerstin Röse, 2001)). Es ist zu prüfen, ob bis heute Systemarchitekturen eher auf die Anpassung von Sprache, Farben und Icons ausgelegt werden, weniger aber auf die Adaption von Interaktionsgeschwindigkeit, Informationsdichte oder Dialogstruktur. Gemeinsam mit den Workshop-Teilnehmern wird die Verfügbarkeit theoretischer und empirischer Arbeiten hinsichtlich kultureller Mensch-Computer-Interaktion im deutschsprachigen Raum eingeschätzt, um festzustellen, in welcher Form ein wissenschaftlicher Fortschritt im Bereich des „Intercultural User Interface Development (IUID)" zu erkennen ist (vgl. (Rüdiger Heimgärtner, 2013a)). Zwar gibt es einzelne Untersuchungen im deutschsprachigen Raum (vgl. (Karasti & Baker, 2008)) und im internationalen Bereich (vgl. (Clemmensen, 2010)). Bisher ist aber noch nicht systematisch erforscht, wie sich die Design- und Entwicklungsprozesse von Benutzungsschnittstellen als auch das Usability Engineering mit all den einschlägigen Methoden im Einsatz in verschiedenen Kulturen unterscheiden und welchen Einfluss dies sowohl auf das

HCI-Design als auch auf die Verwendung der Produkte und damit auf deren Usability und die User Experience hat, auch wenn es bereits einige Arbeiten zu diesen Themen gibt (vgl. (Clemmensen & Roese, 2010), (Plocher, Patrick Rau, & Choong, 2012), (Womser-Hacker, 2012)). Erste Ansätze systematischer Untersuchungen, die Methoden zu klassifizieren und entsprechend ihres Einsatzes im kulturellen Kontext zu bewerten, werden gerade entwickelt (vgl. (Böhm & Wolff, 2013)). Ein weiterer wichtiger Bereich ist die Perspektive des Internationalen Software-Engineering und das Management von globalen UX und Entwickler Teams und den dafür am besten geeigneten Methoden (z.B. (Ramasubbu, Cataldo, Balan, & Herbsleb, 2011)). Eine komplette Zusammenschau und systematische Ergebnisdarstellung und letztliche Verbindung aller Ergebnisse in einem möglichen Modell für kulturell beeinflusste HCI stehen noch aus – auch wenn bereits hier erste Versuche unternommen werden (z.B. (Clemmensen, 2009), (Rüdiger Heimgärtner, 2013b)).

Die Thematik hat in den letzten Jahren sprunghaft an Bedeutung gewonnen. Jedoch wird die entsprechende Terminologie im Bereich Kultur und HCI nicht immer kohärent verwendet. Darüber hinaus gibt es mehrere Forschungsgemeinden mit unterschiedlichen Ansätzen und Konzepten. Einige orientieren sich stark am User-Centered Design Ansatz und gehen dann in Richtung kulturorientiertes HCI Design. Andere bezeichnen ähnliche Ansätze als kulturzentriert. Alle Ansätze basieren aber auf älteren Ansätzen, ohne selbst völlig neu zu sein oder das Forschungsparadigma zu ändern (vgl. (Abdelnour-Nocera et al., 2011)).[1]

Die Analyse der verschiedenen Konzepte auf dem Gebiet der "HCI und Kultur" ergab, dass es kein grundlegendes Konzept gibt, auf dem die Forschergemeinschaft einen soliden terminologischen Rahmen für diesen Bereich generieren kann. Die Ausweitung des Konzepts des "User Interface Designs" enthält "HMI-Design" sowie "HCI-Design". Daher schlägt der Autor anstelle vielfältiger Kombinationen von Begriffen das Konzept "Intercultural User Interface Design (IUID)" vor, um:

• (i) die Beziehung zwischen Benutzerschnittstellen und Kultur ausdrücken,

• (ii) Diskussionen bezüglich HMI und HCI zu vermeiden, sowie

• (iii) die Notwendigkeit, mindestens zwei Kulturen (der des Designers und jener des Endbenutzers) zu betrachten, deren Verbindung das Wort "interkulturell" ausdrückt.

1.2 Ausblick

In den letzten Jahren hat sich die Forschung und Literatur im Bereich der Entwicklung interkultureller Benutzungsschnittstellen rasant weiterentwickelt. ((Shen, Woolley, & Prior, 2006), (Plocher et al., 2012)).

Bis vor kurzem wurde die Verbindung von Kultur und HCI noch als eine Frage der Internationalisierung oder Lokalisierung behandelt (vgl. (Clemmensen, Roese, Clemmensen, & Roese, 2009)). Aber diese traditionellen Ansätze zu Kultur und HCI haben nachweislich ernsthafte Schwächen (vgl. (Bidwell, 2011b), (Lilly Irani, Vertesi, Dourish, Philip, & Grinter, 2010), (L. Irani & th Annual Chi Conference on Human Factors in Computing

---

[1] Einige davon sind Patrick Rau,Torkil Clemmensen, Nicola Bidwell, Girish Prabhu (Appala Chavan, Dinesh Katre), Tanja Walsh (Gilbert Cockton), José Abdelnour-Nocera, Kerstin Röse, De Souza, Elisa Del Galdo, Alvin Yeo, Elke Duncker, Vanessa Evers, Donald Day, Paula Bourges-Waldegg, Nuray Aykin and Marcus Aaron – um nur einige zu nennen – welche Forschungsgemeinden im Bereich der Entwicklung interkultureller Benutzungsschnittstellen gegründet haben und/oder am Laufen halten..

Systems, 2010), (Dourish & Mainwaring, 2012)). Laut (Honold, 2000b) und (Kerstin Röse, 2002) geht erfolgreiches interkulturelles HCI Design weit über einen normalen Design-Prozess hinaus, weil unterschiedliche Mentalitäten, Denkmuster und Strategien zur Problemlösung berücksichtigt werden, die in der Kultur verankert sind. Nutzungsverhalten unterscheiden sich von Kultur zu Kultur gemäß der verschiedenen Machtstrukturen (vgl. (Hofstede & Hofstede, 2010)) oder linearer oder nichtlinearer Problemlösungsstrategien (vgl. (K Röse, Liu, & Zühlke, 2001), (Honold, 2000a)).

Daher finden Untersuchungen kultureller Unterschiede nicht nur auf nationaler Ebene, sondern immer mehr auch auf regionalen Ebenen und sogar situationsbezogen statt, um alle kulturellen Kontexte abzudecken. Zum Beispiel trägt "Reframing" HCI den kulturellen Aspekten im HCI-Design auf der lokalen Ebene (im kulturellen Vor-Ort-Kontext) zusätzlich zu den auf nationaler Ebene vorliegenden Anforderungen Rechnung. Zum Beispiel trägt "Reframing" HCI den kulturellen Aspekten im HCI-Design auf der lokalen Ebene (im kulturellen Vor-Ort-Kontext) zusätzlich zu den auf nationaler Ebene vorliegenden Anforderungen Rechnung.

Daher muss der Designer wissen genau, was der Anwender braucht oder möchte (z.B. was warum und in welchem Kontext, vgl. (Holzinger & Weidmann, 2005)). Darüber hinaus müssen die lokalen Designer auch allgemein bekannte HCI Methoden kennen, um sich an die Nutzerbedürfnisse anpassen zu können (vgl. (Clemmensen, Hertzum, Hornbæk, Shi, & Yammiyavar, 2009), (Röbig, Didier, & Bruder, 2010), (Bidwell, 2011b)).

Der Trend in der Forschung über Kultur und HCI geht hin zu vorläufigen Modellen und Theorien, welche nach und nach durch umfangreiche empirische Studien in verschiedenen kulturellen Kontexten überprüfen werden müssen. Darüber hinaus muss die Beziehung zwischen Kultur und HCI Design anschließend auch im Detail ausgearbeitet werden (vgl. (Rüdiger Heimgärtner, 2012)). Dabei werden Methoden, Modelle und Theorien angepasst und verbessert, indem sie die Ergebnisse vieler empirischer Studien berücksichtigen. Aufbauend darauf können Prozesse für interkulturelles HCI Design und interkulturelles Usability Engineering optimiert werden, was sich schließlich auf internationalen Normen auswirkt und Instrumente entwickelt werden können, welche durch internationale Standards die Forschung im Bereich der Entwicklung von Benutzungsschnittstellen in beliebigen (Kultur-) Kontexten fördert.

2 Zur eigenen Forschung

Der Schwerpunkt der Forschung des Autors liegt in der Zusammenschau der relevanten Beiträge im Bereich der Entwicklung interkultureller Benutzungsschnittstellen. Anhand eines Klassifikationsbaumes werden die Forschungsarbeiten kategorisiert und statistisch ausgewertet. Darüber hinaus erfolgt eine inhaltliche Kompilierung und übersichtliche und komprimierte Darstellung der klassifizierten Aspekte. Ferner steht die Standardisierung von Elementen in der Mensch-Maschine Interaktion im nationalen und internationalen Bereich im Fokus.

Im Moment werden EU-Forschungsprojekte und Workshops initiiert, welche die benannte Zusammenschau fördern. Desweiteren ist eine Zusammenarbeit mit dem Bundesministerium für Forschung in diesem Bereich geplant.

Im Zusammenhang mit der Kompilierung von Literatur werden bevorzugt Forschungsmethoden wie elektronische Literaturrecherchetools, die Delphi-Methode zur Expertenbefragung und statistische Methoden zur Auswertung verwendet.

Der Autor unterhält ein weltweites Forschungsnetzwerk mit Forschungskontakten zu Industrie und Forschung.. Wünschenswerte wäre aus Sicht des Autors, das Wissen in diesen Bereichen mehr zu bündeln, um parallele Forschungsarbeit zu vermeiden bzw. diese zielgerichteter und damit effektiver und in Zusammenarbeit effizienter durchführen zu können

Relevante Konferenzen im Forschungsbereich sind IWIPS, HCII, CHI, INTERACT, IHCI und M&C. Der Autor konnte auf diesen Konferenzen, im Journal IJHCI sowie in den Büchern ADHCI und IHCI verschiedene Aspekte im Bereich der Entwicklung interkultureller Benutzungsschnittstellen ansprechen und diskutieren.

Literatur

Abdelnour-Nocera, J., Kurosu, M., Clemmensen, T., Bidwell, N., Vatrapu, R., Winschiers-Theophilus, H., . . . Yeo, A. (2011). *Re-framing HCI through Local and Indigenous Perspectives*. Paper presented at the Lecture notes in computer science., Berlin; New York.

Bidwell, NJ., Winschiers-Theophilus, Heike, Koch Kapuire, G., Rehm, M.,. (2011b). Pushing Personhood into Place: Situating Media in the Transfer of Rural Knowledge in Africa. . *Int. Journal of Human-Computer Studies. Ed. Cheverst, K., Willis, K., Special Issue on Locative Media, 69*(10), S 618-631.

Böhm, Victoria, & Wolff, Christian. (2013). *Usability Engineering-Methoden im interkulturellen Kontext*. Paper presented at the Mensch und Computer 2013, Bremen.

Clemmensen, T. (2009). Towards a Theory of Cultural Usability: A Comparison of ADA and CMU Theory. *In: HCD 2009, Held as Part of HCI International 2009, San Diego, CA, USA, July 19-24. Publications about Culture and Human-Computer Interaction (HCI). In: Human Work Interaction Design: Usability in Social, Cultural and Organization Contexts. IFIP Advances in Information and Communication Technology, 316/2010,* 98-112.

Clemmensen, T. (2010). A Comparison of What Is Part of Usability Testing in Three Countries. *INTERNATIONAL FEDERATION FOR INFORMATION PROCESSING - PUBLICATIONS- IFIP*(316), 31-45.

Clemmensen, T., & Roese, K. (2010). An overview of a decade of journal publications about culture and Human-Computer Interaction (HCI). [D. Katre, R. Ørngreen, P. Yammiyavar, T. Clemmensen (Eds.).]. *Human Work Interaction Design: Usability in Social, Cultural and Organizational Contexts. IFIP Advances in Information and Communication Technology 316*(Springer), 98-112.

Clemmensen, Torkil, Hertzum, Morten, Hornbæk, Kasper, Shi, Qingxin, & Yammiyavar, Pradeep. (2009). Cultural cognition in usability evaluation. *Interact. Comput., 21*(3), 212-220. doi: 10.1016/j.intcom.2009.05.003

Clemmensen, Torkil, Roese, Kerstin, Clemmensen, Torkil, & Roese, Kerstin. (2009). *An Overview of a Decade of Journal Publications About Culture and Human - Computer Interaction (HCI)*. Department of Informatics INF, Copenhagen Business School. Frederiksberg. Retrieved from http://openarchive.cbs.dk/cbsweb/handle/10398/7948

Dourish, Paul, & Mainwaring, Scott D. (2012). *Ubicomp's colonial impulse*. Paper presented at the Proceedings of the 2012 ACM Conference on Ubiquitous Computing, Pittsburgh, Pennsylvania.

Heimgärtner, Rüdiger. (2013a). *Intercultural User Interface Design* K. Blashki & P. Isaias (Eds.), *Emerging Research and Trends in Interactivity and the Human-Computer Interface*

Heimgärtner, Rüdiger. (2013b). Reflections on a Model of Culturally Influenced Human Computer Interaction to Cover Cultural Contexts in HCI Design. *International Journal of Human-Computer Interaction.*

Heimgärtner, Rüdiger (2012). *Cultural Differences in Human-Computer Interaction* (Paperback B: Einband - flex.(Paperback) ed. Vol. 1): Oldenbourg Verlag.

Hofstede, Geert, & Hofstede, Gert Jan. (2010). *Cultures and organizations : software of the mind*. New York, NY [u.a.]: McGraw-Hill.

Hoft, Nancy L. (1996). Developing a cultural model. In E. M. Del Galdo & J. Nielsen (Eds.), *International users interface* (pp. 41-73): John Wiley & Sons, Inc.

Holzinger, Andreas, & Weidmann, Karl-Heinz (Eds.). (2005). *Empowering Software Quality: How can Usability Engineering reach these goals? 1st Usability Symposium, HCI&UE Workgroup, Vienna, Austria, 8 November 2005* (Vol. 198): Austrian Computer Society.

Honold, Pia. (2000a). Culture and Context: An Empirical Study for the Development of a Framework for the Elicitation of Cultural Influence in Product Usage. *International Journal of Human-Computer Interaction, 12*(3-4), 327-345.

Honold, Pia. (2000b). *Interkulturelles usability engineering: Eine Untersuchung zu kulturellen Einflüssen auf die Gestaltung und Nutzung technischer Produkte* (Als Ms. gedr. ed. Vol. 647). Düsseldorf: VDI Verl.

Irani, L., & th Annual Chi Conference on Human Factors in Computing Systems, C. H. I. (2010). HCI on the move: Methods, culture, values. *Conf Hum Fact Comput Syst Proc Conference on Human Factors in Computing Systems - Proceedings*, 2939-2942.

Irani, Lilly, Vertesi, Janet, Dourish, Paul, Philip, Kavita, & Grinter, Rebecca E. (2010). *Postcolonial computing: a lens on design and development*. Paper presented at the Proceedings of the SIGCHI Conference on Human Factors in Computing Systems, Atlanta, Georgia, USA.

Karasti, H., & Baker, K.S. (2008). Digital data practices and the long term ecological research program growing global. *International Journal of Digital Curation, 3*(2), 42-58.

Plocher, Tom, Patrick Rau, Pei-Luen, & Choong, Yee-Yin. (2012). Cross-Cultural Design *Handbook of Human Factors and Ergonomics* (pp. 162-191): John Wiley & Sons, Inc.

Ramasubbu, Narayan, Cataldo, Marcelo, Balan, Rajesh Krishna, & Herbsleb, James D. (2011). *Configuring global software teams: a multi-company analysis of project productivity, quality, and profits*. Paper presented at the Proceedings of the 33rd International Conference on Software Engineering, Waikiki, Honolulu, HI, USA.

Röbig, Sinja, Didier, Muriel, & Bruder, Ralph. (2010). *Internationales Verständnis von Usability sowie Methodenanwendung im Bereich der Usability*. Paper presented at the Grundlagen - Methoden - Technologien, 5. VDI Fachtagung USEWARE 2010, Baden-Baden. http://tubiblio.ulb.tu-darmstadt.de/46312/

Röse, K, Liu, L, & Zühlke, D. (2001). Design issues in mainland China and Western Europe: Similarities and differences in the area of human-machine-interaction design. In M. J. Smith & G. Salvendy (Eds.), *Systems, Social and Internationalization Design Aspects of Human-Computer Interaction* (Vol. 2, pp. 532-536). Boca Raton, FL: CRC Press.

Röse, Kerstin. (2001). *Kultur als Variable des UI Design.* Paper presented at the Mensch & Computer 2001, Stuttgart.

Röse, Kerstin. (2002). *Methodik zur Gestaltung interkultureller Mensch-Maschine-Systeme in der Produktionstechnik* (Vol. 5). Kaiserslautern: Univ.

Shen, Siu-Tsen, Woolley, Martin, & Prior, Stephen. (2006). Towards culture-centred design. *Interact. Comput., 18*(4), 820-852. doi: 10.1016/j.intcom.2005.11.014

Womser-Hacker, Christa. (2012). Aktuelle Herausforderungen für die Informationswissenschaft durch die Globalisierung. In O. Petrovic, G. Reichmann & C. Schlögl (Eds.), *Informationswissenschaft: Begegnungen mit Wolf Rauch* (pp. 425-434): Böhlau-Verlag Wien, Köln, Weimar.

Kontaktinformationen

Dr. phil. Rüdiger K. Heimgärtner
Intercultural User Interface Consulting (IUIC)
Lindenstraße 9
93152 Undorf
ruediger.heimgaertner@iuic.de
www.iuic.de

S. Boll, S. Maaß & R. Malaka (Hrsg.): Workshopband Mensch & Computer 2013
München: Oldenbourg Verlag, 2013, S. 457–462

Usability Engineering-Methoden im interkulturellen Kontext

Victoria Böhm, Christian Wolff

Lehrstuhl für Medieninformatik, Universität Regensburg

Zusammenfassung
Wir untersuchen die bisherige Anwendung von Usability-Methoden im interkulturellen
Kontext. Dabei wird eine Klassifikation eingesetzter Methoden nach ISO 16982 als
Zwischenergebnis einer laufenden Literaturstudie vorgestellt.

1   Einleitung

In diesem Positionspapier soll die Notwendigkeit einer systematischen Untersuchung der
Usability Engineering-Methoden im Hinblick auf ihre Anwendbarkeit in internationalen oder
interkulturell geprägten Projekten aufgezeigt werden. Darüber hinaus wird das Zwischenergebnis einer Klassifikation zu bisherigen Forschungsarbeiten auf diesem Gebiet vorgestellt,
in der die einzelnen Studien auf Methodenklassen nach der nach DIN EN ISO TR 16982
abgebildet werden.

2   Anwendbarkeit von Usability-Methoden im interkulturellen Kontext

Internationale oder interkulturell geprägte Projekte im Bereich interaktiver Software bringen
Menschen aus unterschiedlichen Kulturkreisen zusammen, die sich potenziell hinsichtlich
einer Vielzahl von Eigenschaften unterschieden. Für die kritische Bewertung der Anwendbarkeit von Methoden des Usability Engineerings in internationalen Projekten lassen sich
zwei Hauptargumente anführen. Einige Studien nennen als Begründung die Entstehung der
Techniken: Viele der Methoden stammen aus der westlichen Welt, weshalb ihre Anwendbarkeit im nicht-westlichen Kontext überprüft werden sollte (Sakala 2009; Lee &Lee 2007;
Smith et al. 2004). Darüber hinaus konnte in einigen Arbeiten bereits nachgewiesen werden,
dass die Kultur der Probanden auf das Ergebnis der verwendeten Evaluations- bzw. Design-
methode Einfluss hat. Herman setzte sowohl qualitative als auch quantitative Evaluations-
techniken parallel ein und erhielt widersprüchliche Ergebnisse, die auf die Kultur der Pro-

banden zurück geführt wurden. (Schlechte Performanz bei gleichzeitig positiver subjektiver Einschätzung) (Herman, 1996).

Als zweiter beobachteter Effekt ist das Auftreten spezifischer Probleme, abhängig von der Kombination von Methode und Nationalität der Probanden zu nennen. In einer Studie von Evers wurden drei verschiedene Methoden zur Evaluation einer Universitätswebseite verwendet: Fragebogen, Interview und Thinking aloud. Insgesamt vier Probandengruppen (UK, USA, NL, JP) nahmen an der Evaluation teil. Abhängig von der Nationalität der Probanden traten bestimmte Probleme mit einer oder mehreren Methoden auf. Beispiele sind Verständnisprobleme durch Ambiguitäten und Schwierigkeiten bei der Äußerung von Kritik. (Evers, 2002). Es ließen sich zudem sogenannte Moderator-Effekte feststellen: Status und Herkunft sowie Sprache des Testleiters beeinflussen das Ergebnis einer interkulturellen Usability-Studie (Sun & Shi, 2007; Vatrapu, 2002). Die genannten Beobachtungen sind Beispiele für den Einfluss der Kultur der Probanden auf eine Methode und sprechen somit für die Notwendigkeit, Anwendbarkeit und Übertragbarkeit von Usability Engineering-Methoden in internationalen und interkulturellen Kontexten zu untersuchen.

3 Klassifikation der Forschungsliteratur

In einer laufenden Studie wird die Forschungsliteratur zum Thema Usability Engineering und Interkulturalität systematisch erfasst und klassifiziert. Die Klassifikation dient später der Analyse des weiteren Forschungsbedarfs und soll zudem als Framework dienen, in das Best practices eingeordnet werden können.

3.1 Datengrundlage

Als Datengrundlage für den Einstieg in die Dokumentation dienten drei Quellen: Als aktuelles Handbuch zum Thema interkulturelle Methoden wurde Rau et al. 2013 herangezogen. Hier wurden insbesondere die Literaturverweise aus dem Kapitel „Methodologie" ausgewertet. Des Weiteren wurden die Proceedings der letzten beiden Konferenzen des „International Workshop on Internationalisation of Products and Systems" (IWIPS 2010, 2011) gesichtet, sowie die HCI Bibliography (http://hcibib.org) und die MCI Digital Library des GI-Fachbereichs Mensch-Computer-Interaktion (http://dl.mensch-und-computer.de) ausgewertet.

3.2 Auswahlkriterien

Die Kriterien zur weiteren Analyse der gefundenen Forschungsliteratur sind die Folgenden:
1. Ein *expliziter thematischer Bezug* zu einer oder mehrerer *Usability Engineering-Methoden*.
2. Ein *empirischer Teil* der Studie: Die genannte Methode wurde praktisch angewendet.
3. *(Inter)kultureller Kontext*: Eine Methode wurde im Hinblick auf eine spezifische Kultur untersucht oder auf mehrere Kulturen im Vergleich.

3.3 Auswertung und erste Ergebnisse

Zur Klassifikation der Forschungsarbeiten diente die Einteilung der Usability Engineering-Methoden nach DIN EN ISO TR 16982 (Ergonomie der Mensch-System-Interaktion - Methoden zur Gewährleistung der Gebrauchstauglichkeit, die eine benutzerorientierte Gestaltung unterstützen). Diese Klassifikation erschien sinnvoll, da sie eine eindeutige und überschneidungsfreie Einteilung darstellt und aus einem etablierten internationalen Standard stammt. Dort werden die in Tabelle 1 gezeigten zwölf Methodenklassen definiert.

Direct invovlement of users	Indirect involvement of users
1. Observation of users 2. Performance related measurements 3. Critical incidents analysis 4. Questionnaires 5. Interviews 6. Thinking aloud 7. Collaborative design and evaluation 8. Creativity methods	9. Document based methods 10. Model based approaches 11. Expert evaluation 12. Automated evaluation

Tabelle 1: Methodenklassen nach DIN ISO 16982

Bei der bisherigen Analyse wurden 50 Studien berücksichtigt, die in den Jahren zwischen 1996 und 2012 veröffentlicht wurden. Die folgende Grafik gibt einen Überblick über das Veröffentlichungsdatum der analysierten Studien.

Abbildung 1: Veröffentlichungsdatum der Studien

Betrachtet man das Ergebnis der Klassifikation nach Methoden, ergibt sich folgendes Bild. Am häufigsten wurden *Interviews* in den analysierten interkulturellen Usability-Studien eingesetzt, in insgesamt 17 von 48 Arbeiten. Etwa gleich oft, in zwölf bzw. dreizehn Studien wurden *Thinking aloud* sowie *Fragebögen* verwendet. Halb so oft, in jeweils sechs der Arbeiten, kamen Methoden der *Benutzerbeobachtung* oder *„kreative" Methoden* zum Einsatz und in sieben Studien wurden Performanzmaße erhoben.

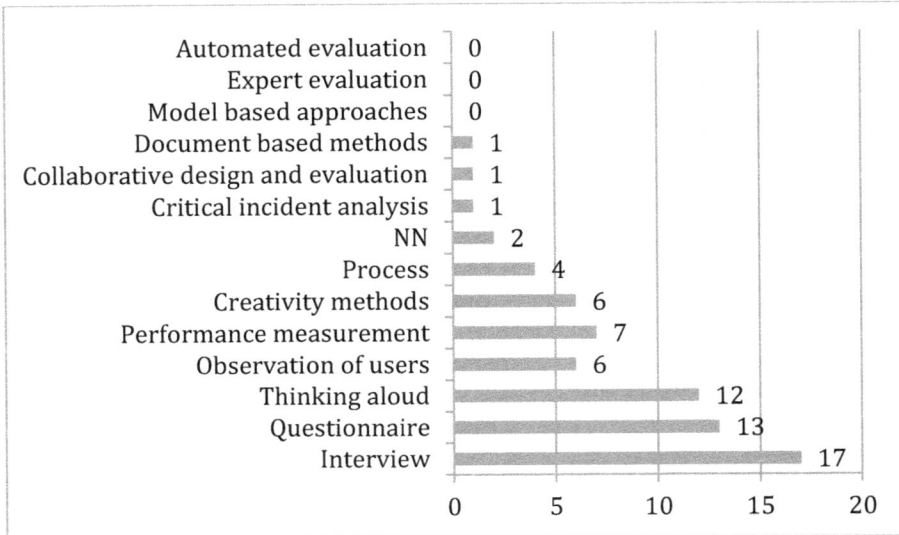

Abbildung 2: Auswertung der Klassifikation nach DIN ISO 16982

Die Häufigkeiten anderer Methoden fallen im Vergleich zu den bisher genannten deutlich ab und bewegen sich zwischen null und viermal. Zwei Arbeiten konnten nicht zugeordnet werden. Hierzu zählt eine Arbeit, in welcher mittels EEG-Messung die Freude beim Benutzer erhoben wurde (Wu, 2011), was darauf hindeutet, dass neuere Methoden eines erweiterten User Experience-Modells sich in den Normen noch nicht niedergeschlagen haben (physiologische Meßverfahren, Aspekte wie *jof of use* oder Ästhetik). Die zweite Studie untersuchte das Konzept *Usability* selbst, das abhängig von Rolle und Kultur der Probanden jeweils anders aufgefasst und verstanden wurde (Clemmensen, 2011).

Durch die kleine Stichprobe betrachteter Arbeiten muss das Ergebnis vorsichtig interpretiert werden. Es zeichnet sich aber eine Tendenz ab, dass häufiger Methoden der „direkten Benutzerbeteiligung" nach DIN ISO TR 16982 eingesetzt und untersucht werden. Vor allem Thinking aloud, Interview und Fragebögen wurden häufig verwendet.

Verschiedene Erklärungen bieten sich für das erzielte Ergebnis an, diese müssen durch die Analyse einer größeren Datenbasis jedoch erst weiter untersucht werden. Möglicherweise kommen Unterschiede in Sprache, in der nonverbalen Kommunikation und im Verhalten zwischen den Kulturen besonders stark zum Tragen, wenn Testleiter und Nutzer direkt miteinander interagieren. Vielleicht lässt sich damit die häufigere Untersuchung von Methoden der *direkten Benutzerbeteiligung* erklären, mögliche Verfälschungen und Probleme sind hier besonders plausibel und nahe liegend.

4   Ausblick

Um konkretere Aussagen über die Forschungsliteratur in diesem Bereich treffen zu können, werden weitere Quellen zur Recherche herangezogen werden; dazu zählen vor allem *Web of*

Knowledge (http://www.isiknowledge.com/) und die digitalen Bibliotheken der Fachgesellscaften ACM und IEEE CS sowie ausgewählte Verlagsplattformen (Springer, Elsevier).

Ziel der weiteren Analyse soll es sein, Methoden zu identifizieren, deren potentieller Beitrag zum Einsatz im interkulturellen Usability Engineering hoch ist, die bisher aber noch zu wenig untersucht wurden. Hierfür bieten sich modifizierte Auswahlkriterien bei der weiteren Suche an: Auch *nicht-empirische* Studien sollen mit aufgenommen werden, da in solchen Arbeiten besonders oft Best practices gesammelt werden (z. B. Nielsen 2013). Daneben sollen auch fachfremde Arbeiten aufgenommen werden, die nicht explizit aus dem Usability Engineering stammen, in welchen sich Hinweise auf Anpassungen finden. Ein Beispiel hierfür sind Schaffer & Riordan, welche gebündelt notwendige Modifikationen aufzählen, die die Validität von „self report instruments" in interkulturellen Projekten sichern sollen. (Schaffer & Riordan 2003). Ein weiteres Beispiel ist der Einsatz von Design Patterns in interkultureller Zusammenarbeit (Schadewitz 2009). Ferner ist geplant, die Methodenklassen anzupassen, damit alle einzelnen ermittelten Methoden eindeutig darauf abbildbar sind (Erweiterung um neue Klassen, Explizite Zuordnungen).

Literaturverzeichnis

Clemmensen, Torkil. (2011). Templates for Cross-Cultural and Culturally Specific Usability Testing: Results From Field. Studies and Ethnographic Interviewing in Three Countries - International Journal of Human-Computer Interaction - Volume 27, Issue 7. International Journal of Human-Computer Interaction, 2011(27), 634–669. Online: http://www.tandfonline.com/doi/abs/10.1080/10447318.2011.555303. Zugriff am 31.3.2013

DIN EN ISO TR 16982 (2002). Ergonomics of human-system interaction - Usability methods supporting human-centered design. In DIN-Taschenbuch 354. Berlin: Beuth.

Evers,V. (2002). Cross-Cultural Applicability of User Evaluation Methods: A Case Study amongst Japanese, North-American, English and Dutch Users. In Extended Abstracts on Human Factors in Computing Systems. (CHI EA '02) (pp. 740–741). New York, N.Y: ACM. "in the Information Society, 5(3), 299–305.

Lee, J.-J., & Lee, K.-P. (2007). Cultural differences and design methods for user experience research. In I. Kosinen & T. Keinonen (Eds.), Proceedings of the 2007 conference on Designing pleasurable products and interfaces. (DPPI '07) (pp. 21–34). New York, N.Y: ACM.

Nielsen, Lene (2013). "Personas in a More User-Focused World." In: Nielsen, Lene. Personas - User Focused Design (pp. 129-154). London: Springer [Human–Computer Interaction Series Volume 15].

Rau, P. P.; Plocher, T. A.; Choong, Y. (2012): Cross-cultural design for IT products and services. Boca Raton: Taylor & Francis.

Sakala, L. (2009). Participatory Design in a Cross-Cultural Design Context, University of Joensuu.

Schadewitz, Nicole (2009). „Design Patterns for Cross-cultural Collaboration." In International Journal of Design 3 (2009), 37-53.

Schaffer, B. S., & Riordan, C. M. (2003). A Review of Cross-Cultural Methodologies for Organizational Research: A Best- Practices Approach. Organizational Research Methods, 6(2), 169–215. Online: http://orm.sagepub.com/content/6/2/169.abstract. Zugriff am 31.3.2013.

Smith-Atakan, A. S. G & Jagne, J. (2006). Cross-cultural interface design strategy. In: Journal Universal Access in the Information Society archive. (2006), 5/3, 299-305.

Sun, X., & Shi, Q. (2007). Language issues in cross cultural usability testing. In N. M. Aykin (Ed.): LNCS. Proceedings of the Second International Conference on Usability and Internationalization. UI-HCII 2007. Berlin: Springer.

Vatrapu, R. (2002). Culture and International Usability Testing: The Effects of Culture in Interviews, Virginia Polytechnic Institute and State University.

Wu, T. Y. (2002). Product Pleasure Enhancement: Cultural Elements Make Significant Difference. In M. Priestley (Ed.), Proceedings of the 20th Annual International Conference on Systems Documentation. (SIGDOC '02) (pp. 247–251). New York, N.Y: ACM.

Kontaktinformationen

Victoria.Boehm@ur.de

Christian.Wolff@ur.de

S. Boll, S. Maaß & R. Malaka (Hrsg.): Workshopband Mensch & Computer 2013
München: Oldenbourg Verlag, 2013, S. 463–471

A Corpus for Intercultural Comparison of Web Sites

Thomas Mandl, Christa Womser-Hacker

Information Science and Natural Language Processing, University of Hildesheim

{mandl, womser}@uni-hildesheim.de

Abstract

The scientific comparison of intercultural differences of Web sites lacks a standardized collection for which results can be reproduced. Results are often anecdotal and based on few items which change very dynamically. We developed a corpus of Web sites from different cultures for future research which is stored and which can be accessed through an interface developed for that purpose. We show how the preconditions for corpora as they are well known in linguistics and retrieval are adopted for international Web design research. The collection policy is described. The challenges for Web crawling and storing pages are discussed.

1 Introduction

Scientific research requires that experiments are repeatable and that the results can be reproduced. The research on Web design and especially on the comparison of internationally different Web design solutions are typically limited in their object of study to a small or very small set of Web sites. The selection of these sites remains often unclear or is directed by economic interest to a few companies. Results are sometimes restricted to anecdotal evidence.

As a consequence, the validity of these studies for the Web as a whole is completely unclear. We have no guarantee that some sites represent the Web well. Especially, quantitative analysis suffers from a lack of rigor. Because most people select their own set of sites for their study, comparisons between studies are hard. In addition, the results cannot be reproduced by others due to the dynamics of the Web. The content and the design of Web sites change quickly and the same experiment might lead to other results some months later.

These challenges need to be overcome in order to reach the scientific requirements for the repeatability of experiments and in order to allow the comparison between the outcomes of research. It would be necessary to create a Web corpus which stores pages and allows intercultural comparisons. Such a corpus would need to integrate Web sites from several countries and domains and would need to be stored at several times.

Corpus research and corpus creation are not yet part of Human-Computer Interaction and intercultural research on Web systems. However, they are accepted scientific areas within Computational Linguistics (Meyer 2002) and Information Retrieval (Voorhees & Harman 2005) and much can be learned from these fields. Also, the National Libraries of several countries store the Web as part of the cultural heritage. The desire to archive Web pages for different reasons (Hockx 2011) has led to much development of technologies like tools for crawling pages. We describe how our corpus was designed, how existing technology was used and how components were developed.

2   Intercultural Differences of Web Sites

Information systems should to be adapted to the culture of the user. This adaptation process is referred to as *localization*. It needs to consider issues like formats, reading direction, colors, icons or symbols (Esselink 1998, George et al. 2010). In addition, localization needs to be aware of the deeper layers of culture (Choong et al. 2005). Understanding a particular culture and the resulting needs in relation to the design of information systems require an understanding of culture itself and the factors that contribute to its existence. There are many definitions of culture (Kroeber & Kluckhohn, 1952). The influential Dutch anthropologist Hofstede defined culture as learned patterns of "thinking, feeling, and potential acting" that form the mental program or the "software of the mind" (Hofstede 1997) of an individual. This particular "software" affects our way of thinking and acting in the world. National or social cultures show how people interact with each other.

Cultures are often classified in accordance with their relative positions on a number of polar scales which cultural anthropology commonly calls cultural dimensions. The position of a culture on those scales is determined by the dominant value orientations. Hofstede (1997) defined four dimensions of culture:

6. **Power distance** measures the extent to which subordinates (employees, students) respond to power and authority (managers, teachers) and how they expect and accept unequal power distribution.

7. **Individualism vs. Collectivism**: these value orientations refer to the ties among individuals in a society.

8. **Uncertainty avoidance** describes the extent to which individuals feel threatened by uncertain or unknown situations.

9. **Masculinity vs. Femininity**: these two extreme values of this dimension focus on the differences between the social roles attributed to genders.

Other researchers discussed further dimensions concerning low and high context communication, proxemics (attitude toward space) and chronemics (perception of time) (Lustig & Koester 2003). Cultural dimensions like the ones defined by Hofstede have often been used in research on cultural differences due to the appeal of their quantitative approach. Nevertheless, these dimensions have drawn criticism within intercultural research.

An early study of Barber & Badre (1998) collected typical cultural markers in an inductive approach. The approach of Marcus & Gould (2000) started with knowledge on cultural dimensions in general and intended to locate effects within web sites. Marcus & Gould (2000) presented examples for differences for all cultural dimensions which are convincing. However, their findings are based on a small and pre-selected set of web sites. Their studies like many others illustrate the need for a reliable corpus for this kind of research.

Cultural markers within Web sites were also procured by Sun (2001). His study which included interviews about certain homepages showed that the presence of cultural markers increased the aesthetic satisfaction with a web site.

The methodology for intercultural research is especially challenging. What is measured in a human-computer interaction experiment in an intercultural setting? Can good vs. bad design be determined or can usability or typical design for one culture or another be identified? Empirically convincing studies are difficult to set up from a methodological point of view. In common quantitative human-computer interaction studies, two versions of a user interface are presented to two user groups who are selected from the same culture and who are believed to be homogeneous. For comparative studies in international web design analysis, the user groups are different and their reaction to the system is under investigation. However, it is difficult to leave the system constant. The system cannot be presented to two groups of users from different countries without modification. The system needs to be translated and culturally adapted. For example, the investigated task may be embedded completely differently in the two cultures. Typical user groups like university students may have quite different features like social group in different societies (Schmitz et al. 2008). Hence, the system often needs to be changed significantly in order to be adequate for a real-life experiment which makes comparability difficult (Evers 2002).

Cultural differences have also been investigated in different domains like touristic websites or e-learning systems (Kamentz & Womser-Hacker 2002). Therefore, a corpus should allow studying domains in comparison among cultures.

However, it is not clear how cultural dimensions may contribute to research on intercultural web design (Mushtaha & Troyer 2009). Some authors noted that the assumptions made on the basis of cultural dimensions may be misleading because they have not been developed for Web design. Most important, findings from most studies could not be repeated because the sites had changed or even disappeared from the Web.

3   Corpus Design

A corpus for intercultural Web site design needs to be planned with typical requirements for a corpus. Despite and moreover due to the dynamic nature of the Web corpora are useful. The corpus should be sufficiently large in order to be somewhat representative for the Web. Because Web design greatly differs between domains (consider computer games and banking sites), the selection should be controlled to encompass sites from several domains in several countries. The selection policy and issues on the site storage and domain assignment are presented further down in this section. That way, even for current Web sites the corpus allows the researcher quick access to Web sites of different categories even if one cannot understand the language of the Web site.

The pages should be downloaded and stored in their original form so they can be displayed as they looked like. This is an issue for Web archives in general and there are still some problems. In addition, meta data needs to be stored. The corpus needs to record the domain of the page, the language, the number of links it is away from the homepage and the date of the download as well as if it is connected to other pages in the corpus. The crawling is further described in the following section.

Another requirement for a corpus is access for the users. Due to the unclear copyright situation, the access to the whole collection can only be granted on our venue which is not an optimal solution. Access to the list of sites is provided openly. The interface needs to allow an overview of the crawled pages, the display of the individual pages and navigation between the connected pages. Our corpus interface also allows primary visual analysis but access for automatic tools is important for quantitative analysis. It will be presented in section 5.

Corpus creation and crawling require a selection policy in order to control the content of the corpus. The assignment of sites to a domain is not a trivial task and needs to be carried out by humans. We decided that native speakers of a language should control this assignment. They use tools like the Open Directory Project (dmoz.org) which provides a hierarchical classification of Web sites to topics. As a consequence, the corpus is still limited to 9 languages and needs extension in the future.

Domains	Sports, News, Universities, Tourism, Restaurants/Food
Languages	Chinese, English, Spanish, Russian, French, Portuguese, German, Bulgarian, Czech

Table 1: List of Domains and Languages in the Corpus

For each pair of language and culture, 100 sites were added to the corpus except for the East European languages Bulgarian and Czech for which only 50 sites for each domain were selected. In cases when the Open Directory did not contain a sufficient number of sites, other sources like search engines were also used. Also sites personally known were added.

Sites that were obviously not modified during the last six months were excluded in order to have more recent sites in the collection. Blogs were also excluded because they form a specific kind of site. Another reason for exclusion was the size of the site. If a site did not encompass three levels of navigation and seemed to be small, it was not included. Sometimes, even three levels might not be sufficient for an analysis of, for example, differences of information architecture. However, there has to be a trade-off between size and potential of the corpus.

Some food sites contained information about alcohol and were protected in order to restrain minors from them. These sites were omitted as well. Sites were deleted from the collection if malware (trojan, virus) was detected on them. Due to the individual checking of each site, the process of the seed list creation was very time consuming. The manually created seed lists for the selected domains were the starting points for the crawler.

The corpus is created from a list of URLs (sites) which can be considered as homepages. The corpus need to be assembled as a list of pages which can be found under the address starting with the homepages but considering also other pages on the site. Crawling tools allow to parameterize the number of links that are followed when downloading pages from a site. Currently, our corpus considers sub pages that are a maximum of two internal links away from the homepage or starting page. For hierarchically constructed sites, this corresponds to the hierarchical level of the page.

The pages should be archived in a way which allows the reconstruction of their original appearance. In order to assure that, images (jpg, gif) and style sheets (CSS) were included. Advertisement was not excluded and also archived because it could be of interest in intercultural analysis. Large binary data types like pdf were not included in order to keep the size of the corpus as small as possible. Often zip and pdf files are to be printed or installed and do not contribute much to the web design.

4   Crawling the Sites and Database Backend

Several crawling tools like Jobo and Crawler4J were evaluated. The final decision was made for HTTrack which was designed to copy web sites to the file system in order to allow offline browsing. It is open source, includes a graphical user interface and enables access directly from JAVA programs. HTTrack allows the interruption and continuation of crawling processes which was a very important function. Filters for file formats as necessary for our project are supported as well as the number of links to follow. HTTrack also comes with an indexer to enable text search on the offline data. During crawling the system follows the Netiquette rules and Robots exclusion Standard. As such, it does not access parts of the site that are excluded in the robots.txt file.

After some testing, the crawling process could be started on a SuSe Linux Server and all pages fulfilling the conditions were saved in a MySQL Database. Because of the large volume of data, the crawling lasted several weeks and some unforeseen problems had to be solved. Complete archival of 50 test pages took typically 36 hours.

A client-server-architecture was established where crawler and database were connected via a JAVA backend. The user interacts via the interface with the corpus which was realized as a browser based application.

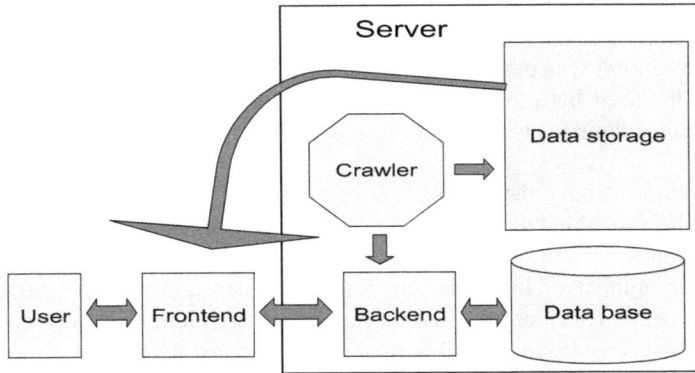

Figure 1: Technological components of the corpus (Bertram et al. 2012: 44)

The model of the database is shown in fig. 2.

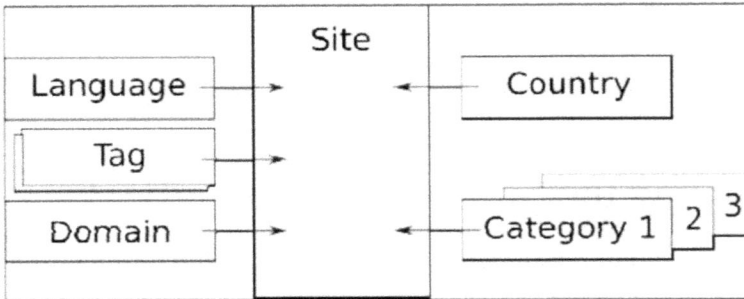

Figure 2: Database Structure (Bertram et al. 2012: 52)

For every Website saved by the crawler some metadata was added: time stamp, title, original URL, language code (ISO 639-2/B), country code (ISO-3166-1), main category and subcategories (e.g. restaurants & food → drink → non-alcoholic), domain. Free tags assigned by the seed list creator are also allowed.

5 Frontend and Tools for Accessing the Corpus

For gaining insight into the information needs of potential users of the corpus, interviews were conducted. Participants mentioned mainly three tasks for working with the corpus:

- Simple selection of web pages on the basis of various conditions, e.g. URL, language, country, category, subcategory etc.

- Comparing pages by putting them in parallel on the screen

- Statistics based on HTML codes to be presented together with the pages, e.g. number of words, images and internal and external links, size of images, colors, fonts, menu items, dates etc.

Based on these needs, a prototype of a user interface was developed providing access to the corpus. It is shown in figure 3.

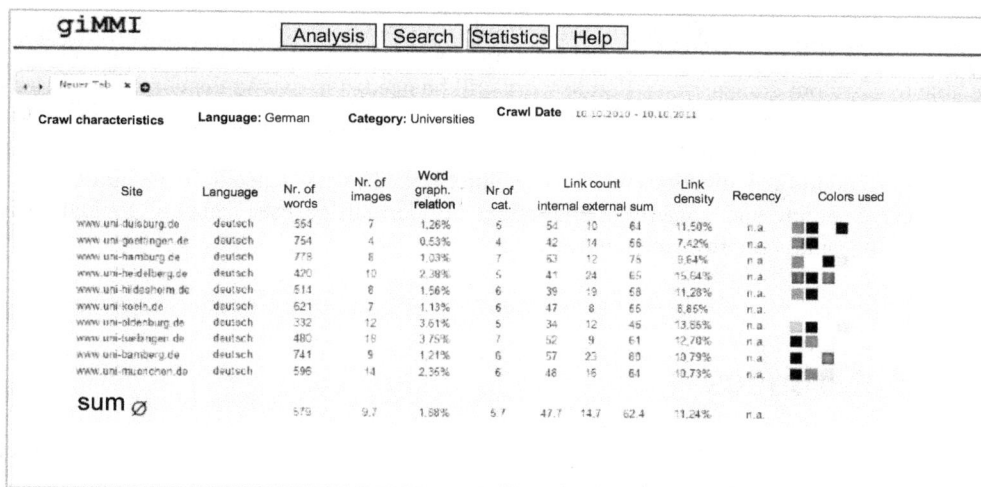

Figure. 3: Prototype of the user interface (Bertram et al. 2012, 56)

The tool developed intends to give some basic information without enforcing a certain type of analysis. As research on cultural differences of Web interfaces shows, very many aspects can be analyzed both intellectually and automatically. Our interface is primarily a tool to explore the corpus and develop hypotheses. A statistical overview provides some basic information about the pages, e.g. number of words, number of images, relation between images and words, number of internal and external links, link density and main colors used on the site. To be able to compare two or more Web pages, the Tabbed Browsing Concept was applied. One active Web page is shown whereas the other ones can be reached very quickly by clicking on the tabs. Since the selection of Web pages can lead to big amount of results, a simple dropdown menu with auto suggest search as known from Google was integrated.

We are aware that it is not possible to analyze high level features of cultural dimensions automatically. Nevertheless, the user should be supported to fulfill this task. Therefore, an evaluation scheme was developed which can be used as a basis during the analytical work. The items are related to the cultural dimensions of Geert Hofstede and other cultural models proposed by several scientists. It is possible to generate an online questionnaire which can support the analysis. Another important result of the project is a collection of usability guidelines in different countries which can be added to the corpus toolbox. It could be shown that the official portal provided by the US government www.usability.gov has a lot of influence. On the other hand other countries like the UK, Germany or Russia have been developing proper guidelines with respect to their specific characteristics. In a first pretest of the corpus, these guidelines were applied and a small set of websites was evaluated.

6   Outlook

The corpus and the interface developed will allow detailed analysis of Web designs under different perspectives and with repeatable results. We expect that scientists and students will be able to carry out comparisons. Future work will be needed to extend the corpus by including other countries and domains. In addition, we intend to store the corpus at different points in time and to develop a strategy on how the corpus can be increased. These extensions will also require additional functions in the user interface. The tools needs to integrate a text based search engine and a user administration. Furthermore, a user centered evaluation is necessary to test and improve the interface.

7   References

Barber, W. & Badre A. (1998). *Culturability: The Merging of Culture and Usability.* In Proceedings of the 4th Conference on Human Factors and the Web.

Bertram, J., Block, M., Deiloff, K., Fischer, J., Gätzke, N., Heimsoth, M., Jatho, E., Kastner, S. Koniger, V., Lahousse, S., Maleshkova, K., Petersen, T., Rasche, C., Scharnhop, C. (2012). *Master-Projektseminar Internationale Mensch-Maschine-Interaktion.* Project Report, University of Hildesheim.

Choong, Y-Y., Plocher, T.A., Rau, P-L.P. (2005). *Cross-cultural Web Design.* In Procter, Robert (Ed.). Handbook of Web Design. Lawrence Erlbaum Associates.

Esselink, B. (1998). *A practical guide to software localization.* Amsterdam, Philadelphia: John Benjamins Pub.Co.

Hockx-Yu, H. (2011). *The Past Issue of the Web.* In Proc. ACM WebSci'11. Koblenz, pp. 1–8

Evers, V., (2002). Cross-Cultural Applicability of User Evaluation Methods: A Case Study amongst Japanese, North-American, English and Dutch Users. In *Proceedings ACM CHI Conf.* pp. 740-741.

Funke, N.; Hong, H.; Kiefer, V.; Klobassa, K.; Suckow, K. ; Zidek, M. (2010). *Korpusentwicklung für interkulturelle Informationssysteme.* Project Report, University of Hildesheim.

George, R.; Nesbitt, K.; Gillard, P.; Donovan, M. (2010). *Identifying cultural design requirements for an Australian indigenous website.* In Proc Eleventh Australasian Conf. on User Interface, Jan., Brisbane, Australia.

Hall, E. T. (1976). *Beyond Culture.* New York: Doubleday.

Hofstede, G. (1997). *Culture and Organizations: Software of the Mind.* London: McGraw-Hill.

Kamentz, E., Womser-Hacker, C. (2002). *Cross-Cultural Differences in Academic Styles and Learning Behavior in the Context of the Design of Adaptive Educational Hypermedia.* Proc 6th World Multi-conference on Systemics, Cybernetics and Informatics (SCI 2002) Orlando. pp. 402-407.

Kroeber, A. & Kluckhohn, C. (1952). *Culture: a critical review of concepts and definitions.* New York: Random House

Lustig, M. W., Koester, J. (2003). *Intercultural competence: interpersonal communication across cultures.* Allyn & Bacon.

Marcus, A., Gould, E. (2000). *Cultural Dimensions and Global Web User-Interface Design: What? So What? Now What?* Proc 6th Conference on Human Factors and the Web in Austin, Texas, 19 June.

Meyer, C. F. (2002). *English Corpus Linguistics.* Cambridge University.

Mushtaha, A.; Troyer, O. D. (2009). *Cross-Culture and Website Design: Cultural Movements and Settled Cultural Variables.* In Internationalization, Design and Global Development [LNCS 5623] Springer. pp. 69-78.

Romberg, M.; Röse, K.; Zühlke, D. (1999). *Global Demands of non-european Markets for the Design of User-Interfaces.* MMI-Interaktiv Nr. 1, March.

Sun, H. (2001). *Building a culturally-competent corporate web site.* In SIGDOC '01, Proc 19th annual intl. conf. on Computer documentation (pp. 95-102). New York, NY, USA: ACM.

Schmitz, A. K.; Mandl, T.; Womser-Hacker, C. (2008). *Cultural Differences between Taiwanese and German Web Users: Challenges for Intercultural User Testing.* In Proc 10th Intl. Conf. on Enterprise Information Systems (ICEIS) 12 - 16, June Barcelona. pp. 62-69.

Trompenaars, F., Hampden-Turner, C. (1997). *Riding the Waves of Culture: Understanding Cultural Diversity in Business.* London: Nicholas Brealey.

Voorhees, E. M.; Harman, D. K. (2005). *TREC: Experiment and Evaluation in Information Retrieval.* MIT Press.

Contact Information

Thomas Mandl, Christa Womser-Hacker

Institute for Information Science and Natural Language Processing (IWIST)

Universität Hildesheim
Marienburger Platz 22
31141 Hildesheim
Germany

http://www.uni-hildesheim.de/iwist

mandl@uni-hildesheim.de, womser@uni-hildesheim.de,

S. Boll, S. Maaß & R. Malaka (Hrsg.): Workshopband Mensch & Computer 2013
München: Oldenbourg Verlag, 2013, S. 473–477

Mobile Apps im Fahrzeug – Markt und Nutzung in China

Prof. Astrid Beck, HS Esslingen und GUI Design Stuttgart

Astrid_Beck@gui-design.de

Zusammenfassung

China strebt mit seinem neuen 5-Jahres-Plan an, Technologieführer im chinesischen IT-Markt zu werden (1). Dazu gehört u.a. auch die Softwareentwicklung mit dem Teilbereich der mobilen App-Entwicklung. Im Folgenden wird ein kurzer Einblick in Chinas Auto- und Smartphonemarkt, die Nutzung von Apps und die kulturellen Besonderheiten gegeben. Navigation-, Infotainment- und Embedded Apps werden vorgestellt. Anforderungen an zukünftige Gestaltungen werden skizziert.

1 Motivation

Durch mein Interesse für Reisen und fremde Kulturen und meinen beruflichen Schwerpunkt Usability, insbesondere Kontextanalyse, Anforderungsermittlung und Prototypentwicklung beschäftige ich mich seit einigen Jahren mit dem Thema interkulturelle Gestaltung von Nutzungsoberflächen. Insbesondere seit meinem Forschungsaufenthalt in China 2009, interessiert mich schwerpunktmäßig dieser Kulturraum. Verschiedene Projekte im Bereich Automotive und Mobile Anwendungen bilden den Hintergrund für diesen Beitrag.

In diesem Beitrag geht es um den Stand und aktuelle Entwicklungen von mobilen Apps im Fahrzeug in China. China ist dabei in vielerlei Hinsicht interessant. Der boomende Automobilmarkt, die größte Nutzergruppe im Internet, Millionen genutzter mobiler Geräte und Anwendungen und das hohe Interesse für Innovationen sowie weitere kulturelle Besonderheiten in China sind einige Aspekte, weshalb es sich lohnt, nach China zu schauen.

2 Stand Mobilmarkt

In China werden dieselben Geräte und Systeme genutzt wie auch in den westlichen Ländern. So gibt es auch in China mehrheitlich Android-Nutzer und zwar mehr als 300 Millionen, das sind mehr als dreimal soviel wie in den USA. Somit laufen 86% der neuen Smartphones unter Android in China. iPhone, Windows und Nokia spielen so gut wie keine Rolle (2). Bei der Hardware werden einheimische Produkte sowie Smartphones aus Korea bevorzugt (3), s. Abbildung 1.

Samsung	Lenovo	Coolpad	Huawei	Nokia	ZTE	Apple	Others
20.80	11.00	10.40	9.80	9.10	8.40	7.50	22.90

Abbildung 1: Verkaufte Smartphones in China (in Prozent)

Die beliebtesten Apps sind zu 90% in China und nur zu 10% ausländisch entwickelt, auch wenn es gleichwertige oder bessere Apps im Ausland gibt (2). Dass das aber nicht unbedingt an einer Zensur ausländischer Angebote liegen kann, zeigen die Zahlen bei Spielen. Hier ist die Mehrzahl der beliebtesten Games aus dem Ausland (70%), hingegen nur 30% aus China. Temple Run und Angry Birds sind die beliebtesten Spiele, bei den Apps sind es WeChat, Sougou Input und QQ (2).

Bei der mobilen Webseitennutzung sind in China „Health" und „Fitness" die beliebtesten Angebote, das in den USA beliebteste Thema Shopping belegt bei den Chinesen nur einen mittleren Rang. Automotive und Unterhaltung sind die zweitbeliebtesten Kategorien in China, die in den USA hingegen auf den hinteren Rängen zu finden sind (Zahlen von 2010, Vergleich USA und China, siehe (17)).

3   Stand Automobilmarkt

Es gibt in China 121 Mio. Kraftfahrzeuge. Chinas Einwohner nutzen 93,09 Millionen registrierte Kraftfahrzeuge (Pkw, leichte Nutzfahrzeuge und motorisierte Dreiräder). Außerdem gibt es fast 30 Millionen Dienstwagen und auf den Staat zugelassene Fahrzeuge. Zum Vergleich: in Deutschland waren zum 1. Januar 2013 rund 52,4 Millionen Kraftfahrzeuge zugelassen (4).

Zwischen 206 und 2010 wurden 639.000 km neue Straßen gebaut. Ende 2010 gab es 3.984 Millionen km Straßen, davon 74.000 km Schnellstraßen (18).

4   Meilensteine Apps for Automotive

Die Entwicklung begann vor gut zwei Jahren mit Onstar (einer Tochtergesellschaft von GM), die die ersten Apps mit Onstar ausgestatteten Fahrzeugen in China auf den Markt brachten. Angebotene Funktionen sind u.a. Diagnosefunktionen, Remote Starten des Fahrzeugs, Licht ein- und ausschalten, Abfrage von Tank- und Ölstand, Reifendruck etc. (5).

Im Juli 2011 folgte dann Sina, eine Android-App (6), (7). Sina ist eine Kartenapp mit location-based Services für chinesische Fahrer mit Namen iMap (was 'Love Cars Maps' heißt).

Abbildung 2: Sina iMap

Die Abbildung zeigt zwei Screenshots mit Kartenanzeige sowie Orte von Interesse in der Umgebung mit Listings und Reviews. Echtzeit -Verkehrsdaten werden für die größten Städte unterstützt. Darüberhinaus gibt es einen Weibo-Zugang (Twitter-Ersatz, gehört zu Sina), mit dem man z.B. Reviews zu Tankstellen versenden kann. Ein Parkassistent unterstützt das Wiederfinden des Autos und ist insbesondere in großen Parkhäusern mit Stellflächen für mehrere Tausend PKW eine beliebte Hilfe.

Baidu, die große Suchmaschine in China folgte dann Ende 2012 mit ihrem Angebot: Baidu Maps (iOS and Android) (8) (9). Baidu Maps bietet neben den üblichen Features Rabatt Gutscheine für Geschäfte und Restaurants, Sprachnavigation, Informationen zum öffentlichen Verkehr sowie Führer für Shoppingmalls.

Interessant ist, dass eine deutsche Entwicklung, die Infotainmentplattform AutoLinQ – entwickelt seit 2009 von Continental und der Deutschen Telekom – zuerst in China Ende 2011 auf den dortigen Markt gebracht wurde (10), (11), (12).

An weiteren Systemen wird mit Hochdruck entwickelt, insbesondere an Systemen, die die Spracheingabe beherrschen, was in China eine besondere Herausforderung ist bei den vielen lokalen Sprachen und Dialekten (13), (14). Personal Navigation Devices (PNDs) erfreuen sich zunehmender Beliebtheit. Die Systeme sind kostengünstig und transportabel. Führend ist TomTom, die seit Ende 2011 in China am Markt sind (15), (16).

5   Beliebte Apps

Neben den bereits skizzierten sind weitere besonders beliebte Apps zur Nutzung im Fahrzeug (19):

- Telematics (navigation, online call center services)
- Speed Control
- Social networking
- Aktienorder und -verwaltung
- Spiele wie Poker und Karaoke

Alle Apps werden gerne auch während der Fahrt genutzt. Die Hersteller empfehlen zwar, das nur im Stau oder an roten Ampeln zu tun, aber Chinesen halten sich eher nicht an diese Hinweise wie auch nicht unbedingt an Verkehrsregeln. Seit Anfang 2013 ist zwar auch in China das freihändige Telefonieren im Fahrzeug nicht gestattet, es gibt aber wenige Kontrollen diesbezüglich. Blitzwarner sind nicht verboten (wie übrigens auch in Indien nicht, auch dort ist dies eine beliebte App).

6   Fazit

Die Nutzung von mobilen Apps im Fahrzeug in China ist insbesondere im Hinblick auf Nutzungsgewohnheiten und -vorlieben interessant, um zukünftige Trends und Gestaltungsaspekte ableiten zu können. Zu berücksichtigen sind dabei folgende Faktoren:

- Außenbedingungen – es gibt in China laufend neue und somit unbekannte Straßen, die Fahrer sind oft sehr jung und unerfahren, viele fahren mit Chauffeur. Aus diesen Gründen besteht ein sehr hoher Sicherheitsanspruch. Die vielen in China vorhandenen verschiedenen Sprachen erschweren die Verständigung. Zeicheneingabe ist im Fahrzeug aufwendig. Staus sind in den Millionenstädten an der Tagesordnung. Das erfordert neue Formen der Eingabe sowie einen hohen Bedarf an aktuellen Verkehrsdaten und Angeboten zur Entspannung und zum Zeitvertreib. Fehlende „Action" ist für Chinesen eher belastend.

- Intrinsische Faktoren – Spielen, Abwechslung, Spaß haben, nicht alles so ernst nehmen hat bei den Chinesen einen hohen Stellenwert nicht nur für junge Menschen. Sie sind meist sehr technikaffin, mit technischem Gerät zu sprechen wird als eher normal oder lustig statt unmenschlich oder peinlich wahrgenommen, Staus erträgt man anstatt ungeduldig oder wütend zu werden. Apps leisten hier einen großen Beitrag, um Zeit zu sparen und Langeweile zu vertreiben. Apps für social networking nehmen dabei den größten Anteil ein.

Referenzen

1.   http://www.focus.de/finanzen/boerse/tid-29543/der-rote-riese-greift-an-maschinenbau-it-solar-deutsche-branchen-zittern-vor-der-china-bedrohung_aid_919567.html

2.   http://www.techinasia.com/china-300-million-android-users-in-2013/

3.   IHS iSuppli, allthingsd.com, Statista

4. http://www.focus.de/auto/news/chinas-autoflotte-sprunghaftes-wachstum_aid_927616.html

5. http://www.techinasia.com/onstars-smartphone-app-china/

6. http://www.techinasia.com/sina-imap-app-for-chinese-drivers/

7. http://www.appchina.com/app/com.sina.aiditu/

8. http://www.techinasia.com/baidu-maps-update-vouchers-live-traffic-data/

9. http://www.techinasia.com/baidu-maps-free-voice-navigation-for-drivers/

10. http://www.automobilwoche.de/article/20111013/NACHRICHTEN/111019966/erster-auftrag-fur-multimedia-plattform-autolinq#.UZQU2IJMYwh

11. AUTOMOTIVE megatrends MAGAZINE, Issue 1, Juli 2012, S. 12-19

12. http://www.automobilwoche.de/article/20100916/NACHRICHTEN/100919952/1005/continental-und-telekom-treiben-vernetzung-des-autos-voran#.UZQWRYJMYwg

13. http://www.automobilwoche.de/article/20111201/NACHRICHTEN/111139997/1005/bosch-entwickelt-navi-system-fur-china#.UZQWKYJMYwg

14. http://www.automobilwoche.de/article/20120425/NACHRICHTEN/120429961/bosch-kauft-chinesischen-infotainment-hersteller#.UZQba4JMYwh

15. http://telematicsnews.info/2012/02/15/china-tomtom-autonavi-to-introduce-hd-traffic_f3153/

16. https://www.tomtom.com/zh_cn/products/car-navigation/

17. http://www.techinasia.com/china-mobile-market/

18. http://transworldnews.com/NewsStory.aspx?ID=709480

19. ft.com April 22, 2011, Telematics makes inroads in China's car market
http://www.ft.com/intl/cms/s/0/23ffa86e-6cf9-11e0-83fe-00144feab49a.html#axzz2XkCOpimC

Kontakt

Prof. Astrid Beck

Astrid_Beck@gui-design.de

S. Boll, S. Maaß & R. Malaka (Hrsg.): Workshopband Mensch & Computer 2013
München: Oldenbourg Verlag, 2013, S. 479–481

When in Rome …
Multi-Cultural UX Research Management

Jakob Biesterfeldt

UserZoom Germany

jbiesterfeldt@userzoom.com

Abstract

"When in Rome, do as the Romans do". It is common sense amongst UX researchers and designers that products work best when they have been adapted to local and cultural contexts. As a UX practitioner, I explore the practical aspects of multi-cultural UX research and design projects.

1   Introduction

From a manufacturer's point of view, products should ideally be standardized across all points of sales as much as possible. However, most interactive products need to be adapted to local and cultural aspects to some extent. As UX researchers, it is our goal to identify differences and commonalities between cultures and to guide manufacturers to product designs that are successful across all points of sale.

2   Topics

Typical management challenges that are unique to UX research include, but are not limited to:

- Finding the best management model
  - centralized, decentralized or cooperative. We need to find the best balance between a structured and standardized approach and at the same time tapping into the local cultural knowledge of local experts.
- Collaborating with local experts/vendors
  - Finding a local vendor is difficult. We need to make sure we have a common understanding of methods, processes and scientific background in UX. The vendor needs to

be aware of cultural differences and able to help with interpreting research findings. International networks such as the UX Alliance or the International UX Partners are a great resource. Preparing a study, briefing all parties, ensuring a consistent methodology and execution as well as interpretation and documentation of findings need careful planning and practice.

- Recruiting the right research participants
  o Does the target population even exist in all countries? We need to make sure we recruit participants who represent the target population in each country. The target group needs to be described in familiar terms to local recruiters. Rather than using exact figures (e.g. income brackets), we need to understand how each recruitment criterion translates in each country. This requires preliminary research and effort.
- Using suitable tools, scales and metrics
  o Remote testing tools are a great way of targeting an international audience. However, we need to ensure that all rating scales and measurements are comparable across countries. Also, remote testing is not always a suitable stand-alone approach. A careful mix of tools, methods and metrics must be designed for each multinational study.
- Logistics
  o We need to consider worldly challenges such as technical standards, customs, shipping of testing materials, travel, internet access etc.

3   Author's background

Jakob Biesterfeldt is Managing Director for UserZoom Germany. UserZoom is software for remote UX research and is used by clients worldwide for multi-cultural remote UX research studies.

Previously, Jakob served as Director International Research for UID, where, he managed UX research projects in over 30 countries. In 2006, Jakob founded the International User Experience Partners, a global network of UX agencies.

Jakob is a board member of the UXPA and was conference chair for the 2010 international UPA conference in Munich.

Jakob speaks, publishes and lectures on intercultural usability and UX.

4   References

Biesterfeldt, J.: Managing International Research Vendors. In: 2008 Conference Proceedings. Bloomingdale, IL, UPA (2008)

J. Biesterfeldt and M. Capra, "Leading International UX Research Projects. Design, User Experience, and Usability. Theory, Methods, Tools and Practice." vol. 6769, A. Marcus, Ed., ed: Springer Berlin / Heidelberg, 2011, pp. 368-377.

Gillham, R., Biesterfeldt, J., Thalmeier, S., Fuchs, F., Shang, T., Sabena, E.: Guidelines for Successful Recruitment in International Usability Studies. In: Valone, D., Page, B. (eds.) 2007 Conference Proceedings CD, Bloomingdale, UPA (2007)

Dray, S., Siegel, D.: Sunday in Shanghai, Monday in Madrid?! Key Issues and Decisions in Planning International User Studies. In: Aykin, N. (ed.) Usability and Internationalization of Information Technology. Lawrence Erlbaum, New Jersey (2005)

Gorlenko, L., Krause, S.: Managing International Usability Projects: Cooperative Strategy. In: Grinter, R., Rodden, T., Aoki, P.l., Cutrell, E., Jeffries, R. (eds.) Proceedings of ACM CHI 2006 Conference on Human Factors in Computing Systems, pp. 159–164. ACM, New York (2006)

Mack, A., Dray, S., Larvie, P., Lovejoy, T., Prabhu, G., Sturm, C.: Managing International User Research. In: Grinter, R., Rodden, T., Aoki, P.l., Cutrell, E., Jeffries, R., Olson, G. (eds.) Proceedings of ACM CHI 2006 Conference on Human Factors in Computing Systems, pp. 5–8. ACM, New York (2006)

Molich, R., Dumas, J.S.: Comparative Usability Evaluation (CUE-4). Behaviour & Information Technology 27(3), 263–281 (2008)

S. Boll, S. Maaß & R. Malaka (Hrsg.): Workshopband Mensch & Computer 2013
München: Oldenbourg Verlag, 2013, S. 483–485

Cognitive and Cross-Cultural Adaptations of Products, Systems and Services

Christian Sturm[1]

Hamm-Lippstadt University of Applied Sciences[1]

Abstract

The aspects that have to be taken into account while developing systems or services for different user groups worldwide can be categorized into 4 levels (Sturm, 2002): technical, linguistic, cultural and cognitive. Both the technical and the linguistic adaptations can be applied straight forward in that best practices and guidelines were established throughout the last decades. In contrast, cultural and even more the cognitive variations across user groups still present a tremendous challenge. Therefore, it is argued to focus on the latter ones while working on a research agenda for adaptation to worldwide user groups.

1 Introduction

Numerous studies have shown that prior exposure to visual stimuli as well as constructs such as field dependency have an impact on people's way of seeing the world based on cultural and environmental factors.

Segall et al. (1966) studied the sensitivity towards optical illusions cross-culturally. The effectiveness of both the Müller-Lyer illusion as well as the horizontal-vertical illusion was shown to be related to visual cues given by the environment the subjects grew up and lived in. A concrete application of these effects might be found for instance in 3-dimensional icons designed for a mobile phone. Their universal understandability could be limited if the information is conveyed by using these illusions.

The concept of field dependency first defined by Witkin (1950) distinguishes two ways of perceiving the world around us: separating objects from their background (field-independent) or focusing on the relationships of the objects perceived (field-dependent). Holtzmann et al. (1975) have shown that US citizens tend more towards field-independency in comparison to Mexican citizens that tend more towards field-dependency. Witkin and Berry (1975) saw in their research a correlation between the level of a society's individuality and field dependence. It was found that field-dependency is more prominent for people from collectivistic cultures while individualistic cultures tend more towards field-independency. Furthermore, men are more field-independent than women according to Halpern 2000. My own research, however, suggests that there might be an impact of experience in using information technology and formal schooling on the field-dependency of test subjects, too (not yet published).

At first sight, field dependency is expected to have an impact on the effectiveness and efficiency of different visual presentations and layouts of interactive systems. In addition, Reed and Oughton (1997) discovered as well relations between the users' way of traversing menus and the concept of field dependency. This might lead to research questions focusing on the information architecture of interactive systems.

As pointed out by Sturm (2002), these cultural variations of cognitive characteristics have to be explored further in order to determine possible opportunities for the cultural adaptation of systems. In addition, the importance to check user experience research for its external validity has yet to be established among HCI researcher.

2 Research

2.1 Topics

The research topics include but are not limited to:
- Internationalization and localization of products, services and systems
- Cultural and personal factors on system design
- Variations of research methods based on culture and personality
- Interaction of culture and cognition
- Universal factors in global system development
- Entrepreneurship

2.2 Methods

As far as the research methods are concerned, both qualitative and quantitative approaches are used based on the research question. This starts at a multi-months ethnographic research and ends at controlled lab studies.

3 Author's background

Prof. Dr. Christian Sturm is professor at the Hamm-Lippstadt University of Applied Sciences in Germany. He holds a degree in computer science from Furtwangen University and a PhD in cognitive psychology (major) and cultural anthropology (minor) from the University of Freiburg. His research interests include cross-cultural and interpersonal aspects of human-computer interaction, experience research and entrepreneurship. Prof. Dr. Sturm has worked in both industry and academia in Europe, Latin America and Africa.

Prior to his current position, Prof. Dr. Sturm was associate professor for human-computer interaction at the German University in Cairo, Lead Customer Experience Designer at Hewlett Packard in Barcelona, a research professor for Cross-Cultural Human-Computer

Interaction at the Universidad Tecnológica de la Mixteca in Mexico and a freelance consultant for cross-cultural usability in Munich, Germany. Furthermore, Prof. Dr. Sturm lectured on usability, human factors and user experience at Furtwangen University and the Instituto Europeo di Design in Barcelona.

4   Kontaktinformationen

Prof. Dr. Christian Sturm

Hochschule Hamm-Lippstadt

Marker Allee 76-78

59063 Hamm

christian.sturm@hshl.de

References

Halpern, D.F. (2000). *Sex differences in cognitive abilities*. Mahwah: Lawrence Erlbaum.

Holtzmann, W.H., Díaz-Guerrero, R., & Swartz, J.D. (1975). *El desarrollo de la personalidad en dos culturas: México y Estados Unidos*. México: Trillas.

Reed, W.M., & Oughton, J.M. (1997). *Computer experience and interval-based hypermedia navigation*. Journal of Research on Computing in Education, 30, 38-52.

Segall, M.H., Campbell, D.T., & Herskovits, M.J. (1966). *The influence of culture on visual perception*. Indianapolis: Bobbs-Merrill.

Sturm, C. (2002). *TLCC - Towards a framework for systematic and successful product internationalization*. In: J. Coronado, D.L. Day, & B. Hall (Eds.), IWIPS, Austin/Texas.

Witkin, H.A. (1950). *Individual differences in the case of perception of embedded figures*. Journal of Personality, 19, 1-15.

Witkin, H.A., & Berry, J. (1975). *Psychological differentiation in cross-cultural perspective*. Journal of Cross-Cultural Psychology, 6.

S. Boll, S. Maaß & R. Malaka (Hrsg.): Workshopband Mensch & Computer 2013
München: Oldenbourg Verlag, 2013, S. 487–494

Kulturelle Unterschiede im online Blickverhalten: Nutzungs- Schnittstellen für interkulturelle Nutzergruppen

Silvia C. Zimmermann, Urs T. Zimmermann

Institut für Software-Ergonomie und Usability AG, Technoparkstrasse 1, 8005 Zürich, Switzerland

{silvia.zimmermann, urs.zimmermann}@usability.ch

Zusammenfassung

Forschungsprojekte an internationalen Universitäten hinken den praktischen Anwendungen der Usability-Forschung oftmals hinterher. Während Firmen in der Praxis für viele internationale Unternehmen internationale Studien mit einem hohen Forschungsanteil durchführen müssen, um die Business-Modelle der Firmen zum Erfolg zu führen, erforschen die Universitäten sehr enge, theoretische Modelle, die in der Praxis oft untauglich und/oder veraltet sind. Praktische Erfahrungswerte gehen weit über die sogenannte „anectodal reference" hinaus, weil sich Firmen in der Praxis Tag für Tag mit der interkulturellen Nutzung von Websites, Desktop-Applikationen, Mobile Apps und ganz allgemein mit der gesamten Mensch Computer Interaktion (MCI) auseinandersetzen. Eine im Frühjahr 2012 mit 500 Probanden aus 17 Ländern[1] durchgeführte Blickmessungsstudie hat aufgezeigt, dass länderspezifische Unterschiede im Verhaltensmuster in Bezug auf die erste Wahrnehmung, dem Lese-, Scroll- und Klick-Verhalten, sowie der Fixationsdauer im allgemeinen vorliegen. Trotz der Globalisierung von Informationen und weltweit greifenden Technologiemustern haben kulturelle Nutzungsmerkmale in der Folge einen signifikanten ($p<0.001$) Einfluss auf Vorlieben, Verhaltens- und Navigationsmuster. Das für die Studie ausgearbeitete Framework geht über die in der DIN EN ISO TR 16982 (Ergonomie der Mensch-System-Interaktion - Methoden zur Gewährleistung der Gebrauchstauglichkeit, die eine benutzerorientierte Gestaltung unterstützen) aufgeführten Methoden hinaus und sollte bei weiteren Arbeiten im Bereich der interkulturellen Forschung angewandt werden.

---

[1] Australien, Belgien, Brasilien, Chile, Dänemark, Deutschland, Frankreich, Mexiko, Niederlanden, Polen, Russland, Süd-Afrika, Spanien, Schweden, Schweiz, Türkei, USA.

1   Einführung in das Themengebiet

Internationale Firmen und die Arbeit mit interkultureller Mensch-Computer Interaktion im Allgemeinen müssen in der heutigen vernetzten E- und I-Welt sicherstellen, dass alle Nutzer weltweit, unabhängig von ihrer Sprache, ihrer Herkunft oder Ausbildung, ein Online-Angebot gleichwertig nutzen können. Gleichstellung ist nicht nur mehr ein Schlagwort, sondern eine Anforderung, die in vielen Corporate Statements festgehalten wird, um sicherzustellen, dass keine Kultur minderwertig behandelt wird.

2   Die interkulturelle Blickmessungs-Studie

E-Commerce ist weltweit ein blühendes Geschäft, das in Bezug auf die interkulturelle Nutzung und auf die verschiedenen Nutzungsgruppen zu wenig erforscht ist. Unsere Studie, wurde im Rahmen des IUTP-Netzwerkes[2] gemeinsam mit Marriott International Inc. von März bis Mai 2012 durchgeführt. Sie hatte zum Ziel, das Online-Verhalten unterschiedlicher Kulturen in Bezug auf die Nutzung einer Hotelwebsite zu erheben. Die interkulturelle Studie umfasste im Detail die Analyse eines so genannten 1-page Designs, das darauf abzielte, dem Nutzer nur die Informationen zur Verfügung zu stellen, die er für die Buchung eines Hotelzimmers benötigt. Das umfasste nicht nur die sogenannten *Hard Facts*, sondern auch alles, was zum persuasiven Design gehört. Das Konzept *Reduction to the Max* ist dabei essentiell. D.h. das E-Commerce Team von Marriott International hat mit der angestrebten Reduktion der Inhalte bei Indo-Europäischen Websites auf so viel Inhalte wie möglich verzichtet, damit sich die Nutzer nur noch mit den Inhalten auseinandersetzen müssen, die für die Buchung eines Hotelzimmers wirklich relevant sind.

2.1   Methode

Blickmessungsstudie mit integriertem Usability-/User Experience-Test mit 500 Nutzern in 17 Ländern. HTML-Prototyp in 6 verschiedenen Sprachen. Binokulare Remote Eye Tracker, Sampling Rate 60 Hz.

2.2   Hypothesen und Fragestellungen

Während der Studie wurden folgende Fragestellungen anhand von 5 Nutzungsszenarien[3] und 7, respektive 21 Hypothesen[4] untersucht:

- Es gibt länderspezifische Unterschiede in Bezug auf die Latenzzeit bis zur ersten Fixation von Navigationselementen.

---

[2] IUTP: International Usability Testing Partnership (www.iutp.org).

[3] Nutzungsszenarien: Informationssuche, die für die Buchung eines Hotelzimmers relevant ist. Erwartungskonformität in Bezug auf Informationen über die Hotelzimmer. Informationssuche zu den Dienstleistungen des Hotels. Suche des Loyality-Programms. Initiierung des Reservationsprozesses.

[4] Jede Hypothese untersuchte gleichzeitig auch den Einfluss von Alter und Geschlecht.

- Es gibt länderspezifische Unterschiede in Bezug auf die Latenzzeit bis zum ersten Mausklick auf der Einstiegsseite.
- Es gibt länderspezifische Unterschiede in Bezug auf die Aufmerksamkeitsspanne bei Hotelinformationen.
- Es gibt länderspezifische Unterschiede in Bezug auf die Wahrnehmung der Logos.
- Es gibt länderspezifische Abweichungen in Bezug auf das Text- Erinnerungsvermögen.
- Es gibt länderspezifische Abweichungen in Bezug auf das Bild-Erinnerungsvermögen.
- Es gibt länderspezifische Abweichungen in Bezug auf das Scroll-Verhalten.

Die Studie fokussierte in Bezug auf das Blickverhalten auf folgende Fragestellungen:

- Wo schauen Nutzer auf einer Website zuerst hin?
- Wie oft und wie lange werden bestimmte Bereiche vom Blick erfasst?
- Welche wichtigen Bereiche der Webseite werden schnell fixiert?
- In welcher Reihenfolge werden Bereiche und Funktionen betrachtet?
- Welche wichtigen Bereiche und Funktionen werden nicht betrachtet?
- Welche Bereiche werden besonders intensiv wahrgenommen?
- Welche Bereiche werden wirklich gelesen?
- In welchen Bereichen wird nur nach bestimmten Worten gesucht?
- In welchen Bereichen sind Nutzer orientiert oder desorientiert?
- Wie ist das Aufmerksamkeitsverhältnis zwischen Grafik- und Textelementen?
- Wie ist das Suchverhalten?
- Wie ist das Erinnerungsvermögen beim Lösen von Key Journeys?
- Wo unterscheidet sich das Blickverhalten zwischen den Ländern und sind sie durch kulturelle oder andere Ausprägungen wie Alter, Geschlecht, Internet-Affinität erklärbar?

3 Die Ergebnisse

Das von uns erarbeitete Framework für das Assessment interkultureller Unterschiede bezieht sowohl den klassischen Usability- und User Experience-Test (Teilnehmende Beobachtung mit anschließender qualitativer Befragung) als auch die moderne Blickmessung mit ein. Dieses integrierte Framework ermöglicht eine genauere Erhebung und Validierung der Daten und somit ein besseres Verständnis der interkulturellen Unterschiede in Bezug auf die online Nutzungs- und Verhaltensbeobachtungsdaten. Die Studie hat aufgezeigt, dass verschiedene Nutzergruppen unterschiedliche Informationselemente an unterschiedlichen Orten auf einer Website erwarten und textuelle und grafische Elemente anders bewerten. Ein lokalisiertes Design, das weit über die reine Sprachanpassung hinausgeht, wäre deshalb bei E-Commerce Websites sinnvoll.

Es gibt länderspezifische[5] Unterschiede in Bezug auf die Latenzzeit bis zur ersten Fixation von Navigationselementen ($p<0,001$).

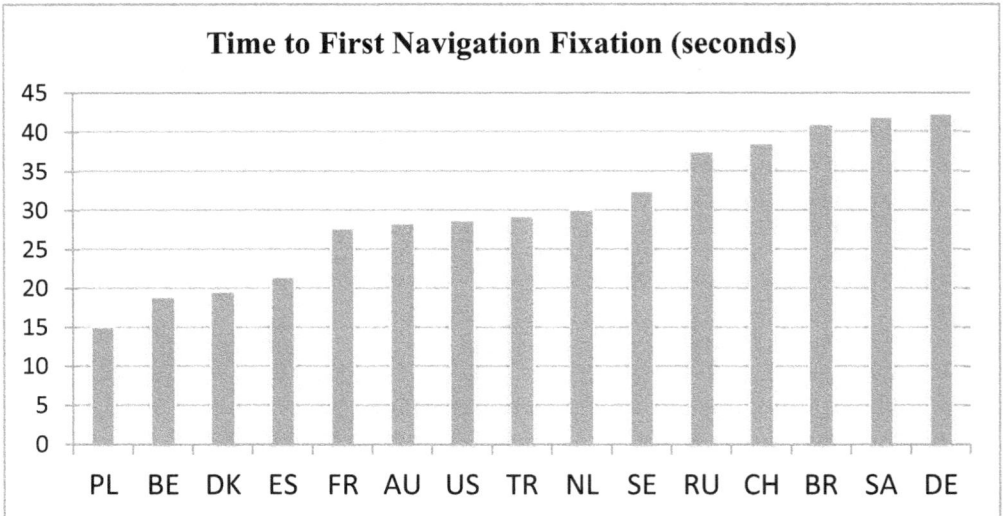

Time to First Navigation Fixation (seconds)

Figure 1. Time to first fixation for navigation tabs, all countries.

Es gibt länderspezifische Unterschiede in Bezug auf die Latenzzeit bis zum ersten Mausklick auf der Einstiegsseite ($p<0,001$).

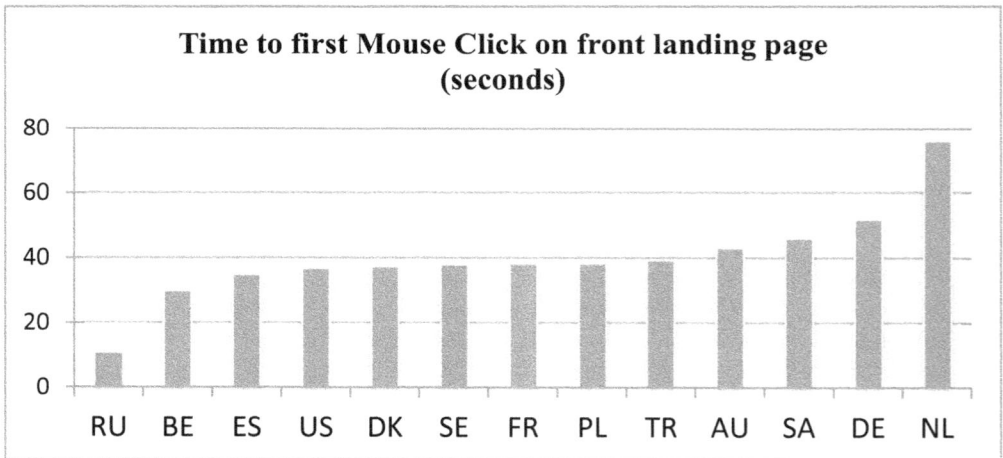

Time to first Mouse Click on front landing page (seconds)

Figure 2. Mean time to first mouse click on front picture, all countries.

Es gibt länderspezifische Unterschiede in Bezug auf die Aufmerksamkeitsspanne bei Hotelinformationen ($p<0,001$).

---

[5] Bei den statischen Vergleichen wurden bewusst auf die Daten von Chile und Mexiko verzichtet da die Datenerhebung nicht auf exakt derselben Prototypen-Version beruhte.

Mean Fixation Duration of Hotel Details (seconds)

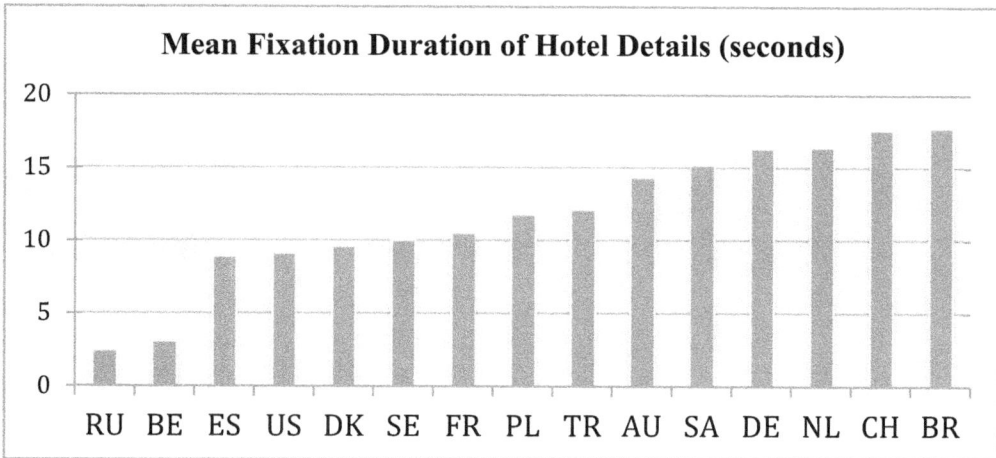

Figure 3. Mean Fixation duration of hotel details, all countries.

Es gibt länderspezifische Unterschiede in Bezug auf die Wahrnehmung der Logos ($p=0,012$). Es gibt länderspezifische Abweichungen in Bezug auf das Text- Erinnerungsvermögen ($p= 0,05$). Es gibt länderspezifische Abweichungen in Bezug auf das Bild-Erinnerungsvermögen ($p=0,017$). Es gibt länderspezifische Abweichungen in Bezug auf das Scroll-Verhalten ($p<0,001$).

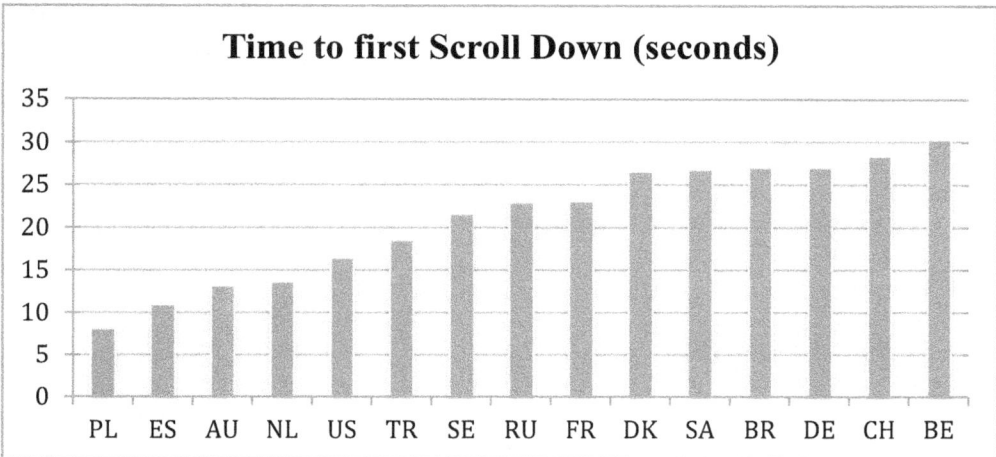

Time to first Scroll Down (seconds)

Figure 4. Mean time to first scroll down, for all countries.

Die Analyse und Diagnose der Blickmessungsdaten unterstützten die Hypothesen bezüglich des angenommenen unterschiedlichen Blickverhaltens. Nutzer in unterschiedlichen Ländern suchten Hotelinformationen an unterschiedlichen Orten auf der Website.

Figure 5. Heat maps of Belgium, Spain and America when users are looking for guest room information (first 5 seconds).

Das gleiche gilt exemplarisch auch für das Auffinden des Marriott-Loyality-Programms:

Figure 6. Heat maps of Brazil, Turkey and Belgium showing users looking for the Loyalty Program of Marriott (first 30 seconds).

4   Eye Tracking

Das Blickverhalten täuscht nicht. Eye Tracking ist eine neurowissenschaftliche Methode, die sowohl in der Leseforschung als auch in der Erforschung des interkulturellen Verhaltens eingesetzt wird (Holmqvist et al., 2011). Im Gegensatz zur qualitativen Forschung, die sich hauptsächlich auf Umfragen, Interviews und Fragebögen abstützt, hat die Blickmessung den Vorteil, dass sie von den Nutzergruppen nicht oder nur mit erheblichem kognitiven Aufwand manipuliert werden kann (Liversedge et al., 2011).

Während der Studie wurden binokulare Remote Eye Tracker mit fixen Augenkameras verwendet. Dabei wurden beide Augen der Nutzer mit einem hochpräzisen Kamerasystem erfasst und in einem Intervall von 60 Bildern pro Sekunde fotografiert.

Die Augenkamera arbeitet im infraroten Bereich mit Cornealreflex und Pupillenerhellung. Dadurch wurde die optimale *Dark* bzw. *Bright Pupil Tracking* Methode verwendet.

Die Verwendung der Infrarot- Dark bzw. Bright Pupil Methode bietet 3 große Vorteile, die bei diesem interkulturellen Test ermöglicht haben, Eye Tracking als *confounding variable* auszuschließen:

a) Das Infrarotlicht stört den Nutzer nicht, da der Nutzer es selbst nicht sieht.
b) Die Technik funktioniert unabhängig von der Beleuchtung, also auch in dunkeln Räumen.
c) Die Methode sorgt bei jedem Probanden für einen optimalen Kontrast zwischen Iris und Pupille.

5   Zusammenfassung

Die im Frühjahr 2012 mit 500 Probanden aus 17 Ländern durchgeführte Blickmessungsstudie hat aufgezeigt, dass länderspezifische Unterschiede im Verhaltensmuster in Bezug auf die erste Wahrnehmung, dem Lese-, Scroll- und Klick-Verhalten und der Fixationsdauer im Allgemeinen vorliegen. Trotz der Globalisierung von Informationen und weltweit greifenden Technologiemustern haben kulturelle Nutzungsmerkmale einen teilweise signifikanten Einfluss auf Vorlieben und Navigationsmuster. In Bezug auf Geschlecht oder Altersgruppe waren hingegen keine der getesteten Hypothesen statistisch signifikant. Weitere Forschung in diesem Gebiet sollte mit Artefakten unterschiedlicher Natur weitergeführt werden. Zudem wird vorgeschlagen die für unser Feld gängigen ISO Normen dem neusten Wissensstand und dem Stand der Technik anzupassen, um neuen Methoden und Frameworks Beachtung zu schenken.

6   Dank

Das Institut für Software-Ergonomie und Usability AG (Zürich, Schweiz) dankt den Teilnehmern aus aller Welt für ihren Beitrag zu dieser Studie. Ohne den Kraftakt der folgenden Unternehmen und Universitäten wäre eine Usability-Forschung dieser Größenordnung nicht möglich gewesen:

Objective Digital http://www.objectivedigital.com/; u-sentric http://www.u-sentric.com/; Checon Pesquisa http://www.checonpesquisa.com.br/; Eyeonmedia http://www.eye onmedia.net/; Eyefact http://www.eyefact.dk/; Miratech www.miratech.com; Institut für Software-Ergonomie und Usability AG http://www.usability.ch; Q Solutions http://www. qsolutions.com.mx/; Concept7 http://www.concept7.nl/; Optimalisatielab http://www.optima lisatielab.nl/; Valsplat http://valsplat.nl/; eyetracking.pl http://eyetracking.pl; Usabilitylab http://www.usabilitylab.ru/; Western Cape Government Nelson Mandela Metropolitan University http://www.westerncape.gov.za/; Universitat Pompeu Fabra http://www.upf.edu/; Tobii Technology http://www.tobii.com/; UTR Lab http://www.utrlab.com; Marriott International http://www.marriott.com

Literaturverzeichnis

DIN EN ISO TR 16982 (2002). Ergonomics of human-system interaction - Usability methods supporting human-centered design. In DIN-Taschenbuch 354. Berlin: Beuth.

Holmqvist, K., Nyström, M., Anderson, R., Dewhurst, R., Jarodzka, H., Van de Weijer, J. (2011). *Eye Tracking. A Comprehensive Guide to Methods and Measures.* Oxford University Press Inc., New York.

Liversedget, S., Gildchrist, I., Everling S. (2011). *The Oxford Handbook of Eye Movements.* Oxford University Press Inc., New York.

S. Boll, S. Maaß & R. Malaka (Hrsg.): Workshopband Mensch & Computer 2013
München: Oldenbourg Verlag, 2013, S. 495–498

Multikulturalismus und Mensch-Computer Interaktion: Benutzungsschnittstellen für Immigranten

Jan Bobeth[1], Stephanie Deutsch[1], Manfred Tscheligi[1,2]

[1] CURE – Center for Usability Research and Engineering, Modecenterstr. 17/2,
1110 Vienna, Austria
[2] ICT&S Center, University of Salzburg, Sigmund-Haffner-Gasse 18,
5020 Salzburg, Austria

{bobeth, deutsch, tscheligi}@cure.at

Zusammenfassung

Die hier dargestellte Arbeit befasst sich mit Mensch Computer Interaktion (MCI) im Zusammenhang mit Immigranten. Dafür führen wir zunächst allgemein in kulturell bedingte Unterschiede und deren Auswirkung auf MCI ein, bevor wir auf die besondere Situation von Immigranten eingehen, die von mehreren Kulturen geprägt werden. Im Rahmen eines internationalen Forschungsprojekts entwickeln wir zusammen mit mehreren europäischen Partnern mobile Services für Smartphones, die arabische und türkische Immigranten bei der sozialen Integration unterstützen sollen.

1 Einführung in das Themengebiet

Interkulturelle Mensch-Computer Interaktion (MCI) erfährt in der heutigen vernetzten Welt eine zunehmende Bedeutung. Zahlreiche Web Services, Desktop-basierte und mobile Anwendungen werden für immer mehr Nutzer unterschiedlicher Herkunft interessant und entsprechend in einer Vielzahl von Sprachen angeboten. Neben der Sprache ist auch die Berücksichtigung kulturbedingter Aspekte in Bezug auf Farbgestaltung, Bildsprache, Informationsarchitektur und Interaktionsdesign für die einfache Benutzbarkeit und Akzeptanz einer Anwendung entscheidend (Rau et al. 2013). Ein wesentliches Merkmal dafür ist die kulturelle Prägung, die zwischen Nutzern aus unterschiedlichen Regionen und Ländern weltweit sehr verschieden sein kann. Hofstede (1991) hat das Phänomen unterschiedlicher Denk- und Handlungsweisen als *software of the mind* bezeichnet. In einer umfangreichen Untersuchung mit über 116.000 IBM Mitarbeitern in 50 Ländern hat er mittels statistischer Methoden vier Dimensionen zur Einordnung unterschiedlicher nationaler Kulturen abgeleitet: i) Machtdistanz, ii) Ungewissheitsvermeidung, iii) Maskulinität/ Femininität, iv) Individualismus/ Kollektivismus, v) Langzeit-Orientierung.

Zur Beschreibung von individuellen kulturellen Unterschieden führten Markus und Kitayama (1991) das Selbstkonzept ein. Es werden *independentes* und *interdependentes* Selbstkonzept unterschieden, wobei ersteres das Selbst auf individuelle Unterschiede aufbaut, während interdependente Personen sich eher über die Beziehung zu anderen definieren. Diese verschiedenen Ausrichtungen im Selbstkonzept können zu unterschiedlicher Motivation bei der Nutzung von Technologie führen, so auch die Nutzung von Benutzungsschnittstellen (z.B. bei Personalisierungsoptionen) mitbestimmen.

Auch Kommunikation und Kognition unterliegen kulturellen Einflüssen, welche die Nutzung von Technologie beeinflussen. Hall (1976) unterscheidet zwischen starkem und schwachem Kontextbezug bei der Kommunikation. In Kulturen mit schwachem Kontextbezug ist die Kommunikation eher direkt und enthält detaillierte Hintergrundinformationen. Bei starkem Kontextbezug wird davon ausgegangen, dass Hintergründe bekannt sind und nicht erklärt werden müssen. Die Unterschiede beeinflussen auch die Nutzung von Informationssystemen in Bezug auf Orientierung, Detailrelevanz und Nutzungsdauer (Rau 2001). Nisbett (2003) unterscheidet bei Vergleichen von Amerikanern mit Chinesen das Westlich Analytisch-Logische Denken vom Östlich Ganzheitlich-Dialektischen Denken. Diese Denkweisen führen zu unterschiedlichen Strategien hinsichtlich der Organisation von Inhalten, was sich in Präferenzen der Gestaltung von interaktiven Systemen wiederspiegelt. Choong (1996) fand heraus, dass Amerikaner eine funktionale Anordnung bevorzugen, während Chinesen mit einen thematischen Aufbau besser zurecht kamen.

Wie die letztgenannte Studie beruht ein Großteil der interkulturellen MCI Forschung auf Vergleichen zwischen fernöstlichen Kulturen (China, Japan, Korea, Indien) mit westlichen Kulturen (USA, Deutschland, Dänemark). Sehr wenige Studien gibt es dagegen zwischen westlichen und arabischen beziehungsweise muslimisch geprägten Kulturen. Angesichts der wachsenden Einwandererzahlen aus arabischen Ländern und der Türkei in die EU scheint aus europäischer Sicht die Aneignung entsprechenden Wissens sinnvoll (Eurostat 2013). Eine Besonderheit bei Immigranten ist, dass sie eine kulturelle Prägung mitbringen und ab dem Zeitpunkt der Einwanderung mit einer weiteren Kultur dauerhaft konfrontiert sind. Während sich die soziologische Forschung schon länger mit sozialer Integration und kulturellen Unterschieden befasst (z.B. Jacobsen und Landau 2003), beschäftigt sich die MCI Forschung vor allem mit dem Einfluss verschiedener Kulturen auf die Gestaltung von Benutzungsschnittstellen (z.B. Callahan 2005), allerdings ohne dabei auf die Besonderheiten von Immigranten einzugehen, die von mehreren Kulturen beeinflusst werden. Bei einer erfolgreichen sozialen Integration nehmen Einwanderer die grundlegenden Werte des Gastlands an und fühlen sich als fester Bestandteil dessen Gesellschaft, bewahren aber ihre ursprüngliche Kultur (Berry 1997).

Um die Bedürfnisse von Immigranten als Nutzer und die sich ergebenden Anwendungskontexte besser zu verstehen, ist es unerlässlich, diese Zielgruppe im Rahmen eines User-Centered Design Prozesses aktiv in den Entwicklungsprozess zu involvieren. Für die kulturspezifische Anforderungsanalyse empfehlen Aykin et al. (2006) die Verwendung von qualitativen Methoden (z.B. Beobachtungen und Befragungen). Allerdings treten dabei Probleme wie Ängstlichkeit und Misstrauen gegenüber Forschern auf. Das Aufbauen von Vertrauen erfordert mehr als nur die Gewährleistung von Anonymität und die Einhaltung ethischer Prinzipien. Daher ist es notwendig, einem flexiblen Forschungsansatz zu folgen und die Methodik entsprechend anzupassen (Jacobsen und Landau 2003). Bloch (2007) hat festgestellt, dass Asylbewerber weniger bereit sind, sich an Forschungsprojekten zu beteiligen als

Flüchtlinge, aus Sorge, ihre Antworten könnten an lokale Behörden weitergegeben werden. Um valide Ergebnisse zu generieren, ist es nötig, ausreichend Information über die Studienteilnehmer zu einzuholen, wie z.B. die Sprach- und Lesekompetenz, kulturelle Normen, etc. (Bloch 2007). Bei der direkten Kommunikation mit Immigranten erfahren Interviewer mit der gleichen Muttersprache und dem gleichen kulturellen Hintergrund vermutlich mehr – speziell bei sensiblen Themen (Elam und Fenton 2003). Frindte et al. (2012) berichteten über eine Multi-Generationen-Fallstudie, in der zweisprachige deutsch-türkische und deutsch-arabische Interviewern eingesetzt wurden, was sich als sehr effektiv erwies und das Misstrauen der Teilnehmer reduzierte.

2   Forschungsgegenstand: MCI und Immigranten

Im Rahmen des internationalen Forschungsprojekts MASELTOV (www.maseltov.eu) wird das Potential von mobilen Services auf Smartphones zur Unterstützung der sozialen Integration analysiert und genutzt, um unmittelbare Hilfestellungen (z.B. Navigationshilfen oder Echtzeit-Übersetzungen) sowie langfristige Unterstützung zu bieten (z.B. das Erlernen der Sprache). Dabei fließen Erfahrungen aus der früheren Zusammenarbeit mit Immigranten in einem Österreichischen Forschungsprojekt ein (Schmehl et al. 2011). In MASELTOV involvieren wir arabisch und türkisch-sprachige Einwanderer in Großbritannien, Spanien und Österreich im Rahmen eines User-Centered Design Prozesses, um die Benutzbarkeit und Relevanz der Anwendungen zu gewährleisten. Eine besondere Herausforderung dabei ist es, Immigranten gemäß der Zielgruppendefinition zu erreichen, Vertrauen aufzubauen und sie für die Teilnahme an Benutzerstudien zu gewinnen. Aus diesem Grund arbeiten wir mit drei Hilfsorganisationen in England, Spanien und Österreich zusammen, die in regelmäßigem Kontakt mit Immigranten stehen und Teilnehmer für Studien rekrutieren. Methodisch setzen wir semi-strukturierte Interviews (in der Mutter- und der Landessprache), Fokusgruppen, Participatory Design Workshops sowie Benutzbarkeits- und User Experience Evaluationen ein. Im Rahmen der diesjährigen INTERACT Konferenz präsentierten wir unsere Erfahrungen und Implikationen für andere Projekte (Bobeth et al. 2013), u.a. über die Vorteile der Zusammenarbeit mit Hilfsorganisationen sowie die Einbindung von bereits länger im Land lebenden Immigranten. Wir betonen die Sicherung von Privatheit und der Umgang mit Geschlechterrollen.

In naher Zukunft wollen wir ein Framework für Benutzbarkeitsstudien mit Immigranten entwickeln und dabei aktuelle interkulturelle Verfahren anwenden und erweitern. Da derzeitige MCI-Forschung meist Personen mit einem WEIRD-Hintergrund anspricht (Western, Educated, Industrialized, Rich, Democratic: vgl. Heinrich 2010), wollen wir alternative Rekrutierungsmaßnahmen heranziehen, um die tatsächliche Zielgruppe zu erreichen. Desweiteren sind Langzeit-Feldstudien geplant, um die wesentlichen Faktoren für eine erfolgreiche gemeinsame Entwicklung mit Immigranten zu identifizieren.

Literaturverzeichnis

Aykin, N., Honold Quaet-Faslem, P., Milewski, A. E. (2006). Cultural Ergnomics. In: *Salvendy, G. (ed.) Handbook of human factors and ergonomics. Hoboken: John Wiley*, 1418-1458.

Berry, W. B. (1997). Immigration, acculturation, and adaptation. In: *Applied Psychology: An international review 46(1)*, 5-68.

Bloch, A. (2007). Methodological challenges for national and multi-sited comparative survey re-search. *Journal of Refugee Studies 20(2)*, 230-247.

Blomberg, J., Burrell, M. (2009). An Ethnographic Approach to Design. In: *Sears, A., Jacko, J. A. (eds.) The human-computer interaction handbook. Hillsdale: L. Erlbaum Assoc*, 965-988.

Bobeth, J., Schreitter, S., Schmehl, S., Deutsch, S., Tscheligi, M. (2013). User-Centered Design between Cultures: Designing for and with Immigrants. In: *Proc. of 14th IFIP TC13 INTERACT*, Springer.

Callahan, E. (2005): Interface design and culture. In: *Annual review of information science and technology, 39(1)*, 255-310.

Choong, Y. Y. (1996). Design of Computer Interfaces for the Chinese Population. PhD dissertation, Purdue University, West Lafayette.

Elam, G., Fenton, K. A. (2003). Researching sensitive issues in ethnicity: lessons from sexual health. *Ethnicity and Health 8(1)*, 15-27.

Eurostat Migration & Migrant Population Statistics, http://epp.eurostat.ec.europa.eu/statistics_explained/index.php/Migration_and_migrant_population_statistics. (Last access: 23 May 2013)

Frindte, W., Boehnke, K., Kreikenbom, H., Wagner, W. (2012). Lebenswelten junger Muslime in Deutschland. Ein sozial- und medienwissenschaftliches System zur Analyse, Bewertung und Prävention islamistischer Radikalisierungsprozesse junger Menschen in Deutschland.

Hall, E. T. (1976). *Beyond culture.* Garden City, NY: Anchor Press/Doubleday.

Henrich, J., Heine, S., Norenzayan, A. (2010). The Weirdest People in the World? *Behavioral and Brain Sciences, 33*, 61-83.

Hofstede, G. (1991). *Cultures and Organisations: Software of the Mind. Intercultural Cooperation and its Importance for Survival.* London: McGraw-Hill International.

Jacobsen, K., Landau, L. (2003). The dual imperative in refugee research: some methodological & ethical considerations in social science research on forced migration. *Disasters 27(3)*, 95-116.

Markus, H. R., Kitayama, S. (1991). Culture and the self: Implications for cognition, emotion, and motivation. *Psychological Review, 98*, 224-253.

Nisbett, R.E., 2003. *The geography of thought: how Asians and Westerners think differently – and Why.* New York: Free Press.

Rau, P.-L. P. (2001). Cross-cultural user interfaces research and design with emphasis on Asia: Chinese users in Taiwan. Final Report to Honywell Singapore Laboratory.

Rau, P.-L. P, Plocher, T., Choong, Y. Y. (2013). *Cross-Cultural Design for IT Products and Services.* CRC Pressm Taylor & Francis Group.

Schmehl, S., Deutsch, S., Schrammel, J., Paletta, L., Tscheligi, M. (2011): Directed cultural probes. In: *Proc.   of   13th   IFIP   TC13   INTERACT,   Springer,   404-411.*

S. Boll, S. Maaß & R. Malaka (Hrsg.): Workshopband Mensch & Computer 2013
München: Oldenbourg Verlag, 2013, S. 499–501

Requirements for the Intercultural HCI Design Process

Yvonne Schoper

University of Applied Sciences Mannheim, Pfalzburger Str. 34, 10717 Berlin, Germany
yvonne.schoper@gmx.de

Abstract

On the first view, global high-tech consumer products have the same name and brand, look the same and are marketed in a similar way. However, a deeper analysis of the products shows different picture. The UI designer needs profound knowledge of the circumstances in his own cultural environment in order to be sensitive for relevant aspects in other cultures. The challenges the UI designer thereby faces are presented.

1 Global Products

New technical products like cars or smart phones are today launched simultaneously in the global markets of America, Europe, Asia and Arabia. On the first view, these global high-tech consumer products have the same name and brand, look the same and are marketed in a similar way.

However, a deeper analysis of the products shows different picture.

VW is the second biggest car manufacturer and aims to become the biggest car company worldwide in the next 5 years. One of the global products of VW is the VW Passat. To better correspond to the national requirements the Passat is produced in the 3 VW plants in Wolfsburg (Germany), Chattanooga (USA) and Anting (China). But this is not the only difference between 3 types of Passats (cf. Table 1).

The comparison shows that the so-called global product VW Passat differs a lot in size, price, engine power, fuel consumption and equipment in the three main markets Germany, USA and China, although it would be much more cost-efficient for the car producer to develop and manufacture just one model word-wide. Consequently there is a good reason to adopt the product to the local requirements to better correspond to the local market needs and to become therefore more successful. This is even more valid for products or product components which highly depend on the user interface and its design.

	German Passat	US Passat	Chinese Passat
Target Market	European Market	US Market	Chinese Market
Price	Min. 24,775 €	20,000 US$ = 15,200 €	169.800 Yuan = 20.376 €
Length	ca. 4.77 m	4.87 m	4,79 m
Power	Min. 122 PS (big range)	Min. 170 PS	min 116 PS
Consumption	ca. 7 l / 100km	8-11 l / 100km	6 l / 100km
Options	More possibilities to choose engine, interior etc.	Very good spring system → comfortable seating, 4 cup holders	Many possibilities to choose engine variants and options

Table 1: Comparison of VW Passat models as offered in Germany, USA and China (Source: own analysis of the websites of URL=http://www.vw.de, http://www.vw.com, http://www.vw.cn, last access: 02.05.2013)

2 Necessity of Deep Cultural Knowledge for UI Design

Product engineers must therefore consider from the very beginning of the product development process that there is not just one single user group for the product. Today it is of critical importance for the development of a successful new product to know in detail the requirements of all global customer groups first before starting the global development process. The usability of technical devices controlled by a user interface (UI) which are developed in the cultural context of the designer (e.g. Mid Europe) for another culture (e.g. East Asia or India) is hardly possible as usability mainly depends on the application in the cultural context (age, sex, language, education, knowledge, experience, religion, self-conception, dealing with power and so on) and environmental factors (such as politics, wealth, income, infrastructure) (cf. Honold 2000, Röse 2002, Heimgärtner 2012).

A deep detailed cultural knowledge of the specific user habits is necessary for a de-signer in order to develop a new system that fits all customer requirements and can therefore be sold and implemented in different countries.

3 Challenges in the UI Design Process

However it is impossible that one UI designer has all this specific information from all relevant user groups word-wide. He will, however, have a profound knowledge of the circumstances in his own cultural environment in order to be sensitive for relevant aspects in other cultures (cf. Thomas, Kinast & Machl 2010).

These are some of the challenges in UI design process:

1. There is no methodology that is able to support UI designers while developing user interfaces in a systematic, structured and guided way.

2. There is no methodology for a deep understanding and of the sometimes even contradictory local different consumer requirements and combing these in the product specification.

3. There is not sufficient knowledge about the context of use as indirect intercultural variables embracing HCI margins such as service manual or packaging.

4. Integration of Agile Project Management (APM) in intercultural user interface design projects.

5. Need for co-operation in inter-culturally mixed UI designer teams.

References

Heimgärtner, R. 2012. *Cultural Differences in Human-Computer Interaction*. Oldenbourg Verlag.

Honold, P. 2000. Intercultural Usability Engineering: Barriers and Challenges from a German point of view. In: *D. Day, Galdo, E.d., Prabhu, G.V. (eds.) Designing for Global Markets 2. Second International Workshop on Internationalisation of Products and Systems*, pp. 137-147.

Röse, K. 2002. *Methodik zur Gestaltung interkultureller Mensch-Maschine-Systeme in der Produktionstechnik*. Univ., Kaiserslautern.

Thomas, A., Kinast, E.-U., Schroll-Machl, S. 2010. *Handbook of intercultural communication and cooperation. Basics and areas of application*. Vandenhoeck & Ruprecht, Göttingen.

inter | aktion - Demokurzbeiträge

S. Boll, S. Maaß & R. Malaka (Hrsg.): Workshopband Mensch & Computer 2013
München: Oldenbourg Verlag, 2013, S. 505–508

A Social Sculpture for the Digital Age

Dieter Meiller

Faculty E.I., East Bavarian Technical University Amberg-Weiden

Abstract

Nearly 1300 residents of the city of Amberg came together to create a sculpture. The sculpture has both a physical and a virtual presence. The physical part consists of a large sphere, split into two hemispheres, each large enough to walk in between and view from the inside. Each participant of this collaborative project designed wax plates that were then cast in bronze and mounted onto the sphere. The realization of the virtual counterpart of the physical creates a duality that changes the perspective how the observer perceives the art. It provides deeper insight into the intention of the artists' work and their relationship to each other in this social artwork.

1 Introduction

In 2010, two sculptors, *Hanna Regina Uber* and *Robert Diem*, came up with the idea to realize a "social sculpture" wherein many people collaborate to create an artwork together. The artwork would express solidarity with their home city. Moreover, it would mediate the spirit of the city and tell stories about her citizens. The two artists elaborated plans to model the sculpture as two hemispheres, like a globe. The globe would then be divided by degrees of longitude and latitude creating multiple polygons. Participating artists would then contribute small sculpture pieces, which would fit into each of the polygons. At this point, the artists, recognizing the large amount of organization and data involved in this project, developed a partnership with our university. The author of this article suggested creating an interactive virtual counterpart of the physical sculpture and formed a team. In contrast to other solutions (Carrozzino et al. 2008), he planned to focus on the aspect of having a social sculpture. Some important benefits of such a solution are:

- Connectivity of people can be visualized virtually. This won't be shown in reality.

- Plates can be found easier when they can be searched online.

- Some plates are on top or bottom, the virtual presence allows for closer view.

- People are able to post additional information and stories about their work.

- The sculpture can be observed from everywhere.

Figure 1: View of the Sculpture.

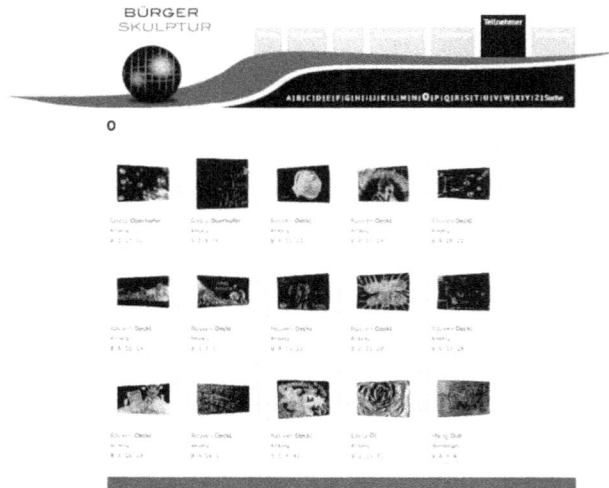

Figure 2: Project Homepage

2 3D Viewing

The key feature of the Internet presence of the sculpture is the 3D view (Figure 3). This view is surrounded by a panorama of the real location. So the first step was to make such an image from the original location where the sculpture was installed later on. A scene was created in a 3D modeling tool and surrounded by this image. Then, a 3D model of the sculpture was created and texturized with the images of the plates. This scene was exported to a data format which is displayable in web browsers. We evaluated several 3D web display techniques and chose the 3D engine Unity (Blackman 2011). There, one can program interactions via JavaScript. It was important to have an interface to the Web Browser environment, so the 3D View could interact with the other parts of our web application.

Figure 3: Navigation interface of the virtual sculpture.

3   Searching and Social Features

Viewers are able to search for names of artists. When typing some letters, recommendations of names are displayed. Artists, who own more than one plate, appear with more than one entry. After choosing a name, the 3D representation of the sphere rotates to show the plate of the artist being searched. The plate is automatically highlighted. When the virtual view shows the outside of the sphere and the target plate is inside, the camera changes its perspective automatically and fade smooth to an inside view of the sphere and vice versa. The viewer is also able to navigate around in the virtual environment. By clicking on the preview of the plate (Figure 3, top right) a mini homepage of the plate will be shown. Apart from the 3D view, users can search the plates alphabetically (Figure 1). The can simply click on a letter and all plates, where the names of their owners starts with this letter are shown. This alternate feature is also a fall back solution for users who can't view the 3D scene. On July 14th, 2012 the sculpture was revealed at a site in front of the train station in Amberg, Germany. The web site went online as well (Bürgerskulptur 2013). Since then, viewers have been able to search the plates online and read the coordinates (see Figure 2, below the preview image): S A 10 38 means Street-side Aussen (German for outside) latitude: 10 longitude: 38. Plate owners got an e-mail with a unique link that allows them to log in to their mini homepage. They are able to connect to other plates. Additionally, they will be able write a statement about their plate. The artists think this will be a great extra feature, as these stories could be very interesting. Also, some of the art work needs extra explanation. For example, there is one plate that includes a so-called "dead drop" (Dead Drops 2013). An USB-Stick has been integrated into it (Artist: *von der Recke*). So the sculpture has its own digital memory. We consider to upload all images of the plates in high resolution, so the sculpture will have a inner representation of itself.

4   Future Work

We tested the popularity of the web presence using an online survey. Results of the survey revealed that responders found the virtual sculpture a to be an excellent supplement to the physical sculpture. Many suggested a multilingual upgrade the website, as lot of visitors to the site are not able to read German. Moreover, it would be useful to have access to the application on mobile phones. Viewers would be able to search online while standing in front of the sculpture. So, we plan to realize a web interface for mobile phones. The work on the physical sculpture is finished. Like many sculptures, it can be enjoyed for a very long time in the future. However, the digital representation will need a long- term maintenance process, because web technology is changing very rapidly. One big issue will be to preserve the interaction (Koller 2010).

5   Summary

In our project, we successfully connected a collaboratively developed bronze sculpture with a virtual counterpart. Visitors to the sculpture, both physical and virtual are able to get more and new insights about the intentions of the participants who created the sculpture. The amount of data is static. Maybe an extendable sculpture could be realized one day. We encourage artists to work together with computer scientists to redefine the meaning of visual and plastic arts in the digital age.

Acknowledgement

Many thanks go to all team members, especially to: Patricia Bombik, Stefan Englmann, Bernd Gerlang, Tak San Chiu and Florian Haupt.

Literature

Carrozzino, M. et al. (2008). *The virtual museum of sculpture.* In Proc. of the 3rd international conference on Digital Interactive Media in Entertainment and Arts (DIMEA '08), P.100-106.

Blackman, S. (2011). *Beginning 3D Game Development with Unity: All-In-One, Multi-Platform Game Development (1st ed.).* Berkely, CA, USA: Apress.

Bürgerskulptur (2013). *Bürgerskulptur Homepage.* http://www.buergerskulptur.de.

Dead Drops (2013). *Dead Drops Homepage.* http://www.deaddrops.com.

Koller. D., Frischer, B. & Humphreys G. (2010). Research challenges for digital archives of 3D cultural heritage models. *J. Comput. Cult. Herit. 2,* 3, P. 7:1-7:17.

Contact

Dieter Meiller, d.meiller@haw-aw.de

S. Boll, S. Maaß & R. Malaka (Hrsg.): Workshopband Mensch & Computer 2013
München: Oldenbourg Verlag, 2013, S. 509–514

Computerspiele zum Anfassen – ein digital-analoger Baukasten für Brettspiel

Robin Krause[1], Marcel Haase[1], Benjamin Hatscher[1], Michael A. Herzog[1], Christine Goutrié[1]

FB Ingenieurwissenschaften und Industriedesign,
Hochschule Magdeburg-Stendal[1]

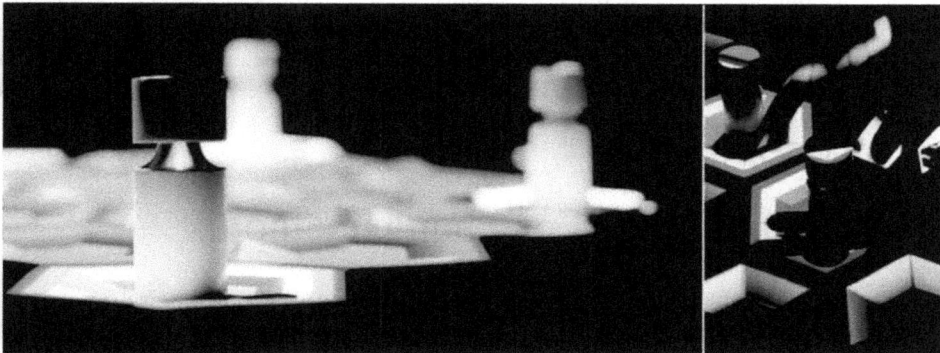

Abbildung 1: Der DiTAG-Prototyp

Zusammenfassung

Die Idee hinter DiTAG, dem »Digital To Analog Gaming Board«, ist ein modulares Interface zum Entwickeln und Spielen von Brettspielen, das die Lücke zwischen digitaler und analoger Spielwelt schließt. Das Spielbrett besteht aus einzelnen Bausteinen, die sich mittels Steckverbindungen zusammenfügen lassen und mit einem RFID-Lesegerät sowie einem Transponder ausgestattet sind. Jedes Modul kann so angrenzende Bausteine oder die auf ihm platzierten Spieleobjekte erkennen. Das Baukastenprinzip erlaubt es den Spielern eigene Spielideen zu entwickeln und jedes beliebige Objekt zur Spielfigur oder Karte zu machen. Die technologische wie gestalterische Herausforderung des Projektes ergibt sich aus dem Wechselspiel analoger und digitaler Spielelemente. Der präsentierte Prototyp dient in diesem Sinne als Labor, in dem neue Spielformate und damit einhergehende Interaktions- und Gestaltungskonzepte in der Anwendungsumgebung entwickelt und getestet werden.

1 Lücke zwischen digitaler und analoger Spielwelten

Menschen aller Altersklassen und jedweder Herkunft spielen, immer mehr wird auch in digitalen Welten gespielt. Der Bildschirm steht dabei meist im Zentrum des Spielgeschehens und somit zwischen den Spielern. Trotz ihrer Omnipräsenz im Alltag finden digitale Spiele deshalb immer noch abseits der analogen Lebenswelt als individuelles Vergnügen statt. Klassische Gesellschaftsspiele hingegen müssen sich in der analogen Welt sinnlich und räumlich verorten. Erst die leibliche Ko-Präsenz der Spieler (Fischer-Lichte 2004) sowie die Dinglichkeit der Spielobjekte lassen den Zauberkreis (Huizinga 1938) entstehen, in dem das Spiel gemeinschaftlich greif- und erfahrbar wird. Das Wechselspiel zwischen analogem und digitalem Raum, schafft in der Verbindung beider Sphären eine besondere Erlebnisqualität abseits des Bildschirms (Koeffel 2007). Die Spieltheoretikerin Jane E. McGonigal sieht in dieser Verflechtung eine Chance, die Kluft zwischen digitaler und analoger Lebensrealität zu überbrücken (McGonigal 2012). Weil Brettspiele gemeinschaftlich und im direkten Zugriff auf die Objekte des Spiels erlebt werden, bieten sie sich als Forschungsfeld für diesen Brückenschlag förmlich an. Verschiedene Projekte, die sich mit der Technologie und Gestaltung von Tangible User Interfaces oder Media Tables befassen, zeigen die Vielfältigkeit dieses Vorgehens (Mazalek et. al. 2006). Besonders interessant ist dahingehend der Ansatz, physische Objekte aus dem analogen Spiel mit digitaler Information zu belegen und damit der Beschreibung von Ullmer und Ishii (2001): „tangible interfaces give physical form to digital information" zu folgen.

2 Design-basierte Forschungsmethodik

Die zentrale Zielstellung des Projektes ist die Untersuchung des technologischen sowie ästhetischen Zusammenspiels digitaler und analoger Spielelemente. Dafür werden verschiedene Interaktions- und Darstellungskonzepte anhand eines Prototyps realisiert, getestet und ausgewertet. Dieser iterative Design-Prozess wird dokumentiert und dient der Analyse von Mechanik, Dynamik und Ästhetik des analog-digitalen Wechselspiels. Das Projekt orientiert sich mit dieser Form der Feldforschung in der Anwendungsumgebung am Design Science Research Paradigma (Venable 2010).

3   DiTAG-Prototyp

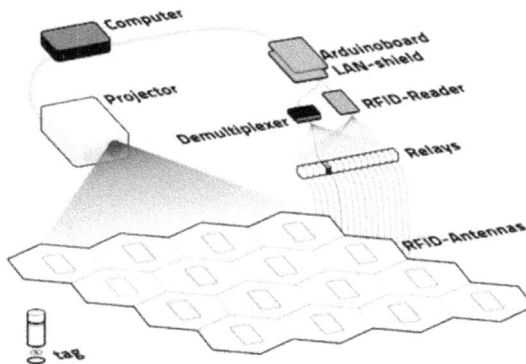

Abbildung 2: Aufbauskizze für den DiTAG-Prototyp

Das angestrebte digital-analoge Brettspielinterface nutzt verschiedene Technologien zum Sammeln und Visualisieren der für das Spielgeschehen relevanten Daten. Ziel ist es, die digitale mit der analogen Sphäre des Spiels zu verbinden und umgekehrt. Im Sinne des Rapid-Prototyping entstand so ein erster kosteneffizienter und funktionsfähiger Prototyp. Für diesen wurde ein RFID-Reader (125 kHz) eingesetzt und in jedes Spielfeld eine Antenne integriert, die über ein Relais mit dem Lesegerät verbunden ist. Ein Arduino-Mega-Board steuert die Relais einzeln an, um die Verbindung zwischen den Antennen und dem Reader herzustellen. Dies ermöglicht, dass immer nur ein einziges Spielfeld abgefragt wird. Das Arduino gibt die Daten über eine LAN Schnittstelle an ein in Action-Script geschriebenes Spielprogramm weiter. Die Software verwaltet die gesamte Spiellogik, fragt zielgerichtet die relevanten Spielfelder ab und projiziert die graphische Oberfläche des Spiels per Datenprojektor auf das Spielfeld. Im Gegensatz zu anderen Tabletop Ansätzen wie dem Entairtable von Philips (Hollemans 2006) oder verschiedenen auf dem Microsofts Surface Table basierenden Spielkonzepten (Mattson u. Rosenqvist 2011) nutzt das Projekt keinen Touchscreen als Eingabeinterface. Die Interaktion mit dem Prototyp erfolgt durch die RFID-Technologie und im Bezug auf die Zielstellung eines modularen Interfaces allein unter Einsatz einzelner Objekte. Diese sind mit einem Transponder ausgestattet und werden so vom System erkannt und verortet. Die Identifizierung und Platzierung eines anlogen Objekts im digitalen Spielgeschehen bildet daher die Grundlage für die entwickelten Interaktionskonzepte.

Um die konkreten Ansprüche an die Eingabe- und Visualisierungsschnittstellen des Interfaces in der Praxis zu erproben, wurde die Spielidee »Tunnel« umgesetzt. Einige Wechselwirkungen von Interaktions- und Darstellungsprinzipien im analog-digitalen Zwischenraum wurden bei der Realisierung der Spielidee bereits anschaulich.

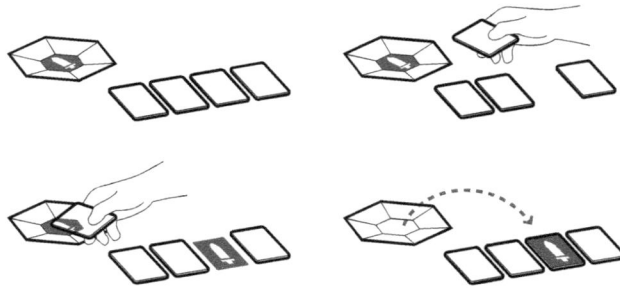

Abbildung 3: „Tunnel" - Interaktionsskizze für die Aufnahme eines Schwertes in das Spielerinventar

Für »Tunnel« verwandelt sich das Spielbrett in ein abstraktes Bergwerk, in das bis zu vier Spieler/Innen gleichzeitig absteigen. Jede Ebene bringt einen neuen Level, in dem es zahlreiche Überraschungen auszugraben gilt. Die Vielschichtigkeit des Spielgeschehens und der umfangreiche Inhalt lassen sich nur abbilden, wenn Interaktions- und Darstellungskonzept die analoge und digitale Ebene sinnfällig miteinander verknüpfen.

Ein gutes Beispiel für diese Verbindung von digitalen Inhalten mit einem analogen Objekt ist das Spielerinventar. Dieses besteht aus vier Karten (RFID-Tags), mit denen Gegenstände im Verlauf des Spiels aufgenommen und eingesetzt werden können. Damit die Spieler dieses Interaktionskonzept annehmen, muss eine deutliche Verbindung zwischen den Inventarkarten und den nur in der Projektion gezeigten Objekten geschaffen werden. Dies gelingt in erster Linie deshalb, weil die Vorgänge wie Aufnahmen, Ablage und Anwendung eines Gegenstands nicht nur visuell, sondern auch funktional aufgeladen werden. Das projizierte Schwert (Abb. 3) wird beispielsweise nur durch den Kontakt mit einer Inventarkarte von dem entsprechenden Spielfeld ins Inventar aufgenommen. Das Inventar ist in der Projektion durch vier zu den Spielkarten passende Flächen dargestellt, in denen die Gegenstände auftauchen, nachdem der Spieler sie mit der Karte berührt hat. Dies schafft zusätzlich zur funktionalen auch eine räumliche Verbindung des digitalen Gegenstands mit der analogen Karte. Die Erfahrungen aus der bisherigen Entwicklung zeigen bereits deutlich, wie die digitale Ebene dabei hinter die Umgebung des analog erlebten Spielbrettes zurücktritt. Die Spiel- oder Interaktionskonzepte müssen dafür an die hybride Situation des Spielgeschehens angepasst werden. Nur wenn die Objekte sich in der Interaktion geschickt mit dem digitalen Spielgeschehen verbinden, stellt sich der gegenständliche Zugang tatsächlich als direkter und einfacher dar als rein bildschirmbasierte Ansätze.

4 Ausblick

Die Idee des Baukastens für digital-analoge Brettspiele soll sowohl im Hinblick auf die Technologie als auch die modulare Gestaltung vorangetrieben werden. Die aktuellen Zielstellungen für das Projekt sind deshalb die Entwicklung multisensorischer Spielfeldbausteine sowie die Weiterentwicklung und Vereinfachung der Spieleditorsoftware. Der Brückenschlag zwischen der digitalen und der analogen Sphäre unserer Lebenswelt wird beeinflussen, wie wir mit der voranschreitenden Digitalisierung unseres Alltags umgehen. Der Umgang mit den Dingen sowie das haptische Erleben der Umwelt bleiben auch für »digital natives« (Prensky 2001) wichtige Aspekte der Alltagskultur. DiTAG bietet in dieser Hinsicht nicht nur eine Plattform für Spieler, sondern auch ein geeignetes Labor für Designer, die mit analog-digitalen Interaktionskonzepten experimentieren.

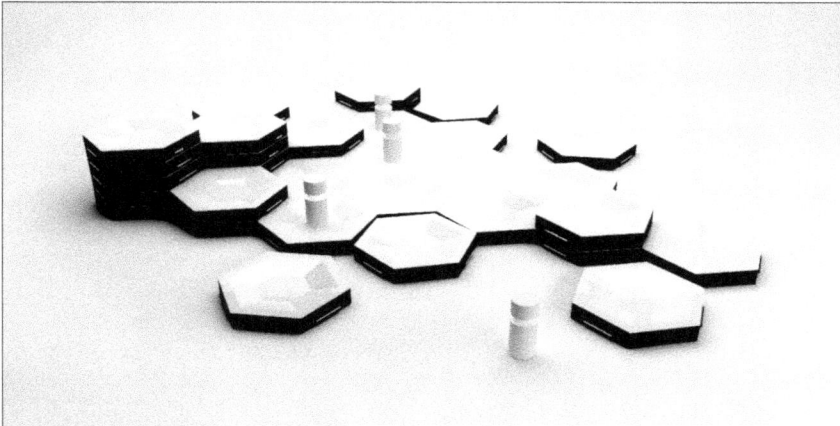

Abbildung 4: Das modulare Brettspiel-Interface DiTAG

Literaturverzeichnis

Ekström, J. and Rosenqvist, M. M. (2011). *Games on the Surface An exploration of the game design space for the Microsoft Surface*. Göteborg: Chalmers University of Technology.

Fischer-Lichte, E. (2004). *Ästhetik des Performativen*. Frankfurt am Main: Suhrkamp. S. 58-126.

Hollemans, G. et al. (2006). *Entertaible: Multi-user multi-object concurrent input*. Adjunct Proc. of UIST, vol. 6, 2006, S. 55-56.

Huizinga, J. (1938). *Homo Ludens*. 20. Auflage 2006. Hamburg: Rowohlt. S. 18-22.

Köffel, C. A. (2007). *Heuristics for Tabletop Games*. Hagenberg. S. 3-7.

Mazalek, A. et al. (2006). *TViews: An Extensible Architecture for Multiuser Digital Media Table*. September/Oktober IEEE Computer Graphics and Applications. S. 47-55.

McGonigal, J. E. (2012). *Reality is Broken*. London: Jonathan Cape. S 3-20.

Prensky, M. (2001). *Digital Natives, Digital Immigrants*. In: *From On the Horizon*, Vol. 9 No. 5, MCB University Press.

Ullmer, B. and Ishii, H. (2001). *Emerging Frameworks for Tangible User Interfaces*. In: *Human-Computer Interaction in the New Millenium*. John M. Carroll, ed.; © Addison-Wesley, August 2001. S. 579-601.

Venable, J.R. Design Science Research Post Hevner et al. (2010). *Criteria, Standards, Guidelines, and Expectations. Global Perspectives on Design Science Research*. LNCS, Vol. 6105, Berlin Heidelberg: Springer. S. 109-123.

S. Boll, S. Maaß & R. Malaka (Hrsg.): Workshopband Mensch & Computer 2013
München: Oldenbourg Verlag, 2013, S. 515–518

Brain Painting: Action Paintings based on BCI-Input

Markus Funk, Michael Raschke

Institute for Visualization and Interactive Systems, University of Stuttgart

Abstract

We introduce roboPix, a robot, which is able to paint action paintings from a user's thoughts using a Brain-Computer-Interface (BCI). The BCI provides signals, which encompass the user's recognized thoughts and the user's level of excitement. These signals command the movement of the robot's arm, which spreads the paint on the canvas. Our system combines explicit and implicit signals to personalize and affect the created painting. Furthermore, we implemented a feedback loop to engage the user in interacting with the system again after losing focus. This system creates a modern art representation of the user's excitement and thoughts at the moment of creation.

1 Introduction

This system extends the previous roboPix painting robot (Burkovski et al. 2011) by adding a Brain-Computer-Interface (BCI) to control the movement of the robot's arm. Hence, the system is able to create action paintings just by using a participant's thoughts and excitement as input rather than a mobile phone's acceleration sensor. The created paintings (see Figure 1) are inspired by the American artist Jackson Pollock (1912-1956) who splashed and dripped paint on a canvas. Our system is meant to be a tool to create action paintings in a unique way and to visualize a user's feelings and emotions in the way the paint is spread on the canvas.

Previous Brain Painting systems (e.g. Kübler et al. 2008) focused on using BCI-data to move a cursor within a grid in order to create digital paintings. By using a robot, paint, and a canvas, we introduce a physical representation of the user's thoughts and emotional state at the moment of interacting with the system. Our system combines explicit and implicit BCI-input (Sahami et al. 2012) for triggering and influencing the painting. The explicit input is used to control the movement of the robot's arm while the strength of the explicit input and the implicit excitement affect the intensity of the movement and rotation of the robot's arm. By using an explicit thought as a trigger for the movement, our system lets the user feels in control of the system.

Figure 1: A finished action painting drawn by the roboPix robot based on the BCI-input of a user.

2   System

Our roboPix system consists of four components, two hardware components (the BCI and the robot) and two separate software components (see Figure 2). The first component uses the Emotiv EPOC BCI to control the movement of the robot's arm. It uses the EPOC's Affective Suite to read the user's current emotional state. This information can be read without a user-specific training because it is detected similarly for each user. In addition, we use the Cognitive Suite, which can recognize previously recorded thoughts amongst other thoughts while wearing the BCI. Since every person's brain is folded differently, the raw-data read from the brain differs for each user. Therefore, each user has to record a neutral state and the thought of moving the robot's arm. Then, the Emotiv SDK can recognize that thought later and measure the thought's strength on a floating-point scale from 0.0 to 1.0.

The values coming from the BCI are read by the BCI-Receiver component. The BCI-Receiver component is a C++ application that uses the Emotive SDK to read the BCI-data, record a user-specific training, and send the data to other components via UDP.

The roboPix-Controller component is a C# application, which receives data from the BCI-Receiver component via UDP and calculates the movement of the robot's arm using the strength of a previously trained thought and the excitement value. The robot, which evolved from the TenSeconds project (Burkovski et al. 2011), has four degrees of freedom. The movement of each of the four axes is triggered by the recognition of a previously trained thought. The amplitude of the movement is dependent on the strength of the thought. The rotation speed is influenced by the excitement value, which causes paintings of more excited users to look more chaotic.

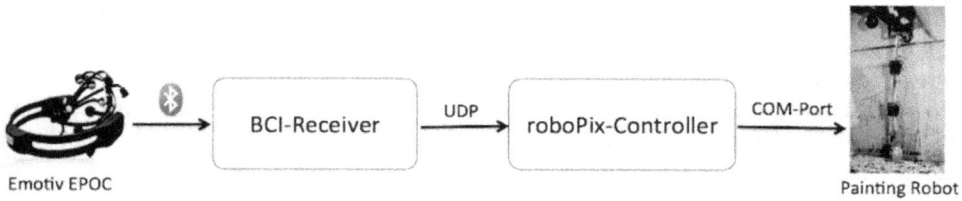

Figure 2: The architecture and interaction between the components of the system

From previous experience with the Emotiv EPOC, we learned that triggering a previously trained thought becomes more difficult the more time has elapsed since the training of the thought. Hence, we introduce a feedback-loop, which should remind the user of thinking the previously trained thought again. We argue that if the user is not able to trigger the movement of the robot anymore, the excitement value of the user will decrease. In order to remind the user of the trained thought (moving the robots arm), the robot automatically moves its arm slowly when the excitement falls below a threshold value of 0.2. Our hypothesis is that users are more likely to think of the movement again if there is some initial visual feedback.

Figure 3: A participant using the roboPix painting robot

3   Demo Procedure

In the following the procedure of conducting a demo is described. At first, the robot is disconnected from the BCI's data stream to prevent unintended movement of the robot while the participant is being connected to the Emotive EPOC. We make sure that every sensor has a very good connectivity to the participant's skull. Once the headset is set up, the participant is asked to look at a wall and relax while the system is recording a neutral state. After that, the system needs to know how the participant is thinking about moving the robot's arm. The participant is asked to step in front of the robot and to hold the thought of moving the robot's arm from left to right and vice versa while the system records that thought. Once the thought is recorded, the system is ready for painting a picture. An empty canvas is inserted into the drawing area of the robot. Then, the robot is connected to the data stream and the participant is asked to think about moving the robot's arm from left to right again (see Figure 3). The robot now moves its arm based on the data from the BCI. For now, the paint has to be inserted manually into the robot. As soon as the robot is connected to the BCI, the facilitator pushes the paint into the container, which is mounted at the bottom of the robot's arm.

4   Conclusion and Future Work

The presented roboPix painting robot is able to create action paintings based on a user's thoughts and emotional state. We introduced a feedback loop to help users to trigger a previously trained thought. In future work, we want to conduct a user study to evaluate the impact of the feedback loop towards the triggering of the robot's movement. This user study is planned to be a between-subjects study, where one group paints a picture using the feedback loop and another group paints without the feedback loop. Other challenges involve taking other implicit BCI-values (e.g. frustration and meditation) into account, representing them in the painting, and drawing inferences from the painting about the BCI-data that the picture is based on.

Acknowledgements

This project is sponsored by the German Research Foundation (DFG) in the Cluster of Excellence in Simulation Technology (EXC 310/1) at the University of Stuttgart.

References

Burkovski, A., Höferlin, B. Raschke, M. & Ertl, T. (2011). TenSeconds - A Collaboration Platform for Distributed Action Painting. *In Proceedings of 2nd International ICST Conference on Arts and Technology*, ArtsIT 2011, pp. 29-37.

Kübler, A., Halder, S., Furdea, A. & Hösle, A. (2008) Brain painting – BCI Meets Art. *In Proceedings of the 4th International Brain Computer Interface Workshop and Training Course*, pp. 361-366.

Sahami Shirazi, A., Funk, M., Pfleiderer, F., Glück, H. & Schmidt, A. (2012). MediaBrain: Annotating Videos based on Brain-Computer Interaction. *Mensch & Computer 2012: interaktiv informiert - allgegenwärtig und allumfassend!?*. Konstanz: Oldenbourg Wissenschaftsverlag, pp. 263-272.

Contact

Markus Funk, Michael Raschke
VIS, University of Stuttgart, Pfaffenwaldring 5a, 70569 Stuttgart, Germany
Email: (markus.funk,michael.raschke)@vis.uni-stuttgart.de

S. Boll, S. Maaß & R. Malaka (Hrsg.): Workshopband Mensch & Computer 2013
München: Oldenbourg Verlag, 2013, S. 519–522

Rekonstruktion der Ersten Allgemeinen Deutschen Kunstausstellung Dresden 1946

Konstantin Klamka[1], Thomas Schmalenberger[1]

Institut für Software- und Multimediatechnik, Technische Universität Dresden[1]

Zusammenfassung

Technologische Entwicklungen eröffnen dem Museum neue Möglichkeiten, Information in einer zeitgemäßen, erlebnisorientierten Form der Öffentlichkeit zu präsentieren und somit die Wissensvermittlung aktiv zu unterstützen. Die kunsthistorische Notwendigkeit der Präsentation umfassender Zusammenhänge motiviert zur Reflexion geeigneter Darstellungsformen. Anhand der Thematik der sehr bedeutsamen, zugleich jedoch wenig dokumentierten *Ersten Allgemeinen Deutschen Kunstausstellung Dresden 1946*, beschreibt diese Arbeit einen möglichen Ansatz der virtuellen und interaktiven Rekonstruktion realer Räume. Dazu wurde die gesamte Ausstellungssituation in umfangreicher und interdisziplinärer Zusammenarbeit zu einem digitalen dreidimensionalen Modell zusammengefasst, das im Rahmen einer Kunstausstellung dem Besucher auf Multitouch-Monitoren die immersive Erfahrung der Raum- und Exponatsituation ermöglichte und zur interaktiven Exploration einlud.

1 Einleitung

Mit Ende des Zweiten Weltkrieges entstand der Bedarf nach Klärung der künstlerischen und kulturellen (Neu-)Ausrichtung Deutschlands. Der Kunstkritiker Will Grohmann realisierte zu diesem Zweck gemeinsam mit anderen Künstlern und Kunsthistorikern das Projekt der Ersten Allgemeinen Deutschen Kunstausstellung als Überblicksschau 1946 in Dresden. Sie gilt nach Winkler (1988) als die wichtigste jener Ausstellungen nach dem Zweiten Weltkrieg, da sie die zugleich erste und vorerst letzte gesamtdeutsche Kunstausstellung bis 1990 war.

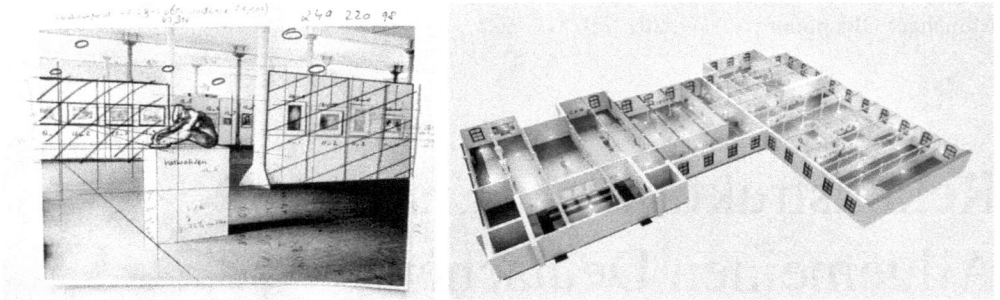

Abbildung 1: Rekonstruktion der Ausstellungsräume anhand historischer Fotografien

Da die Ausstellung in den Nachkriegsjahren nur lückenhaft dokumentiert wurde, galt eine Rekonstruktion bisher als kaum mehr möglich (vgl. Schröter 2006). Fehlende, mehrdeutige und falsche Werksangaben im Ausstellungskatalog erschwerten zusätzlich die Analyse der gezeigten Kunstwerke und deren Verortung in den Räumlichkeiten. Als im Rahmen von Recherchen jedoch einige Fotografien und ein Zeitungsartikel über die Erste Allgemeine Deutsche Kunstausstellung gefunden wurden, konnte durch ein aufwändiges Rekonstruktionsverfahren ein virtuelles dreidimensionales Modell entwickelt werden (siehe Abb. 1). In interdisziplinärer Zusammenarbeit zwischen Kunsthistorikern und Medieninformatikern entstand daraus eine digital aufbereitete und interaktiv erlebbare Rekonstruktion der Ausstellungssituation.

2   Interaktion

Im Rahmen der Kunstausstellung „Will Grohmann - im Netzwerk der Moderne" der Staatlichen Kunstsammlungen Dresden wurde das rekonstruierte dreidimensionale Modell den Besuchern in einer interaktiven Anwendung auf HD-Multitouch-Monitoren präsentiert.

Abbildung 2: Zentrale Medieninsel im Hauptraum der Kunstausstellung
„Will Grohmann - Im Netzwerk der Moderne"

2.1 Navigation im Raum

Die Exploration des Modells wird dem Besucher über 23 separate Panoramapunkte ermöglicht. In jedem dieser Standorte bietet eine gerenderte 360°-Ansicht dem Anwender die Möglichkeit durch horizontale Pan-Gesten um seine eigene Achse zu rotieren und so den umliegenden Raum zu erkunden. Die Navigation zwischen einzelnen Panoramapunkten, die innerhalb der Anwendung durch rote Kreisflächen visualisiert werden, erfolgt wahlweise durch direkte Selektion in der jeweiligen Szene oder über indirekte Auswahl des Standortes auf einer bereitgestellten Miniaturkarte. Diese dient darüber hinaus als Orientierungshilfe im Modell und visualisiert den jeweils ausgewählten Standort sowie den aktuellen Sichtbereich. Unmittelbare Übergänge zwischen benachbarten Panoramapunkten werden durch nahtlose 3D-Animationen simuliert, die die immersive Wirkung des virtuellen Raumes verstärken und die Illusion des interaktiven Rundganges ermöglichen.

Am oberen Bildschirmrand befindet sich die Informationsleiste, die über separate Schaltflächen Hintergrundinformationen zur Anwendung und ein übersichtliches Hilfesystem bereithält. Zudem kann der Benutzer hierüber die Anwendung beenden oder zum Ausgangspunkt zurückkehren.

2.2 Exploration der Exponate

Zentraler Bestandteil der Anwendung, neben der Rekonstruktion der Räumlichkeiten, ist die Präsentation der ehemals ausgestellten Kunstwerke und deren Wechselwirkungen untereinander. Innerhalb des dreidimensionalen Modells wurde daher begonnen, die originale Hängung der Kunstwerke aufzuarbeiten. In einem mehrjährigen interdisziplinären Forschungsprojekt wurden Originalabbildungen und Detailinformationen der gezeigten Kunstwerke recherchiert und auf Grundlage der lückenhaften Quellen im Modell verortet.

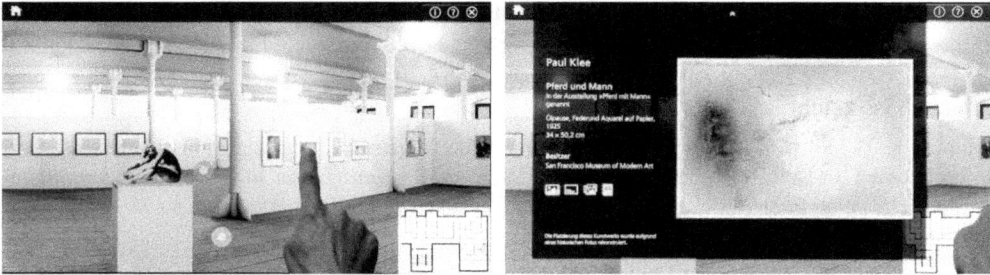

Abbildung 3: Panoramaszene und Detailansicht eines Kunstwerkes

Während des virtuellen Rundganges kann der Benutzer durch Berührung eines Kunstwerkes weiterführende Informationen in einem interaktiven Overlay abrufen (siehe Abb. 3). Mit einem klar strukturierten Piktogrammschema können hier Details über die verwendete Technik, den Maler, den aktuellen Besitzer und die Provenienz des Werkes sowie weitere Abbildungen und Ergebnisse der Forschungsarbeit systematisch erschlossen werden.

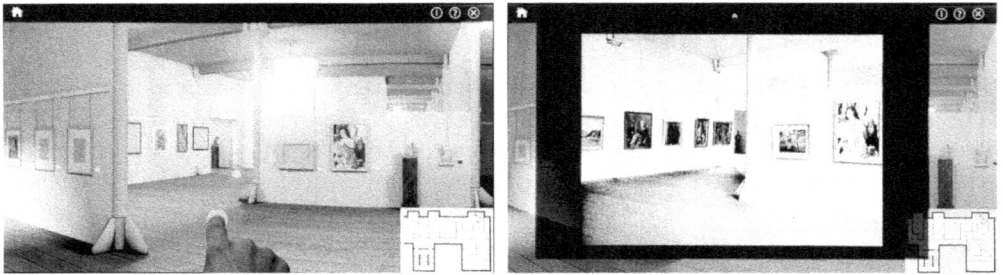

Abbildung 4: Panoramaszene und zugrundeliegende Originalfotografie

3   Diskussion und Fazit

Die dargestellte Präsentation der rekonstruierten *Ersten Allgemeinen Deutschen Kunstausstellung Dresden 1946* traf im Rahmen der Kunstausstellung *Will Grohmann - Im Netzwerk der Moderne* sowohl beim Publikum als auch bei Fachbesuchern auf reges Interesse. In der konzeptionellen Phase wurde auf die Reduktion von komplexen Inter-aktionstechniken besonderer Wert gelegt. Das präsentierende Medium sollte lediglich ein Werkzeug zur immersiven Exploration des Modells sein und nicht selbst im Zentrum der Aufmerksamkeit stehen. Zudem basiert die Anwendung, neben der reinen Konservierungsfunktion auf einem interdisziplinären Ansatz zur kunsthistorischen Aufarbeitung, da die Ausstellungssituation im Vorfeld rekonstruiert, das Modell erstellt und das Bildmaterial recherchiert werden musste. Dieser dreijährige Prozess wurde von Kunsthistorikern und Medieninformatikern realisiert und wird in einem angeschlossenen Forschungsprojekt weitergeführt. Stetig wachsende virtuelle Informationsräume bedürfen Visualisierungs- und Interaktionstechniken, die die gezielte manipulative Exploration der Daten ermöglichen. Der vorgestellte Ansatz bietet für die Erkundung dreidimensionaler Modelle und die ange-schlossene Präsentation von Hintergrundinformationen ein benutzbares Werkzeug, das kontextunabhängig Einsatz finden kann.

Literaturverzeichnis

Schröter, K. (2006). Kunst zwischen den Systemen. Die Allgemeine Deutsche Kunstausstellung 1946 in Dresden. In Doll, N., Heftrig, R., Peters, O., Rehm, U.: *Kunstgeschichte nach 1945: Kontinuität und Neubeginn in Deutschland (Atlas, Bonner Beiträge zur Kunstgeschichte, Band 3)*. Köln / Weimar / Wien: Böhlau Verlag, S. 226.

Winkler, K. (1988). Allgemeine Deutsche Kunstausstellung, Dresden 1946. In Bollé, M., Berlinische Galerie: *Stationen der Moderne - Die bedeutenden Kunstausstellungen des 20. Jahrhunderts in Deutschland*. Berlin: Ausstellungskatalog Berlinische Galerie, S. 355.

Kontaktinformationen

Konstantin Klamka, Institut für Software- und Multimediatechnik, Technische Universität Dresden. konstantin.klamka@tu-dresden.de

S. Boll, S. Maaß & R. Malaka (Hrsg.): Workshopband Mensch & Computer 2013
München: Oldenbourg Verlag, 2013, S. 523–526

tANGibLE: a Smart Tangible Home Controller

Mirko de Almeida Madeira Clemente[1], Martin Herrmann[1], Mandy Keck[1],
Rainer Groh[1]

Technische Universität Dresden, Fakultät Informatik, Professur für Mediengestaltung[1]

Abstract

Gadgets that are used in everyday life address a wide range of functionalities. At the same time we observe a trend toward more simple and natural user interfaces. In this paper we describe the shape-centered design process of tANGibLE, which resulted in a smart tangible home controller with easily accessible functions and a high degree of joy of use.

1 Introduction

Gadgets that are used in our everyday life such as household appliances, multimedia devices, or vehicles offer an expanding range of functionalities. At the same time, interaction with highly sophisticated devices is becoming more simple and natural. Therefore, the devices need to combine user inputs and information from various contexts in order to cater user expectations. tANGibLE was designed to meet these requirements by offering a simple, playful, and handy input device. In section 2 we describe the design process followed by the prototype creation described in section 3.

2 Concept

The conceptual process behind our work is based on an object-centered design process (cf. Brade et al. 2013, Groh et al. 2012). We started with an analysis to discover the properties and characteristics of a chosen object (see *Object analysis*, section 2.1). We thereby pursued the goal of creating a set of design variations, affordances, states, and state transitions before we started to analyze a given problem (see *Application scenario*, section 2.2). The results from both steps were finally combined in the third step (see *Fusion*, section 2.3).

2.1 Object analysis

The simple, geometrical shape chosen for the design process was a rectangular cuboid. Cuboids are dominated by an angular shape and have a solid and self-contained appearance. In the real world, box-shaped objects, like small bricks or large containers, suggest interaction techniques such as moving, rotating by 90 degrees, or stacking, depending on their weight and size. Based on these observations, we designed an angled interaction object with similar properties. It encourages the user to combine multiple objects and to create either symbolic or iconic compositions, which can be easily memorized (see Figure).

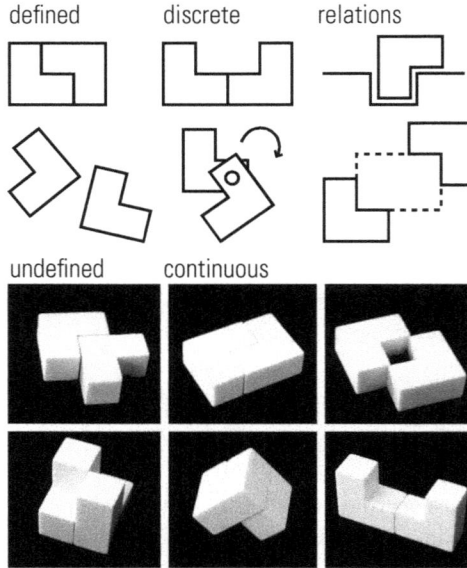

Figure 1: Prototypes of angled interaction objects: different states (left), iconic/symbolic compositions (right)

2.2 Application scenarios

The use case is a smart home with the need for a controller and monitor of the home automation system. To promote alternative solutions and new interaction techniques, we decided to avoid typical matrix-displays, buttons, and menus. Home automation systems cover a wide range of applications, such as lighting, security, entertainment, and heating or cooling systems. These functionalities can be controlled remotely or at home. The interaction objects are conveniently placed on flat horizontal surfaces, such as the living room table and thus lend themselves to an in-house scenario. The application scenarios were further refined during a Lego Serious Play workshop (Tröger & Jentsch 2012) and the use of a persona as interaction design tool.

2.3 Fusion

The last step of the design process consisted of combining the results from the previous two steps. We examined the following three exemplary scenarios: (1) bathtub, (2) home heating, and (3) alarm clock, which were mapped to a unique composition of the angled objects as described in section 2.1 (see Figure 2). In addition, we analyzed the data type, information, and the different states for each function implied by the application scenarios. The (1) bathtub has the operation states "empty", "emptying/filling", and "filled" which are represented by the LED light modes "off", "blinking", and "on", respectively. To trigger the functions "empty" or "fill" the user has to exert the pressure sensor (see section 3) and disassemble or assemble the corresponding composition, respectively. The same principle applies to the remaining scenarios. The (2) home heating has the two states "off" and "on". Temperature can be regarded as a continuous, quantitative value which was mapped to three different levels to simplify the use. To switch between the four resulting states ("off", 1 to 3) the user has to rotate the sensor, as counterpart to the actor, by 90 degrees. The active state is represented by the current object composition and LED brightness. State transitions are furthermore indicated by a subtle vibration. The (3) alarm clock has the three states "off", "activated", and "ringing". It can be activated by placing it in an upright position, which is recognized by the motion sensor. When the alarm goes off, the LEDs start to blink. The alarm can be disabled by tipping over the clock.

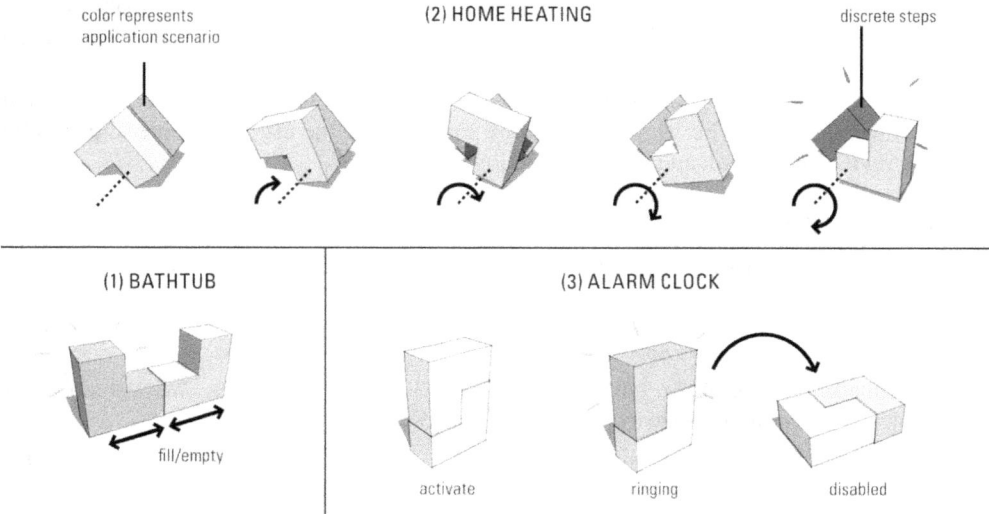

Figure 2: Sketch of the three application scenarios (1) bathtub [blue], (2) home heating [red], and (3) alarm clock [green] and the corresponding functions

3 Prototype

The prototype shown in Figure 3 is built of plastic and acrylic plates with magnetic bipolar contacts on the sides. An Arduino Nano microcontroller performs all logical operations.

Rotation and global position of the interaction objects is measured by a six axis motion sensor. The composition of two tANGibLEs can be identified by completing different circuits with the magnetic contacts. A pressure sensor measures the force the user exerts on the device. RGB LEDs and a vibration motor are used for feedback and to inform the user if an action was recognized or performed correctly. The prototype is not yet independent from power supply and serial port communication via USB. To test our prototype, we developed a virtual 3D environment with Unity which simulates the three application scenarios mentioned in section 2.3.

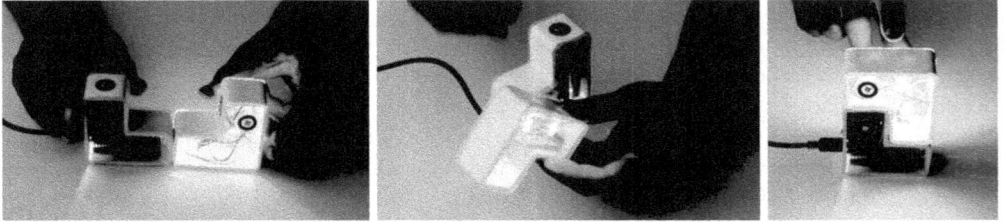

Figure 3: (1) Filling up the bathtub, (2) controlling the home heating, and (3) disabling the alarm clock

4   Conclusion

In this paper we described the conceptual design process of tANGibLE, a smart tangible home controller. By first analyzing an object and application scenario separately, we showed that this process has the potential for creating novel interaction techniques such as the use of compositions to control specific functionality. tANGibLE can be used to control additional functions, which can all be triggered without dipping into menus. Its simple and playful character invites interaction and increases the joy of use.

Literaturverzeichnis

Brade, M., Keck, M., Gründer, T., Kammer, D. & Rainer Groh (2013). *Exploring Natural Interaction: Using Real-World Materials to Inspire Interaction Design*, In: ACM SIGCHI Conference on Human Factors in Computing Systems - Workshop: Workshop: Blended Interaction - Envisioning Future Collaborative Interactive Spaces , Paris - France

Groh, R., Gründer, T. & Keck, M. (2012). *Metaphernproduktion für Begreifbare Benutzerschnittstellen*. i-com: Zeitschrift für interaktive und kooperative Medien Vol.: 11 Nr.: 2

Tröger, S. & Jentsch, D. (2012) *Serious Play Workshops – Introduction to concepts and application cases*. In: R. Lang and E. Müller (eds.) Proceedings of the International Symposium on Innovation Methods and Innovation Management, Chemnitz, p. 124

Kontaktinformationen

Technische Universität Dresden, Fakultät Informatik, Institut für Software- und Multimedia-technik, Professur Mediengestaltung, 01062 Dresden. mirko.clemente@tu-dresden.de

S. Boll, S. Maaß & R. Malaka (Hrsg.): Workshopband Mensch & Computer 2013
München: Oldenbourg Verlag, 2013, S. 527–529

Detecting of and Interacting with Text in Free Space

Frank Wippich, Christian Graf, Daniel Drewes

Blindsight Europe GmbH

Abstract

Computer Vision technology has seen a significant push in popularity in consumer applications, whether for face recognition in today's smartphone camera apps, or server-based object recognition that identifies products, text or contexts in images within seconds. And thanks to powerful smartphone and tablet devices, computer vision application can now perform the processing locally, providing real-time feedback to the user, about the object they are looking at just by pointing the camera lens at it – without the need of a remote server.

Hence, new ways of interacting with one's environment become possible in particular for people with specific access needs, like vision-impaired users. Blindsight's text detection algorithm showcases a way on how to detect and speak out text in virtually real time using a smartphone.

In this demo, users will be able to try out text detection and immerse into a "non-visual" user-experience showing the state of the art for text detection and assistive technology for the visually impaired. Based on the user's experiences, this demo shall also discuss challenges and new ways to interact with text in free space. How can technology guide a user to find the desired text, how can technology filter the right information or group the information based on context, conventions or user preferences?

Providing ideas and answers for these question will not only enrich the advancements of assistive technology, it will also inspire new application in a world where visual experiences are more and more supplemented by tactile, audible and vocal user interfaces.

1 Background

Technology is advancing at a breakneck speed – thanks to Moore's law processing power is doubling every 18 months making smartphones powerful devices that can run sophisticated algorithms to determine locations, identifying objects, shooting high resolution photographs and videos. The merging of the virtual world and the real world has already happened and it will further expand as devices get even more powerful, data networks even faster and storage more affordable.

This development has also had an impact on assistive technology. Computer vision technology for example can be deployed to detect objects and text to help people with vision impairment navigating through daily life and interacting with their environment. Combined with accessible user interfaces – where Apple has played a pioneering role to make a universal design mainstream – vision impaired people now have access to a wealth of applications on one single device, where they needed dozens of point-products earlier.

Reading text is a particular example to help people with vision impairment - with today's smartphones, optical character recognition software can scan documents on the fly just by pointing the phone's camera at the desired object. Applications are commercially available for around US$10 or less, such as TextGrabber from ABBYY or TextDetective by Blindsight, as compared to several hundred or thousand dollars that dedicated or stationary text readers cost.

Nevertheless the process of finding the text in the environment without sight, remains a big obstacle and requires usually a lot of retries to take an image, if not visual assistance.

Even for sighted users, it is often difficult to properly frame a document such that the OCR app can correctly identify its boundaries. The apps rely on the sighted user to correct the boundary before starting the long process of scanning the document for text. While this is only mildly cumbersome for a sighted user, it is awful for a blind user, who only discovers at the end of scanning whether they have properly imaged the document. Even worse, often the blind user has to run through the full process several times to get a good scan, only to discover at the end that the text that was scanned was not worth reading. Thus, text remains the most critically inaccessible part of the environment to people with vision impairment.

2   The Demo

Blindsight has developed a proprietary text detection algorithm that can address exactly the problem of text acquisition. Thanks to powerful processors and high-resolution cameras in smartphones and tablets, it is possible to finding areas of text from images in natural environments and processing it in real time.

"Finding and reading text in free space through the eyes of a vision impaired person" will thus be the theme of the demo.

A smartphone (iPhone 5) or tablet (iPad) with the app TextPeriscope will enable the user to explore text for different use cases:

- Finding text on a sign (a room number or name plate for example)
- Identifying a product (a softdrink, can of food or a candy bar)
- Finding text on a document (a restaurant menu or envelop)

The demo will showcase two stages in text interaction: First, the user can explore the environment for text, where the text is read to the user as it is detected in real-time. Second, the user can search for a specific word or text area and the smartphone will point the user in the direction where the text is. Essentially, the smartphone will act like a "reading wand" that points you to text though audible or tactile feedback.

In addition, users may also try out the demo with blindfolds and/or specific simulation glasses, to simulate vision impairment.

In order to get a comparison to conventional text reading apps, the demo will also include state of the art applications that are already commercially available, such as TextDetective (a Blindsight product) or TextGrabber (an ABBYY product). Users may do a comparison test between the commercially available apps and the real-time reader TextPeriscope.

TextPeriscope will perform the following steps in real time on the phone (no remote server connection required) when pointing the camera lens at text:

- Selecting frames from the camera's video stream and detecting / skipping blurry frames

- Detecting text slices and cluster them within & between scales

- Send the detected text snippets for "OCR Preparation" to perform noise removal (such as perspective transforms, removal of artifacts, etc.)

- OCR – Tesseract

- Filtering text on a specific keyword and calculate the position of the word to a reference point on the image

- Text-To-Speech and text output OR audio/tactile output that communicates the distance (e.g. sought-for word is spoken out loudest when it is in the center of the screen and fades as it moves to the edges of the field of view).

3   Objective of this Demo

The goal of this demo is simple: showing how computer vision software, deployed with today's smartphones can enable anybody to read – regardless of visual or even cognitive abilities. And, more importantly, it shall discuss future ways and challenges in interacting with text in free space – how to search for and find the *right* text, filter it, and process it; whether with smartphones, tablets or wearable devices such as Google Glass.

While the problem of finding the text in free space is solved, the challenges of accuracy and the way how to present information to the user are now to be tackled.

In order to bring this smart accessible technology to the 285 million vision impaired people in the world (WHO Media Center 2012), the discussion shall focus on exploring new ways of user interaction in terms of communicating and educating the user of spatial relations of text areas or objects as well as filtering information based on the user context - because only an easy user experience makes a great technology a success.

Bibliography

WHO Media Center (2012). *Visual Impairment and Blindness – Facts Sheet*, World Health Organization,http://www.who.int/mediacentre/factsheets/fs282/en/

S. Boll, S. Maaß & R. Malaka (Hrsg.): Workshopband Mensch & Computer 2013
München: Oldenbourg Verlag, 2013, S. 531–534

CARUSO – Singen wie ein Tenor

Jochen Feitsch, Marco Strobel, Christian Geiger

FH Düsseldorf, Fachbereich 5 - Medien, Mixed Reality & Visualisierung

Zusammenfassung

In diesem Beitrag beschreiben wir ein Projekt, das darauf abzielt dem Benutzer das Gefühl zu geben, wie ein Tenor zu singen. Wir kombinieren 3D-Ganzkörpertracking mit Gesichtstracking, Morphing, Gesangssynthese und 3D-Character Rendering in einer interaktiven Medieninstallation.

1   Einleitung und Übersicht verwandter Arbeiten

Ziel des Projektes ist eine interaktive Medieninstallation, die dem Benutzer die Möglichkeit bietet, sich wie ein Tenor aus dem 20. Jahrhundert zu fühlen und als solcher eine Arie zu singen. Bei der Entwicklung einer solchen musikalischen Benutzungsschnittstelle sind das Verfolgen von Körpergesten, die Erkennung der Mundformung sowie eine geeignete Sound- und Vibrationsausgabe wichtige Komponenten. Damit es dem Nutzer möglich ist, sich in Grenzen wie ein Tenor zu verhalten und zu fühlen, sollen unterschiedliche Interaktionstechniken eingesetzt werden, die visuelles, akustisches und haptisches Feedback für eine glaubwürdige Benutzererfahrung bereitstellen. Die Generierung der Gesangsstimme erfolgt rein synthetisch durch optisches Tracking der Mundöffnung. Dem Benutzer wird die Möglichkeit gegeben, sowohl die gesungene Tonhöhe, als auch den gesungenen Vokal jederzeit zu variieren. Dies geschieht über Heben und Senken der Arme, bzw. über das Formen des gewünschten Vokals mit dem Mund.

Andere Projekte haben bereits die Synthese von Sound mit Mundgesten untersucht. De Silva et al. [7] zeigten eine Mundsteuerung mittels Gesichtserkennung. Die bildbasierte Erkennung identifizierte die Nasenloch- und Mundform und übertrug diese Parameter auf das Gesangsmodell. Lyons et al [5] präsentierten ein visuelles Mund-Interface, das Gesichtsbewegungen nutzte um musikalische Klangereignisse zu generieren. Eine am Kopf getragene Kamera verfolgte Mundhöhe und -breite sowie das Verhältnis dieser Parameter. Diese wurden weiterverarbeitet um Gitarreneffekte bzw. ein Keyboard zu steuern. Vergleichbar zu unserem Ansatz ist das "Artificial Singing" Projekt, bei dem ein Gesangssynthesizer mit Mundbewegung gesteuert wird, die von einer WebCam aufgenommen wurden [8]. Der Mund des Benutzers wird dabei verfolgt und Parameter wie Breite, Höhe, Öffnungsgrad, Mundform, etc. werden auf die Synthesizerparameter wie Tonhöhe, Lautstärke und Vibrato etc. übertragen. Cheng und Huang haben einen fortgeschrittenen Ansatz veröffentlicht, der Mundtracking und 3D Rekonstruktion in Echtzeit bietet [6]. Das Synthetisieren von Gesang ist ein ehrgeiziges Forschungsgebiet mit langer Tradition, da die menschliche Gesangsstimme ein sehr komplex zu synthetisierendes Instrument ist. Eine gute Übersicht bieten die Publikationen [9, 10]. Das in unserem Fall notwendige Erstellen und Steuern eines 3D Avatars wurde ebenfalls bereits in einigen Projekten diskutiert. FaceGen (www.facegen.com) ist eine bekannte Basistechnologie, die in einigen aufwändigen 3D-Computerspielen genutzt wird. Viele Musikinterfaces, wie auch unseres, setzen RGB-D Kameras wie Microsoft Kinect, Asus XtionPro oder PrimeSense Produkte ein, um die Soundsynthese zu steuern (z.B. [11]).

Abbildung 1: Beispielhafter Aufbau der Installation

Die Installation besteht aus einer 3x3 Videowand mit 46" Monitoren, einer Microsoft Kinect und wahlweise einem Primesense Carmine oder einer weiteren Microsoft Kinect. Der Benutzer steuert einen virtuellen 3D-Tenor in einer großen Opernkulisse. Das Gesicht des Tenormodells kann zu Beginn vom Benutzer angepasst werden. Durch Bewegen der Arme und das Formen von Vokalen mit dem Mund kann der Benutzer die Bewegung des Tenors steuern und diesen zum Singen bringen und dadurch selbst in die Rolle des Tenors schlüpfen.

2   Benutzertracking, 3D-Rendering, Hardware

Das Tracking nutzt die Skelettdaten der Microsoft Kinect und verwendet darüber hinaus auch ein Kopf- und Gesichtserkennungssystem: faceshift (http://www.faceshift.com) berechnet die benötigten Daten aus Tiefen- und RGB-Bildern und stellt diese der Anwendung zur Verfügung. Die aktuelle Mundform des Benutzers wird durch Attribute wie Öffnungsgrad in Höhe und Breite und weiterer Daten zur Mundform analysiert. Diese Informationen werden an die Klangsynthese gesendet und zur Erzeugung des Gesangs genutzt. Handposition und Armstreckung des Benutzers dienen zur Veränderung der Tonhöhe und Lautstärke. Je weiter der Arm gestreckt ist, desto lauter wird der Ton. Die Position der Hände in Relation zu den Schultern des Benutzers dient zum Steuern der gesungenen Tonhöhe. Je tiefer die Hände desto tiefer ist der erzeugte Ton. Je höher die Hände gehalten werden, umso höher ist der

Ton. Dabei betrachtet das System jeweils beide Hände, verarbeitet jedoch nur die Werte der höher positionierten Hand. Die grafische Darstellung wird über die Unity3D Game-Engine erzeugt. Bei Start der Installation erstellt der Benutzer zunächst ein individuelles 3D-Model seines Gesichts. Dies geschieht mittels einer HD Kamera und einer Implementierung des FaceGen SDK, bei der ein 2D-Foto auf ein 3D-Polygon Mesh abgebildet und die Kopfform anpasst wird, um eine möglichst gute Rekonstruktion des Benutzers zu erzielen. Der erstellte Kopf wird dann auf den Körper eines vormodellierten 3D-Tenors gesetzt. Über den Microsoft Kinect Sensor wird die Bewegung des Nutzers auf den Körper des Avatars und die Daten der Gesichtserkennung auf dessen Mundform und andere Gesichtsmerkmale übertragen. Das System bietet eine Visualisierung, die anzeigt, wie gut der User die gewählte Arie präsentiert. Dabei verändert sich der virtuelle Kopf langsam vom Benutzerkopf zu einem 3D-Modell des Tenors Enrico Caruso.

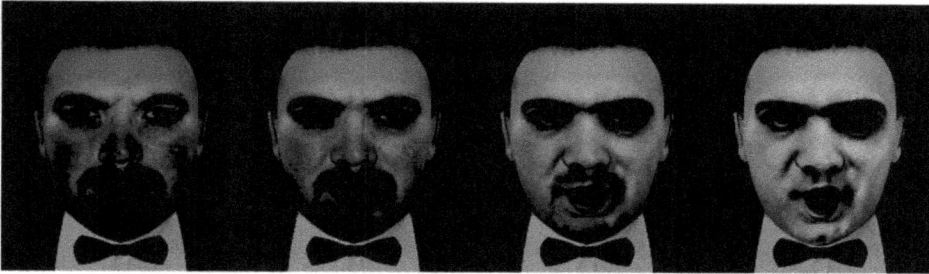

Abbildung 2: Gesicht des Benutzers morpht zu Gesicht von Enrico Caruso – aus [12]

3 Klangsynthese und Mapping

Die Klangsynthese geschieht mittels Vokalsynthese in Max/MSP (www.cycling74.com), genauer mittels Formantsynthese. Die vom Benutzer durch die Armposition bestimmte Tonhöhe dient als Grundfrequenz, zu der zunächst mehrere Sinuswellen zu einem Grundsignal addiert werden. Diese addierten Sinuswellen weisen hierbei jeweils eine Frequenz auf, die ein ganzzahliges Vielfaches der Grundfrequenz ist. Die Obergrenze für die so erzeugten „Obertöne" des Grundsignals wurde auf 12kHz festgelegt, um das Frequenzspektrum der menschlichen Stimme zu imitieren. Das so erhaltene Signal wird anschließend mehrfach moduliert. Die verwendeten Modulationsfrequenzen basieren hierbei ebenfalls auf der Grundfrequenz, werden allerdings selbst ständig durch randomisierte Signale moduliert um ein möglichst realistisches Verhalten des Grundsignals zu erreichen. Zusätzlich wird durch die Modulation ein Vibrato-Effekt und eine leichte, ebenfalls zufällige Schwankung der Signalamplitude hinzugefügt, um das Verhalten einer menschlichen Gesangsstimme zu simulieren. Das so erhaltende Grundsignal wird daraufhin parallel durch vier Bandpass-Filter gesendet, die die charakteristischen Formanten des gewünschten Vokals erzeugen, und gewichtet wieder zusammengeführt. Mehrere zusätzliche Filter reduzieren unangenehme Frequenzanteile und sorgen für einen Klang wie aus einem Grammophon des 19. Jahrhunderts. Abschließend werden vokalabhängige Amplitudenunterschiede durch Normalisierung des Signals und einen Kompressor ausgeglichen. Optional kann noch ein Hall-Effekt hinzugefügt werden. Der Benutzer steuert die Lautstärke und die Tonhöhe des Gesangs mit den Armen. Die Lautstärke wird hierbei durch die Streckung der Arme direkt auf die Lautstärke gemappt. Die Armhöhe wiederum steuert die Tonhöhe und wird auf 25 Stufen quantisiert, von MIDI-

Pitch 41 (entspricht circa 87 Hz) bis MIDI-Pitch 65 (entspricht circa 349 Hz). Diese 25 Stufen werden wiederum auf die aktuelle Tonleiter gemappt. Hierzu wird über eine Tabelle der entsprechend nächste zur Tonleiter passende MIDI-Pitch zugeordnet. Zugrunde liegen hierbei verschiedene Tonleitern basierend auf dem Grundton C, jeweils in mehreren Variationen (zum Beispiel mit hinzugefügter Septime). Das Mapping unterscheidet, ob die aktuelle Zählzeit auf 1 bzw. 4 (ausgehend von einem 4/4 Takt), oder 2 bzw. 3 ist. Im ersten Fall wird nur auf Töne des entsprechenden Drei- bzw. Vierklangs gemappt, im zweiten Fall ist ein Ansteuern aller Töne der Tonleiter möglich. Hierdurch soll eine möglichst wohlklingende Melodieführung erreicht werden. Um andere Grundtöne als C zu realisieren, wird die entsprechende Tabelle transponiert. Übersteigt hierbei einer der MIDI-Pitches den Wert 65, wird dieser unten (beginnend bei MIDI-Pitch 41) in der Tabelle ergänzt und die Tabelle neu sortiert. Der gewünschte Vokal wird über die Mundöffnung des Benutzers bestimmt. Hierzu werden drei Parameter betrachtet, die als aussagekräftig für die Vokale „A", „E" und „O" identifiziert wurden. Der jeweils stärkste ausgeprägte Wert bestimmt dabei den gesungenen Vokal. Zusätzlich kann der Mund geschlossen werden, um nicht zu singen. Konkret werden durch die verschiedenen Mundstellungen die Frequenzen der bei der Klangsynthese verwendeten Formanten und deren Gewichtungen bestimmt.

4   Fazit

Der aktuelle Projektstand ist ein funktionsfähiger Prototypen, der allerdings noch eingeschränkt ist durch die Tracking-Qualität und das Spektrum der synthetisierten Vokale. Für eine glaubwürdige Simulation der Gesangsstimme arbeiten wir an zusätzlichem Feedback für den Benutzer durch Vibration des Torsos. Des Weiteren testen wir Knochenschall-Kopfhörer, um den Gesang „im Kopf" des Benutzer zu platzieren.

REFERENCES

5   Lyons, M., Haehnel, M. and Tetsutani, N. 2003 Designing, Playing, and Performing with a Vision-based Mouth Interface, In *Proc. of NIME 2003, Montreal, Canada.*

6   Cheng, J. and Huang, P. 2010. Real-Time Mouth Tracking and 3D reconstruction. *3rd Int. Conf on Image and Signal Processing.*

7   de Silva, C., Smyth, T., and Lyons, M. J. 2004. A novel face-tracking mouth controller and its application to interacting with bioacoustic models. In *Proceedings of NIME 2004*, Hamamatsu, Japan.

8   Hapipis, A. and Miranda, E. R. 2005. Artificial Singing with a webcam mouth-controller. *Int Conf. on Sound and Music Computing*, Salerno, Italy.

9   Rodet, X. 2002. Synthesis and Processing of the Singing Voice. *1st IEEE Workshop on Model Based Processing and Coding of Audio*, Leuven, Belgium.

10 Sundberg, J. 2006. The KTH Synthesis of Singing. *J. on Advances in Cognitive Psychology.* Vol 2, No 2-3.

11 Odowichuk, G., Trail, S., Driessen, P., Nie, W., and Page, W. 2011. Sensor fusion: Towards a fully expressive 3D music control interface. *IEEE Pacific Rim Conf. on Communications, Computers and Signal Processing*

12 Feitsch, J., Strobel, M., Geiger, C., CARUSO – Augmenting Users with a Tenor's Voice. Augmented Humans, AH'13, Stuttgart, 201

S. Boll, S. Maaß & R. Malaka (Hrsg.): Workshopband Mensch & Computer 2013
München: Oldenbourg Verlag, 2013, S. 535–538

Designing Device-less Interaction – A Tracking Framework for Media Art and Design

Michaela Honauer

Human-Computer Interaction Group, Faculty of Media, Bauhaus University Weimar

Abstract

This paper presents *KinectA*, a tracking application that employs depth-sensing technologies such as the Kinect Sensor. It supports receiving the basic information necessary for interaction without input devices and the interrelated process of, for example, designing gesture-based interfaces. The software offers simultaneous hand, skeleton and object tracking. Therefore, media artists and designers can focus on their creative work due to the availability of these basic tracking functions. KinectA is available for Mac and Windows, and communicates via *OSC* to other software or hardware.

1 Introduction

Interactive systems are often device-less and do not depend on input devices like mouse or keyboard. Thus, the demand of designing traditional *GUIs* (Graphical User Interface) seems to disappear from some computational niches (Seow et al., 2010). In particular, media designers and media artists are faced with new challenges regarding the creation of interactive applications, installations or performances that go beyond the desktop metaphor (Norman, 2010). Their field of work is always in flux and the need to make the computational world available for amateurs requires more technical skills than ever before.

The author was faced with similar problems during her work for an interactive shadow dance performance in 2011. We aimed at using the *Kinect Sensor* (abbreviated Kinect) as input device for dancers. But assessing the depth data requires some programming knowledge about the *SDKs* (Software Development Kit) that are available for the Kinect (cf. Goth, 2011). Therefore, we have developed *KinectA* as a tracking application that assists media artist and designers with their creative work. It enables them to easily access the basic depth information sensed through the Kinect.

2   Motivation for this Project

When we started our research in the beginning of 2011, there was no tracking software available that met the requirements of media artist and designers who want to realize projects with the Kinect technology. Most of the existing projects that use depth sensors such as the Kinect incorporate their own tracking concept, where the tracking methods are integrated into the final applications and not available separately (e.g. DeVincenzi et al., 2011). That means, they do not use an extra tracking software to access the depth data as shown in the middle of figure 1. This is especially relevant for media artists and designers, who often do not have sufficient programming skills for such advanced technical problems. They normally also prefer to concentrate their efforts on the creative application which is illustrated on the right side of figure 1.

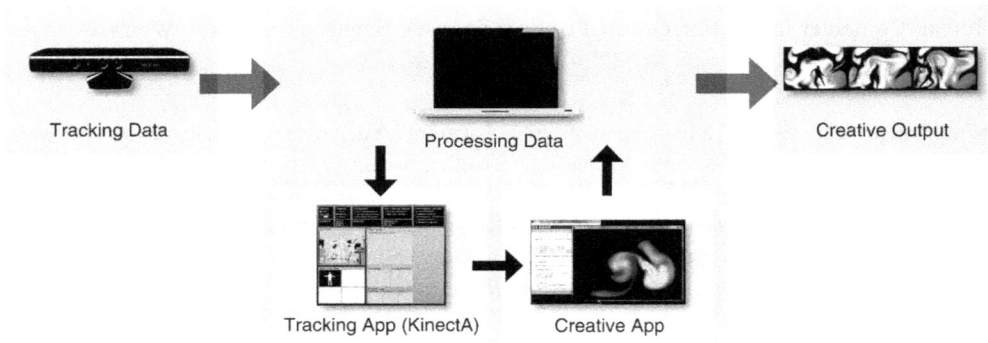

Figure 1: KinectA in the workflow of media artists and designers.

In contrast the main idea of KinectA is to provide a tracking application that is ready to run. This software is especially meant to meet the requirements of media artists or designers, and assists them in their creative work. For this user group it is important that they can choose between different tracking options (e.g. skeleton, hands or objects) depending on their individual project ideas. Furthermore, it is necessary for them to control the tracked data and to decide which information is involved in their creative processes.

Above all, we would like to encourage the discussion about device-less interaction modes and new device-less interfaces with our contribution. Terms like *Natural Interaction/ Natural User Interfaces* (cf. Goth, 2011 or Seow et al., 2010), *Multi-modal Interaction/ Multi-modal User Interfaces* (cf. Worsley et al., 2011), or *Gestural Interaction/ Gestural User Interfaces* (cf. Norman, 2010 or Saffer, 2009) are often used with reference to technologies that do not need any further equipment for the input. It is interesting for us what other researchers think about these ideas, how potential users perceive these interaction modes and how they handle the technology.

3   The Main Features

In order to connect the Kinect Sensor to a computer three major frameworks exist. These are the *Microsoft Kinect for Windows SDK*, the *libfreenect* wrapper of the OpenKinect Community and the *OpenNI* framework. KinectA is built on the OpenNI (Open Natural Interaction) framework because this driver offers hand and skeleton tracking. In addition, it is focused on the hardware access to the main operating systems Mac OSX, Linux and Windows. In contrast, Microsoft's framework runs only on Windows-based systems and the open source solution of the OpenKinect Community does not contain higher-level solutions like skeleton tracking.

KinectA supports skeleton tracking (see figure 2), three-dimensional object tracking (see figure 3), and it provides a simple hand tracking feature (see figure 2). It is possible to run all tracking modes simultaneously. For instance, skeleton and hand tracking are both activated in figure 2. The number of simultaneously tracked items is limited for reasons of computer performance: KinectA can track in sum eight hands, four skeletons and 20 objects at the same time. The basic settings contain options such as activating the camera and changing between depth, infrared and no view. By default the depth view is on.

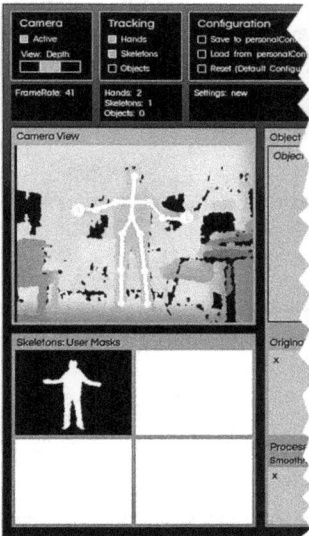

Figure 2: Skeleton and hand tracking are combined. (Note - Besides the settings for OSC communication, no additional information are provided on the cropped side of this screenshot.)

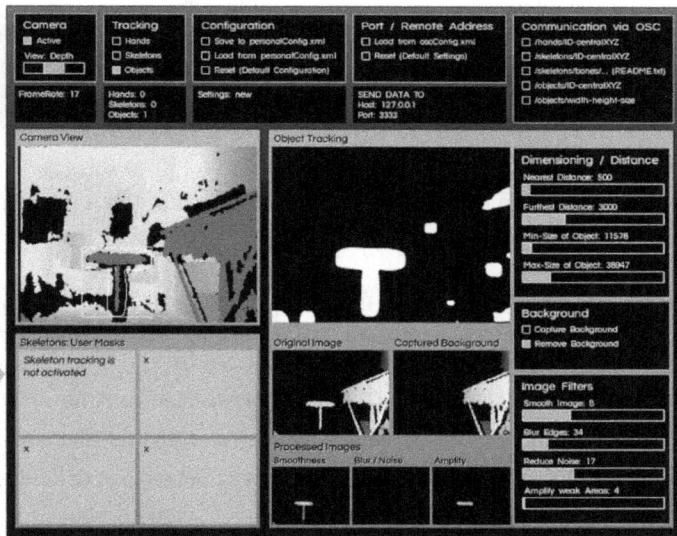

Figure 3: Object tracking enables to define the optimal distance and size of objects for a specific scenario. Background subtraction is shown in the middle. Afterwards only new objects are considered. In addition, this tracking mode provides image filters for smoothing, blurring, and noise-reduction.

4   Gestural Interaction Scenarios

The following examples are realized with KinectA as a proxy for the Kinect depth data:

- The first application is for kids and shows cute forest animals walking through a scene. It is based on the hand tracking feature. If children hold their hand up quietly, the animals walk towards them as a kind of gratification.

- The second scenario shows a puppet if a user enters the tracking area. It is implemented via skeleton tracking that can easily be used for displaying avatars.

- The final example is an extract of an interactive shadow dance performance that creates a spotlight around the dancer. It is based on object tracking, simply using the dimensions (width and height) of the dancer's silhouette. The final output draws an ellipse that dynamically changes its dimensions.

5   Closing Remarks

During the interactive demonstration at the conference, visitors get the opportunity to experience how KinectA is integrated in the creative process of media artist and designers. We run at least two of the described scenarios for testing purposes and explain in detail the main features of our tracking application.

Acknowledgements

Special thanks go to Jens Geelhaar and Michael Markert who supervised my master thesis.

References

DeVincenzi, A. Yao, L., Ishii, H., Raskar, R. (2011). Kinected Conference: Augmenting Video Imaging with Calibrated Depth and Audio. *CSCW '11 Proceedings of the ACM 2011 Conference on Computer Supported Cooperative Work*, 621-624.

Goth, Gregory (2011). Brave NUI World. *Communications of the ACM, 54*(12), 14-16.

Norman, Donald A. (2010). Natural User Interfaces Are Not Natural. *Interactions, 17*(3), 6-10.

Saffer, D. (2009). *Designing Gestural Interfaces.* Sebastopol: O'Reilly Media.

Seow, S. C., Wixon, D., Morrison, A., Jacucci, G. (2010). Natural User Interfaces: The Prospect and Challenge of Touch and Gestural Computing. *CHI '10 Extended Abstracts on Human Factors in Computing Systems*, 4453-4456.

Worsley, M., Johnston, M., Blikstein, P. (2011) OpenGesture: a Low-Cost Authoring Framework for Gesture and Speech Based Application Development and Learning Analytics. *IDC '11 Proceedings of the 10th International Conference on Interaction Design and Children*, 254-256.

S. Boll, S. Maaß & R. Malaka (Hrsg.): Workshopband Mensch & Computer 2013
München: Oldenbourg Verlag, 2013, S. 539–542

Den Schrecken im Blick: Eye Tracking und *Survival Horror*-Spiele

Martin Dechant[1,2], Markus Heckner[1], Christian Wolff[1]

[1] Medieninformatik, Universität Regensburg   [2]Sensomotoric Instruments, Berlin

Zusammenfassung

In dieser Arbeit wird der Prototyp des Survival Horror-Spiels Sophia vorgestellt: Dieses Spiel integriert Blickinteraktion über einen stationären Eyetracker in die Spieleengine *Unity*. Die Blickdaten werden dazu genutzt, die Spannung im Spiel zu steigern. Ferner wird betrachtet, inwiefern das Schließen der Augen als Interaktionsmöglichkeit in ein Survival-Horror-Spiel integriert werden kann.

1 Einleitung

Bei der Nutzereingabe heutiger Spiele werden in der Regel nur bewusste Befehle des Spielers ausgewertet, die über Eingabegeräte wie Maus, Tastatur oder Gamepads, neuerdings auch gestenbasiert (Nintendo Wii, Microsoft Kinect) erfolgen. Emotionen oder andere kognitive Leistungen des Spielers werden nicht erfasst und nicht genutzt, obwohl gerade in diesen ungenutzten Bereichen der Nutzereingabe neue Möglichkeiten liegen, digitale Spiele um spannende Spielmechaniken und neuartige Interaktionsparadigmen zu erweitern (Smith & Graham 2006). Ambinder (2011) diskutiert anhand konkreter Beispiele die Möglichkeiten, die die Erhebung und Auswertung von biometrischen Daten eines Spielers für ein intensiveres Spielerlebnis eröffnet: Unter anderem wurde das Spiel *Portal 2* um eine Eye Tracking-Komponente erweitert, die es dem Spieler ermöglicht, über den Blick zu zielen (vgl. http://www.vg247.com/2013/05/07/valve-experimenting-with-sweat-and-eye-tracking/). Den Einsatz von Eye-Tracking in Kombination mit einer weiteren Eingabemodalität zur gezielten Auswahl von Interaktionselementen untersuchen beispielsweise Stellmach, Stober, Nürnberger & Dachselt (2011). Auch zeigen aktuelle Diskussionen um das Samsung Galaxy S4 und eine mögliche Eye-Tracking-Komponente das Potential für Blickbewegungen in der Spielsteuerung auf (vgl. http://www.guardian.co.uk/technology/gamesblog/2013/mar/15/samsung-galaxy-s4-eyetracking-games).

Nachfolgend wird mit *Survival Horror Games* ein Spielgenre als Grundlage für den Prototyp gewählt, für das die Integration von Blickdaten besonders vielversprechend scheint. Unter *Survival Horror Games* versteht man ein Subgenre der *Action Adventures*, bei dem die Spielfigur Angriffe von Horrorgestalten abwehren muss, dabei aber auch Rätsel zu lösen hat und sich in der Regel durch eine komplexe Umwelt mit überraschenden und furchterregenden Effekten bewegt. Das (Sub-)Genre wurde 1996 durch das Spiel *Resident Evil* begründet, das wohl auch für den Namen verantwortlich ist (vgl. Perron 2009, Rouse 2009, und http://de.wikipedia.org/wiki/Survival_Horror mit zahlreichen Beispielen).

Die naheliegende Möglichkeit, Eye Tracking als Interaktionsmodalität im Spielebereich zu verwenden, ist in der Literatur bereits intensiv untersucht worden (vgl. Isokoski 2009, Nacke, Stellmach, Sasse & Lindley (2009) und COGAIN 2013 für einem Überblick einschlägiger Projekte). Dabei stellt sich wie auch bei anderen Eye Tracking-Anwendungen die Frage, ob Blickdaten unmittelbar zur Spielinteraktion genutzt werden sollen, ob Blicke als Modalität ergänzend oder als Alternative zu anderen Modalitäten verwendet werden sollen oder ob die Blickposition für die benutzerabhängige Adaption des Spiels verwendet werden soll. Bisherige Studien haben vor allem im Kontext von (Ego) Shooter-Spielen Blicksteuerung für Ziel- und Schussinteraktion evaluiert und damit die Blicksteuerung unmittelbar mit anderen Modalitäten (Maus, Tastatur, Konsole) verglichen, z. T. mit erwartbar wenig positiven Ergebnissen (Jönsson 2005, Smith & Graham 2006). Für unseren Prototyp ist ein anderes Interaktionsszenario vorgesehen, in dem die Frage, ob Blicksteuerung „genauso gut oder besser" als eine andere Modalität sein könnte, praktisch keine Rolle spielt.

2   Vorstudie: Blickverhalten in *Survival Horror Games*

In Rahmen dieser Arbeit wurde in einem Eye Tracking-Experiment analysiert, inwiefern sich der Blick der Spieler ändert, wenn sie durch das Spiel bedroht werden. Zu diesem Zweck mussten 12 Probanden einen Abschnitt aus dem Survival Horror-Spiel *Amnesia: the dark Descent* (http://www.amnesiagame.com) meistern. Bei dieser qualitativen Studie, bei der eine expertenbasierte Bewertung des Blickverhaltens erfolgte, zeigte sich, dass das Blickverhalten im Spiel kontextbezogen deutlich variiert: Erkundet der Spieler die Welt, so ist der Blick weiträumig über den mittleren Bereich des Bildschirms verteilt (Abb. 1 links). Wird der Spieler durch das Spiel bedroht, indem er beispielsweise durch ein Geräusch, die Musik oder visuelle Effekte vor einer Gefahr gewarnt wird, so passt er den Blick entsprechend der von ihm gewählten Taktik an: Bei Fluchtbewegungen richtet sich der Blick auf den Fluchtpunkt; versteckt sich der Spieler, so beginnt er, die potenzielle Richtung der Gefahr zu fokussieren. Allerdings ist dieses Verhalten offensichtlich vom Vorwissen, der Erfahrung im Umgang mit digitalen Spielen und nicht zuletzt auch durch die eigenen Präferenzen geprägt.

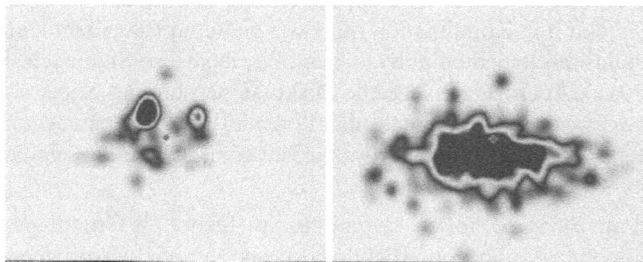

Abbildung 1: Exemplarische Heatmaps der Blickfixationen in *Amnesia*: Links: Der Spieler ist in einer bedrohlichen Situation. Rechts: Der Spieler erkundet frei die Spielwelt, ohne bedroht zu werden.

3 Sophia: Prototyp eines Survival Horror-Games mit Blickanalyse und Blickinteraktion

Aufbauend auf diesen Ergebnissen wurde ein Spielprototyp entwickelt, der Blickdaten aus- wertet und u. a. zur Spannungserzeugung nutzt. Gerade das Genre des Survival-Horrors, das eine sehr dichte Atmosphäre aufbaut, um den Spieler in den Bann zu ziehen, kann von der genauen Bestimmung des Blicks profitieren. Dabei werden Blickdaten wie folgt genutzt:

1. *Spieladaption* auf der Basis der Blickposition: So kann anhand des Blicks beispielsweise das Sichtfeld des Nutzers eingeschränkt oder durch optische Täuschungen verzerrt wer- den, die sich genau am Blick des Spielers ausrichten.

2. *Blickbasierte Interaktion* und *Manipulation der Spielwelt*, um die Spannung des Spiels zu steigern. So kann beispielsweise ein Objekt in der Landschaft darauf reagieren, wenn der Spieler lange genug dieses Objekt mit den Augen fixiert (*dwell time*-basierte Interak- tion, Castellina & Corno 2008). Außerdem ermöglichen die Blickdaten eine genauere Koordinierung von Ereignissen in der Spielwelt: Wo zuvor nur die Position der Spielfi- gur oder die Ausrichtung des Bildschirmmittelpunkts Ereignisse ausgelöst haben, kön- nen nun auch durch die Blickdaten unvorhergesehene Ereignisse getriggert werden. Koppelt man die Blickdaten an die akustische Umrahmung des Spiels, kann der Nerven- kitzel des Spiels potentiell gesteigert und das Spielerlebnis immersiver gestaltet werden.

3. *Interaktion durch das Schließen der Augen* im Spiel. Sobald der Spieler seine Augen für einen Moment geschlossen hält, kann dies genutzt werden, um den Spielablauf für den Spieler positiv oder negativ zu beeinflussen.

Für dieses Projekt kommt *Unity* (http://unity3d.com/) als Spieleengine zum Einsatz. Der stationäre Eye-Tracker RED von *SensoMotoric Instruments* (SMI, http://www.smivision.com/) liefert die Blickdaten für das Spiel, die in die Spieleengine inte- griert werden (vgl. Abb. 2).

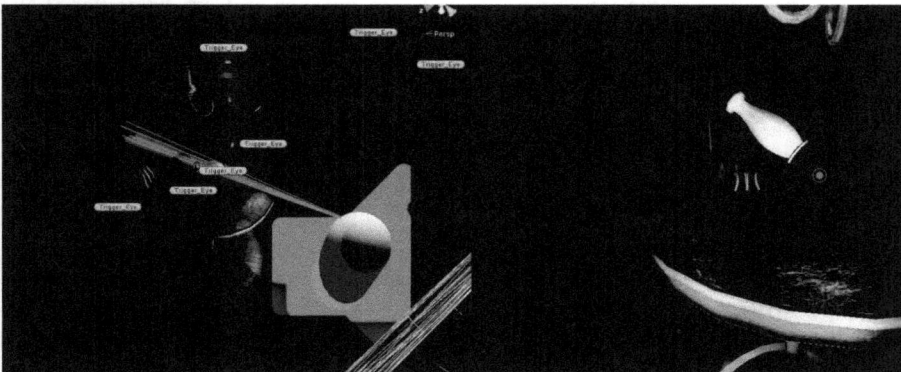

Abbildung 2: Prototyp des Spiels: Links: „Debug-View" der zur Visualisierung der Blickbewegungen und Zonen für das Auslösen von Spielaktionen („Trigger Eye"). Rechts: Blickbasierte Interaktion mit einer Vase auf einem Tisch.

4   Ausblick

Die wesentlichen Nutzungsformen für die Blickdaten können im Prototyp bereits gezeigt werden (Stand Mai 2013, vgl. dazu auch das Demo-Video), die Weiterentwicklung zu einem vollwertigen Spiel ist derzeit (Sommer 2013) in Kooperation mit *SensoMotoric Instruments* (SMI), Berlin, in Arbeit. Der Prototyp wurde auf einem stationären Eye Tracker vom Typ *SMI Red* entwickelt und soll im Anschluss an die Entwicklung auf den Spielspaß und die Akzeptanz des Eye Trackings evaluiert werden, wobei eine Vergleichsstudie (mit / ohne Blickinteraktion) geplant ist.

Literatur

Ambinder, M. (2011). Biofeedback in Gameplay: How Valve Measures Physiology to Enhance Gaming Experience. In: *GDC Vault, Game Developer Conference 2011*, online: 5. 2013. http://www.gdcvault.com/play/1014734/Biofeedback-in-Gameplay-How-Valve – Zugriff am 26. 5. 2013.

Castellina, E., Corno, F. (2008). Multimodal Gaze Interaction in 3D Virtual Environments. In: Proceedings of the 4th COGAIN Annual Conference on Communication by Gaze Interaction, Environment and Mobility Control by Gaze, Prag, September 2008, 33-37, online: http://www.cogain.org/cogain2008/COGAIN2008-Proceedings.pdf - Zugriff am 10. Juli 2013.

COGAIN (2013). Gaze-Controlled Games. In: COGAIN Wiki. Online Knowledge Base of COGAIN - Communication by Gaze Interaction, online: http://wiki.cogain.info/index.php/Links_Gaze-Controlled_Games – Zugriff am 26. 5. 2013

Isokoski, P., Joos, M., Spakov, O., Martin, B. (2009). Gaze controlled games. In: *Universal Access in the Information Society*, 8(4), 323-337. DOI: 10.1007/s10209-009-0146-3

Jönsson, E. (2005). If Looks Could Kill: An Evaluation of Eye Tracking in Computer Games. Master's thesis, Department of Numerical Analysis and Computer Science, Royal Institute of Technology, Stockholm. Online: http://www.nada.kth.se/utbildning/grukth/exjobb/rapportlistor/2005/ rapporter05/jonsson_erika_05125.pdf - Zugriff am 26.5.2013

Nacke, L., Stellmach, S., Sasse, D., & C. Lindley. (2009). Gameplay experience in a gaze interaction game. In: Proceedings of the 5th Conference on Communication by Gaze Interaction (COGAIN 2009), online: http://www.cogain.org/cogain2009/COGAIN2009-Proceedings.pdf – Zugriff am 10.07.2013.

Perron, B. (2009). Introduction: Gaming after Dark. In: Perron, B. *Horror Video Games. Essays on the Fusion of Fear and Play*. Jefferson, NC: McFarland, pp. 1-13.

Rouse, R. III (2009). Match Made in Hell: The Inevitable Success of the Horror Genre in Video Games. In: Perron, B. *Horror Video Games. Essays on the Fusion of Fear and Play*. Jefferson, NC: McFarland, pp. 15-25.

Smith, J. D., Graham, T. C. N. (2006). Use of Eye Movements for Video Game Control. In: *ACE '06: Proceedings of the 2006 ACM SIGCHI international conference on Advances in computer entertainment technology*. New York: ACM Press.

Stellmach, S., Stober, S., Nürnberger, A. und R. Dachselt. (2011). Designing gaze-supported multimodal interactions for the exploration of large image collections. In: Proceedings of the 1st Conference on Novel Gaze-Controlled Applications (NGCA '11). New York: ACM Press.

S. Boll, S. Maaß & R. Malaka (Hrsg.): Workshopband Mensch & Computer 2013
München: Oldenbourg Verlag, 2013, S. 543–546

Sportal: A First-Person Videogame turned Exergame

Benjamin Walther-Franks, Dirk Wenig, Jan Smeddinck, Rainer Malaka

Research Group Digital Media, TZI, Universität Bremen

Abstract

Digital exercise games (exergames) can motivate players to carry out physical exercises. However, most exergames are controlled by confined and predefined movements and do not promote long-term motivation. Well-funded commercial games often excel at long-term motivation, but are not operated with motion input. We choose the best of both worlds by turning an existing videogame without motion control into an exergame. By adding motion-based controls and a feedback overlay to the popular first-person action game *Portal 2*, and designing custom game levels around exercise regimens with the freely available *Hammer* editor, we turned it into the exergame *Sportal*. This approach can give gamers an incentive to exercise using high quality first-person gameplay and it can potentially acquaint exercise-eager non-gamers with a popular videogame title.

1 Introduction

Digital full-body motion-based games for exercise (exergames) can motivate players to carry out physical exercises and provide guidance and feedback to players (Sinclair et al. 2007). However, they are typically operated with confined and predefined movements. Furthermore, most current exergames resemble mini-games (or casual-games), with limited story and repetitive gameplay. Well-funded *AAA* games excel at providing deep story lines, high-quality assets and long-term motivation, but are almost exclusively created for standard input devices such as gamepad, keyboard, and mouse.

What if we could tap the benefits of well-produced, successful, "traditional" video games for exergames? What if we could take an existing game title not designed for motion input and turn it into an exergame? We demonstrate an experimental application of *Exercise My Game* (XMG), our design framework for turning off-the-shelf games into exergames (Walther-Franks et al. 2013). Using XMG, we turned the popular action and puzzle game *Portal 2* into an exergame (*Sportal*) by adding full-body motion-based control, augmented visual feedback and adapting game content for increased control over player workout.

2   „Exercising" a Video Game

XMG identifies three main stages in turning an off-the-shelf game into an exergame. First, a *control overlay* replaces standard game controllers by mapping detected input motions to a virtual device driver. Second, a *feedback overlay* augments original game feedback through both the visual and aural channel. Third, if the game in question supports creating *custom game worlds*, game content can be adapted to suit exergame requirements. In the following, we provide more details on how we applied these three stages to *Valve*'s popular action and logical thinking game *Portal 2*, turning it into the exergame *Sportal*. It features physical locomotion, aiming, exercise gestures, an augmented game display, and custom levels for better control of player exertion.

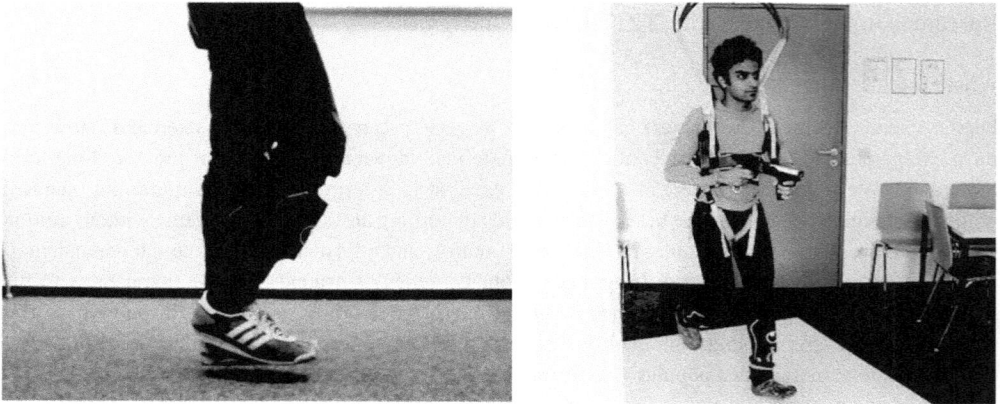

Fig. 3: Walking-in-place (left) and suspended walking (right)

2.1   Control Overlay

The foundation of the *Sportal* interface is physical locomotion. We provide two variants, walking-in-place (WIP) and experimental suspended walking.

Walking-in-place

WIP provides an excellent trade-off between natural interaction and technical requirements (Bowman et al. 2003). For general locomotion, we detect walk cycle phases in the signals of shin-mounted three-axis accelerometers (in the current implementation we use Wii remotes). In combination with the gait-understanding driven prediction algorithm of Wendt et al. (2010), this gives us a low latency WIP interface. Further motion controls were realised using the skeleton detection of the *Microsoft Kinect* SDK: Shoulder rotations of the player to the left or right commence a view rotation, the speed of which is given by the angle between shoulder axis and sensor view plane. Heuristics on the relative vertical position of the pelvis enable discrete triggering for jumps and a discrete modal control for crouched walking. The advantage of this WIP interface is that it only requires readily available consumer hardware.

Suspended Walking

Alternatively, we offer a physical locomotion interface that enables a more natural walking pattern by suspending the player slightly above the ground. A ceiling-mounted torso harness together with low-friction materials on the floor and feet (a smooth plastic sheet and woollen socks suffice) allow the user to perform a full walking motion while still maintaining the sensation of touching the ground. The suspended walking interface currently does not support jumping and crouching and also constrains a number of exercises.

We designed further input motion-patterns based on interviews with physical training instructors and physicians: jumping jacks, a kickbox move, and two exercises involving holding a stance. Exercises are detected using heuristically determined models based on the skeleton recognition provided by the *Microsoft Kinect* SDK. The *Sportal* control overlay also employs a gun prop-mounted infrared camera that tracks four active infrared light sources arranged around the screen. An optical flow algorithm enables absolute aiming that can be used to orient the view instead of rotating the torso. Locomotion and exercise commands are sent to the game via the joystick virtual device driver controller *vJoy*[3].

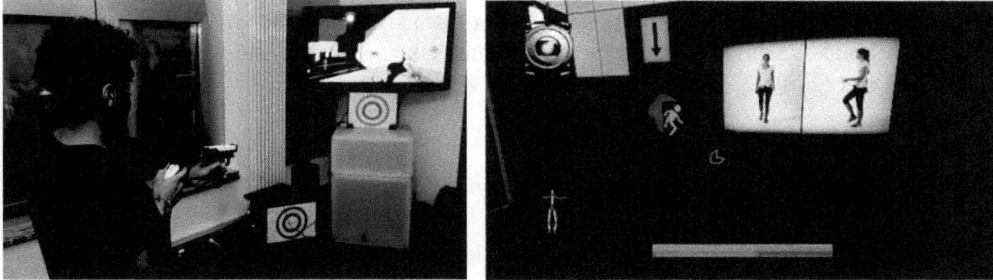

Fig. 4: Sportal setup (left) and game screenshot (right). Elements of the visual feedback overlay appear in magenta. (Underlying Portal 2 game interface and game assets are copyrighted by Valve Corporation.)

2.2 Feedback Overlay

For *Sportal*, we integrated direct feedback on sensor image/skeleton recognition into the visual overlay. Since this should not be mistaken for a third-person depiction of the avatar, we kept it small, stylized and off-centre. A progress bar was added for specific exercises where the player is required to hold a stance for a certain period of time. Arrows provide feedback on walking direction and speed in addition to changes of view in the game itself. To support our physical aiming mechanism, a small marker signifies where the gun is pointing. The overlay was realised as a full-screen window with transparent background that is rendered on top of the game screen.

2.3 Custom Game Worlds

Exercising games that were not designed with active input in mind can result in experiences that are physically either too demanding or not challenging enough. Fortunately, many game developers offer authoring tools that empower regular users to easily create their own levels

---

[3] http://vjoystick.sourceforge.net/, last viewed 2013-07-10

and maps. In the context of XMG, such tools offer control over training regimens. Using the *Hammer* Editor[4], we designed special maps for *Portal 2* which allowed us to control obstacle courses, thereby influencing order and frequency of exercises in *Sportal*.

3   Conclusion

We presented *Sportal*, an application of our Exercise-My-Game (XMG) design framework that adds motion-based interaction to the game *Portal 2*. It makes use of the virtues of high-quality assets and long-term motivation of AAA games for exercise-oriented gaming. *Sportal* can potentially both acquaint exercise-eager non-gamers with a popular videogame title and give frequent gamers an incentive to exercise.

Acknowledgements

We kindly thank the following students, who were involved in developing *Sportal*: Daniel Apken, Anna Barenbrock, Smitha Basavalingaiah, Nadezda Bogdanova, Dörte Brockmann, Darya Davydenkova, Nicole Hurek, Sergej Kozuhovskij, Yasser Maslout, Fariba Mostajeran Gourtani, Peter Szmidt, Xiaoyi Wang, Guangtao Zhang.

Bibliography

Bowman, D. A., Kruijff, E., LaViola, J. J., & Poupyrev, I. (2004). *3D User Interfaces: Theory and Practice*. Addison-Wesley.

Sinclair, J., Hingston, P., & Masek, M. (2007). Considerations for the Design of Exergames. In *Proc. GRAPHITE 2007*, (pp. 289–295). New York, NY, USA: ACM.

Walther-Franks, B., Wenig, D., Smeddinck, J., & Malaka, R. (2013). Exercise My Game: Turning Off-The-Shelf Games into Exergames. In *Proc. ICEC 2013 (to appear)*.

Wendt, J. D., Whitton, M. C., & Brooks, F. P. (2010). GUD WIP: Gait-Understanding-driven Walking-In-place. In *Proc. VR 2010*, (pp. 51–58). IEEE.

---

[4] https://developer.valvesoftware.com/wiki/Valve_Hammer_Editor, last viewed 2013-07-10

AutorInnen

AutorInnen

www.ingramcontent.com/pod-product-compliance
Lightning Source LLC
Chambersburg PA
CBHW081215220326
41598CB00037B/6786